14/1,90

PONS

Bildwörterbuch

Deutsch
Italienisch

Jean-Claude **Corbeil**
Ariane **Archambault**

Ernst Klett Sprachen

Barcelona · Belgrad · Budapest
Ljubljana · London · Posen · Prag · Sofia ·
Stuttgart · Zagreb

DANKSAGUNGEN (QA INTERNATIONAL)

Unser besonderer Dank gilt folgenden Personen, Organisationen und Firmen, die uns bei der Erstellung des neuen *Bildwörterbuches* die aktuellsten technischen Informationen zur Verfügung gestellt haben.

Arcand, Denys (réalisateur); Association Internationale de Signalisation Maritime; Association canadienne des paiements (Charlie Clarke); Association des banquiers canadiens (Lise-Provost); Automobiles Citroën; Automobiles Peugeot; Banque du Canada (Lyse Brousseau); Banque Royale du Canada (Raymond Chouinard, Francine Morel, Carole Trottier); Barrett Xplore inc.; Bazarin, Christine;Bibliothèque du Parlement canadien (Service de renseignements); Bibliothèque nationale du Québec (Jean-François-Palomino); Bluechip Kennels (Olga Gagne); Bombardier Aéronautique; Bridgestone-Firestone; Brother (Canada); Canadien National; Casavant Frères ltée; C.O.J.O. ATHENES 2004 (Bureau des Médias Internationaux); Centre Eaton de Montréal; Centre national du Costume (Recherche et de Diffusion); Cetacean Society International (William R. Rossiter); Chagnon, Daniel (architecte D.E.S. – M.E.Q.); Cohen et Rubin Architectes (Maggy-Cohen); Commission Scolaire de Montréal (École St-Henri); Compagnie de la Baie d'Hudson (Nunzia Iavarone, Ron Oyama); Corporation d'hébergement du Québec (Céline Drolet); École nationale de théâtre du Canada (Bibliothèque); Élevage Le Grand Saphir (Stéphane Ayotte); Énergie atomique du Canada ltée; Eurocopter; Famous Players; Fédération bancaire française (Védi Hékiman); Fontaine, PierreHenry (biologiste); Future Shop; Garaga; Groupe Jean Coutu; Hôpital du Sacré-Cœur de Montréal; Hôtel Inter-Continental; Hydro-Québec; I.P.I.Q. (Serge Bouchard); IGA Barcelo; International Entomological Society (Dr.-Michael Geisthardt); Irisbus; Jérôme, Danielle (O.D.); La Poste (Colette Gouts); Le Groupe Canam Manac inc.; Lévesque, Georges (urgentologue); Lévesque, Robert (chef machiniste); Manutan; Marriot Spring Hill suites; MATRA S.A.; Métro inc.; ministère canadien de la Défense nationale (Affaires publiques); ministère de la Défense, République Française; ministère de la Justice du Québec (Service de la gestion immobilière – Carol Sirois); ministère de l'Éducation du Québec (Direction de l'équipement scolaire-Daniel-Chagnon); Muse Productions (Annick Barbery); National Aeronautics and Space Administration; National Oceanic and Atmospheric Administration; Nikon Canada inc.; Normand, Denis (consultant en télécommunications); Office de la langue française du Québec (Chantal Robinson); Paul Demers & Fils inc.; Phillips (France); Pratt & Whitney Canada inc.; Prévost Car inc.; Radio Shack Canada ltée; Réno-Dépôt inc.; Robitaille, Jean-François (Département de biologie, Université Laurentienne); Rocking T Ranch and Poultry Farm (Pete and Justine Theer); RONA inc.; Sears Canada inc.; Secrétariat d'État du Canada : Bureau de la traduction ; Service correctionnel du Canada; Société d'Entomologie Africaine (Alain-Drumont); Société des musées québécois (Michel Perron); Société Radio-Canada; Sony du Canada ltée; Sûreté du Québec; Théâtre du Nouveau Monde; Transports Canada (Julie Poirier); Urgences-Santé (Éric Berry); Ville de Longueuil (Direction de la Police); Ville de Montréal (Service de la prévention des incendies); Vimont Lexus Toyota; Volvo Bus Corporation; Yamaha Motor Canada Ltd.

The Visual Bilingual Dictionary wurde von
QA International, einem Umternehmen der
Les Éditions Québec Amérique inc. entwickelt und hergestellt.
329, rue de la Commune Ouest, 3e étage
Montréal (Québec) H2Y 2E1 Canada
T 514.499.3000 F 514.499.3010

ISBN 10: 3-12-517829-0
ISBN 13: 978-3-12-517829-8

Gedruckt in Singapur.
www.qa-international.com

QA International

REDAKTION

Verleger: Jacques Fortin
Autoren: Jean-Claude Corbeil et Ariane Archambault
Redaktionsleiter: François Fortin
Leitender Redakteur: Serge D'Amico
Grafik Design: Anne Tremblay

HERSTELLUNG

Mac Thien Nguyen Hoang
Guylaine Houle

TERMINOLOGIE

Jean Beaumont
Catherine Briand
Nathalie Guillo

ILLUSTRATIONEN

Art Direction: Jocelyn Gardner
Jean-Yves Ahern
Rielle Lévesque
Alain Lemire
Mélanie Boivin
Yan Bohler
Claude Thivierge
Pascal Bilodeau
Michel Rouleau
Anouk Noël
Carl Pelletier

LAYOUT

Pascal Goyette
Janou-Ève LeGuerrier
Véronique Boisvert
Karine Raymond
Geneviève Théroux Béliveau

DOKUMENTATION

Gilles Vézina
Kathleen Wynd
Stéphane Batigne
Sylvain Robichaud
Jessie Daigle

DATENVERARBEITUNG

Programmierer : Daniel Beaulieu, Éric Gagnon
Josée Gagnon
Anne Rouleau

REVISION

Marie-Nicole Cimon

PREPRESS

Kien Tang
Karine Lévesque

MITARBEIT

QA International möchte folgenden Personen für ihre Mitarbeit am *Bildwörterbuch* danken:

Jean-Louis Martin, Marc Lalumière, Jacques Perrault, Stéphane Roy, Alice Comtois, Michel Blais, Christiane Beauregard, Mamadou Togola, Annie Maurice, Charles Campeau, Mivil Deschênes, Jonathan Jacques, Martin Lortie, Raymond Martin, Frédérick Simard, Yan Tremblay, Mathieu Blouin, Sébastien Dallaire, Hoang Khanh Le, Martin Desrosiers, Nicolas Oroc, François Escalmel, Danièle Lemay, Pierre Savoie, Benoît Bourdeau, Marie-Andrée Lemieux, Caroline Soucy, Yves-Chabot, Anne-Marie Ouellette, Anne-Marie Villeneuve, Anne-Marie Brault, Nancy Lepage, Daniel Provost, François Vézina.

Einführung in das *Bildwörterbuch*

Mit über 3.600 Abbildungen in Verbindung mit Tausenden von allgemeinen und fachlichen Begriffen, bietet das *Bildwörterbuch* ein reichhaltiges Wissen, das klar und leicht zu erschließen ist.

INTENTION DES BUCHES

Das *Bildwörterbuch* ist eine Art Bestandsaufnahme aus dem Lebensumfeld des Menschen in der heutigen technisierten Welt, in der alltäglich viele spezielle Begriffe aus den verschiedensten Gebieten Verwendung finden. Speziell entwickelt für den Laien, der aus privaten oder beruflichen Gründen nach der genauen und korrekten Bedeutung von Begriffen sucht, oder anhand der Abbildungen überhaupt erst einen Begriff finden will, verfolgt es das Ziel, viele Fachausdrücke aus den verschiedensten Bereichen, die unsere tägliche Erfahrung ausmachen, in einem Band zu vereinen.

AUFBAU DES *BILDWÖRTERBUCHS*

Das Buch besteht aus drei Teilen: Aus der Einführung zusammen mit dem Inhaltsverzeichnis und der Liste der Kapitel, aus dem eigentlichen Bild- und Textteil sowie aus dem Register.
Die Darstellung schreitet vom Allgemeinen zum immer Spezielleren fort: Kapitel, Thema, Titel, Untertitel, Abbildung, Terminologie.
Der Inhalt des *Bildwörterbuchs* ist, von Astronomie bis Sport, in 17 Kapitel gegliedert. Komplexe Kapitel sind weiter in Unterthemen aufgeteilt.
Das Kapitel Erde ist z.B. unterteilt in die Themen Geografie, Geologie, Meteorologie und Umwelt.
Die Titel haben verschiedene Bedeutung: Sie benennen die Abbildung eines einzelnen Objekts von dem die wesentlichen Teile erklärt sind (z.B. *Gletscher, Fenster*), oder sie bezeichnen die Gesamtheit von Abbildungen, die zur selben Begriffssphäre gehören obwohl sie verschiedenen Objekten angehören (z.B. *Sonnensystem, Blattgemüse*).
Gelegentlich werden nur die wichtigsten Vertreter einer Gattung gezeigt.
Die Abbildungen zeigen in realistischer Darstellung Gegenstände, Vorgänge oder Phänomene mit ihren wichtigsten Einzelheiten. Sie dienen als anschauliche Definitionen der angegebenen Begriffe.

TERMINOLOGIE

Jeder Begriff im *Bildwörterbuch* wurde unter Verwendung authentischer Quellen sorgfältig auf dem jeweils angemessenen Niveau ausgewählt.
In den Fällen, in denen mehrere verschiedene Begriffe den selben Gegenstand bezeichnen können, wurde der von den angesehensten Autoren am häufigsten verwendete Begriff gewählt.
Das *Bildwörterbuch* enthält 13.750 Registereinträge, bzw. über 20.000 Begriffe in jeder Sprache.
Das Register listet alle Begriffe des *Bildwörterbuches* in alphabetischer Reihenfolge auf.

BENUTZUNGSVARIANTEN

Auf das *Bildwörterbuch* kann in ganz verschiedener Weise zugegriffen werden: Ausgehend von der Liste der Kapitel am Ende des Einführungsteils.
Mit Hilfe des Registers kann der Benutzer, direkt von einem Begriff ausgehend, dessen Bedeutung nachschlagen oder seine genauere Bedeutung anhand der Abbildung überprüfen.
Die Besonderheit des *Bildwörterbuches* besteht darin, dass die Abbildungen es ermöglichen, einen Begriff zu finden, auch wenn man nur eine ungefähre Vorstellung davon hat. Außerdem erkennt der Benutzer auf einen Blick viele weitere Begriffe, die zu dem gesuchten Begriff gehören.

FARBREGISTER

Am Rand jeder Seite ist jedem Kapitel eine bestimmte Farbe zugeordnet, so dass ein schneller Zugriff auf den entsprechenden Abschnitt im Buch möglich ist.

TITEL

Der Titel wird auf Deutsch angegeben und darunter, in kleinerer Schrift, folgt der Titel auf Italienisch.

UNTERTHEMA

Die meisten Kapitel sind in Unterthemen eingeteilt. Sie werden auf Deutsch und Italienisch angegeben.

LINIE

Sie verbindet den Begriff mit dem dazugehörigen Teil der Abbildung. Wo zu viele Linien unübersichtlich wären, treten an ihre Stelle farbige Codes mit einer Legende oder Nummern.

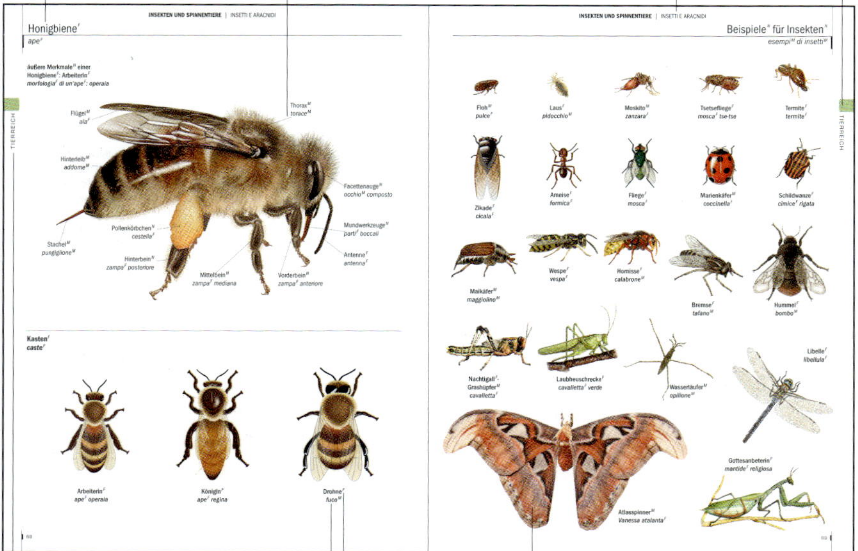

KAPITEL

Die Kapitel werden immer auf Deutsch angegeben.

ABBILDUNG

Sie dient als anschauliche Definition der Begriffe.

ANGABE DES GESCHLECHTS

Das Geschlecht jedes Substantivs wird angegeben.
F: Femininum; M: Maskulinum; N: Neutrum

BEGRIFF

Jeder Begriff erscheint im Register mit der Angabe der Seite auf der er steht. Er wird auch auf Italienisch angegeben.

Inhaltsverzeichnis

ASTRONOMIE 2

Himmelskörper 2
Beobachtung des Weltraums 7
Raumfahrt 10

ERDE 14

Geographie 14
Geologie 26
Meteorologie 37
Umwelt 44

PFLANZENREICH 50

TIERREICH 66

Einfache Organismen und Echinodermen 66
Insekten und Spinnentiere 67
Krebse 71
Weichtiere 72
Fische 74
Amphibien 75
Reptilien 76
Vögel 78
Nagetiere und Hasentiere 82
Huftiere 83
Raubtiere 86
Meeressäugetiere 90
Primaten 91

MENSCH 92

Menschlicher Körper 92
Anatomie 96
Sinnesorgane 114

NAHRUNGSMITTEL UND KÜCHE 120

Nahrungsmittel 120
Küche 162

HAUS 182

Anlage 182
Teile eines Hauses 185
Konstruktion eines Hauses 187
Heizung 192
Sanitärinstallation 194
Elektrizität 198
Hauseinrichtung 200

HEIMWERKEN UND GARTENARBEIT 216

Heimwerken 216
Gartenarbeit 230

KLEIDUNG 238

PERSÖNLICHE AUSSTATTUNG 264

Schmuck und Schönheitspflege 264
Persönliche Artikel 271

KUNST UND ARCHITEKTUR 278

Architektur 278
Darstellende Künste 290
Musik 295

KOMMUNIKATION UND BÜROTECHNIK 312

Kommunikation 312
Bürotechnik 329

TRANSPORT UND FAHRZEUGE 342

Straßenverkehr 342
Schienenverkehr 374
Schifffahrt 381
Luftverkehr 388
Handhabung 396
Schwermaschinen 398

ENERGIE 402

Geothermische und fossile Energie 402
Elektrizität aus Wasserkraft 406
Kernenergie 408
Sonnenenergie 410
Windenergie 412

WISSENSCHAFT 414

Chemie 414
Physik: Elektrizität und Magnetismus 416
Physik: Optik 418
Messinstrumente 422
Wissenschaftliche Symbole 426

GESELLSCHAFT 430

Stadt 430
Justiz 440
Wirtschaft und Finanzwesen 441
Bildung 444
Religion 446
Politik 448
Sicherheit 454
Gesundheit 460

SPORT UND SPIELE 468

Spiele 468
Leichtathletik 472
Ballsportarten 474
Spiele mit Schlägern 490
Kunstturnen 496
Kampfsportarten 498
Kraftsport 500
Präzisionssport 502
Wintersport 506
Wassersport 516
Radsport 522
Motorsport 523
Rollsport 526
Freizeit in der Natur 528

REGISTER 539

PONS

Bildwörterbuch

Deutsch
Italienisch

von

Jean-Claude **Corbeil**
Ariane **Archambault**

Ernst Klett Sprachen

Barcelona · Belgrad · Budapest
Ljubljana · London · Posen · Prag · Sofia ·
Stuttgart · Zagreb

Sonnensystem^{N}

sistema^{M} solare

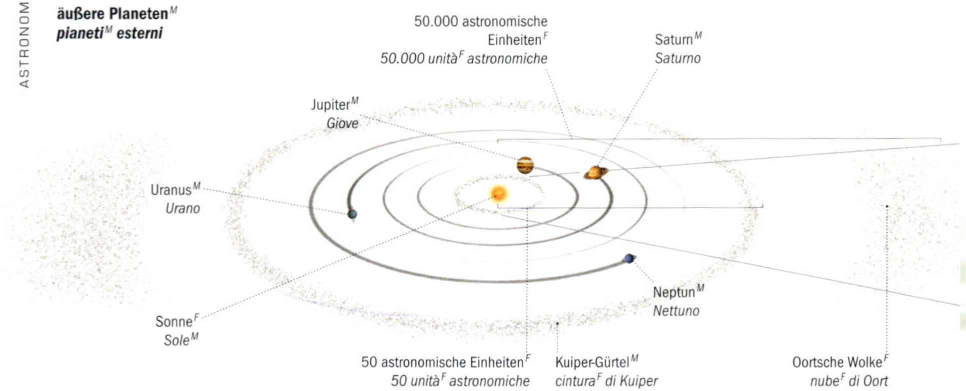

Planeten^{M} und Monde^{M}

pianeti^{M} e satelliti^{M}

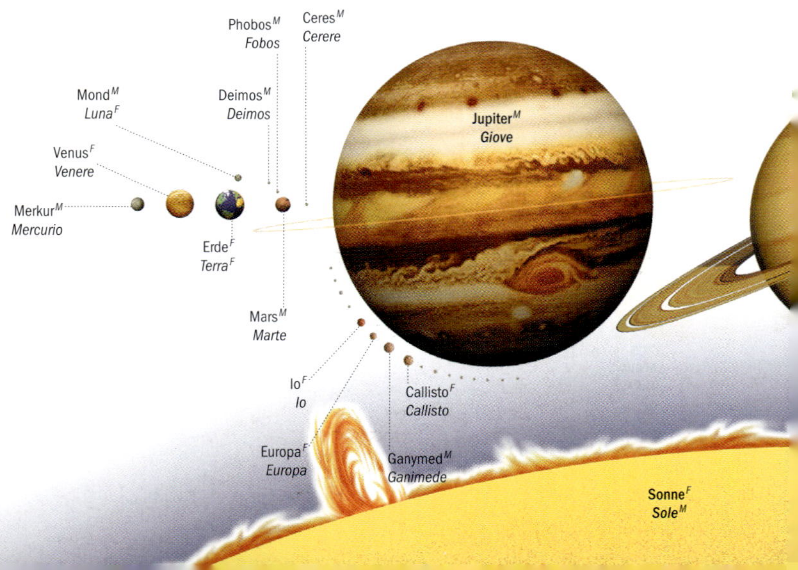

Asien[N]
Asia[F]

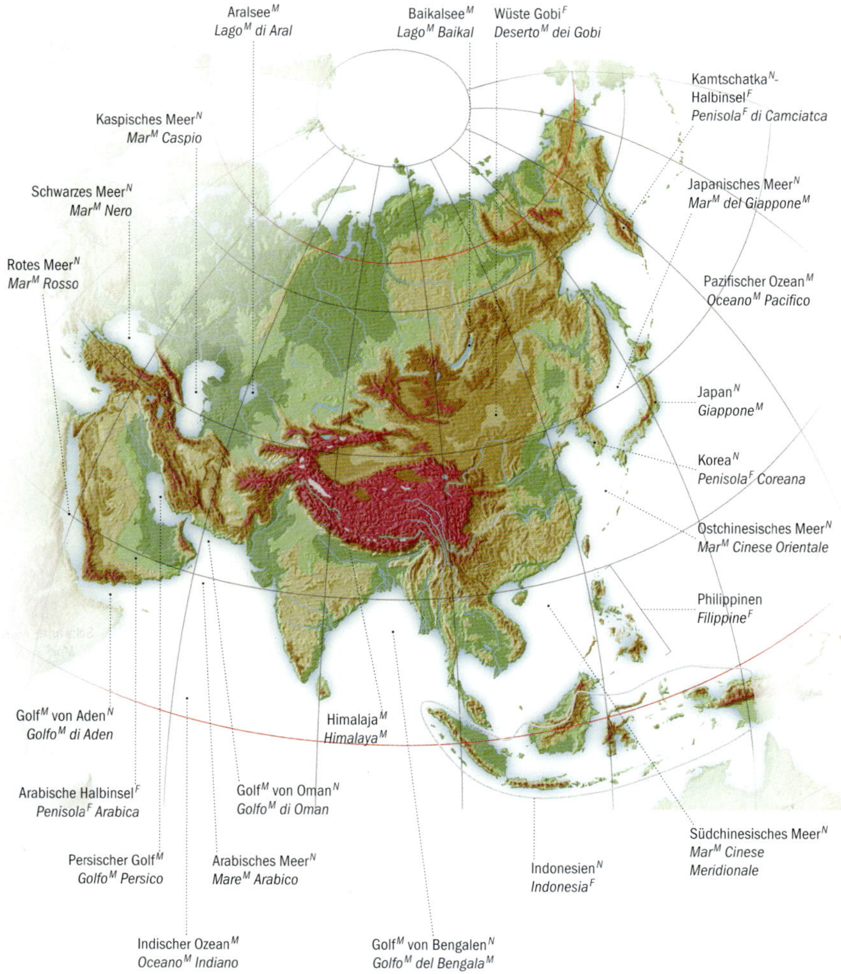

Afrika[N]
Africa[F]

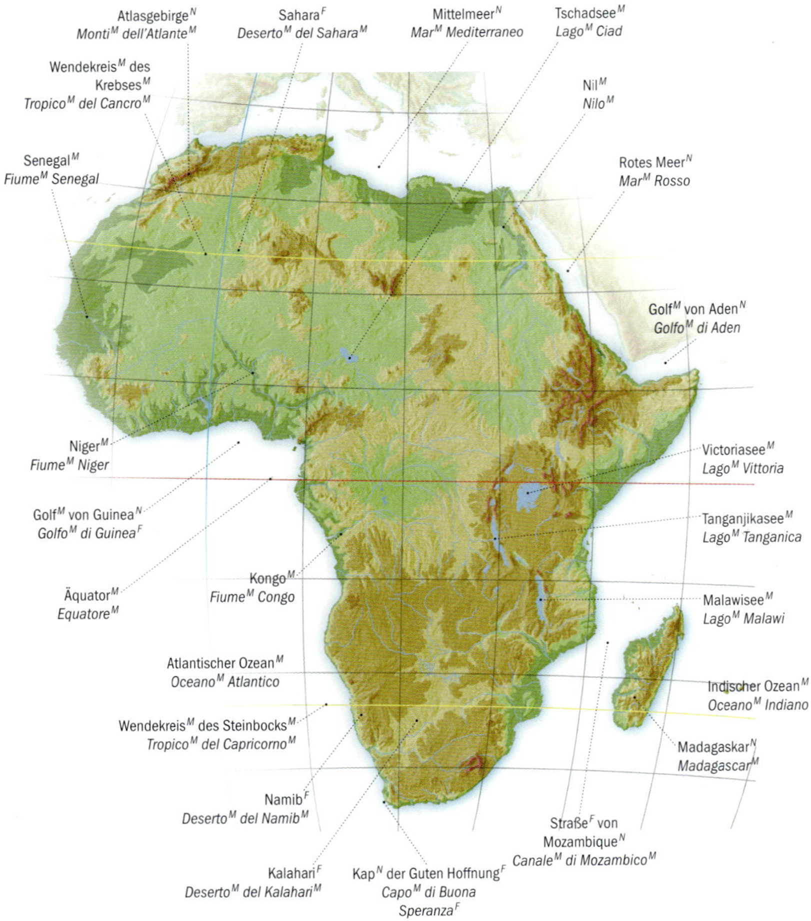

Kartographie[F]
cartografia[F]

Koordinatensystem[N] der Erdkugel[F]
sistema[M] di coordinate[F] terrestri

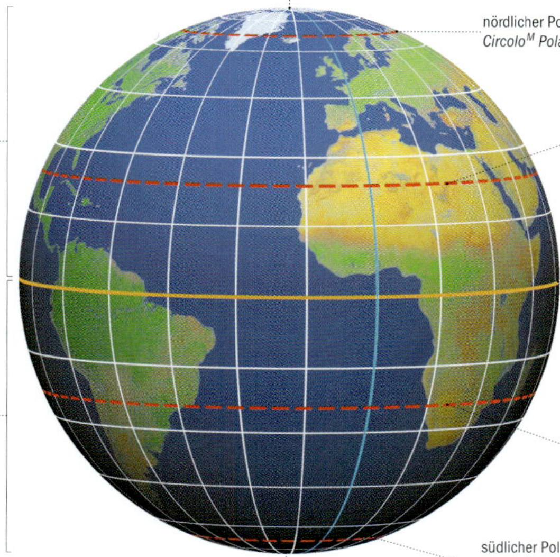

Hemisphären[F]
emisferi[M]

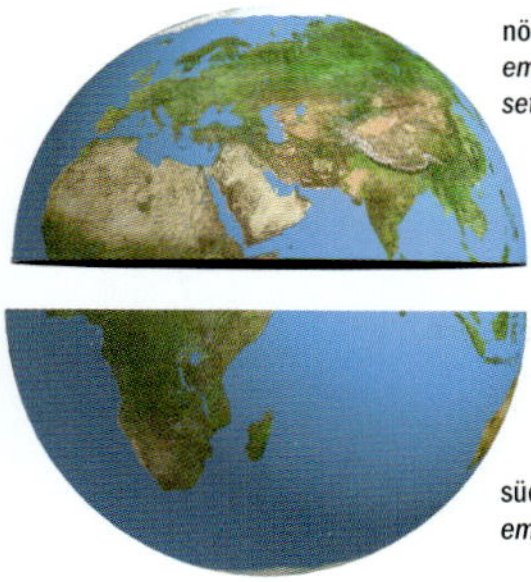

Gradnetz^{N}
reticolato^{M} geografico

Kartendarstellungen^{F}
proiezioni^{F} cartografiche

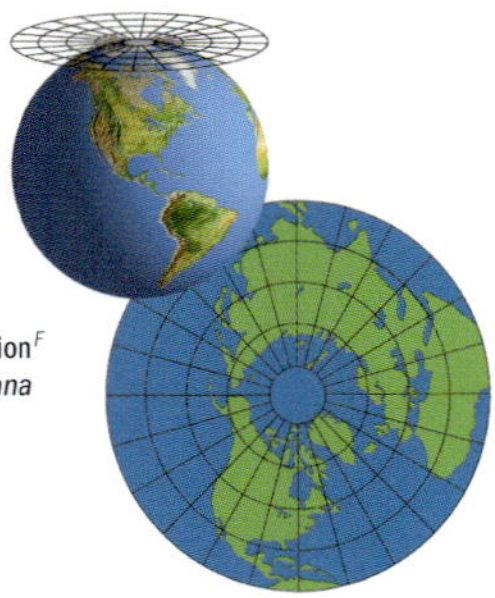

Azimutalprojektion^{F}
proiezione^{F} piana

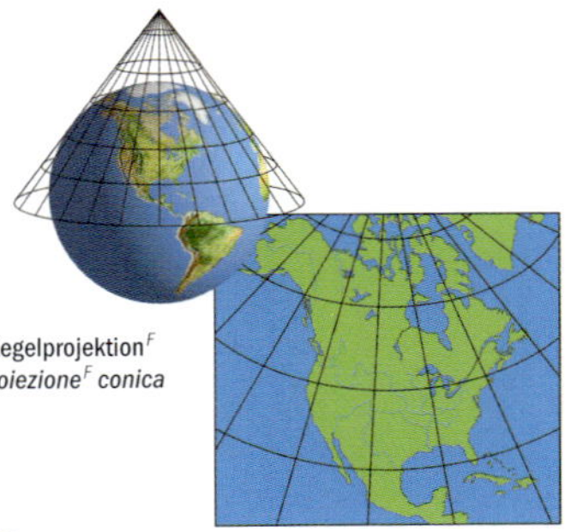

Kegelprojektion^{F}
proiezione^{F} conica

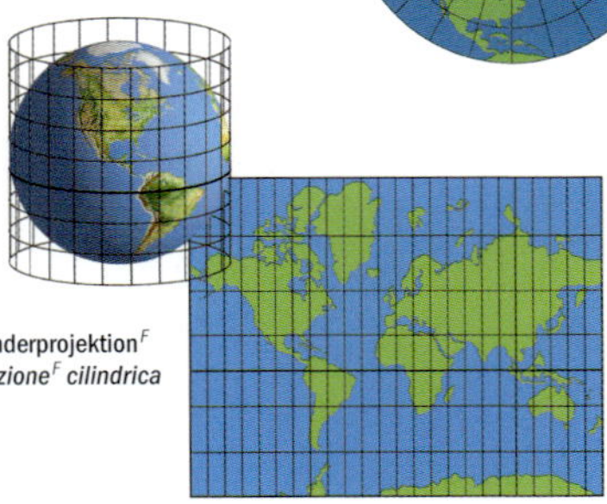

Zylinderprojektion^{F}
proiezione^{F} cilindrica

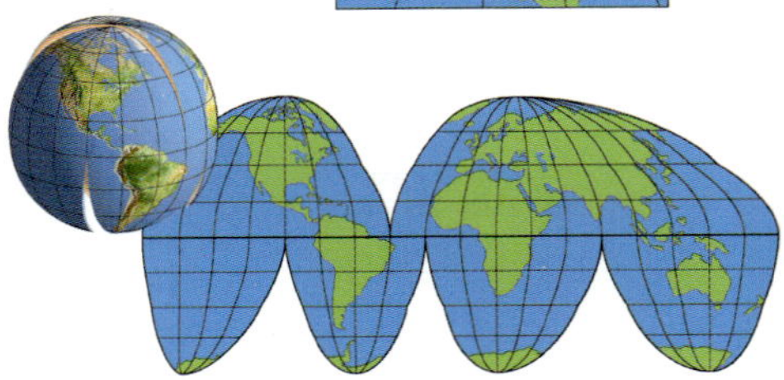

zerlappte Projektion^{F}
proiezione^{F} interrotta

Windrose[F]
rosa[F] dei venti[M]

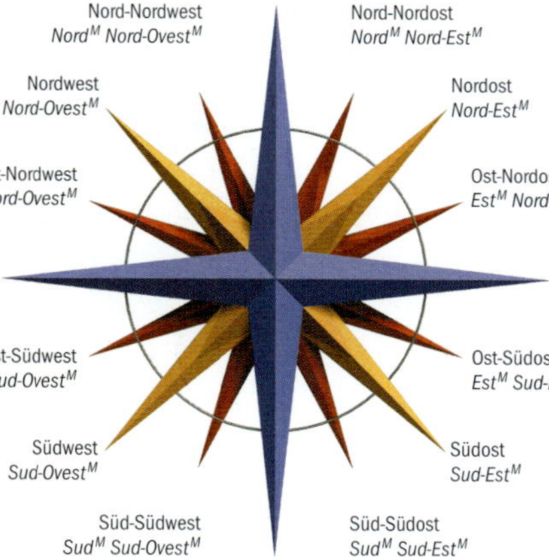

politische Karte[F]
carta[F] politica

physische Karte^F
carta^F fisica

Stadtplan[M]
pianta[F] di città[F]

Eisenbahn[F] *ferrovia[F]*

Bahnhof[M] *stazione[F] ferroviaria*

Brücke[F] *ponte[M]*

Vororte[M] *sobborghi[M]*

Fluss[M] *fiume[M]*

Wald[M] *bosco[M]*

Umgehungsstraße[F] *circonvallazione[F]*

Kreisverkehr[M] *rotatoria[F]*

Straße[F] *via[F]*

Park[M] *parco[M]*

Friedhof[M] *cimitero[M]*

Denkmal[N] *monumento[M]*

Autobahn[F] *autostrada[F]*

Stadtteil[M] *quartiere[M]*

Allee[F] *avenue[F]*

öffentliches Gebäude[N] *edificio[M] pubblico*

Boulevard[M] *boulevard[M]*

Straßenkarte[F]
carta[F] stradale

Autobahnnummer[F] *numero[M] di autostrada[F]*

Straße[F] *strada[F]*

Autobahn[F] *autostrada[F]*

Rastplatz[M] *area[F] di sosta[F]*

Raststätte[F] *area[F] di servizio[M]*

Umgehungsstraße[F] *tangenziale[F]*

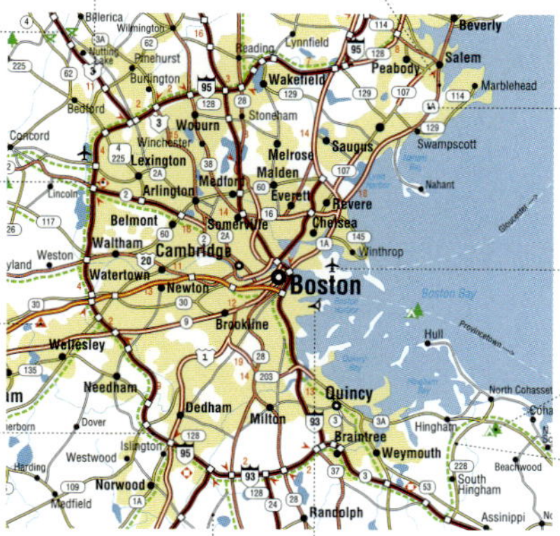

Straßennummer[F] *numero[M] di strada[F]*

Flughafen[M] *aeroporto[M]*

Nationalpark[M] *parco[M] nazionale*

landschaftlich schöne Strecke[F] *strada[F] panoramica*

Nebenstraße[F] *strada[F] secondaria*

Sehenswürdigkeit[F] *punto[M] di interesse[M]*

Erdkruste[F] im Querschnitt[M]

sezione[F] della crosta[F] terrestre

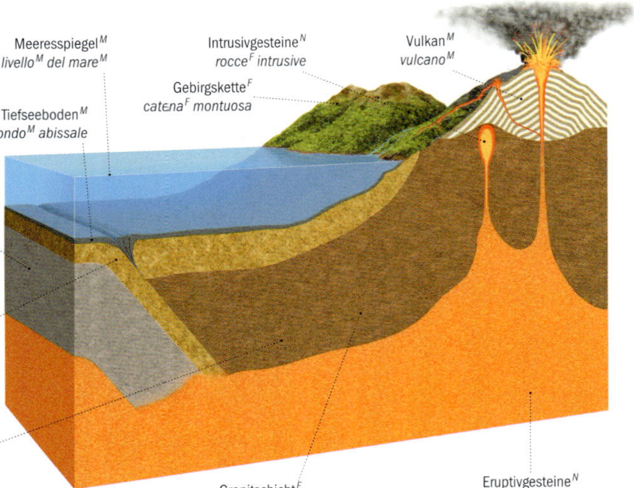

Erdaufbau[M]

struttura[F] della Terra[F]

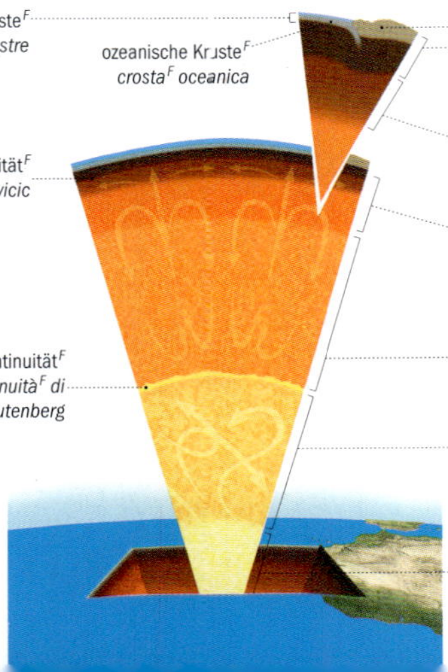

tektonische Platten[F]
placche[F] tettoniche

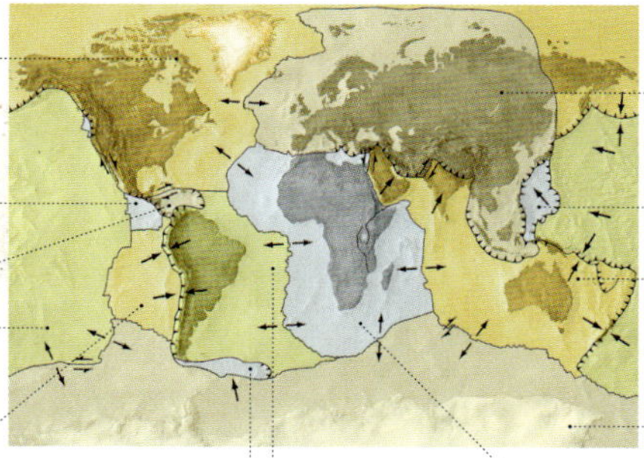

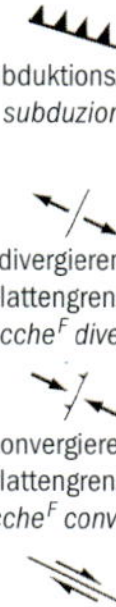

Erdbeben[N]
terremoto[M]

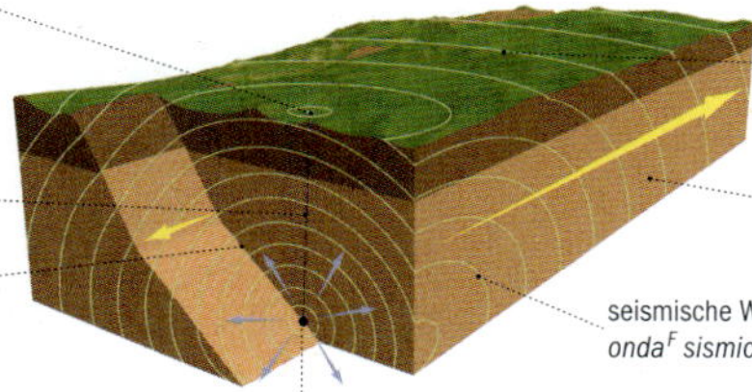

Seismographen[M]
sismografi[M]

Vertikalseismograph[M]
sismografo[M] verticale

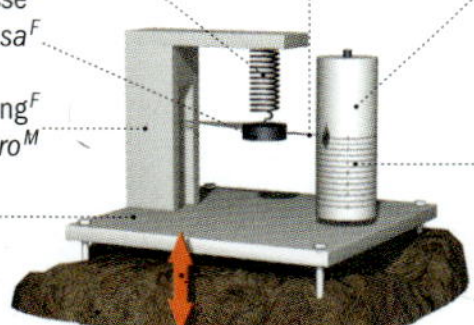

Horizontalseismograph[M]
sismografo[M] orizzontale

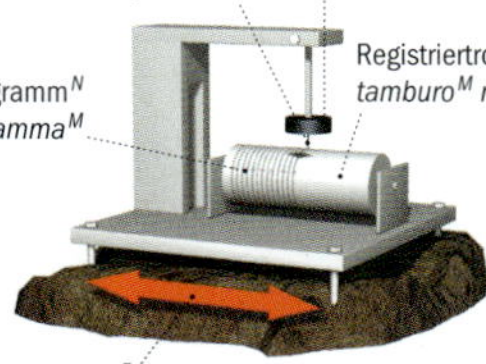

Vulkan^{M}

vulcano^{M}

Vulkan^{M} mit Ausbruchstätigkeit^{F}
vulcano^{M} in eruzione^{F}

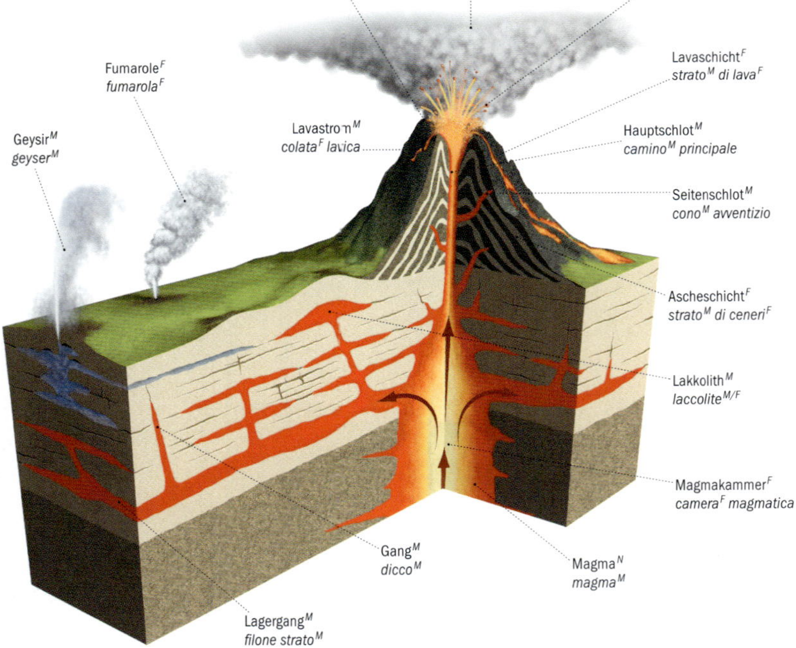

Vulkantypen^{M}
esempi^{M} di vulcani^{M}

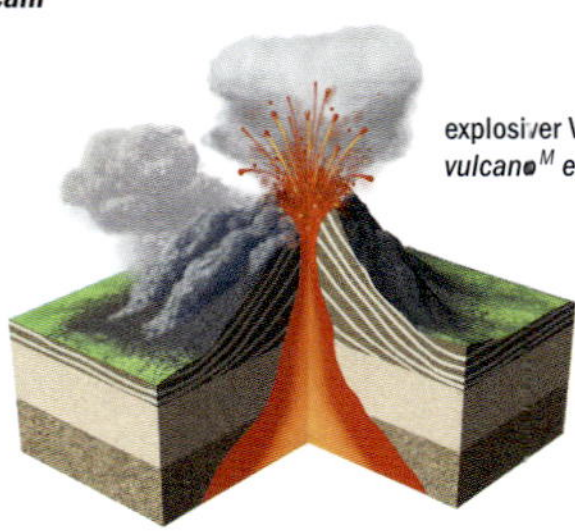

explosiver Vulkan^{M}
vulcano^{M} esplosivo

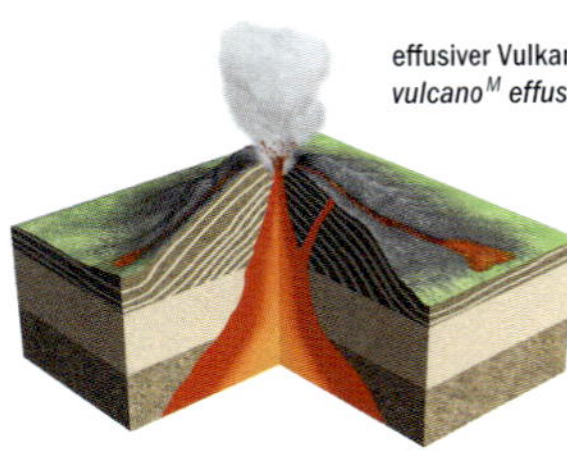

effusiver Vulkan^{M}
vulcano^{M} effusivo

Berg^{M}

montagna^{F}

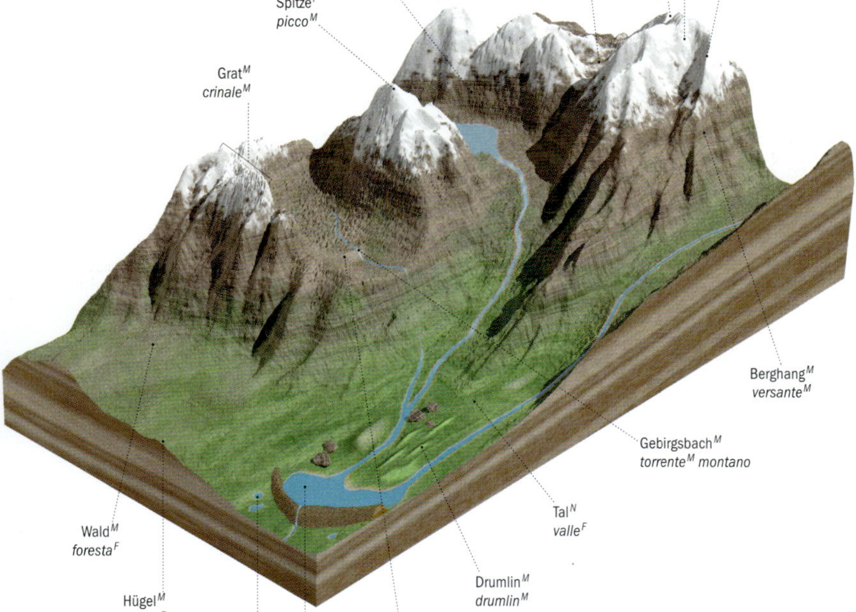

Gletscher^M
ghiacciaio^M

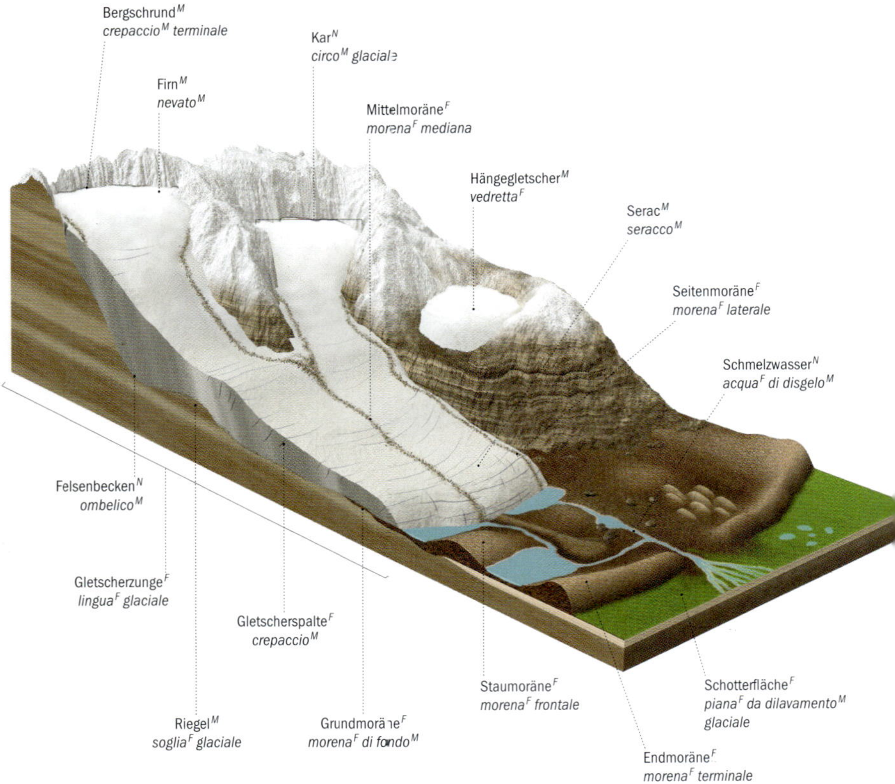

Höhle[F]

grotta[F]

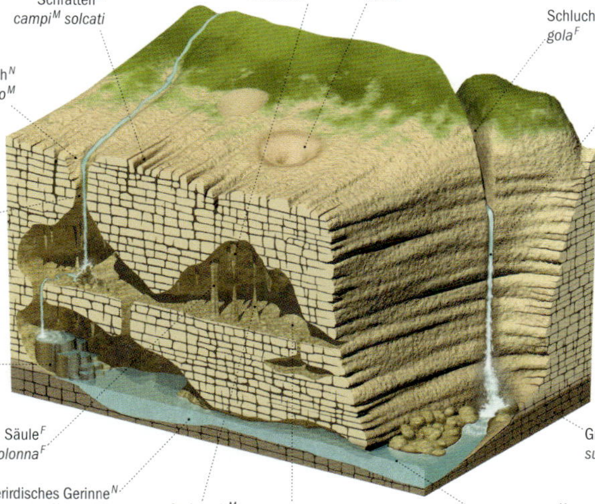

Bodenbewegungen[F]

movimenti[M] del terreno[M]

Schlammfluss[M]
colata[F] di fango[M]

Bodenkriechen[N]
reptazione[F]

Erdrutsch[M]
smottamento[M]

Steinschlag[M]
frana[F]

Flusslandschaft^F
corso^M d'acqua^F

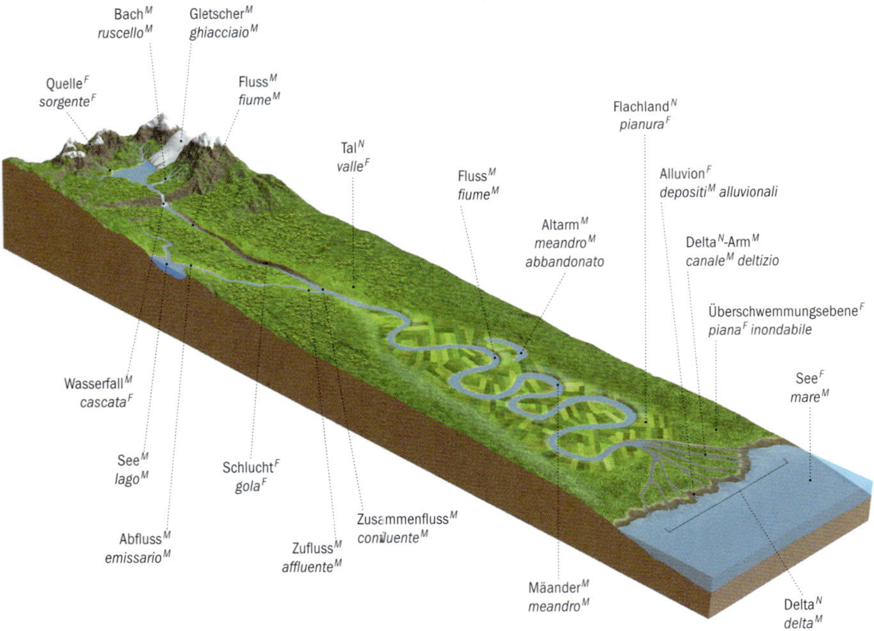

Seen^M
laghi^M

Gletschersee^M
lago^M glaciale

vulkanischer See^M
lago^M vulcanico

tektonischer See^M
lago^M tettonico

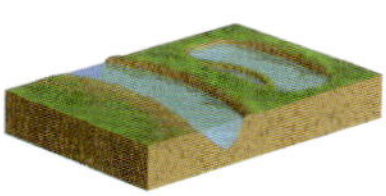

Altarm^M
lago^M di meandro^M abbandonato

Oase^F
oasi^F

künstlicher See^M
lago^M artificiale

Welle^F

onda^F

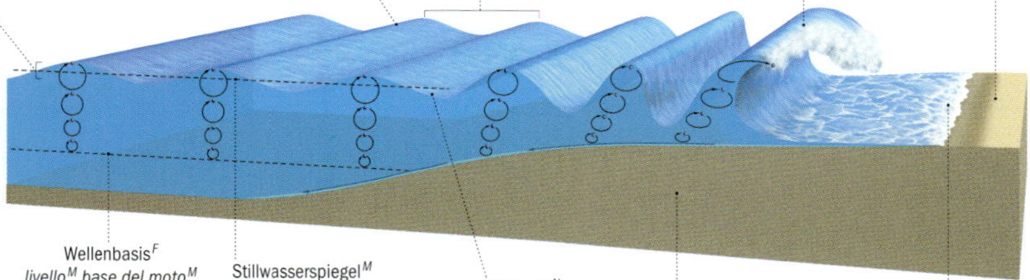

Meeresboden^M

fondale^M oceanico

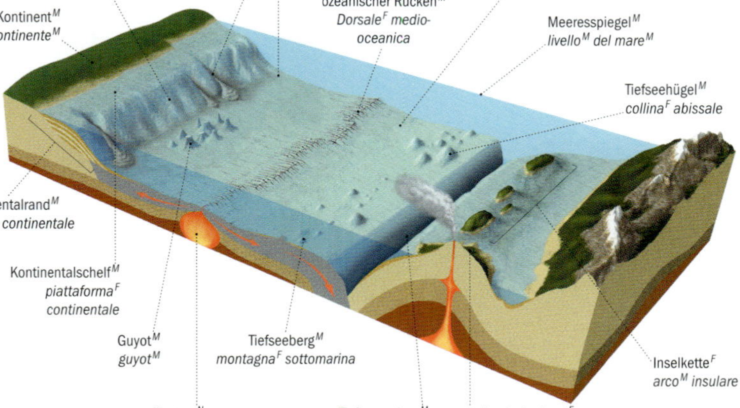

ERDE

ozeanische Rücken^{M} und Gräben^{M}

fosse^{F} e dorsali^{F} oceaniche

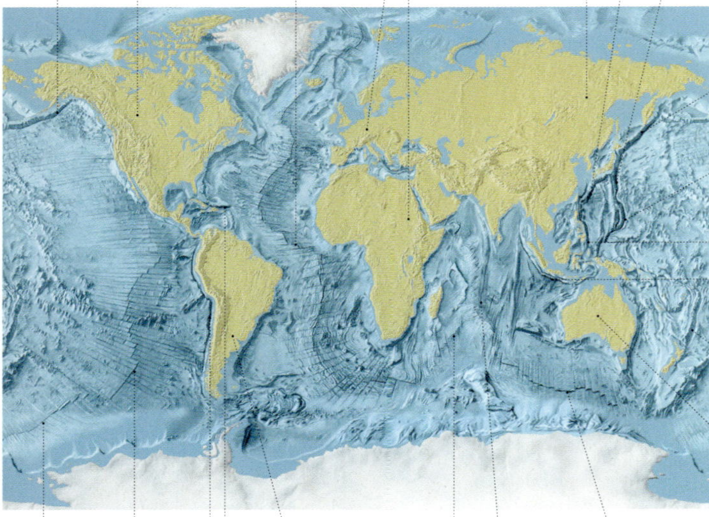

typische Küstenformen^F
caratteristiche^F della costa^F

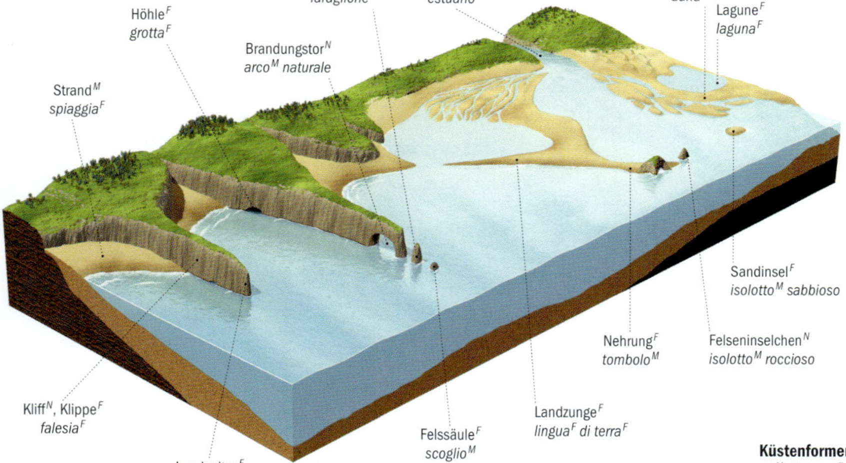

Küstenformen^F
esempi^M di linee^F di costa^F

Riffküste^F
cordone^M litorale

Fjordküste^F
fiordi^M

Steilküste^F
falesia^F costiera

Delta^N
delta^M

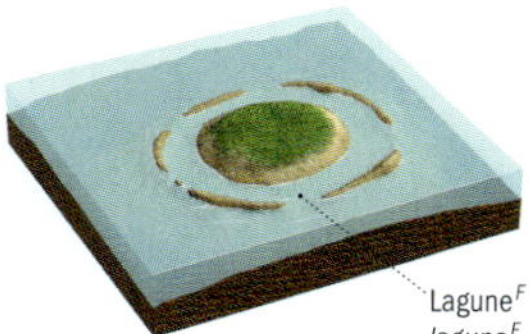

Atoll^N
atollo^M

Riasküste^F
costa^F a rias^F

Wüste^{F}
deserto^{M}

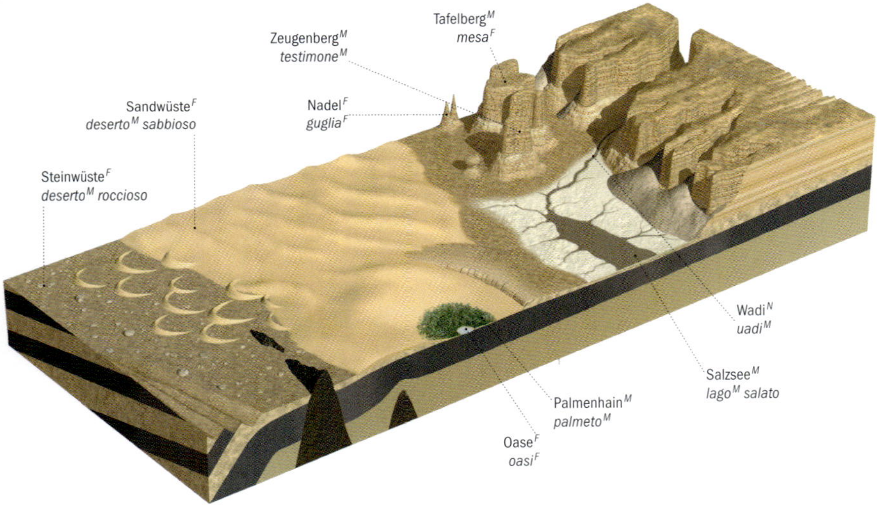

Dünenformen^{F}
esempi^{M} di dune^{F}

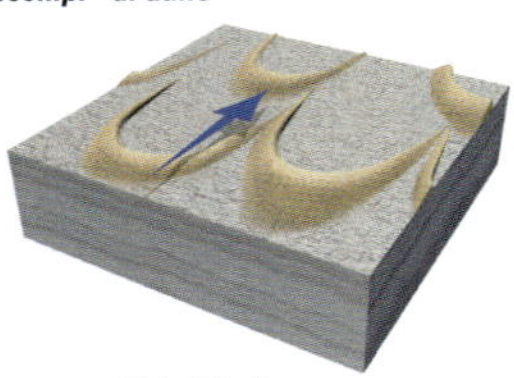
Sicheldüne^{F}
barcana^{F}

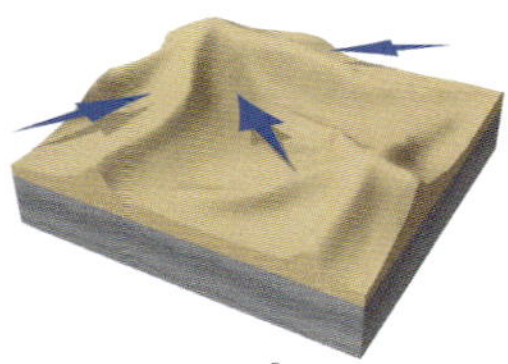
komplexe Düne^{F}
duna^{F} complessa

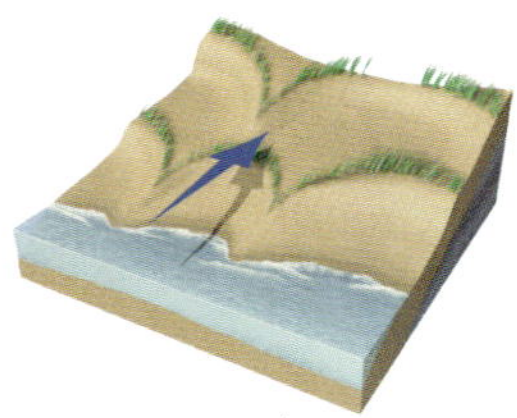
Parabeldüne^{F}
duna^{F} parabolica

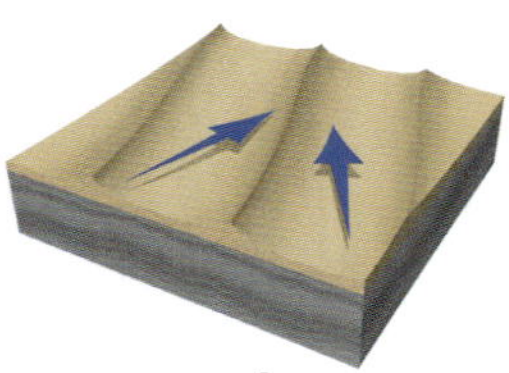
Längsdünen^{F}
dune^{F} longitudinali

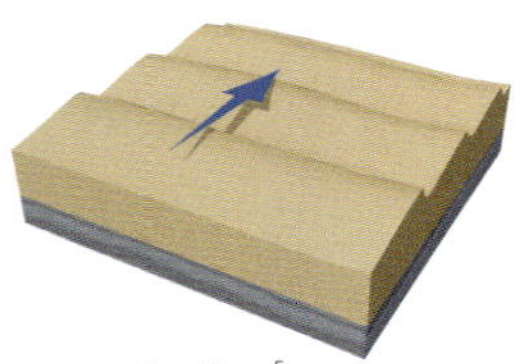
Querdünen^{F}
dune^{F} trasversali

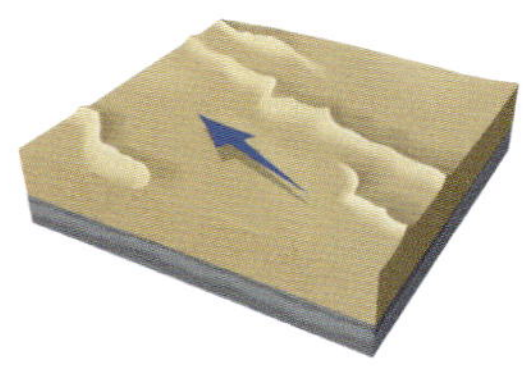
Dünenzug^{M}
catena^{F} di dune^{F}

Erdatmosphäre^F im Querschnitt^M

profilo^M dell'atmosfera^F terrestre

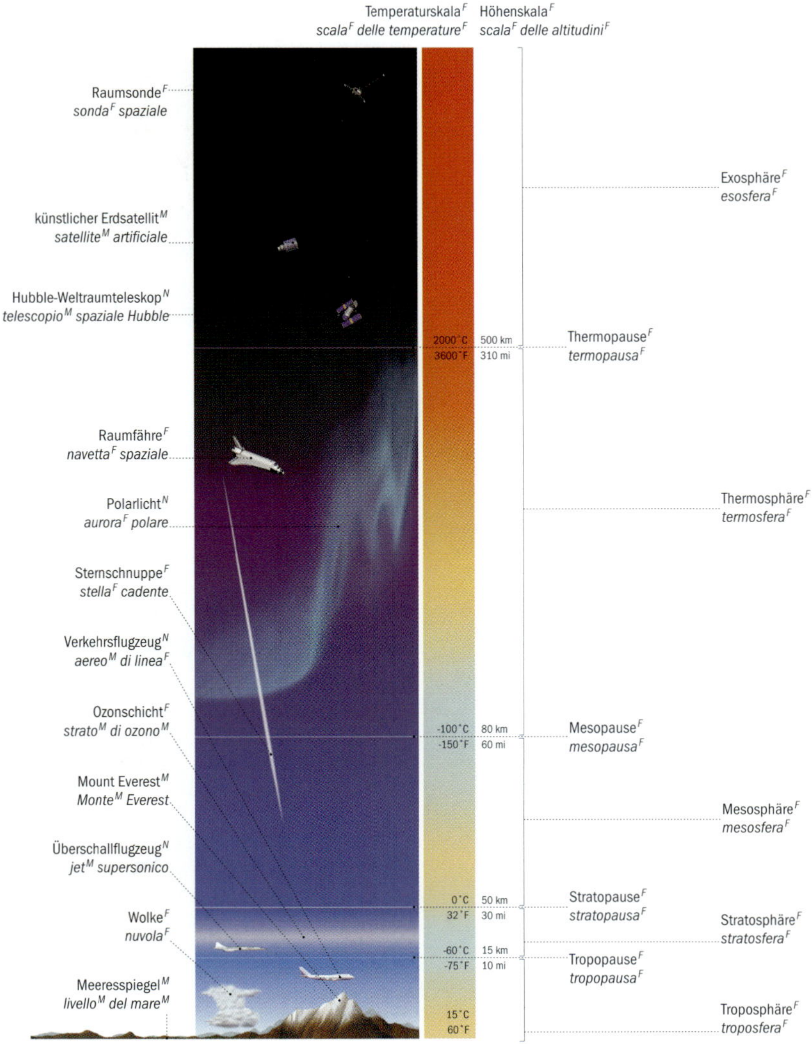

Jahreszeiten F

stagioni F dell'anno M

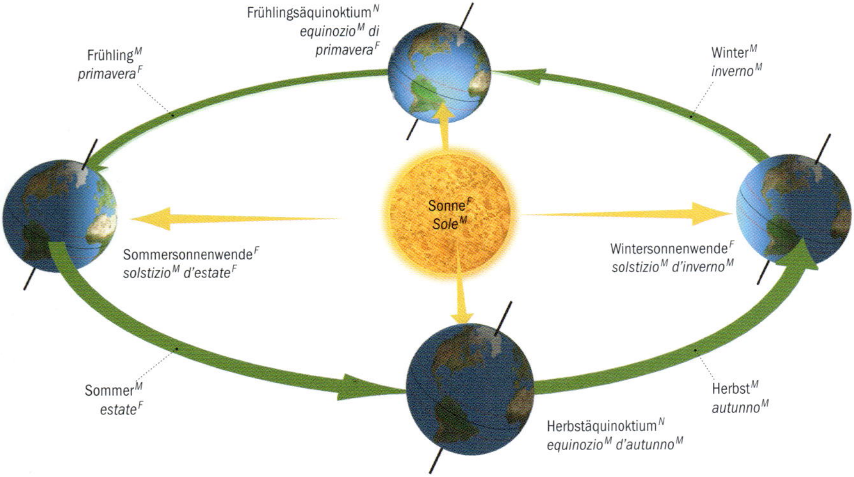

Wettervorhersage F

previsioni F meteorologiche

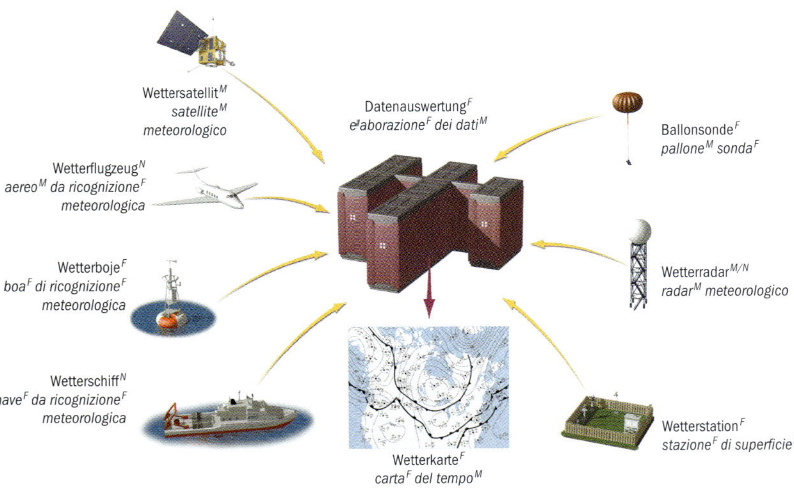

Wetterkarte[F]

carta[F] del tempo[M]

Windrichtung[F] und Windgeschwindikeit[F]
direzione[F] e forza[F] del vento[M]

Luftdruck[M]
pressione[F] atmosferica

Isobare[F]
isobara[F]

Tiefdruckgebiet[N]
centro[M] di bassa pressione[F]

Niederschlagsgebiet[N]
area[F] di precipitazione[F]

Trog[M]
saccatura[F]

Luftmasse[F]
tipo[M] di massa[F] d'aria[F]

Hochdruckgebiet[N]
centro[M] di alta pressione[F]

Stationsmodell[N]

modello[M] di stazione[F]

Art der hohen Wolken[F]
tipo[M] di nube[F] alta

Windgeschwindigkeit[F]
forza[F] del vento[M]

Lufttemperatur[F]
temperatura[F] dell'aria[F]

Windrichtung[F]
direzione[F] del vento[M]

gegenwärtige Wetterlage[F]
stato[M] presente del tempo[M]

Art der mittelhohen Wolken[F]
tipo[M] di nube[F] media

Stationskreis[M]
cerchio[M] di stazione[F]

Luftdruck[M] in Meereshöhe[F]
pressione[F] a livello[M] del mare[M]

Himmelsbedeckung[F]
copertura[F] del cielo[M]

Drucktendenz[F]
tendenza[F] barometrica

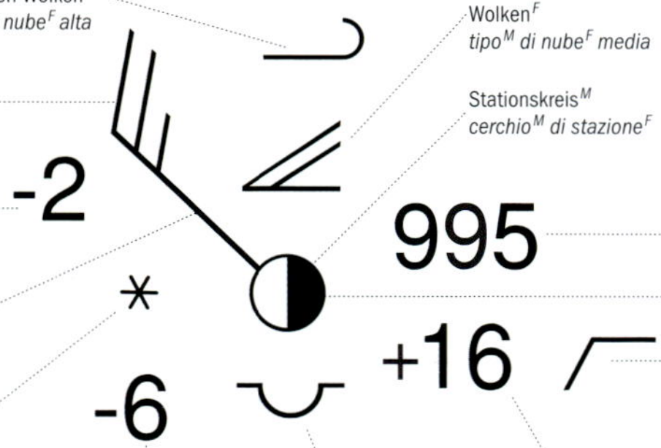

Taupunkttemperatur[F]
temperatura[F] di rugiada[F]

Art der tiefen Wolken[F]
tipo[M] di nube[F] bassa

Luftdruckänderung[F]
variazione[F] di pressione[F]

Klimate[N] der Welt[F]

climi[M] del mondo[M]

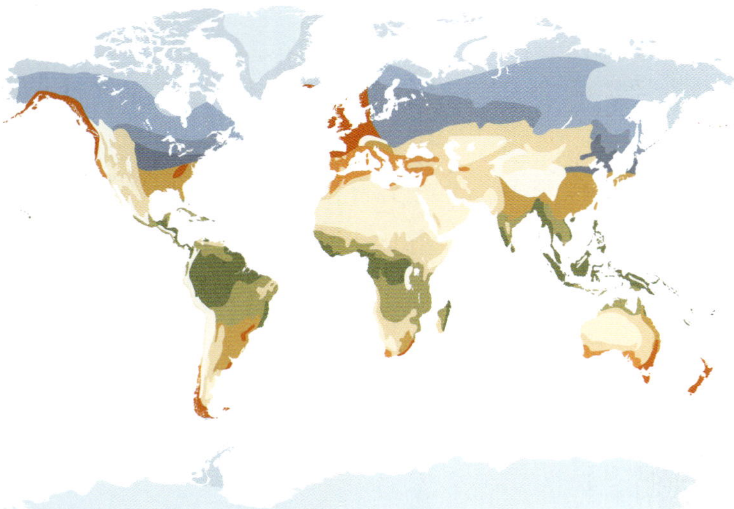

tropische Klimate[N]
climi[M] tropicali

tropischer Regenwald[M]
tropicale della foresta[F] pluviale

tropisch feucht und trocken (Savanne[F])
tropicale umido e secco (savana[F])

Trockenklimate[N]
climi[M] aridi

Steppe[F]
steppico

Wüste[F]
desertico

kaltgemäßigte Klimate[N]
climi[M] temperati freddi

feucht-kontinental - heißer Sommer[M]
continentale umido - estate[F] torrida

feucht-kontinental - warmer Sommer[M]
continentale umido - estate[F] calda

subarktisch
subartico

warmgemäßigte Klimate[N]
climi[M] temperati caldi

feuchte Subtropen
subtropicale umido

mediterrane Subtropen
subtropicale mediterraneo

maritim
marino

Polarklimate[N]
climi[M] polari

Polartundra[F]
della tundra[F] polare

Eiskappe[F]
della calotta[F] polare

Hochlandklimate[N]
climi[M] di montagna[F]

Hochgebirge[N]
di montagna[F]

Niederschläge^{M}
precipitazioni^{F}

Winterniederschläge^{M}
precipitazioni^{F} invernali

stürmischer Himmel^{M}
cielo^{M} tempestoso

Tau^{M}
rugiada^{F}

Dunst^{M}
foschia^{F}

Nebel^{M}
nebbia^{F}

Reif^{M}
brina^{F}

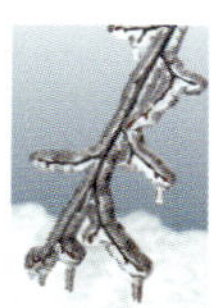

Raureif^{M}
vetrone^{M}

Wolken[F]
nuvole[F]

hohe Wolken[F]
nubi[F] alte

mittelhohe Wolken[F]
nubi[F] medie

tiefe Wolken[F]
nubi[F] basse

Quellwolken[F]
nubi[F] a sviluppo[M] verticale

Tornado[M] und Wasserhose[F]

tornado[M] e tromba[F] marina

Wasserhose[F]
tromba[F] marina

Tornado[M]
tornado[M]

tropischer Wirbelsturm[M]

ciclone[M] tropicale

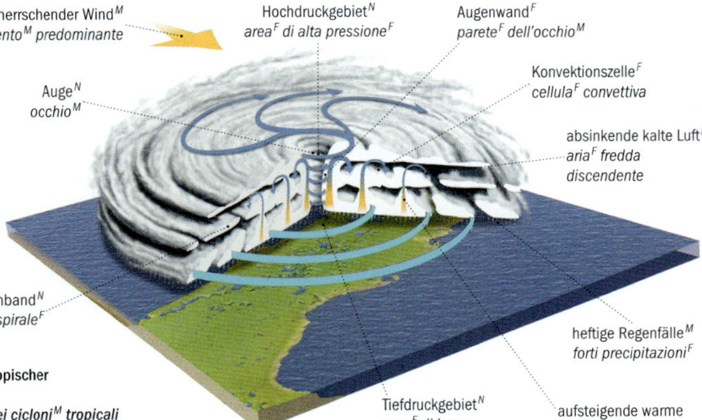

Bezeichnungen[F] tropischer Wirbelstürme[M]
denominazione[F] dei cicloni[M] tropicali

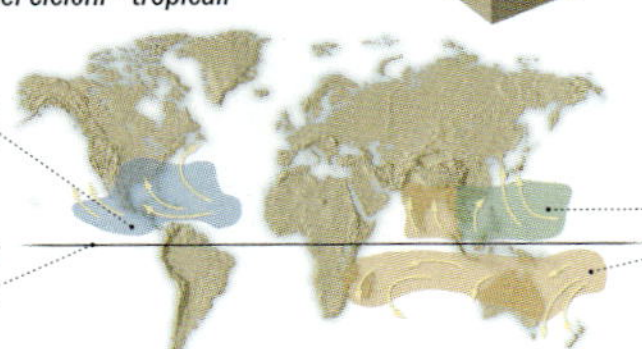

Vegetation[F] und Biosphäre[F]

vegetazione[F] e biosfera[F]

Vegetationszonen[F]
distribuzione[F] della vegetazione[F]

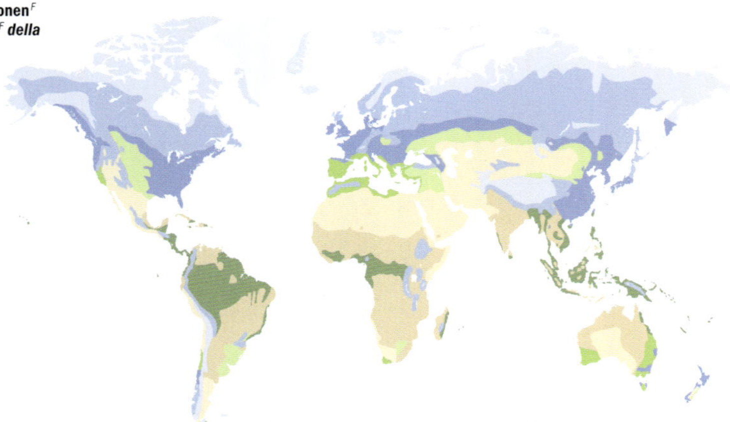

Tundra[F] *tundra[F]*	gemäßigter Wald[M] *foresta[F] temperata*	tropischer Regenwald[M] *foresta[F] pluviale tropicale*	Wüste[F] *deserto[M]*
borealer Wald[M] *foresta[F] boreale*	Grasland[N] *prateria[F]*	Savanne[F] *savana[F]*	Macchie[F] *macchia[F]*

Vegetationsbild[N] nach Höhenlagen[F]
altitudine[F] e vegetazione[F]

Aufbau[M] der Biosphäre[F]
struttura[F] della biosfera[F]

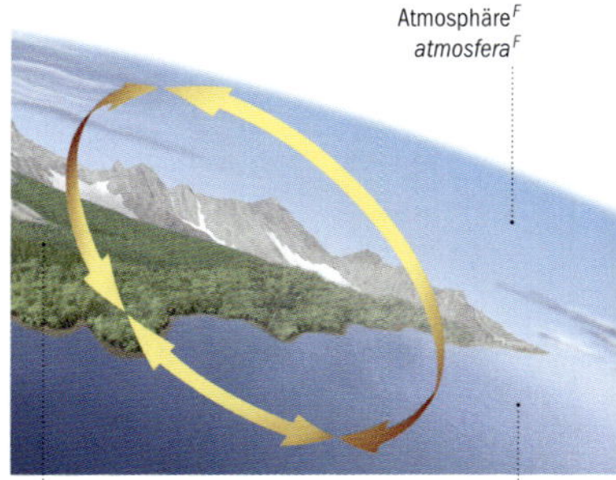

Nahrungskette^F
catena^F alimentare

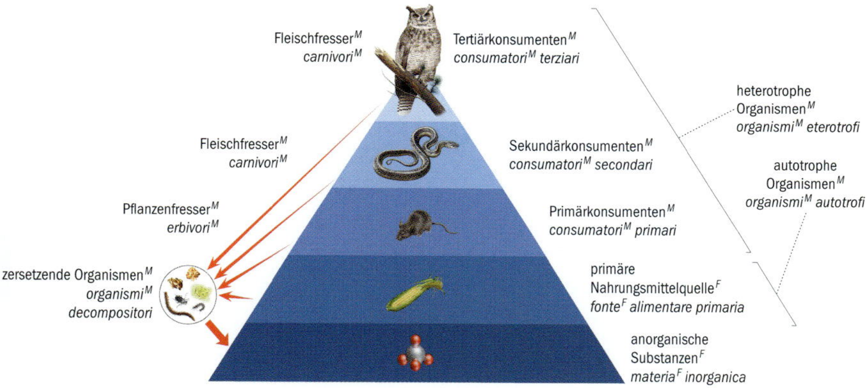

Wasserkreislauf^M
ciclo^M idrologico

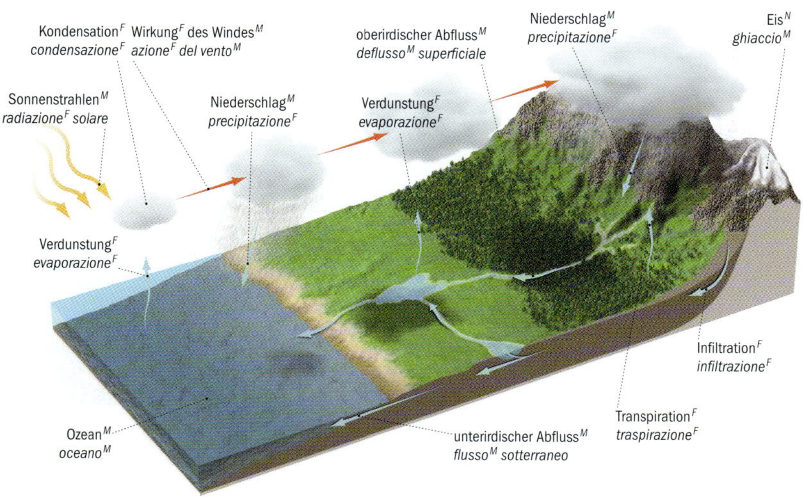

Treibhauseffekt^M
effetto^M serra^F

natürlicher Treibhauseffekt^M
effetto^M serra^F naturale

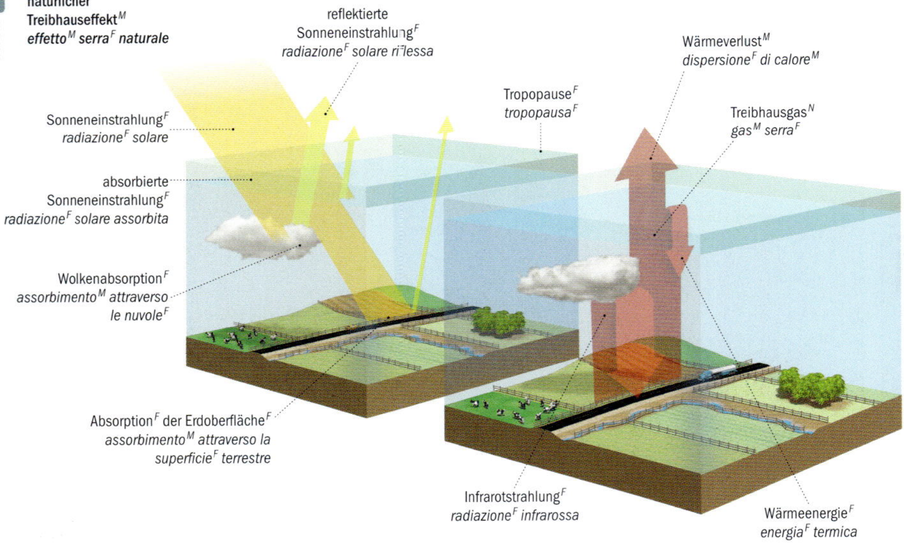

anthropogener Treibhauseffekt^M
incremento^M dell'effetto^M serra^F

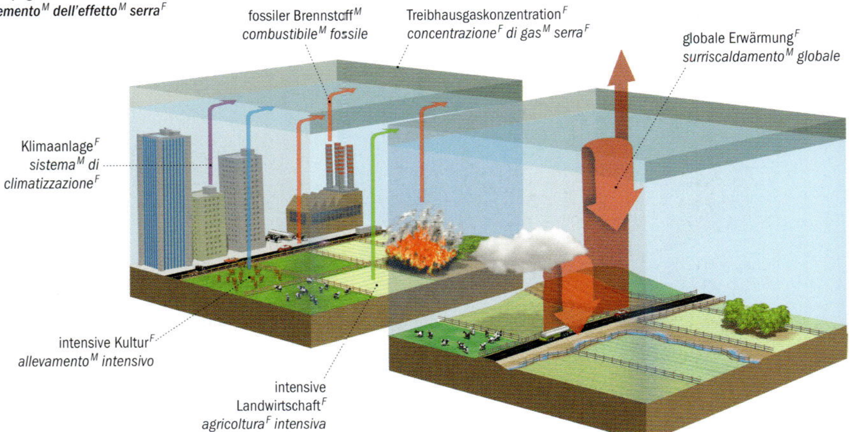

Luftverschmutzung[F]

inquinamento[M] dell'aria[F]

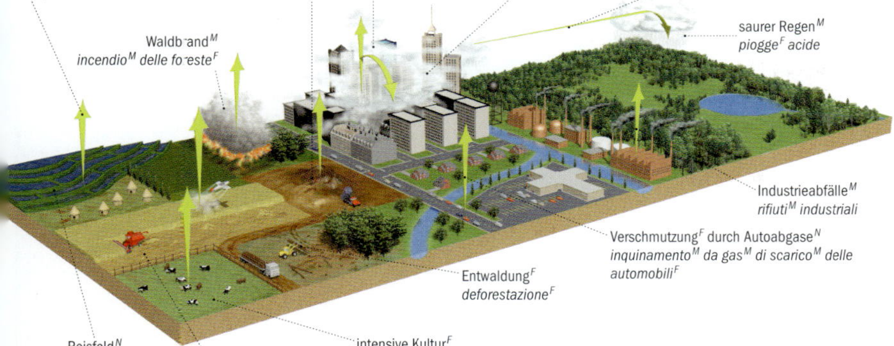

Bodenverschmutzung[F]

inquinamento[M] del suolo[M]

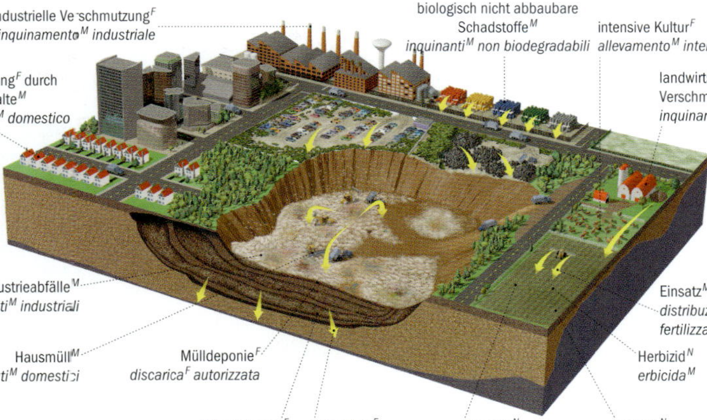

ERDE

Wasserverschmutzung[F]

inquinamento[M] dell'acqua[F]

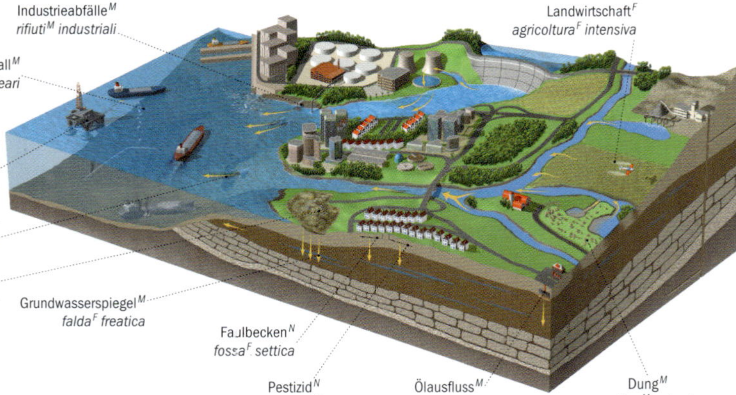

saurer Regen[M]

piogge[F] acide

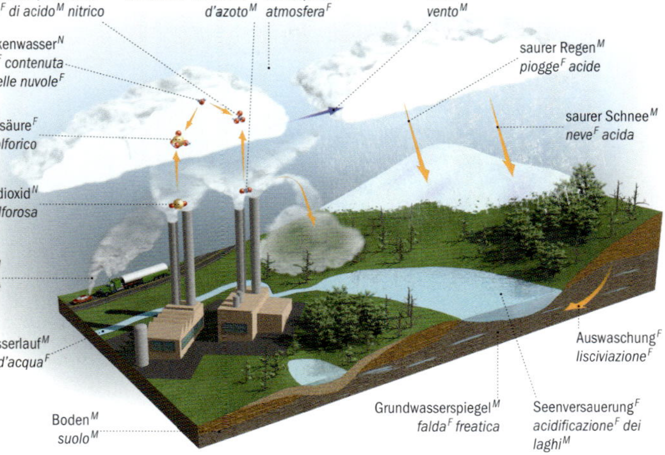

Mülltrennung[F]

smistamento[M] selettivo dei rifiuti[M]

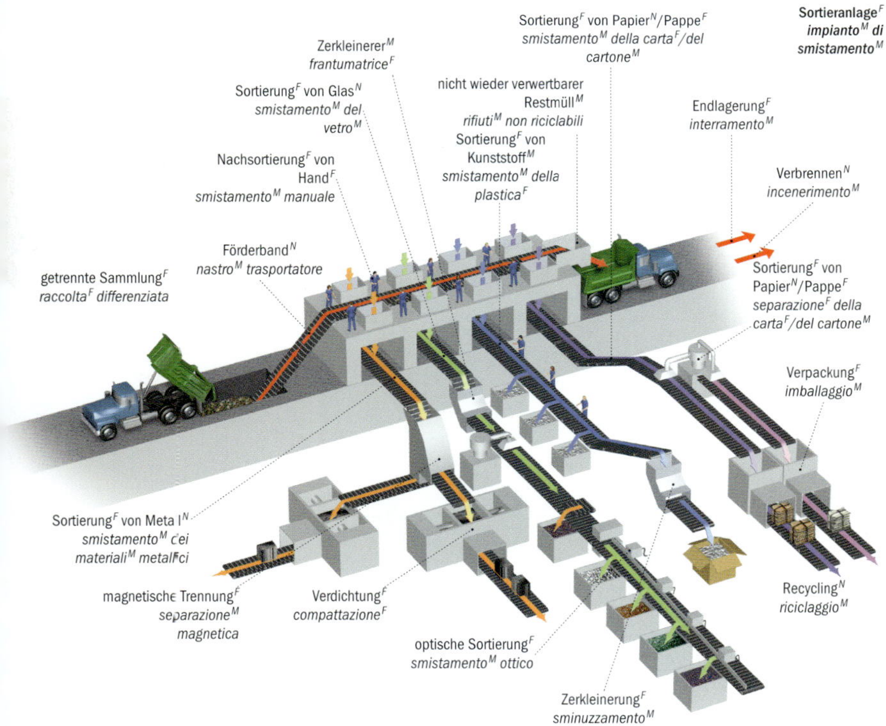

Pflanzenzelle[F]

cellula[F] vegetale

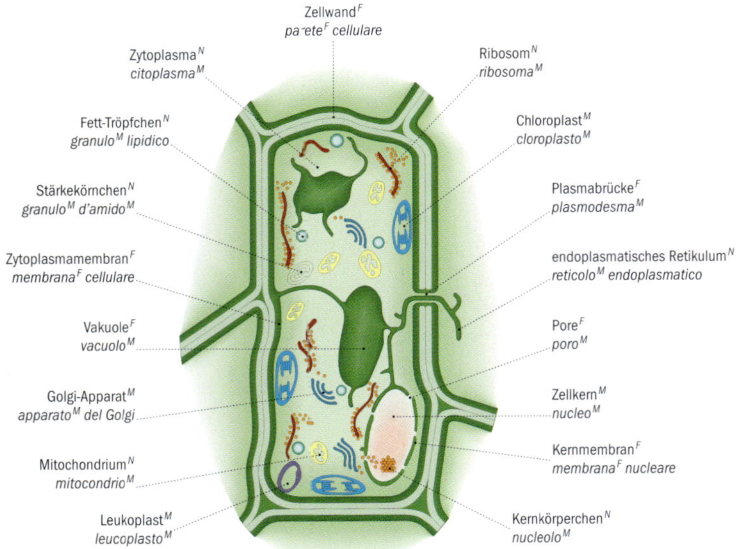

Flechte[F]

lichene[M]

Aufbau[M] einer Flechte[F]
struttura[F] di un lichene[M]

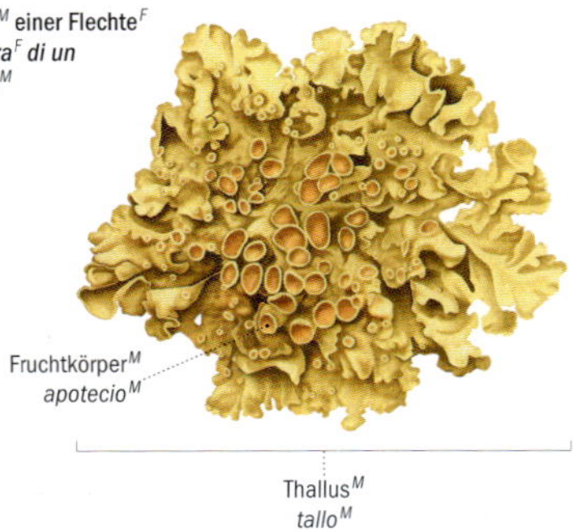

Beispiele[N] für Flechten[F]
esempi[M] di licheni[M]

Strauchflechte[F]
lichene[M] fruticoso

Krustenflechte[F]
lichene[M] crostoso

Laubflechte[F]
lichene[M] fogliaceo

Moos^{N}
muschio^{M}

Aufbau^{M} eines Mooses^{N}
struttura^{F} di un muschio^{M}

Beispiele^{N} für Moose^{N}
esempi^{M} di muschi^{M}

sparriges Torfmoos^{N}
sfagno^{M} pungente

gemeines Widertonmoos^{N}
politrico^{M} comune

Alge^{F}
alga^{F}

Aufbau^{M} einer Alge^{F}
struttura^{F} di un'alga^{F}

Beispiele^{N} für Algen^{F}
esempi^{M} di alghe^{F}

Rotalge^{F}
alga^{F} rossa

Grünalge^{F}
alga^{F} verde

Braunalge^{F}
alga^{F} bruna

Pilz^{M}
fungo^{M}

Aufbau^{M} eines Pilzes^{M}
struttura^{F} di un fungo^{M}

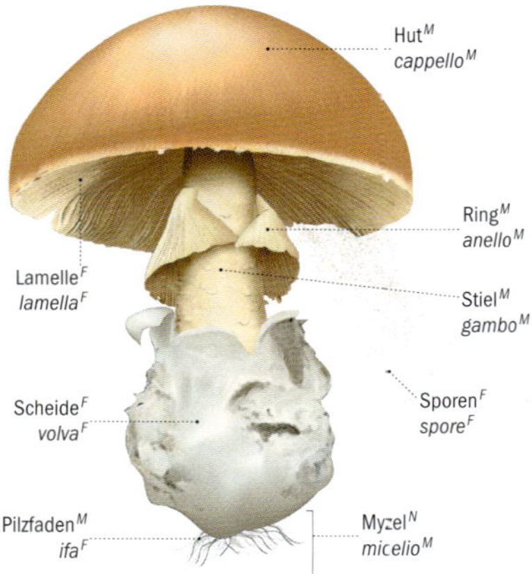

tödlich giftiger Pilz^{M}
fungo^{M} velenoso e mortale

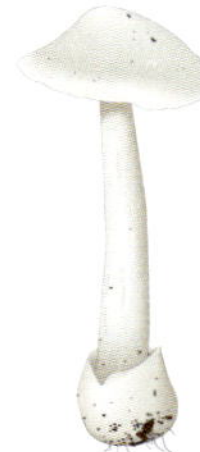

Knollenblätterpilz^{M}
amanita^{F} virosa

Giftpilz^{M}
fungo^{M} velenoso

Fliegenpilz^{M}
amanita^{F} muscaria

Farn^{M}
felce^{F}

Aufbau^{M} eines Farns^{M}
struttura^{F} di una felce^{F}

Beispiele^{N} für Farne^{M}
esempi^{M} di felci^{F}

Baumfarn^{M}
felce^{F} arborea

gemeiner Tüpfelfarn^{M}
polipodio^{M} comune

Nestfarn^{M}
lingua^{F} di cervo^{M}

Aufbau[M] einer Pflanze[F]
struttura[F] di una pianta[F]

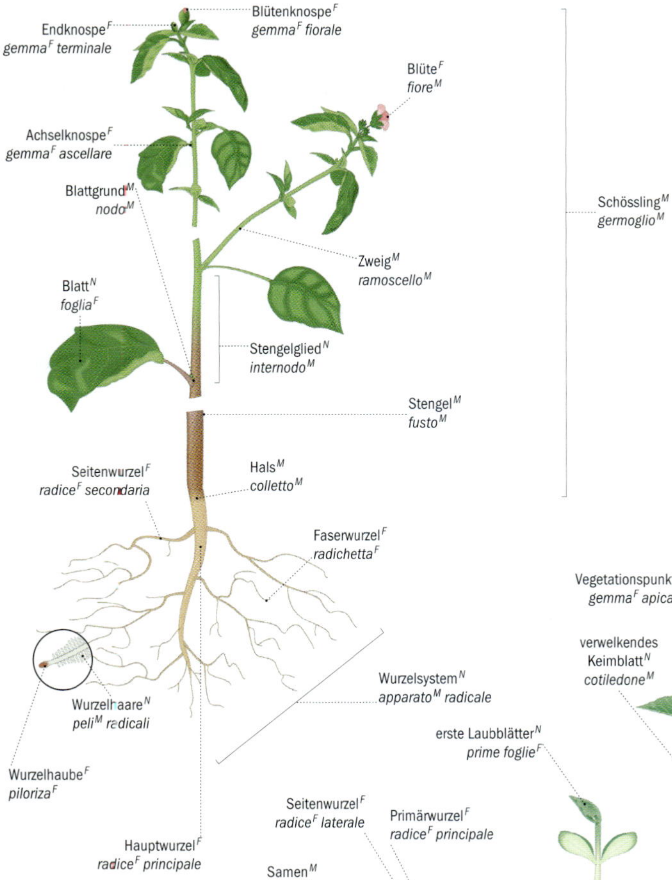

Keimung[F]
germinazione[F]

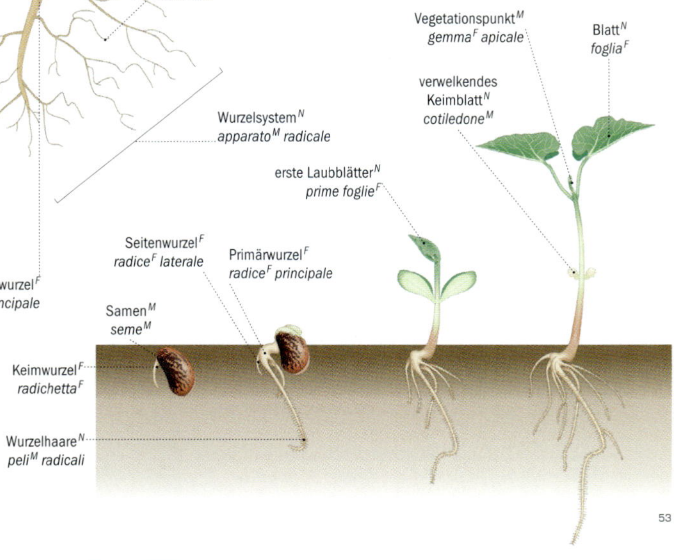

Photosynthese^{F}
fotosintesi^{F}
Sonnenenergie^{F}
energia^{F} solare
Blatt^{N}
foglia^{F}
Stiel^{M}
stelo^{M}
Glukose^{F}
glucosio^{M}
Abgabe^{F} von Sauerstoff^{M}
produzione^{F} di ossigeno^{M}
Aufnahme^{F} von Kohlendioxid^{N}
assorbimento^{M} di anidride^{F} carbonica
Aufnahme^{F} von Wasser^{N} und Mineralstoffen^{M}
assorbimento^{M} di acqua^{F} e sali^{M} minerali

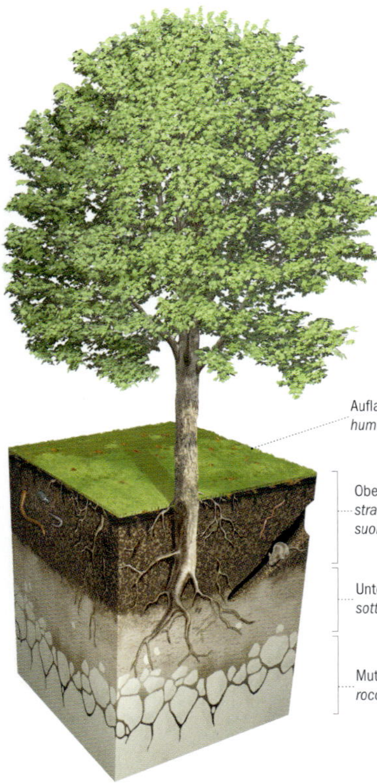
Bodenprofil^{N}
profilo^{M} del suolo^{M}
Auflagehumus^{M}
humus^{M}
Oberboden^{M}
strato^{M} superficiale del suolo^{M}
Unterboden^{M}
sottosuolo^{M}
Muttergestein^{N}
roccia^{F} in posto^{M}

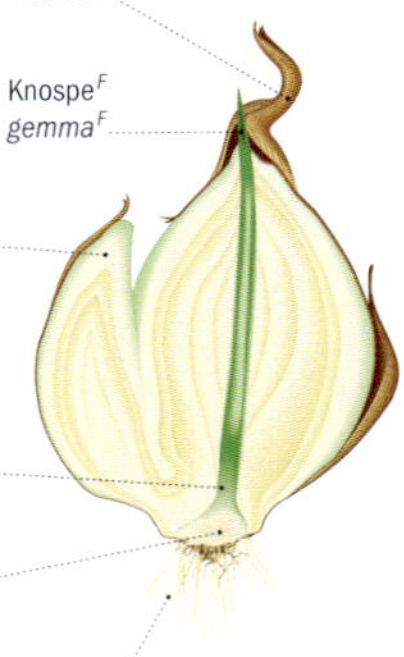
Zwiebel^{F} im Querschnitt^{M}
sezione^{F} di un bulbo^{M}
Laubblatt^{N}
tunica^{F}
Knospe^{F}
gemma^{F}
Schuppenblatt^{N}
foglia^{F} carnosa
Brutzwiebel^{F}
bulbillo^{M}
Blütenstandstiel^{M}
fusto^{M} del bulbo^{M}
Spross^{M}
base^{F} del bulbo^{M}
Wurzel^{F}
radice^{F}

einfache Blätter[N]
foglie[F] semplici

herzförmig
cordata

nierenförmig
reniforme

rund
orbicolare

spatelförmig
spatolata

linealisch
lineare

pfeilförmig
astata

eiförmig
ovata

lanzettförmig
lanceolata

schildförmig
peltata

Aufbau[M] eines Blatts[N]
struttura[F] di una foglia[F]

zusammengesetzte Blätter[N]
foglie[F] composte

dreizählig
trifogliata

fiederteilig
pennatifida

handförmig
palmata

paarig gefiedert
paripennata

unpaarig gefiedert
imparipennata

Blattrand[M]
margine[M] fogliare

gesägt
dentato

doppelt gesägt
doppiamente dentato

gekerbt
crenato

gewimpert
ciliato

ganzrandig
liscio

gebuchtet
lobato

Blüte[F]
fiore[M]

Aufbau[M] einer Blume[F]
struttura[F] di un fiore[M]

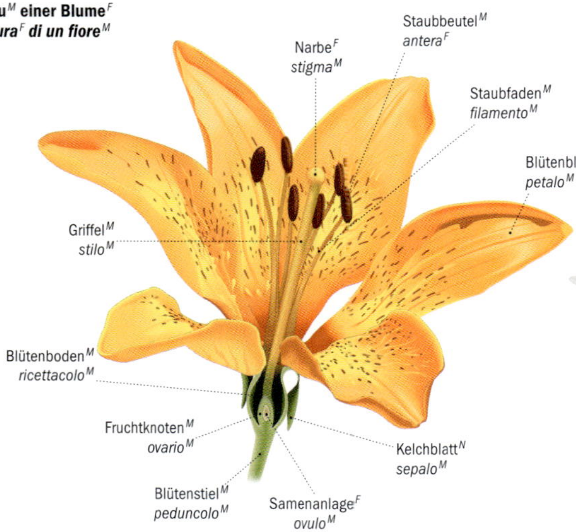

Stempel[M]
pistillo[M]

Blumenkrone[F]
corolla[F]

Staubblatt[N]
stame[M]

Blütenkelch[M]
calice[M]

Beispiele[N] für Blumen[F]
esempi[M] di fiori[M]

Orchidee[F]
orchidea[F]

Narzisse[F]
trombone[M]

Mohn[M]
papavero[M]

Tulpe[F]
tulipano[M]

Maiglöckchen[N]
mughetto[M]

Nelke[F]
garofano[M]

Rose[F]
rosa[F]

Begonie[F]
begonia[F]

Lilie[F]
giglio[M]

Veilchen[N]
viola[F]

Krokus[M]
croco[M]

Sonnenblume[F]
girasole[M]

Arten^{F} von Blütenständen^{M}
tipi^{M} di infiorescenze^{F}

geschlossene Traube^{F}
racemo^{M}

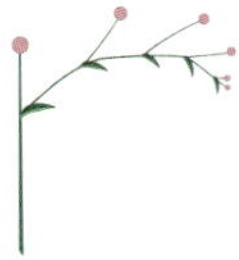

eingliedrige Trugdolde^{F}
cima^{F} unipara

Dolde^{F}
ombrella^{F}

Körbchen^{N}
capolino^{M}

Ähre^{F}
spiga^{F}

zweigliedrige Trugdolde^{F}
cima^{F} bipara

Doldentraube^{F}
corimbo^{M}

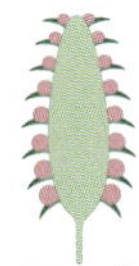

Kolben^{M}
spadice^{M}

Früchte^{F}
frutti^{M}

fleischige Steinfrucht^{F}
drupa^{F}

wissenschaftliche Bezeichnungen^{F}
termini^{M} tecnici

Pfirsich^{M} im Querschnitt^{M}
sezione^{F} di una pesca^{F}

gebräuchliche Bezeichnungen^{F}
termini^{M} comuni

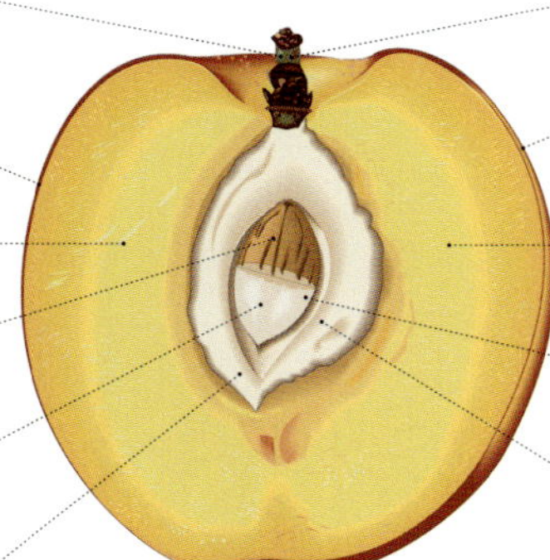

fleischige Apfelfrucht[F]
frutto[M] carnoso: mela[F]

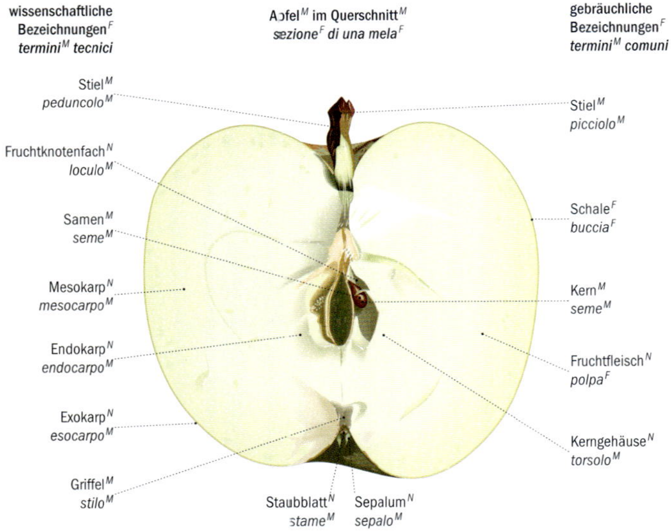

fleischige Frucht[F]: Zitrusfrucht[F]
frutto[M] carnoso: agrume[M]

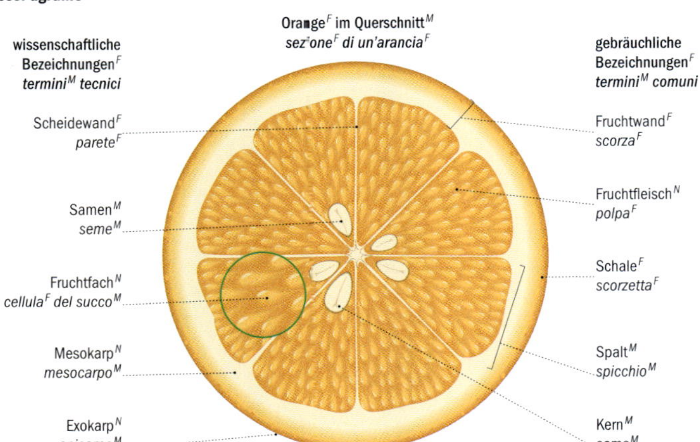

fleischige Frucht[F]: Beere[F]
frutto[M] carnoso: bacca[F]

wissenschaftliche Bezeichnungen[F]
termini[M] tecnici

Weintraube[F] im Querschnitt[M]
sezione[F] di un acino[M]

gebräuchliche Bezeichnungen[F]
termini[M] comuni

Erdbeere[F] im Querschnitt[M]
sezione[F] di una fragola[F]

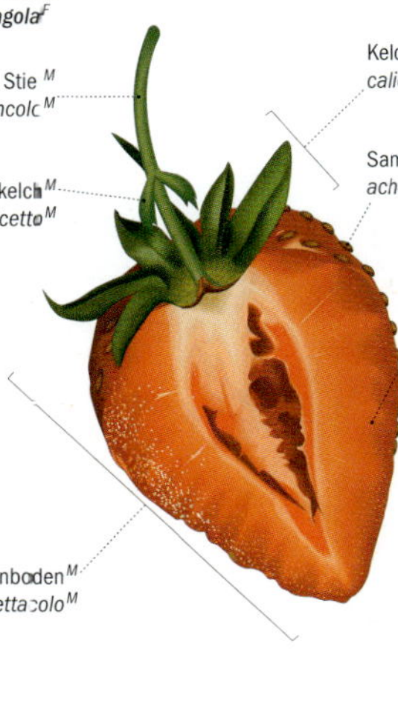

Himbeere[F] im Querschnitt[M]
sezione[F] di un lampone[M]

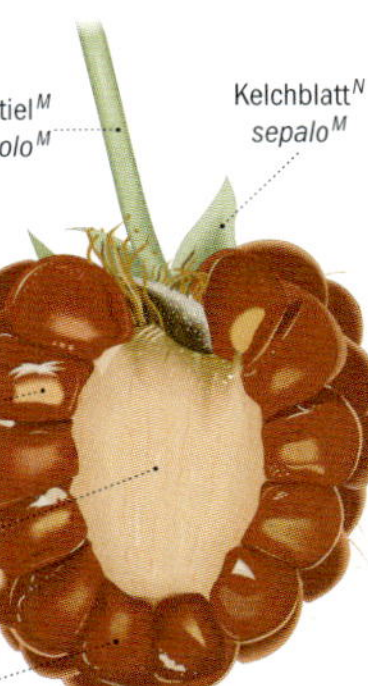

Trockenfrüchte[F]
frutti[M] secchi

Balg[M] m Querschnitt[M]: Sternanis[M]
sezione[F] di un follicolo[M]: anice[M] stellato

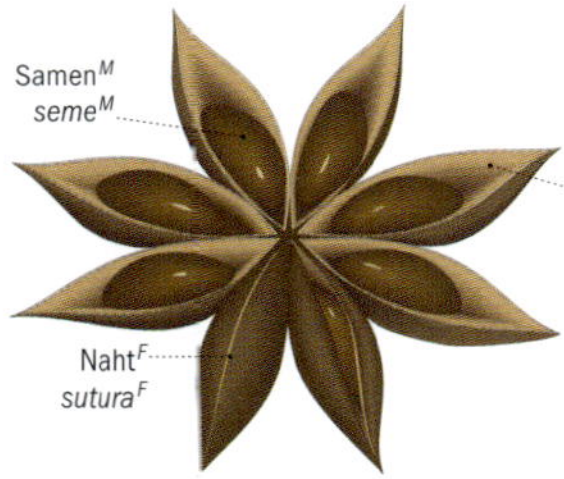

Schote[F] im Querschnitt[M]: Senf[M]
sezione[F] di una siliqua[F]: senape[F] nera

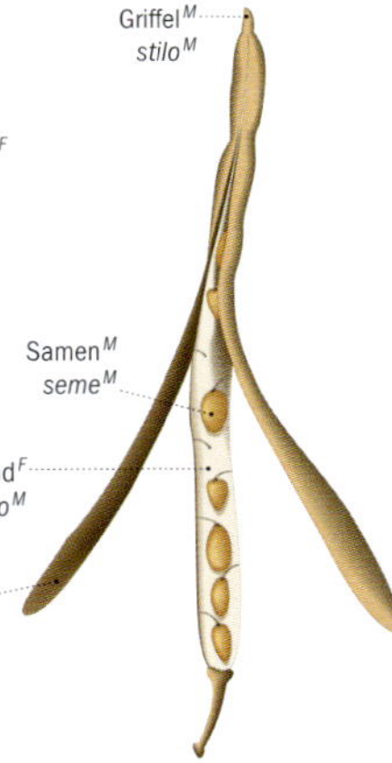

Längsschnitt[M] durch eine Haselnuss[F]
sezione[F] di una nocciola[F]

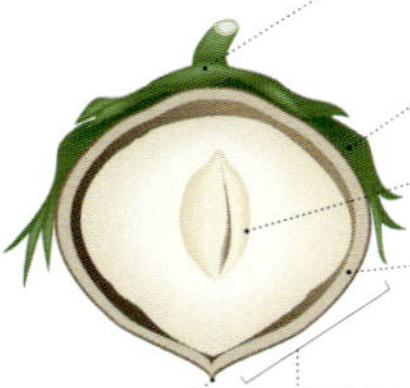

Längsschnitt[M] durch eine Walnuss[F]
sezione[F] di una noce[F]

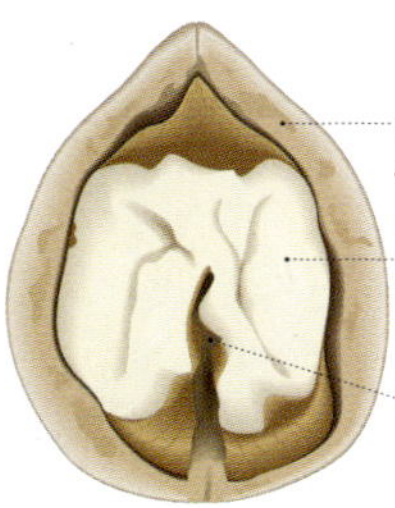

Hülsenfrucht[F] im Querschnitt[M]: Erbse[F]
sezione[F] di un legume[M]: pisello[M]

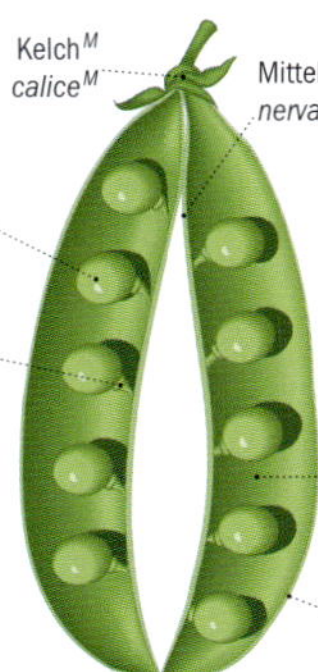

Fruchtkapsel[F] im Querschnitt[M]: Mohn[M]
sezione[F] di una capsula[F]: papavero[M]

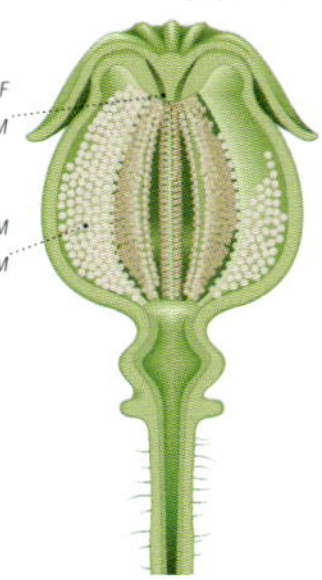

Getreide^{N}

cereali^{M}

Buchweizen^{M}
grano^{M} saraceno

Buchweizen^{M}: Doldenrispe^{F}
grano^{M} saraceno: racemo^{M}

Weizen^{M}
grano^{M}

Weizen^{M}: Ähre^{F}
grano^{M}: spiga^{F}

Längsschnitt^{M} durch ein Weizenkorn^{N}
sezione^{F} di un chicco^{M} di grano^{M}

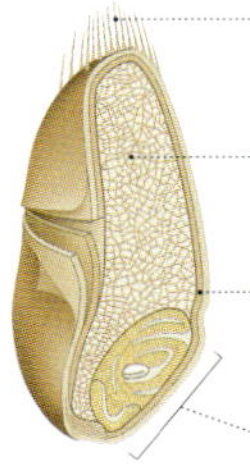

Gerste^{F}
orzo^{M}

Gerste^{F}: Ähre^{F}
orzo^{M}: spiga^{F}

Reis^{M}
riso^{M}

Reis^{M}: Rispe^{F}
riso^{M}: pannocchia^{F}

Hafer^{M}
avena^{F}

Hafer^{M}: Ährchen^{N}
avena^{F}: pannocchia^{F}

Mohrenhirse^{F}
sorgo^{M}

Mohrenhirse^{F}: Rispe^{F}
sorgo^{M}: pannocchia^{F}

Roggen^{M}
segale^{F}

Roggen^{M}: Ähre^{F}
segale^{F}: spiga^{F}

Hirse^{F}
miglio^{M}

Hirse^{F}: Ährenrispe^{F}
miglio^{M}: spiga^{F}

Mais^{M}
mais^{M}

Mais^{M}: Kolben^{M}
mais^{M}: pannocchia^{F}

Rebe[F]

vite[F]

Traubenhenkel[M]
grappolo[M] d'uva[F]

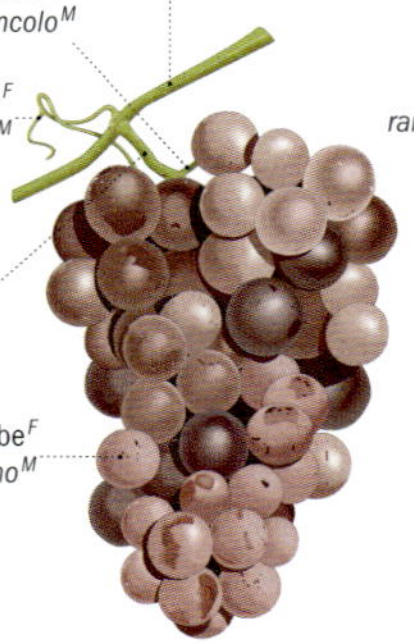

Rebstock[M]
albero[M] della vite[F]

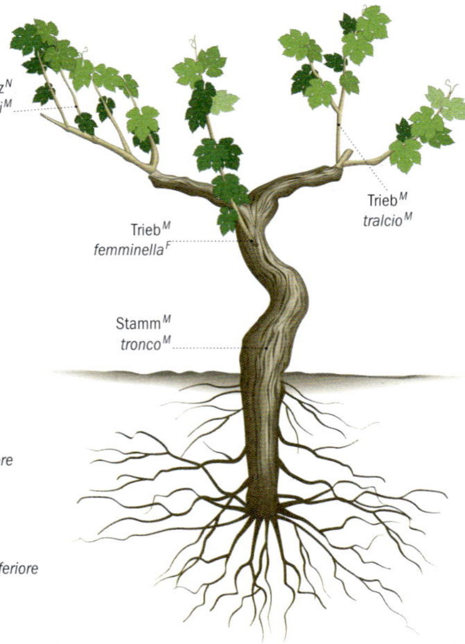

Weinblatt[N]
pampino[M]

Stufen[F] der Reife[F]
stadi[M] di maturazione[F]

Blüte[F]
fioritura[F]

Fruchtbildung[F]
fruttificazione[F]

Reifeprozess[M]
maturazione[F]

Vollreife[F]
maturità[F]

Baum^{M}
albero^{M}

Aufbau^{M} eines Baumes^{M}
struttura^{F} di un albero^{M}

Baumstamm^{M} im Querschnitt^{M}
sezione^{F} trasversale di un tronco^{M}

Stumpf^{M}
ceppo^{M}

Beispiele^{N} für Laubhölzer^{N}
esempi^{M} di latifoglie^{F}

Eiche^{F}
quercia^{F}

Birke^{F}
betulla^{F}

Trauerweide^{F}
salice^{M} piangente

Pappel^{F}
pioppo^{M}

Palme^{F}
palma^{F}

Ahorn^{M}
acero^{M}

Buche^{F}
faggio^{M}

Walnuss^{F}
noce^{M}

Nadelbaum^{M}

conifera^{F}

Zapfen^{M}
cono^{M}

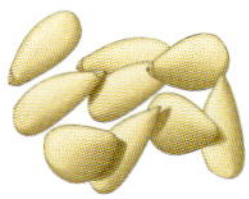

Pinienkern^{M}
pinolo^{M}

Ast^{M}
ramo^{M}

Beispiele^{N} für Nadelblätter^{N}
esempi^{M} di foglie^{F}

Tannennadeln^{F}
aghi^{M} d'abete^{M}

Kiefernnadeln^{F}
aghi^{M} di pino^{M}

Zypressennadeln^{F}
foglie^{F} squamiformi del cipresso^{M}

Beispiele^{N} für Nadelhölzer^{N}
esempi^{M} di conifere^{F}

Pinie^{F}
pino^{M} domestico

Libanonzeder^{F}
cedro^{M} del Libano^{M}

Fichte^{F}
picea^{F}

Lärche^{F}
larice^{M}

Tanne^{F}
abete^{M}

tierische Zelle[F]

cellula[F] animale

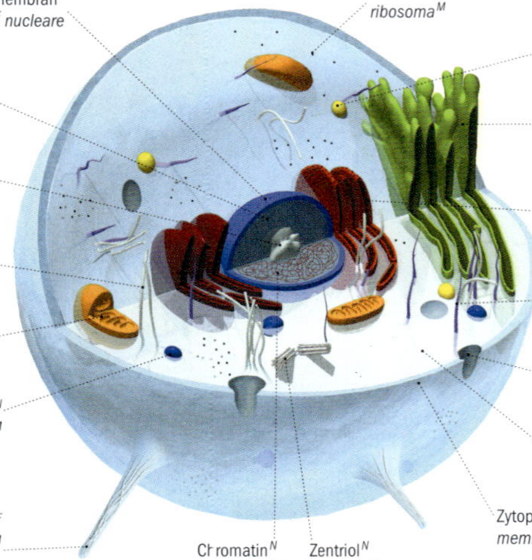

Einzeller[M]

unicellulari[M]

Amöbe[F]
ameba[F]

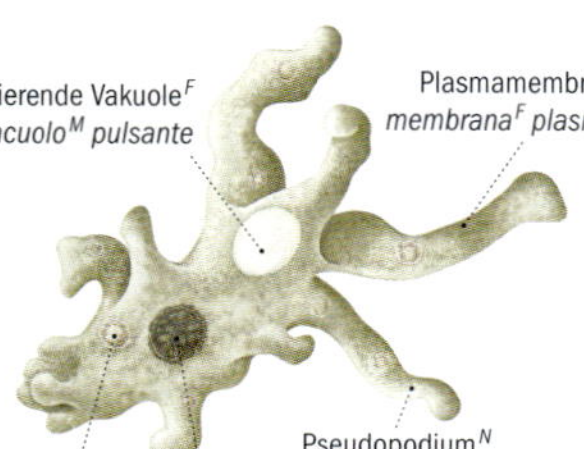

Paramecium[N]
paramecio[M]

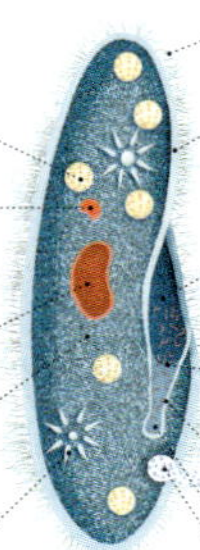

Schmetterling^{M}
farfalla^{F}

äußere Merkmale^{N} eines Schmetterlings^{M}
morfologia^{F} di una farfalla^{F}

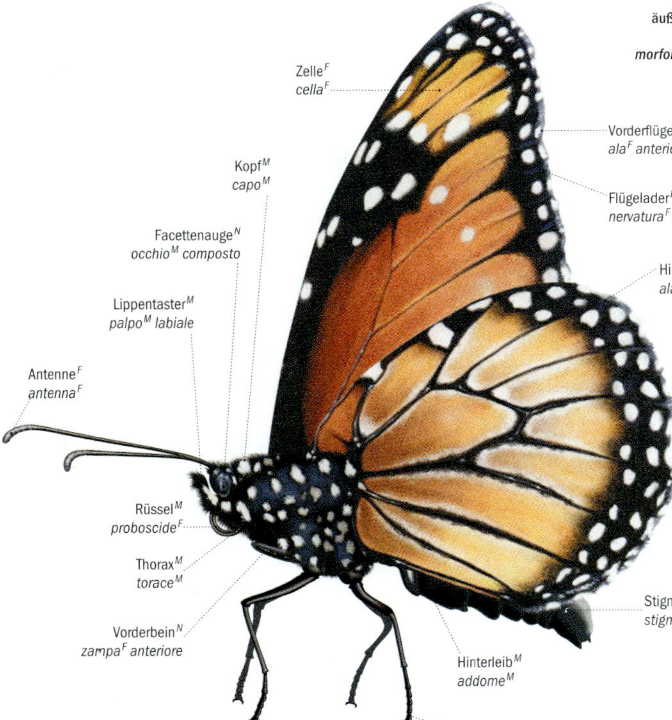

Raupe^{F}
bruco^{M}

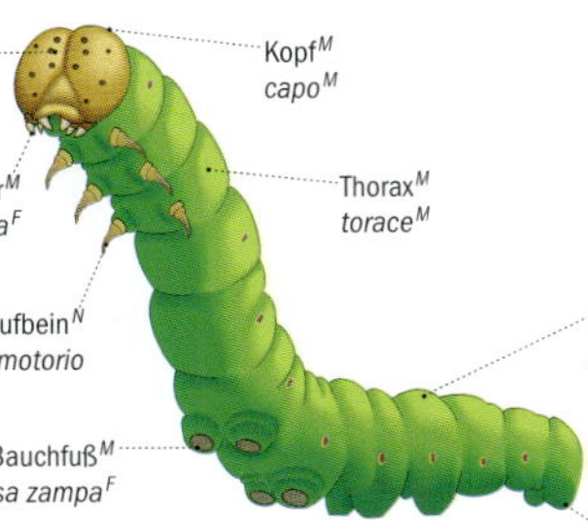

Puppe^{F}
crisalide^{F}

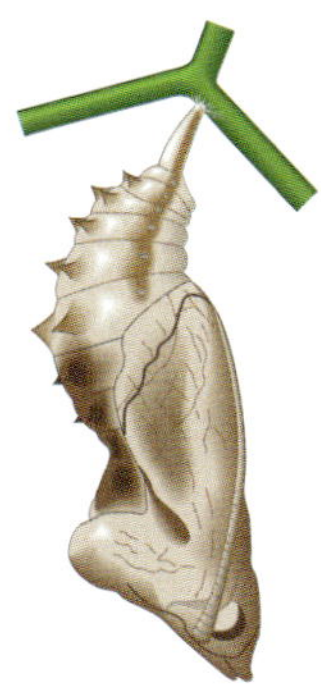

TIERREICH

TIERREICH

Honigbiene[F]

ape[F]

äußere Merkmale[N] einer Honigbiene[F]: Arbeiterin[F]
morfologia[F] di un'ape[F]: operaia

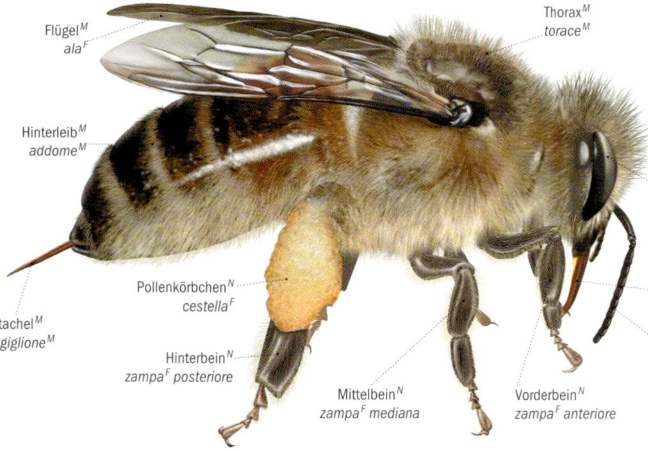

Kasten[F]
caste[F]

Arbeiterin[F]
ape[F] operaia

Königin[F]
ape[F] regina

Drohne[F]
fuco[M]

Beispiele^{N} für Insekten^{N}

esempi^{M} di insetti^{M}

Floh^{M}
pulce^{F}

Laus^{F}
pidocchio^{M}

Moskito^{M}
zanzara^{F}

Tsetsefliege^{F}
mosca^{F} tse-tse

Termite^{F}
termite^{F}

Zikade^{F}
cicala^{F}

Ameise^{F}
formica^{F}

Fliege^{F}
mosca^{F}

Marienkäfer^{M}
coccinella^{F}

Schildwanze^{F}
cimice^{F} rigata

Maikäfer^{M}
maggiolino^{M}

Wespe^{F}
vespa^{F}

Hornisse^{F}
calabrone^{M}

Bremse^{F}
tafano^{M}

Hummel^{F}
bombo^{M}

Nachtigall^{F}-Grashüpfer^{M}
cavalletta^{F}

Laubheuschrecke^{F}
cavalletta^{F} verde

Wasserläufer^{M}
opilione^{M}

Libelle^{F}
libellula^{F}

Atlasspinner^{M}
Vanessa atalanta^{F}

Gottesanbeterin^{F}
mantide^{F} religiosa

Spinne[F]

ragno[M]

Spinnennetz[N]
ragnatela[F]

äußere Merkmale[N] einer Spinne[F]
morfologia[F] di un ragno[M]

Beispiele[N] für Spinnentiere[N]

esempi[M] di aracnidi[M]

Krabbenspinne[F]
ragno[M]-granchio[M]

Zecke[F]
zecca[F]

Wasserspinne[F]
ragno[M] acquatico

Gartenkreuzspinne[M]
epeira[F]

Mexikanische Rotknievogelspinne[F]
migale[F] del Messico[M]

Skorpion[M]
scorpione[M]

Hummer^{M}

astice^{M}

äußere Merkmale^{N} eines Hummers^{M}
morfologia^{F} di un astice^{M}

Brustbeine^{N}
arti^{M} toracici

Kopfbruststück^{N}
cefalotorace^{M}

Hinterleib^{N}
addome^{M}

Schwanz^{M}
coda^{F}

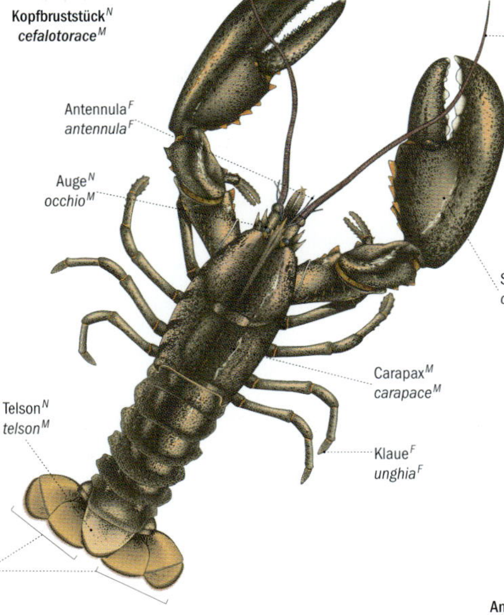

Anatomie^{F} eines Hummers^{M}
anatomia^{F} di un astice^{M}

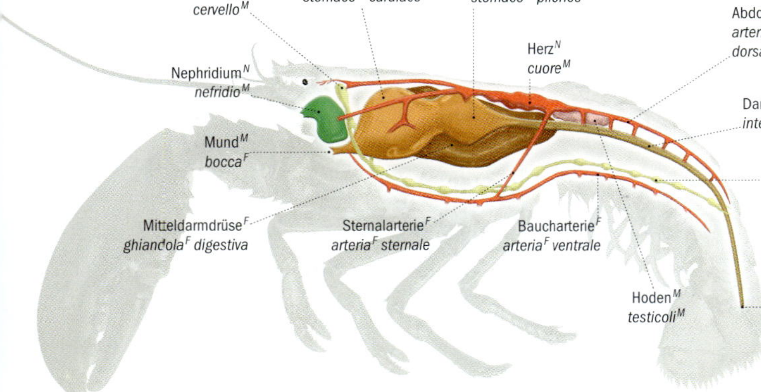

Schnecke^{F}

chiocciola^{F}

äußere Merkmale^{N} einer Schnecke^{F}
morfologia^{F} di una chiocciola^{F}

Tintenfisch^{M}

polpo^{M}

äußere Merkmale^{N} eines Tintenfischs^{M}
morfologia^{F} di un polpo^{M}

einschalige Muschel^{F}

conchiglia^{F} univalve

äußere Merkmale^{N} einer einschaligen Muschel^{F}
morfologia^{F} di una conchiglia^{F} univalve

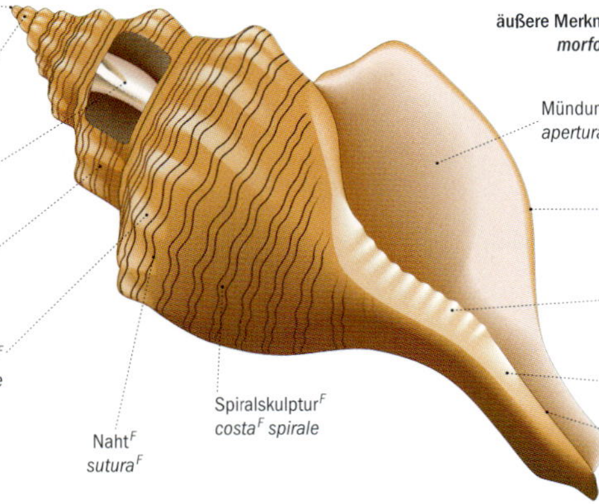

zweischalige Muschel^{F}

conchiglia^{F} bivalve

Anatomie^{F} einer zweischaligen Muschel^{F}
anatomia^{F} di una conchiglia^{F} bivalve

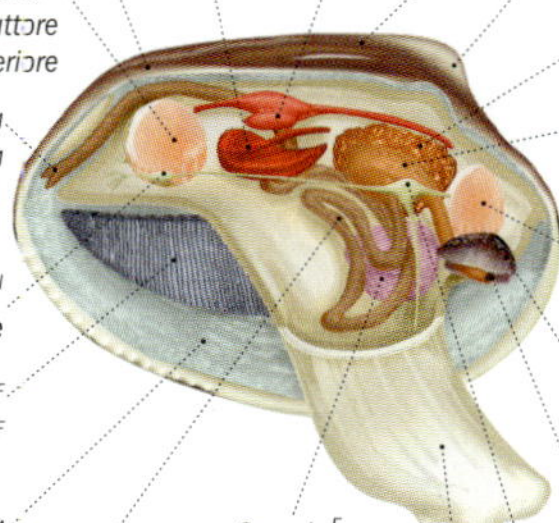

äußere Merkmale^{N} einer zweischaligen Muschel^{F}
morfologia^{F} di una conchiglia^{F} bivalve

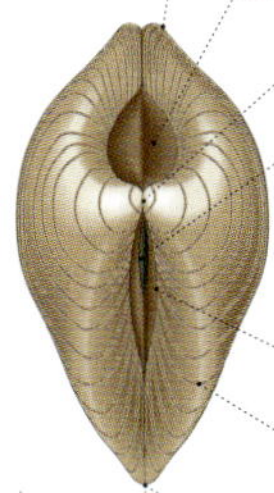

Knorpelfisch^{M}

pesce^{M} cartilagineo

äußere Merkmale^{N} eines Hais^{M}
morfologia^{F} di uno squalo^{M}

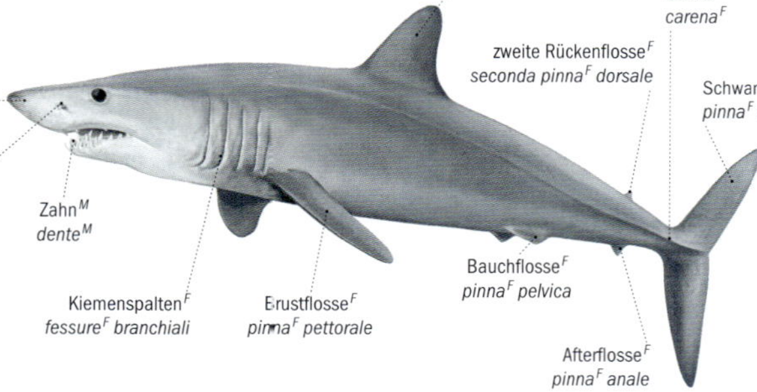

Knochenfisch^{M}

pesce^{M} osseo

äußere Merkmale^{N} eines Flußbarschs^{M}
morfologia^{F} di un persico^{M}

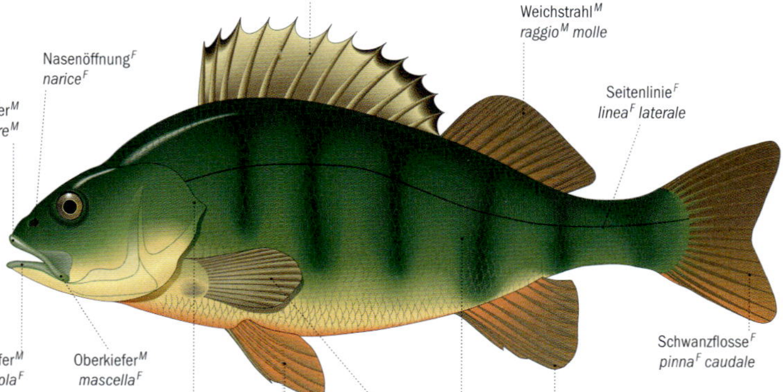

Frosch^{M}

rana^{F}

äußere Merkmale^{N} eines Froschs^{M}
morfologia^{F} di una rana^{F}

Beispiele^{N} für Amphibien^{F}

esempi^{M} di anfibi^{M}

Salamander^{M}
salamandra^{F}

Waldfrosch^{M}
rana^{F} dei boschi^{M}

Molch^{M}
tritone^{M}

Wasserfrosch^{M}
rana^{F} comune

gemeine Erdkröte^{F}
rospo^{M} comune

Leopardfrosch^{M}
rana^{F} leopardo^{M}

Laubfrosch^{M}
raganella^{F}

Schlange[F]
serpente[M]

äußere Merkmale[N] einer Giftschlange[F]: Kopf[M]
morfologia[F] di un serpente[M] velenoso: testa[F]

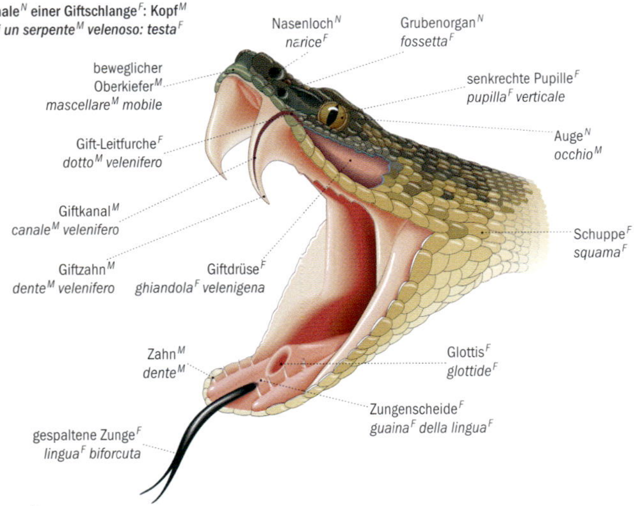

Schildkröte[F]
tartaruga[F]

äußere Merkmale[N] einer Schildkröte[F]
morfologia[F] di una tartaruga[F]

Beispiele^{N} für Reptilien^{N}

esempi^{M} di rettili^{M}

Viper^{F}
vipera^{F}

Ringelnatter^{F}
serpente^{M} giarrettiera

Chamäleon^{N}
camaleonte^{M}

Eidechse^{F}
lucertola^{F}

Klapperschlange^{F}
serpente^{M} a sonagli^{M}

Kobra^{F}
cobra^{M}

Korallennatter^{F}
serpente^{M} corallo

Python^{M}
pitone^{M}

Waran^{M}
varano^{M}

Leguan^{M}
iguana^{F}

Boa^{F}
boa^{M}

Alligator^{M}
alligatore^{M}

Krokodil^{N}
coccodrillo^{M}

Kaiman^{M}
caimano^{M}

Vogel^{M}
uccello^{M}

äußere Merkmale^{N} eines Vogels^{M}
morfologia^{F} di un uccello^{M}

Kopf^{M}
capo^{M}

Flügel^{M}
ala^{F}

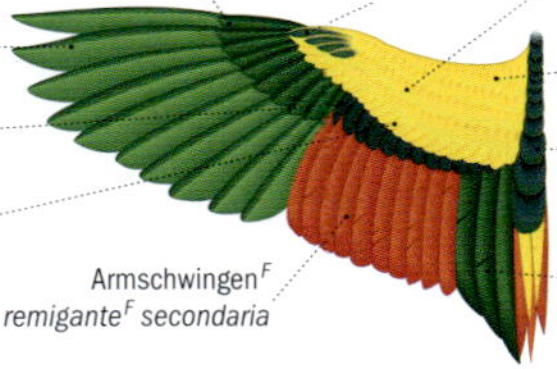

Ei^{N}
uovo^{M}

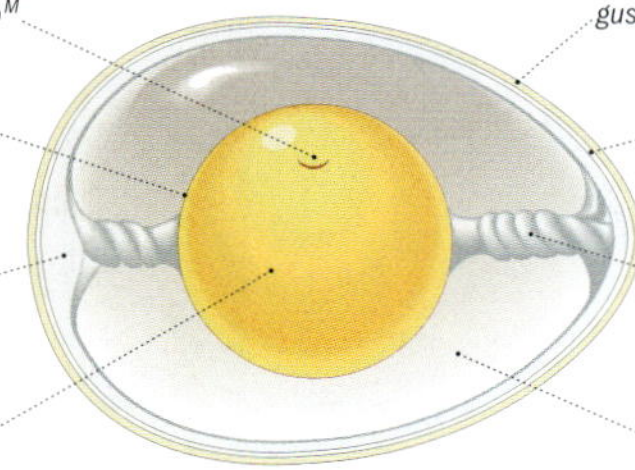

Beispiele^{N} für Vogelschnäbel^{M}
esempi^{M} di becchi^{M}

Wasservogel^{M}
uccello^{M} acquatico

Körnerfresser^{M}
uccello^{M} granivoro

Raubvogel^{M}
uccello^{M} predatore

Insektenfresser^{M}
uccello^{M} insettivoro

Watvogel^{M}
uccello^{M} trampoliere

Beispiele^{N} für Vogelfüße^{M}
esempi^{M} di zampe^{F}

Raubvogel^{M}
uccello^{M} predatore

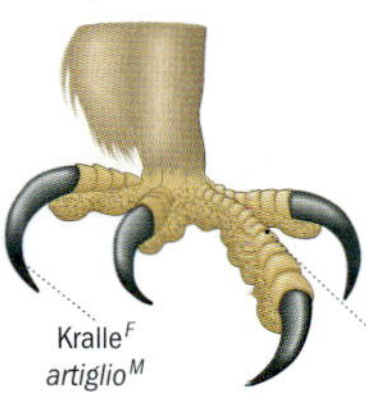

Baumvogel^{M}
uccello^{M} passeriforme

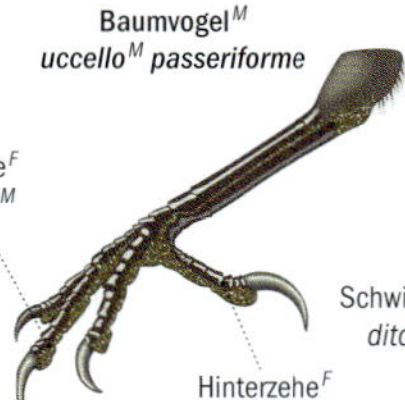

Wasservogel^{M}
uccello^{M} acquatico

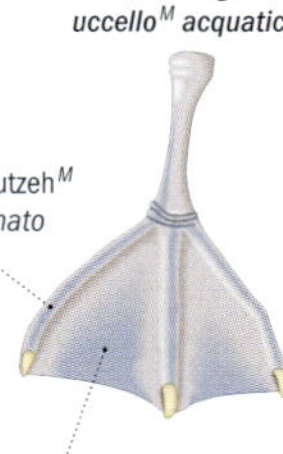

Wasservogel^{M}
uccello^{M} acquatico

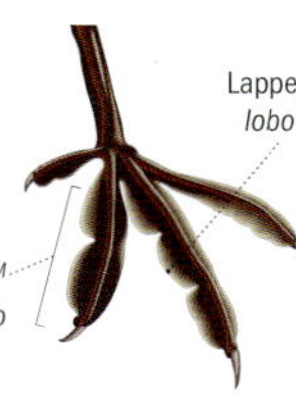

unterschiedliche Vogeltypen[M]

esempi[M] di uccelli[M]

Kolibri[M]
colibrì[M]

Rotkehlchen[N]
pettirosso[M]

Fink[M]
fringuello[M]

Eisvogel[M]
martin pescatore[M]

Nachtigall[F]
usignolo[M]

Sperling[M]
passerotto[M]

Schwalbe[F]
rondine[F]

Star[M]
stornello[M]

Eichelhäher[M]
ghiandaia[F]

Kardinal[M]
cardinale[M]

Mauersegler[M]
rondone[M]

Rebhuhn[N]
pernice[F]

Kondor[M]
condor[M]

Ara[M]
macao[M]

Specht[M]
picchio[M]

Rabe[M]
corvo[M]

Tukan[M]
tucano[M]

Geier[M]
avvoltoio[M]

Pinguin[M]
pinguino[M]

Albatros[M]
albatros[M]

Reiher[M]
airone[M]

Pelikan[M]
pellicano[M]

Storch[M]
cicogna[F]

unterschiedliche Vogeltypen[M]

Fasan[M]
fagiano[M]

Uhu[M]
gufo[M] reale

Falke[M]
falco[M]

Wachtel[F]
quaglia[F]

Adler[M]
aquila[F]

Ente[F]
anatra[F]

Huhn[N]
gallina[F]

Taube[F]
piccione[M]

Truthahn[M]
tacchino[M]

Perlhuhn[N]
faraona[F]

Gans[F]
oca[F]

Hahn[M]
gallo[M]

Strauß[M]
struzzo[M]

Pfau[M]
pavone[M]

Flamingo[M]
fenicottero[M]

Nagetier[N]

roditore[M]

äußere Merkmale[N] einer Ratte[F]
morfologia[F] di un ratto[M]

Beispiele[N] für Nagetiere[N]

esempi[M] di roditori[M]

Feldmaus[F]
topo[M] campagnolo

Backenhörnchen[N]
tamia[M]

Wüstenspringmaus[F]
gerboa[M]

Hamster[M]
criceto[M]

Eichhörnchen[N]
scoiattolo[M]

Ratte[F]
ratto[M]

Meerschweinchen[N]
cavia[F]

Stachelschwein[N]
porcospino[M]

Waldmurmeltier[N]
marmotta[F]

Biber[M]
castoro[M]

Beispiele[N] für Hasentiere[N]

esempi[M] di lagomorfi[M]

Pfeifhase[M]
lepre[F] fischiante

Kaninchen[N]
coniglio[M]

Hase[M]
lepre[F]

Pferd[N]
cavallo[M]

äußere Merkmale[N] eines Pferdes[N]
morfologia[F] di un cavallo[M]

Gangarten[F]
andature[F]

Schritt[M]
passo[M]

Paßgang[M]
ambio[M]

Trab[M]
trotto[M]

Galopp[M]
galoppo[M]

Beispiele[N] für Huftiere[N]

esempi[M] di mammiferi[M] ungulati

Nabelschwein[N]
pecari[M]

Wildschwein[N]
cinghiale[M]

Schwein[N]
maiale[M]

Ziege[F]
capra[F]

Antilope[F]
antilope[F]

Schaf[N]
pecora[F]

Kalb[N]
vitello[M]

Reh[N]
cervo[M] dalla coda[F] bianca

Mufflon[M]
muflone[M]

Rentier[N]
renna[F]

Wapitihirsch[M]
wapiti[M]

Okapi[N]
okapi[M]

Esel[M]
asino[M]

Maultier[N]
mulo[M]

Kuh[F]
mucca[F]

Zebra[N]
zebra[F]

Lama[N]
lama[M]

Bison[M]
bisonte[M]

Büffel[M]
bufalo[M]

Beispiele[N] für Huftiere[N]

Ochse[M]
bue[M]

Yak[M]
yak[M]

Pferd[N]
cavallo[M]

Elch[M]
alce[F]

Kamel[N]
cammello[M]

Dromedar[N]
dromedario[M]

Nashorn[N]
rinoceronte[M]

Nilpferd[N]
ippopotamo[M]

Giraffe[F]
giraffa[F]

Elefant[M]
elefante[M]

Hund[M]
cane[M]

äußere Merkmale[N] eines Hundes[M]
morfologia[F] di un cane[M]

Hunderassen[F]
razze[F] canine

Bulldogge[F]
bulldog[M]

Collie[M]
collie[M]

Dalmatiner[M]
dalmata[M]

Pudel[M]
barbone[M]

Schnauzer[M]
schnauzer[M]

Dänische Dogge[F]
alano[M]

Deutscher Schäferhund[M]
pastore[M] tedesco

Bernhardiner[M]
sanbernardo[M]

Katze[F]

gatto[M]

Kopf[M] der Katze[F]
testa[F] di gatto[M]

TIERREICH

Katzenrassen[F]

razze[F] di gatti[M]

Siamkatze[F]
siamese[M]

Abessinierkatze[F]
abissino[M]

Perserkatze[F]
persiano[M]

Maine Coon[F]
gatto[M] del Maine[M]

Manxkatze[F]
gatto[M] dell'isola[F] di Man

Beispiele[N] für Raubtiere[N]

esempi[M] di mammiferi[M] carnivori

Wiesel[N]
donnola[F]

Nerz[M]
visone[M]

Steinmarder[M]
faina[F]

Marder[M]
martora[F]

Fuchs[M]
volpe[F]

Waschbär[M]
procione[M]

Mungo[M]
mangusta[F]

Wüstenfuchs[M]
volpe[F] del deserto[M]

Seeotter[M]
lontra[F] comune

Stinktier[N]
moffetta[F]

Dachs[M]
tasso[M]

Hyäne[F]
iena[F]

Luchs[M]
lince[F]

Wolf[M]
lupo[M]

Puma[M]
puma[M]

Gepard[M]
ghepardo[M]

Leopard[M]
leopardo[M]

Löwe[M]
leone[M]

Jaguar[M]
giaguaro[M]

Tiger[M]
tigre[F]

Schwarzbär[M]
orso[M] bruno

Eisbär[M]
orso[M] polare

Delphin[M]

delfino[M]

äußere Merkmale[N] eines Delphins[M]
morfologia[F] di un delfino[M]

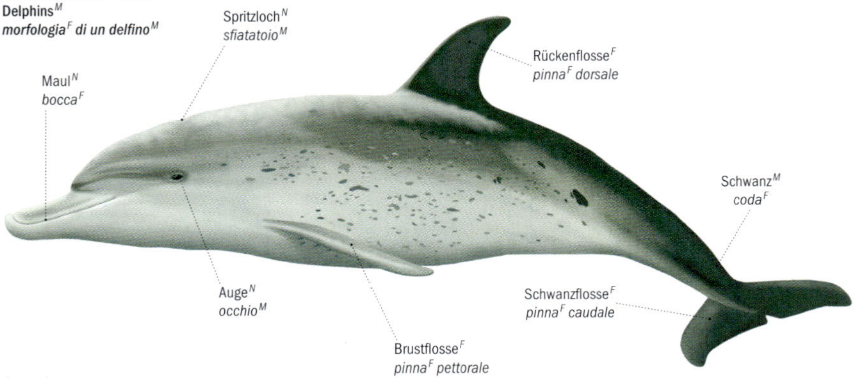

Beispiele[N] für Meeressäugetiere[N]

esempi[M] di mammiferi[M] marini

Gorilla^{M}
gorilla^{M}

äußere Merkmale^{N} eines Gorillas^{M}
morfologia^{F} di un gorilla^{M}

Beispiele^{N} für Primaten^{M}
esempi^{M} di primati^{M}

Tamarin^{M}
tamarino^{M}

Pinseläffchen^{N}
uistitì^{M}

Pavian^{M}
babbuino^{M}

Makak^{M}
macaco^{M}

Orang-Utan^{M}
orangotango^{M}

Schimpanse^{M}
scimpanzé^{M}

Lemure^{M}
lemure^{M}

Gibbon^{M}
gibbone^{M}

TIERREICH

Mann[M]

uomo[M]

Vorderansicht[F]
vista[F] anteriore

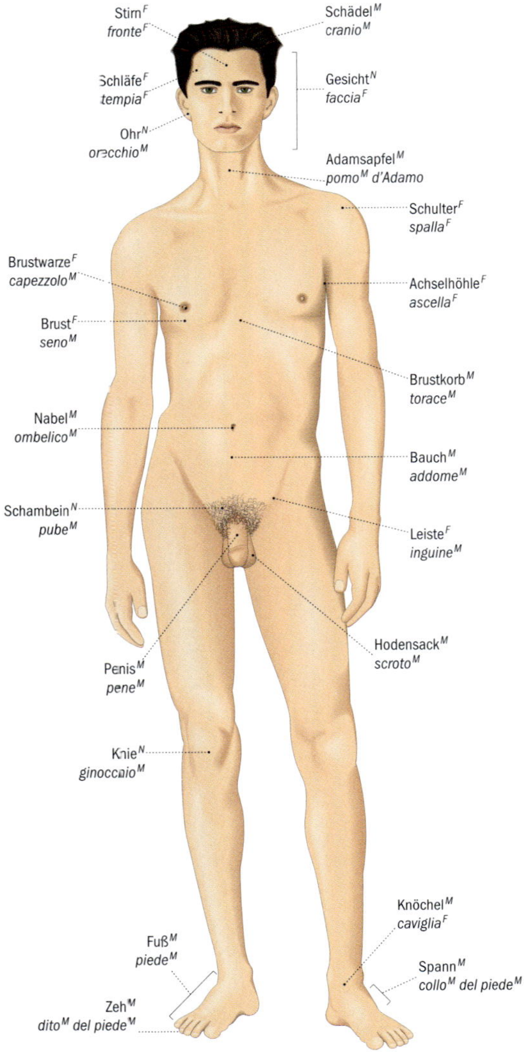

Rückenansicht^F
vista^F posteriore

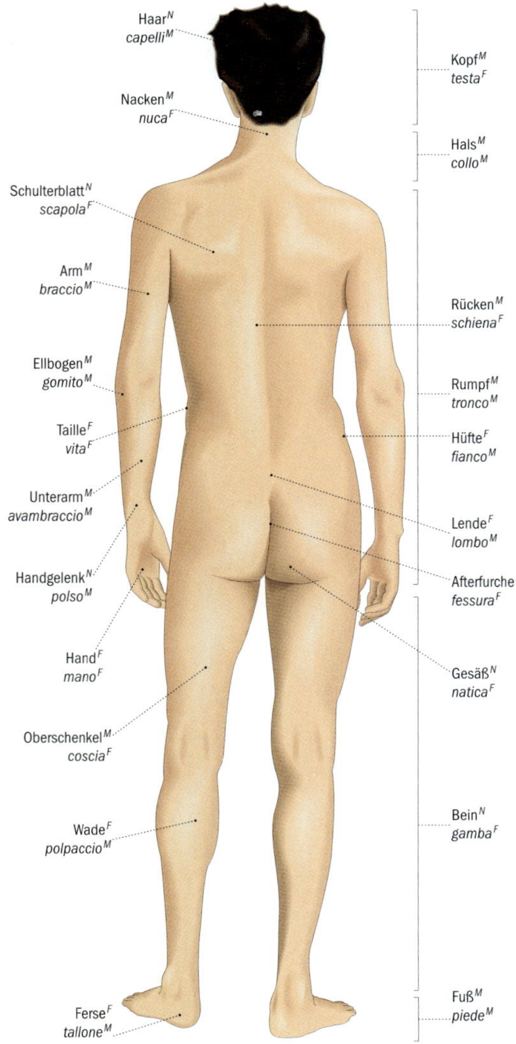

Frau[F]

donna[F]

Vorderansicht[F]
vista[F] anteriore

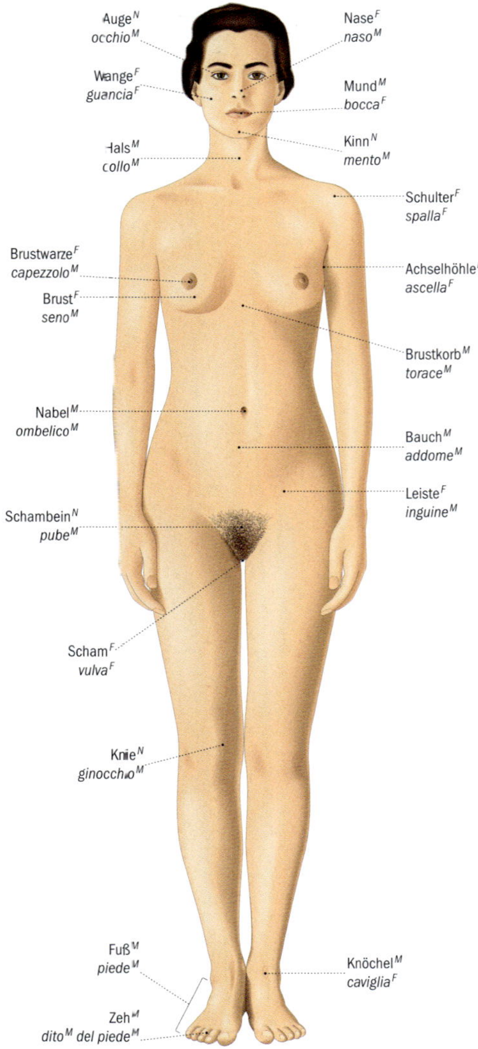

Rückenansicht^F
vista^F posteriore

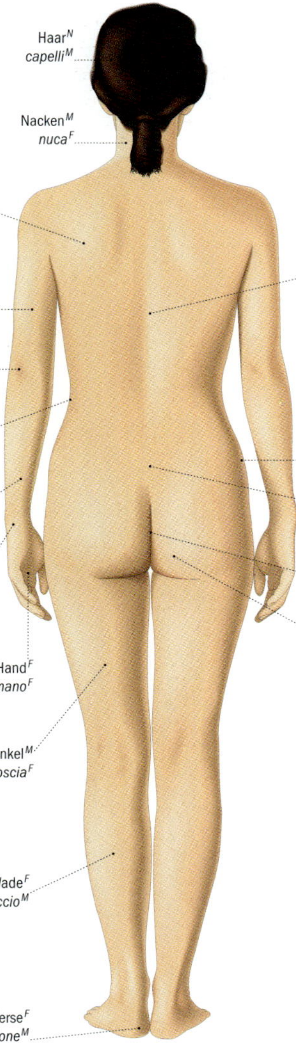

Muskeln[M]

muscoli[M]

Vorderansicht[F]
vista[F] anteriore

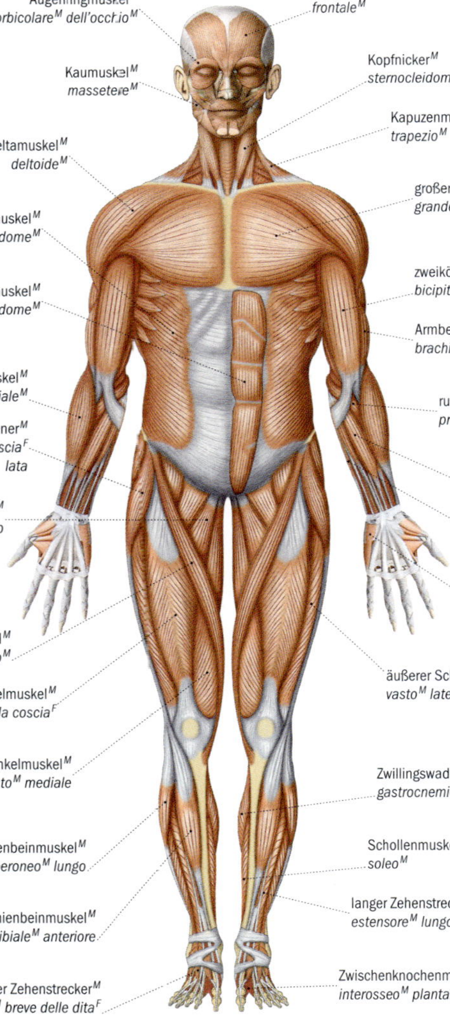

Rückansicht^{F}
vista^{F} posteriore

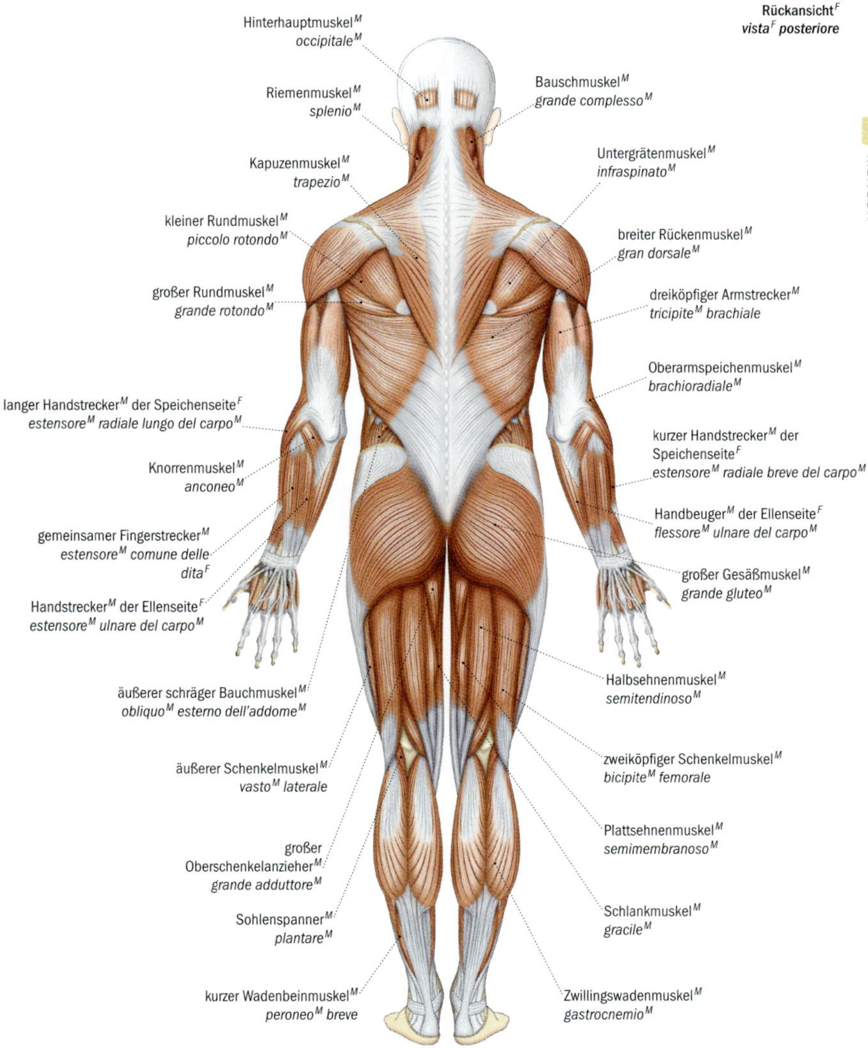

Skelett[N]

scheletro[M]

Vorderansicht[F]
vista[F] anteriore

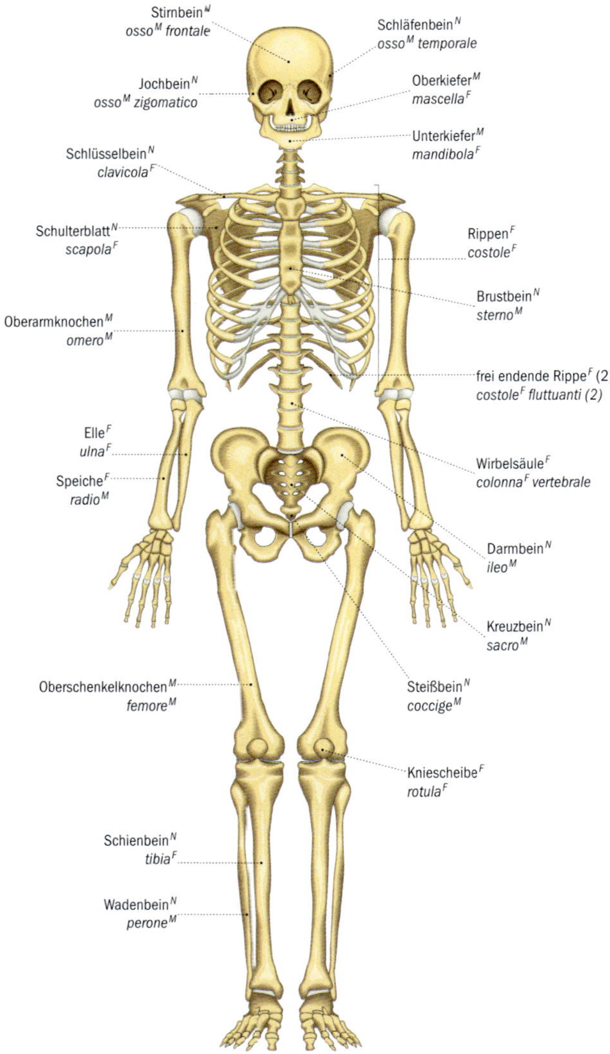

Rückansicht^{F}
vista^{F} posteriore

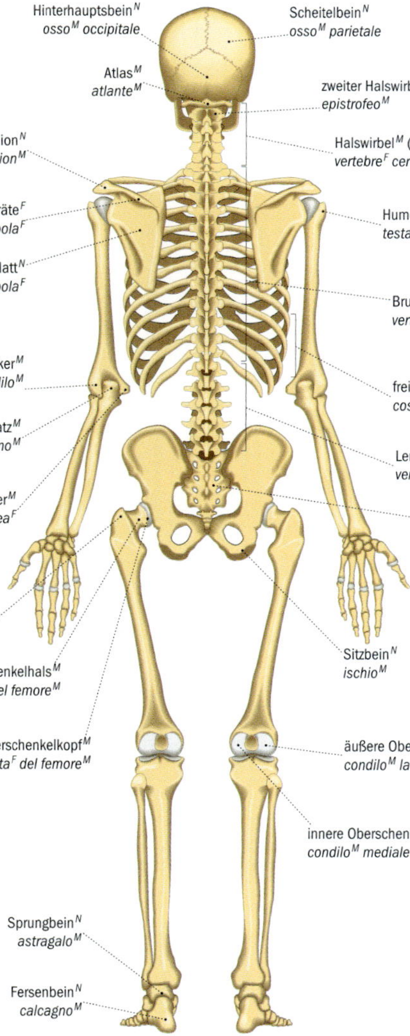

Seitenansicht^{F} eines Schädels^{M}
vista^{F} laterale del cranio^{M}

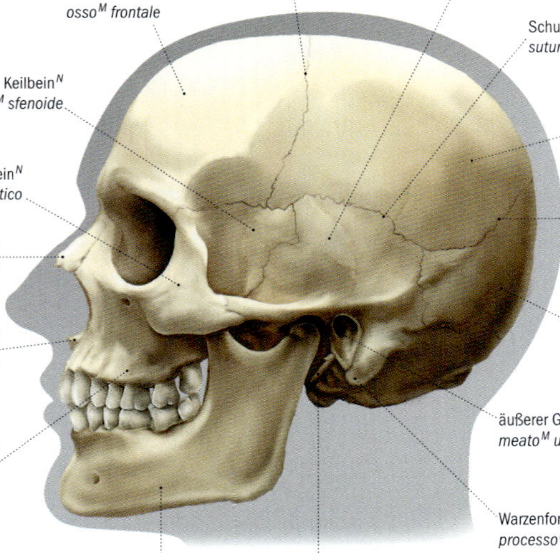

Schädel^{M} eines Kleinkindes^{N}
cranio^{M} di bambino^{M}

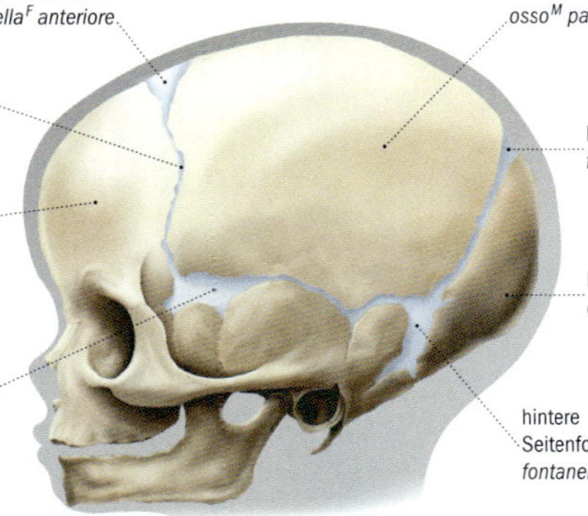

Zähne[M]

denti[M]

menschliches Gebiss[N]
dentatura[F] nell'uomo[M]

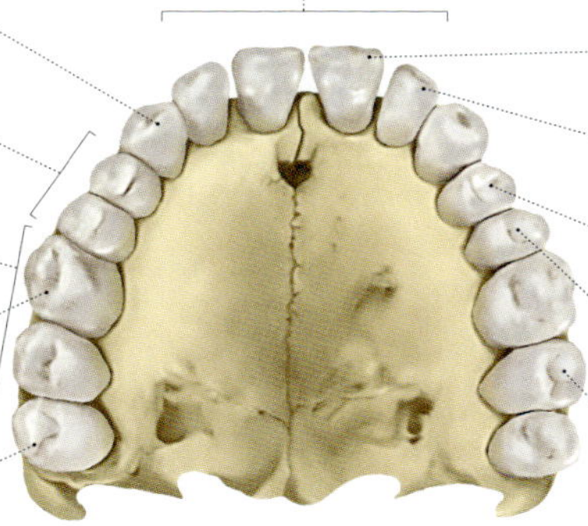

Backenzahn[M] im Längsschnitt[M]
sezione[F] trasversale di un molare[M]

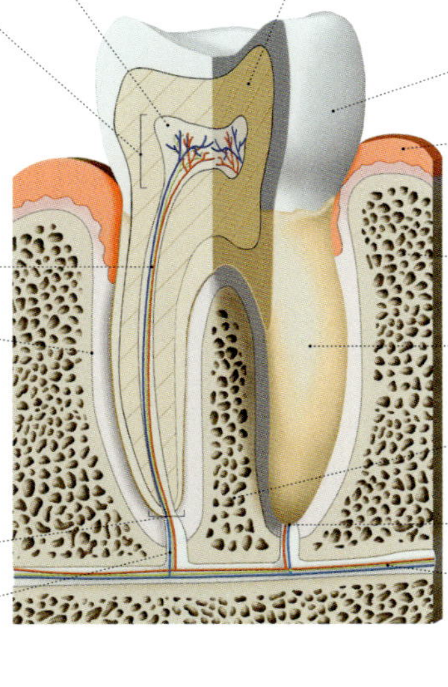

Blutkreislauf[M]

circolazione[F] del sangue[M]

die wichtigsten Venen[F] und Arterien[F]
principali vene[F] e arterie[F]

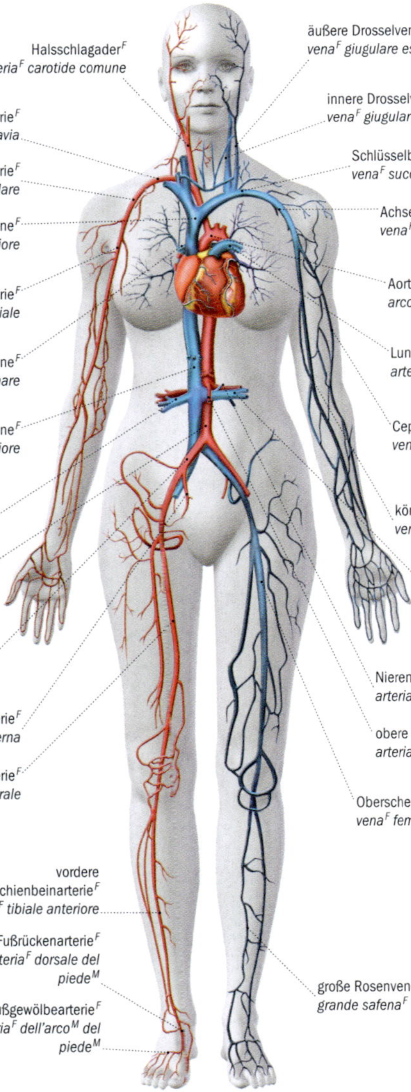

Schema^{N} des Blutkreislaufs^{M}
schema^{M} della circolazione^{F}

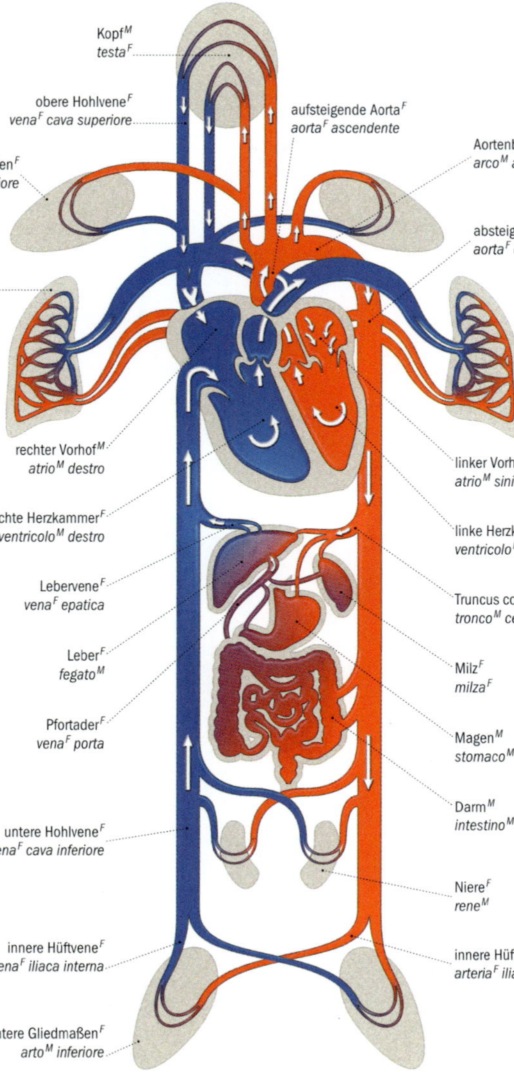

MENSCH

Blutbestandteile^M
composizione^F del sangue^M

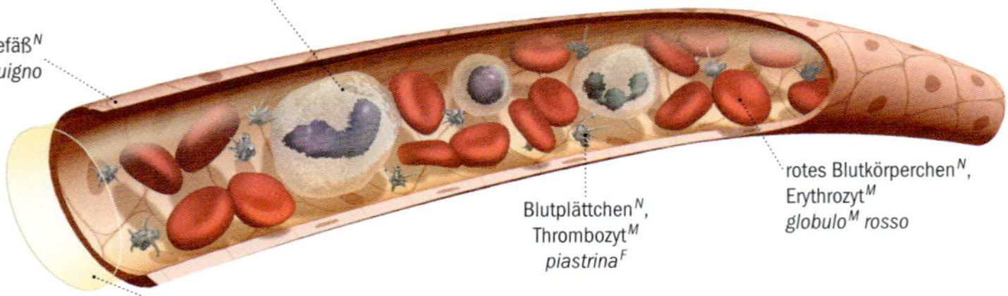

Herz^N
cuore^M

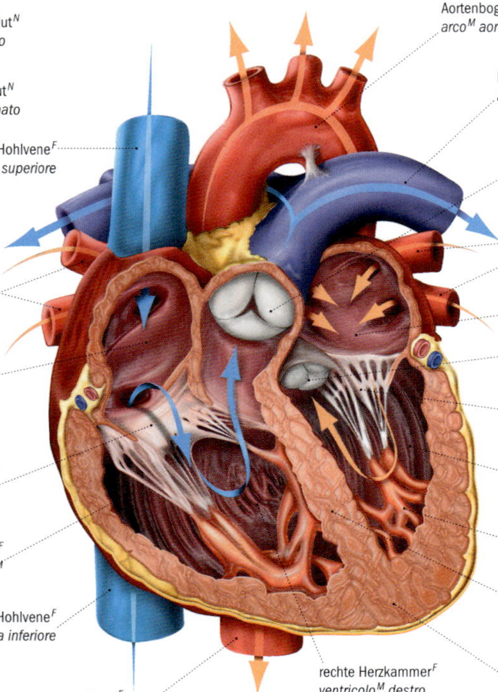

Luftwege[M]

apparato[M] respiratorio

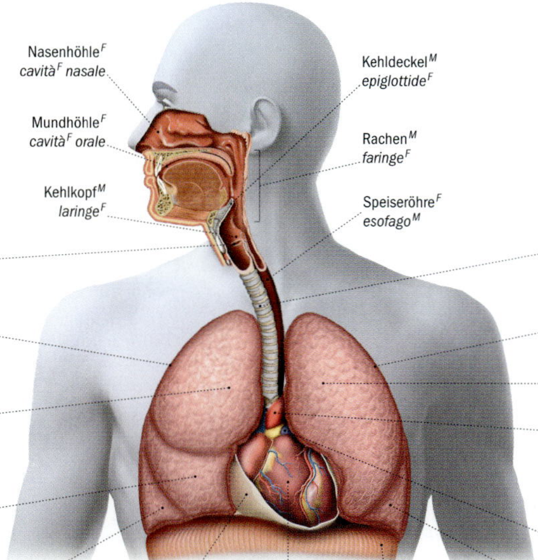

Lungen[F]
polmoni[M]

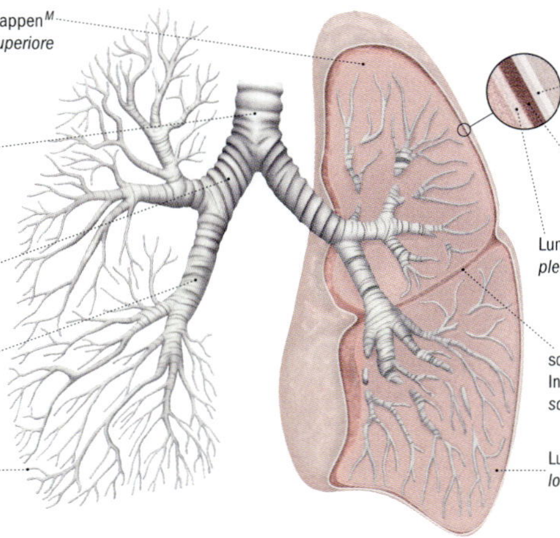

Verdauungsapparat[M]

apparato[M] digerente

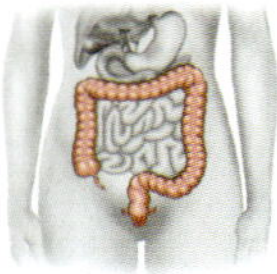

Dickdarm[M]
intestino[M] crasso

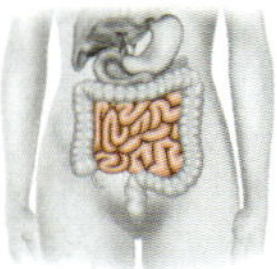

Dünndarm[M]
intestino[M] tenue

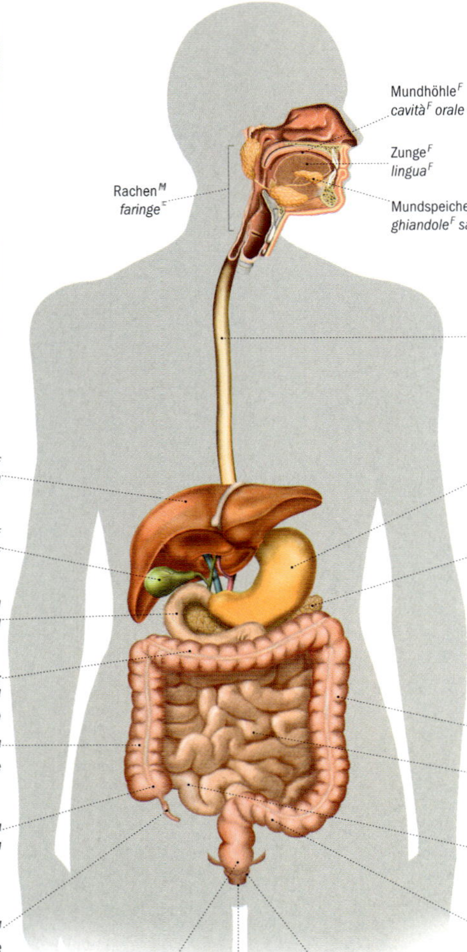

Harnapparat^M
apparato^M urinario

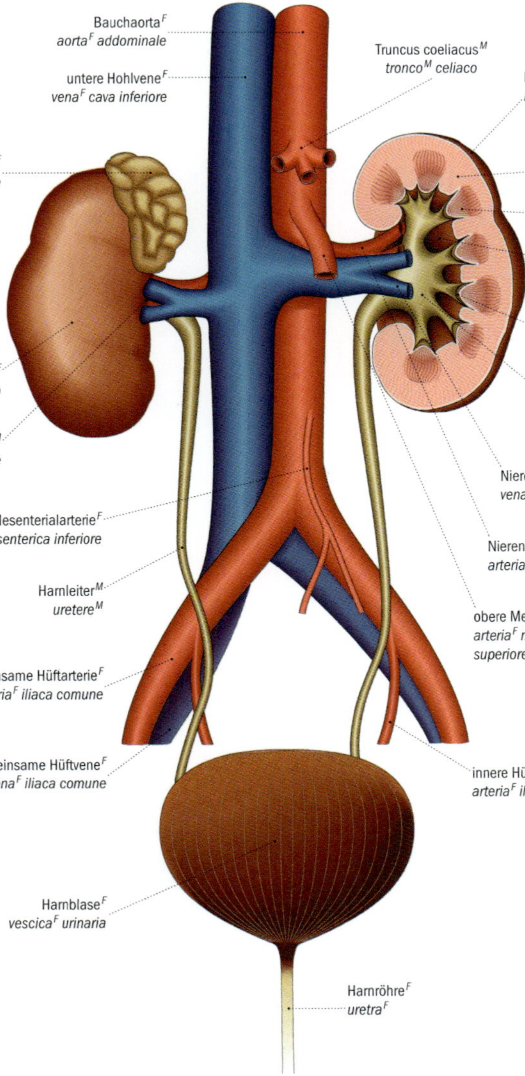

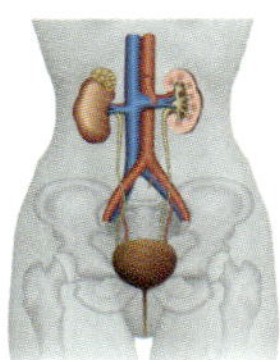

Nervensystem[N]

sistema[M] nervoso

peripheres Nervensystem[N]
sistema[M] nervoso periferico

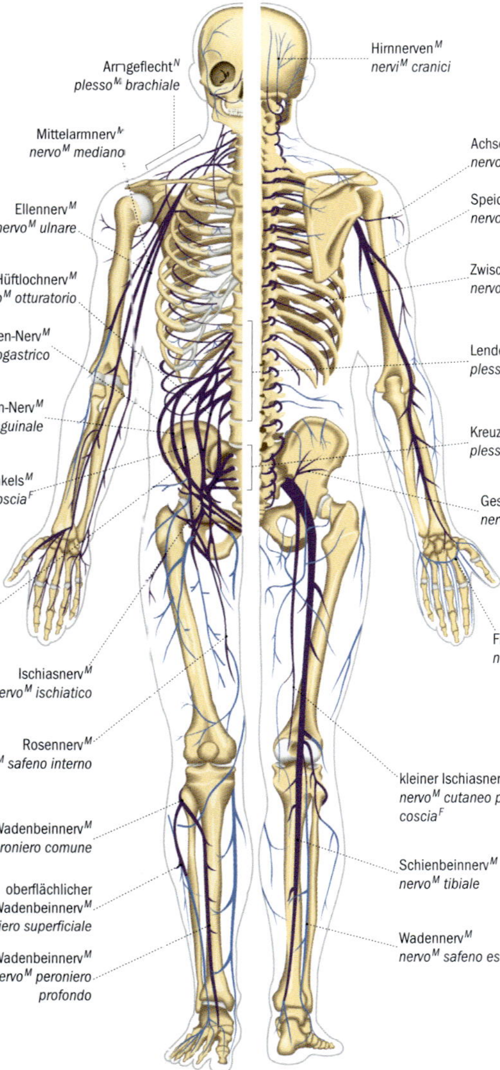

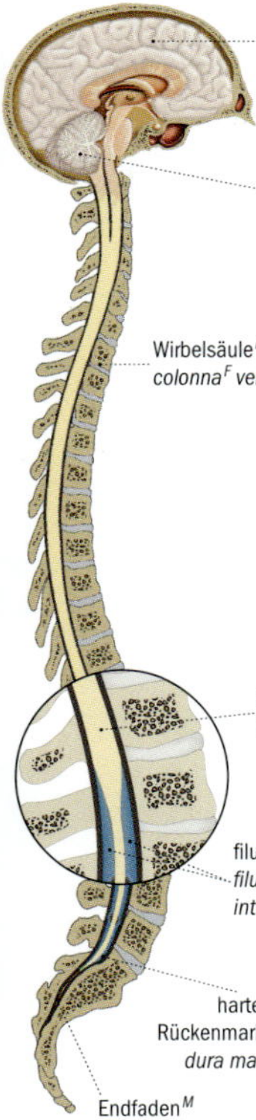

Zentralnervensystem^{N}
sistema^{M} nervoso centrale

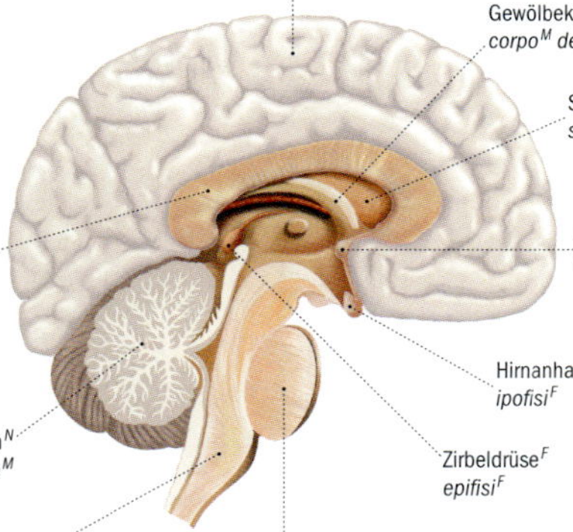

Aufbau^{M} des Rückenmarks^{N}
struttura^{F} del midollo^{M} spinale

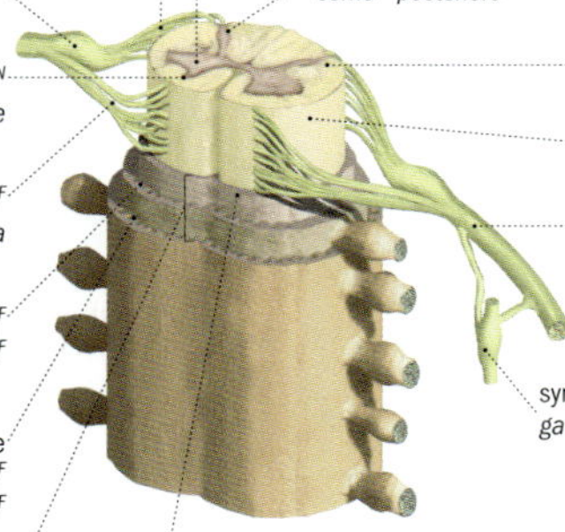

Neuronenkette^{F}
catena^{F} di neuroni^{M}

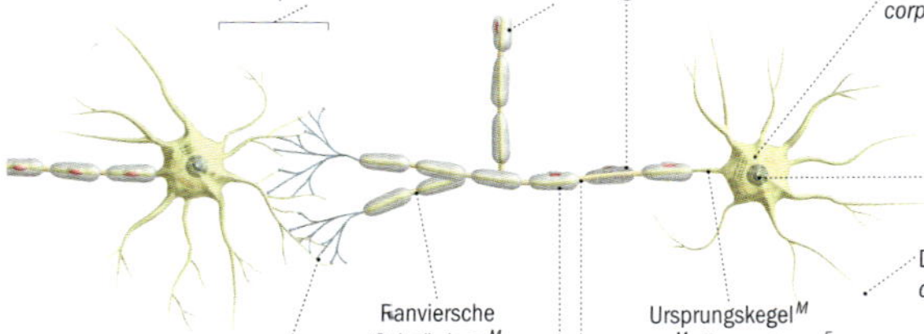

Nervenimpuls^{M}
impulso^{M} sensoriale

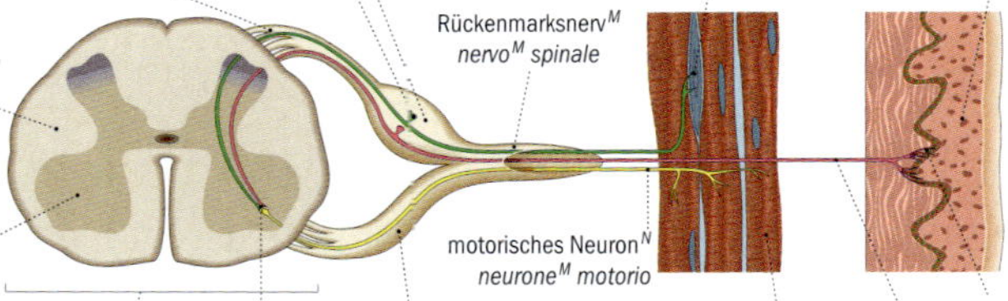

Lendenwirbel^{M}
vertebra^{F} lombare

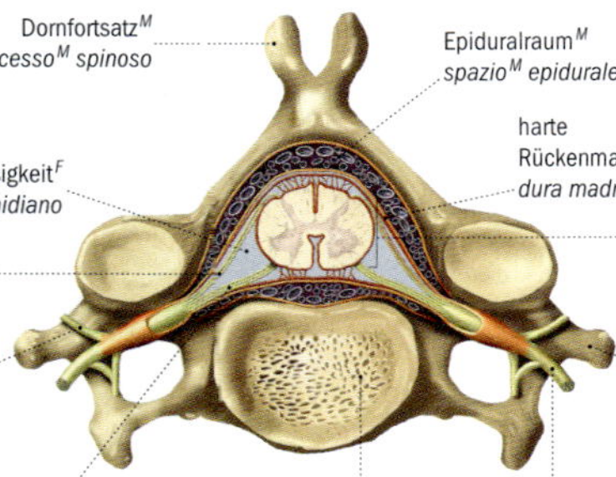

männliche Geschlechtsorgane^N

organi^M genitali maschili

Sagittalschnitt^M
sezione^F sagittale

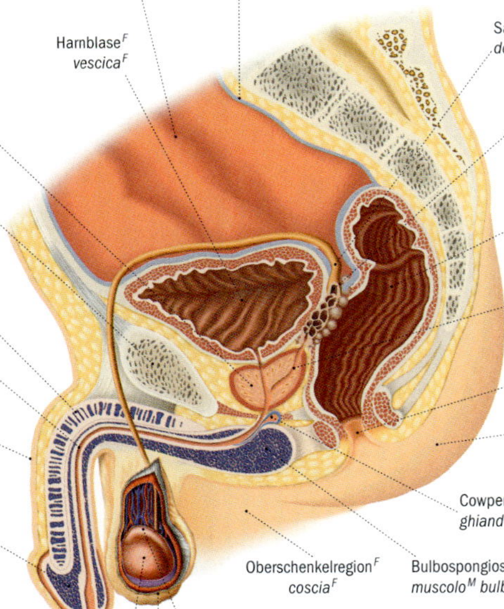

Spermium^N
spermatozoo^M

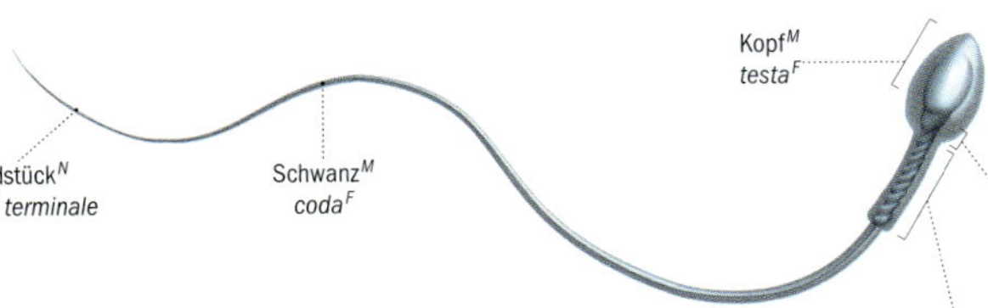

weibliche Geschlechtsorgane[N]

organi[M] genitali femminili

Sagittalschnitt[M]
sezione[F] sagittale

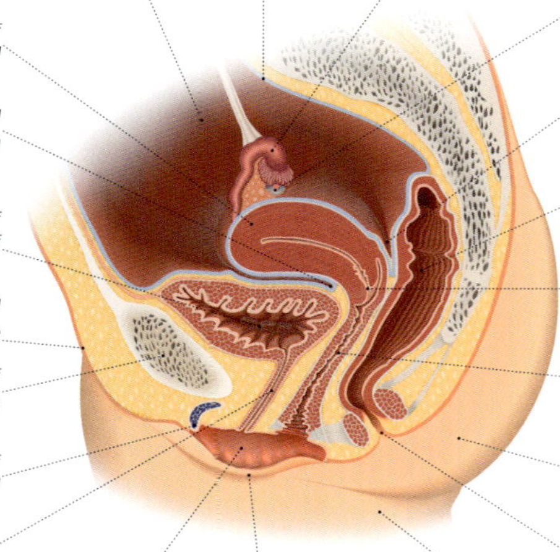

Eizelle[F]
ovulo[M]

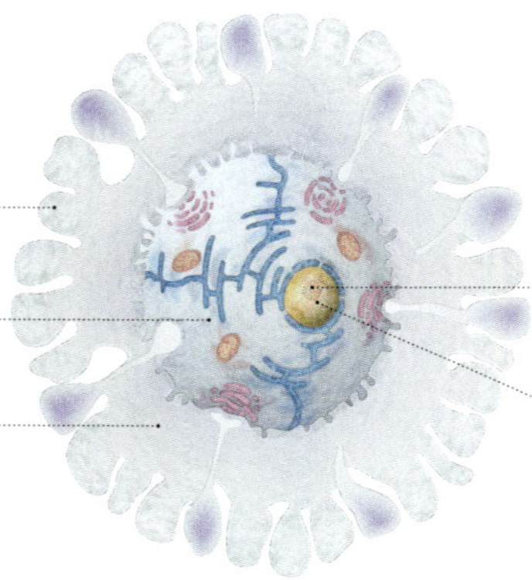

Rückansicht^{F}
vista**^{F} **posteriore

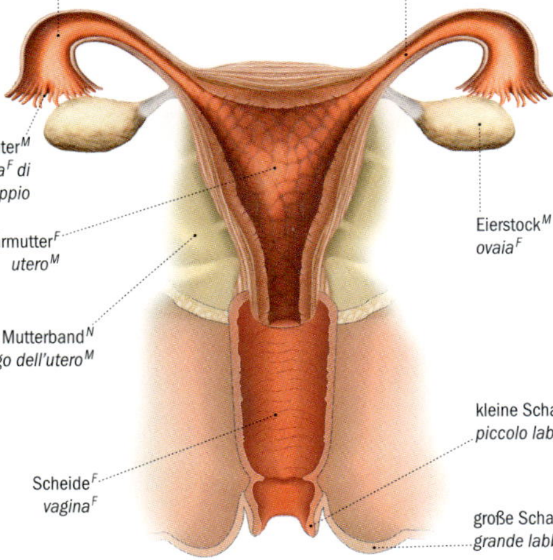

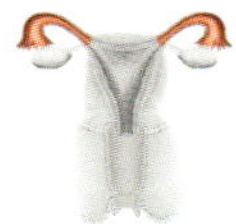

Eileiter^{M}
tube**^{F} **di Falloppio

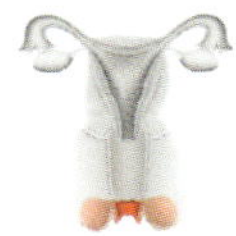

Scham^{F}
***vulva**^{F}*

Brust^{F}

seno^{M}

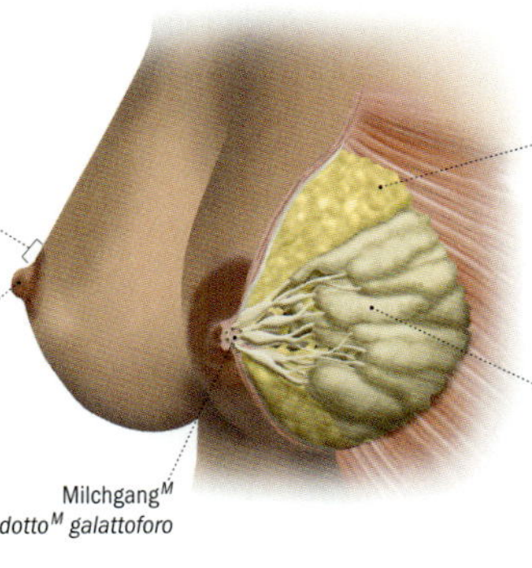

Tastsinn[M]

tatto[M]

Haut[F]
cute[F]

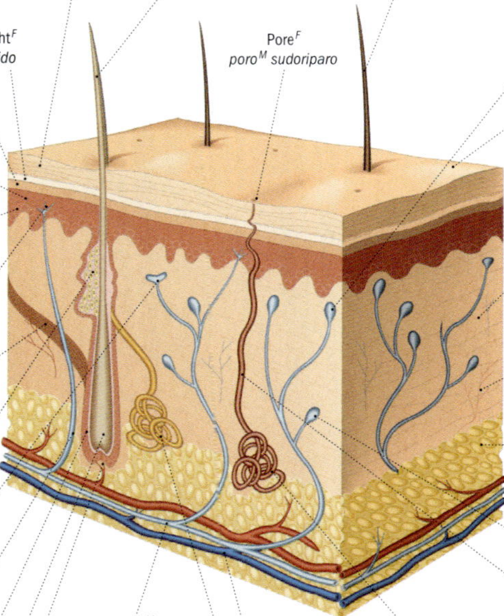

Finger[M]
dito[M]

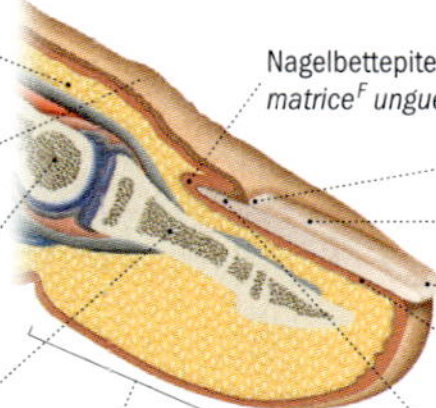

Tastsinn^{M}

Hand^{F}
mano^{F}

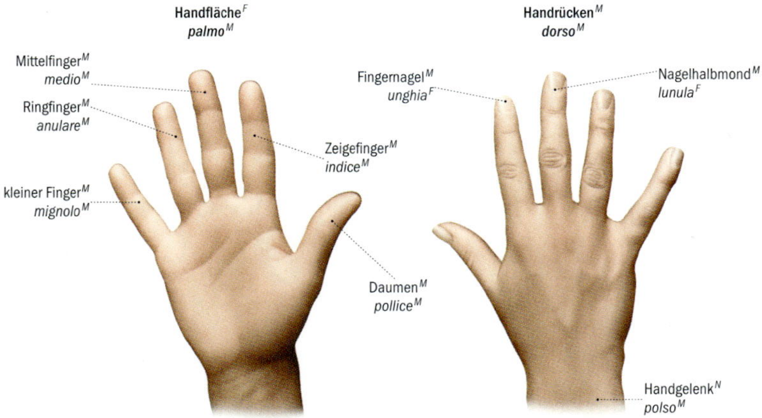

Gehör^{N}
udito^{M}

Ohrmuschel^{F}
padiglione^{M} ***auricolare***

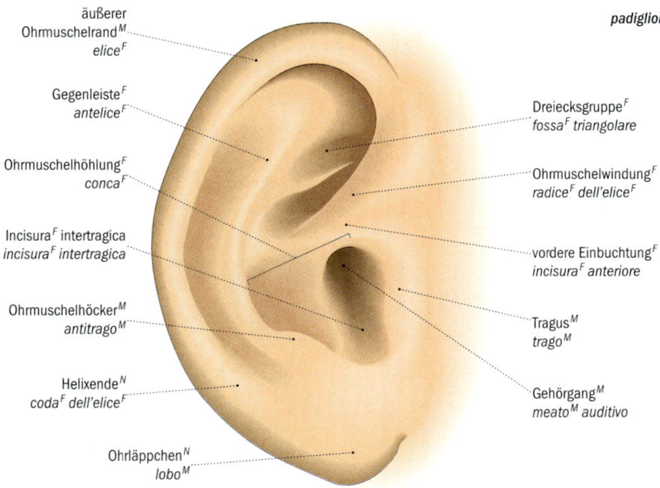

MENSCH

Gehör^{N}

Aufbau^{M} des Ohres^{N}
struttura^{F} dell'orecchio^{M}

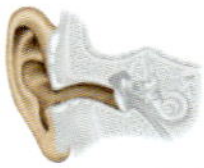

äußeres Ohr^{N}
orecchio^{M} esterno

Mittelohr^{N}
orecchio^{M} medio

Innenohr^{N}
orecchio^{M} interno

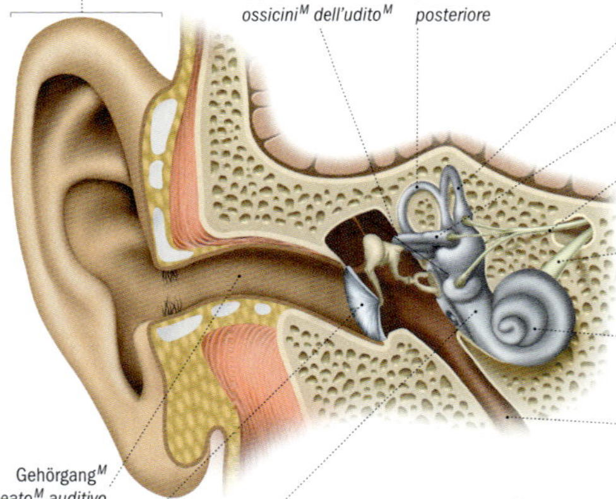

Gehörknöchelchen^{N}
ossicini^{M} dell'udito^{M}

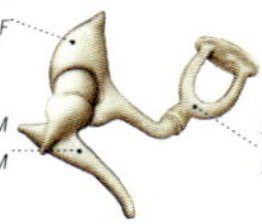

Geruchs-^{M} und Geschmackssinn^{M}

olfatto^{M} e gusto^{M}

Mund^{M}
bocca^{F}

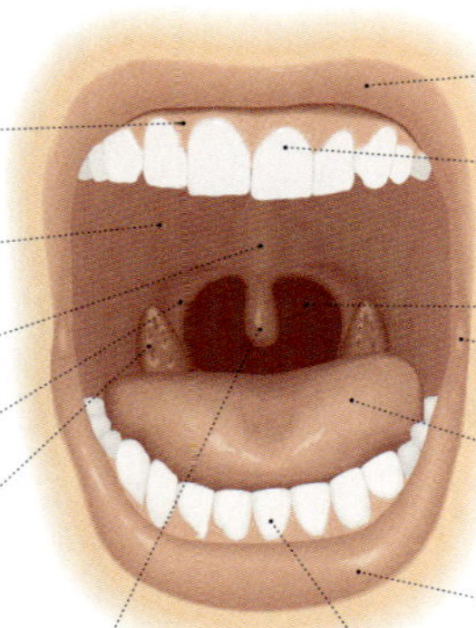

äußere NaseF
nasoM esterno

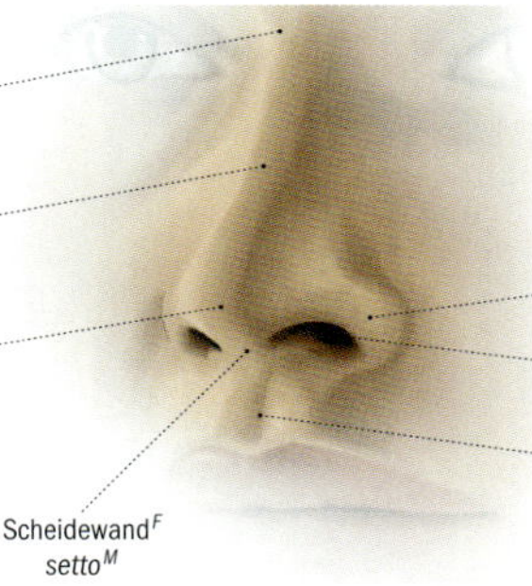

NasenhöhleF
fosseF nasali

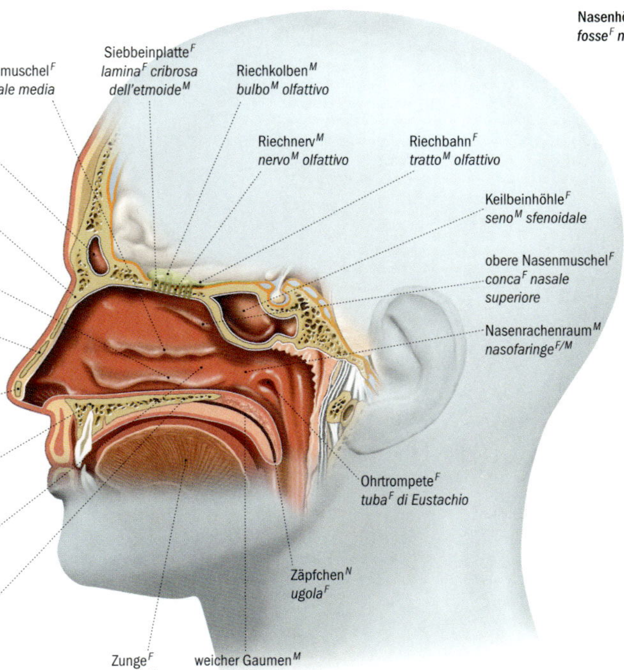

Zungenrücken[M]
dorso[M] della lingua[F]

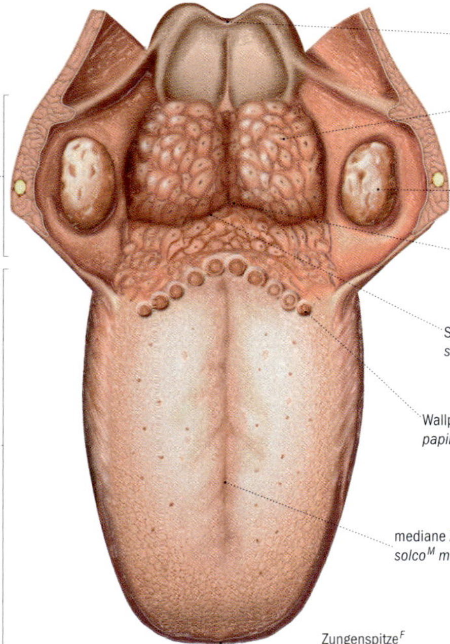

Geschmacksrezeptoren[M]
recettori[M] gustativi

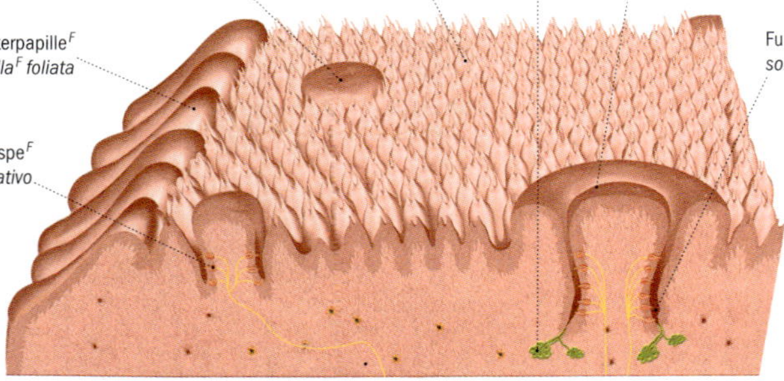

Sehsinn[N]
vista[F]

Auge[N]
occhio[M]

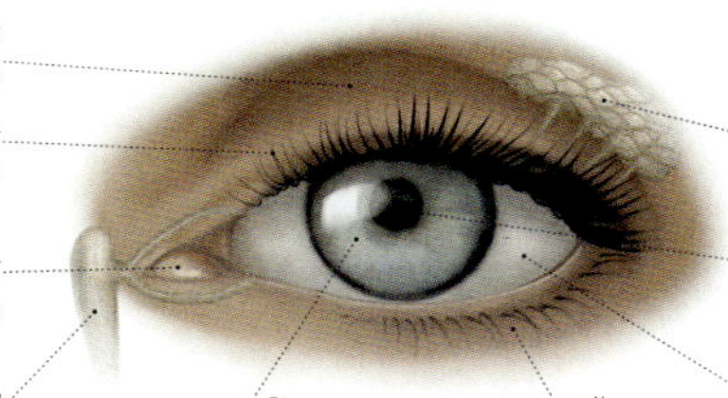

Augapfel[M]
globo[M] oculare

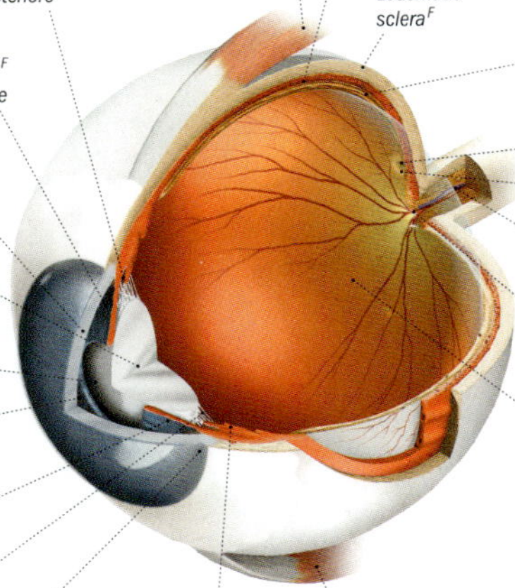

Lichtrezeptoren[M]
fotorecettori[M]

Zapfen[M]
cono[M]

Stäbchen[N]
bastoncello[M]

Supermarkt[M]

supermercato[M]

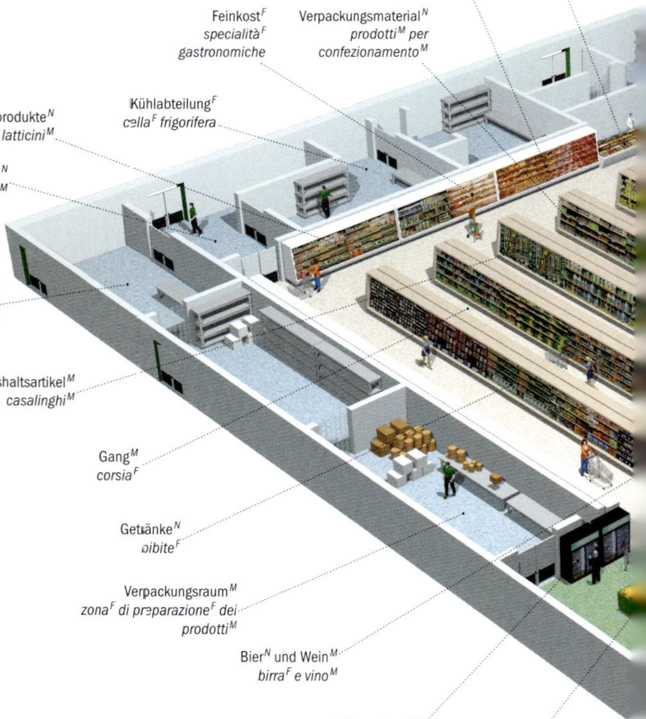

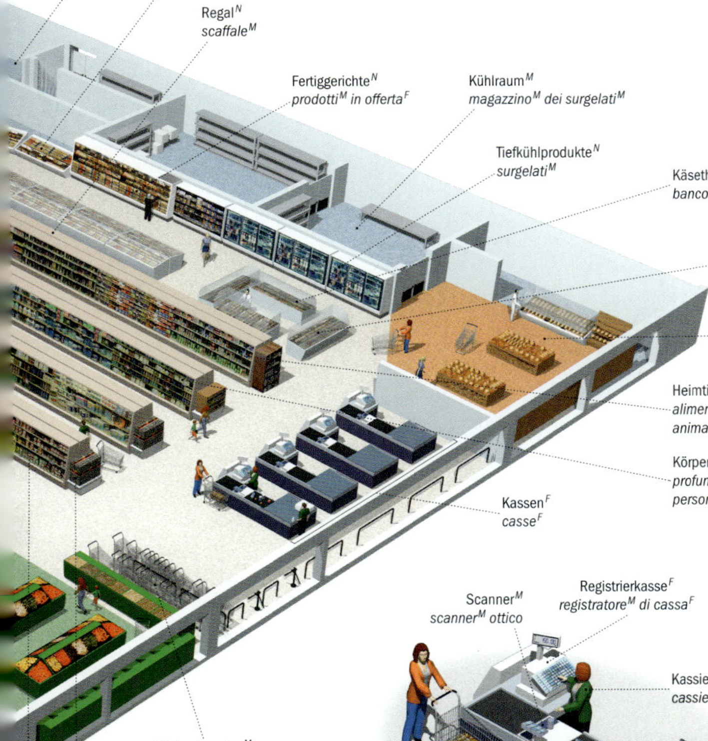

Kasse[F]
cassa[F]

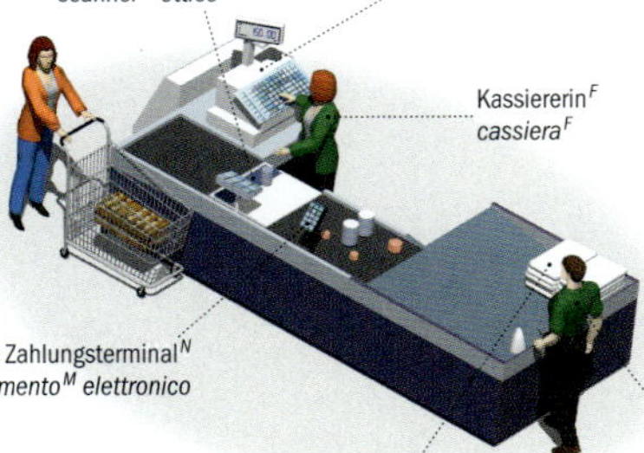

Bauernhof^M

fattoria^F

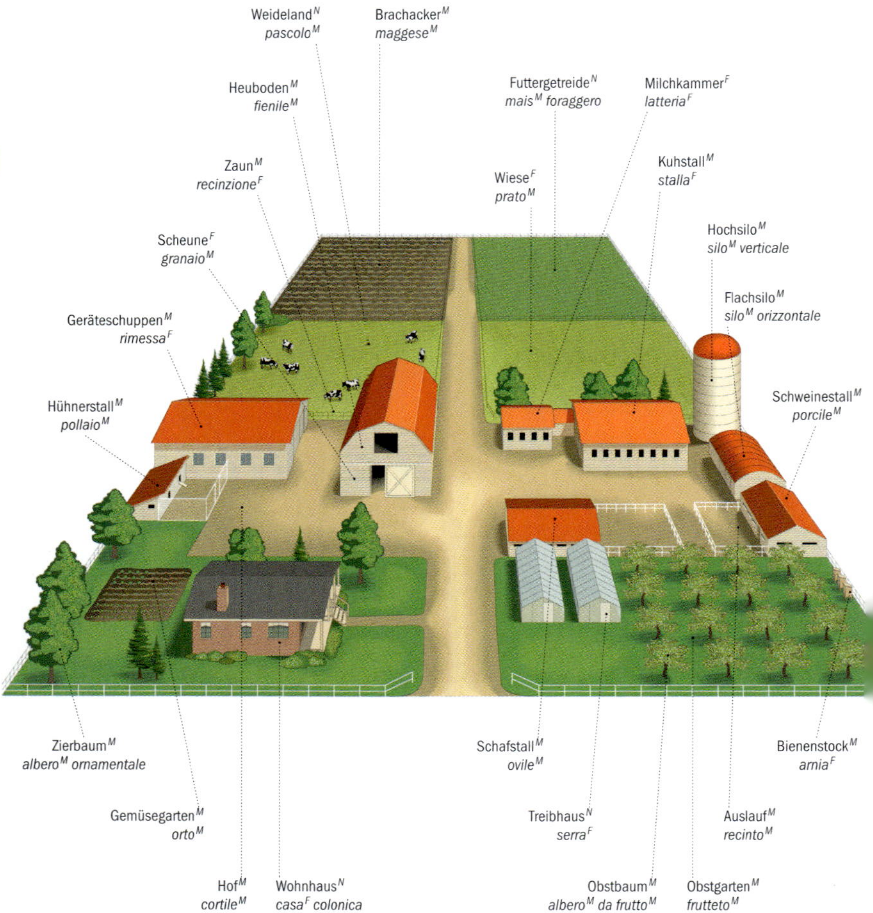

Pilze^{M}
funghi^{M}

Trüffel^{F}
tartufo^{M}

Holzohr^{N}
orecchio^{M} di Giuda

Kaiserling^{M}
ovolo^{M} buono

echter Reizker^{M}
agarico^{M} delizioso

Enoki^{M}
collibia^{F}

Austernseitling^{M}
gelone^{M}

Zuchtchampignon^{M}
fungo^{M} coltivato

grasgrüner Täubling^{M}
verdone^{M}

Morchel^{F}
spugnola^{F}

Steinpilz^{M}
porcino^{M}

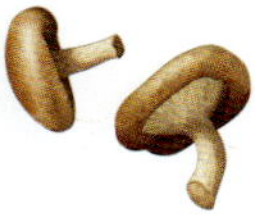
Schiitakepilz^{M}
shiitake^{M}

Pfifferling^{M}
cantarello^{M}

Meeresalgen^{F}
alga^{F} marina

Arame^{F}
arame^{F}

Wakame^{F}
wakame^{F}

Kombu^{F}
kombu^{F}

Spirulina^{F}
spirulina^{F}

Irisch Moos^{N}
muschio^{M} d'Irlanda^{F}

Hijiki^{F}
hijiki^{F}

Meersalat^{M}
lattuga^{F} marina

Agar-Agar$^{M/N}$
agar-agar^{M}

Nori^{N}
nori^{F}

Dulse^{F}
dulse^{F}

Gemüse[N]

ortaggi[M]

Zwiebelgemüse[N]
ortaggi[M] da bulbo[M]

Lauch[M]
porro[M]

Frühlingszwiebel[F]
cipolla[F] verde

Frühlingszwiebel[F]
cipolla[F] d'inverno[M]

Schalotte[F]
scalogno[M]

Wassernuss[F]
castagna[F] d'acqua[F]

Knoblauch[M]
aglio[M]

Schnittlauch[M]
erba[F] cipollina

Gemüsezwiebel[F]
cipolla[F] di Spagna[F]

rote Zwiebel[F]
cipolla[F] rossa

weiße Zwiebel[F]
cipolla[F] bianca

Perlzwiebel[F]
cipollina[F]

Knollengemüse[N]
ortaggi[M] da tubero[M]

Maniok[M]
manioca[F]

Knollenziest[M]
crosne[M]

Taro[M]
taro[M]

Jicama[F]
jicama[F]

Süßkartoffel[F]
patata[F] americana

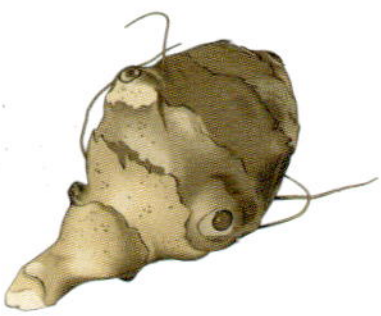

Topinambur[M/F]
topinambur[M]

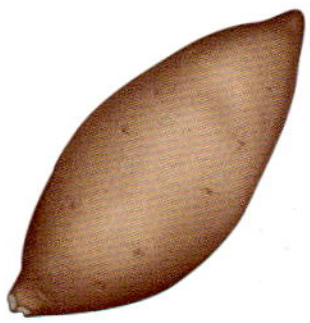

Süßkartoffel[F]
patata[F] americana

Kartoffel[F]
patata[F]

Stengel- und Sprossengemüse[N]
ortaggi[M] da fusto[M]

Spargel[M]
asparago[M]

Mangold[M]
bietola[F] da coste[F]

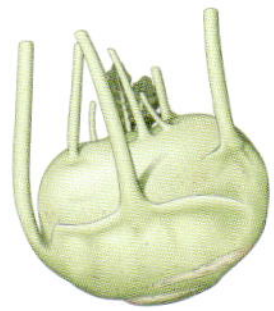

Kohlrabi[M]
cavolo[M] rapa[F]

Kardone[F]
cardo[M]

Bambussprosse[F]
germoglio[M] di bambù[M]

Fenchel[M]
finocchio[M]

Farnspitze[F]
fronda[F] arrotolata

Rhabarber[M]
rabarbaro[M]

Stangensellerie[M/F]
sedano[M]

Blattgemüse^{N}
ortaggi^{M} da foglia^{F}

Friséesalat^{M}
insalata^{F} riccia

Romagna-Salat^{M}
lattuga^{F} romana

Spargelsalat^{M}
lattuga^{F} asparago^{M}

Meerkohl^{M}
cavolo^{M} marittimo

Riesenkohl^{M}
gramigna^{F} crestata

Eskariol^{M}
scarola^{F}

Kopfsalat^{M}
lattuga^{F} cappuccina

Eisbergsalat^{M}
lattuga^{F} iceberg^{M}

Radicchio^{M}
radicchio^{M}

Zierkohl^{M}
cavolo^{M} ornamentale

Grünkohl^{M}
cavolo^{M} riccio

Weinblatt^{N}
pampino^{M}

Rosenkohl^{M}
cavolini^{M} di Bruxelles

Rotkohl^{M}
cavolo^{M} rosso

Weißkohl^{M}
cavolo^{M} bianco

Wirsing^{M}
cavolo^{M} verzotto

Kohl^{M}
cavolo^{M} verza^{F}

Chinakohl^{M}
pe-tsai^{M}

Pak-Choi^{M}
pak-choi^{M}

Portulak^{M}
porcellana^{F}

Nessel^{F}
ortica^{F}

Brunnenkresse^{F}
crescione^{M}

Löwenzahn^{M}
dente^{M} di leone^{M}

Feldsalat^{M}
valerianella^{F}

Rauke^{F}
rucola^{F}

Spinat^{M}
spinacio^{M}

Gartenkresse^{F}
crescione^{M} d'orto^{M}

Garten-Sauerampfer^{M}
acetosa^{F}

krause Endivie^{F}
indivia^{F} riccia

Chicorée$^{M/F}$
insalata^{F} belga

Blütengemüse^{N}
ortaggi^{M} da infiorescenza^{F}

Blumenkohl^{M}
cavolfiore^{M}

Broccoli^{M}
broccolo^{M}

China-Broccoli^{M}
Gai-lohn^{M}

Rübenspross^{M}
cime^{F} di rapa^{F}

Artischocke^{F}
carciofo^{M}

Fruchtgemüse^{N}
ortaggi^{M} da frutto^{M}

Avocado^{F}
avocado^{M}

Tomate^{F}
pomodoro^{M}

Kirschtomate^{F}
pomodorini^{M} a grappolo^{M}

Tomatillo^{F}
tomatillo^{M}

Olive^{F}
oliva^{F}

gelber Paprika^{M}
peperone^{M} giallo

grüner Paprika^{M}
peperone^{M} verde

roter Paprika^{M}
peperone^{M} rosso

Pfefferschote^{F}
peperoncino^{M}

Okraschote^{F}
gombo^{M}

Einlegegurke^{F}
cetriolino^{M}

Gurke^{F}
cetriolo^{M}

Wachskürbis^{M}
zucca^{F} bianca

Aubergine^{F}
melanzana^{F}

kernlose Salatgurke^{F}
cetriolo^{M} senza semi^{M}

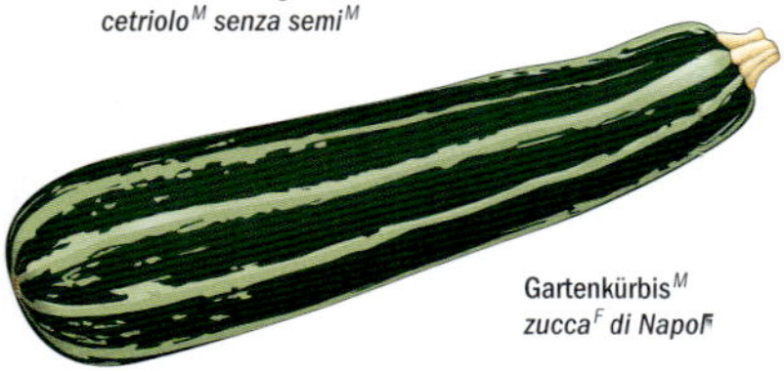

Gartenkürbis^{M}
zucca^{F} di Napoli

Zucchini^{F}
zucchina^{F}

Bittermelone^{F}
melone^{M} amaro

Patisson^{M}
zucca^{F} pasticcina

Krummhalskürbis^{M}
zucca^{F} torta^{F}

gelbe Zucchini^{F}
zucca^{F} a collo^{M} allungato

Chayote^{F}
chayote^{F}

Kürbis^{M}
zucca^{F}

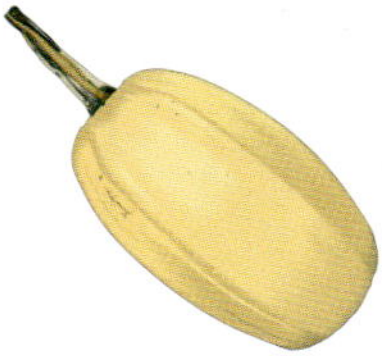

Spaghettikürbis^{M}
zucca^{F} spaghetti^{M}

Eichelkürbis^{M}
zucchetta^{F}

Patisson-Kürbis^{M}
melone^{M} invernale

Wurzelgemüse^{N}
ortaggi^{M} da radice^{F}

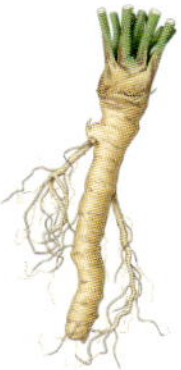

Meerrettich^{M}
barbaforte^{M}

Schwarzrettich^{M}
ravanello^{M} nero

Radieschen^{N}
ravanello^{M}

Haferwurz^{F}
salsefica^{F}

Karotte^{F}
carota^{F}

Schwarzwurzel^{F}
scorzonera^{F}

Pastinake^{F}
pastinaca^{F}

Rettich^{M}
rafano^{M} giapponese

Klettenwurzel^{F}
bardana^{F}

rote Beete^{F}
barbabietola^{F}

Rübe^{F}
rapa^{F}

Knollensellerie^{F}
sedano^{M} rapa^{F}

Kohlrübe^{F}
navone^{M}

japanischer Rettich^{M}
malanga^{F}

Hülsenfrüchte[F]
legumi[M]

blaue Luzerne[F]
erba[F] *medica*

Lupine[F]
lupino[M]

Linsen[F]
lenticchie[F]

Erdnuss[F]
arachide[F]

dicke Bohnen[F]
fave[F]

Erbsen[F]
piselli[M]

Kichererbsen[F]
ceci[M]

gespaltene Erbsen[F]
piselli[M] *secchi spaccati*

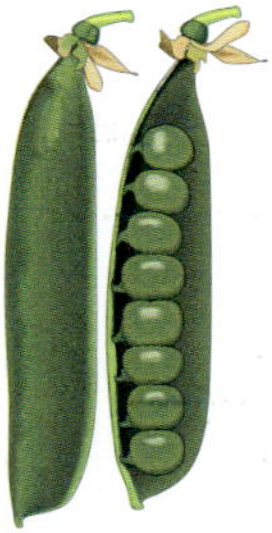

grüne Erbsen[F]
piselli[M]

Zuckererbsen[F]
piselli[M] *mangiatutto*

Bohnen[F]
dolichi[M]

schwarzäugige Bohne[F]
fagiolo[M] *dall'occhio*[M] *nero*

Helmbohne[F]
fagiolo[M] *egiziano*

Spargelbohne[F]
fagiolo[M] *asparagio*[M]

Bohnen^{F}
fagioli^{M}

grüne Bohne^{F}
fagiolino^{M}

Wachsbohne^{F}
fagiolino^{M} giallo

römische Bohne^{F}
fagiolo^{M} romano

Asukibohne^{F}
fagiolo^{M} adzuki

Feuerbohne^{F}
fagiolo^{M} di Spagna^{F}

Mungobohne^{F}
fagiolo^{M} mungo

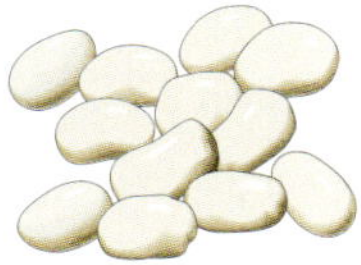

Limabohne^{F}
fagiolo^{M} di Lima

Pintobohne^{F}
fagiolo^{M} pinto

rote Kidneybohne^{F}
fagiolo^{M} borlotto

schwarze Mungobohne^{F}
fagiolo^{M} mungo nero

schwarze Bohne^{F}
fagiolo^{M} nero

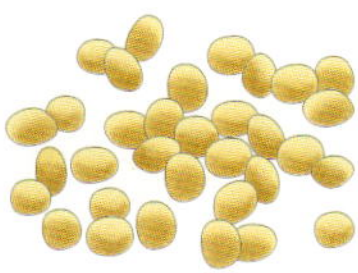

Sojabohnen^{F}
semi^{M} di soia^{F}

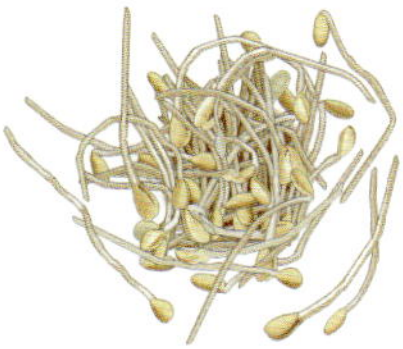

Sojasprossen^{F}
germogli^{M} di soia^{F}

Flageolet-Bohne^{F}
fagiolo^{M} cannellino

Obst[N]

frutti[M]

Beeren[F]
bacche[F]

Johannisbeere[F]
ribes[M]

schwarze Johannisbeere[F]
ribes[M] nero

Stachelbeere[F]
uvaspina[F]

Weintraube[F]
uva[F]

Heidelbeere[F]
mirtillo[M]

Heidelbeere[F]
mirtillo[M]

rote Heidelbeere[F]
mirtillo[M] rosso

Physalis[F]
alchechengi[M]

Preiselbeere[F]
mirtillo[M] palustre

Himbeere[F]
lampone[M]

Brombeere[F]
mora[F]

Erdbeere[F]
fragola[F]

Steinfrüchte[F]
drupe[F]

Pflaume[F]
prugna[F]

Pfirsich[M]
pesca[F]

Nektarine[F]
nettarina[F]

Aprikose[F]
albicocca[F]

Kirsche[F]
ciliegia[F]

Dattel[F]
dattero[M]

Trockenfrüchte[F]
frutti[M] secchi

Macadamianuss[F]
noce[F] di macadamia[F]

Ginkgonuss[F]
noce[F] di ginco[M]

Pistazie[F]
pistacchio[M]

Pinienkern[M]
pinolo[M]

Kolanuss[F]
noce[F] di cola[F]

Pecannuss[F]
noce[F] di pecan[M]

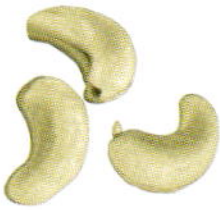

Cashewkern[M]
noce[F] di acagiù[M]

Mandel[F]
mandorla[F]

Haselnuss[F]
nocciola[F]

Walnuss[F]
noce[F]

Kokosnuss[F]
noce[F] di cocco[M]

Esskastanie[F]
castagna[F]

Buchecker[F]
faggiola[F]

Paranuss[F]
noce[F] del Brasile[M]

Apfelfrüchte[F]
pomi[M]

Birne[F]
pera[F]

Quitte[F]
mela[F] cotogna

Apfel[M]
mela[F]

Mispel[F]
nespola[F] del Giappone[M]

Zitrusfrüchte[F]
agrumi[M]

Zitrone[F]
limone[M]

Kumquat[F]
kumquat[M]

Limette[F]
limetta[F]

Orange[F]
arancia[F]

Mandarine[F]
mandarino[M]

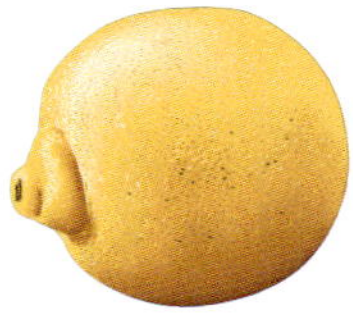

Bergamotte[F]
bergamotto[M]

Grapefruit[F]
pompelmo[M]

Pampelmuse[F]
pomelo[M]

Zitronatzitrone[F]
cedro[M]

Melonen^{F}
meloni^{M}

Honigmelone^{F}
cantalupo^{M}

Casabamelone^{F}
melone^{M} invernale

Honigmelone^{F}
melone^{M} mieloso

Zuckermelone^{F}
melone^{M} retato

kanarische Melone^{F}
melone^{M} giallo canario

Wassermelone^{F}
cocomero^{M}

Ogenmelone^{F}
melone^{M} Ogen

Südfrüchte[F]
frutti[M] tropicali

Plantainbanane[F]
banana[F] plantain

Banane[F]
banana[F]

Longanfrucht[F]
longan[M]

Baumtomate[F]
tamarillo[M]

Passionsfrucht[F]
maracuja[F]

Kiwano[F]
kiwano[M]

Mangostane[F]
mangostano[M]

Kiwi[F]
kiwi[M]

Granatapfel[M]
melograno[M]

Chirimoya[F]
cerimolia[F]

Jackfrucht[F]
frutto[M] del jack

Ananas[F]
ananas[M]

Jaboticaba^{F}
jaboticaba^{F}

Litchi^{F}
litchi^{M}

Feige^{F}
fico^{M}

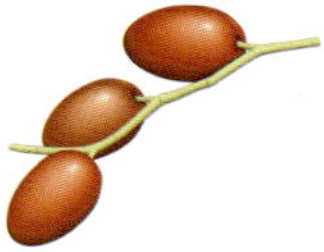

chinesische Dattel^{F}
giuggiola^{F}

Breiapfel^{M}
sapotiglia^{F}

Guave^{F}
guaiava^{F}

Rambutan^{F}
rambutan^{M}

Kaki^{F}
cachi^{M}

Kaktusfeige^{F}
fico^{M} *d'India*^{F}

Sternfrucht^{F}
carambola^{F}

asiatische Birne^{F}
nashi^{M}

Mango^{F}
mango^{M}

Durianfrucht^{F}
durian^{M}

Papaya^{F}
papaia^{F}

Birnenmelone^{F}
pepino^{M}

Ananasguave^{F}
feijoa^{F}

Gewürze[N]

spezie[F]

Wacholderbeere[F]
bacca[F] di ginepro[M]

Gewürznelke[F]
chiodo[M] di garofano[M]

Jamaikapfeffer[M]
pepe[M] della Giamaica[F]

weiße Senfkörner[N]
senape[F] bianca

schwarze Senfkörner[N]
senape[F] nera

schwarzer Pfeffer[M]
pepe[M] nero

weißer Pfeffer[M]
pepe[M] bianco

rosa Pfeffer[M]
pepe[M] rosa

grüner Pfeffer[M]
pepe[M] verde

Muskatnuss[F]
noce[F] moscata

Kümmel[M]
carvi[M]

Kardamom[M/N]
cardamomo[M]

Zimtstangen[M]
cannella[F]

Safran[M]
zafferano[M]

Kreuzkümmel[M]
cumino[M]

Curry[N]
curry[M]

Kurkuma[N]
curcuma[F]

Bockshornkleesamen[M]
fieno[M] greco

Jalapeño-Chili[M]
peperoncino[M]

Vogelaugenchili[M]
peperoncino[M] rosso

zerstoßene Chilis[M]
peperoncino[M] tritato

getrocknete Chilis[M]
peperoncini[M] secchi

Cayennepfeffer[M]
pepe[M] di Cayenna

Paprika[M]
paprika[F]

Ajowan[N]
ajowan[M]

Teufelsdreck[M]
assafetida[F]

Garam Masala[N]
garam masala[M]

Cajun-Gewürzmischung[F]
condimento[M] alle spezie[F] cajun

Mariniergewürze[N]
spezie[F] marinate

Fünf-Kräuter[N]-Gewürz[N]
miscela[F] di cinque spezie[F]

Chilipulver[N]
peperoncino[M] in polvere[F]

gemahlener Pfeffer[M]
pepe[M] macinato

Ras-El-Hanout[N]
ras el hanout[M]

Sumach[M]
sumac[M]

Mohnsamen[M]
semi[M] di papavero[M]

Ingwer[M]
zenzero[M]

Würzen^{F}

condimenti^{M}

Tabasco™-Soße^{F}
salsa^{F} tabasco^{M}

Worcestershire-Soße^{F}
salsa^{F} Worcestershire

Tamarindenmark^{N}
pasta^{F} di tamarindo^{M}

Vanille-Extrakt^{M}
estratto^{M} di vaniglia^{F}

Tomatenmark^{N}
concentrato^{M} di pomodoro^{M}

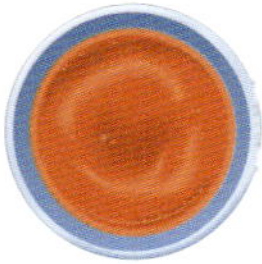

Passierte Tomaten^{F}
passata^{F} di pomodoro^{M}

Hummus^{M}
hummus^{M}

Tahinisoße^{F}
tahini^{M}

Hoisinsoße^{F}
salsa^{F} hoisin

Sojasoße^{F}
salsa^{F} di soia^{F}

Senfpulver^{N}
senape^{F} in polvere^{F}

Senfkörner^{N}
senape^{F} in granuli^{M}

Dijon-Senf^{M}
senape^{F} di Digione

deutscher Senf^{M}
senape^{F} tedesca

englischer Senf^{M}
senape^{F} inglese

amerikanischer Senf^{M}
senape^{F} americana

Pflaumensoße^{F}
salsa^{F} di prugne^{F}

Mangochutney^{N}
chutney^{M} al mango^{M}

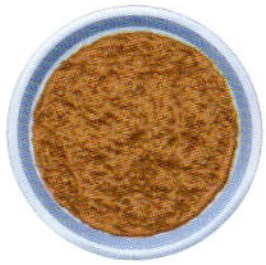

Harissasoße^{F}
harissa^{F}

Sambal Oelek^{M}
sambal oelek^{M}

Ketchup^{M}
ketchup^{M}

Wasabipaste^{F}
wasabi^{M}

Tafelsalz^{N}
sale^{M} fino

grobes Salz^{N}
sale^{M} grosso

Meersalz^{N}
sale^{M} marino

Balsamessig^{M}
aceto^{M} balsamico

Reisessig^{M}
aceto^{M} di riso^{M}

Apfelessig^{M}
aceto^{M} di mele^{F}

Malzessig^{M}
aceto^{M} di malto^{M}

Weinessig^{M}
aceto^{M} di vino^{M}

Kräuter^{N}

piante^{F} aromatiche

Dill^{M}
aneto^{M}

Anis^{M}
anice^{M}

Lorbeer^{M}
alloro^{M}

Origano^{M}
origano^{M}

Estragon^{M}
dragoncello^{M}

Basilikum^{N}
basilico^{M}

Salbei^{M}
salvia^{F}

Thymian^{M}
timo^{M}

Minze^{F}
menta^{F}

Petersilie^{F}
prezzemolo^{M}

Kerbel^{M}
cerfoglio^{M}

Koriander^{M}
coriandolo^{M}

Rosmarin^{M}
rosmarino^{M}

Ysop^{M}
issopo^{M}

Boretsch^{M}
borragine^{F}

Liebstöckel$^{M/N}$
sedano^{M} di monte^{M}

Bohnenkraut^{N}
santoreggia^{F}

Zitronenmelisse^{F}
melissa^{F}

Getreide^{N}
cereali^{M}

Reis^{M}
riso^{M}

Wildreis^{M}
riso^{M} nero selvatico

Dinkel^{M}
farro^{M}

Weizen^{M}
frumento^{M}

Hafer^{M}
avena^{F}

Roggen^{M}
segale^{F}

Hirse^{F}
miglio^{M}

Mais^{M}
mais^{M}

Gerste^{F}
orzo^{M}

Buchweizen^{M}
grano^{M} saraceno

Reismelde^{F}
quinoa^{M}

Amarant^{M}
amaranto^{M}

Triticale^{M}
triticale^{M}

Getreideprodukte[N]

prodotti[M] cerealicoli

Mehl[N] und Grieß[M]

farina[F] e semolino[M]

Grieß[M]
semolino[M]

Vollkornmehl[N]
farina[F] integrale

Couscous[N]
cuscus[M]

Haushaltsmehl[N]
farina[F] semplice

ungebleichtes Mehl[N]
farina[F] non trattata

Hafermehl[N]
farina[F] di avena[F]

Maismehl[N]
farina[F] di mais[M]

Brot[N]

pane[M]

Croissant[N]
croissant[M]

dunkles Roggenbrot[N]
pane[M] nero di segale[F]

Kringel[M]
ciambella[F]

griechisches Brot[N]
pane[F] greco

französisches Weißbrot[N]
filone[M] francese

Ährenbrot[N]
spiga[F]

Baguette[N]
baguette[F]

indisches Fladenbrot[N]
pane[M] chapati indiano

Tortilla[F]
tortilla[F]

Pittabrot[N]
pane[M] pita

indisches Naanbrot[N]
pane[M] naan indiano

Roggenknäckebrot[N]
galletta[F] di segale[F]

Blätterteig[M]
pasta[F] sfoglia[F]

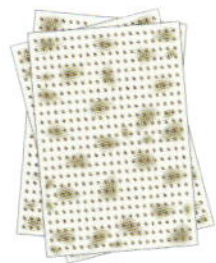

ungesäuertes Brot[N]
pane[M] azzimo

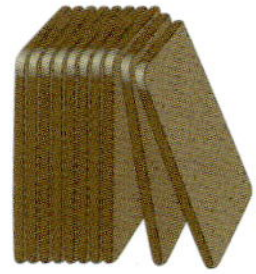

dänisches Roggenbrot[N]
pane[M] di segale[F] danese

Weißbrot[N]
pane[M] bianco

Mehrkornbrot[N]
pane[M] multicereali

skandinavisches Knäckebrot[N]
galletta[F] scandinava

jüdisches Weißbrot[N]
pane[M] ebraico

amerikanisches Maisbrot[N]
pane[M] di mais[M] americano

deutsches Roggenbrot[N]
pane[M] di segale[F] tedesco

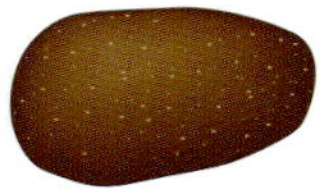

russischer Pumpernickel[M]
Pumpernickel[M] russo

Bauernbrot[N]
pane[M] casereccio

Vollkornbrot[N]
pane[M] integrale

irisches Brot[N]
pane[M] irlandese

englisches Weißbrot[N]
pagnottella[F] inglese

Teigwaren^{F}
pasta^{F}

Rigatoni^{M}
rigatoni^{M}

Rotini^{M}
eliche^{F}

Conchiglie^{F}
conchiglie^{F}

Fusilli^{M}
fusilli^{M}

Spaghetti^{M}
spaghetti^{M}

Ditali^{M}
ditali^{M}

Gnocchi^{M}
gnocchi^{M}

Tortellini^{M}
tortellini^{M}

Spaghettini^{M}
spaghettini^{M}

Hörnchennudeln^{F}
gomiti^{M}

Penne^{F}
penne^{F}

Cannelloni^{M}
cannelloni^{M}

Lasagne^{F}
lasagne^{F}

Ravioli^{M}
ravioli^{M}

grüne Tagliatelle^{F}
tagliatelle^{F} verdi

Fettuccine^{F}
fettuccine^{F}

asiatische Teigwaren[F]
spaghetti[M] asiatici

Sobanudeln[F]
spaghetti[M] soba

Somennudeln[F]
spaghetti[M] somen

Udonnudeln[F]
spaghetti[M] udon

Reispapier[N]
gallette[F] di riso[M]

Reisnudeln[F]
spaghetti[M] di riso[M]

Glasnudeln[F]
spaghetti[M] di fagioli[M] mungo

asiatische Eiernudeln[F]
spaghetti[M] all'uovo[M]

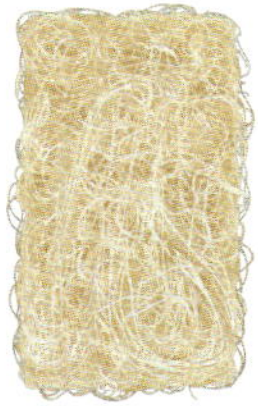

Reisfadennudeln[F]
vermicelli[M] di riso[M]

Wan-tan-Teigblätter[N]
pasta[F] won ton

Reis[M]
riso[M]

weißer Reis[M]
riso[M] bianco

Braunreis[M]
riso[M] integrale

Parboiled Reis[M]
riso[M] parboiled

Basmatireis[M]
riso[M] basmati

Kaffee[M] und Tee[M]

caffè[M] e infusi[M]

Kaffee[M]
caffè[M]

Rohkaffee[F]
chicchi[M] di caffè[M] verdi

geröstete Kaffeebohnen[F]
chicchi[M] di caffè[M] tostati

Kräutertees[M]
tisane[F]

Linde[F]
tiglio[M]

Kamille[F]
camomilla[F]

Verbene[F]
verbena[F]

Tee[M]
tè[M]

grüner Tee[M]
tè[M] verde

schwarzer Tee[M]
tè[M] nero

Oolong-Tee[M]
tè[M] oolong

Teebeutel[M]
bustina[F] di tè[M]

Schokolade[F]

cioccolato[M]

Bitterschokolade[F]
cioccolato[M] fondente

Milchschokolade[F]
cioccolato[M] al latte[M]

Kakao[M]
cacao[M]

weiße Schokolade[F]
cioccolato[M] bianco

Zucker[M]
zucchero[M]

Kristallzucker[M]
zucchero[M] in grani[M]

Puderzucker[M]
zucchero[M] a velo[M]

brauner Zucker[M]
zucchero[M] di canna[F]

Kandiszucker[M]
zucchero[M] candito

Melasse[F]
melassa[F]

Maissirup[M]
sciroppo[M] di mais[M]

Ahornsirup[M]
sciroppo[M] d'acero[M]

Honig[M]
miele[M]

Fette[N] und Öle[N]
grassi[M] e oli[M]

Maisöl[N]
olio[M] di mais[M]

Olivenöl[N]
olio[M] d'oliva[F]

Sonnenblumenöl[N]
olio[M] di semi [M] di girasole[M]

Erdnussöl[N]
olio[M] di arachidi[F]

Sesamöl[N]
olio[M] di sesamo[M]

Backfett[N]
grasso[M] alimentare

Schweinespeck[M]
lardo[M]

Margarine[F]
margarina[F]

Milchprodukte^{N}

prodotti^{M} caseari

Joghurt^{M}
yogurt^{M}

Ghee^{N}
ghi^{M}

Butter^{F}
burro^{M}

Sahne^{F}
panna^{F}

Schlagsahne^{F}
panna^{F} da montare

saure Sahne^{F}
panna^{F} acida

Milch^{F}
latte^{M}

homogenisierte Milch^{F}
latte^{M} omogeneizzato

Ziegenmilch^{F}
latte^{M} di capra^{F}

Kondensmilch^{F}
latte^{M} evaporato

Buttermilch^{F}
latticello^{M}

Milchpulver^{N}
latte^{M} in polvere^{F}

Frischkäse^{M}
formaggi^{M} freschi

Hüttenkäse^{M}
cottage cheese^{M}

Mozzarella^{M}
mozzarella^{F}

Ricotta^{M}
ricotta^{F}

Streichkäse^{M}
formaggio^{M} cremoso

Ziegenkäse^{M}
formaggi^{M} di capra^{F}

Ziegenfrischkäse^{M}
formaggio^{M} fresco di capra^{F}

Crottin de Chavignol^{M}
crottin^{M} de chavignol

Hartkäse[M]
formaggi[M] a pasta[F] dura

Jarlsberg[M]
jarlsberg[M]

Emmentaler[M]
emmental[M]

Raclette[M]
raclette[F]

Parmesan[M]
parmigiano[M]

Gruyèrekäse[M]
groviera[M/F]

Pecorino Romano[M]
pecorino[M] romano

Edelpilzkäse[M]
formaggi[M] erborinati

Roquefort[M]
roquefort[M]

Stilton[M]
stilton[M]

Gorgonzola[M]
gorgonzola[M]

Danish Blue[M]
danish blue[M]

Weichkäse[M]
formaggi[M] a pasta[F] molle

Pont-l'Évêque[M]
pont-l'évêque[M]

Coulommiers[M]
coulommiers[M]

Camembert[M]
camembert[M]

Brie[M]
brie[M]

Munster[M]
munster[M]

Fleisch[N]

carne[F]

Rindfleisch[N]
tagli[M] di manzo[M]

Steak[N]
bistecca[F]

Rindfleischwürfel[M]
spezzatino[M]

Rinderhackfleisch[N]
macinato[M]

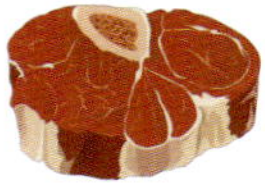

Hachse[F]
ossobuco[M]

Rinderfilet[N]
filetto[M]

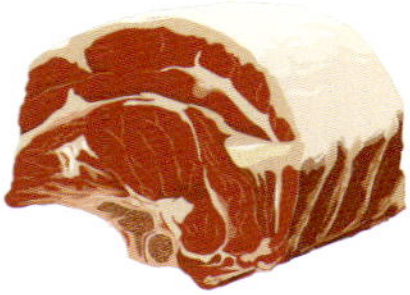

hohe Rippe[F]
costate[F]

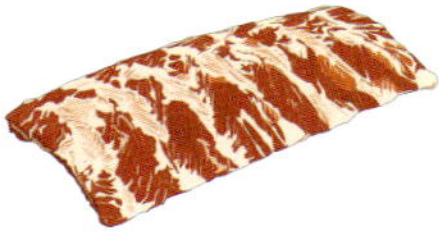

Querrippe[F]
costine[F]

Kalbfleisch[N]
tagli[M] di vitello[M]

Kalbfleischwürfel[M]
spezzatino[M]

Kalbshackfleisch[N]
macinato[M]

Hachse[F]
ossobuco[M]

Rollbraten[M]
arrotolato[M]

Schnitzel[N]
bistecca[F]

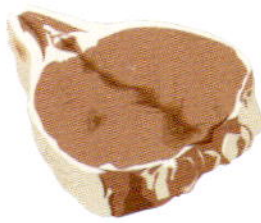

Kotelett[N]
braciola[F]

Lammfleisch[N]
tagli[M] di agnello[M]

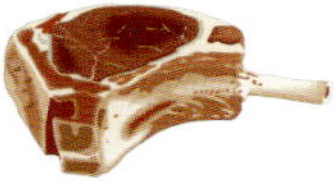

Kotelett[N]
braciola[F]

Lammhackfleisch[N]
macinato[M]

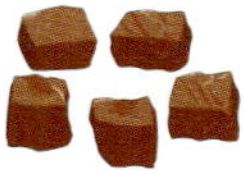

Lammfleischwürfel[M]
spezzatino[M]

Braten[M]
arrosto[M]

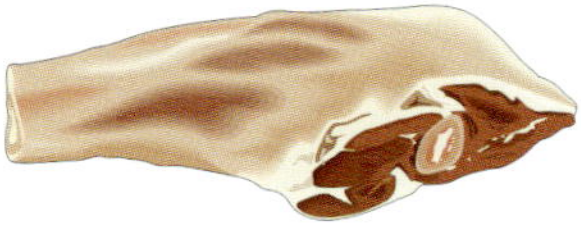

Hachse[F]
stinco[M]

Schweinefleisch[N]
tagli[M] di maiale[M]

Spareribs/Schälrippchen[N]
costolette[F]

Schweinehackfleisch[N]
macinato[M]

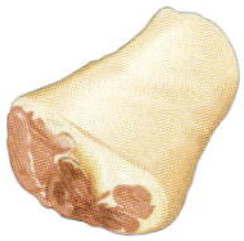

Eisbein[N]
piedino[M]

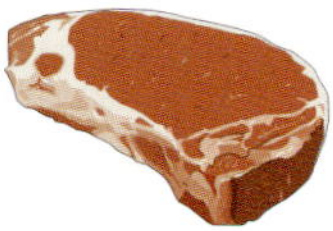

Kotelett[N]
lonza[F]

Räucherschinken[M]
prosciutto[M] affumicato

Braten[M]
arrosto[M]

Innereien^F
interiora^F

Gekröse^N
animelle^F

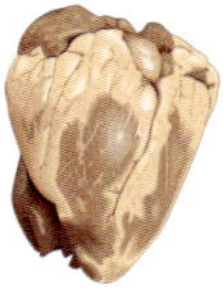
Herz^N
cuore^M

Leber^F
fegato^M

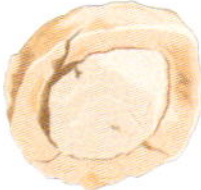
Mark^N
midollo^M

Zunge^F
lingua^F

Niere^F
rognone^M

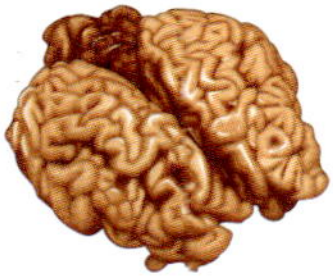
Hirn^N
cervella^F

Kaldaune^F
trippa^F

Wild^N
selvaggina^F

Wachtel^F
quaglia^F

Taube^F
piccione^M

Hase^M
lepre^F

Kaninchen^N
coniglio^M

Perlhuhn^N
faraona^F

Fasan^M
fagiano^M

Geflügel^{N}
volatili^{M}

Huhn^{N}
pollo^{M}

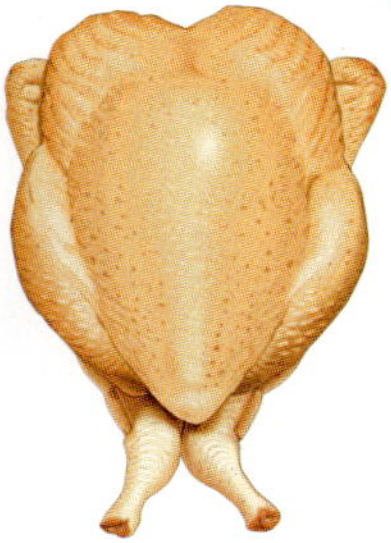

Kapaun^{M}
cappone^{M}

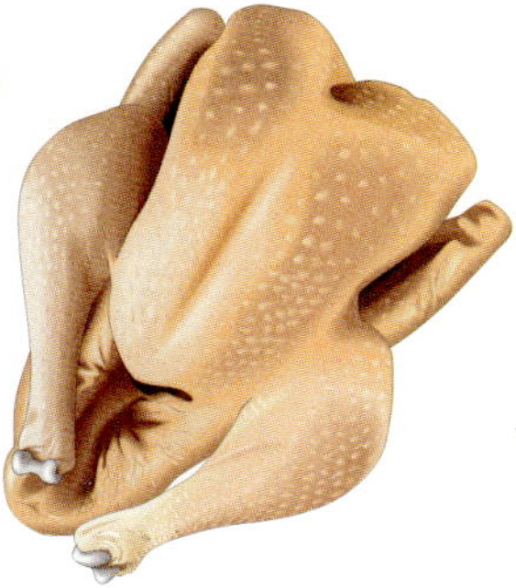

Puter^{M}
tacchino^{M}

Ente^{F}
anatra^{F}

Gans^{F}
oca^{F}

Eier^{N}
uova^{F}

Straußenei^{N}
uovo^{M} *di struzzo*^{M}

Gänseei^{N}
uovo^{M} *di oca*^{F}

Wachtelei^{N}
uovo^{M} *di quaglia*^{F}

Fasanenei^{N}
uovo^{M} *di fagiano*^{M}

Entenei^{N}
uovo^{M} *di anatra*^{F}

Hühnerei^{N}
uovo^{M} *di gallina*^{F}

Spezialitäten[F]

gastronomia[F]

Rillettes[F]
ciccioli[M]

Stopfleber[F]
foie-gras[M]

roher Schinken[M]
prosciutto[M]

Kielbasa-Wurst[F]
salsiccia[F] kielbasa

Mortadella[F]
mortadella[F]

Blutwurst[F]
sanguinaccio[M]

Chorizo-Wurst[F]
chorizo[M]

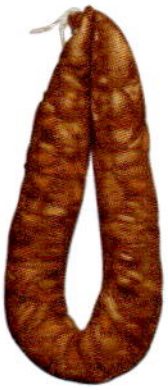

Pepperoniwurst[F]
salsiccia[F] piccante

grobe Salami[F]
salame[M] di Genova

feine Salami[F]
salame[M] tedesco

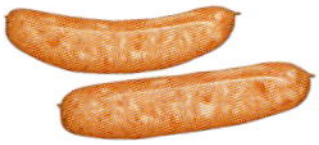

Toulouser Wurst[F]
salame[M] di Tolosa

Merguez-Wurst[F]
merguez[F]

Kuttelwurst[F]
salsiccia[F] di trippa[F]

Bratwurst[F]
salsiccia[F] alle cipolle[F]

Frankfurter Würstchen[N]
salsiccia[F] di Francoforte

Bauchspeck[M]
pancetta[F]

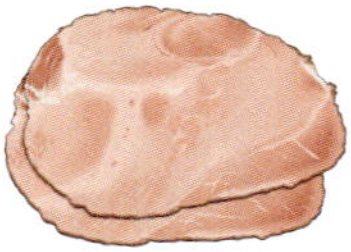

gekochter Schinken[M]
prosciutto[M] cotto

amerikanischer Bacon[M]
bacon[M] americano

kanadischer Bacon[M]
bacon[M] canadese

Mollusken^{F}
molluschi^{M}

Krake^{M}
polpo^{M}

Tintenfisch^{M}
seppia^{F}

Kalmar^{M}
calamaro^{M}

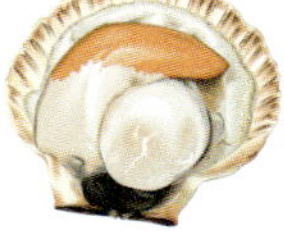

Kammmuschel^{F}
pettine^{M}

Kreuzmuster^{N}-Teppichmuschel^{F}
tartufo^{M} di mare^{M}

Klaffmuschel^{F}
vongola^{F} molle

Meerohr^{N}
orecchia^{F} di mare^{M}

Jakobsmuschel^{F}
capasanta^{F}

Schnecke^{F}
chiocciola^{F}

Napfschnecke^{F}
patella^{F}

Strandschnecke^{F}
littorina^{F}

Venusmuschel^{F}
vongola^{F}

Herzmuschel^{F}
cardio^{M}

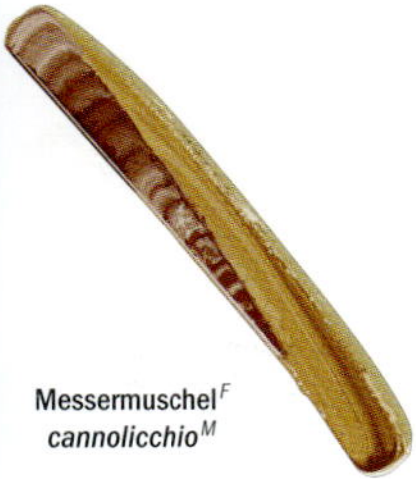

Messermuschel^{F}
cannolicchio^{M}

Auster^{F}
ostrica^{F}

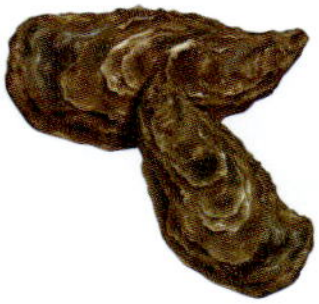

Auster^{F}
ostrica^{F}

Miesmuschel^{F}
mitilo^{M}

Wellhornschnecke^{F}
buccino^{M}

Krebstiere^{N}
crostacei^{M}

Hummer^{M}
astice^{M}

Flusskrebs^{M}
gambero^{M} di acqua^{F} dolce

Languste^{F}
aragosta^{F}

Garnele^{F}
gamberetto^{M}

Langustine^{F}
scampo^{M}

Krabbe^{F}
granchio^{M}

Knorpelfische^{M}
pesci^{M} cartilaginei

groß gefleckter Katzenhai^{M}
gattuccio^{M} stellato

Rochen^{M}
razza^{F}

Hundshai^{M}
palombo^{M} liscio

Stör^{M}
storione^{M}

Knochenfische[M]

pesci[M] ossei

Sardelle[F]
acciuga[F]

Sardine[F]
sardina[F]

Hering[M]
aringa[F]

Stint[M]
sperlano[M]

Goldbrasse[F]
orata[F]

rote Meerbarbe[F]
triglia[F]

Aal[M]
anguilla[F]

Makrele[F]
sgombro[M]

Knurrhahn[M]
pesce[M] cappone[M]

Meerneunauge[N]
lampreda[F]

Schwertfisch[M]
pesce[M] spada[F]

Knochenfische[M]

Barsch[M]
persico[M] trota[F]

Meeräsche[F]
cefalo[M]

Karpfen[M]
carpa[F]

Flussbarsch[M]
persico[M]

Alse[F]
alosa[F]

Hecht[M]
luccio[M]

Zander[M]
lucioperca[F]

Blaufisch[M]
ballerino[M]

Seebarsch[M]
branzino[M]

Seeteufel[M]
pesce[M] rospo[M]

Thunfisch[M]
tonno[M]

Rotbarsch[M]
salmone[M] rosso

Weißfisch[M]
merlano[M]

Schellfisch[M]
eglefino[M]

Seelachs[M]
merlano[M] nero

atlantischer Kabeljau[M]
merluzzo[M] dell'Atlantico[M]

Forelle[F]
trota[F]

pazifischer Lachs[M]
salmone[M] del Pacifico[M]

atlantischer Lachs[M]
salmone[M] dell'Atlantico[M]

Bachsaibling[M]
salmerino[M] di fontana[F]

Heringskönig[M]
pesce[M] San Pietro

Heilbutt[M]
ippoglosso[M]

Steinbutt[M]
rombo[M]

Flunder[F]
passera[F] di mare[M]

Scholle[F]
sogliola[F]

Verpackungen^F
confezioni^F

Beutel^M
sacchetto^M

Backofenfolie^F
carta^F da forno^M

Aluminiumfolie^F
pellicola^F d'alluminio^M

Gefrierbeutel^M
sacchetto^M per freezer^M

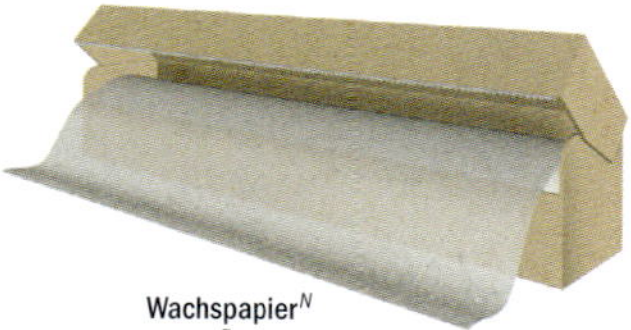

Wachspapier^N
carta^F cerata

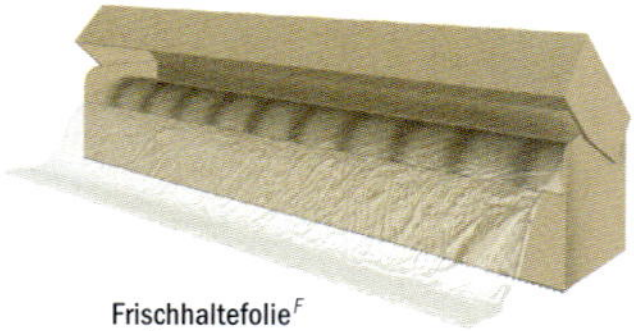

Frischhaltefolie^F
pellicola^F trasparente

Netz^N
rete^F per alimenti^M

Vorratsdosen^F
barattoli^M

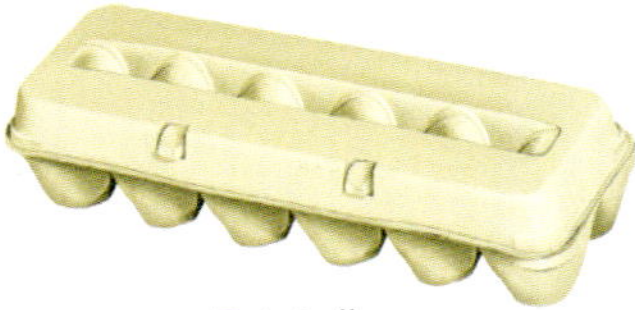

Eierkarton^M
confezione^F in cartone^M per uova^F

Schale^F
vaschetta^F per alimenti^M

Kiste^F
cassetta^F

Holzkiste^F
cassetta^F aperta

Verpackungen[F]

Schraubverschluss[M]
tappo[M] a vite[F]

Glasflasche[F]
bottiglia[F] di vetro[M]

Konservendose[F]
latta[F] per alimenti[M]

Dosenöffner[M]
anello[M] a strappo[M]

Getränkedose[F]
lattina[F]

Multipack[N]
confezione[F] multipla

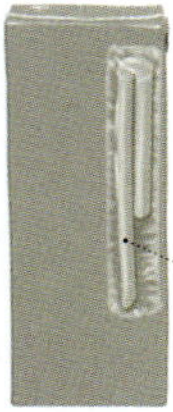
Strohhalm[M]
cannuccia[F]

Trinkpackung[F]
brick[M]

Packung[F]
pacchetto[M]

heißversiegelte Folie[F]
pellicola[F] sigillata a caldo[M]

Becher[M]
vasetto[M]

Tube[F]
tubetto[M]

Milch-/Sahnebecher[M]
coppetta[F] per latte[M]/panna[F]

Getränkekarton[M]
brick[M] a tappo[M]

Butterdose[F]
vaschetta[F] per burro[M]

Käseschachtel[F]
scatola[F] per formaggio[M]

Kleiner Getränkekarton[M]
cartone[M] piccolo

Giebel[M]
chiusura[F] in rilievo[M]

Getränkekarton[M]
cartone[M]

Küche^F

cucina^F

Gläser[N]

cristalleria[F]

Likörglas[N]
bicchierino[M] da liquore[M]

Portweinglas[N]
bicchiere[M] da porto[M]

Sektschale[F]
coppa[F] da spumante[M]

Kognakschwenker[M]
bicchiere[M] da brandy[M]

Elsassglas[N]
bicchiere[M] da vino[M] alsaziano

Rotweinglas[N]
bicchiere[M] da Borgogna[M]

Bordeauxglas[N]
bicchiere[M] da Bordeaux[M]

Weißweinglas[N]
bicchiere[M] da vino[M] bianco

Wasserglas[N]
bicchiere[M] da acqua[F]

Cocktailglas[N]
calice[M] da cocktail[M]

Longdrinkglas[N]
bicchiere[M] da bibita[F]

Whiskyglas[M]
tumbler[M]

Bierkrug[M]
boccale[M] da birra[F]

Sektkelch[M]
flûte[M]

kleine Karaffe[F]
caraffa[F]

Karaffe[F]
bottiglia[F] da tavola[F]

Geschirr^N

vasellame^M da tavola^F

Mokkatasse^F
tazzina^F da caffè^M

Tasse^F
tazza^F da tè^M

Becher^M
tazza^F alta da caffè^M

Milchkännchen^N
bricco^M del latte^M

Zuckerdose^F
zuccheriera^F

Salzstreuer^M
saliera^F

Pfefferstreuer^M
pepaiola^F

Sauciere^F
salsiera^F

Butterdose^F
burriera^F

Auflaufförmchen^N
formina^F da forno^M

Suppenschale^F
scodella^F

Suppenteller^M
piatto^M fondo

flacher Teller^M
piatto^M piano

Salatteller^M
piatto^M frutta^F / insalata^F

kleiner Teller^M
piattino^M per pane^M e burro^M

Teekanne^F
teiera^F

Servierplatte^F
piatto^M da portata^F

Gemüseterrine^F
legumiera^F

Fischplatte^F
piatto^M per il pesce^M

Hors-d'Oeuvre-Schale^F
antipastiera^F

Wasserkrug^M
caraffa^F

Salatschüssel^F
insalatiera^F

Salatschale^F
coppetta^F per l'insalata^F

Suppenterrine^F
zuppiera^F

Silberbesteck[N]
posateria[F]

Messer[N]
coltello[M]

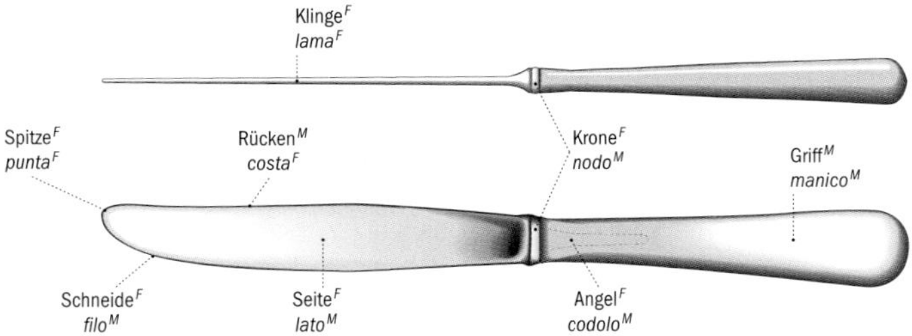

Gabel[F]
forchetta[F]

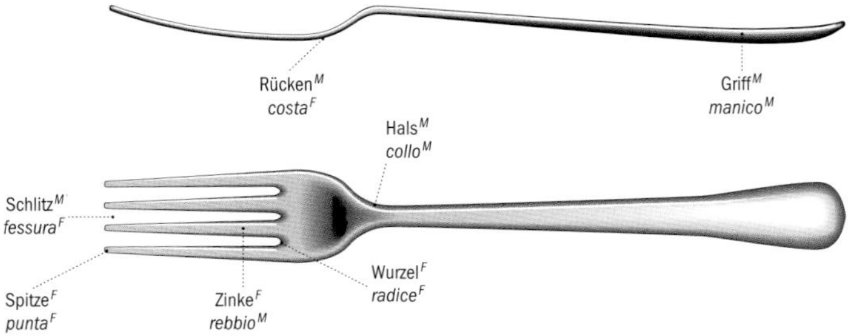

Löffel[M]
cucchiaio[M]

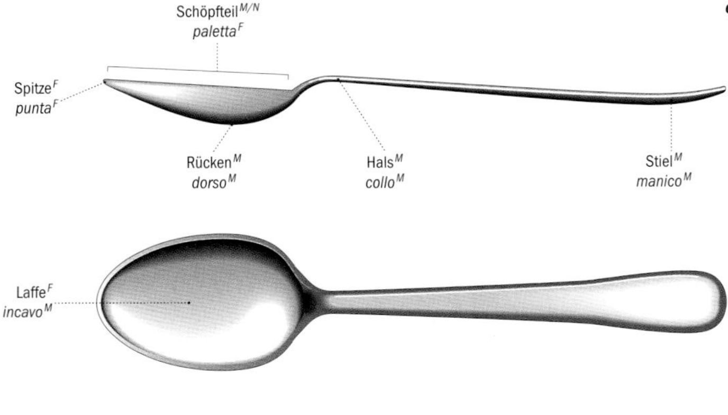

Beispiele[N] für Gabeln[F]
esempi[M] di forchette[F]

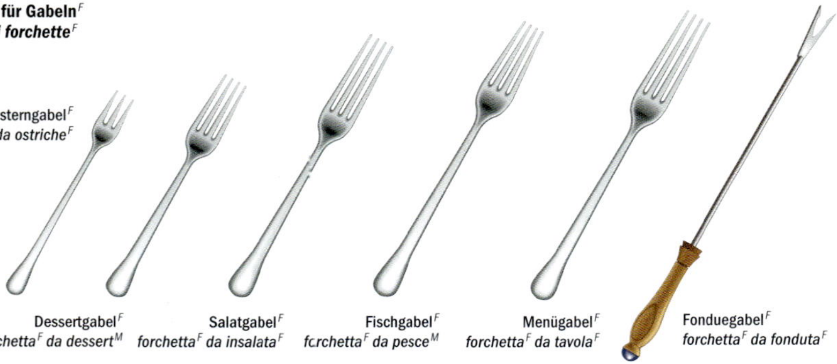

Austerngabel[F]
forchetta[F] da ostriche[F]

Dessertgabel[F]
forchetta[F] da dessert[M]

Salatgabel[F]
forchetta[F] da insalata[F]

Fischgabel[F]
forchetta[F] da pesce[M]

Menügabel[F]
forchetta[F] da tavola[F]

Fonduegabel[F]
forchetta[F] da fonduta[F]

Beispiele[N] für Messer[N]
esempi[M] di coltelli[M]

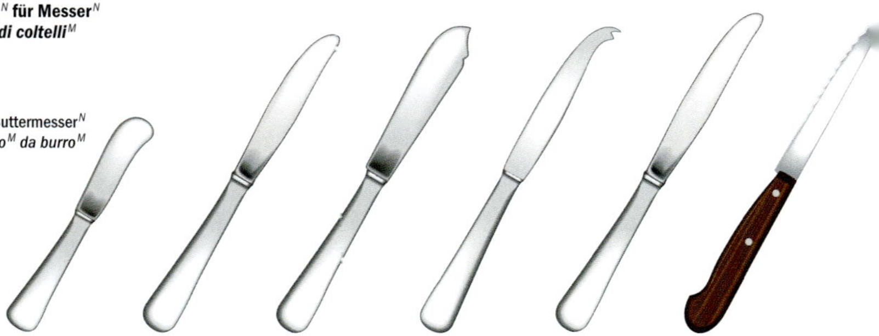

Buttermesser[N]
coltello[M] da burro[M]

Dessertmesser[N]
coltello[M] da dessert[M]

Fischmesser[N]
coltello[M] da pesce[M]

Käsemesser[N]
coltello[M] da formaggio[M]

Menümesser[N]
coltello[M] da tavola[F]

Steakmesser[N]
coltello[M] da bistecca[F]

Beispiele[N] für Löffel[M]
esempi[M] di cucchiai[M]

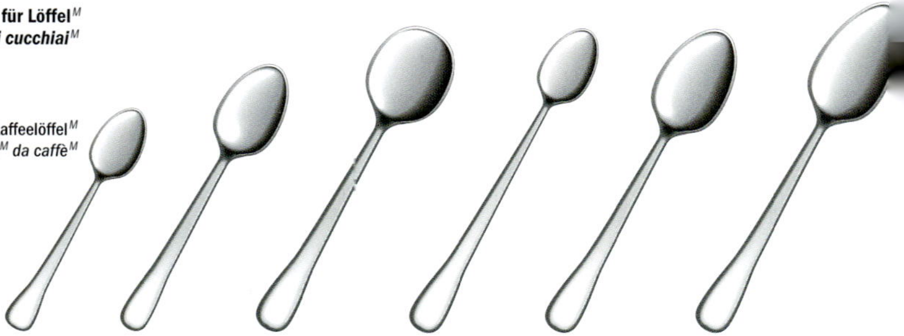

Kaffeelöffel[M]
cucchiaino[M] da caffè[M]

Teelöffel[M]
cucchiaino[M] da tè[M]

Suppenlöffel[M]
cucchiaio[M] da brodo[M]

Limonadenlöffel[M]
cucchiaio[M] da bibita[F]

Dessertlöffel[M]
cucchiaio[M] da dessert[M]

Esslöffel[M]
cucchiaio[M] da tavola[F]

Küchenutensilien^{N}

utensili^{M} da cucina^{F}

Küchenmesser^{N}
coltello^{M} da cucina^{F}

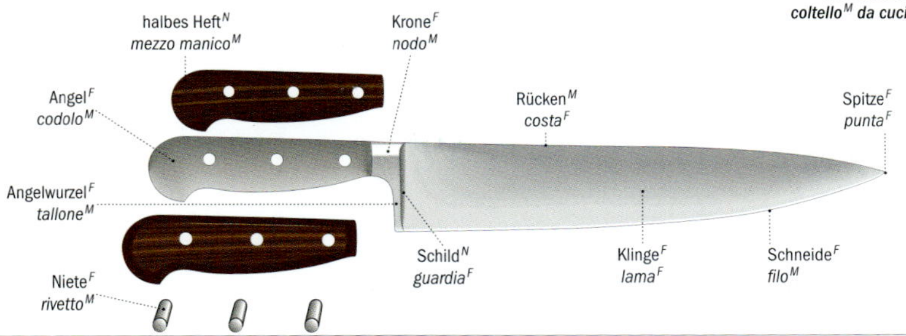

Beispiele^{N} für Küchenmesser^{N}
esempi^{M} di coltelli^{M} da cucina^{F}

zum Öffnen[N]
per aprire

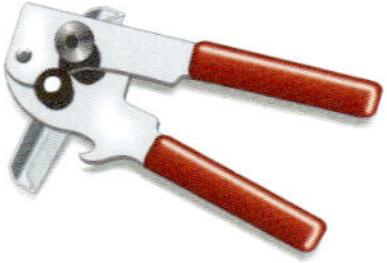

Büchsenöffner[M]
apriscatole[M]

Flaschenöffner[M]
apribottiglie[M]

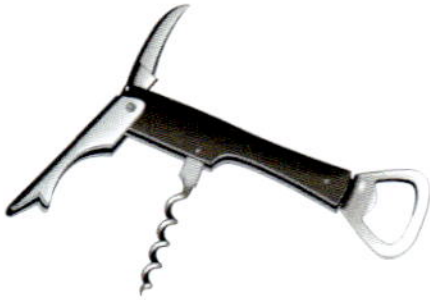

Kellnerbesteck[N]
cavatappi[M] da cameriere[M]

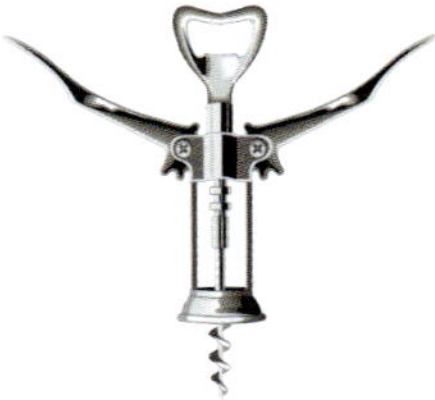

Hebel-Korkenzieher[M]
cavatappi[M] a leva[F]

zum Zerkleinern[N] und Zerreiben[N]
per macinare e grattugiare

Nussknacker[M]
schiaccianoci[M]

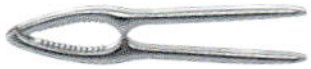

Mörser[M]
mortaio[M]

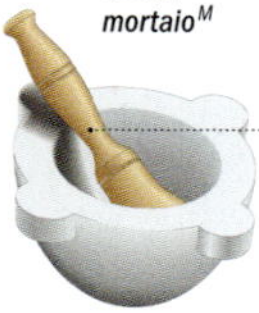

Fleischwolf[M]
tritacarne[M]

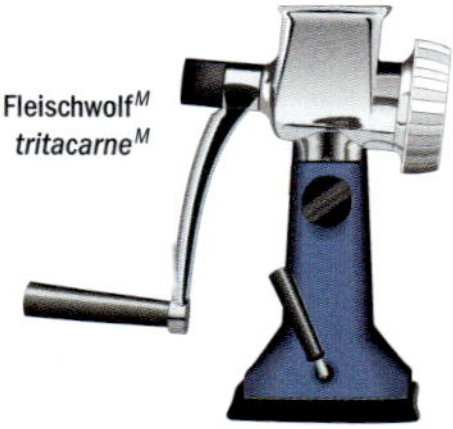

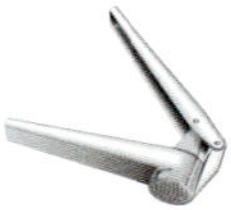

Knoblauchpresse[F]
spremiaglio[M]

Zitronenpresse[F]
spremiagrumi[M]

Muskatnussreibe[F]
grattugia[F] per noce[F] moscata

Reibe[F]
grattugia[F]

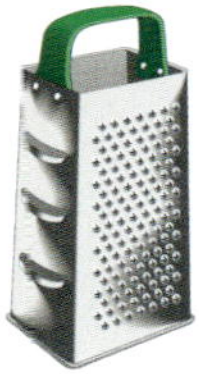

Käsereibe[F]
grattugiaformaggio[M]

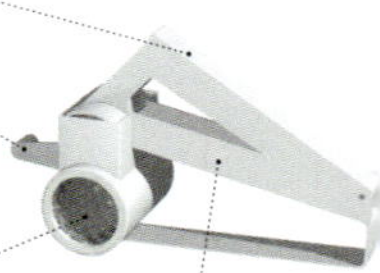

Nudelmaschine[F]
macchina[F] per fare la pasta[F]

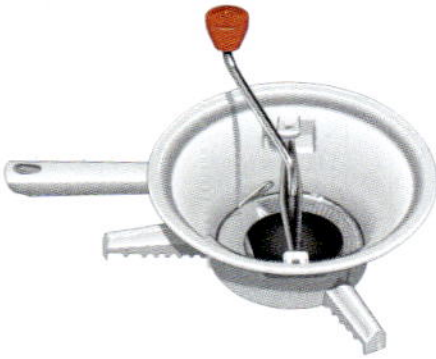

Passiergerät[N]
passaverdure[M]

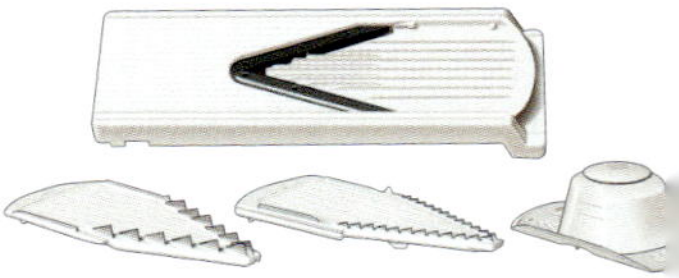

Küchenreibe[F]
affettaverdure[M]

zum Messen^{N}
per misurare

Messlöffel^{M}
cucchiai^{M} dosatori

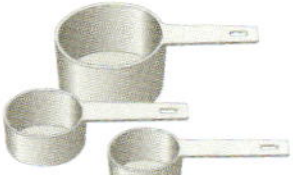

Messbecher^{M}
misurini^{M}

Einmachthermometer^{N}
termometro^{M} per zucchero^{M}

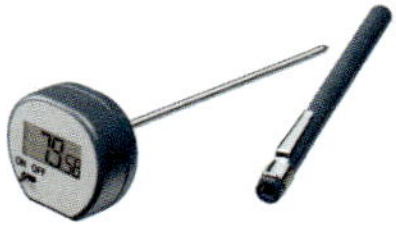

digitales Bratenthermometer^{N}
termometro^{M} a lettura^{F} istantanea

Maß^{N}
tazza^{F} graduata

Fleischthermometer^{N}
termometro^{M} per carne^{F}

Backofenthermometer^{N}
termometro^{M} del forno^{M}

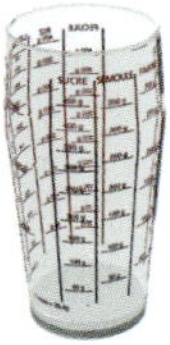

Messbecher^{M}
recipiente^{M} graduato

Küchenuhr^{F}
contaminuti^{M}

Eieruhr^{F}
clessidra^{F} per uova^{F} alla coque

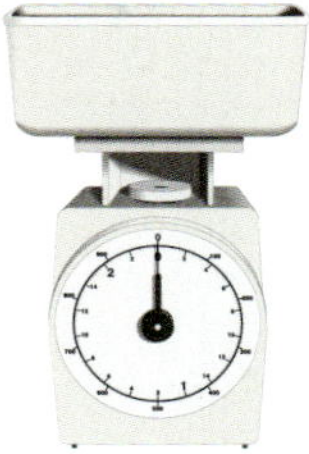

Küchenwaage^{F}
bilancia^{F} da cucina^{F}

zum Sieben^{N} und Abtropfen^{N}
per scolare e filtrare

Passiersieb^{N}
colino^{M}

Musselin^{M}
mussolina^{F}

Spitzsieb^{N}
chinois^{M}

Trichter^{M}
imbuto^{M}

Seiher^{M}
colapasta^{M}

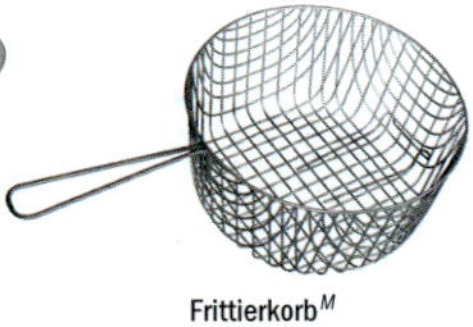

Frittierkorb^{M}
cestello^{M} per friggere

Mehlsieb^{N}
setaccio^{M}

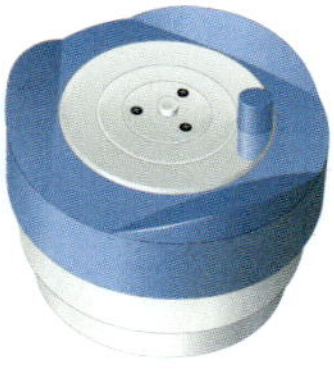

Salatschleuder^{F}
centrifuga^{F} scolainsalata

NAHRUNGSMITTEL UND KÜCHE

Backgerät^{N}
utensili^{M} per dolci^{M}

Garnierspritze^{F}
siringa^{F} per decorazioni^{F}

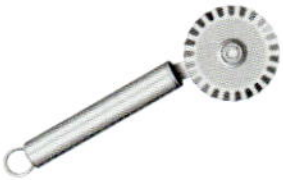

Kuchenrad^{N}
rotella^{F} tagliapasta

Kuchenpinsel^{M}
pennello^{M} per dolci^{M}

Rad-Schneeschläger^{M}
frullino^{M}

Schneebesen^{M}
frusta^{F}

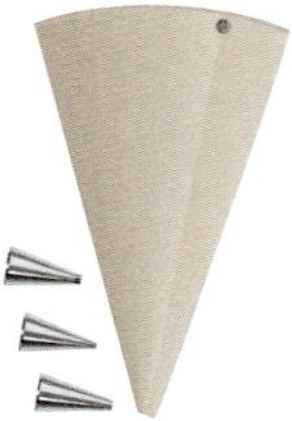

Spritzbeutel^{M} mit Tüllen^{F}
tasca^{F} e bocchette^{F}

Mehlsieb^{N}
setaccio^{M}

Ausstechformen^{F}
tagliabiscotti^{M}

Streuer^{M}
spolverino^{M}

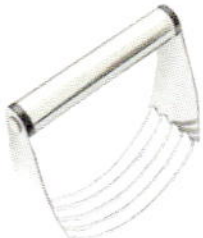

Teigmischer^{M}
miscelatore^{M} per dolci^{M}

Rührschüsseln^{F}
ciotole^{F} per mescolare

Nudelholz^{N}
matterello^{M}

Backblech^{N}
teglia^{F} da forno^{M}

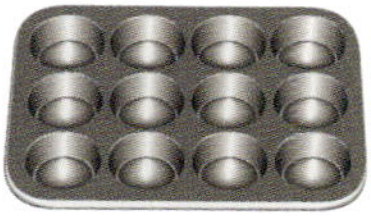

Muffinform^{F}
stampini^{M} per dolci^{M}

Souffléform^{F}
tegamino^{M} per sufflè^{M}

Charlottenform^{F}
stampo^{M} per charlotte^{F}

Springform^{F}
teglia^{F} con fondo^{M} staccabile

flache Kuchenform^{F}
teglia^{F} per torta^{F}

Quicheform^{F}
stampo^{M} per crostata^{F}

Kuchenform^{F}
tortiera^{F}

Küchenset^{N}
set^{M} di utensili^{M}

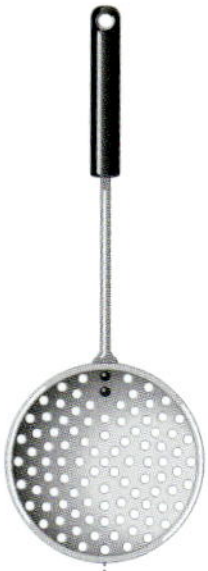

Abseihkelle^{F}
schiumaiola^{F}

Abseihlöffel^{M}
cucchiaio^{M} forato

Palette^{F}
spatola^{F}

Pfannenwender^{M}
paletta^{F}

Schöpflöffel^{M}
mestolo^{M}

Kartoffelstampfer^{M}
schiacciapatate^{M}

verschiedene Utensilien^{N}
utensili^{M} vari

Entsteiner^{M}
snocciolatore^{M}

Spicknadel^{F}
lardatoio^{M}

Kerngehäuseausstecher^{M}
cavatorsoli^{M}

Melonenlöffel^{M}
scavamelone^{M}

Dressiernadel^{F}
ago^{M} per legare

Küchenschere^{F}
forbici^{F} da cucina^{F}

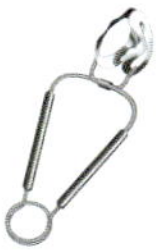

Schneckenzange^{F}
molle^{F} per chiocciole^{F}

Schneckenpfännchen^{N}
tegamino^{M} per chiocciole^{F}

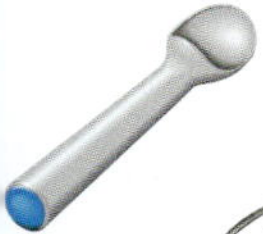

Eisportionierer^{M}
porzionatore^{M} per gelato^{M}

Zange^{F}
molle^{F}

Geflügelschere^{F}
trinciapollo^{M}

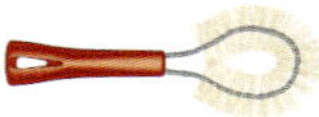

Gemüsebürste^{F}
spazzola^{F} per verdura^{F}

Eierschneider^{M}
affettauova^{M}

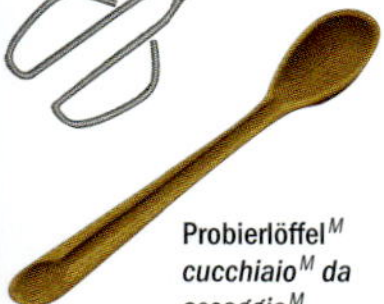

Probierlöffel^{M}
cucchiaio^{M} da assaggio^{M}

Tee-Ei^{N}
filtro^{M} per il tè^{M}

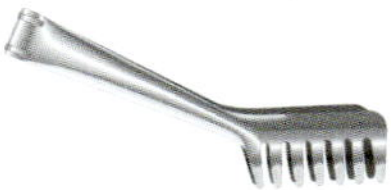

Spaghettizange^{F}
molle^{F} per spaghetti^{M}

Fettgießer^{M}
peretta^{F} per ingrassare

Kochgeräte[N]

utensili[M] per cucinare

Wok-Set[N]
servizio[M] da wok[M]

Tajine[F]
tajina[F]

Fondue-Set[N]
servizio[M] da fonduta[F]

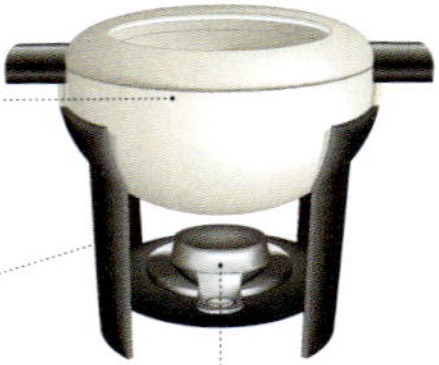

Fischkochtopf[M]
pesciera[F]

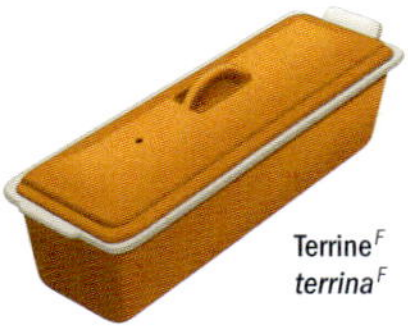

Terrine[F]
terrina[F]

Fettpfanne[F]
leccarda[F]

Bräter[M]
teglie[F] da forno[M]

Schnellkochtopf[M]
pentola[F] a pressione[F]

flacher Bratentopf^{M}
casseruola^{F}

Suppentopf^{M}
pentola^{F}

Couscoustopf^{M}
pentola^{F} per cuscus^{M}

Bratpfanne^{F}
padella^{F} per friggere

Dampfkochtopf^{M}
pentola^{F} a vapore^{M}

Eipochierer^{M}
tegame^{M} per uova^{F} in camicia^{F}

Schmorpfanne^{F}
padella^{F} per rosolare

Pfanne^{F}
piccolo tegame^{M}

Römertopf^{M}
padella^{F} doppia

Crêpe-Pfanne^{F}
padella^{F} per crêpe^{F}

Dämpfeinsatz^{M}
cestello^{M} per la cottura^{F} a vapore^{M}

Wasserbadtopf^{M}
pentola^{F} per cucinare a bagnomaria

Stielkasserolle^{F}
tegame^{M}

Haushaltsgeräte^N
elettrodomestici^M

zum Mixen^N und Kneten^N
per frullare e miscelare

Mixer^M
frullatore^M

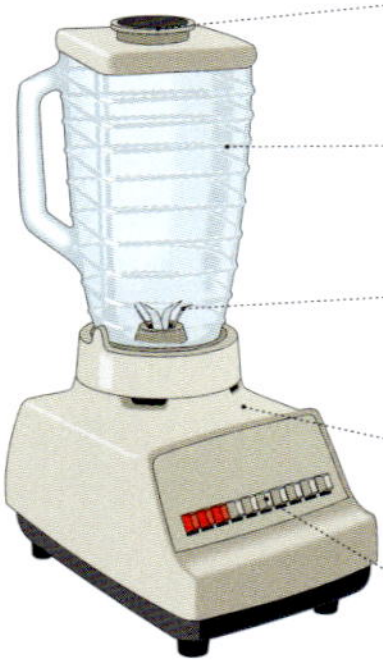

Handrührgerät^N
frullatore^M elettrico a mano^F

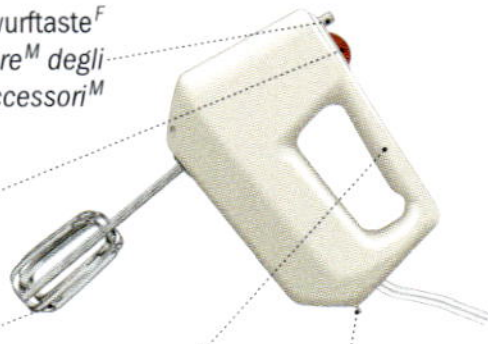

Stabmixer^M
frullatore^M a immersione^F

Tischrührgerät^N
impastatrice^F

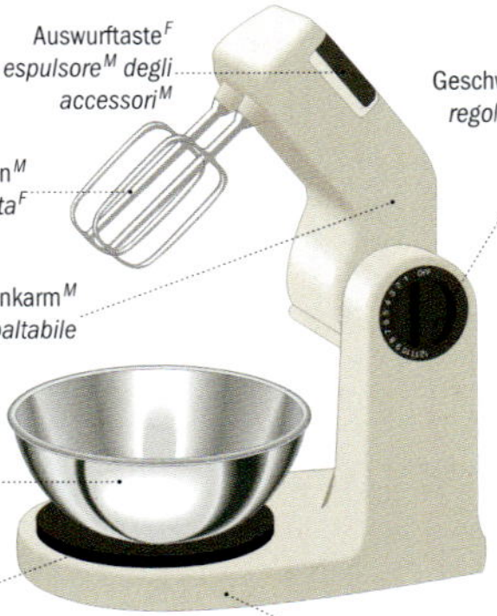

Rührbesen^M
fruste^F

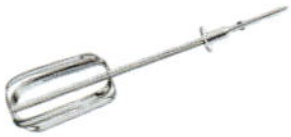

Rührbesen^M
frusta^F a quattro bracci^M

Spiralkneter^M
frusta^F a spirale^F

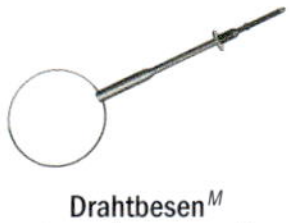

Drahtbesen^M
frusta^F ad anello^M

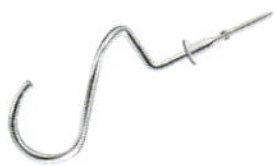

Knethaken^M
gancio^M per l'impasto^M

Küchenmaschine[F]
robot[M] da cucina[F]

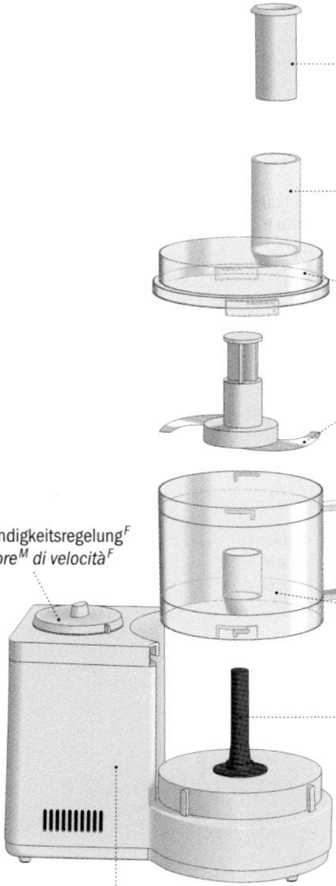

zum Schneiden[N]
per tagliare

Scheiben[F]
dischi[M]

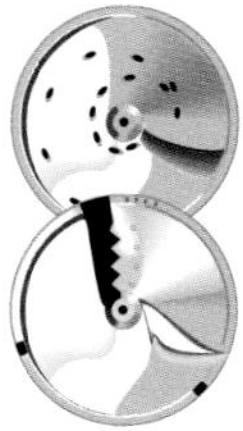

Elektromesser[N]
coltello[M] elettrico

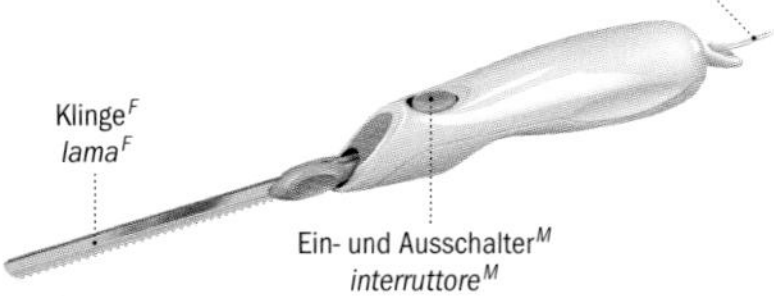

zum Auspressen[N]
per spremere

Zitruspresse[F]
spremiagrumi[M] elettrico

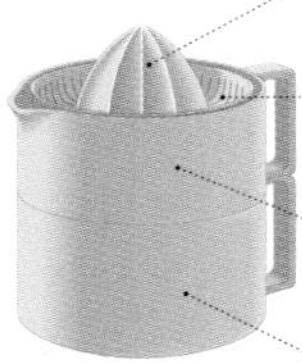

NAHRUNGSMITTEL UND KÜCHE

zum Kochen^{N}
per cucinare

Mikrowellengerät^{N}
forno^{M} a microonde^{F}

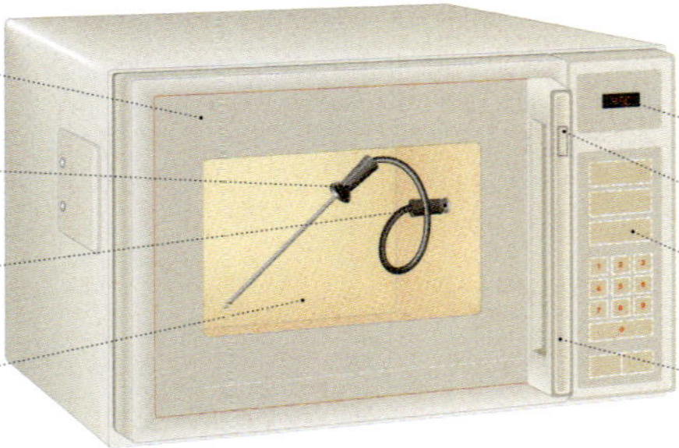

Waffeleisen^{N}
griglia^{F} elettrica

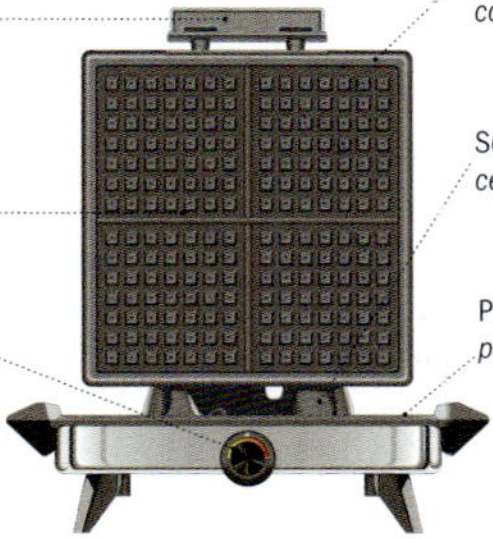

Toaster^{M}
tostapane^{M}

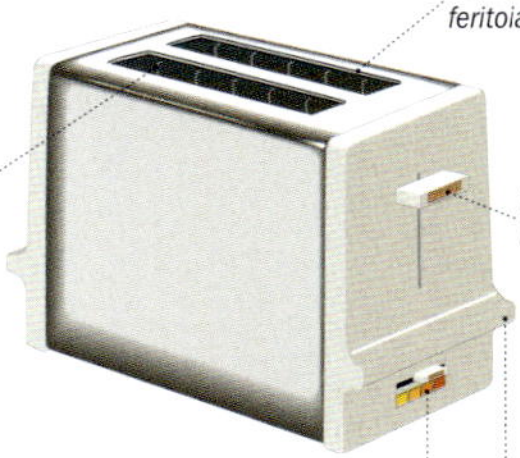

Fritteuse^{F}
friggitrice^{F}

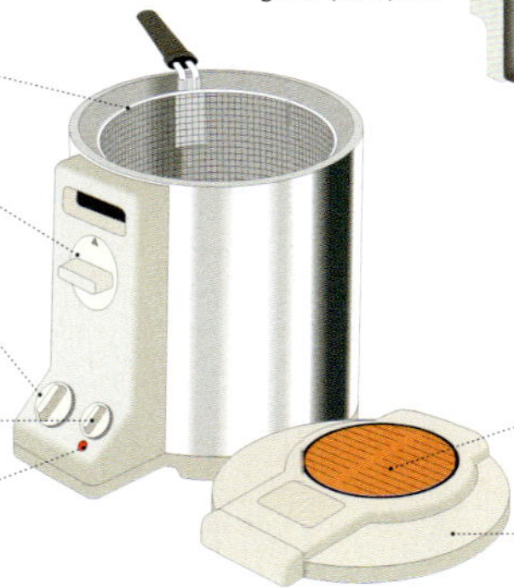

Raclette[F]-Grill[M]
griglia[F] per raclette[F]

elektrischer Schnellkocher[M]
pentola[F] a vapore[M] elettrica

Elektrischer Tischgrill[M]
griglia[F] elettrica per interni[M]

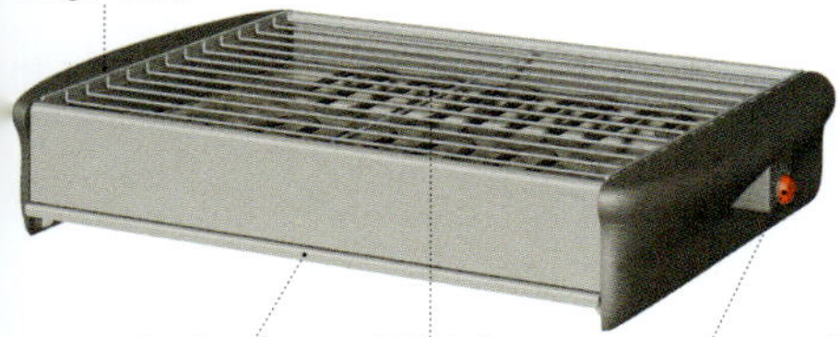

Brotbackautomat[M]
impastatrice[F]

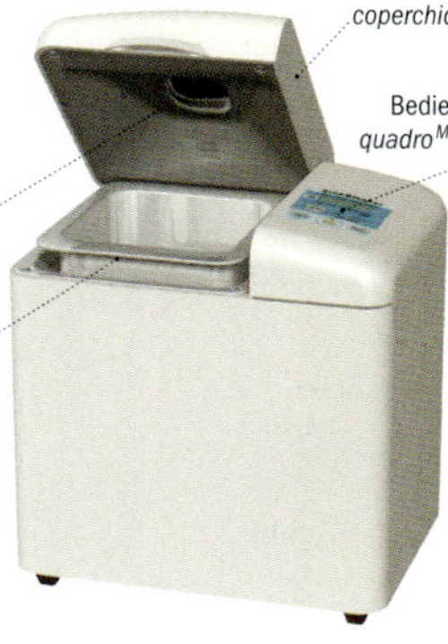

Grillplatte[F]
piastra[F] elettrica

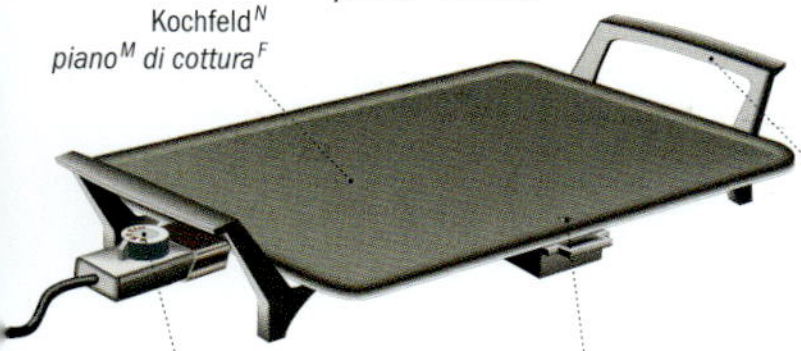

verschiedene Haushaltsgeräte[N]

elettrodomestici[M] vari

Dosenöffner[M]
apriscatole[M]

Kaffeemühle[F]
macinacaffè[M]

Wasserkessel[M]
bollitore[M]

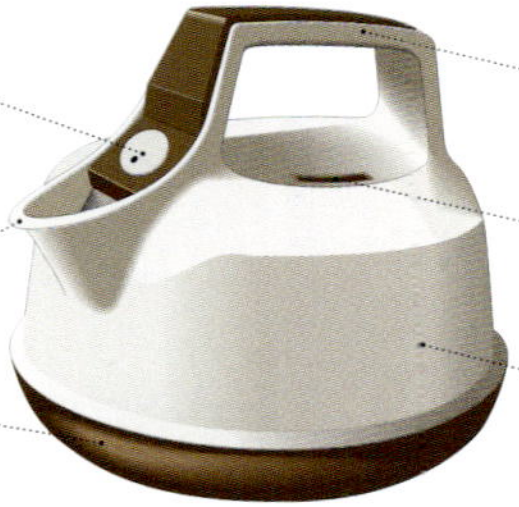

Entsafter[M]
centrifuga[F]

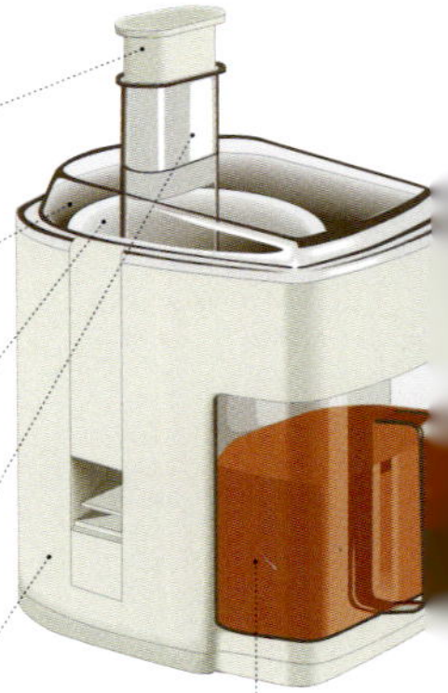

Eismaschine[F]
gelatiera[F]

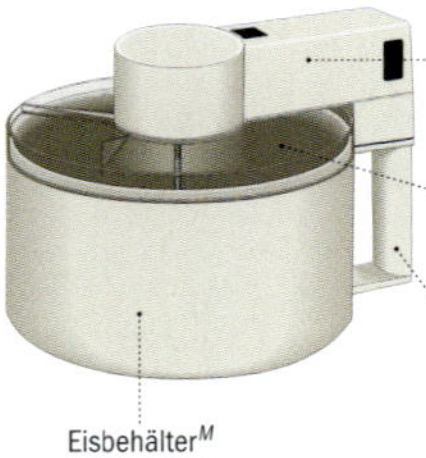

Kaffeemaschinen^{F}
macchine^{F} da caffè^{M}

Kaffeemaschine^{F}
macchina^{F} da caffè^{M} a filtro^{M}

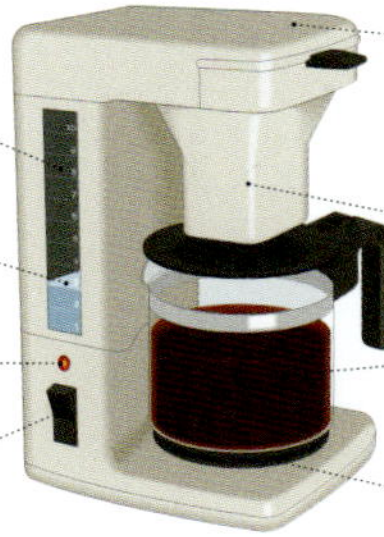

Neapolitanische Tropfkanne^{F}
caffettiera^{F} napoletana

Espressomaschine^{F}
macchina^{F} per espresso^{M}

Vakuum-Kaffeemaschine^{F}
caffettiera^{F} a infusione^{F}

Pressfilterkanne^{F}
caffettiera^{F} a pistone^{M}

Espresso-Maschine^{F}
caffettiera^{F} per espresso^{M}

Kaffee-Filterkanne^{M}
caffettiera^{F} a filtro^{M}

Außenansicht[F] eines Hauses[N]

esterno[M] di una casa[F]

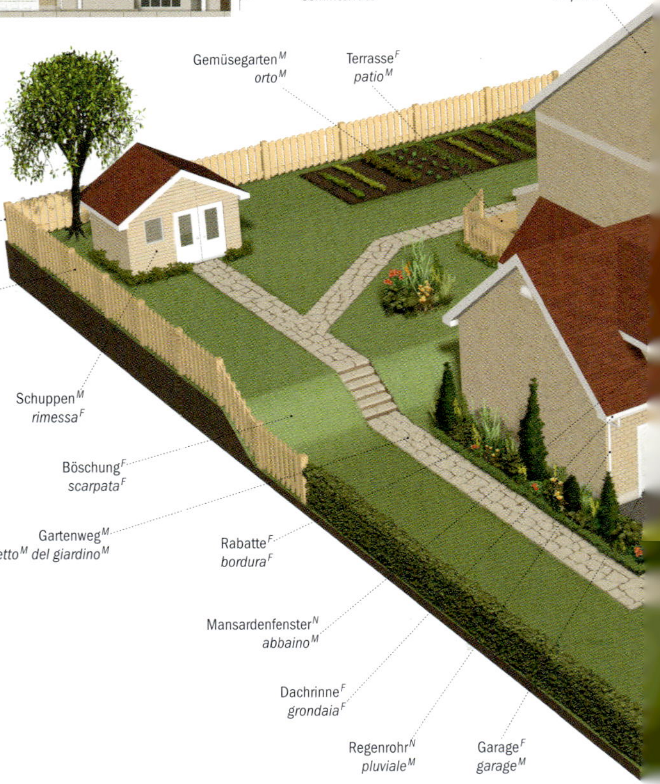

Lageplan^M
pianta^F

achfenster^N
cernario^M
Blitzableiter^M
parafulmine^M
Kaminaufsatz^M
comignolo^M
Schornstein^M
camino^M
Dach^N
tetto^M
Gesims^N
cornicione^M
Treppenvorbau^M
scala^F esterna
Kellerfenster^N
finestra^F del seminterrato^M
Hecke^F
siepe^F
Rasen^M
prato^M
Beet^N
aiuola^F
Gehweg^M
marciapiede^M
Vorbau^M
portico^M
Zufahrtsweg^M
vialetto^M di accesso^M

Schwimmbecken[N]

piscina[F]

freistehendes Schwimmbecken[N]
piscina[F] fuori terra[F]

eingebautes Schwimmbecken[N]
piscina[F] interrata

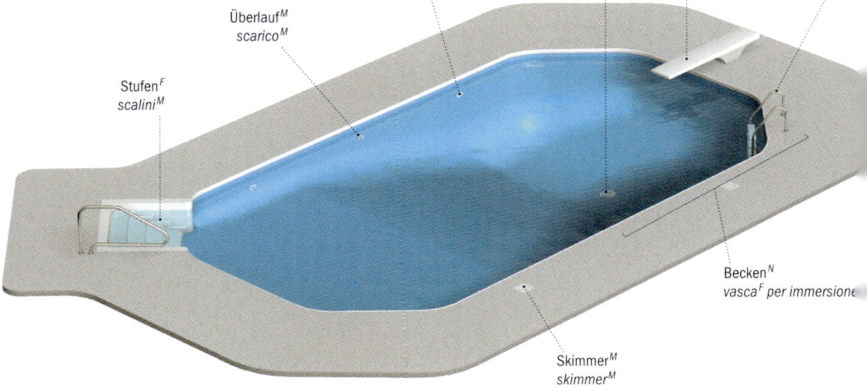

Haustür^F

porta^F esterna

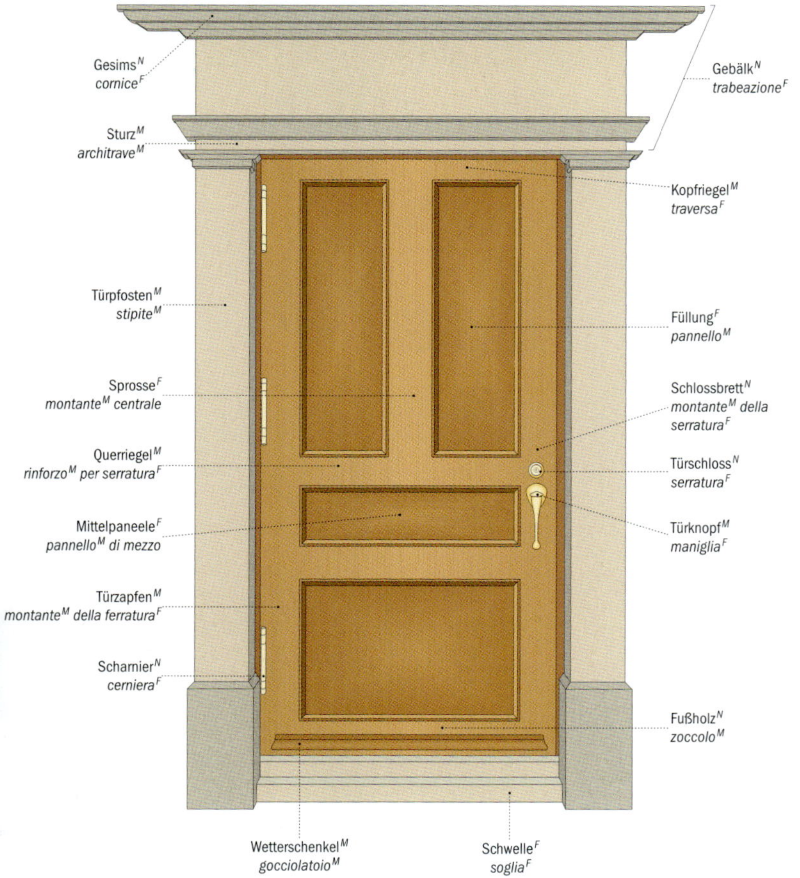

Schloss[N]

serratura[F]

Gesamtansicht[F]
visione[F] di insieme[M]

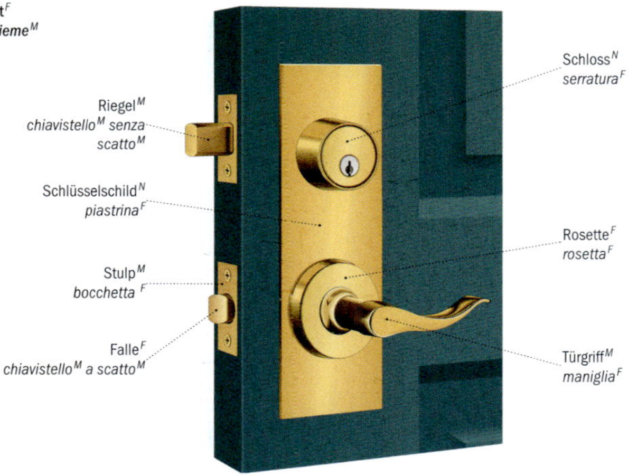

Fenster[N]

finestra[F]

Konstruktion[F]
struttura[F]

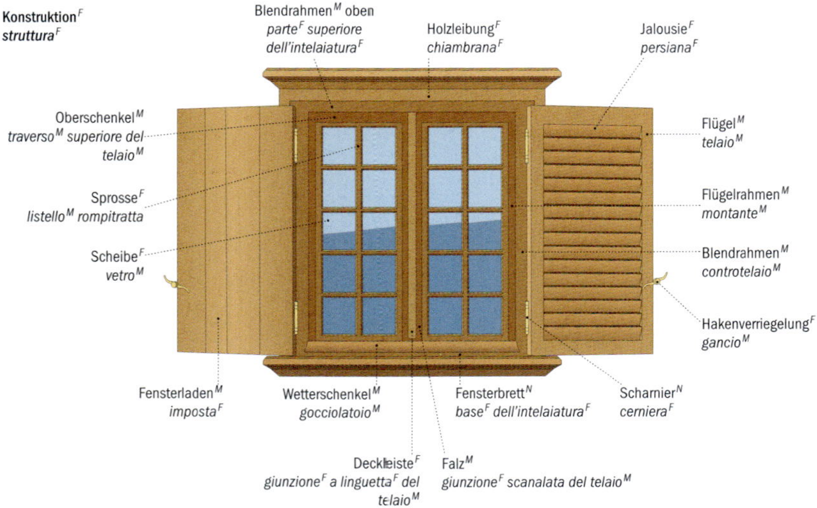

HAUS

Rahmen[M]

struttura[F]

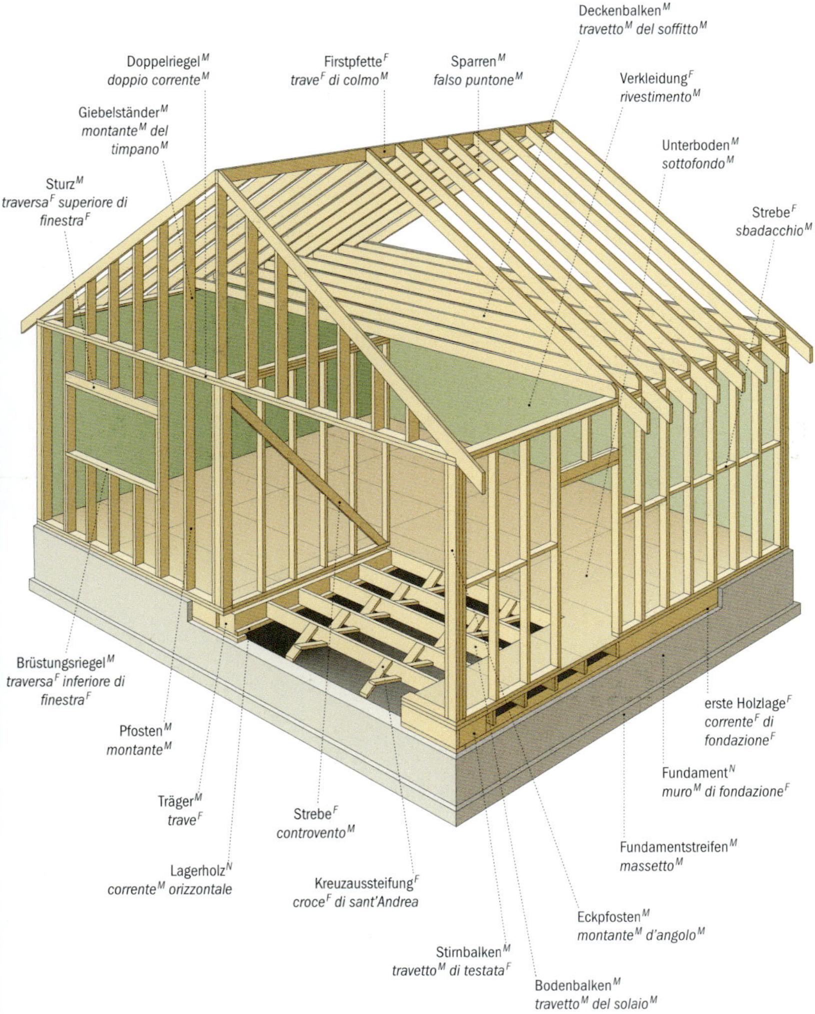

Haupträume^M

stanze^F principali

HAUS

Erdgeschoß^N
pianterreno^M

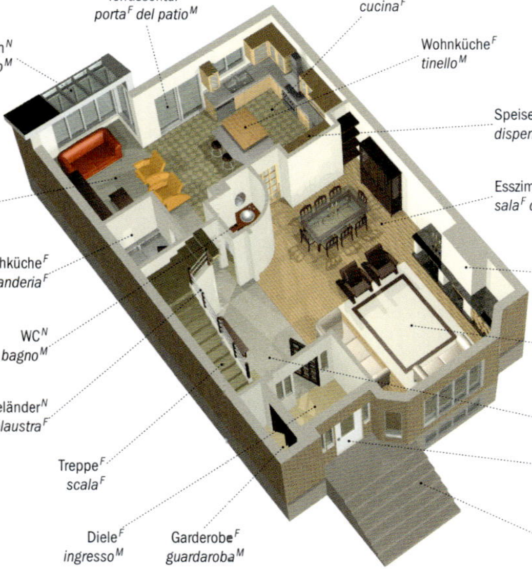

Zwischengeschoß^{N}
piano^{M} mansardato

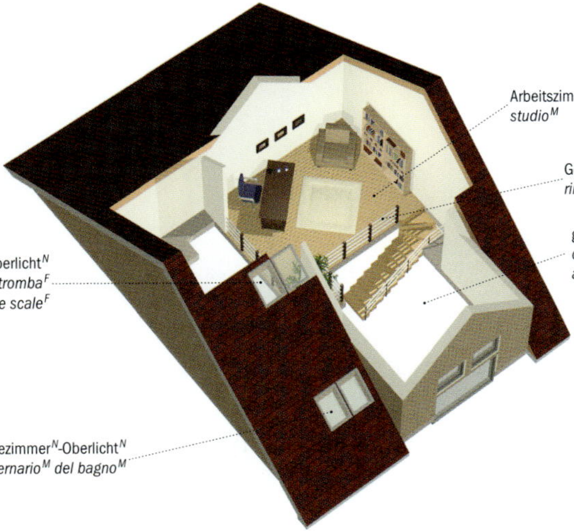

erster Stock^{M}
primo piano^{M}

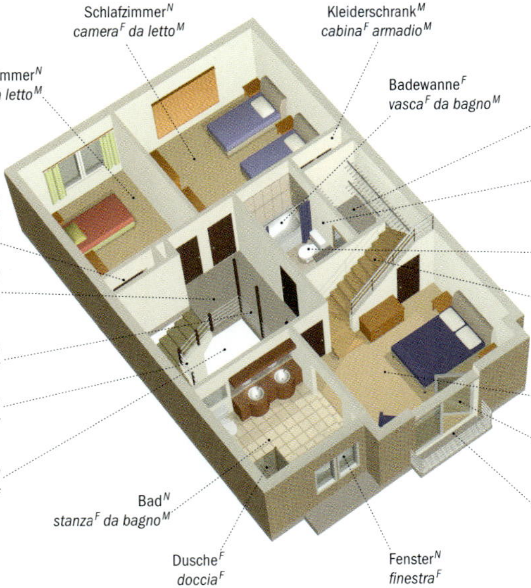

Parkettboden[M]

parquet[M]

Parkettboden[M] auf Zementestrich[M]
parquet[M] su sottofondo[M] di cemento[M]

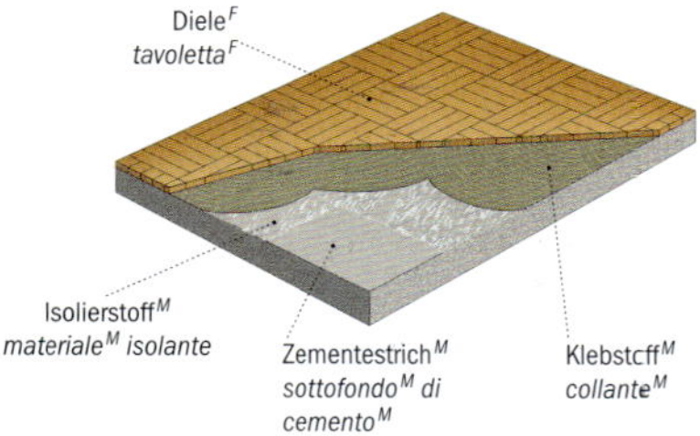

Parkettboden[M] auf Holzunterbau[M]
parquet[M] su struttura[F] lignea

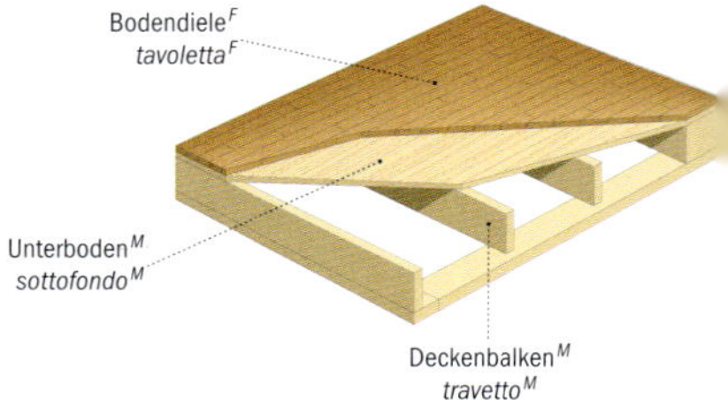

Parkettmuster[N]
tipi[M] di parquet[M]

Stabparkett[N] im Schiffsbodenverband[M]
parquet[M] a listoni[M]

Stabparkett[N]
parquet[M] a listelli[M]

Fischgrätparkett[N]
parquet[M] a spina[F] di pesce[M]

Fischgrätmuster[N]
parquet[M] a spina[F] di pes

Mosaikparkett[N]
parquet[M] a mosaico[M]

Würfelmusterparkett[N]
parquet[M] a tessitura[F] di vimini[M]

Arenberg-Parkett[N]
parquet[M] Arenberg

Chantilly-Parkett[N]
parquet[M] Chantilly

Versailles-Parkett[N]
parquet[M] Versailles

textile Bodenbeläge[M]

rivestimenti[M] in tessuto[M] per pavimento[M]

Teppich[M]
tappeto[M]

Teppichboden
moquette

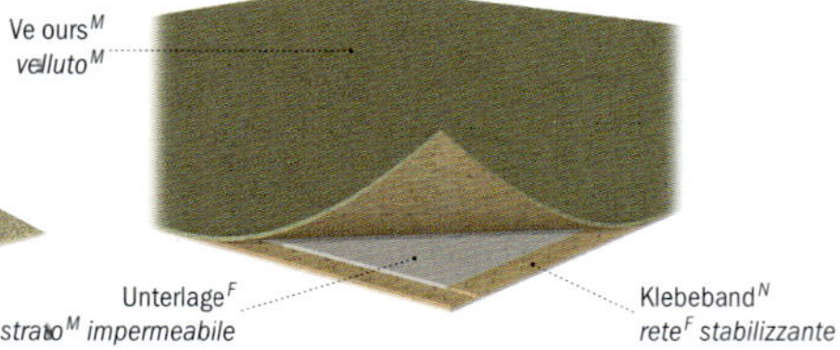

Treppe^F

scale^F

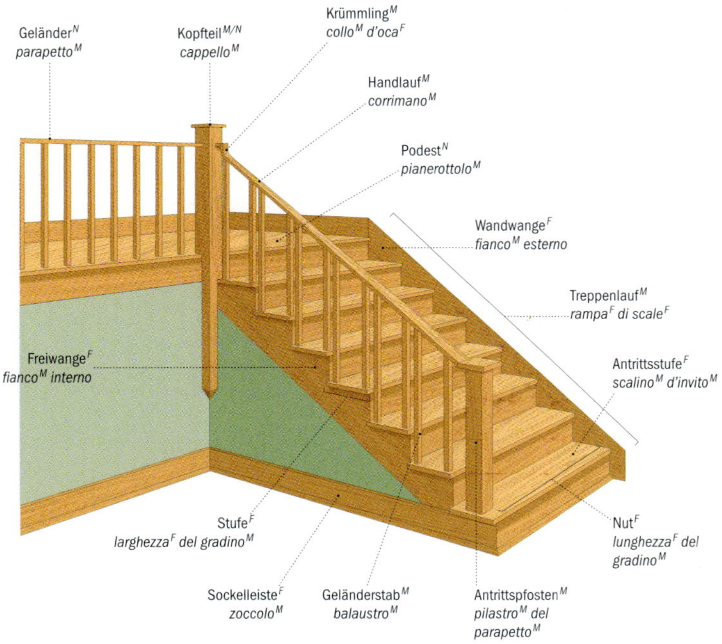

Treppenstufe^F

gradino^M

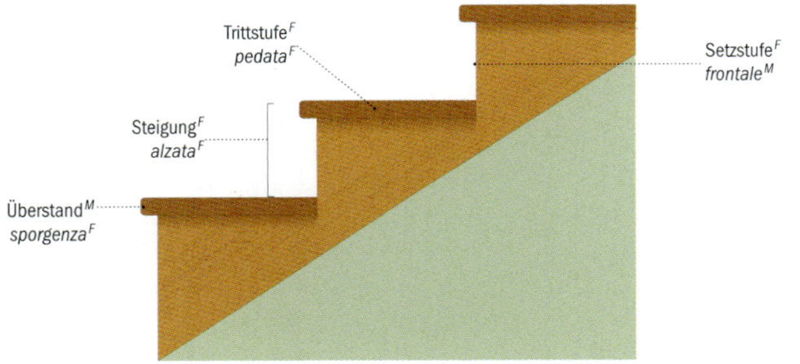

Holzbeheizung^F

riscaldamento^M a legna^F

Kamin^M
camino^M

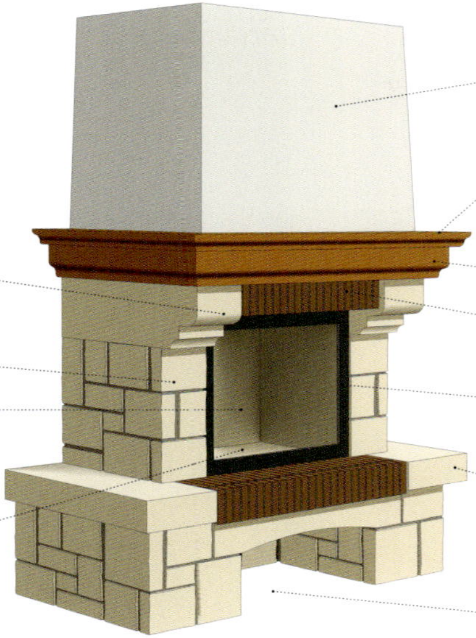

Dauerbrandofen^M
stufa^F a combustione^F lenta

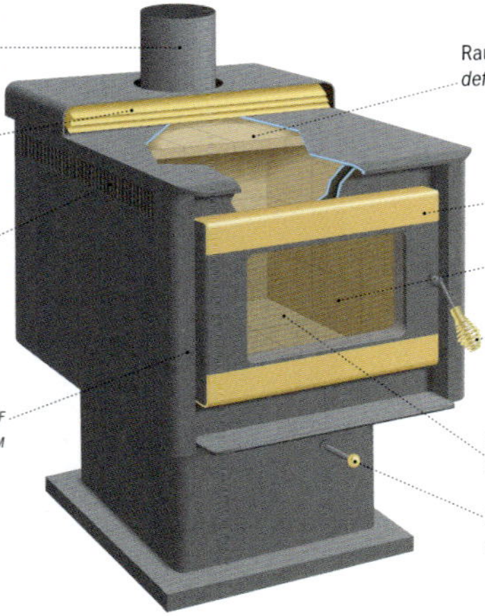

Kamin^{M}
camino^{M}

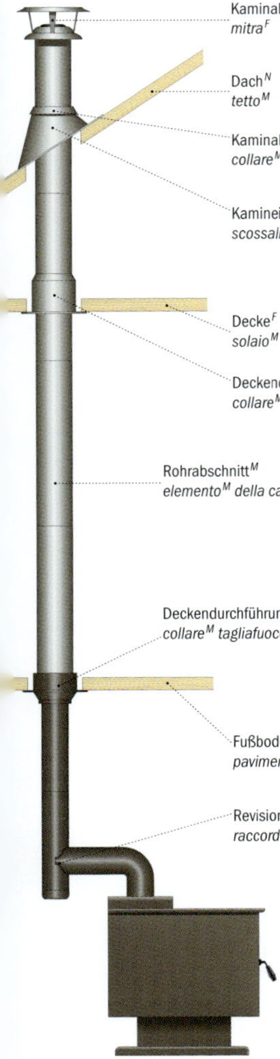

Kaminbesteck^{N}
ferri^{M} ***per il camino***^{M}

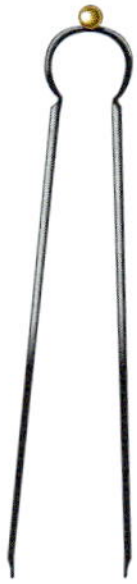

Feuerzange^{F}
molle^{F}

Schürhaken^{M}
attizzatoio^{M}

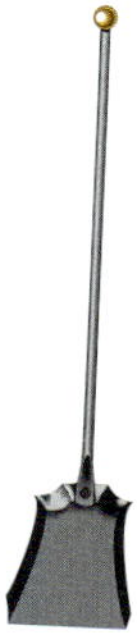

Kohlenschaufel^{F}
paletta^{F}

Besen^{M}
scopa^{F}

Feuerbock^{M}
alari^{M}

Holzträger^{M}
portaceppi^{M}

Kamingitter^{N}
parafuoco^{M}

Sanitärinstallationssystem^N

impianto^M idraulico

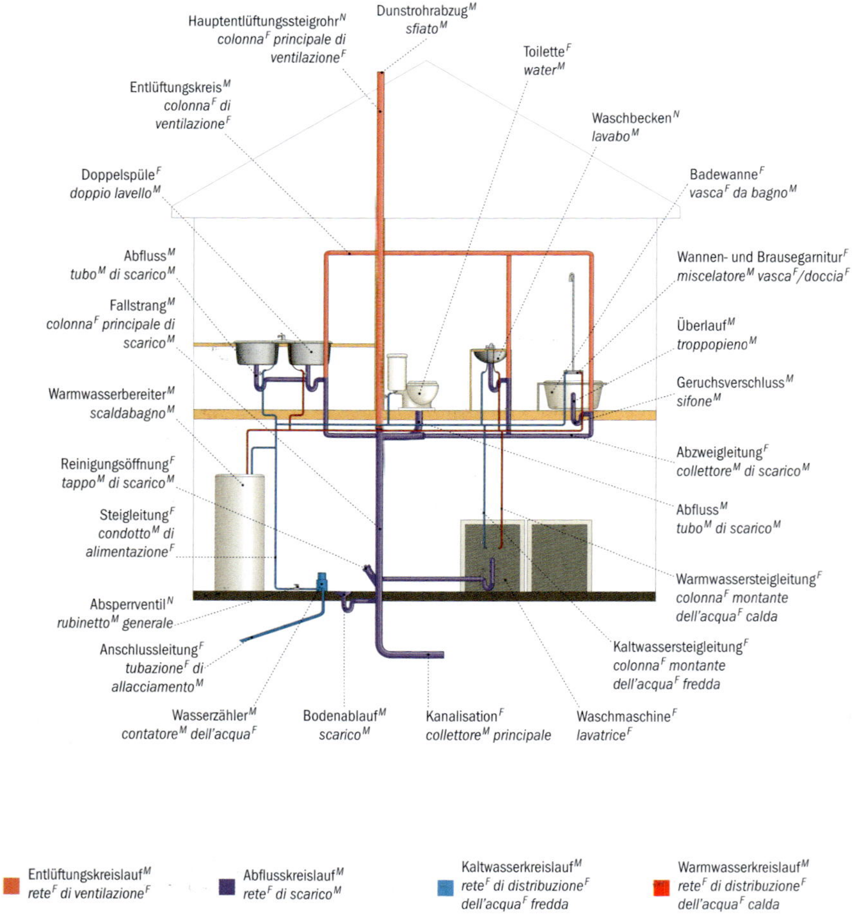

Badezimmer[N]
stanza[F] da bagno[M]

Toilette[F]

water[M]

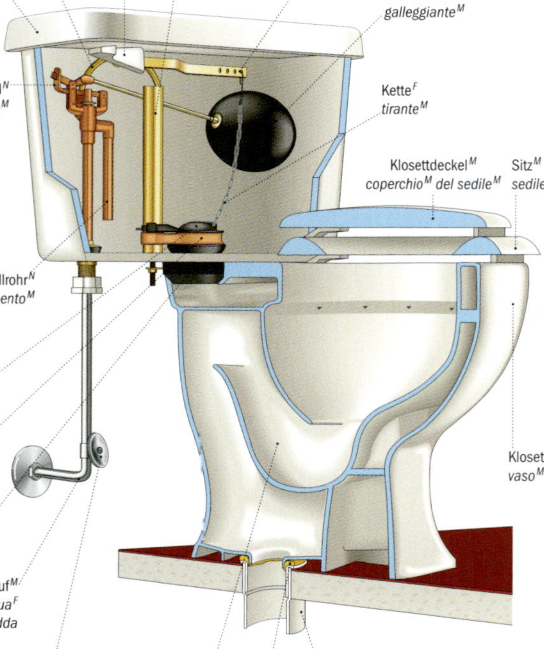

Beispiele^N für Anschlüsse^M

esempi^M di allacciamento^M

Spüle^F mit Müllschlucker^M
lavello^M con tritarifiuti^M

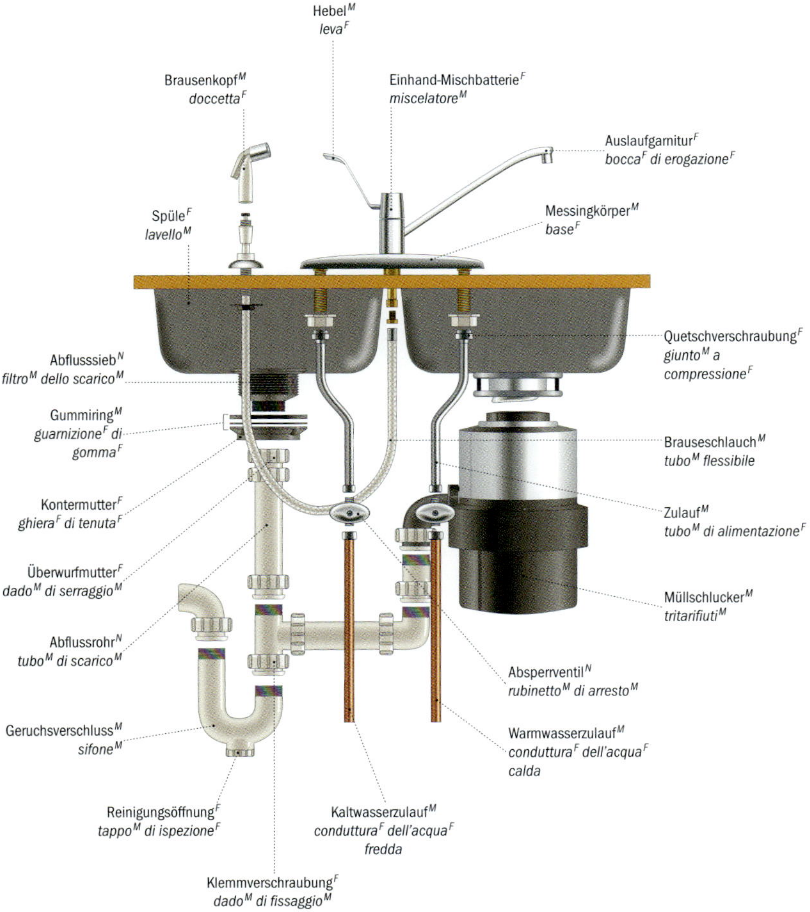

Hausanschluss^{M}

allacciamento^{M} alla rete^{F}

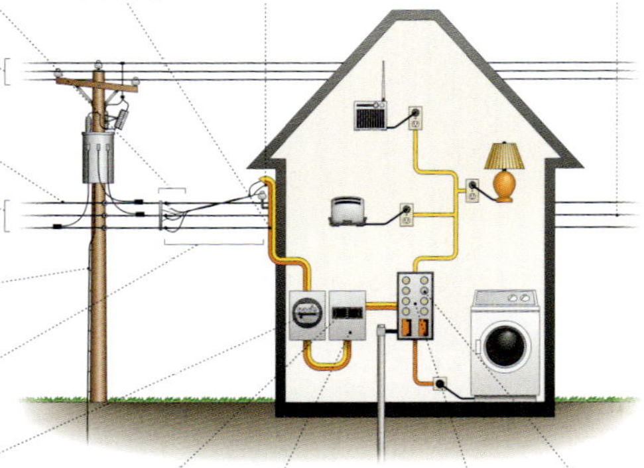

Kontaktelemente^{N}

dispositivi^{M} di contatto^{M}

Schalter^{M}
interruttore^{M}

dreipolige Steckdose^{F}
presa^{F} per spina^{F} americana

Dimmerschalter^{M}
reostato^{M}

Schalterabdeckplatte^{F}
placca^{F} dell'interruttore^{M}

Schukosteckdose
presa^{F} europe

Schukostecker^{M}
spina^{F} europea

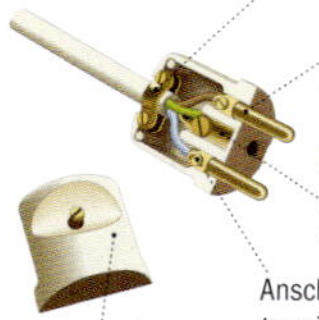

Buchsenhalter^{M}
scatola^{F} da incasso^{M}

Adapter^{M}
adattatore^{M}

dreipoliger, amerikanisch
Stecke
spina^{F} america

HAUS

Beleuchtung[F]
illuminazione[F]

Glühlampe[F]
lampadina[F] a incandescenza[F]

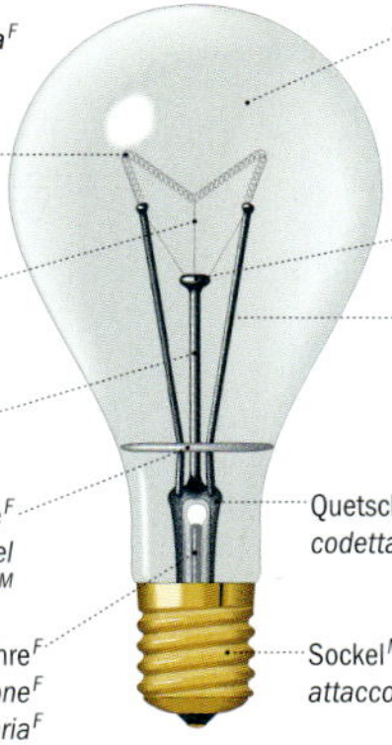

Lampenfassung[F]
portalampada[M]

Kolben[M]
bulbo[M]

Energiesparlampe[F]
lampadina[F] a risparmio[M] di energia[F]

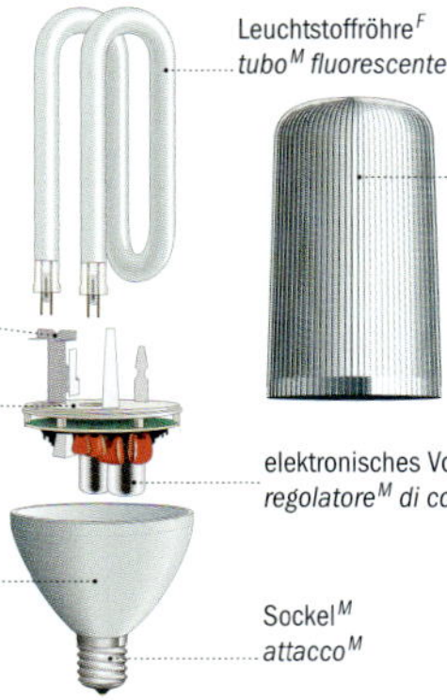

Schraubfassung[F]
attacco[M] a vite[F]

Bajonettfassung[F]
attacco[M] a baionetta[F]

euchtstoffröhre[F]
ubo[M] fluorescente

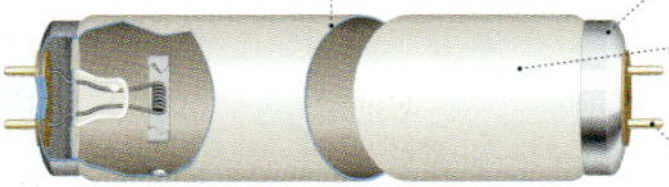

Wolfram-Halogenlampe[F]
lampada[F] alogena al tungsteno[M]

Armlehnstuhl[M]

poltrona[F]

Teile[M/N]
parti[F]

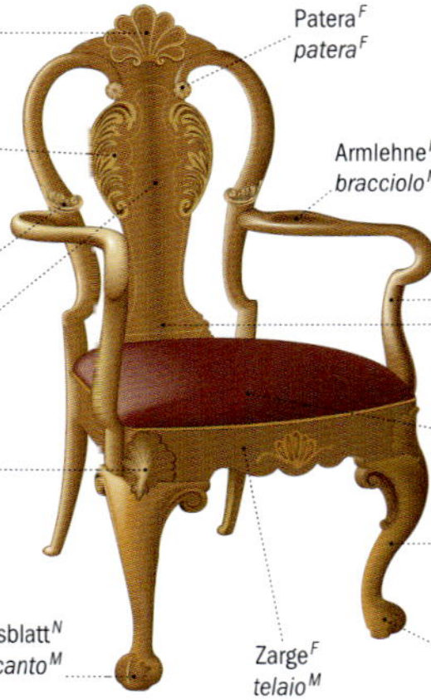

Beispiele[N] für Armstühle[M]
esempi[M] di poltrone[F] e divani[M]

Wassily-Stuhl[M]
poltrona[F] Wassily

Regiestuhl[M]
sedia[F] da regista[M]

Schaukelstuhl[M]
sedia[F] a dondolo[M]

kleiner Lehnstuhl[M]
cabriolet[F]

Kanapee[N]
méridienne[F]

Chaiselongue[N]
agrippina[F]

Clubsessel[M]
poltrona[F] da salotto[M]

Bergère[F]
bergère[F]

Sofa[N]
divano[M]

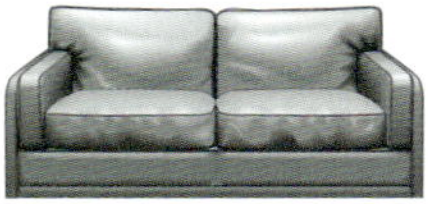

Zweisitzer[M]
divano[M] a due posti[M]

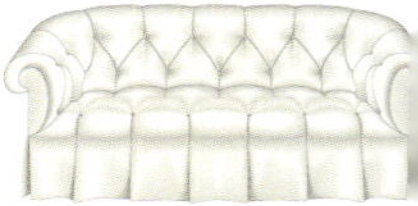

Chesterfieldsofa[N]
divano[M] Chesterfield

Stuhl^{M}
sedia^{F}

Teile$^{M/N}$
parti^{F}

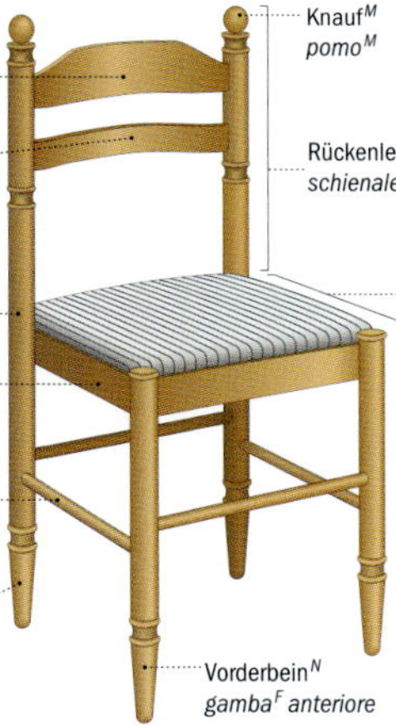

Beispiele^{N} für Stühle^{M}
esempi^{M} di sedie^{F}

Schaukelstuhl^{M}
sedia^{F} a dondolo^{M}

Stapelstühle^{M}
sedie^{F} impilabili

Klappstuhl^{M}
sedia^{F} pieghevole

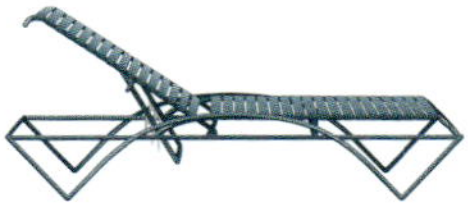

Liegestuhl^{M}
sedia^{F} a sdraio^{M}

Sitzmöbel^{N}
sedili^{M}

Puff^{M}
pouf^{M}

Bank^{F}
panchina^{F}

Sitzbank^{F}
divanetto^{M}

Sitzsack^{M}
poltrona^{F} sacco^{M}

Tritthocker^{M}
sedia^{F} scala^{F}

Hocker^{M}
sgabello^{M}

Barhocker^{M}
sgabello^{M} alto

Tisch^{M}
tavolo^{M}

Klapptisch^{M}
tavolo^{M} a cancello^{M}

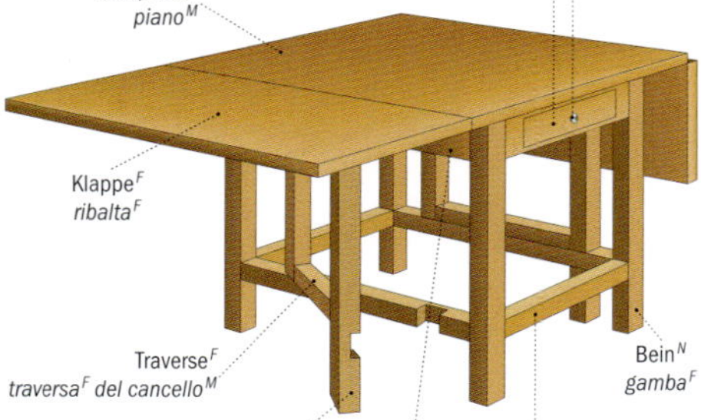

Beispiele^{N} für Tische^{M}
esempi^{M} di tavoli^{M}

Ausziehtisch^{M}
tavolo^{M} allungabile

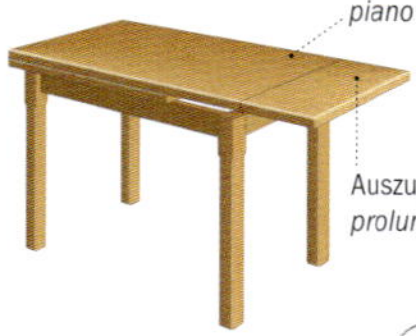

Satztische^{M}
tavolini^{M} sovrapponibili

Servierwagen^{M}
carrello^{M} portavivande

Aufbewahrungsmöbel^{N}
mobili^{M} contenitori

Kleiderschrank^{M}
armadio^{M}

Rahmen^{M}
telaio^{M}

Tür^{F}
porta^{F}

Truhe[F]
cassapanca[F]

Sekretär[M]
secrétaire[M]

Kommode[F]
comò[M]

Kleiderschrank[M]
guardaroba[M]

Chiffonière[F]
cassettiera[F]

Vitrine[F]
vetrina[F]

Eckschrank[M]
angoliera[F]

Vitrinenschrank[M]
credenza[F] con vetrina[F]

Büfett[N]
credenza[F]

Cocktailbar[F]
mobile[M] bar[M]

Bett^{N}
letto^{M}

Schlafcouch^{F}
divano-letto^{M}

Teile$^{M/N}$
parti^{F}

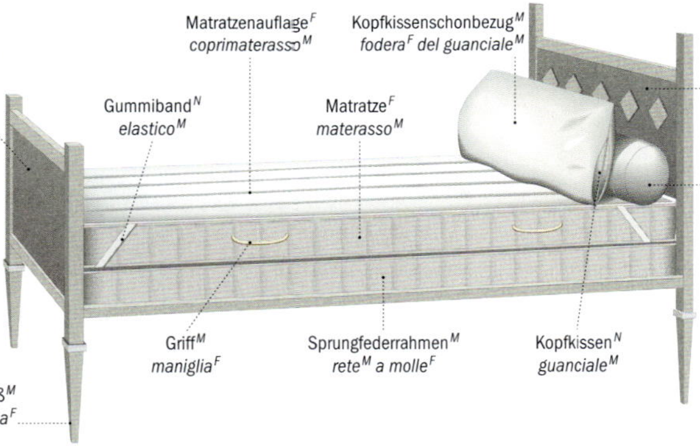

Bettwäsche^{F}
biancheria^{F} da letto^{M}

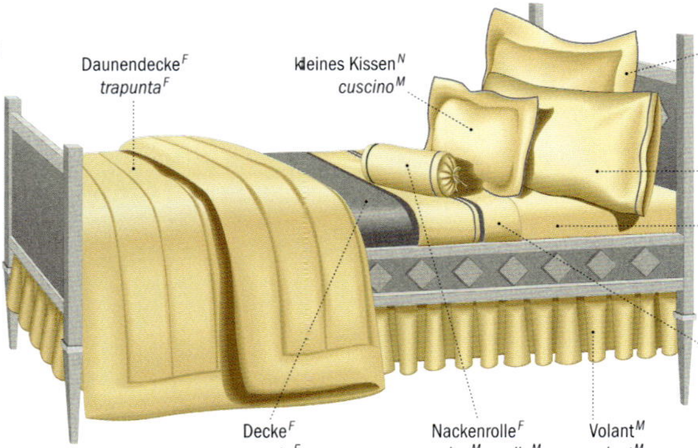

Kindermöbel[N]
mobili[M] per bambini[M]

Reisebett[N] mit Wickelauflage[F]
lettino[M] pieghevole con fasciatoio[M]

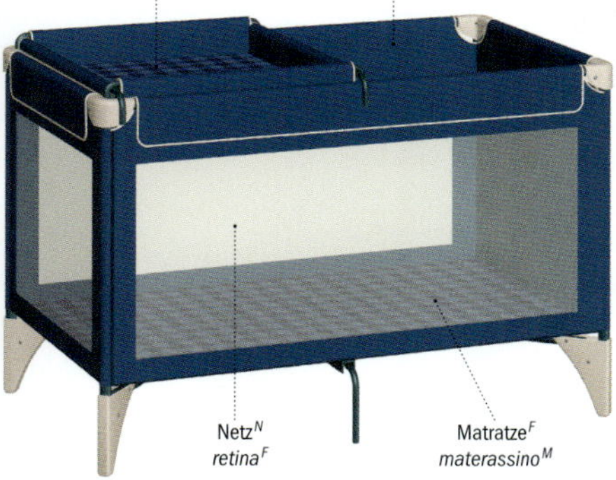

Kindersessel[M]
poltroncina[F] per bambini[M]

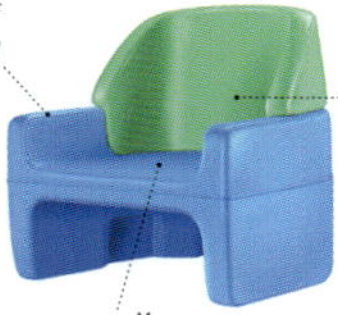

Wickelkommode[F]
fasciatoio[M]

Hochstuhl[M]
seggiolone[M]

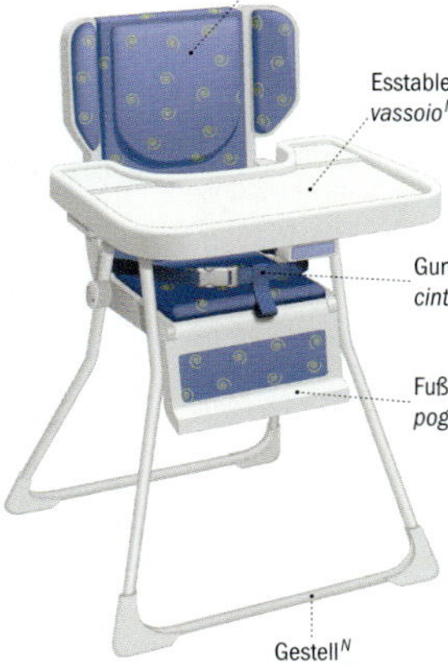

Gitterbett[N]
lettino[M] a sponde[F]

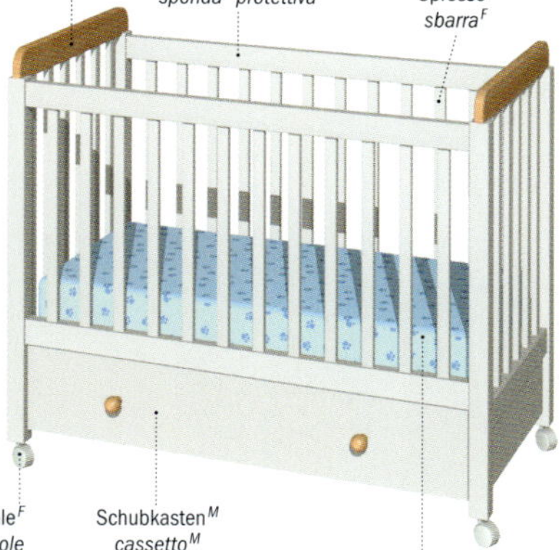

Lampen[F]

luci[F]

Klemmspot[M]
faretto[M] a pinza[F]

Deckenleuchte[F]
plafoniera[F]

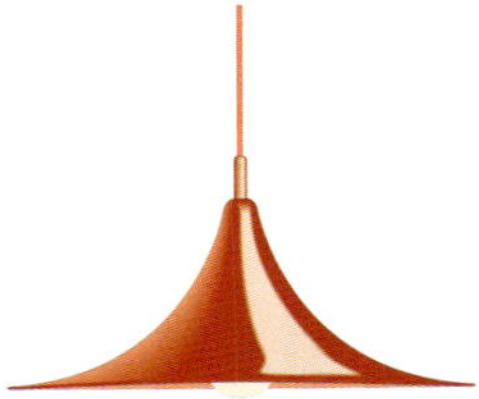

Hängeleuchte[F]
lampada[F] a sospensione[F]

Halogen[N]-Tischleuchte[F]
lampada[F] alogena da tavolo[M]

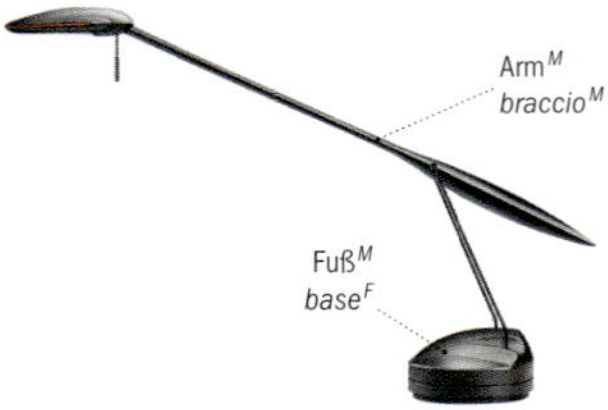

Arbeitsleuchte[F]
lampada[F] a braccio[M] regolabile

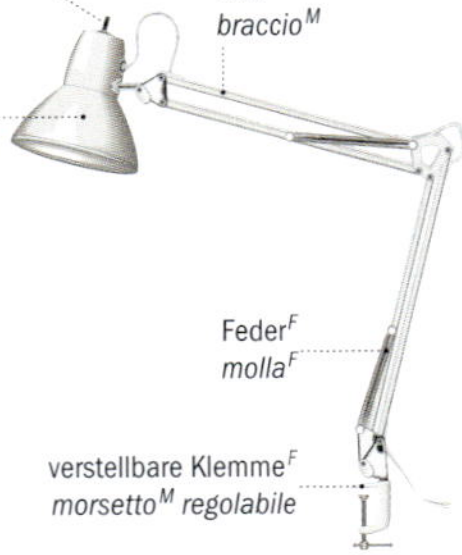

Leseleuchte[F]
lampada[F] da lettura[F]

Standleuchte[F]
lampada[F] a stelo[M]

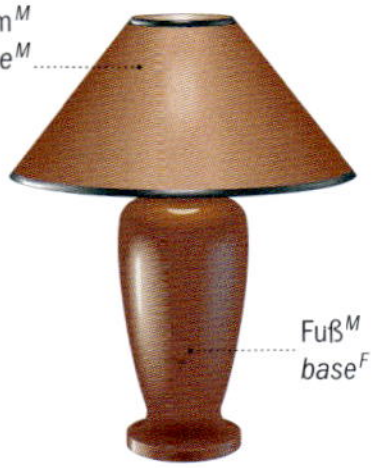

Tischleuchte[F]
lampada[F] da tavolo[M]

Schreibtischleuchte[F]
lampada[F] da tavolo[M]

Kronleuchter[M]
lampadario[M]

Straßenlaterne[F]
lampione[M]

Beleuchtungsschiene[F]
faretto[M] da binario[M]

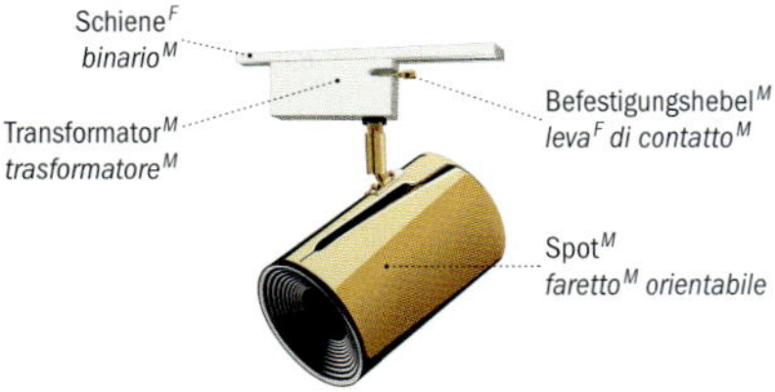

Wandlaterne[F]
lampione[M] da parete[F]

Wandleuchte[F]
lampada[F] da parete[F]

Scherenleuchte[F]
lampada[F] da parete[F] con braccio[M] estensibile

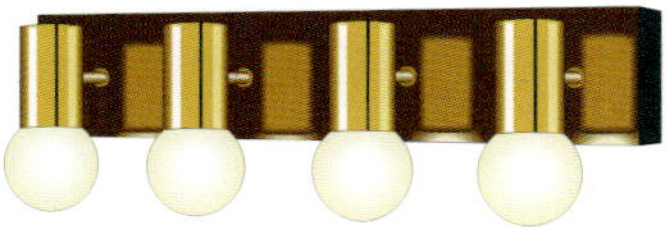

Lampenreihe[F]
lampade[F] in serie[F]

Haushaltsgeräte[N]

elettrodomestici[M]

Dampfbügeleisen[N]
***ferro**[M] **da stiro**[M] **a vapore**[M]*

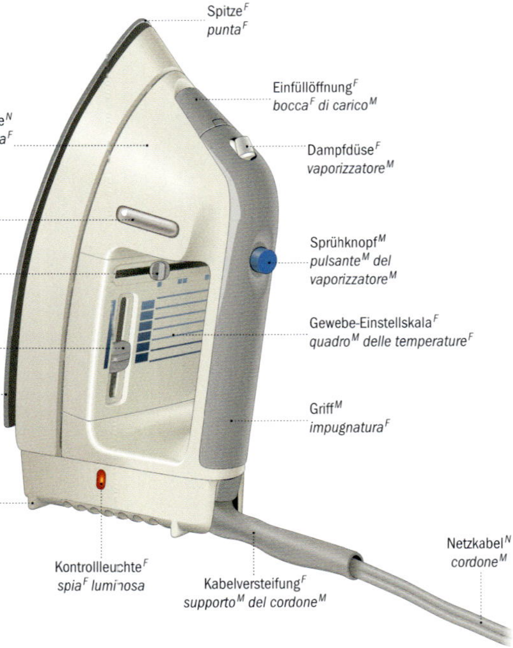

Akku-Mini-Staubsauger[M]
miniaspiratutto[M]

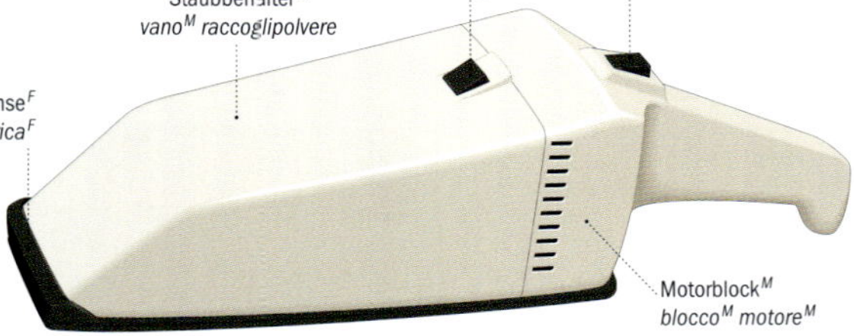

Handstaubsauger^{M}
aspirapolvere^{M} verticale

Bodenstaubsauger^{M}
aspirapolvere^{M}

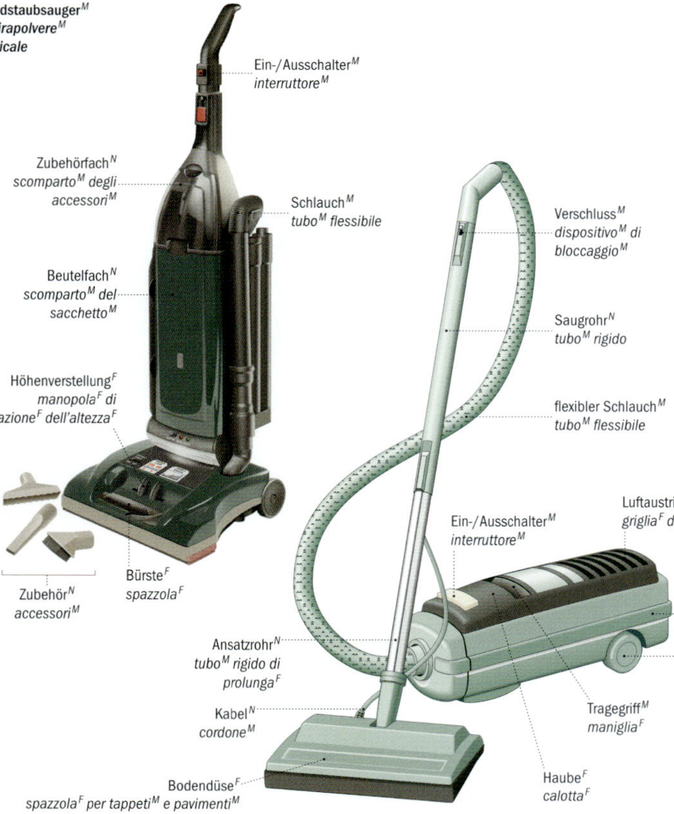

Saugzubehör^{N}
accessori^{M} di pulitura^{F}

Polsterdüse^{F}
bocchetta^{F} per tappezzeria^{F}

Saugbürste^{F}
spazzola^{F} a pennello^{M}

Fugendüse^{F}
bocchetta^{F} per fessure^{F}

Bürste^{F}
spazzola^{F} per pavimenti^{M}

HAUS

Dunstabzugshaube^{F}
cappa^{F}

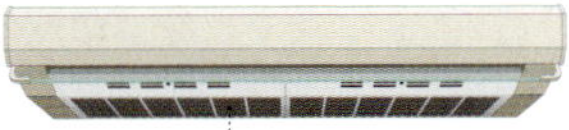

Kochplatte^{F}
piastra^{F} elettrica

Auffangschüssel^{F}
bacinella^{F} raccogligocce

Schutzring^{M}
anello^{M} di chiusura^{F}

Gasherd^{M}
cucina^{F} a gas^{M}

Elektroherd^{M}
cucina^{F} elettrica

Gefriertruhe^F
congelatore^M orizzontale

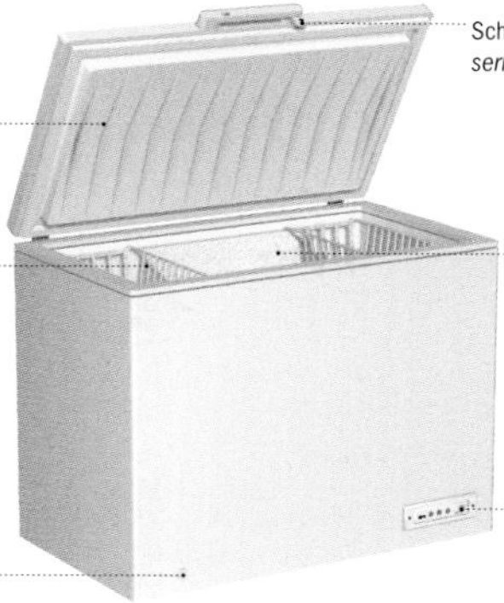

Kühlschrank^M
frigorifero^M

Waschmaschine^F
lavatrice^F

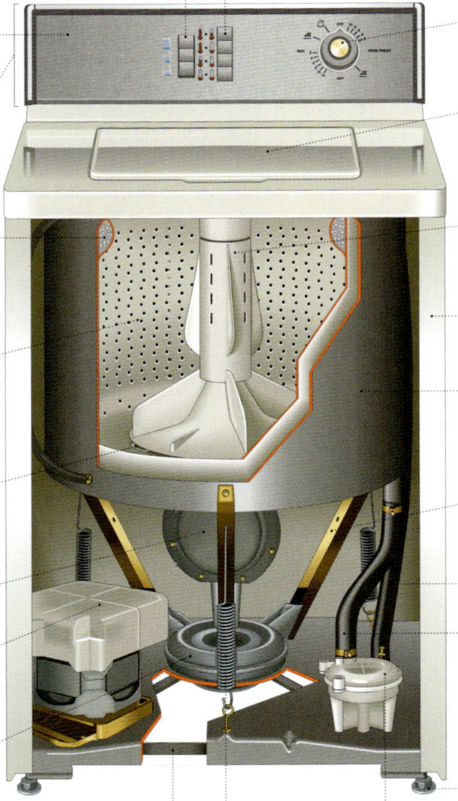

Wäschetrockner^M
asciugatrice^F

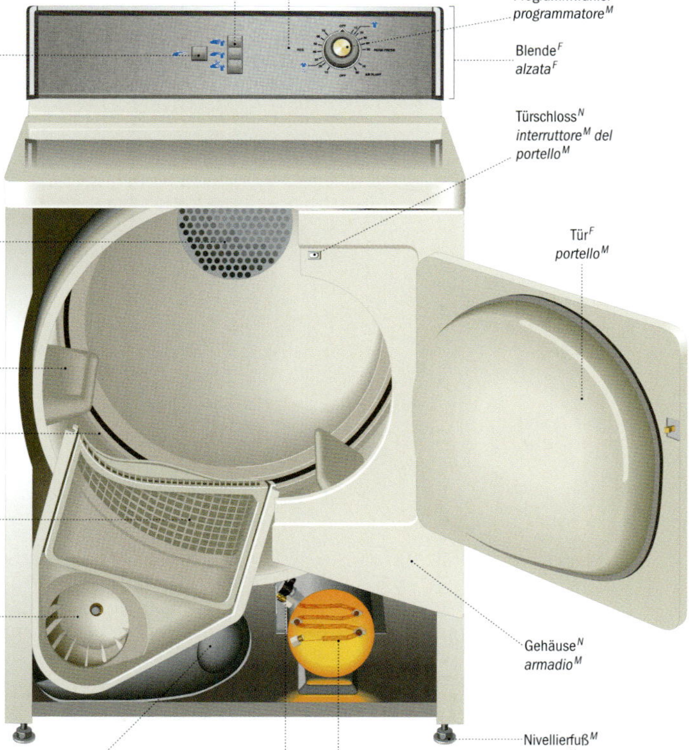

Bedienleiste^{F}
quadro^{M} di comando^{M}

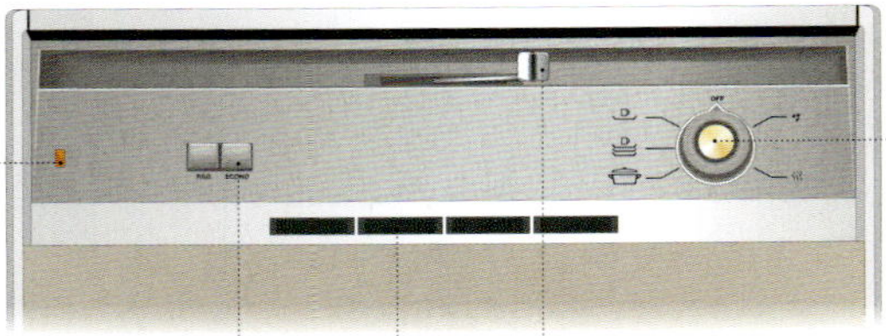

HAUS

Geschirrspülmaschine^{F}
lavastoviglie^{F}

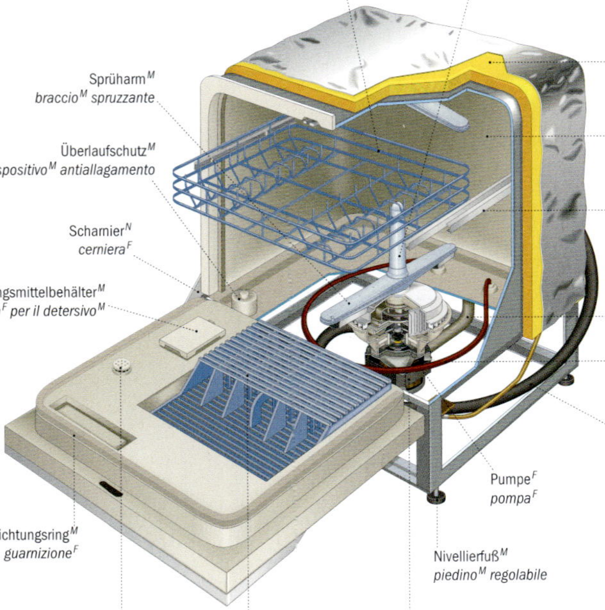

Haushaltsgegenstände^{M}

attrezzi^{M} domestici

Geschirrtuch^{N}
strofinaccio^{M} da cucina^{F}

Kehrschaufel^{F}
paletta^{F}

Besen^{M}
scopa^{F}

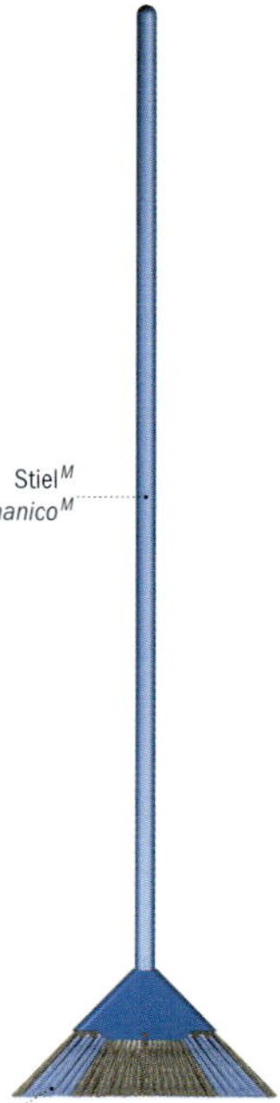

Stiel^{M}
manico^{M}

Borsten^{F}
setole^{F}

Mop^{M}
scopa^{F} a frangia^{F}

Putzschwamm^{M}
spugna^{F} abrasiva

Bürste^{F}
spazzola^{F}

Bürstenkörper^{M}
dorso^{M}

Borsten^{F}
setole^{F}

Abfalleimer^{M}
bidone^{M} dei rifiuti^{M}

Deckel^{M}
coperchio^{M}

Griff^{M}
manico^{M}

Eimer^{M}
secchio^{M}

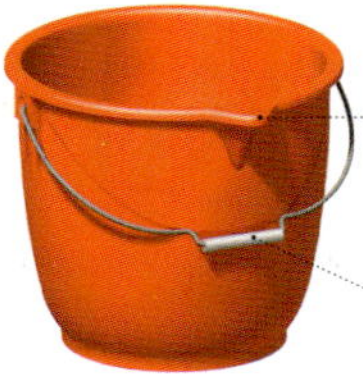

Ausguss^{M}
beccuccio^{M}

Henkel^{M}
manico^{M}

Klempnerwerkzeuge^{N}

attrezzi^{M} idraulici

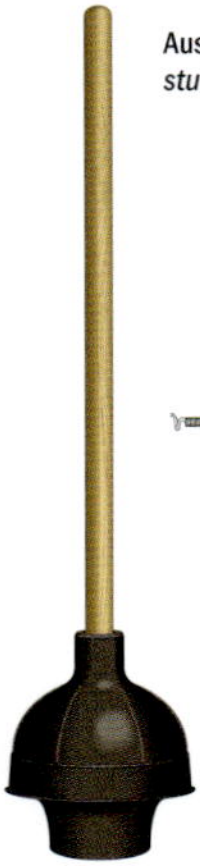

Ausgussreiniger^{M}
sturalavandini^{M}

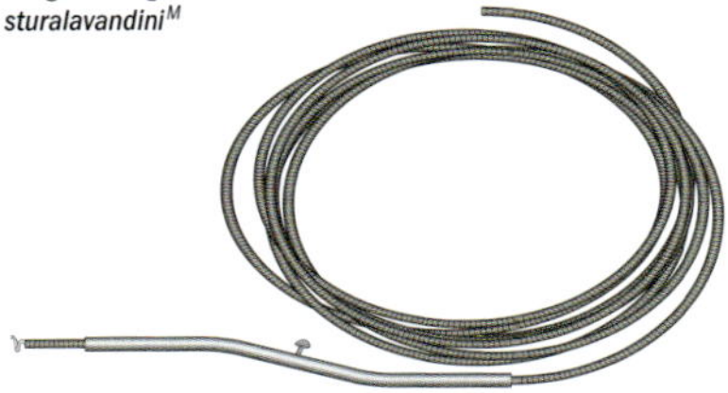

Reinigungswelle^{F}
molla^{F} sturatrice per scarichi^{M}

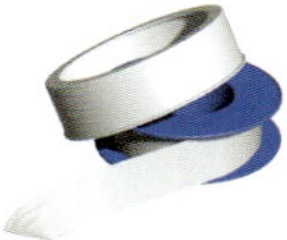

Teflonband^{N}
nastro^{M} di teflon^{M}

Rohrzangen^{F}

chiavi^{F}

Standhahn-Mutternschlüssel^{M}
chiave^{F} regolabile da lavandino^{M}

Einhand-Rohrzange^{F}
giratubi^{M}

Maurerwerkzeuge^{N}

attrezzi^{M} da muratore^{M}

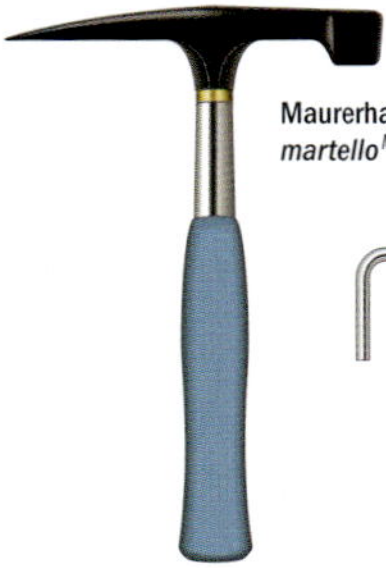

Maurerhammer^{M}
martello^{M} da muratore^{M}

Kartuschenpistol
pistola^{F} turapo

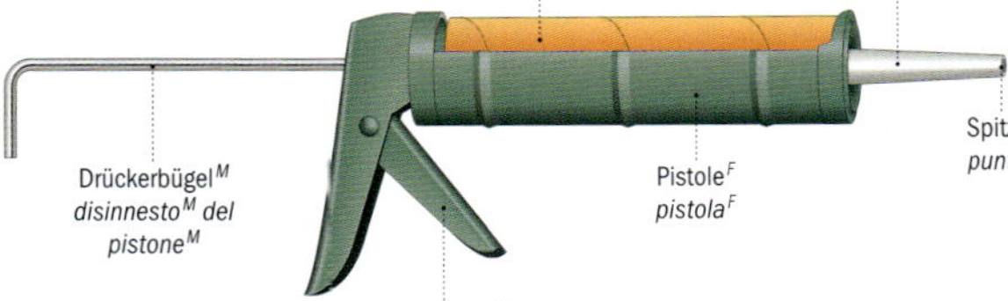

Maurerke
cazzuola^{F}
murato

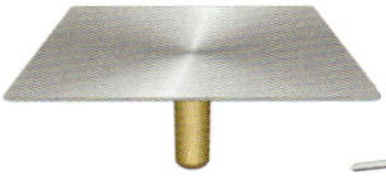

Aufziehbrett^{F}
sparviero^{M}

Fugenkelle^{F}
paletta^{F} riempigiunti

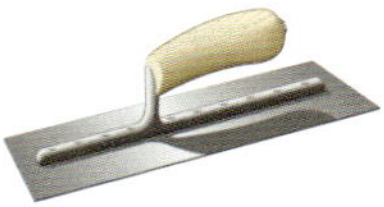

Putzkelle^{F}
frattazzo^{M}

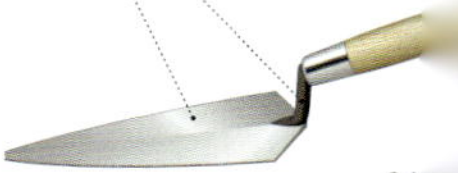

Gri
manic

Elektroinstallateurwerkzeuge[N]
attrezzatura[F] elettrica

Handlampe[F]
lampada[F] portatile a gabbia[F]

Prüflampe[F]
lampada[F] provacircuiti

Spannungsprüfer[M]
cercafase[M]

Kabeltülle[F]
proteggicavo[M]

Steckdosenprüfer[M]
tester[M] di presa[F]

ehrzweckzange[F]
nza[F] multiuso

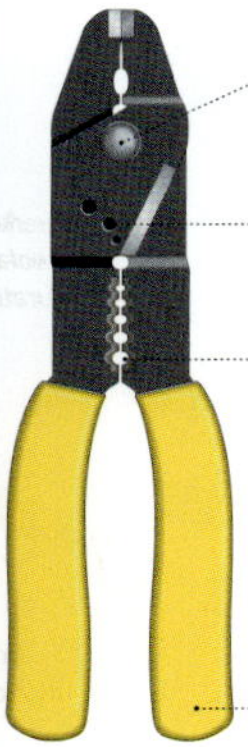

Spitzzange[F]
pinza[F] a becchi[M] lunghi

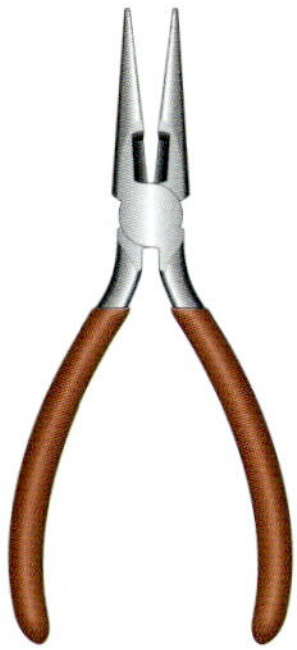

Kombizange[F]
pinza[F] universale

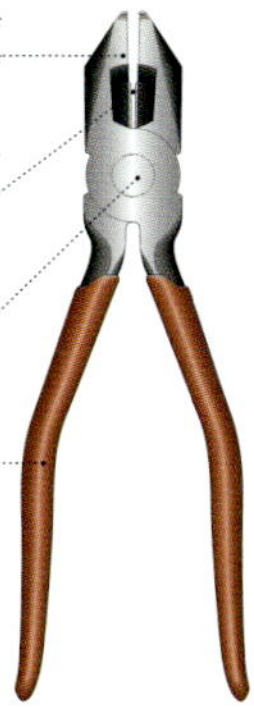

HEIMWERKEN UND GARTENARBEIT

Löt- und Schweißwerkzeuge[N]

attrezzi[M] di brasatura[F] e saldatura[F]

Lötpistole[F]
saldatore[M] a pistola[F]

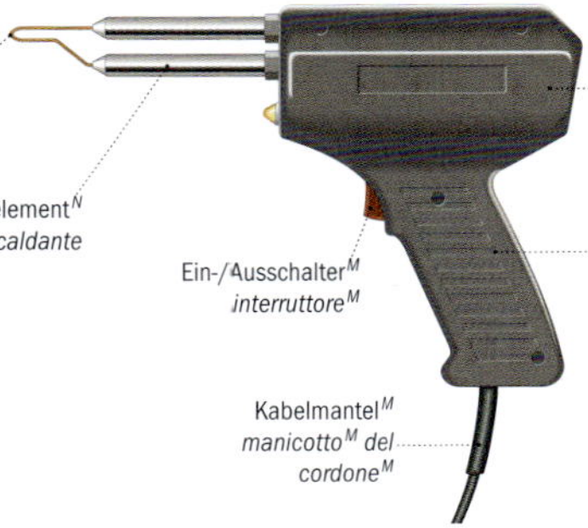

Anzünder[M]
acciarino[M]

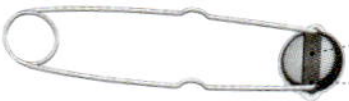

Lötzinn[M]
filo[M] per saldatura[F]

Düsenreiniger[M]
alesatori[M] per la pulizia[F] degli ugelli[M]

Lötlampe[F]
lampada[F] per saldare

Farbabbrennervorsatz[M]
diffusore[M] della fiamma[F]

Schutzbrille[F]
occhiali[M] di protezione[F]

Lötkolben[M]
saldatore[M] elettrico

Anstreichen[N] und Lackieren[N]

verniciatura[F]: manutenzione[F]

Farbroller[M]
rullo[M]

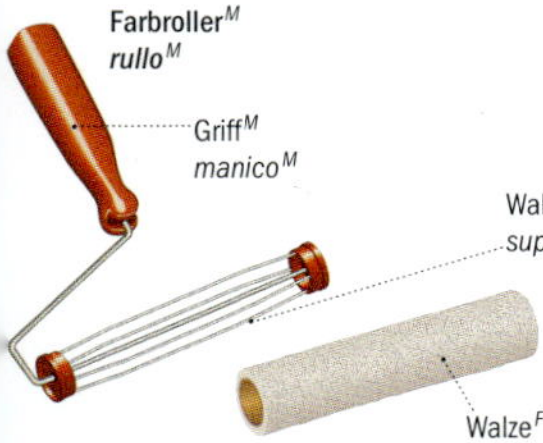

Wanne[F]
vaschetta[F]

Heißluftpistole[F]
pistola[F] per sverniciatura[F]

Malerpinsel[M]
pennello[M]

Schaber[M]
raschietto[M]

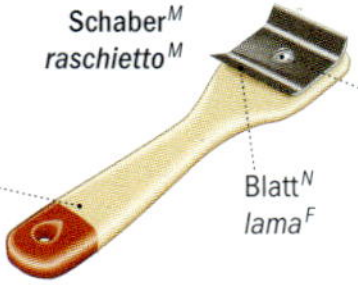

Leitern[F] und Stehleitern[F]

scale[F] e scale[F] a libretto[M]

Ausziehleiter[F]
scala[F] estensibile

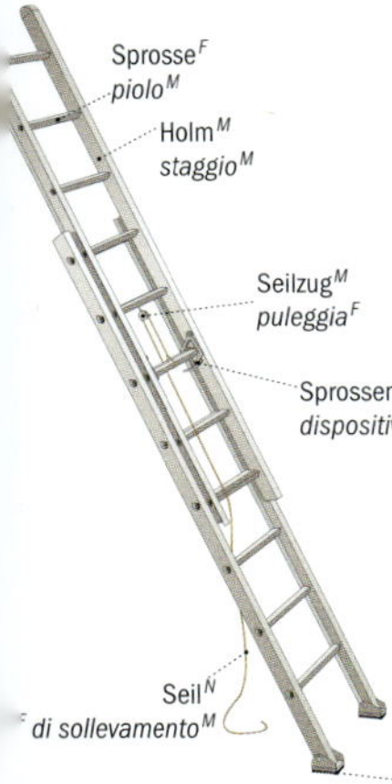

Trittleiter[F]
scala[F] con piattaforma[F]

Tritthocker[M]
scala[F] sgabello[M]

Stehleiter[F]
scala[F] a libretto[M]

Bautischlerei^{F}: Nagelwerkzeuge^{N}

carpenteria^{F}: attrezzi^{M} per chiodare

Zimmermannshammer^{M}
martello^{M} da falegname^{M}

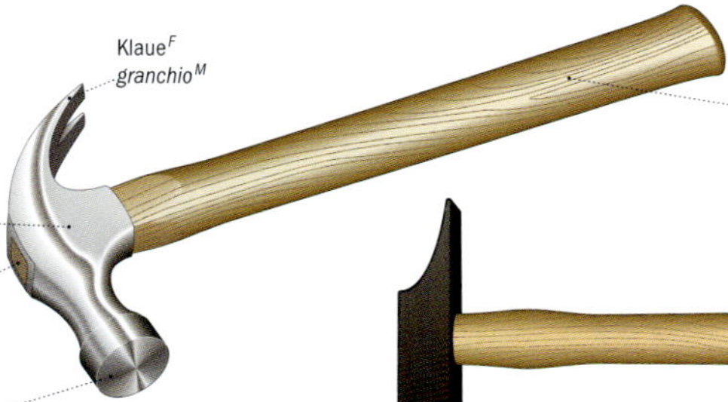

Hammer^{M}
martello^{M} da carpentiere^{M}

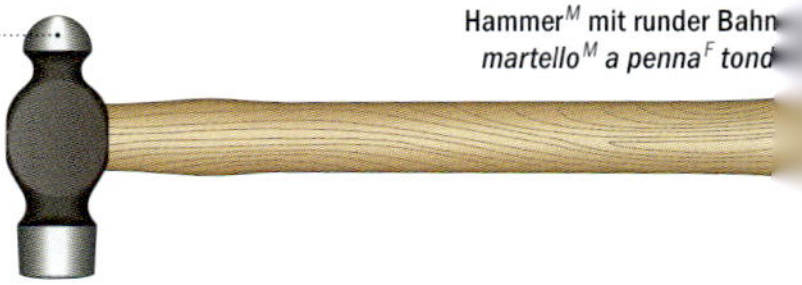

Hammer^{M} mit runder Bahn
martello^{M} a penna^{F} tond

Körner^{M}
punzone^{M}

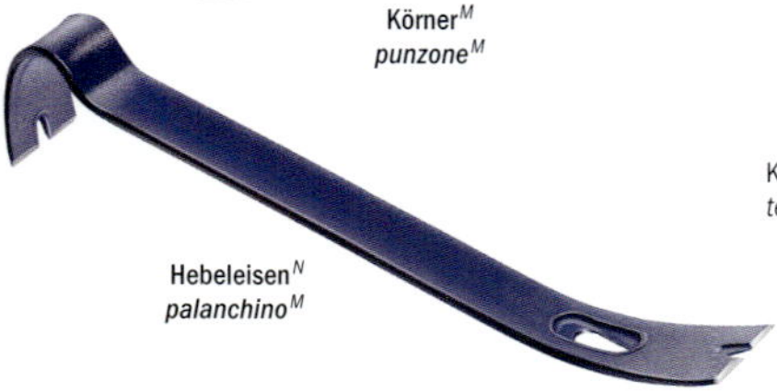

Hebeleisen^{N}
palanchino^{M}

Holzhammer
mazzuolo

Nagel^{M}
chiodo^{M}

Beispiele^{N} für Nägel^{M}
esempi^{M} di chiodi^{M}

gewöhnlicher Nagel^{M}
chiodo^{M} comune

Spiralnagel^{M}
chiodo^{M} a spirale^{F}

Versenknagel^{M}
chiodo^{M} di finitura^{F}

Mauernagel^{M}
chiodo^{M} da muratore^{M}

Zwecke^{F}
bulletta^{F}

geschnittener Nagel
chiodo^{M} troncato

Bautischlerei[F]: Schraubwerkzeuge[N]

carpenteria[F]: utensili[M] per avvitare

Schraubenzieher[M]
cacciavite[M]

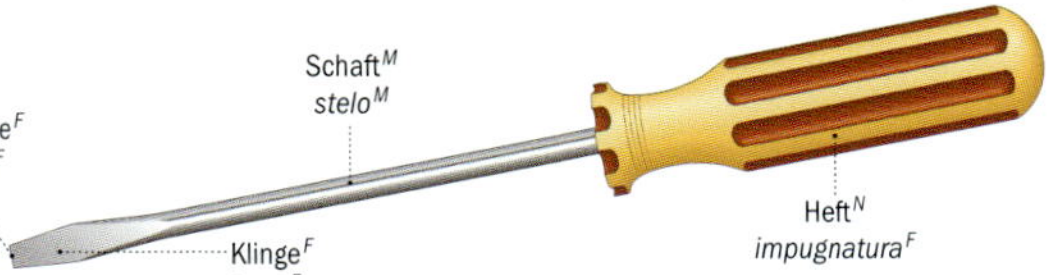

Drillschraubenzieher[M]
cacciavite[M] automatico

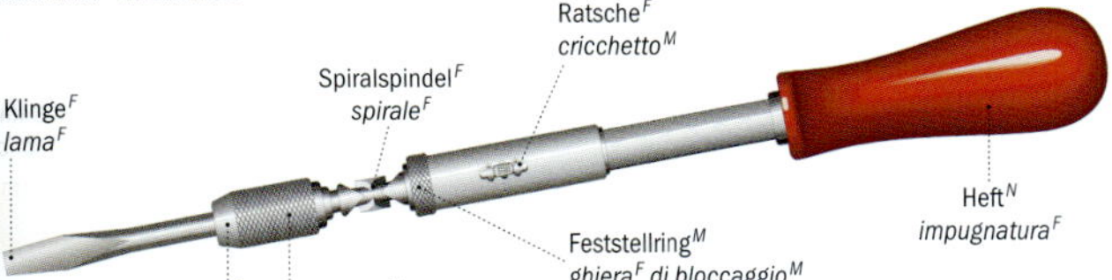

Batterie-Schraubendreher[M]
cacciavite[M] con batteria[F] incorporata

Schraube[F]
vite[F]

Kopfarten[F]
tipi[M] di teste[F]

Senkkopf[M] mit Schlitz[M]
testa[F] piatta

Rundkopf[M] mit Schlitz[M]
testa[F] tonda

Sicherungskopf[M]
testa[F] non svitabile

Senkkopf[M] mit Kreuzschlitz[M]
testa[F] a croce[F]

Senkkopf[M] mit Imbus[M]
testa[F] concava

Linsenkopf[M] mit Schlitz[M]
testa[F] bombata

Klingenarten[F]
tipi[M] di punte[F]

Einsatz[M] für Imbusschrauben[F]
punta[F] a testa[F] quadra

Einsatz[M] für Kreuzschlitzschrauben[F]
punta[F] a croce[F]

Einsatz[M] für Schlitzschrauben[F]
punta[F] piana

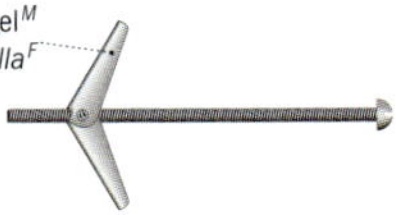

Knebelbolzen[M]
ancora[F] a scatto[M]

Spreizdübel[M]
bullone[M] a espansione[F]

Bautischlerei^F: Greif- und Spannwerkzeuge^N
carpenteria^F: attrezzi^M di serraggio^M

Zangen^F
pinze^F

Kombizange^F
pinza^F a giunto^M scorrevole

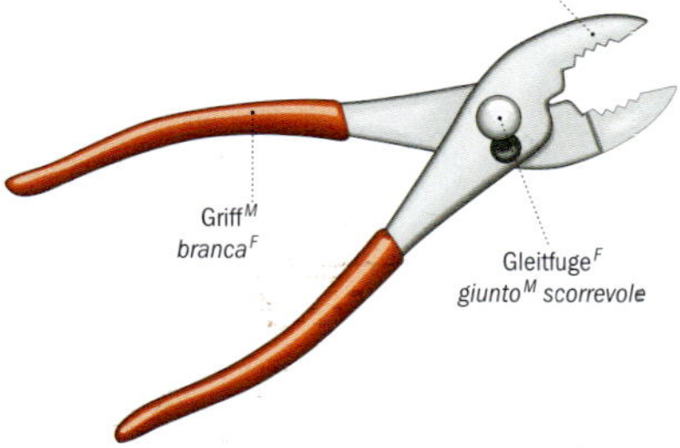

Wasserpumpen-Zange^F
pinza^F regolabile

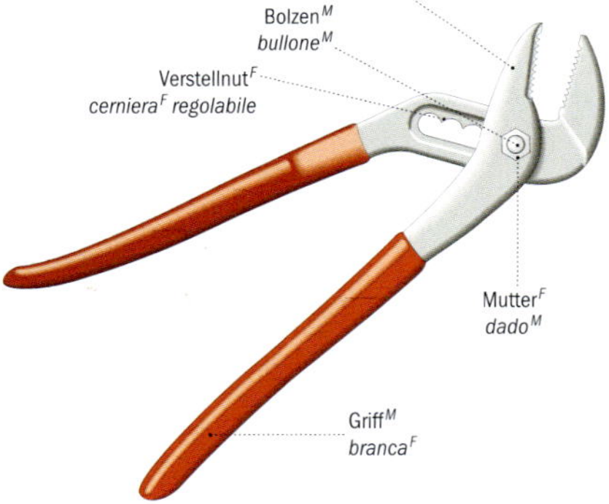

Gripzange^F
pinza^F a scatto^M

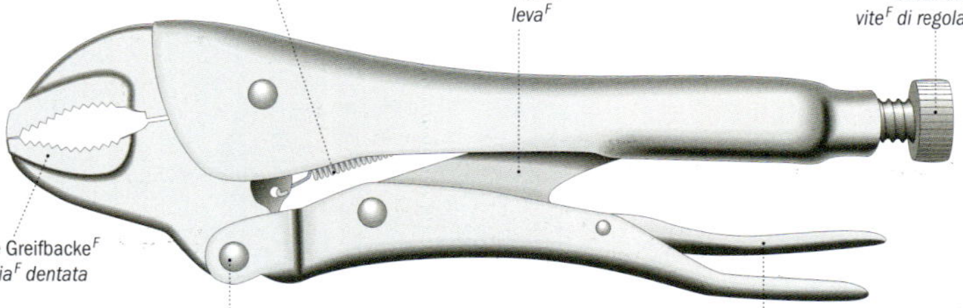

Unterlegscheiben^F
rosette^F

Unterlegscheibe^F
rosetta^F piatta

Federring^M
rosetta^F elastica

außengezahnte Fächerscheibe^F
rosetta^F a dentatura^F esterna

innengezahnte Fächerscheibe^F
rosetta^F a dentatura^F interna

Schlüssel^{M} *chiavi^{F}*

Rollgabelschlüssel^{M}
chiave^{F} a rullino^{M}

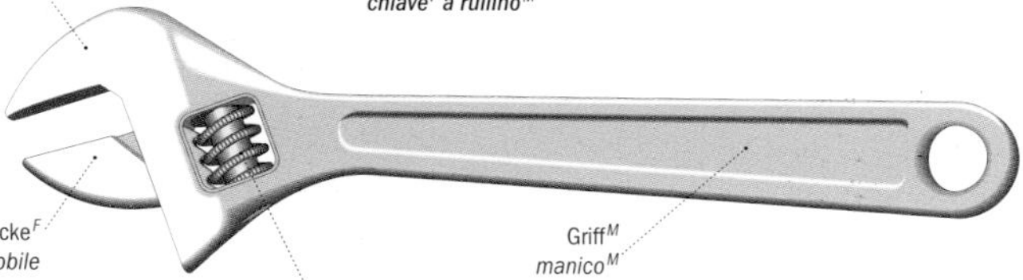

Ratschenringschlüssel^{M}
chiave^{F} poligonale a cricco^{M}

offener Doppelringschlüssel^{M}
chiave^{F} poligonale doppia ad anello^{M} aperto

Doppelmaulschlüssel^{M}
chiave^{F} a forchetta^{F} doppia

Doppelringschlüssel^{M}
chiave^{F} poligonale doppia

Maul-Ringschlüssel^{M}
chiave^{F} combinata

Knarre^{F}
chiave^{F} a bussola^{F} a cricchetto^{M}

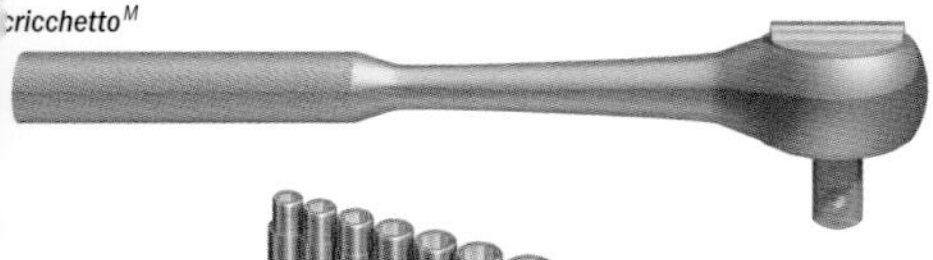

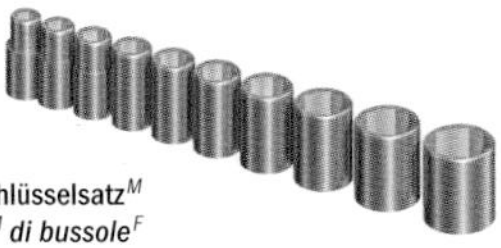

Steckschlüsselsatz^{M}
set^{M} di bussole^{F}

Muttern^{F} *dadi^{M}*

Sechskantmutter^{F}
dado^{M} esagonale

Hutmutter^{F}
dado^{M} cieco

Flügelmutter^{F}
galletto^{M}

Schrauben^{F} *bulloni^{M}*

Schraubenbolzen^{M}
bullone^{M}

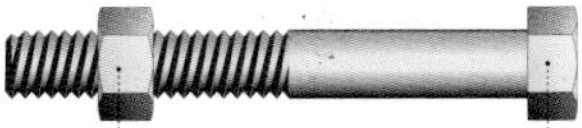

Schraubenbolzen^{M} mit Ansatz^{M}
bullone^{M} di spallamento^{M}

HEIMWERKEN UND GARTENARBEIT

Bautischlerei^F: Greif- und Spannwerkzeuge^N

Zwinge^F
morsetto^M a C

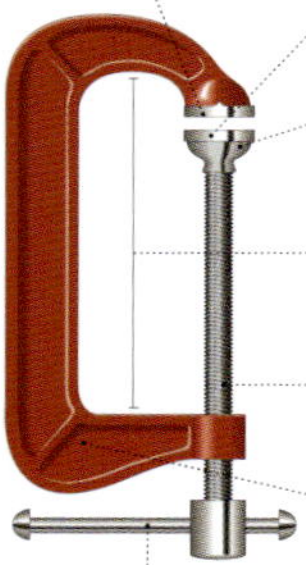

Schraubstock^M
morsa^F

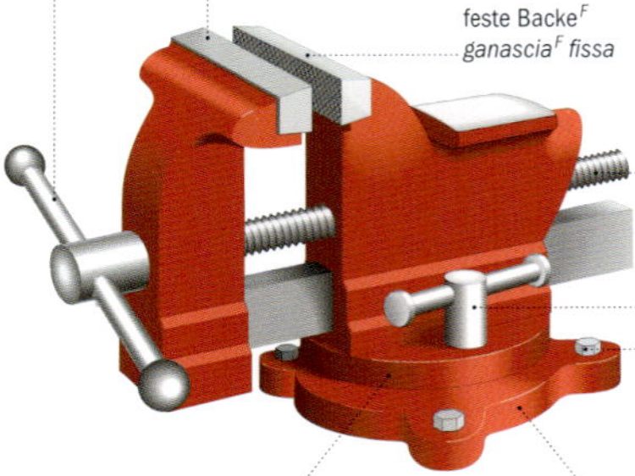

Rohrschraubstock^M
morsa^F serratubi^M

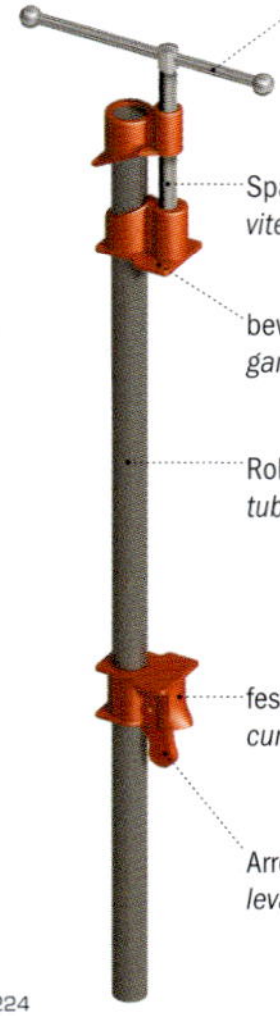

Werkbank^F und Schraubstock^M
piano^M di lavoro^M a morsa^F

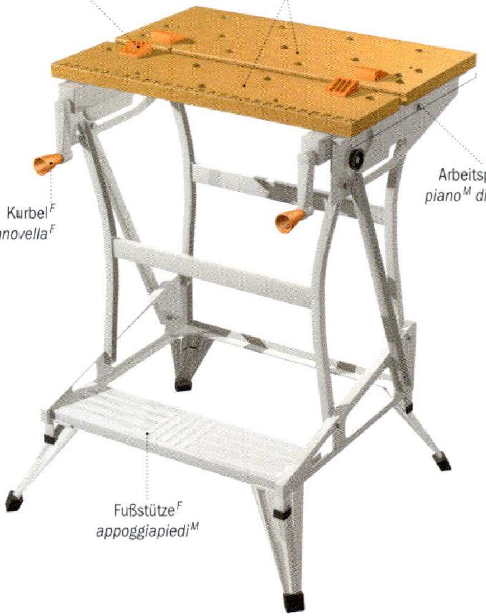

Bautischlerei[F]: Mess- und Markierinstrumente[N]

carpenteria[F]: strumenti[M] di misurazione[F] e tracciamento[M]

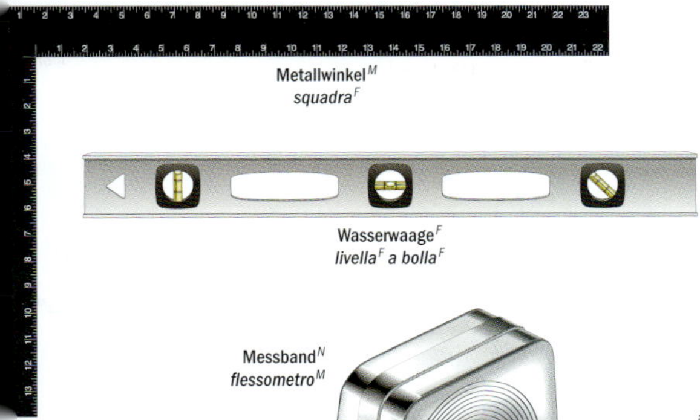

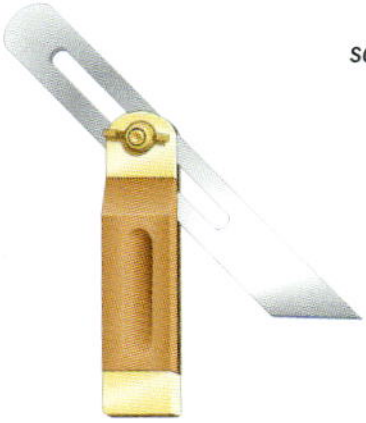

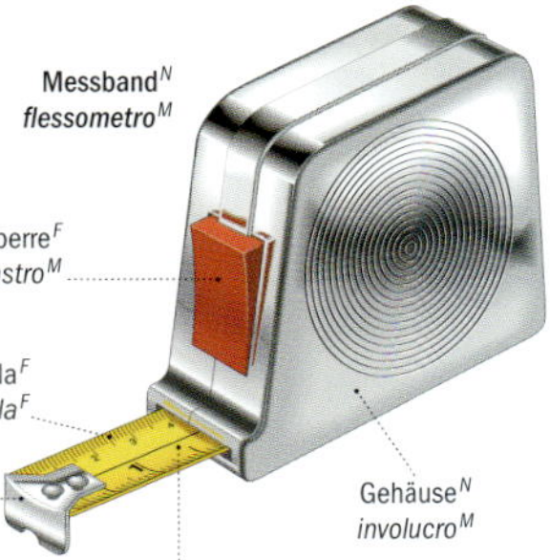

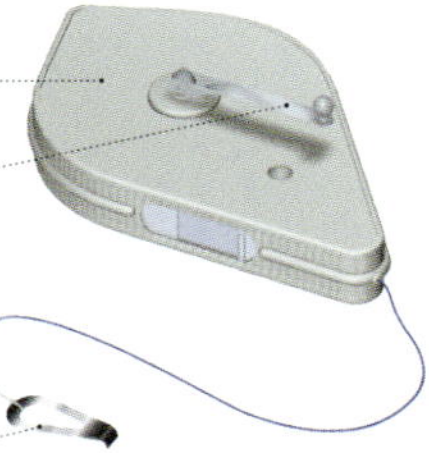

Bautischlerei[F]: verschiedenes Zubehör[N]

carpenteria[F]: materiale[M] vario

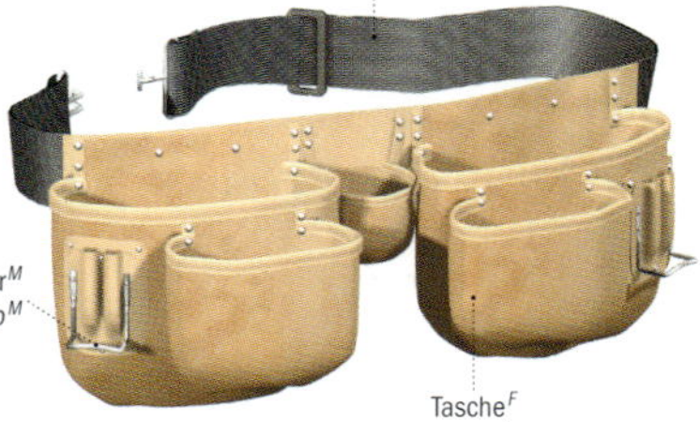

Bautischlerei[F]: Sägewerkzeuge[N]

carpenteria[F]: utensili[M] per segare

Laubsäge[F]
seghetto[M] da traforo[M]

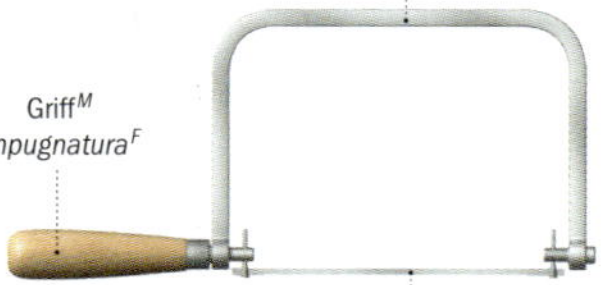

Bügelsäge[F]
seghetto[M]

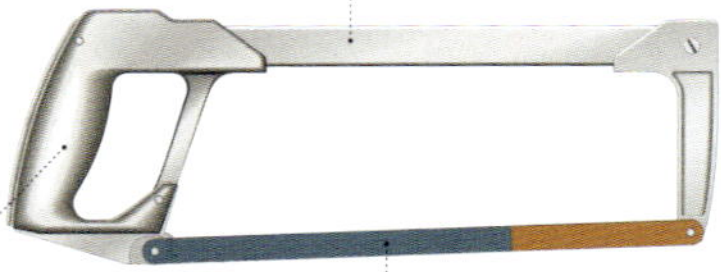

Stichsäge[F]
gattuccio[M]

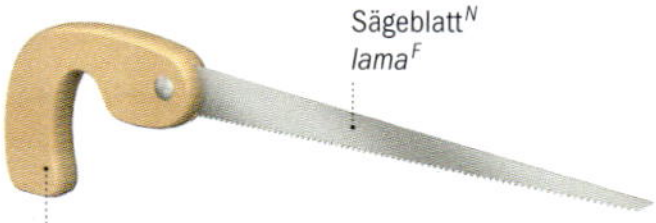

Fuchsschwanz[M]
saracco[M]

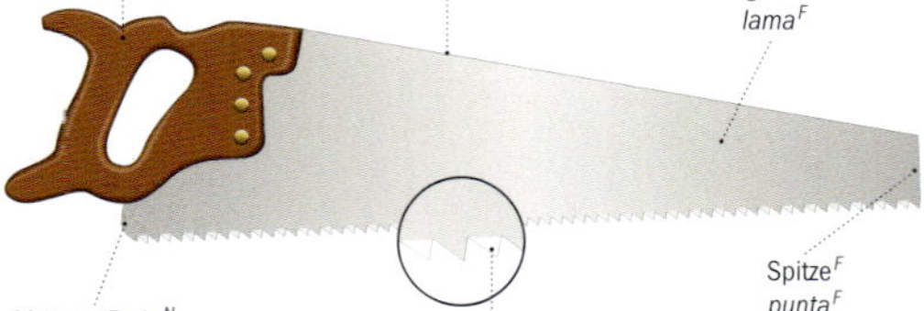

Hand-Gehrungssäge[F]
sega[F] per augnatura[F] manuale

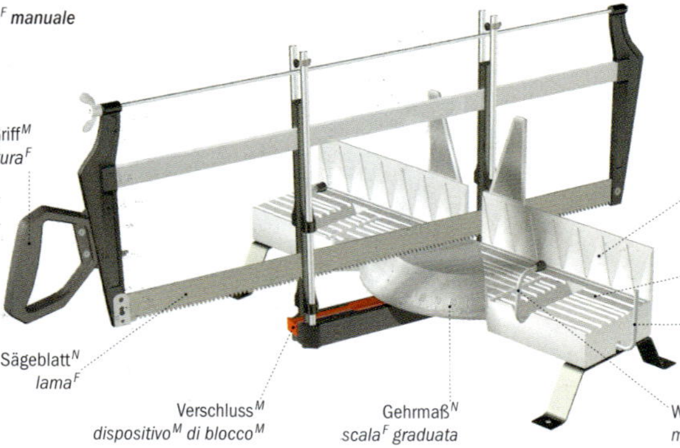

elektrische Stichsäge^{F}
seghetto^{M} alternativo

Kreissägeblatt^{N}
lama^{F} di sega^{F} circolare

Handkreissäge^{F}
sega^{F} circolare

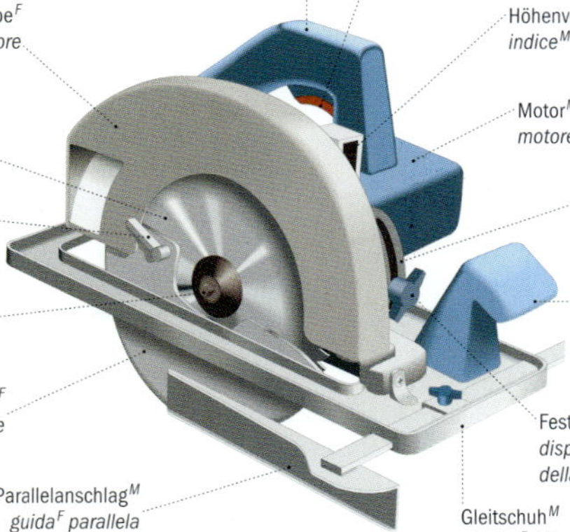

Bautischlerei[F]: Bohrwerkzeuge[N]

carpenteria[F]: attrezzi[M] per trapanare

Akku[M]-Bohrschrauber[M]
trapano[M] senza fili[M]

Akku[M]
batteria[F]

Ladegerät[N]
caricabatteria[M]

Bohrfutterschlüssel[M]
chiave[F] del mandrino[M]

elektrische Bohrmaschine[F]
trapano[M] elettrico

Beispiele[N] für Bits[M] und Bohrer[M]
esempi[M] di mecchie[F] e punte[F] da trapano[M]

Spiralbohrer[M]
mecchia[F] elicoi

Schneckenbohrer[M]
mecchia[F] a tortiglione[M]

Steinbohrer[M]
punta[F] da muro[M]

Spiralbohrer[M]
punta[F] elicoidale

Flachfräsbohrer[M]
mecchia[F] a lancia[F]

Schlangenbohrer[M] mi doppeltem Gewindega
mecchia[F] a doppia elic

Bautischlerei[F]: Formwerkzeuge[N]

carpenteria[F]: attrezzi[M] per sagomare

Hobel[M]
pialla[F]

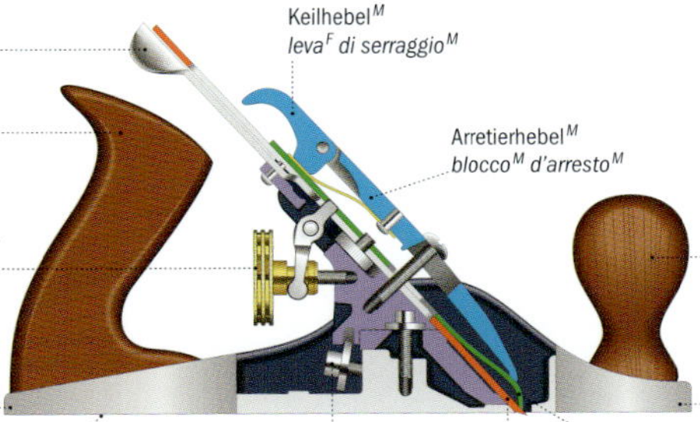

Seitenverstellhebel[M]
leva[F] di regolazione[F] laterale

Griff[M]
impugnatura[F]

Hobeleisen[N]-Stellschraube[F]
anopola[F] di regolazione[F] dell'aggetto[M]

hinteres Ende[N]
tallone[M]

Sohle[F]
piastra[F] d'appoggio[M]

Spannschraube[F]
vite[F] di regolazione[F]

Keilhebel[M]
leva[F] di serraggio[M]

Arretierhebel[M]
blocco[M] d'arresto[M]

Handgriff[M]
pomolo[M]

Stirn[F]
punta[F]

Hobeleisen[N]
ferro[M]

Klappe[F]
controferro[M]

Exzenterschleifer[M]
smerigliatrice[F] ccentrica

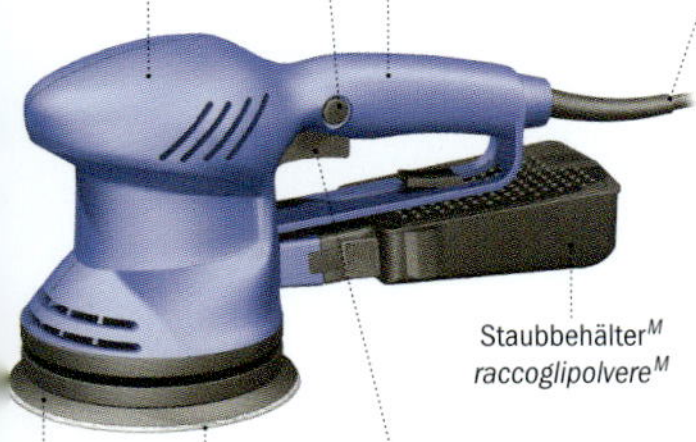

Arretierknopf[M]
pulsante[M] di arresto[M]

Netzkabel[N]
cavo[M] d'alimentazione[F]

Gehäuse[N]
carcassa[F]

Griff[M]
impugnatura[F]

Staubbehälter[M]
raccoglipolvere[M]

Schleifblatt[N]
disco[M] abrasivo

Druckschalter[M]
interruttore[M] a grilletto[M]

Schleifteller[M]
supporto[M] del disco[M] abrasivo

Oberfräse[F]
fresatrice[F] verticale

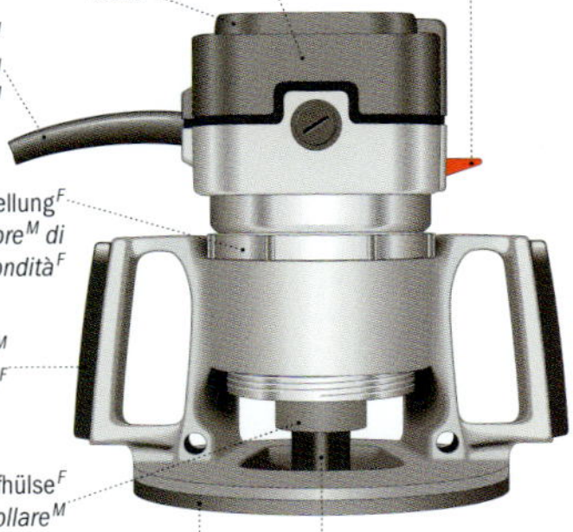

Motor[M]
motore[M]

Kopf[M]
testa[F]

Schalter[M]
interruttore[M]

Kabelmantel[M]
manicotto[M] del cordone[M]

Tiefeneinstellung[F]
regolatore[M] di profondità[F]

Führungsgriff[M]
impugnatura[F]

Anlaufhülse[F]
collare[M]

Fuß[M]
base[F]

Werkzeugfutter[N]
portautensili[M]

Schleifpapier[N]
carta[F] vetrata

Flachfeile[F]
lima[F]

Stemmeisen[N]
scalpello[M] da falegname[M]

Ziergarten^{M}
giardino^{M}

verschiedene Geräte^{N}

attrezzatura^{F} varia

Kompostkiste^{F}
contenitore^{M} della composta^{F}

Schubkarre^{F}
carriola^{F}

Werkzeuge^{N} zum Säen^{N} und Pflanzen^{N}

attrezzi^{M} per seminare e piantare

Pflanzschnur^{F}
filo^{M} da giardino^{M}

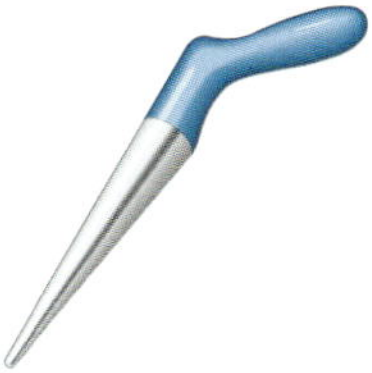

Pflanzholz^{N}
piantatoio^{M}

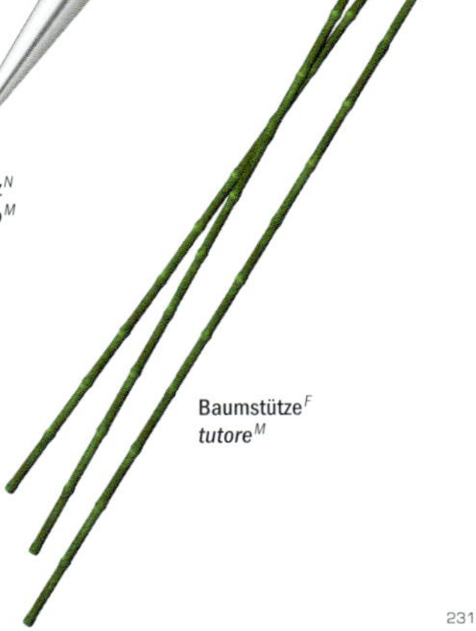

Baumstütze^{F}
tutore^{M}

Pflanzlochstecher^{M}
piantabulbi^{M}

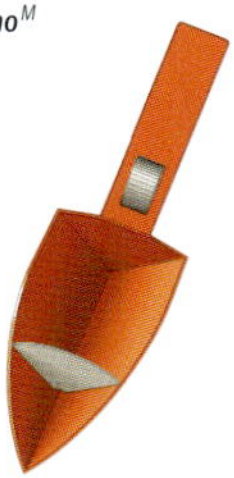

Säkelle^{F}
seminatoio^{M} a mano^{F}

Handwerkzeuge[N]

attrezzi[M] per piccoli lavori[M] di giardinaggio[M]

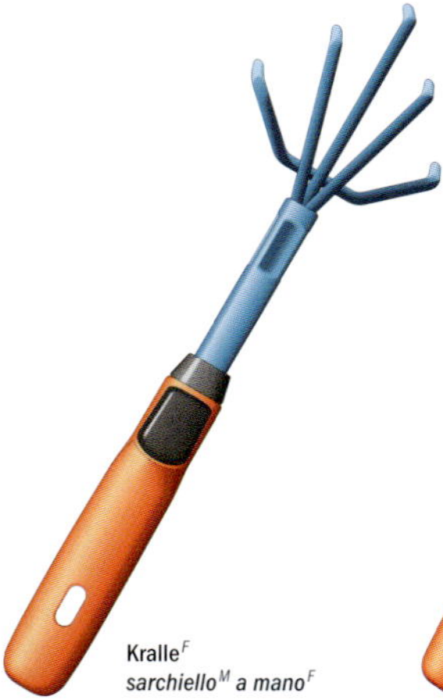

Kralle[F]
sarchiello[M] a mano[F]

Pflanzkelle[F]
trapiantatoio[M]

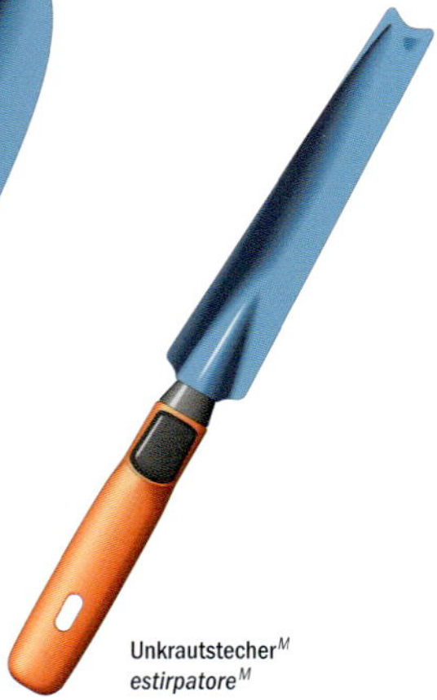

Unkrautstecher[M]
estirpatore[M]

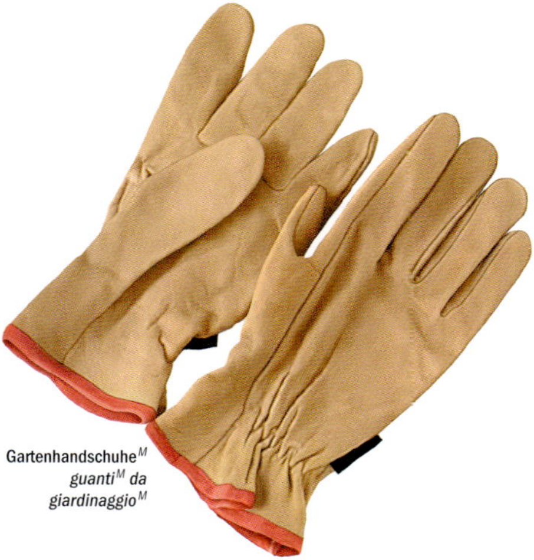

Gartenhandschuhe[M]
guanti[M] da giardinaggio[M]

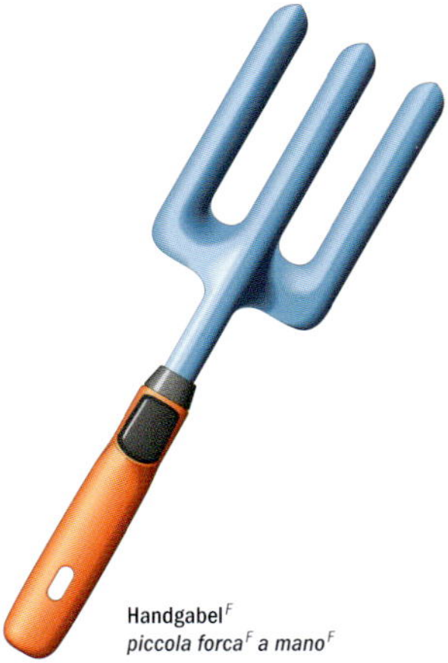

Handgabel[F]
piccola forca[F] a mano[F]

Geräte^{N} zur Erdbewegung^{F}

attrezzi^{M} per smuovere la terra^{F}

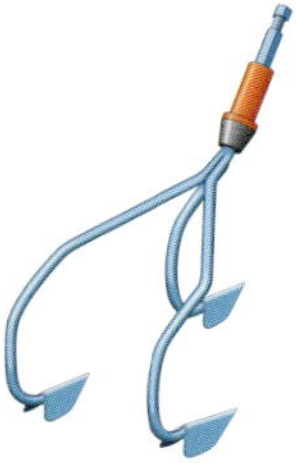

Handkultivator^{M}
coltivatore^{M}

Kombihacke^{F}
zappetta^{F} tridente

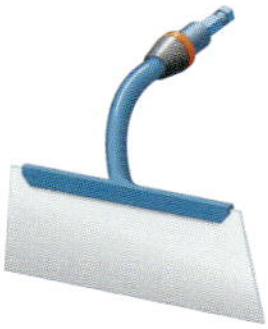

Rübenhacke^{F}
sarchiello^{M}

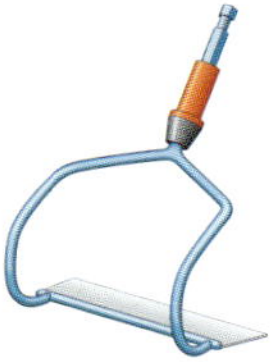

Ziehhacke^{F}
sarchio^{M}

Spaten^{M}
vanga^{F}

Grabschaufel^{F}
badile^{M}

Grabgabel^{F}
forcone^{F}

Rechen^{M}
rastrello^{M}

Rodehacke^{F}
zappa^{F}

Kreuzhacke^{F}
piccone^{M}

Kantenstecher^{M}
tagliabordi^{M}

Schneidwerkzeuge[N]

attrezzi[M] per potare e tagliare

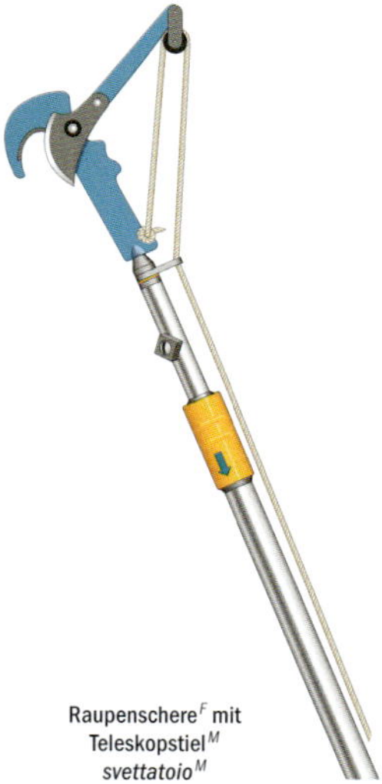

Raupenschere[F] mit Teleskopstiel[M]
svettatoio[M]

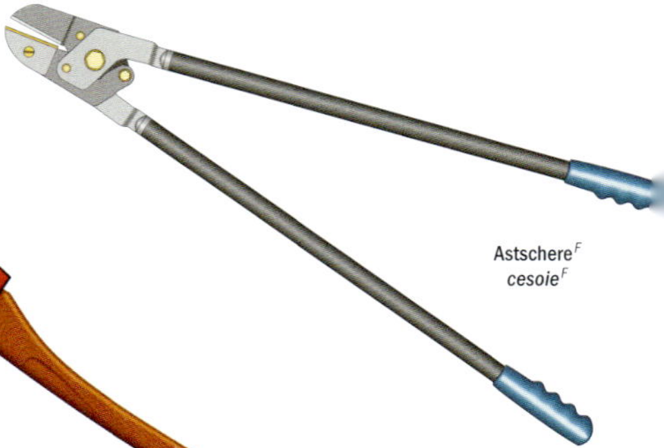

Astschere[F]
cesoie[F]

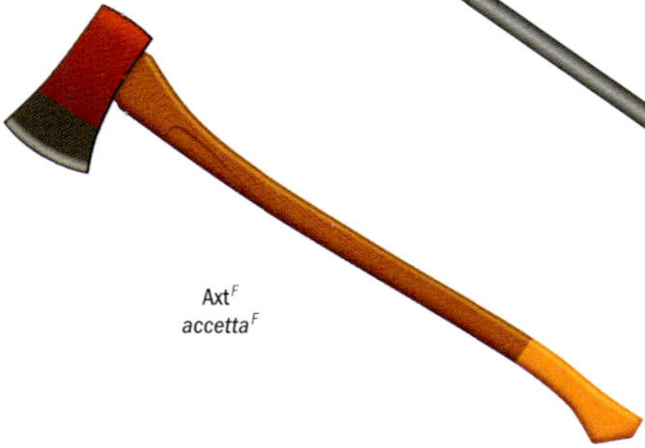

Axt[F]
accetta[F]

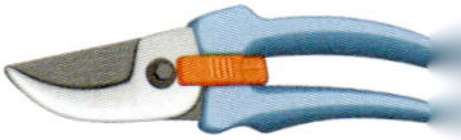

Baumschere[F]
cesoie[F] da giardino[M]

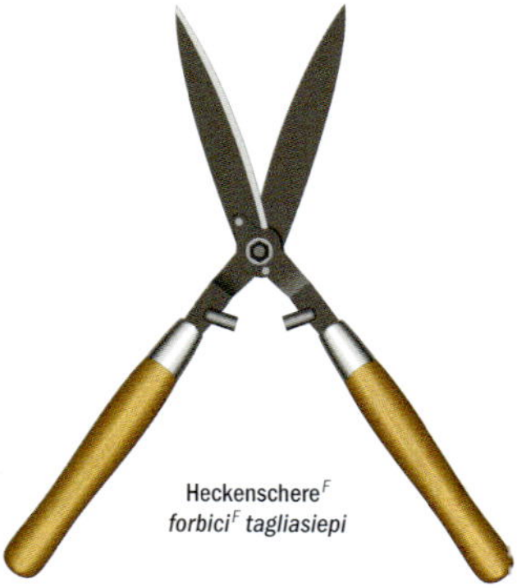

Heckenschere[F]
forbici[F] tagliasiepi

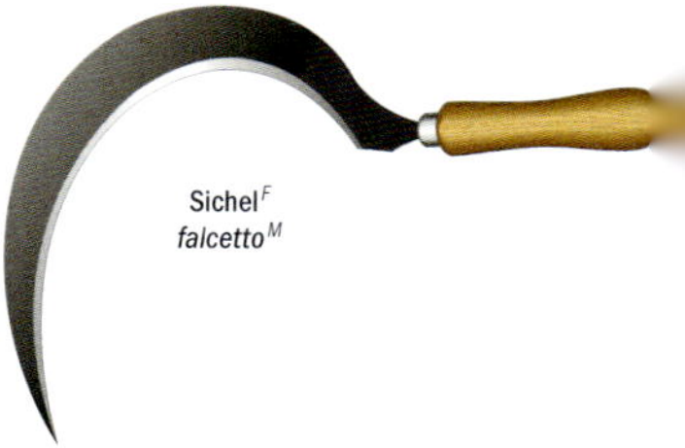

Sichel[F]
falcetto[M]

Baumsäge[F]
sega[F] da giardiniere[M]

Hippe[F]
roncola[F]

elektrische Heckenschere^F
tagliasiepi^M/F

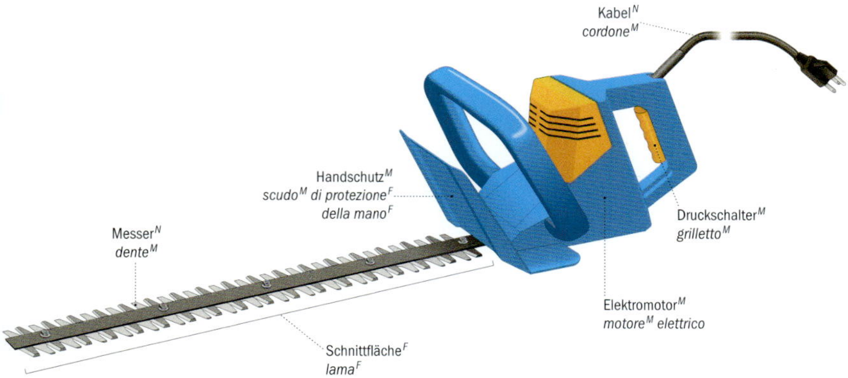

Kettensäge^F
motosega^F

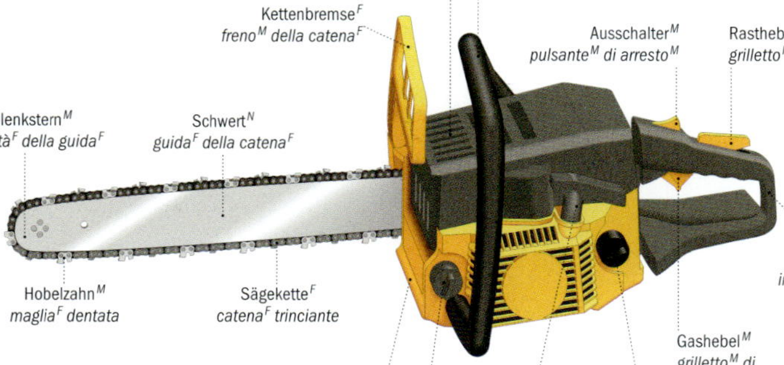

Gießgeräte[N]

attrezzi[M] per annaffiare

Sprühflasche[F]
spruzzatore[M]

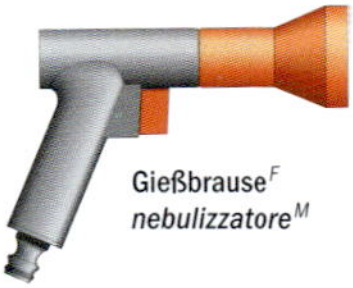

Gießbrause[F]
nebulizzatore[M]

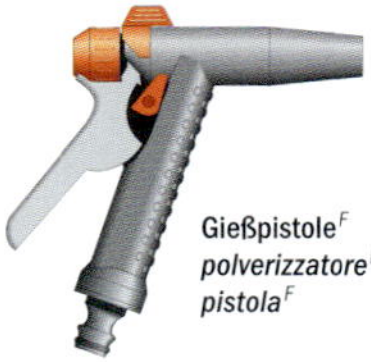

Gießpistole[F]
polverizzatore[M] a pistola[F]

Regnerschlauch[M]
tubo[M] per irrigazione[F]

Gartenspritze[F]
atomizzatore[M]

Gießkanne[F]
annaffiatoio[M]

Impulsregner[M]
irrigatore[M] a impulsi[M]

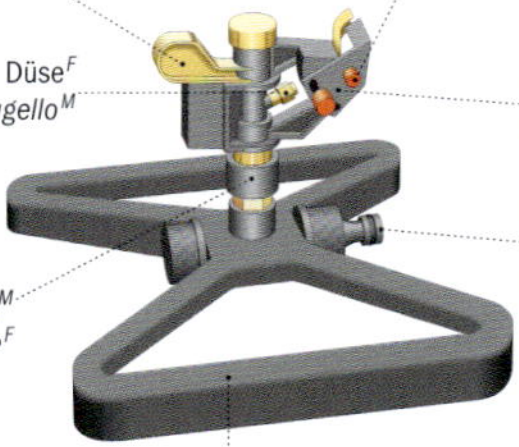

Schlauchwagen[M]
carrello[M] avvolgitubo

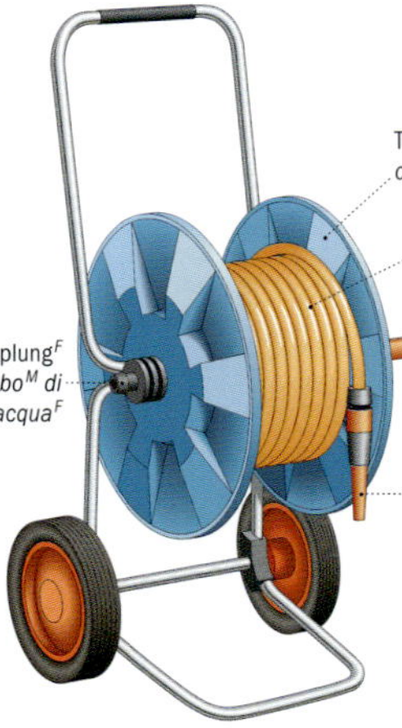

Viereckregner[M]
irrigatore[M] oscillante

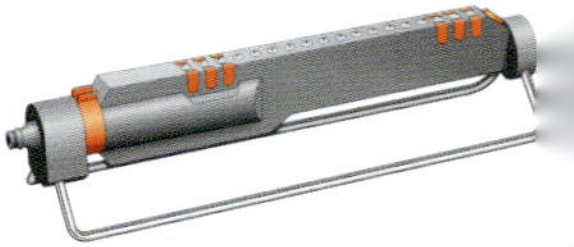

Kreisregner[M]
irrigatore[M] rotativo a pioggia

Rasenpflege[F]

cura[F] del prato[M]

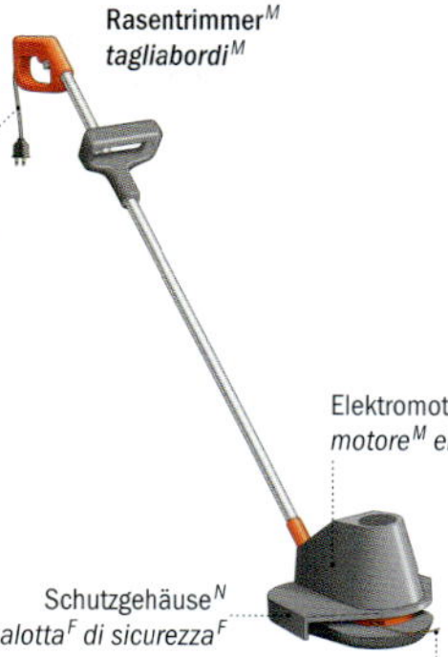

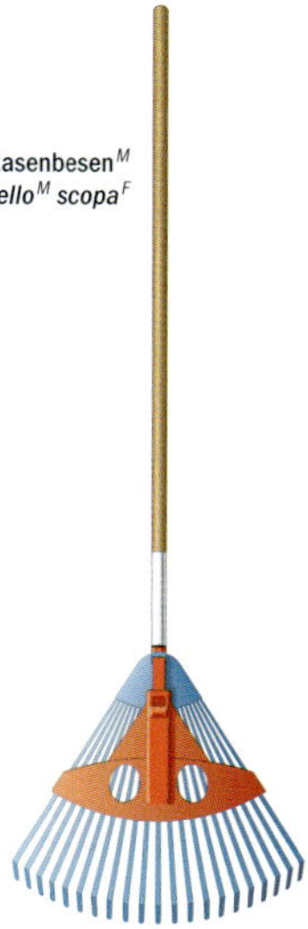

Kopfbedeckungen[F]

copricapi[M]

Herrenkopfbedeckungen[F]
copricapi[M] maschili

Filzhut[M]
cappello[M] di feltro[M]

Strohhut[M]
paglietta[F]

Käppchen[N]
papalina[F]

Melone[F]
bombetta[F]

Fellmütze[F]
bustina[F]

Zylinder[M]
cilindro[M]

Kosakenmütze[F]
colbacco[M]

Jagdkappe[F]
berretto[M] da cacciatore[M]

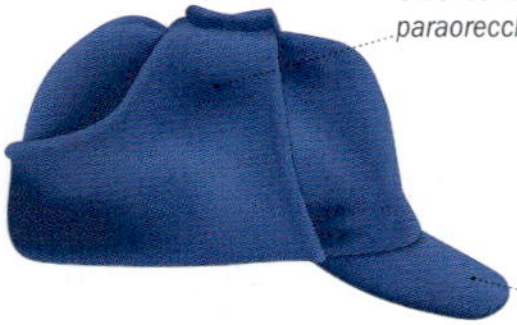

Schirmmütze[F]
berretto[M]

Panamahut[M]
panama[M]

Damenkopfbedeckungen[F]
copricapi[M] femminili

Pillbox[F]
tocco[M]

Wagenradhut[M]
cappello[M] a falda[F] larga

Topfhut[M]
cloche[F]

Toque[F]
toque[F]

Regenhut[M]
cappello[M] da marinaio[M]

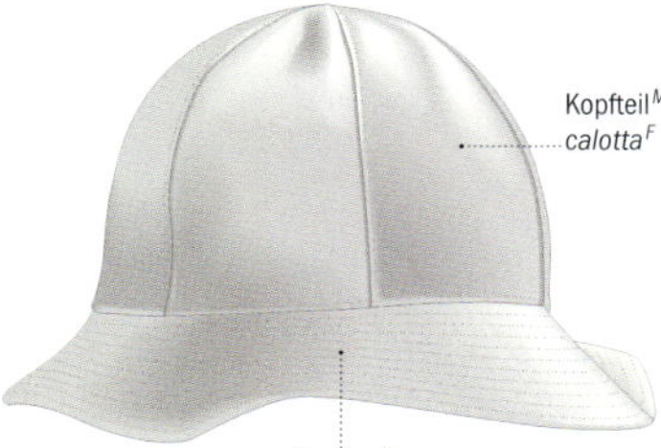

Turban[M]
turbante[M]

Südwester[M]
berretto[M] impermeabile

Unisex-Kopfbedeckungen[F]
copricapi[M] unisex

Baskenmütze[F]
basco[M]

Kapuzenmütze[F]
passamontagna[M]

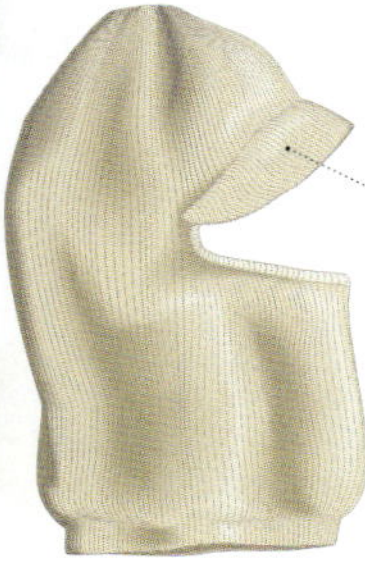

Pudelmütze[F]
berretto[M] con pompon[M]

Filzhut[M]
cappello[M] di feltro[M]

Schuhe[M]

scarpe[F]

Herrenschuhe[M]
scarpe[F] da uomo[M]

Arbeitsstiefel[M]
scarpone[M]

Boot[M]
scarpa[F] a collo[M] alto

Überziehschuh[M]
galoscia[F]

Halbstiefel[M]
scarponcino[M]

Herrenhalbschuh[M]
scarpa[F] oxford

Schnürschuh[M]
scarpa[F] stringata

Damenschuhe^{M}
scarpe^{F} da donna^{F}

Sandalette^{F} mit Fersenriemen^{M}
sandalo^{M}

Ballerinaschuh^{M}
ballerina^{F}

Slingpumps^{M}
scarpa^{F} chanel

Pumps^{M}
scarpa^{F} décolleté^{M}

Stegspangenschuh^{M}
scarpa^{F} con cinturino^{M} a T

Einspangenschuh^{M}
scarpa^{F} con cinturino^{M}

Straßenschuh^{M}
francesina^{F}

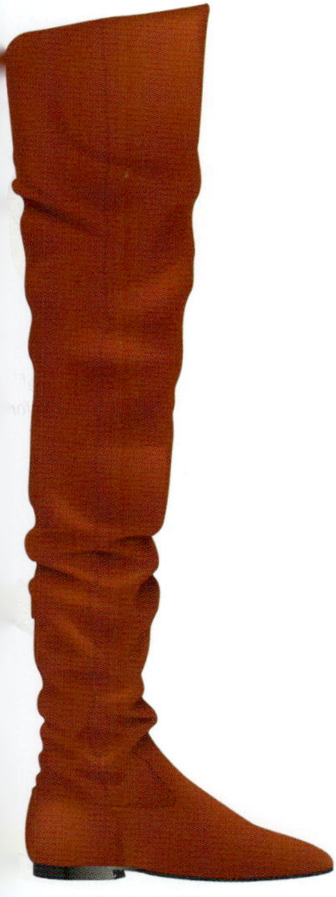

Schaftstiefel^{M}
stivale^{M} alla moschettiera

Stiefel^{M}
stivale^{M}

knöchelhohe Stiefelette^{F}
polacchina^{F}

Unisex-Schuhe^{M}
scarpe^{F} unisex

Pantoffel^{M}
pianella^{F}

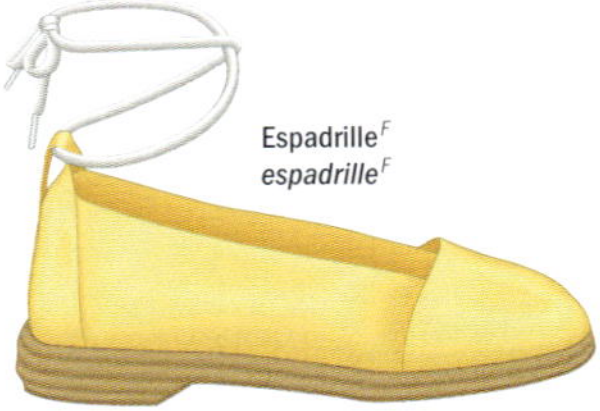

Espadrille^{F}
espadrille^{F}

Tennisschuh^{M}
scarpa^{F} da tennis^{M}

Slipper^{M}
mocassino^{M} classico

Sandale^{F} mit
Zehenriemchen^{N}
sandalo^{M} indiano

Mokassin^{M}
mocassino^{M}

Römerpantolette^{F}
infradito^{M}

Pantolette^{F}
zoccolo^{M}

Sandale^{F}
sandalo^{M}

Wanderschuh^{M}
pedula^{F}

Herrenhandschuhe[M]
guanti[M] ***da uomo***[M]

Handschuh[M]**-Außenseite**[F]
dorso[M] ***del guanto***[M]

Handschuh[M]**-Innenseite**[F]
palmo[M] ***del guanto***[M]

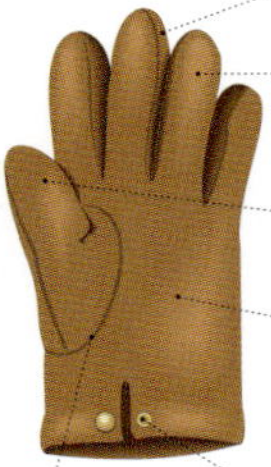

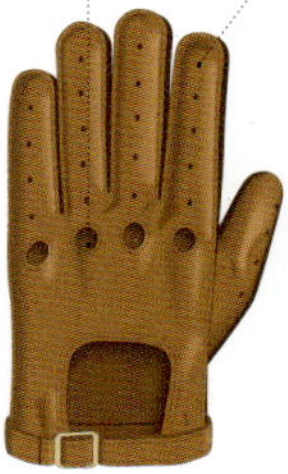

Autohandschuh[M]
guanto[M] ***da guida***[F]

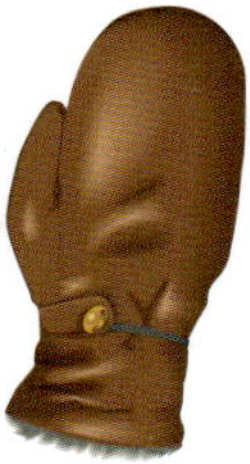

Fäustling[M]
muffola[F]

Damenhandschuhe[M]
guanti[M] ***da donna***[F]

Kurzhandschuh[M]
guanto[M] ***corto***

Stulpenhandschuh[M]
guanto[M] ***alla scudiera***

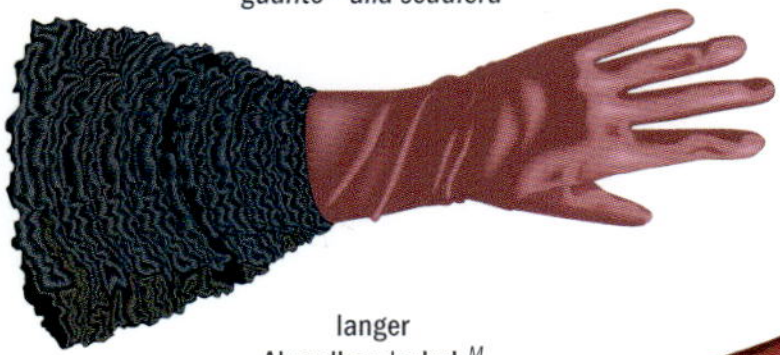

langer Abendhandschuh[M]
guanto[M] ***da sera***[F]

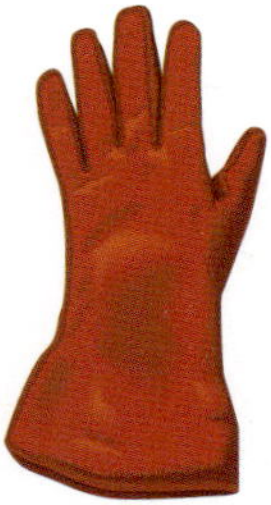

Langhandschuh[M]
guanto[M] ***lungo***

fingerloser Spitzenhandschuh[M]
mezzoguanto[M]

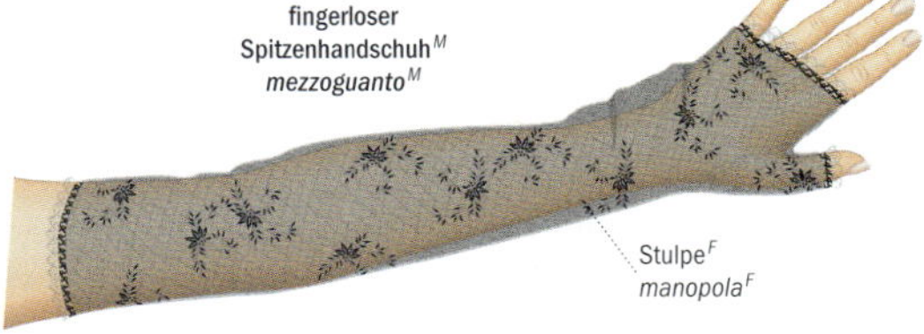

Herrenkleidung^F
abbigliamento^M maschile

Jackett^N und Weste^F
giacche^F e gilè^M

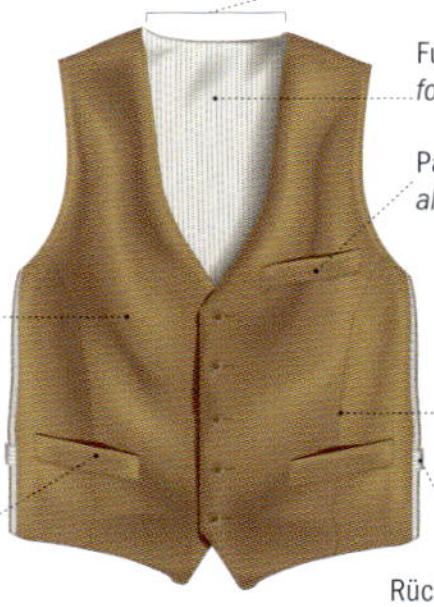

Hemd[N]
camicia[F]

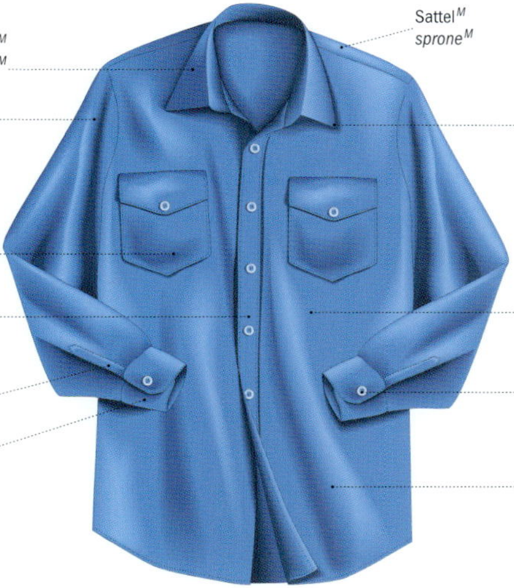

Button-Down-Kragen[M]
collo[M] button-down

Krawattenschal[M]
lavallière[F]

Fliege[F]
papillon[M]

gespreizter Kragen[M]
collo[M] a camicia[F]

Krawatte[F]
cravatta[F]

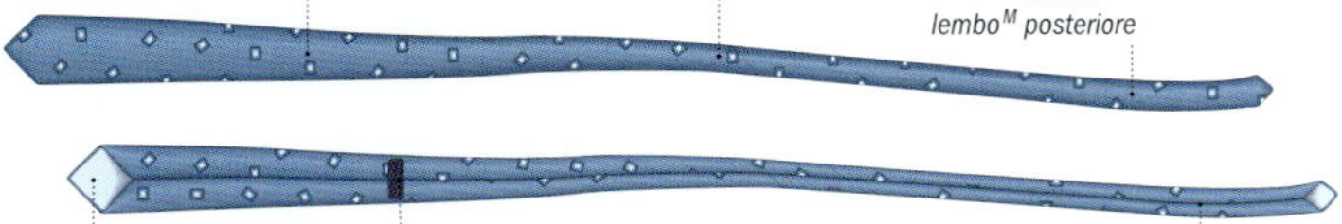

KLEIDUNG

Hose^F
pantaloni^M

Gesäßtasche^F
tasca^F posteriore

Klips^M
fermaglio^M

Hosenträger^M
bretelle^F

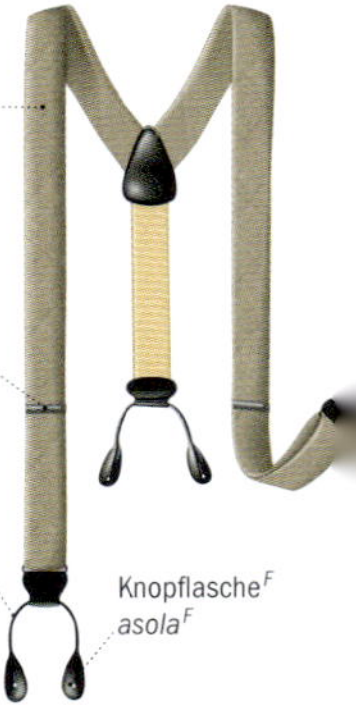

Gürtel^M
cintura^F

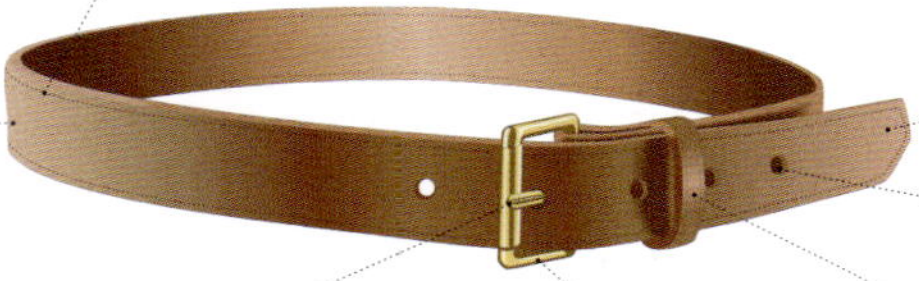

Unterwäsche^{F}
biancheria^{F} intima

Trägerhemd^{N}
canottiera^{F}

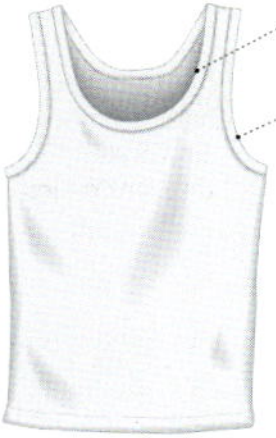

Halsausschnitt^{M}
scollo^{M}

Armausschnitt^{M}
scalfo^{M}

Slip^{M}
mutande^{F}

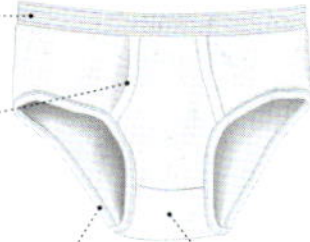

Bündchen^{N}
elastico^{M}

Schlitz^{M}
apertura^{F}

elastischer Beinausschnitt^{M}
sgambatura^{F} elasticizzata

Schritt^{M}
cavallo^{M}

Hemdhose^{F}
combinazione^{F}

lange Unterhose^{F}
mutandoni^{M}

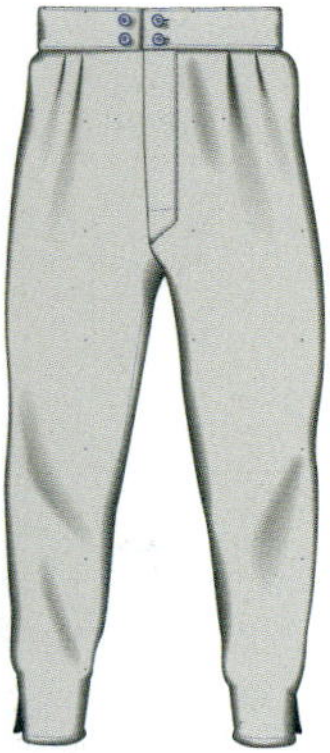

Minislip^{M}
slip^{M}

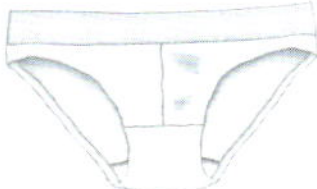

Boxershorts^{F}
boxer^{M}

Socken^{F}
calze^{F}

Kniestrumpf^{M}
calzino^{M} lungo

gerades Rippenbündchen^{N}
bordo^{M} elastico

Bein^{N}
gamba^{F}

Ferse^{F}
calcagno^{M}

Fuß^{M}
piede^{M}

Sohle^{F}
soletta^{F}

Spitze^{F}
cappelletto^{M}

Wadenstrumpf^{M}
calzerotto^{M}

Knöchelsocke^{F}
calzino^{M} corto

KLEIDUNG

Mäntel[M] und Jacken[F]
esempi[M] di giacconi[M] e cappotti[M]

Regenmantel[M]
impermeabile[M]

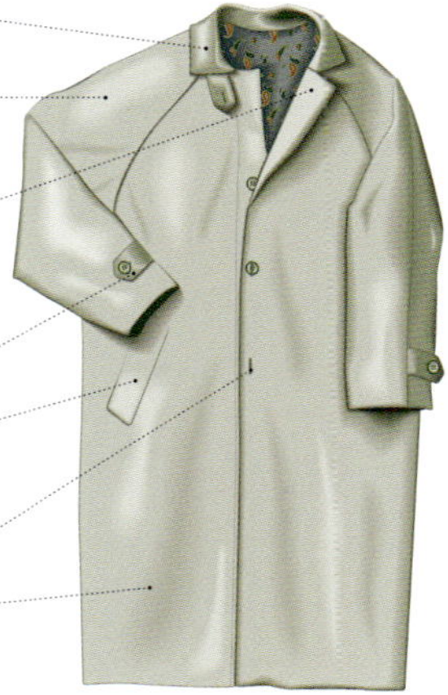

Mantel[M]
cappotto[M]

Trenchcoat[M]
trench[M]

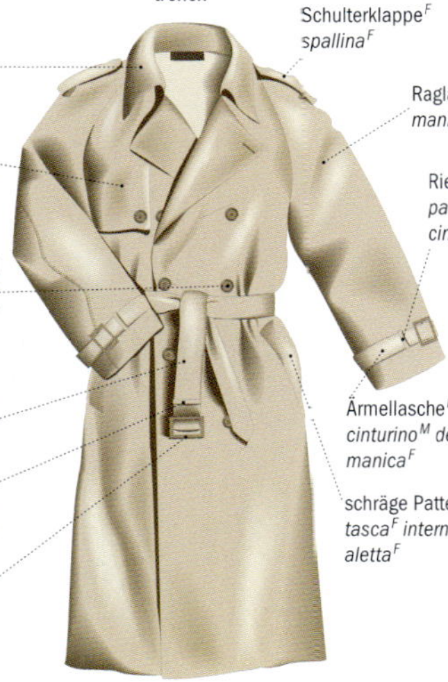

dreiviertellange Jacke[F]
trequarti[M]

Parka^{M}
parka^{M}

Lammfelljacke^{F}
montone^{M}

Dufflecoat^{M}
montgomery^{M}

Blouson^{M}
giacca^{F} a vento^{M}

Windjacke^{F}
giacca^{F} a vento^{M}

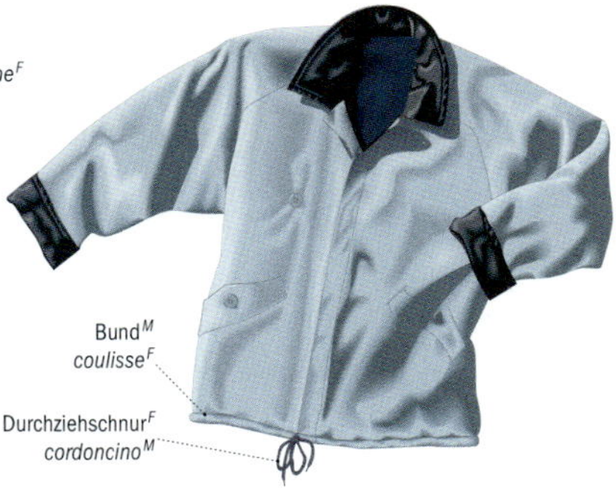

KLEIDUNG

Pullover^{M}

maglioni^{M}

Strickjacke^{F} mit V-Ausschnitt^{M}
cardigan^{M} con scollo^{M} a V

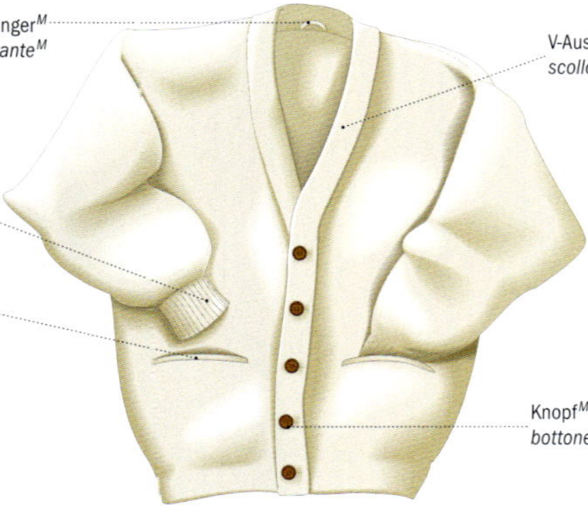

Pullunder^{M}
gilè^{M}

Poloshirt^{N}
polo^{F}

Rollkragenpullover^{M}
maglione^{M} dolcevita^{M}

Pullover^{M} mit halsnahem Ausschnitt^{M}
maglione^{M} girocollo^{M}

Strickjacke^{F}
cardigan^{M}

Kostüm^N
tailleur^M

Raglanmantel^M
cappotto^M ***alla raglan***

Mäntel^M **und Jacken**^F
esempi^M ***di giacche***^F ***e cappotti***^M

Redingote^F
redingote^F

Pelerine^F
cappotto^M ***con pellegrina***^F

Cape^N
mantella^F

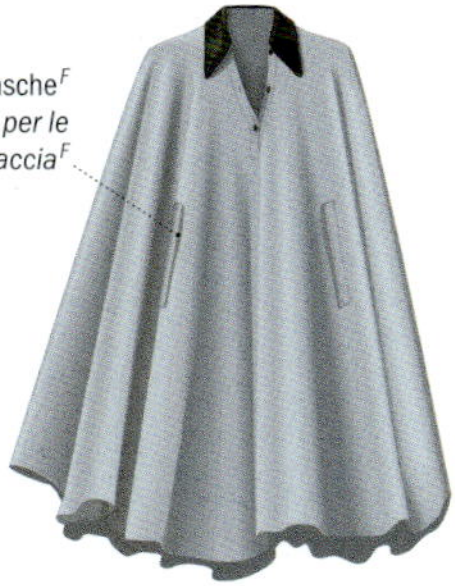

Cabanjacke^F
giacca^F ***alla marinara***

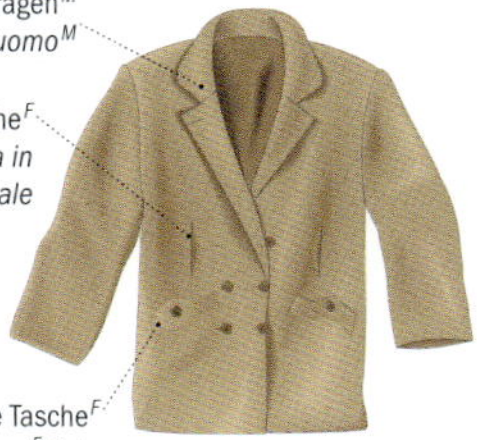

Mantel^M
cappotto^M

Autocoat^M
giaccone^M

Blazer^M
giacca^F

Poncho^M
poncho^M

Beispiele^{N} für Kleider^{N}
esempi^{M} di abiti^{M}

Schlauchkleid^{N}
tubino^{M}

Prinzesskleid^{N}
princesse^{F}

Mantelkleid^{N}
robe-manteau$^{F/M}$

Polokleid^{N}
abito^{M} a polo^{F}

Hauskleid^{N}
abito^{M} da casa^{F}

Hemdblusenkleid^{N}
chemisier^{M}

Kleid^{N} mit angesetztem Schoß^{M}
abito^{M} a vita^{F} bassa

Kleid^{N} in Trapez-Form^{F}
abito^{M} a trapezio^{M}

leichtes Sonnenkleid^{N}
prendisole^{M}

Wickelkleid^{N}
abito^{M} a vestaglia^{F}

Tunikakleid^{N}
abito^{M} a tunica^{F}

Trägerrock^{M}
scamiciato^{M}

Beispiele^{N} für Röcke^{M}
esempi^{M} di gonne^{F}

Bahnenrock^{M}
gonna^{F} a teli^{M}

Schottenrock^{M}
kilt^{M}

Sarong^{M}
sarong^{M}

Wickelrock^{M}
gonna^{F} a portafoglio^{M}

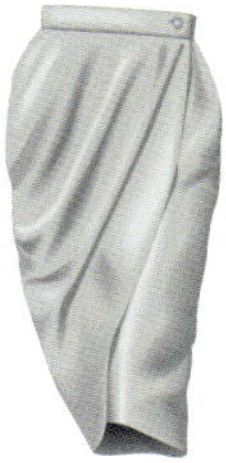

Etuirock^{M}
gonna^{F} ad anfora^{F}

Stufenrock^{M}
gonna^{F} a balze^{F}

gerader Rock^{M}
gonna^{F} diritta

Sattelrock^{M}
gonna^{F} con baschina^{F}

Kräuselrock^{M}
gonna^{F} arricciata

Hosenrock^{M}
gonna^{F} pantalone^{M}

Beispiele^{N} für Falten^{F}
esempi^{M} di pieghe^{F}

Kellerfalte^{F}
piega^{F} invertita

Gehfalte^{F}
piega^{F} sovrapposta

Bahnenplissee^{N}
plissé^{M}

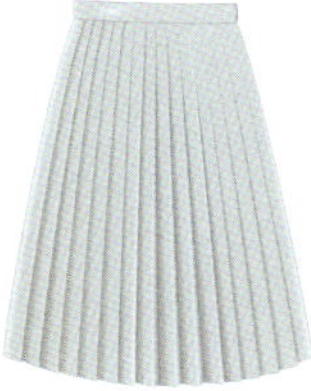

abgesteppte Falte^{F}
piega^{F} impunturata

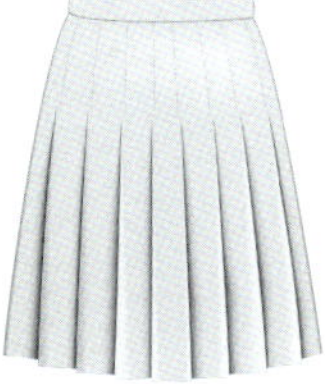

einfache Falte^{F}
piega^{F} a coltello^{M}

Beispiele^{N} für Hosen^{F}
esempi^{M} di pantaloni^{M}

Shorts^{F}
shorts^{M}

Bermudashorts^{F}
bermuda^{M}

Kniebundhose^{F}
pantaloni^{M} alla zuava

Caprihose^{F}
pantaloni^{M} alla pescatora

Jeans^{F}
jeans^{M}

Steghose^{F}
fuseau^{M}

Overall^{M}
tuta^{F}

Latzhose^{F}
salopette^{F}

Schlaghose^{F}
pantaloni^{M} a zampa^{F} di elefante^{M}

Westen^{F} und Jacken^{F}
esempi^{M} di giacche^{F} e pullover^{M}

Bolero^{M}
bolero^{M}

Spenzer^{M}
spencer^{M}

Blazer^{M}
blazer^{M}

Safarijacke^{F}
sahariana^{F}

Weste^{F}
gilè^{M}

Twinset^{N}
twin-set^{M}

Beispiele^{N} für Blusen^{F} und Hemden^{N}
esempi^{M} di camicette^{F}

Bodyshirt^{N}
body^{M}

Matrosenbluse^{F}
maglietta^{F} alla marinara

klassische Bluse^{F}
camicetta^{F} classica

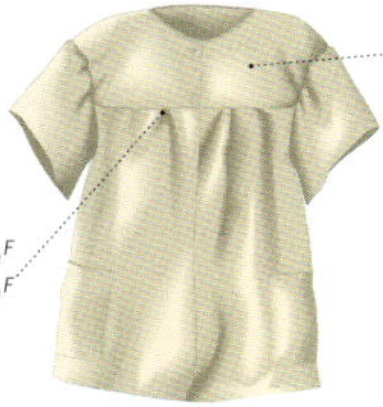

Kittelbluse^{F}
sopravveste^{F} a grembiule^{M}

Hosenbluse^{F}
camicione^{M}

Arbeitskittel^{M}
camiciotto^{M}

Wickelbluse^{F}
camicetta^{F} incrociata

Polohemd^{N}
polo^{F}

Tunika^{F}
casacca^{F}

Nachtwäsche[F]
***biancheria**[F] **da notte**[F]*

Nachthemd[N]
camicia[F] da notte[F]

Baby-Doll[N]
baby-doll[M]

Kimono[M]
kimono[M]

Bademantel[M]
accappatoio[M]

Schlafanzug[M]
pigiama[M]

Negligé[N]
vestaglia[F]

KLEIDUNG

Strümpfe[M]
calze[F]

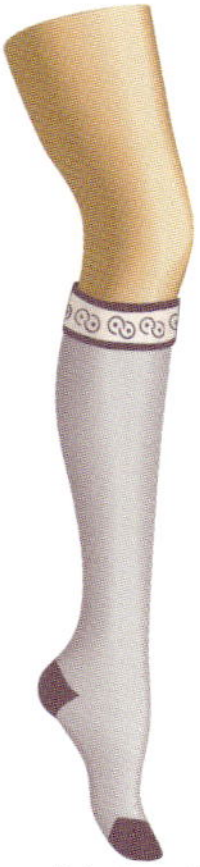

Kniestrumpf[M]
calzettone[M]

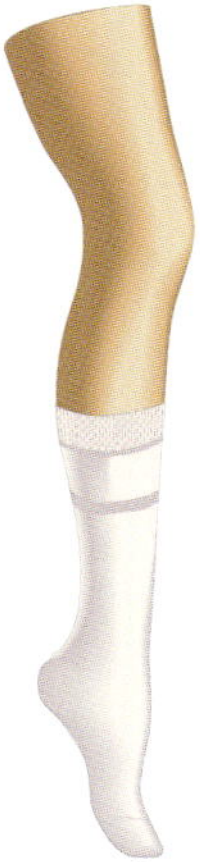

Socke[F]
gambaletto[M]

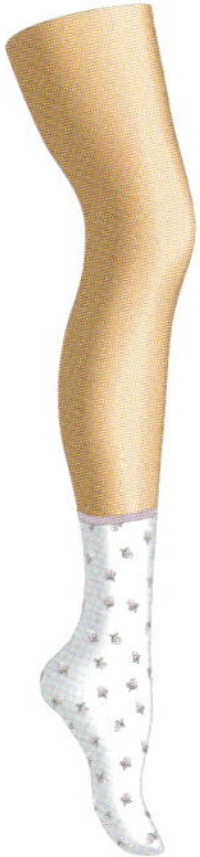

Söckchen[N]
calzerotto[M]

Kurzsocke[F]
calzino[M]

Strumpfhose[F]
collant[M]

Strumpf[M]
calza[F]

Overknee-Strumpf[M]
calza[F] *autoreggente*

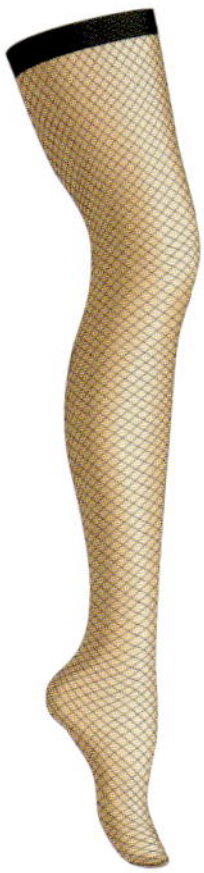

Netzstrumpf[M]
calza[F] *a rete*[F]

Unterwäsche^F
biancheria^F intima

Korselett^N
modellatore^M aperto

Camisol^N
top^M

Teddy^M
pagliaccetto^M

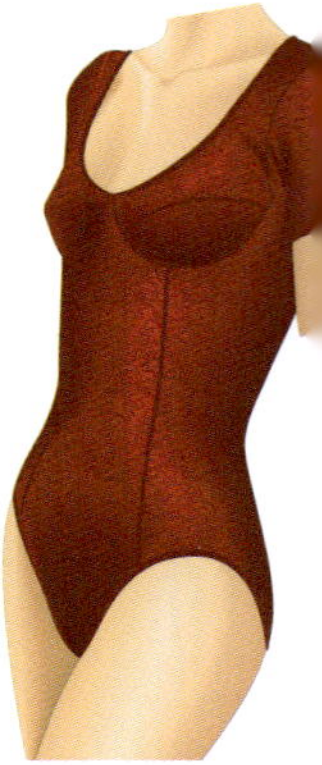

Bodysuit^M
body^M

Panty-Korselett^N
modellatore^M sgambato

Unterrock^M
sottogonna^F

Vollachsel-Unterkleid^N
sottoveste^F

Unterkleid^N
sottoveste^F con reggiseno^M

Torselett[N]
guepière[F]

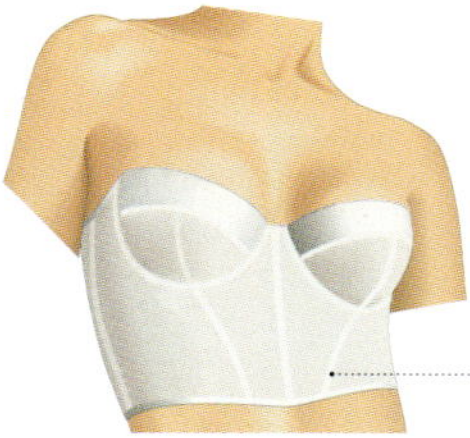

trägerloser Büstenhalter[M]
reggiseno[M] ***a bustino***[M]

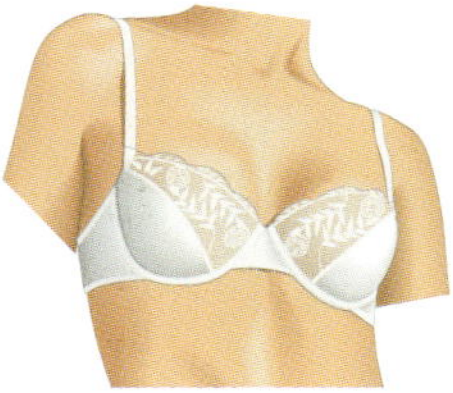

Dirndl-BH[M]
reggiseno[M] ***a balconcino***[M]

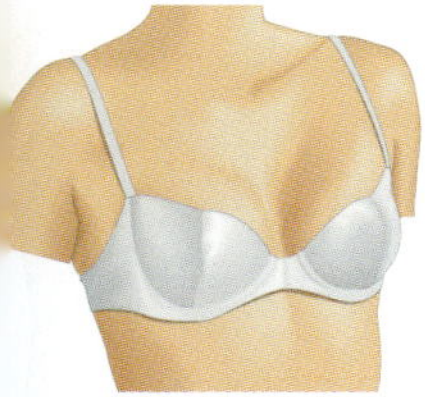

Halbschale[F]
reggiseno[M] ***décolleté***[M]

Mieder[N]
panciera[F]

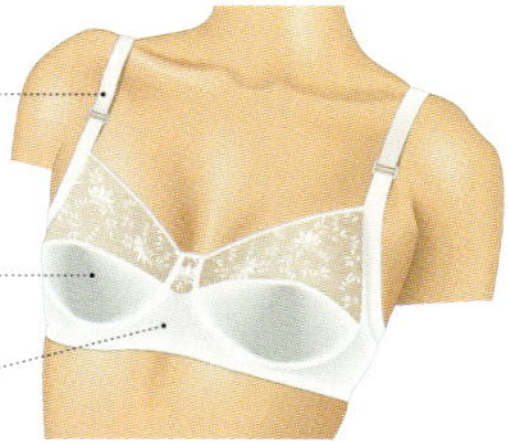

BH[M]
reggiseno[M]

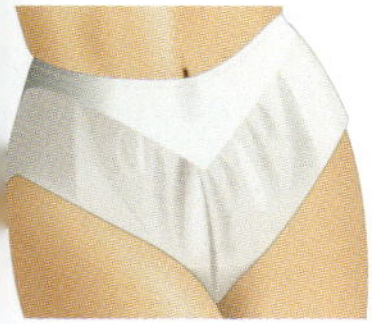

Slip[M]
mutandina[F]

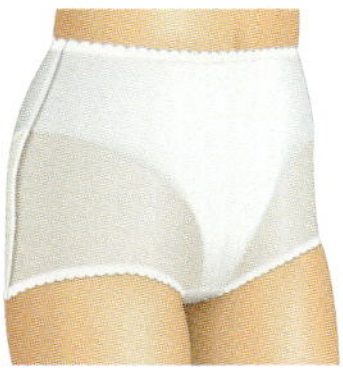

Miederhose[F]
mutandina[F] ***elastica***

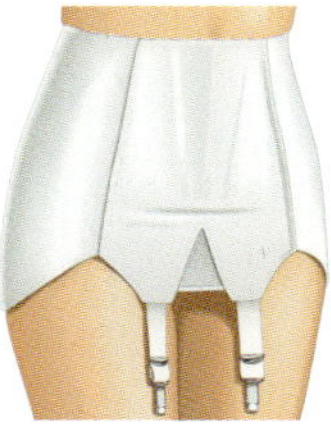

Korsett[N]
corsetto[M]

Strumpfhaltergürtel[M]
reggicalze[M]

Babybekleidung[F]

vestiti[M] per neonati[M]

Strampelhöschen[N]
salopette[F] a tutina[F]

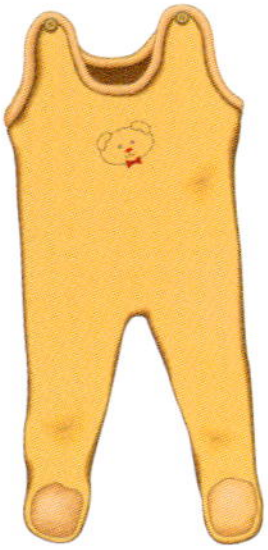

Schneesack[M]
tutina[F] a sacco[M]

Badetuch[N] mit Kapuze[F]
telo[M] di spugna[F] con cappuccio[M]

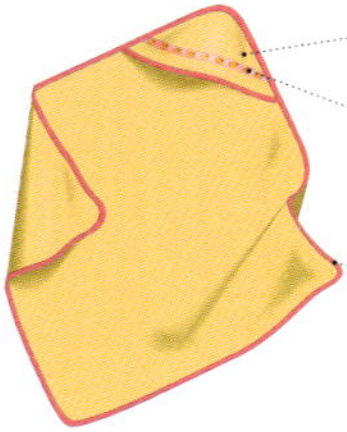

Rüschenstrumpfhose[F]
ghettina[F] con ruches[F]

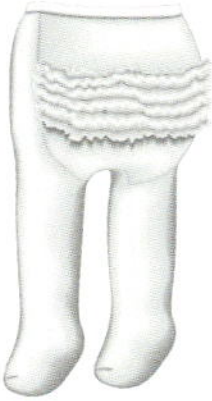

zweiteiliger Schlafanzug[M]
pigiamino[M] a due pezzi[M]

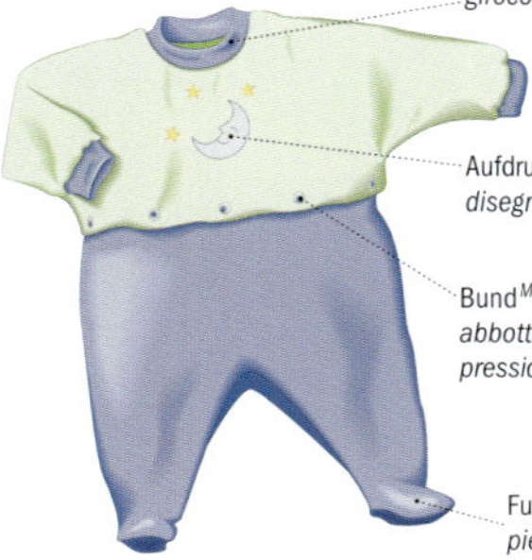

Latzhose[F] mit hohem Rückenteil[M/N]
salopette[F]

Hemdchen[N]
maglietta[F] intima

Windel[F]
pannolino[M]

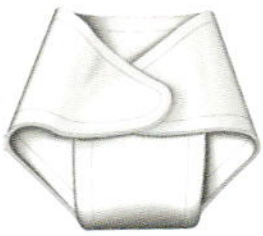

Lätzchen[N]
bavaglino[M]

Rüschenhöschen[N]
mutandina[F] con ruches[F]

Gummihöschen[N]
pannolino[F] usa e getta

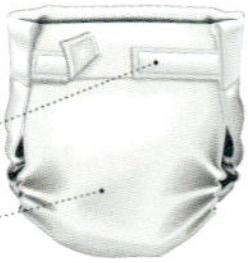

Wagenanzug[M]
pigiamino[M]

Schlafanzug[M]
pigiamino[M]

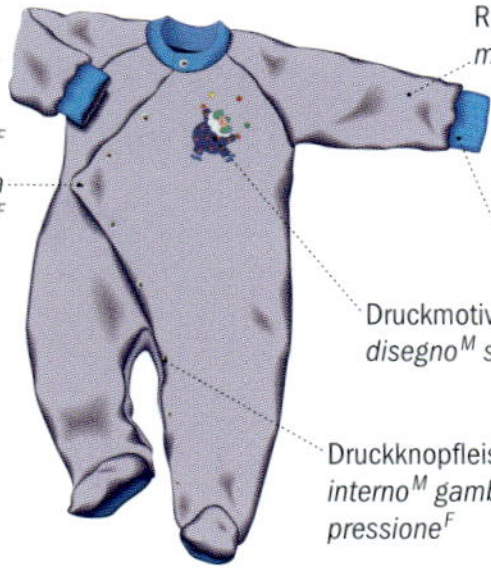

Kinderbekleidung[F]
vestiti[M] per bambini[M]

Latzhose[F] mit gekreuzten Rückenträgern[M]
salopette[F] con bretelle[F] incrociate

Schneeanzug[M]
tuta[F] da sci[M]

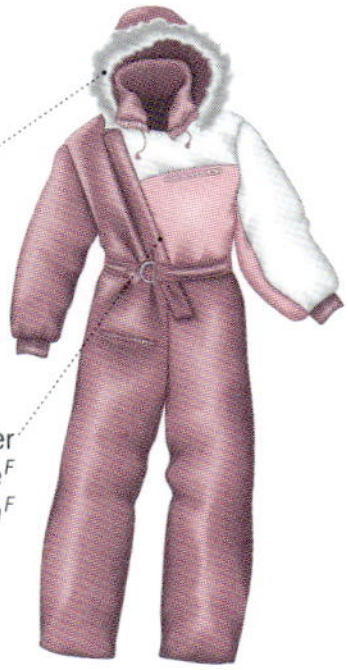

Schlafanzug[M] in Schlupfform[F]
pigiama[M]

T-Shirt Kleid[N]
abito[M] a T-shirt[F]

Spielanzug[M]
pagliaccetto[M]

Sportset[N]
completo[M] da ginnastica[F]

Overall[M]
tuta[F]

Sportkleidung^F
abbigliamento^M sportivo

Joggingschuh^M
scarpa^F da corsa^F

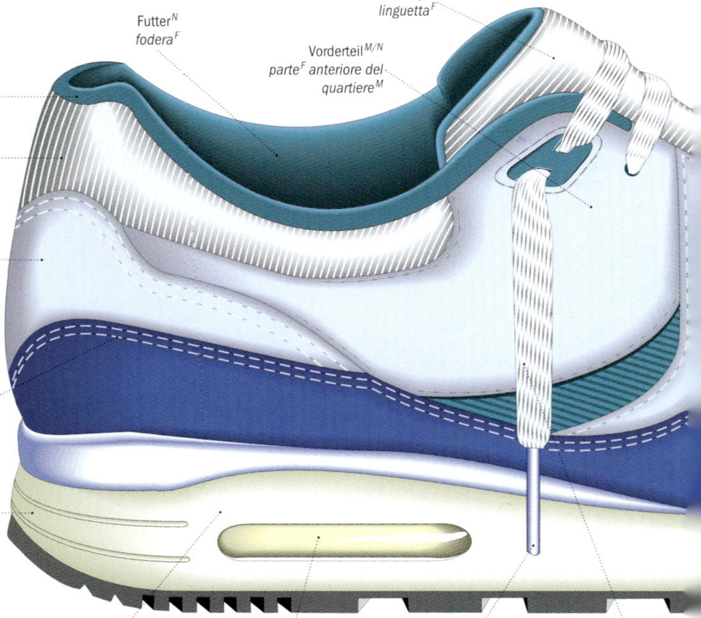

Trainingsanzug^M
tuta^F sportiva

Sportkleidung^{F}
abbigliamento^{M} da ginnastica^{F}

Badehose^{F}
slip^{M} da bagno^{M}

Badeanzug^{M}
costume^{M} da bagno^{M}

Trikot^{N}
body^{M}

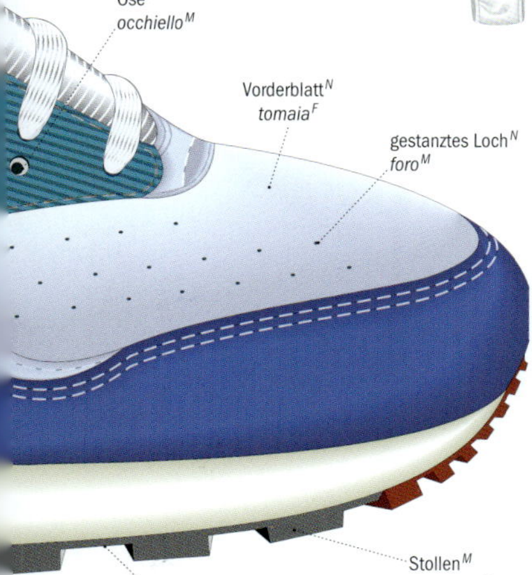

Leggins^{F}
pantacollant^{M}

Legwarmer^{M}
scaldamuscoli^{M}

Hose^{F}
pantaloni^{M}

Anorak^{M}
k-way^{M}

Shorts^{F}
pantaloncini^{M} da corsa^{F}

Trägerhemd^{N}
canottiera^{F}

Schmuck^M
gioielli^M

Ohrringe^M
orecchini^M

Klips^M
orecchini^M a clip^F

Ohrringe^M mit Schraubverschluss^M
orecchini^M a vite^F

Ohrstecker^M
orecchini^M a perno^M

Ohrgehänge^N
orecchini^M pendenti

Kreolen^F
orecchini^M ad anello^M

Halsketten^F
collane^F

Endlosperlenkette^F
collana^F lunga alla vita^F

Halskette^F in Opernlänge^F
collana^F lunga

Halskette^F in Matineelänge^F
collana^F

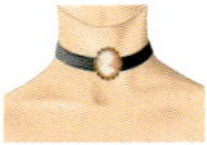
Samtkropfband^N
collarino^M di velluto^M

Anhänger^M
pendenti^M

mehrreihige Halskette^F
collana^F a cinque giri^M

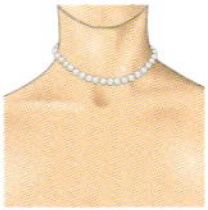
Chokerkette^F
girocollo^M

Medaillon^N
medaglione^M

Armbänder^N
bracciali^M

Identitätsband^N
bracciale^M con piastrina^F

Armband^N
bracciale^M con ciondoli^M

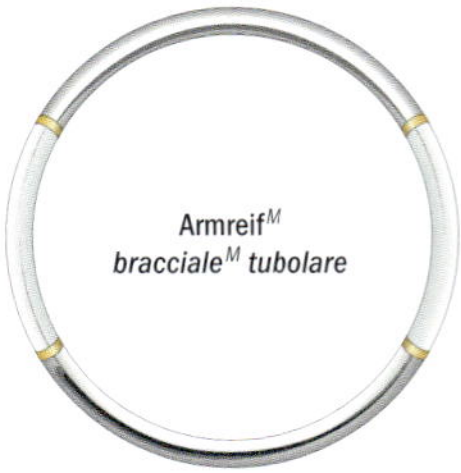
Armreif^M
bracciale^M tubolare

Ringe^M
anelli^M

Bandring^M
anello^M a fascia^F

Herrenring^M
anello^M con sigillo^M

Solitärring^M
solitario^M

Verlobungsring^M
anello^M di fidanzamento^M

Ehering^M
fede^F nuziale

Maniküre[F]

manicure[F]

Nagelnecessaire[N]
set[M] per manicure[F]

Nagellack[M]
smalto[M] per unghie[F]

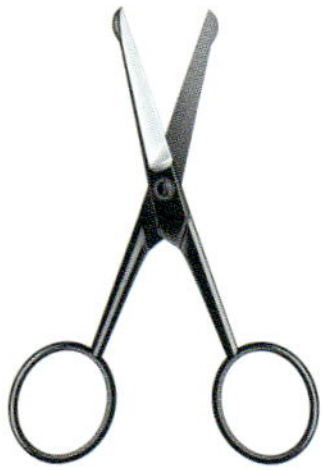

Nasen-Bartschere[F]
forbici[F] di sicurezza[F]

Nagelfeile[F]
lucidaunghie[M]

Nagelknipser[M]
tronchesina[F] per unghie[F]

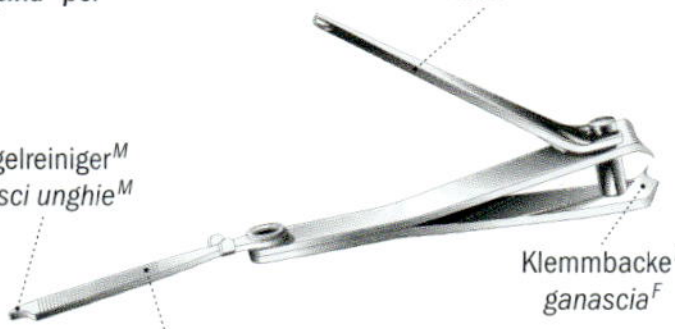

Nagelweißstift[M]
matita[F] sbiancante per unghie[F]

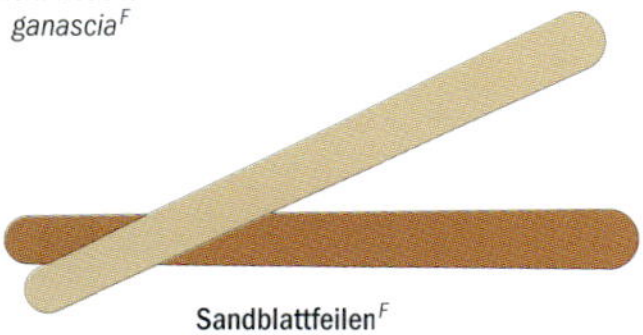

Sandblattfeilen[F]
limetta[F] di cartoncino[M] vetrato

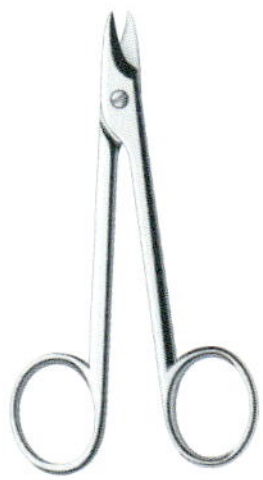

Fußnagelschere[F]
forbici[F] per unghie[F] dei piedi[M]

Make-up[N]

trucco[M]

Make-up[N]
trucco[M] per il viso[M]

Fächerpinsel[M]
pennello[M] a ventaglio[M]

Puderkissen[N]
piumino[M] da cipria[F]

Puderrouge[N]
fard[M] in polvere[F]

Kompaktpuder[M]
cipria[F] compatta

Kunstschwamm[M]
spugna[F] sintetica

loser Puder[M]
cipria[F] in polvere[F]

Puderpinsel[M]
pennello[M] da cipria[F] in polvere[F]

flüssige Grundierung[F]
fondotinta[M] fluido

Augen-Make-up[N]
trucco[M] per gli occhi[M]

Augenbrauenstift[M]
matita[F] per sopracciglia[F]

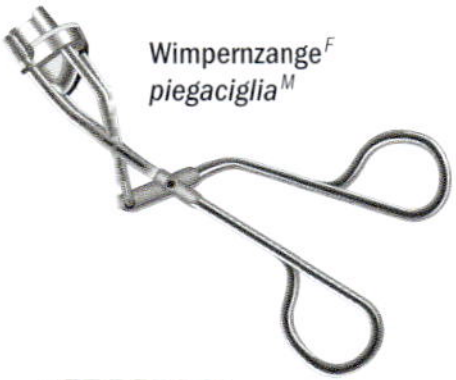

Wimpernzange[F]
piegaciglia[M]

Brauenbürstchen[N] und Wimpernkämmchen[N]
pettinino[M] per ciglia[F] e spazzolino[M] per sopracciglia[F]

Mascarastein[M]
mascara[M] compatto

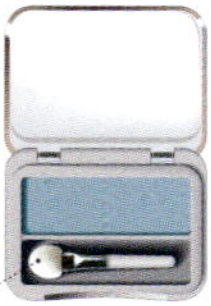

Lidschatten[M]
ombretto[M]

flüssiger Eyeliner[M]
eye-liner[M]

flüssiges Mascara[N]
mascara[M] liquido

Lippen-Make-up[N]
trucco[M] per le labbra[F]

Lippenpinsel[M]
pennellino[M] per labbra[F]

Lippenkonturenstift[M]
matite[F] per il contorno[M] delle labbra[F]

Lippenstift[M]
rossetto[M]

Körperpflege[F]

cura[F] del corpo[M]

Eau de parfum[N]
profumo[M]

Toilettenseife[F]
saponetta[F]

Haarspülung[F]
balsamo[M] per capelli[M]

Shampoo[N]
shampoo[M]

Haarfärbemittel[N]
tintura[F] per capelli[M]

Deodorant[N]
deodorante[M]

Eau de toilette[N]
eau de toilette[F]

Schaumbad[N]
bagnoschiuma[M]

Waschhandschuh[M]
manopola[F]

Waschlappen[M]
ospite[M]

Massagehandschuh[M]
guanto[M] di crine[M]

Luffaschwamm[M]
spugna[F] vegetale

Badetuch[N]
asciugamano[M] da bagno[M]

Handtuch[N]
asciugamano[M]

Badebürste[F]
spazzola[F] da bagno[M]

Naturschwamm[M]
spugna[F] naturale

Massagebürste[F]
spazzola[F] per la schiena[F]

Haarpflege[F]
articoli[M] per acconciatura[F]

Haarbürsten[F]
spazzole[F] per capelli[M]

flache Frisierbürste[F]
spazzola[F] a dorso[M] piatto

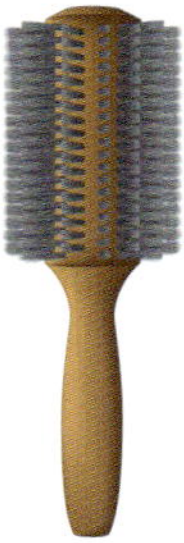
Rundbürste[F]
spazzola[F] rotonda

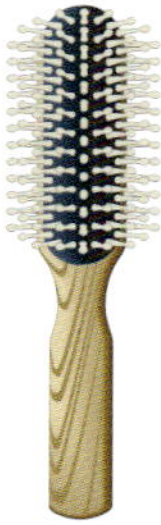
Drahtbürste[F]
spazzola[F] antistatica

Skelettbürste[F]
spazzola[F] ragno

Kämme[M]
pettini[M]

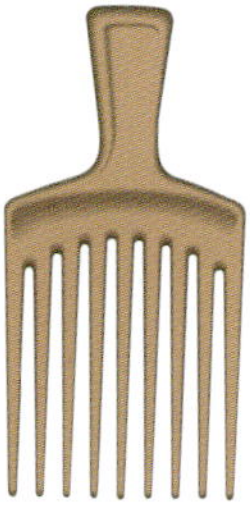
Strähnenkamm[M]
pettine[M] afro

Toupierkamm[M]
pettine[M] per cotonare

Stielkamm[M]
pettine[M] a coda[F]

Haarschneidekamm[M]
pettine[M] da barbiere[M]

Haarliftkamm[M]
pettine[M] a forchetta[F]

Griffkamm[M]
pettine[M] rado

Lockenwickler[M]
bigodino[M]

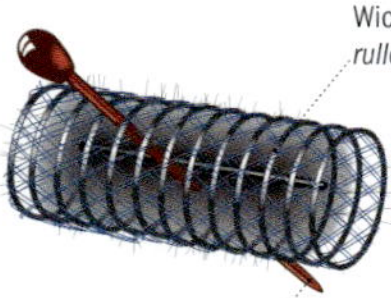
Wickler[M]
rullo[M]
Haarstecker[M]
spillone[M]

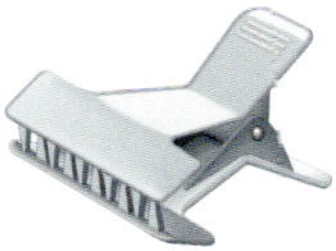
Abteilklammer[F]
pinza[F] per capelli[M]

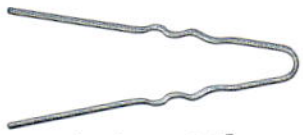
Lockennadel[F]
forcina[F]

Haarklemme[F]
molletta[F]

Haarclip[M]
beccuccio[M]

Haarspange[F]
fermacapelli[M]

beleuchteter Spiegel^{M}
specchio^{M} luminoso

Haarglätter^{M}
piastra^{F} stiracapelli

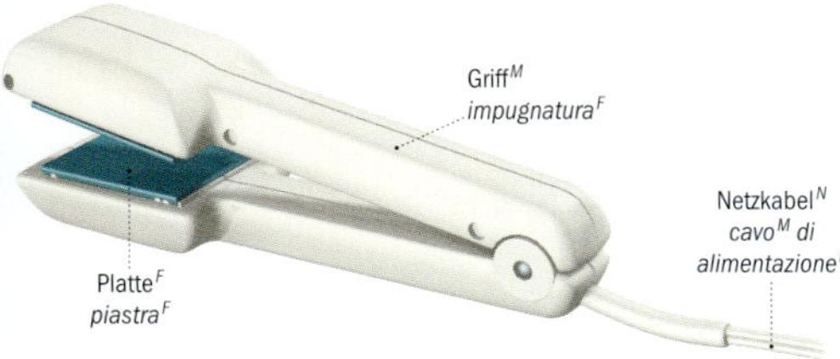

Effiliermesser^{N}
rasoio^{M} sfoltitore

ockenstab^{M}
rricciacapelli^{M}

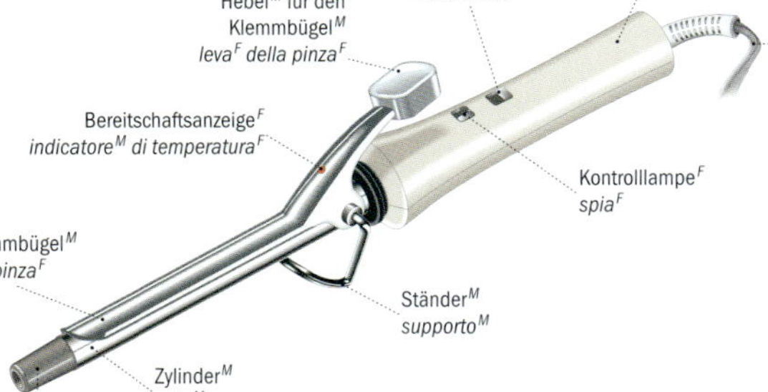

Haarschneider^{M}
macchinetta^{F}

PERSÖNLICHE AUSSTATTUNG

Haarschneideschere^F
forbici^F da parrucchiere^M

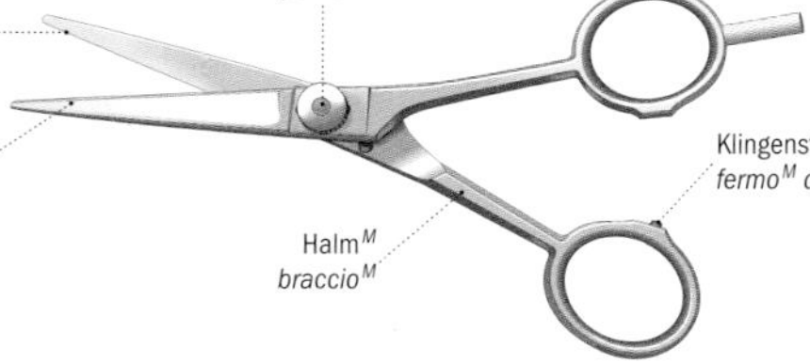

einseitig gezahnte Effilierschere^F
forbice^F sfoltitrice a lama^F singola dentellata

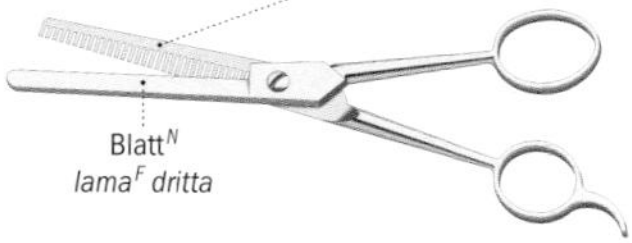

zweiseitig gezahnte Effilierschere^F
forbice^F sfoltitrice a doppia lama^F dentellata

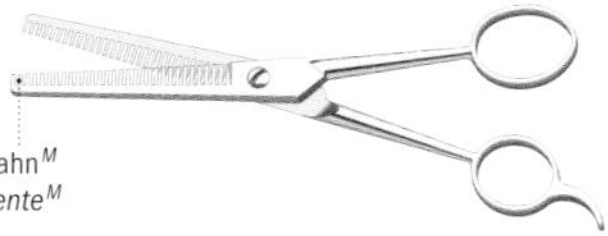

Fön^M
asciugacapelli^M

Rasur[F]
rasatura[F]

Rasierschaum[M]
schiuma[F] da barba[F]

Netzkabel[N]
cordone[M] dell'alimentazione[F]

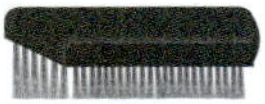

Reinigungsbürste[F]
spazzolino[M] di pulizia[F]

Elektrorasierer[M]
rasoio[M] elettrico

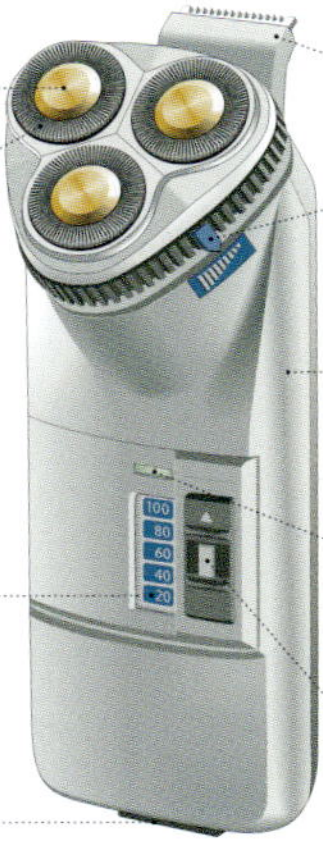

Adapter[M]
adattatore[M]

Rasierpinsel[M]
pennello[M] da barba[F]

Rasierwasser[N]
dopobarba[M]

Rasiermesser[N]
rasoio[M] a mano[F] libera

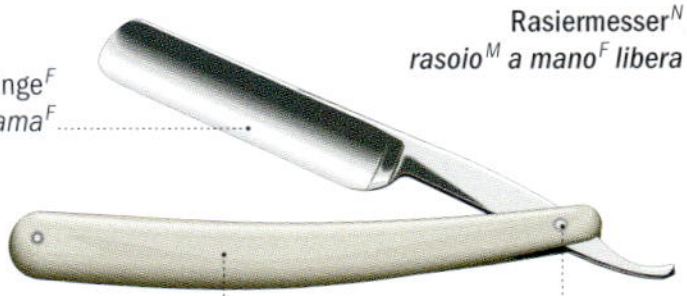

Seifenbecher[M]
tazza[F] per sapone[M] da barba[F]

Klingendose[F]
caricatore[M] di lamette[F]

zweischneidige Klinge[F]
lametta[F] a due tagli[M]

zweischneidiger Rasierer[M]
rasoio[M] di sicurezza[F]

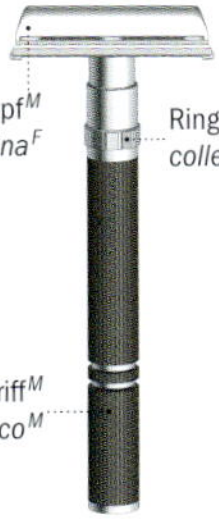

Einwegrasierer[M]
rasoio[M] usa e getta

Zahnpflege[F]

igiene[F] orale

Zahnbürste[F]
spazzolino[M] da denti[M]

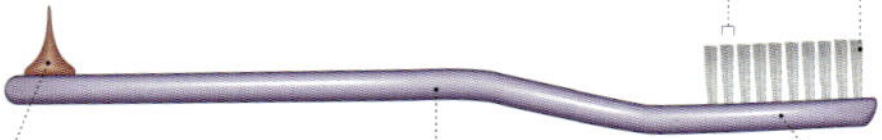

Zahnseide[F]
filo[M] interdentale

Zahnpasta[F]
dentifricio[M]

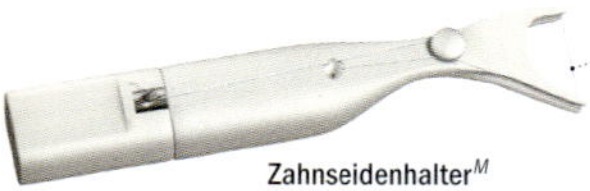

Zahnseidenhalter[M]
contenitore[M] per filo[M] interdentale

elektrische Zahnbürste[F]
spazzolino[M] da denti[M] elettrico

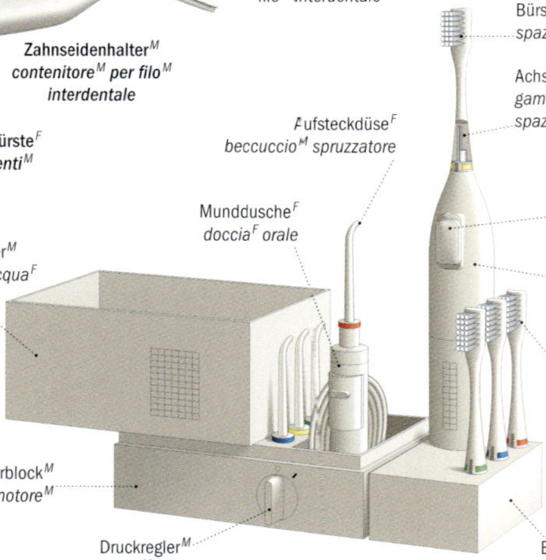

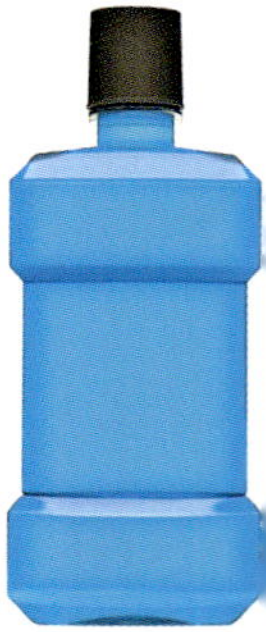

Mundwasser[N]
collutorio[M]

Kontaktlinsen[F]

lenti[F] a contatto[M]

Kombi-Pflegelösung[F]
soluzione[F] multiuso

Tropfen[M] für trockene Augen[N]
gocce[F] oftalmiche lubrificanti

Einwegkontaktlinse[F]
lente[F] a contatto[M] monouso

weiche Kontaktlinse[F]
lente[F] a contatto[M] morbida

harte Kontaktlinse[F]
lente[F] a contatto[M] rigida

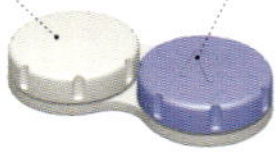

Kontaktlinsenbehälter[M]
portalenti[M]

Brille[F]

occhiali[M]

Teile[M/N] der Brille[F]
parti[F] degli occhiali[M]

Beispiele[N] für Augengläser[N]
esempi[M] di occhiali[M]

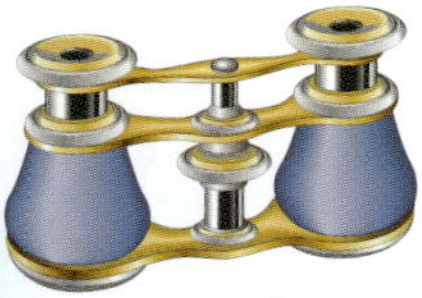

Opernglas[N]
binocolo[M] da teatro[M]

Sonnenbrille[F]
occhiali[M] da sole[M]

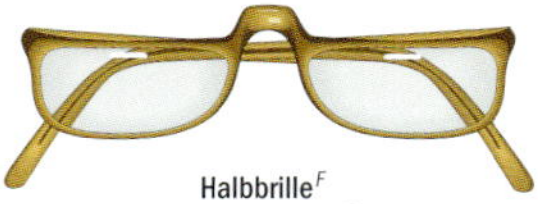

Halbbrille[F]
mezzi occhiali[M]

Schirm[M] und Stock[M]

ombrello[M] e bastone[M]

Spazierstock[M]
bastone[M] da passeggio[M]

Schirmständer[M]
portaombrelli[M]

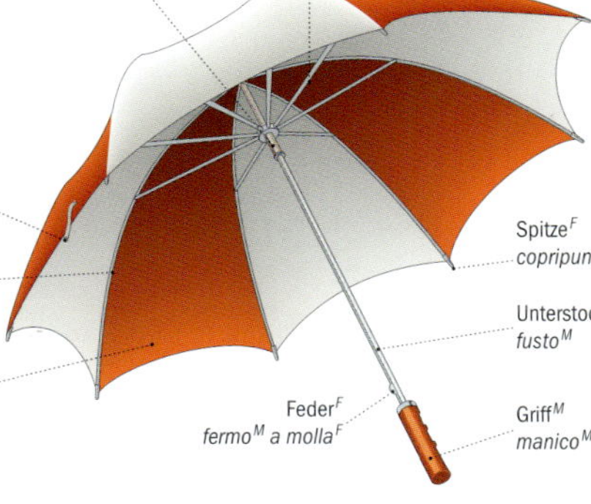

Schirm[M]
ombrello[M]

Lederwaren[F]
articoli[M] di pelletteria[F]

Aktenkoffer[M]
ventiquattrore[F]

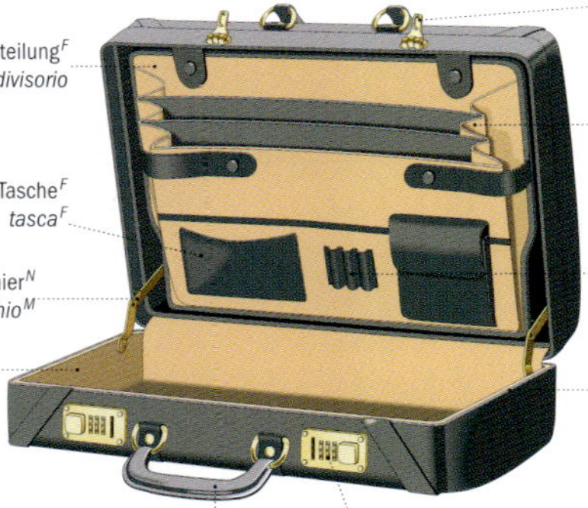

Kollegmappe[F] mit Griff[M]
portacarte[M] a soffietto[M]

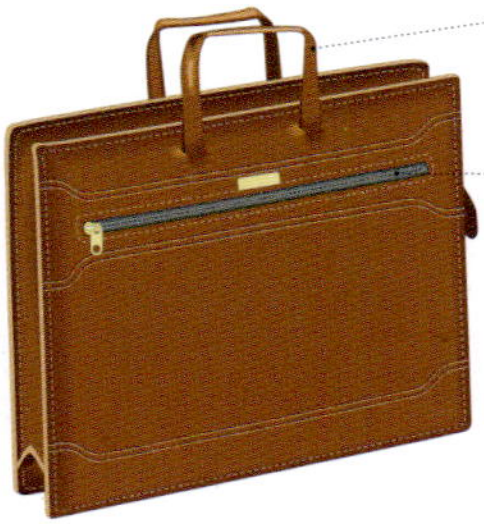

Aktentasch
borsa[F] a soffietto

Etui[N] für Taschenrechner[M] und Scheckheft[N]
portassegni[M]/portacalcolatrice[M]

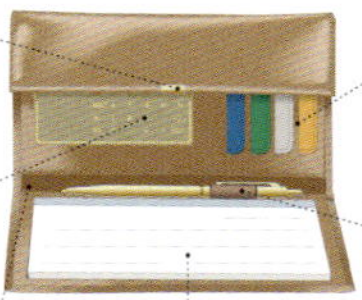

Kreditkartenet
portafoglio[M] per carte[F] credit

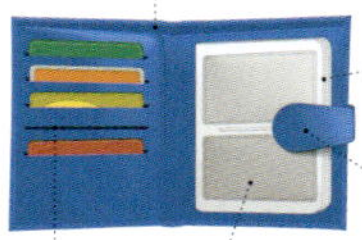

Lederwaren^F

Brieftasche^F
portafoglio^M

Geldbeutel^M für Münzen^F
portamonete^M

Schlüsseletui^N
portachiavi^M

Geldbeutel^M
borsellino^M

Brieftasche^F
portapassaporto^M

Brieftasche^F
portafoglio^M

Schreibmappe^F
portablocco^M

Scheckhülle^F
portassegni^M

Brillenetui^N
astuccio^M per occhiali^M

Unterarmmappe^F
busta^F portadocumenti

Handtaschen^F
borse^F

Beuteltasche^F
secchiello^M con cordoncino^M

Aktentasche^F
cartella^F

PERSÖNLICHE AUSSTATTUNG

Handtaschen^{F}

Boxtasche^{F}
borsa^{F} a telaio^{M} rigido

kleine Beuteltasche^{F}
secchiello^{M} piccolo con cordoncino^{M}

Schultertasche^{F}
borsa^{F} a tracolla^{F}

Schnalle^{F}
fibbia^{F}

Schulterriemen^{M}
tracolla^{F}

Mufftasche^{F}
borsa^{F} a manicotto^{M}

Umhängetasche^{F} mit Reißverschluss^{M}
sacca^{F} a tracolla^{F}

Umhängetasche^{F} mit Dehnfalte^{F}
borsa^{F} da postino^{M}

Keil^{M}
soffietto^{M}

Einkaufstasche^{F}
sporta^{F}

Herrentasche^{F}
borsello^{M}

Matchbeutel^{M}
sacca^{F} da marinaio^{M}

geräumige Tasche^{F}
borsone^{M} da viaggio^{M}

Einkaufstasche^{F}
borsa^{F} della spesa^{F}

große Einkaufstasche^{F}
borsa^{F} della spesa^{F}

Gepäck^{N}

bagagli^{M}

Kulturbeutel^{M}
trousse^{F}

Reisetasche^{F}
borsa^{F} da viaggio^{M}

Griff^{M}
manico^{M}

Außentasche^{F}
tasca^{F} esterna

Schulterriemen^{M}
tracolla^{F}

Flugtasche^{F}
bagaglio^{M} a mano^{F}

PERSÖNLICHE AUSSTATTUNG

Kleidersack[M]
portabiti[M]

Koffer[M]
valigia[F]

Wochenendkoffer[M]
quarantottore[F]

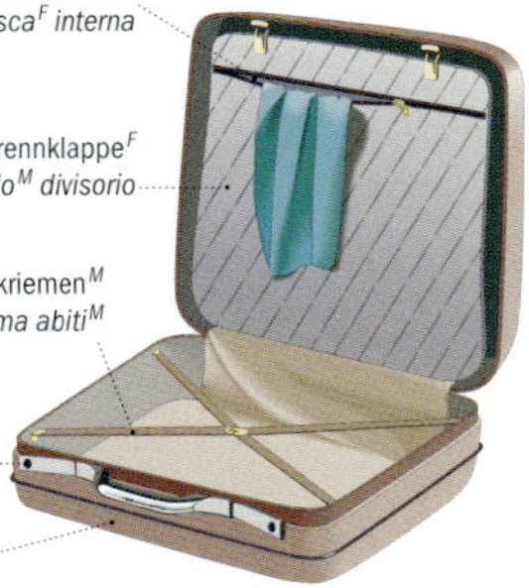

Kosmetikkoffer[M]
beauty-case[M]

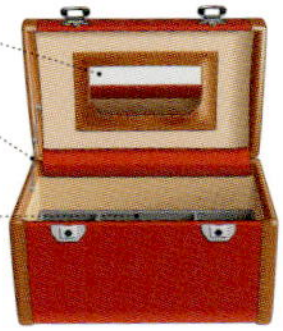

päckroller[M]
rrello[M] portabagagli

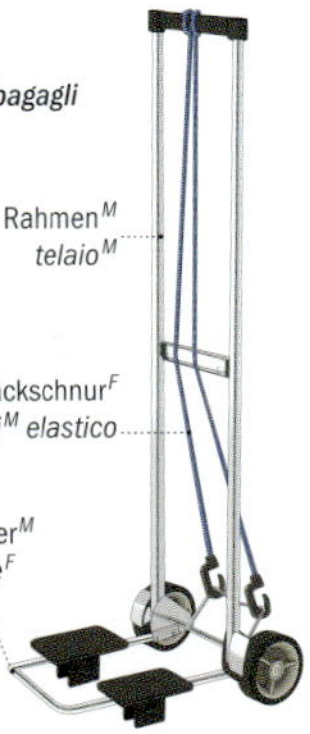

Überseekoffer[M]
baule[M]

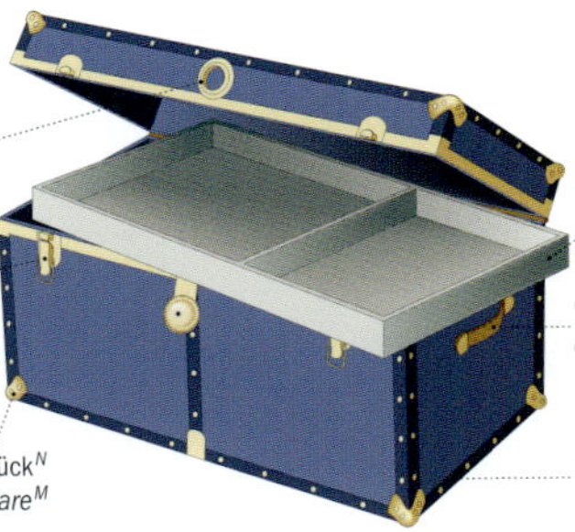

Pyramide^F

piramide^F

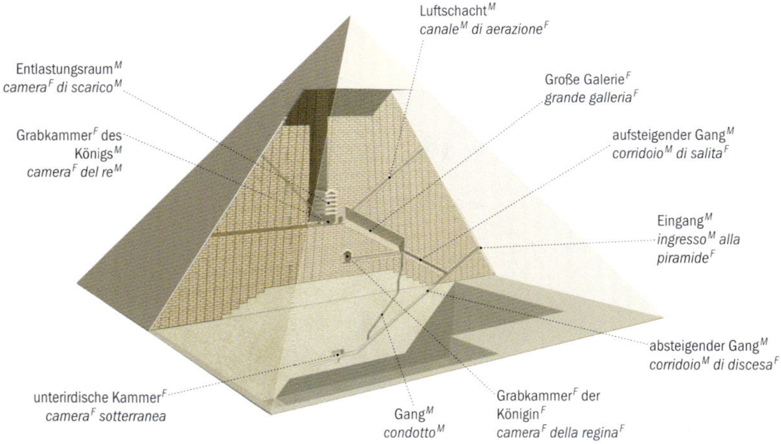

griechisches Theater^N

teatro^M greco

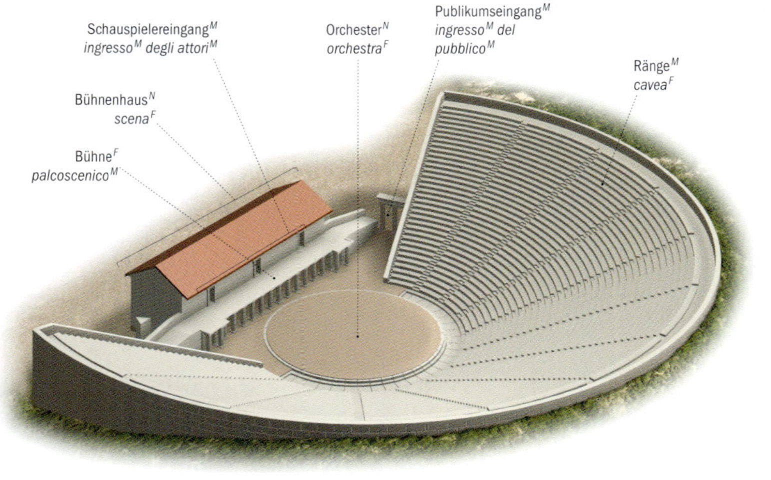

griechischer Tempel[M]

tempio[M] greco

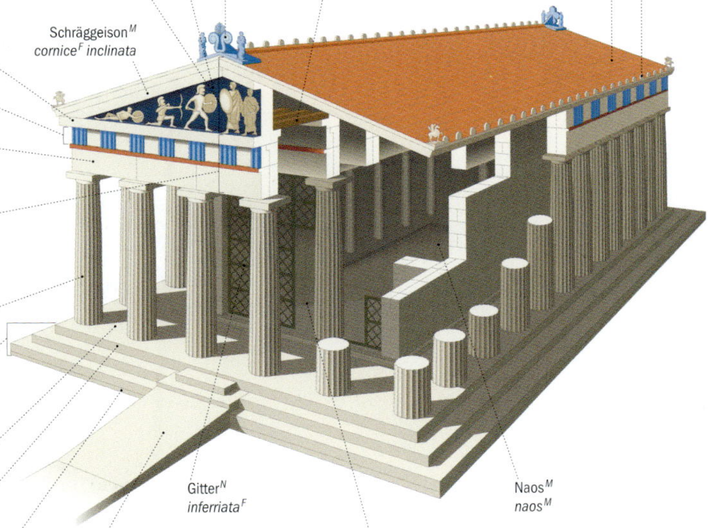

Grundriss[M]

pianta[F]

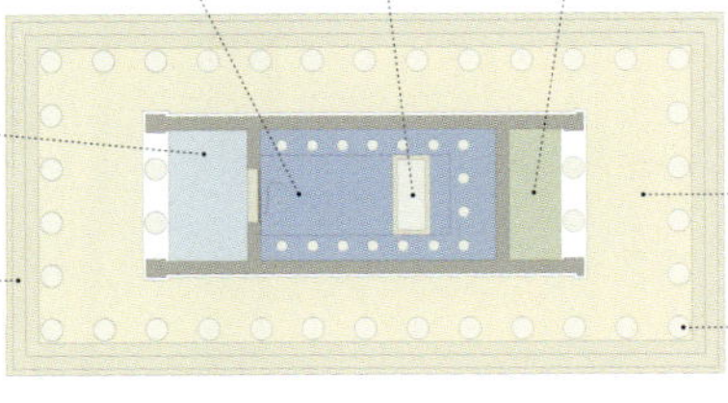

römisches Wohnhaus^N

casa^F romana

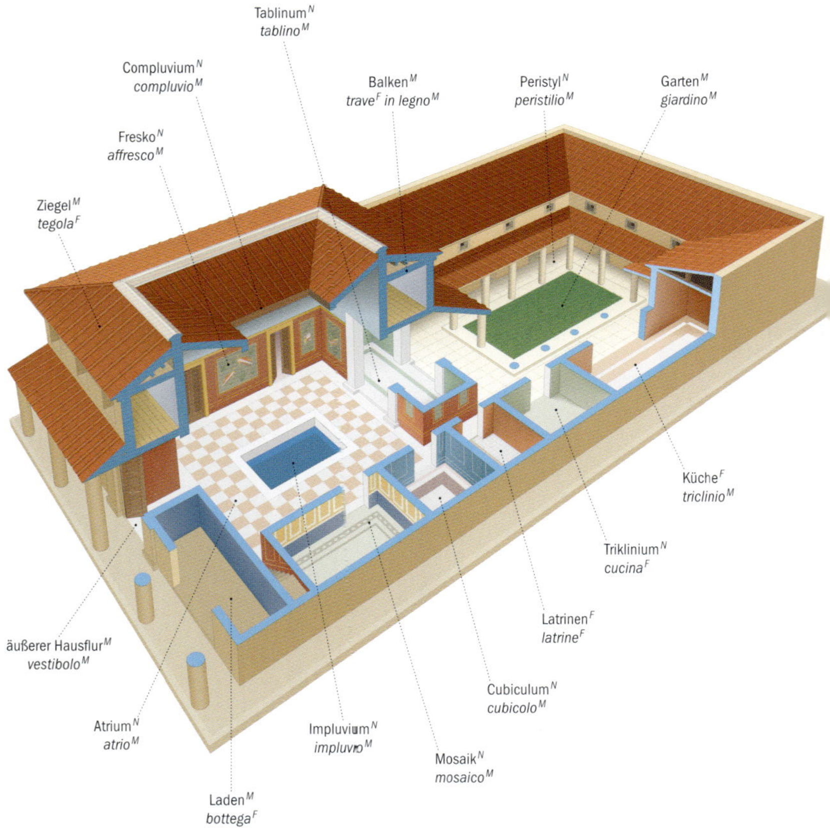

römisches Amphitheater^{N}

anfiteatro^{M} romano

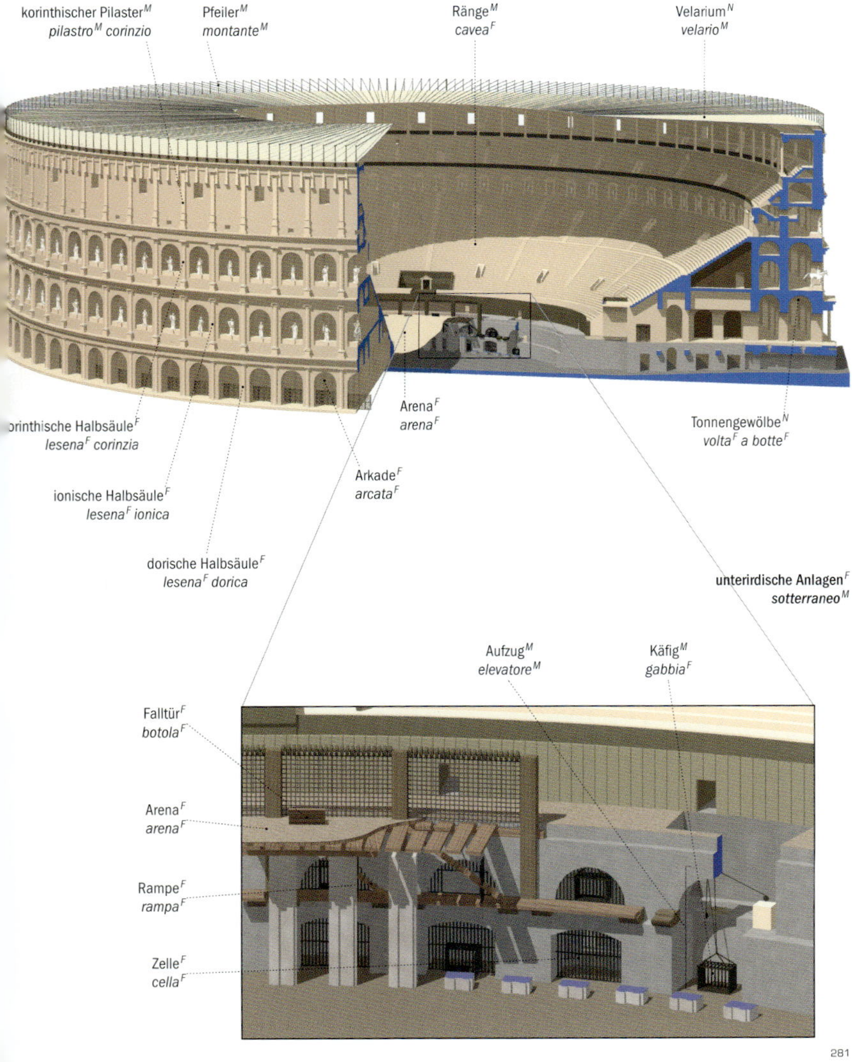

Burg^F
castello^M

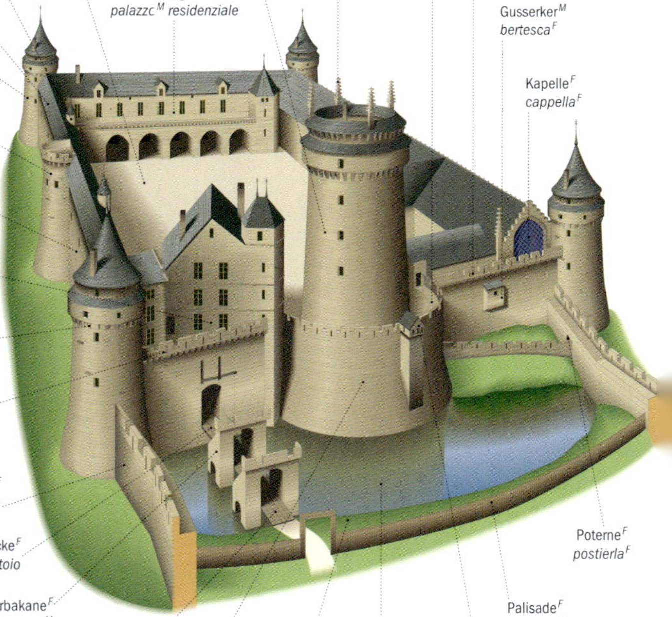

KUNST UND ARCHITEKTUR

Pagode^F
pagoda^F

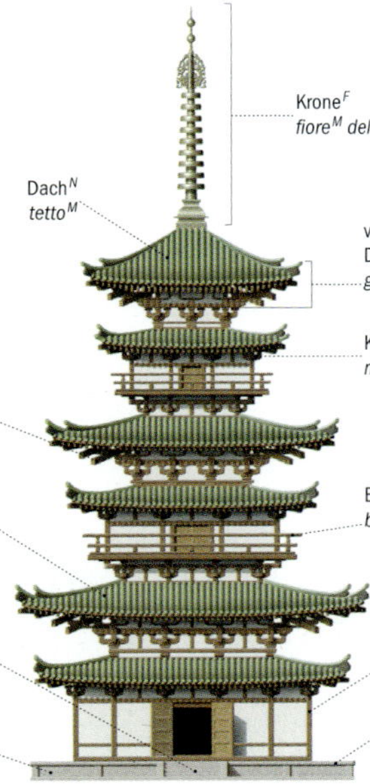

aztekischer Tempel^M
tempio^M azteco

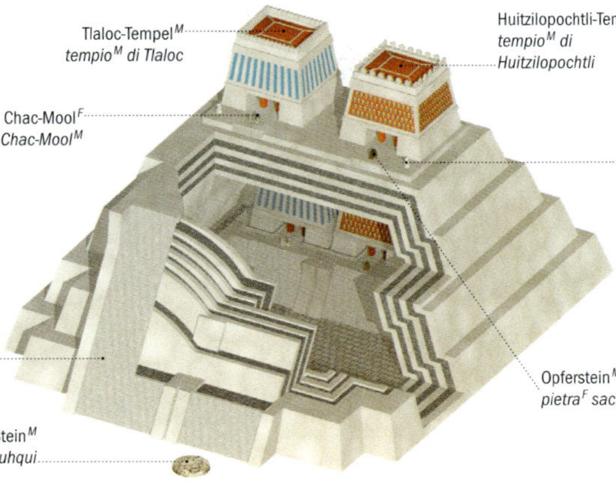

Dom[M]

cattedrale[F]

gotischer Dom[M]
cattedrale[F] gotica

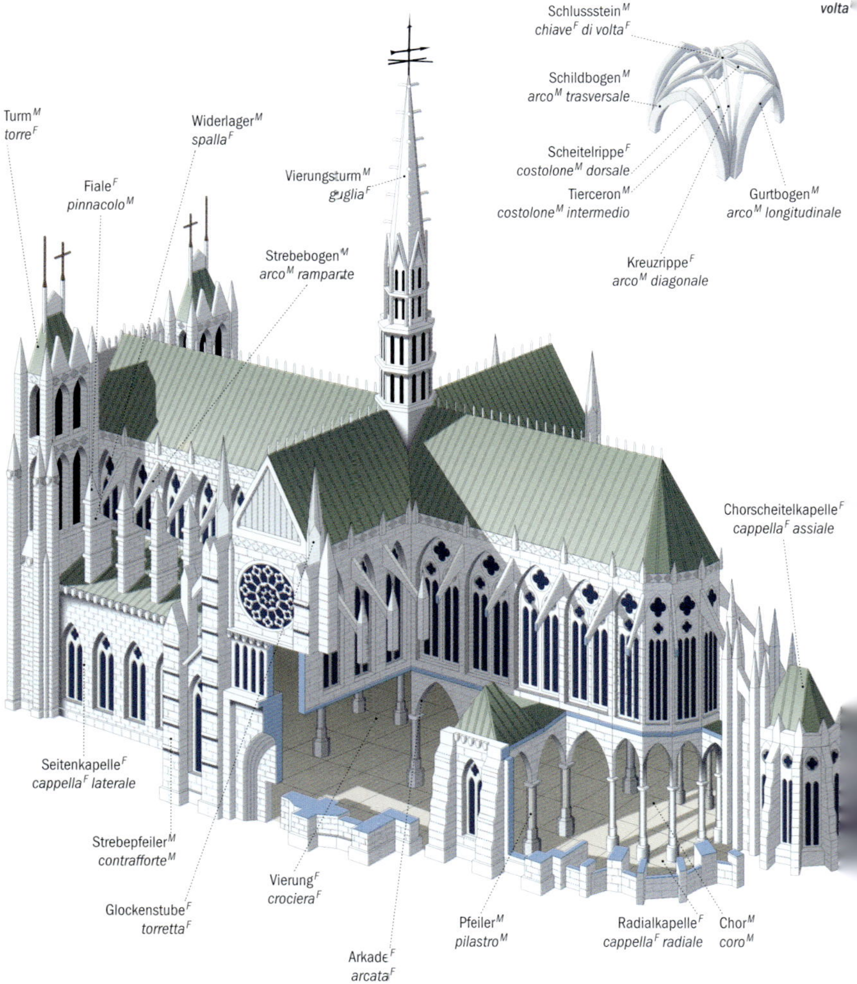

Fassade^{F}
facciata^{F}

Grundriss^{M}
pianta^{F}

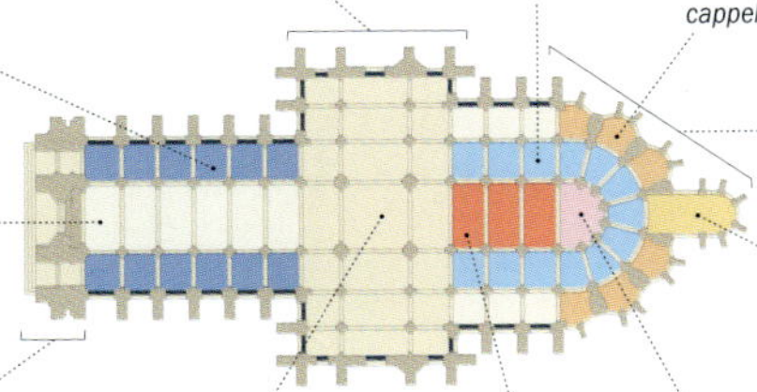

Architekturelemente^N

elementi^M architettonici

Beispiele^N für Türen^F
esempi^M di porte^F

Drehtür^F
porta^F girevole manuale

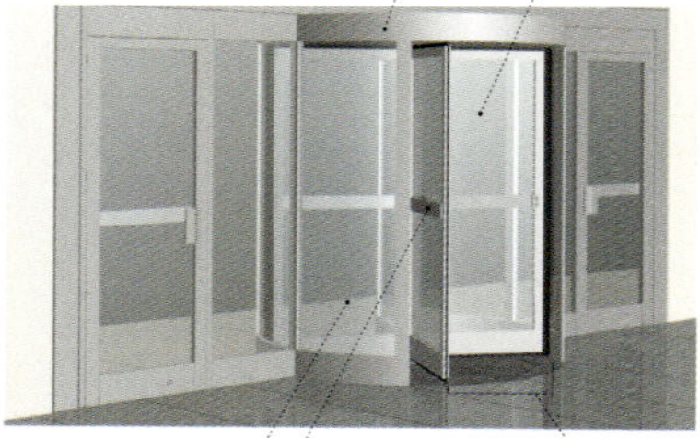

automatische Schiebetür^F
porta^F scorrevole automatica

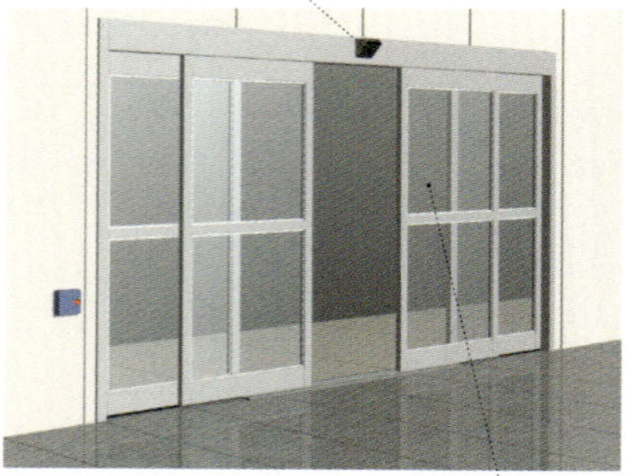

Drehflügeltür^F
porta^F a un battente^M

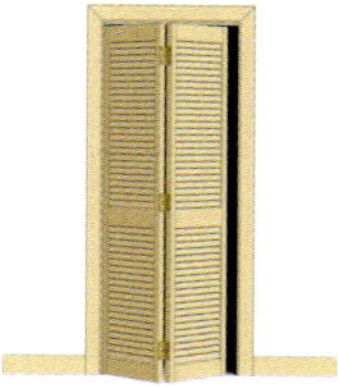

Falttür^F
porta^F a libro^M

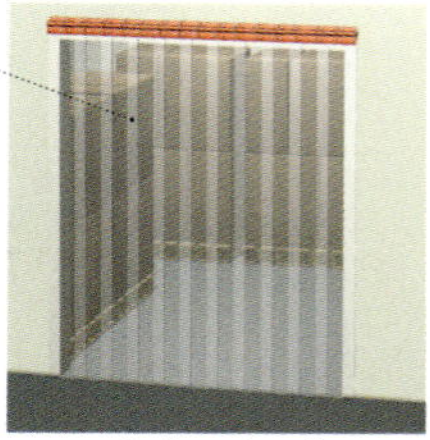

Streifenvorhang^M
porta^F a bande^F verticali

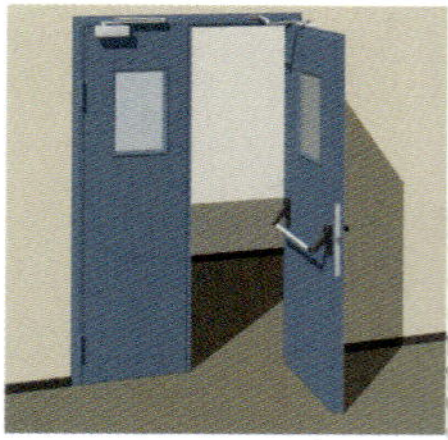

Feuerschutztür^F
porta^F antincendio

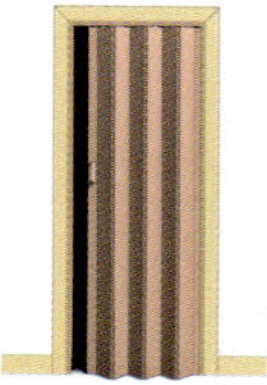

Harmonikatür^F
porta^F a fisarmonica^F

Schiebetür^F
porta^F scorrevole

Sektionalgaragentor^N
porta^F sezionale del garage^M

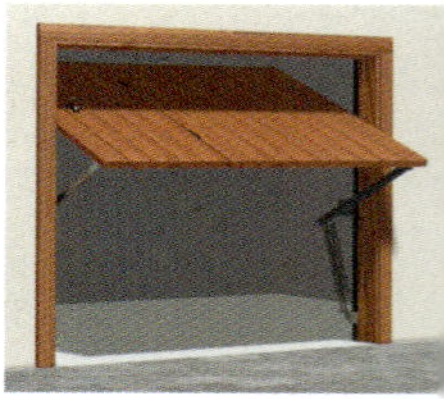

Schwinggaragentor^N
porta^F basculante del garage^M

Beispiele[N] für Fenster[N]
esempi[M] di finestre[F]

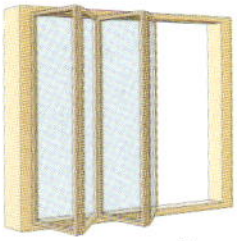

Faltfenster[N]
finestra[F] a libro[M]

Drehflügel[M] nach innen
finestra[F] a battenti[M] con apertura[F] all'interno[M]

Drehflügel[M] nach außen
finestra[F] a battenti[M]

Jalousiefenster[N]
finestra[F] a gelosia[F]

horizontales Schiebefenster[N]
finestra[F] scorrevole

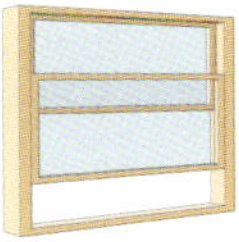

vertikales Schiebefenster[N]
finestra[F] a ghigliottina[F]

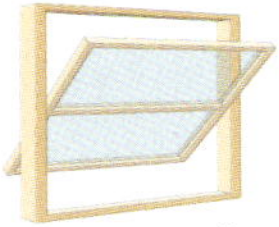

Schwingflügel[M]
finestra[F] a bilico[M] orizzontale

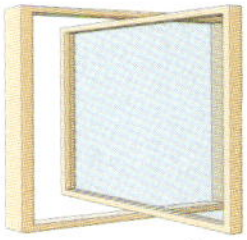

Wendeflügel[M]
finestra[F] a bilico[M] verticale

Aufzug[M]
ascensore[M]

Fahrkorb[M]
cabina[F] dell'ascensore[M]

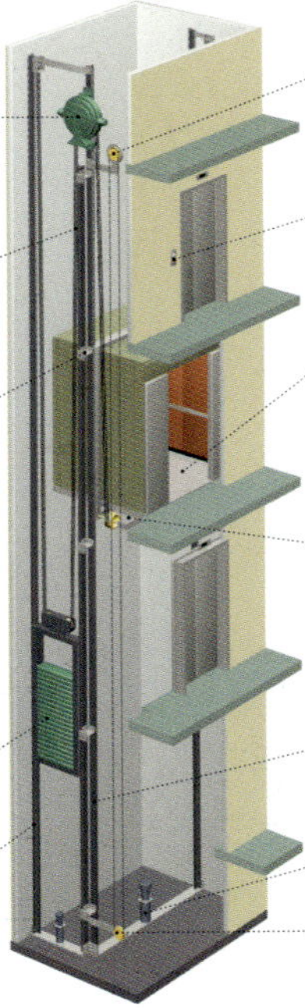

traditionelle Wohnhäuser^{N}

case^{F} tradizionali

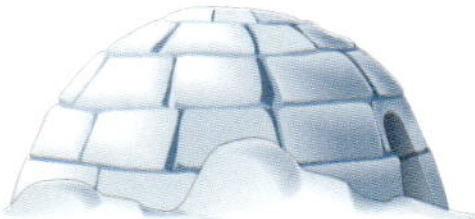

Iglu^{M}
igloo^{M}

Jurte^{F}
iurta^{F}

Strohhütte^{F}
capanna^{F} di paglia^{F}

Wigwam^{M}
wigwam^{M}

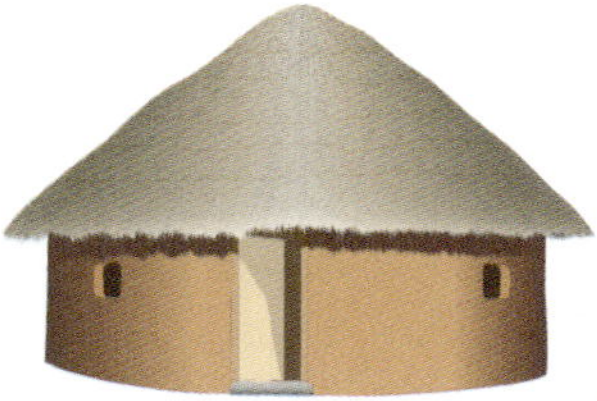

Lehmhütte^{F}
capanna^{F} di fango^{M}

Isba^{F}
isba^{F}

Tipi^{N}
tepee^{M}

Pfahlbau^{M}
palafitta^{F}

Backsteinhaus
casa^{F} in mattoni^{M} cot

Häuserformen[F] in der Stadt[F]

abitazioni[F] urbane

zweistöckiges Haus[N]
casa[F] a due piani[M]

einstöckiges Haus[N]
casa[F] a un piano[M]

Doppelhaus[N]
villetta[F] bifamiliare

Reihenhaus[N]
case[F] a schiera[F]

Eigentumswohnungen[F]
palazzo[M] in condominio[M]

Wohnblock[M]
casatorre[F]

Aufnahmebühne[F]

set[M] delle riprese[F]

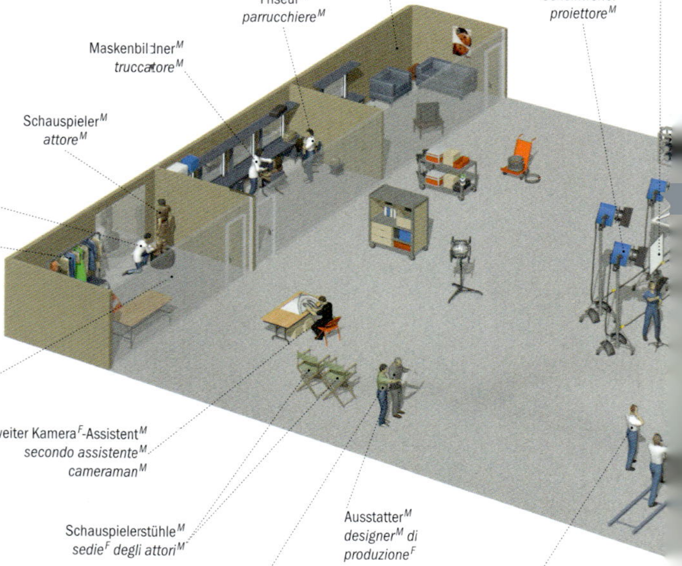

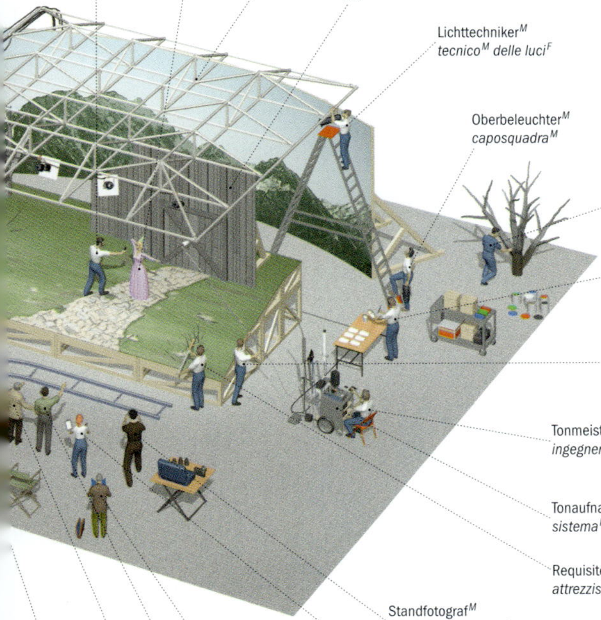

Klappe F
ciak M

Theater[N]

teatro[M]

KUNST UND ARCHITEKTUR

Bühne[F]
palcoscenico[M]

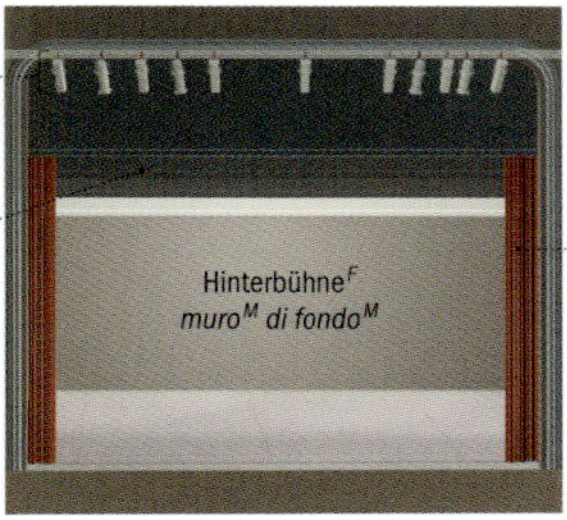

Parterre[N]
platea[F]

erster Rang[M]
prima galleria[F]

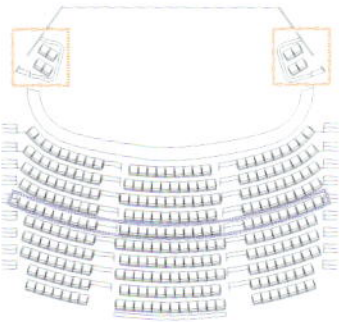

erster Rang[M]
seconda galleria[F]

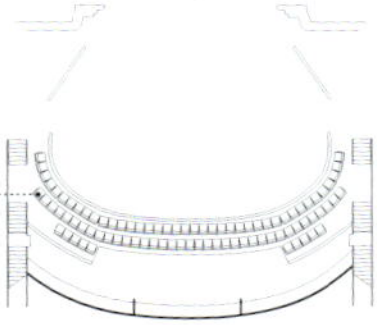

KUNST UND ARCHITEKTUR

Kino[N]

cinema[M]

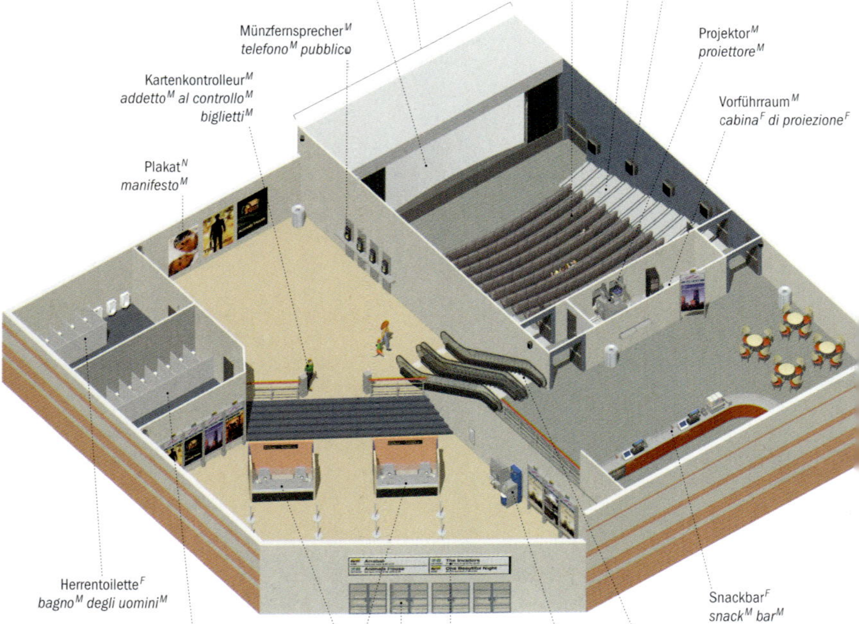

Sinfonieorchester^N
orchestra^F sinfonica

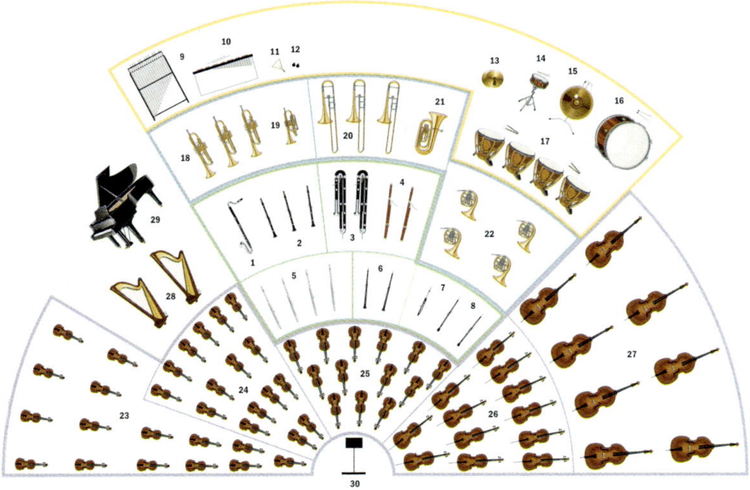

\u0000milie^F der Holzblasinstrumente^N
\u0000miglia^F dei legni^M

\u0000ssklarinette^F
\u0000arinetto^M basso

\u0000arinetten^F
\u0000rinetti^M

\u0000ntrafagotte^N
\u0000ntrofagotti^M

\u0000gotte^N
\u0000otti^M

\u0000erflöten^F
\u0000uti^M

\u0000oen^F
\u0000i^M

7 Pikkoloflöte^F
ottavino^M

8 Englischhörner^N
corni^M inglesi

Schlaginstrumente^N
strumenti^M a percussione^F

9 Röhrenglocken^F
campane^F tubolari

10 Xylophon^N
xilofono^M

11 Triangel^M
triangolo^M

12 Kastagnetten^F
nacchere^F

13 Becken^N
piatti^M

14 kleine Trommel^F
cassa^F chiara

15 Gong^M
gong^M

16 Basstrommel^F
grancassa^F

17 Pauken^F
timpani^M

28 Harfen^F
arpe^F

Familie^F der Blechbläser^M
famiglia^F degli ottoni^M

18 Trompeten^F
trombe^F

19 Kornett^N
cornetta^F

20 Posaunen^F
tromboni^M

21 Tuba^F
tuba^F

22 Waldhörner^N
corni^M

29 Flügel^M
pianoforte^M

Geigenfamilie^F
famiglia^F degli archi^M

23 erste Violinen^F
primi violini^M

24 zweite Violinen^F
secondi violini^M

25 Bratschen^F
viole^F

26 Celli^N
violoncelli^M

27 Kontrabasse^M
contrabbassi^M

30 Dirigentenpult^N
podio^M del direttore^M d'orchestra^F

traditionelle Musikinstrumente[N]

strumenti[M] musicali tradizionali

Akkordeon[N]
fisarmonica[F]

Mundharmonika[F]
armonica[F] a bocca[F]

Dudelsack[M]
cornamusa[F]

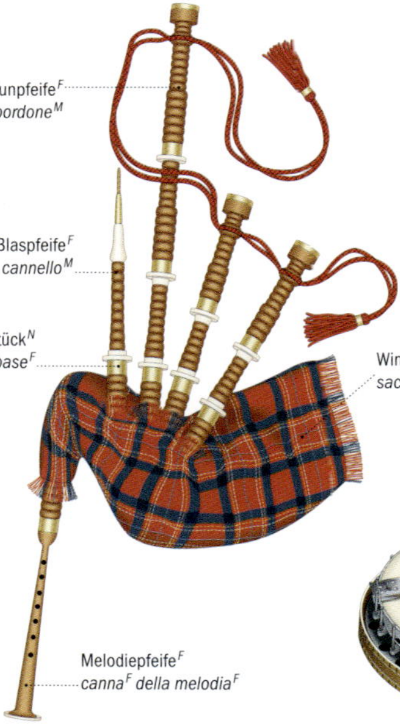

Zithe
zithe

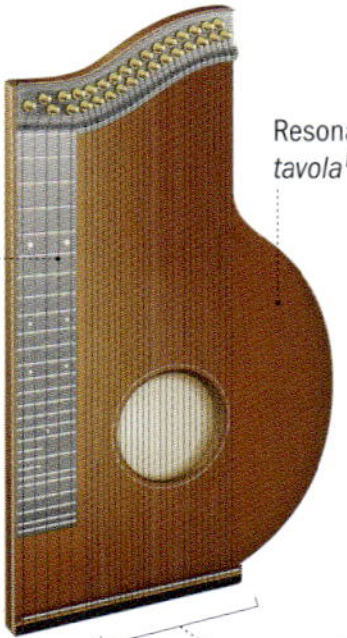

Ban
ban

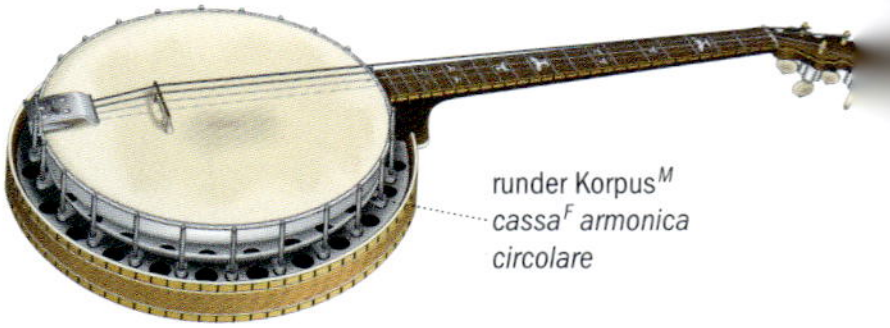

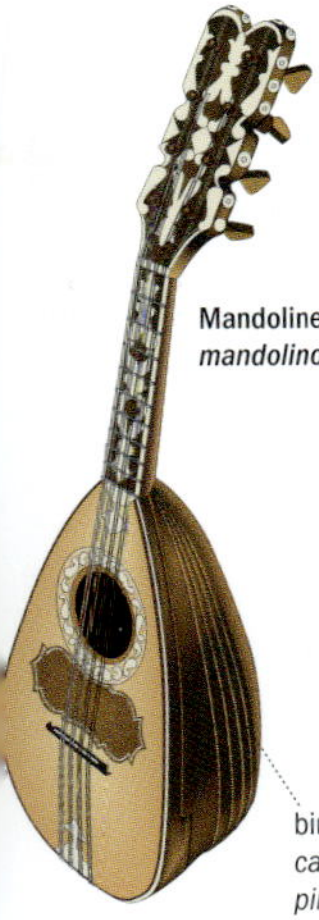

Mandoline[F]
mandolino[M]

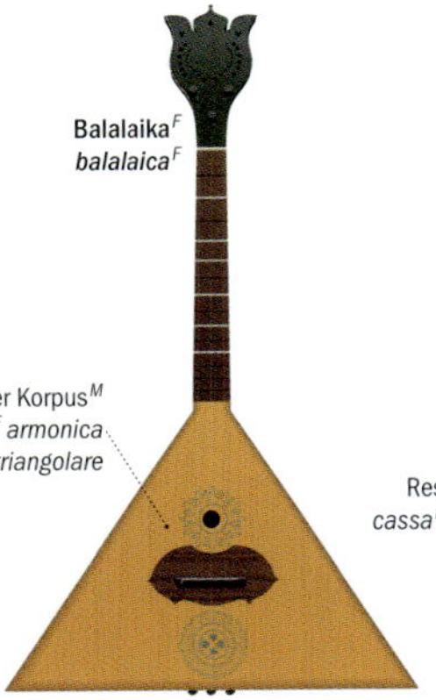

Balalaika[F]
balalaica[F]

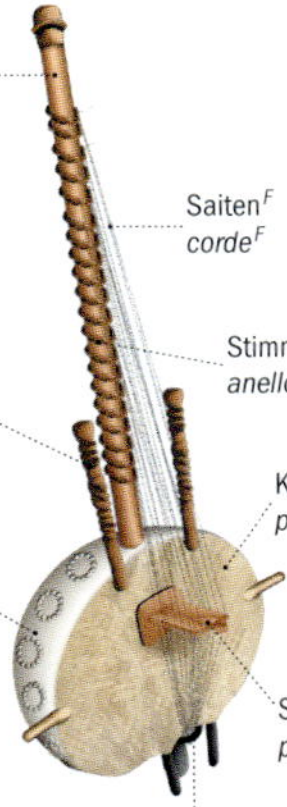

Kora[F]
kora[F]

yra[F]
ra[F]

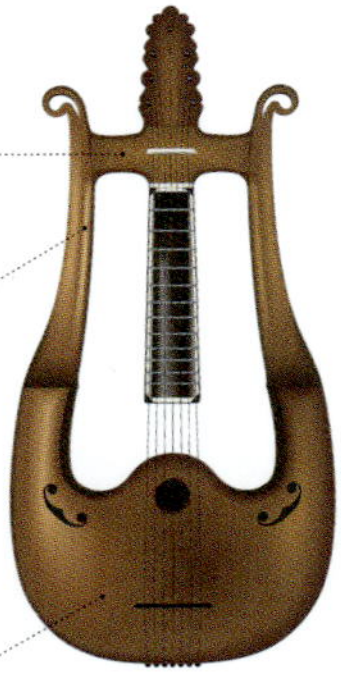

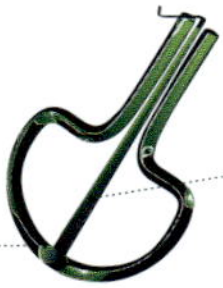

Maultrommel[F]
scacciapensieri[M]

Trommelschlegel[M]
mazzuolo[M]

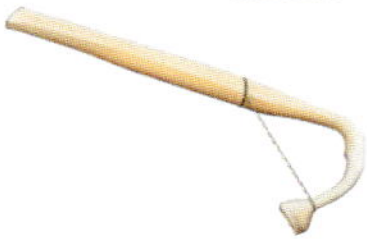

Plektron[N]
plettro[M]

Djembe[F]
djembè[M]

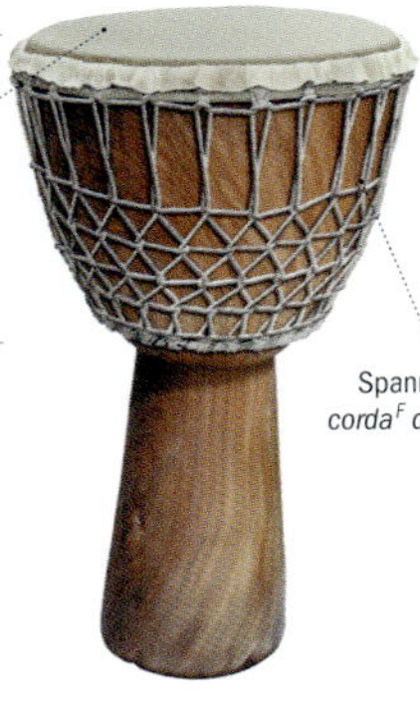

Sprechtrommel[F]
tamburo[M] parlante

Panflöte[F]
flauto[M] di Pan

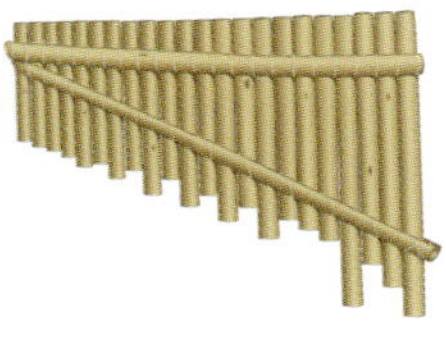

KUNST UND ARCHITEKTUR

Musiknotation[F]

notazione[F] musicale

Liniensystem[N]
pentagramma[M]

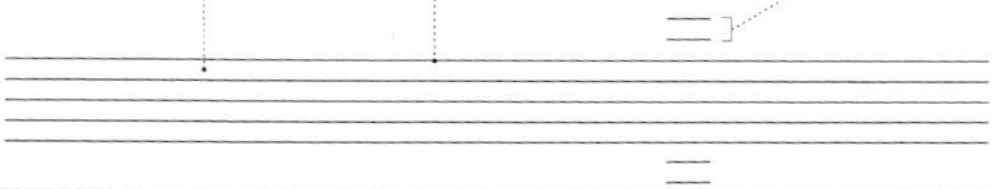

Notenschlüssel[M]
chiavi[F]

Taktarten[F]
indicazioni[F] di tempo[M]

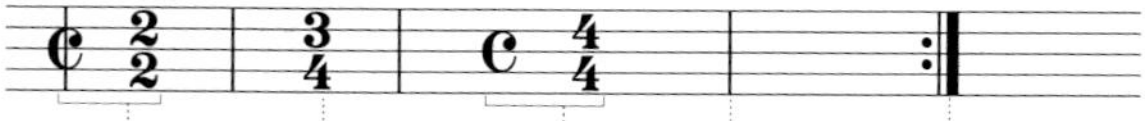

Intervalle[N]
intervalli[M]

Tonleiter[F]
scala[F]

Pausenzeichen[N]
valori[M] di durata[F] delle pause[F]

ganze Pause[F]
pausa[F] di semibreve[F]

halbe Pause[F]
pausa[F] di minima[F]

Viertelpause[F]
pausa[F] di semiminima[F]

Achtelpause[F]
pausa[F] di croma[F]

Sechzehntelpause[F]
pausa[F] di semicroma[F]

Zweiunddreißigstelpause[F]
pausa[F] di biscroma[F]

Vierundsechzigstelpause[F]
pausa[F] di semibiscroma[F]

Verzierungen[F]
abbellimenti[M]

Vorschlag[M]
appoggiatura[F]

Triller[M]
trillo[M]

Doppelschlag[M]
gruppetto[M]

Mordent[M]
mordente[M]

Notenwerte[M]
valori[M] di durata[F] delle note[F]

ganze Note[F]
semibreve[F]

halbe Note[F]
minima[F]

Viertelnote[F]
semiminima[F]

Achtelnote[F]
croma[F]

Sechzehntelnote[F]
semicroma[F]

Zweiunddreißigstelnote[F]
biscroma[F]

Vierundsechzigstelnote[F]
semibiscroma[F]

Versetzungszeichen[N]
accidenti[M]

B[N]
bemolle[M]

Doppelkreuz[N]
doppio diesis[M]

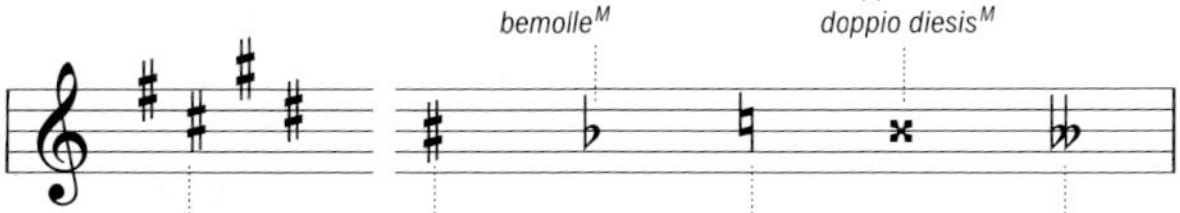

Tonartvorzeichen[N]
armatura[F] di chiave[F]

Kreuz[N]
diesis[M]

Auflösungszeichen[N]
bequadro[M]

Doppel-B[N]
doppio bemolle[M]

andere Zeichen[N]
altri segni[M]

Akkord[M]
accordo[M]

Bindebogen[M]
legatura[F]

Marcato-Zeichen[N]
accento[M]

Arpeggio[N]
arpeggio[M]

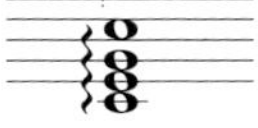

Pause[F]
punto[M] coronato

Beispiele[N] für Instrumentalgruppierungen[F]

esempi[M] di gruppi[M] strumentali

Duo[N]
duo[M]

Trio[N]
trio[M]

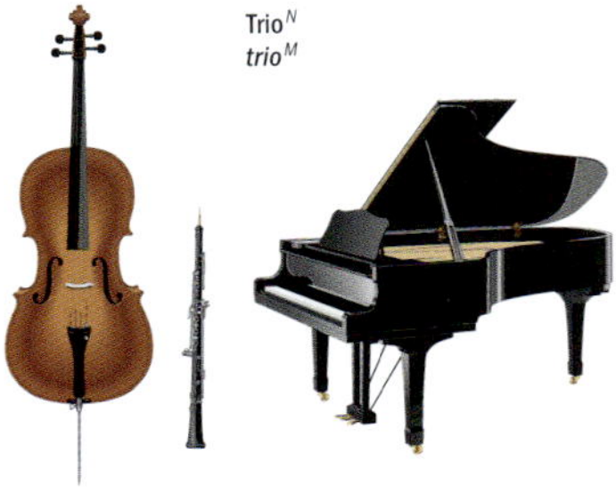

Quartett[N]
quartetto[M]

Quintett[N]
quintetto[M]

Sextett[N]
sestetto[M]

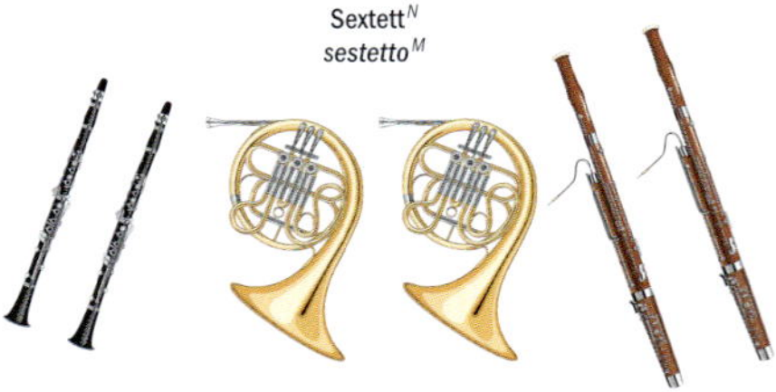

Jazzband[F]
jazz-band[F]

Saiteninstrumente[N]
strumenti[M] a corde[F]

Bogen[M]
archetto[M]

Violine[F]
violino[M]

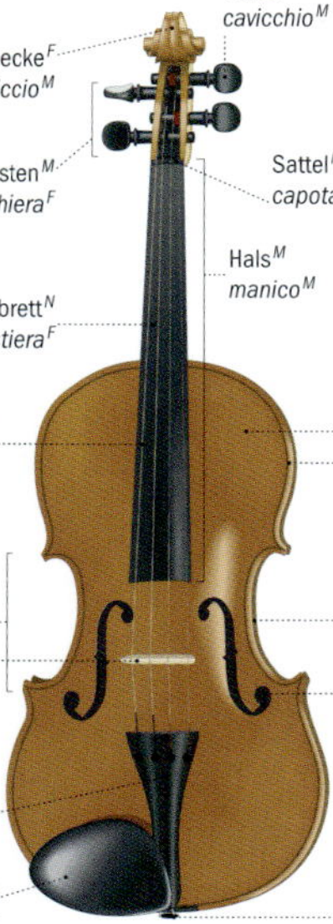

Violinfamilie[F]
famiglia[F] degli archi[M]

Saiteninstrumente[N]

Harfe[F]
arpa[F]

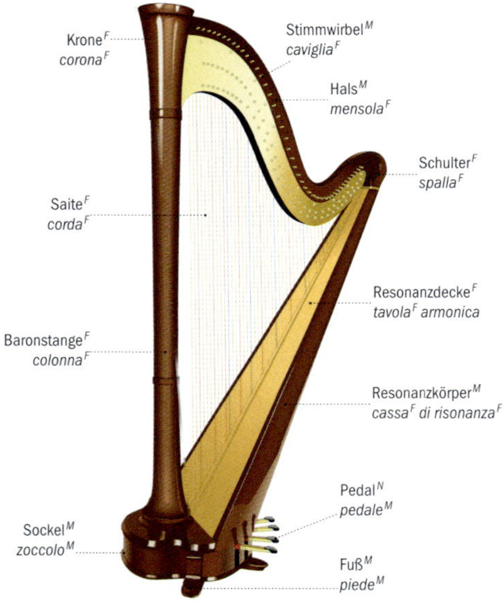

akustische Gitarre[F]
chitarra[F] acustica

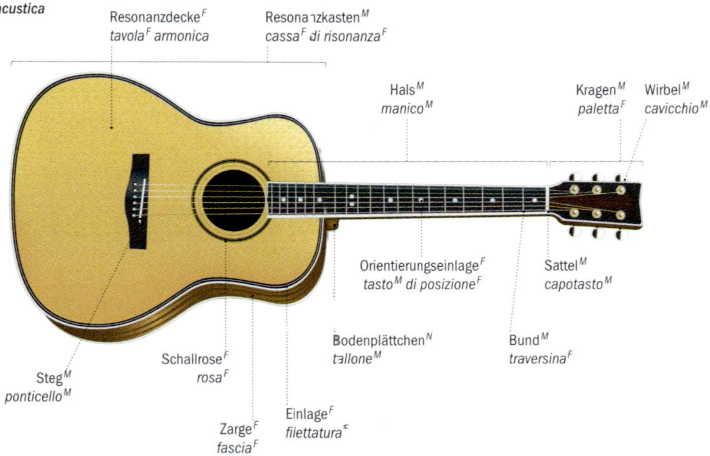

elektrische Gitarre[F] *chitarra[F] elettrica*

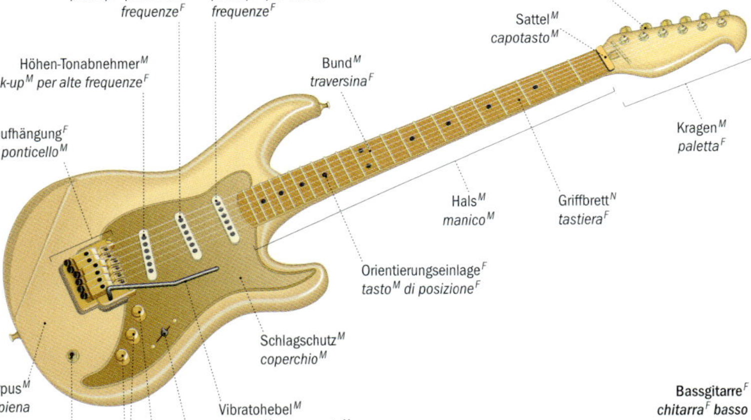

Bassgitarre[F] *chitarra[F] basso*

Tasteninstrumente^{N}

strumenti^{M} a tastiera^{F}

Klavier^{N}
pianoforte^{M} verticale

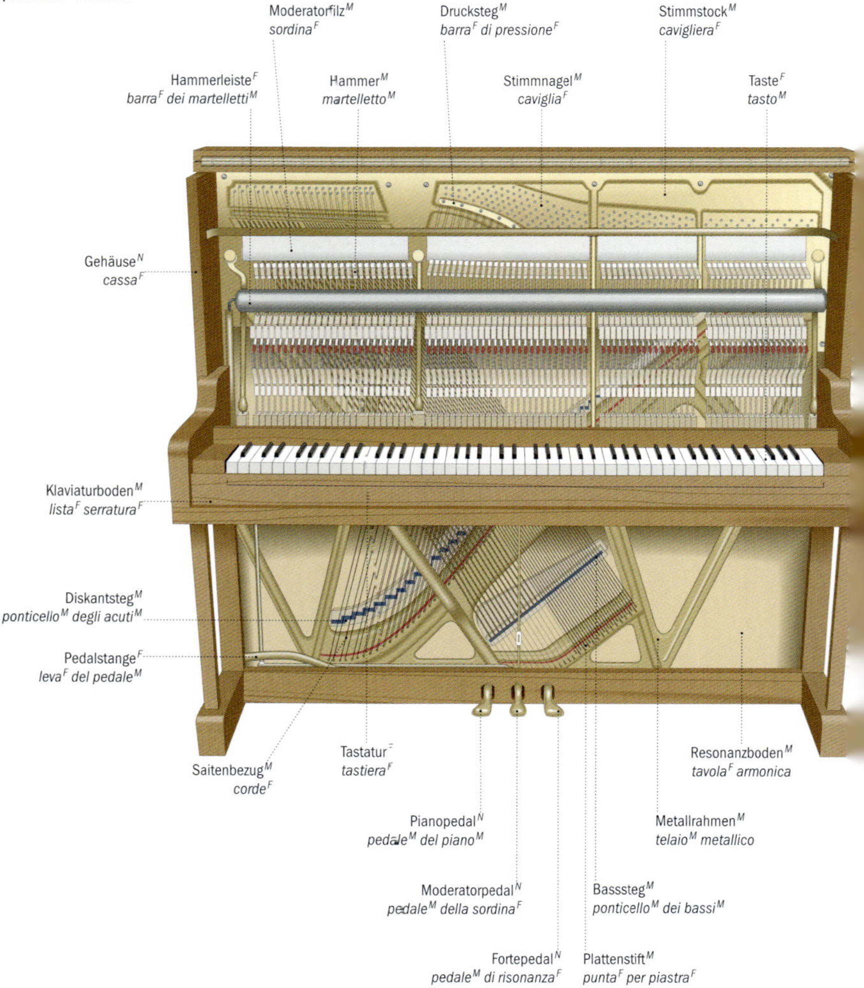

Orgel[F]
organo[M]

Zungenpfeife[F]
canna[F] ad ancia[F]

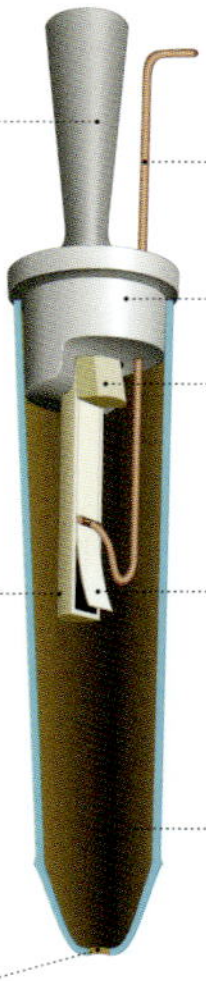

Lippenpfeife[F]
canna[F] ad anima[F]

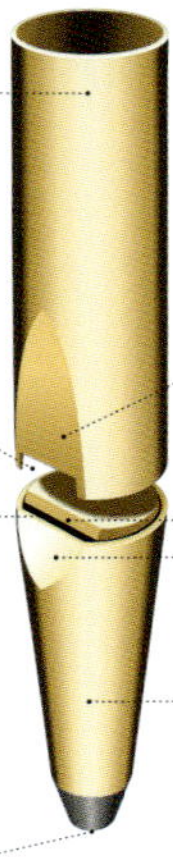

Blasinstrumente^{N}

strumenti^{M} a fiato^{M}

Saxophon^{N}
sassofono^{M}

Doppelblatt^{N}
ancia^{F} doppia

Rohrblatt^{N}
ancia^{F} semplice

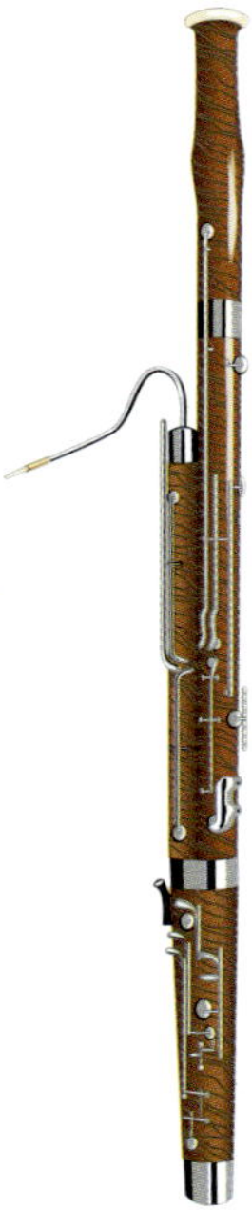

Fagott^{N}
fagotto^{M}

Pikkoloflöte^{F}
ottavino^{M}

Klarinette^{F}
clarinetto^{M}

Oboe^{F}
oboe^{M}

Querflöte^{F}
flauto^{M} traverso

Englischhorn^{N}
corno^{M} inglese

Trompete[F]
tromba[F]

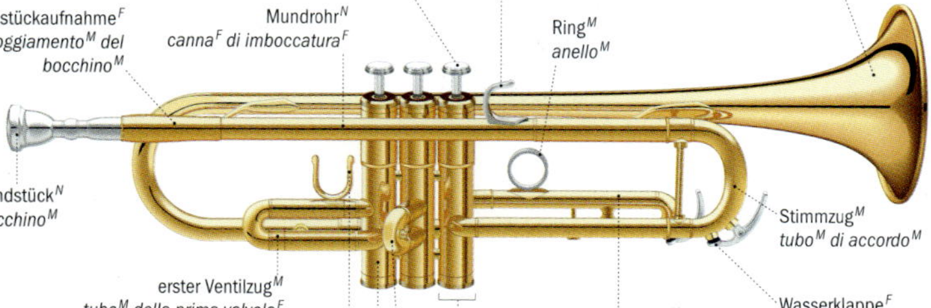

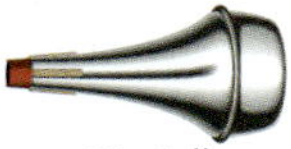
Dämpfer[M]
sordina[F]

Waldhorn[N]
corno[M]

Kornett[N]
cornetta[F]

Saxhorn[N]
saxhorn[M]

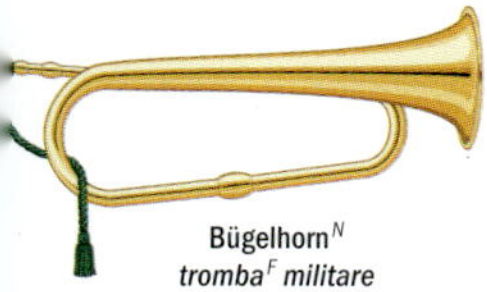
Bügelhorn[N]
tromba[F] militare

Tuba[F]
tuba[F]

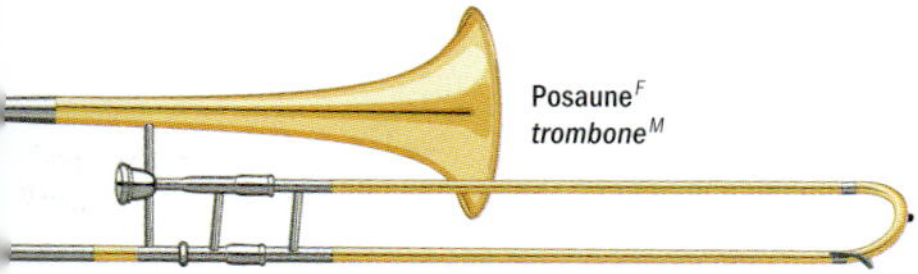
Posaune[F]
trombone[M]

KUNST UND ARCHITEKTUR

Schlaginstrumente[N]

strumenti[M] a percussione[F]

Trommeln[F]
batteria[F]

Kesselpau
timpa

kleine Trommel[F]
cassa[F] chiara

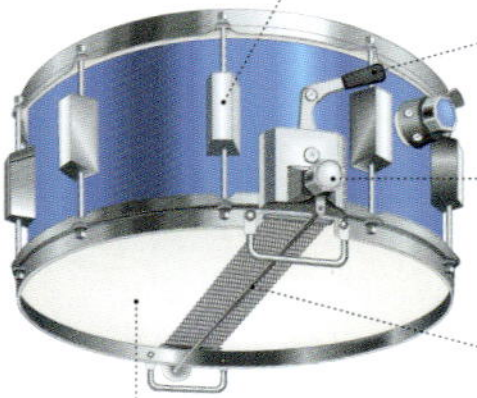

Schellen^{F}
sonagli^{M}

Glockenband^{N}
campanelle^{F}

Sistrum^{N}
sistro^{M}

Kastagnetten^{F}
nacchere^{F}

Becken^{N}
piatti^{M}

Tamburin^{N}
tamburello^{M}

Fell^{N}
membrana^{F}

Schelle^{F}
sonagli^{M}

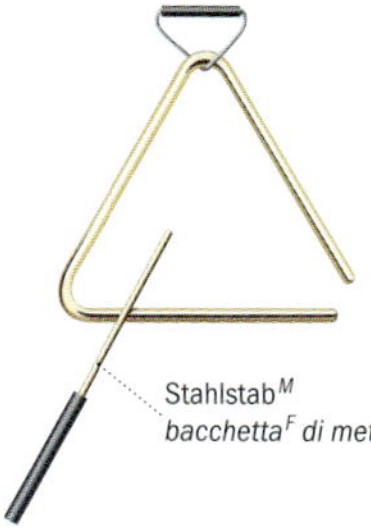

Triangel^{M}
triangolo^{M}

Stahlstab^{M}
bacchetta^{F} di metallo^{M}

Bongos^{N}
bongos^{M}

Jazzbesen^{M}
spazzola^{F} metallica

Gong^{M}
gong^{M}

Stöcke^{M}
bacchette^{F}

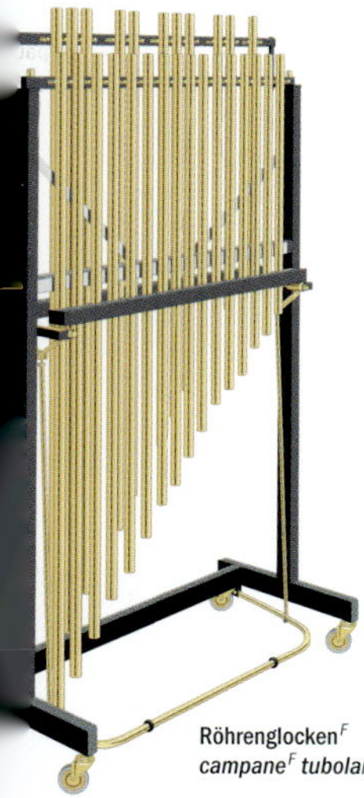

Röhrenglocken^{F}
campane^{F} tubolari

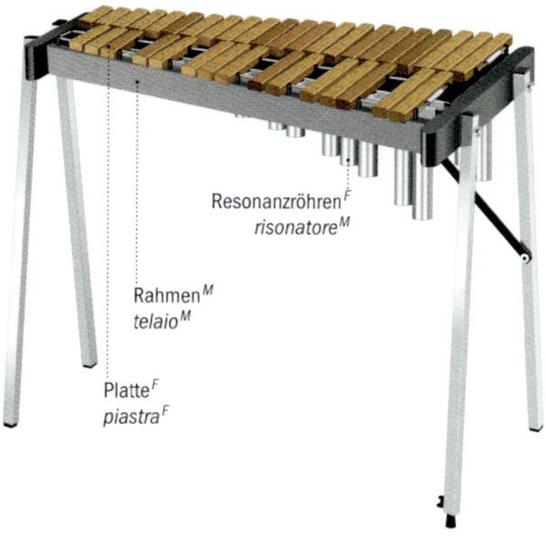

Xylophon^{N}
xilofono^{M}

Resonanzröhren^{F}
risonatore^{M}

Rahmen^{M}
telaio^{M}

Platte^{F}
piastra^{F}

Schlegel^{M}
mazze^{F}

elektronische Instrumente[N]

strumenti[M] elettronici

Sequencer[M]
sequencer[M]

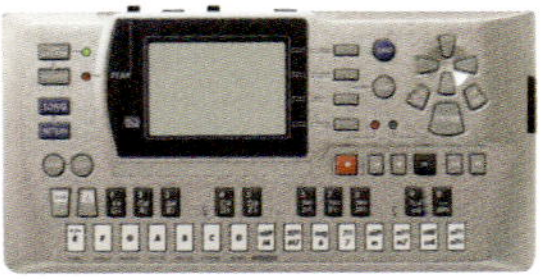

Sample
campionator

Kopfhöreranschlussbuchse[F]
presa[F] per cuffia[F]

Funktionsdisplay[N]
display[M] delle funzioni[F]

Diskettenlaufwerk[N]
unità[F] a disco[M]

Expander[M]
expander[M]

Synthesizer[M]
sintetizzatore[M]

Lautstärkeregler[M]
controllo[M] del volume[M]

Feinregler[M] für Dateneingabe[F]
controllo[M] fine dei dati[M]

Sequenzerregler[M]
controllo[M] del sequencer[M]

Diskettenlaufwerk[N]
unità[F] a disco[M]

Systemschalter[M]
tasti[M] di sistema[M]

Funktionsanzeige[F]
display[M] delle funzioni[F]

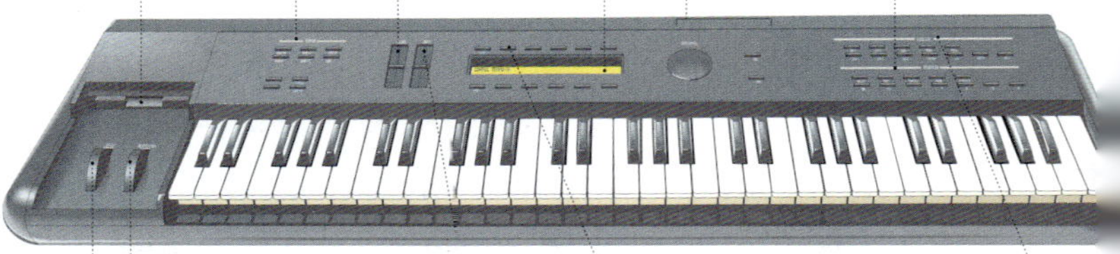

Grobregler[M] für Dateneingabe[F]
controllo[M] veloce dei dati[M]

Programmwahlschalter[M]
selettore[M] di programma[M]

Tastatur[F]
tastiera[F]

Modulationsrad[N]
rotella[F] di modulazione[F]

Stimmenwahlschalter[M]
tasti[M] per l'editing[M] del suono[M]

Tonhöhenrad[N]
rotella[F] di intonazione[F]

Kabel^{N} der Schnittstelle^{F} für digitale Musikinstrumente^{N} (MIDI)
cavo^{M} di interfaccia^{F} digitale per strumenti^{M} musicali (MIDI)

elektronisches Schlagpolster^{N}
batteria^{F} elettronica

Blassynthesizer^{M}
sintetizzatore^{M} a fiato^{M}

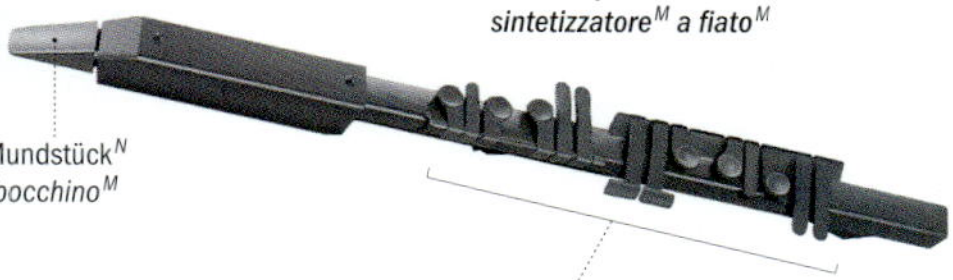

elektronisches Piano^{N}
piano^{M} elettronico

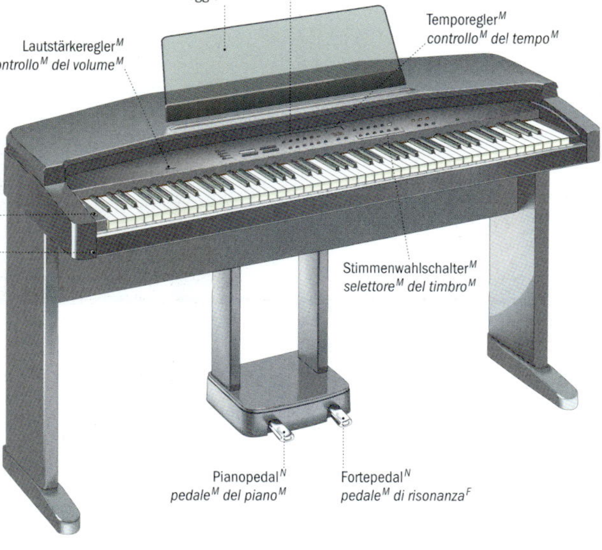

Schreibgeräte[N]
strumenti[M] scrittori

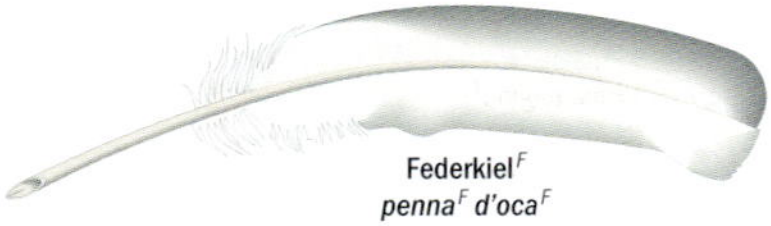

Federkiel[F]
penna[F] d'oca[F]

Rohrfeder[F]
calamo[M] vegetale

Schreibpinsel[M]
pennello[M] per scrivere

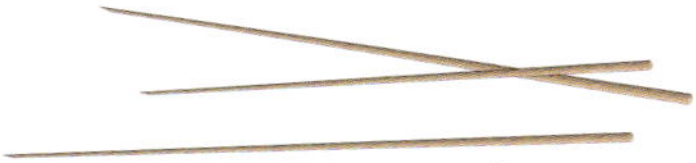

Binsenstängel[M]
stilo[M] di canna[F]

römische Metallfeder[F]
stilo[M] metallico romano

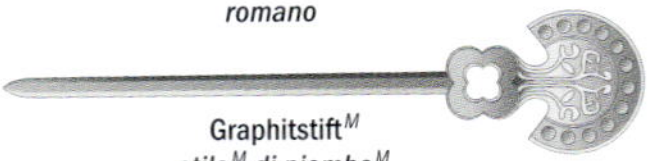

Graphitstift[M]
stilo[M] di piombo[M]

Stilus[M]
stilo[M]

Stahlschreibfeder[F]
penna[F] con pennino[M] metallico

Marker[M]
evidenziatore[M]

Füllfederhalter[M]
penna[F] stilografica

Druckbleistift[M]
portamine[M]

Bleistift[M]
matita[F]

Kugelschreiber[M]
penna[F] a sfera[F]

Nachfüllmine[F]
refill[M]

KOMMUNIKATION UND BÜROTECHNIK

Zeitung[F]
giornale[M]

Zeitungskopf[M] – *testata[F]*
Redaktionsteil[M] – *inserto[M]*
Artikel[M] – *articolo[M]*
Literaturbeilage[F] – *supplemento[M] letterario*
Boulevardblatt[N] – ***tabloid[M]***
farbige Beilage[F] – *supplemento[M] a colori[M]*
Zeitschrift[F] – *rivista[F]*
Titelseite[F] – *prima pagina[F]*
Zeitungsname[M] – *nome[M] del giornale[M]*
Schlagzeile[F] – *titolo[M] a caratteri[M] cubitali*
Titelfoto[N] – *foto[F] in prima pagina[F]*
Bildunterschrift[F] – *didascalia[F]*
Vortitel[M] – *occhiello[M]*
Titelzeile[F] – *titolo[M]*
Untertitel[M] – *sottotitolo[M]*
Inhalt[M] – *indice[M]*
Zwischentitel[M] – *testatina[F]*

daktioneller Beitrag[M] – *editoriale[M]*
Karikatur[F] – *vignetta[F]*
Zusammenfassung[F] – *cappello[M]*
Leserbriefe[M] – *lettere[F] al direttore[M]*
Trennlinie[F] – *filetto[M]*
Interview[N] – *intervista[F]*
Spalte[F] – *colonna[F]*
Anzeige[F] – *inserzione[F] pubblicitaria*
Impressum[M] – *testata[F]*
Nachrichten[F] – *notizie[F]*
Reportage[F] – *articolo[M] di spalla[F]*
Kurzmeldungen[F] – *notizie[F] in breve*
Fernsehprogramm[N] – *programmi[M] televisivi*
Restaurantkritik[F] – *recensione[F] gastronomica*
Quellenangabe[F] – *fonte[F] del servizio[M]*
Kleinanzeigen[F] – *piccoli annunci[M]*
Todesanzeigen[F] – *necrologia[F]*

Fotografie[F]
fotografia[F]

einäugige Spiegelreflexkamera[F]/SLR-Kamera[F]: Vorderansicht[F]
macchina[F] fotografica reflex monoculare: vista[F] frontale

Objektive[N]
obiettivi[M]

Teleobjektiv[N]
teleobiettivo[M]

Zoomobjektiv[N]
obiettivo[M] zoom

Weitwinkelobjektiv[N]
obiettivo[M] grandangolare

Makroobjektiv[N]
obiettivo[M] macro

Objektivzubeh
accessori[M] dell'obietti

Objektivschutzdeckel[M]
coperchio[M] di protezione[F] dell'obiettivo[M]

Gegenlichtblende[F]
paraluce[M]

Polarisationsfilter[M]
filtro[M] polarizzatore

digitale Spiegelreflexkamera^{F}: Rückansicht^{F}
macchina^{F} fotografica reflex digitale: dorso^{M}

Fotoapparate^{M}
macchine^{F} fotografiche

Sofortbildkamera^{F}
Polaroid^{F}

Mittelformatkamera^{F} SLR (6 x 6)
macchina^{F} fotografica reflex (6x6)

Ultrakompaktkamera^{F}
macchina^{F} ultracompatta

Kompaktkamera^{F}
macchina^{F} compatta

Einwegkamera^{F}
macchina^{F} fotografica usa e getta

Großformatkamera^{F}
macchina^{F} fotografica a banco^{M} ottico

Satellitenübertragungstechnik[F]

trasmissione[F] via satellite[M]

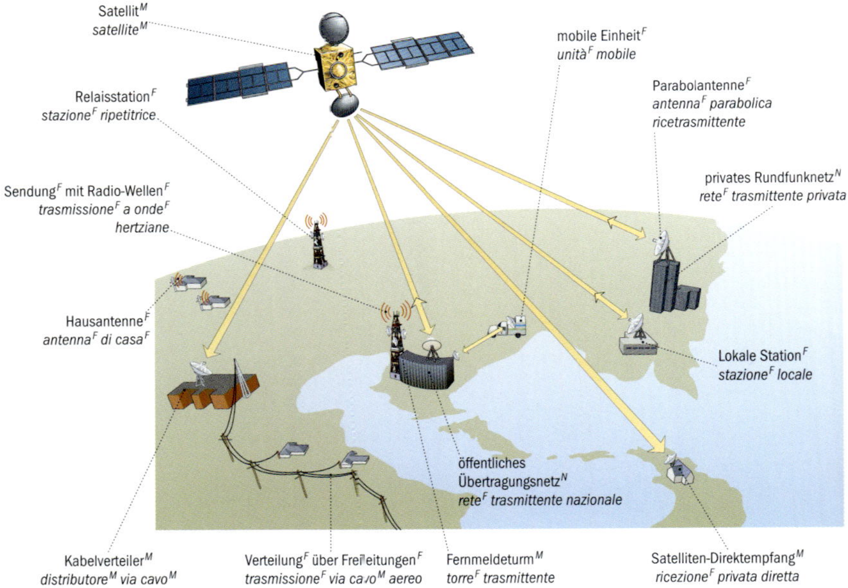

Fernmeldesatelliten[M]

satelliti[M] per telecomunicazioni[F]

Eutelsat[M]
Eutelsat

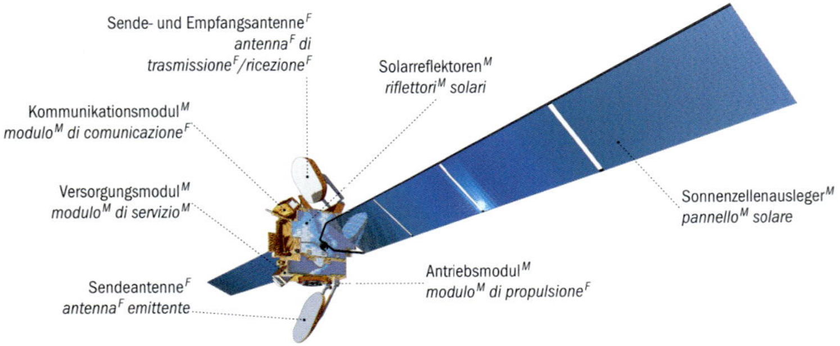

Telekommunikation[F] über Nachrichtensatellit[M]

telecomunicazioni[F] via satellite[M]

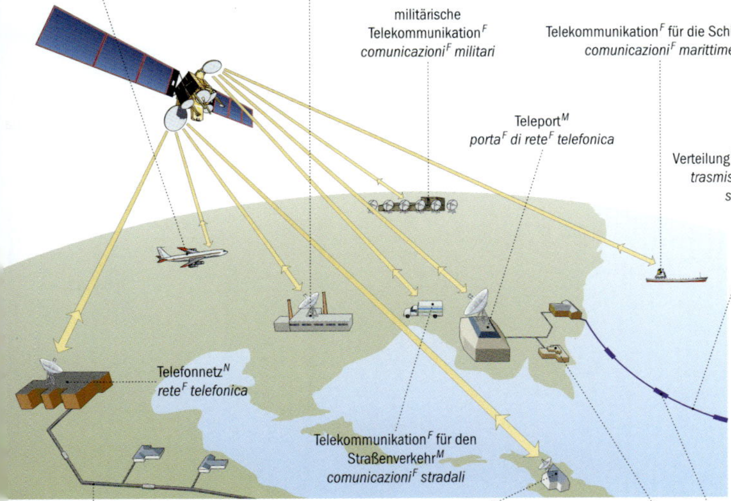

Fernmeldesatelliten[M]

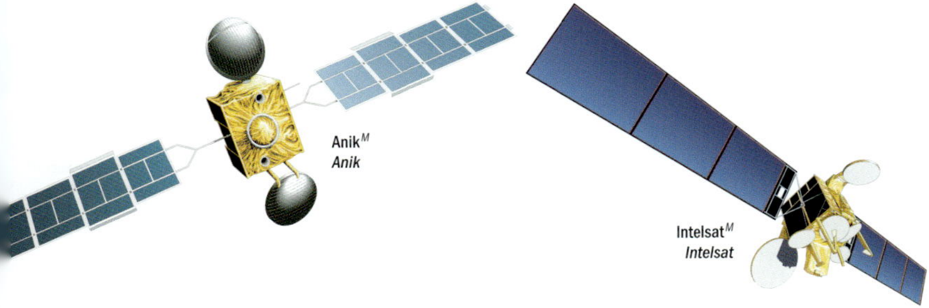

Fernsehen^{N}
televisione^{F}

LCD-Fernseher^{M} (Liquid-Crystal-Display-Fernseher^{M})
televisore^{M} a cristalli^{M} liquidi

Plasmafernseher^{M}
televisore^{M} al plasma^{M}

CRT-Fernseher^{M} (Kathodenstrahlröhren-Fernseher^{M})
televisore^{M} a tubo^{M} catodico

Bildröhre^{F}
cinescopio^{M}

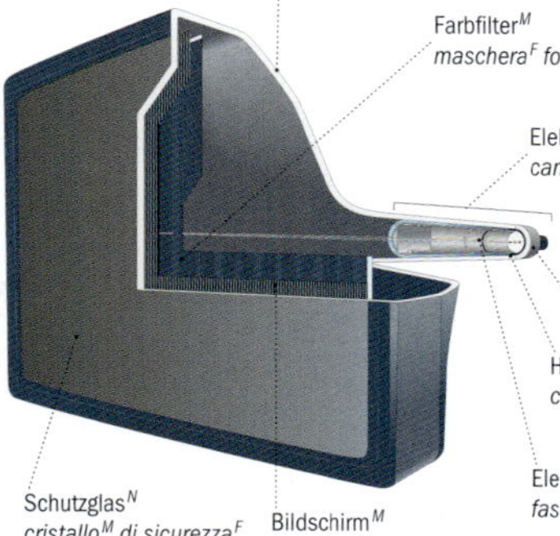

Elektronenkanon
cannone^{M} elettron

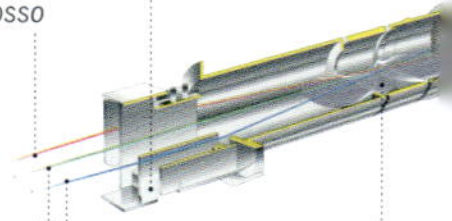

Fernbedienung^F
telecomando^M

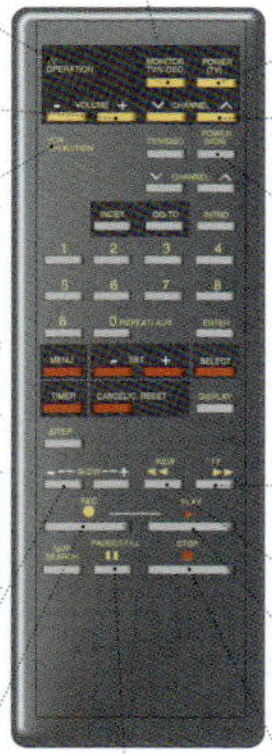

TV/Video-Taste^F
tasto^M TV^F/video^M

TV-Einstellung^F
modo^M TV^F

TV-Netzschalter^M
interruttore^M di accensione^F della TV^F

Lautstärkeregler^M
tasti^M di regolazione^F del volume^M

Kanalsuchtasten^F
tasti^M di ricerca^F emittenti^F

VCR-Einstellung^F
modo^M VCR^M

VCR-Netzschalter^M
interruttore^M di accensione^F del VCR^M

Programmwahltasten^F
tasti^M di selezione^F dei canali^M

Programmiertasten^F
tasti^M di programmazione^F

Vorspultaste^F
tasto^M di avanzamento^M rapido

VCR-Tasten^F
comandi^M del VCR^M

Rückspultaste^F
tasto^M di riavvolgimento^M

Zeitlupe^F
riproduzione^F al rallentatore^M

Wiedergabetaste^F
tasto^M di riproduzione^F

Aufnahmetaste^F
tasto^M di registrazione^F

Pausetaste^F
tasto^M di pausa^F/fermo^M immagine^F

Stopptaste^F
tasto^M di arresto^M

DVD-Recorder^M
registratore^M DVD^M

Ein-/Ausschalter^M
lsante^M di alimentazione^F

Kanalauswahl^F
selezione^F dei canali

Display^N
display^M

Aufnahmetaste^F
tasto^M di registrazione^F

Play-Taste^F
tasto^M play^M

Stopptaste^F
tasto^M stop^M

DVD-Lade^F
vassoio^M del disco^M

Auswurftaste^F
apertura^M/chiusura^F vassoio del disco^M

Pausetaste^F
tasto^M di pausa^F/fermo^M immagine^F

Kapitelsuche^F/Schnellvorlauf^M
ricerca^F traccia^F/riproduzione^F rapida

ideokassette^F
ideocassetta^F

Magnetband^N
nastro^M magnetico

Spule^F
bobina^F

Aufnahme- und Speichermedien^N
supporti^M di registrazione^F

DVD^F
disco^M versatile digitale (DVD)

Mini-DV-Camcorder^{M}: Vorderansicht^{F}
videocamera^{F} mini-DV: vista^{F} frontale

Mini-DV-Camcorder^{M}: Rückansicht^{F}
videocamera^{F} mini-DV: vista^{F} posteriore

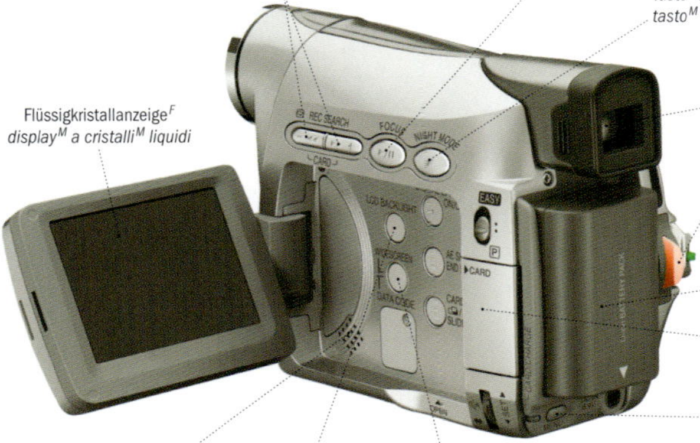

Parabolantenne[F]
antenna[F] parabolica

Reflektor[M]
disco[M]

Kompaktspeisesystem[N]
convertitore[M]

Masthalterung[F]
palo[M]

Receiver[M]
ricevitore[M]

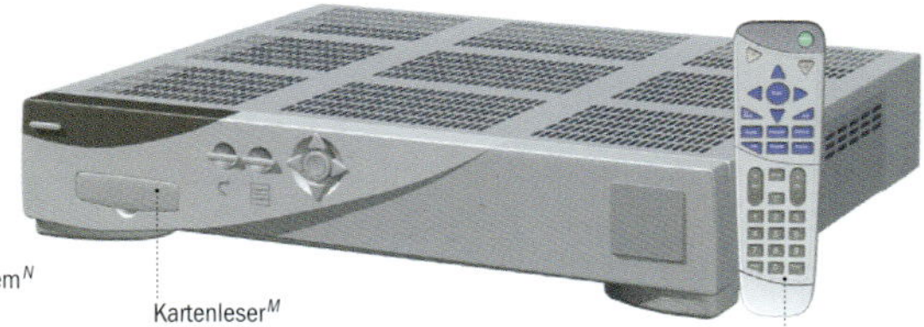

Kartenleser[M]
lettore[M] di schede[F]

Fernbedienung[F]
telecomando[M]

Heimkino[N]
home theatre[M]

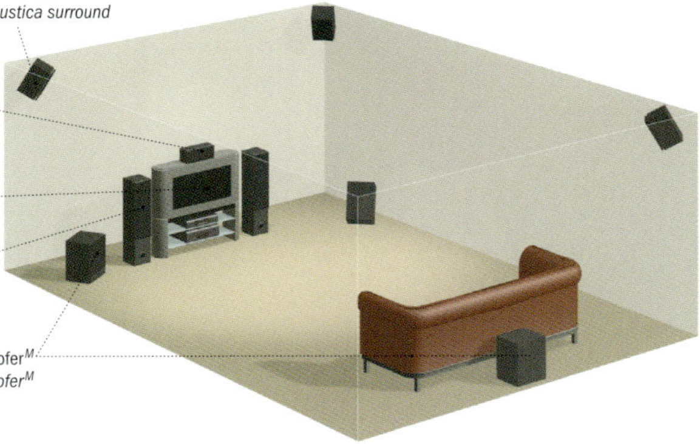

Surround[M]-Lautsprecher[M]
cassa[F] acustica surround

Centerlautsprecher[M]
cassa[F] acustica centrale

Breitbild[N]-Fernseher[M]
televisore[M] a grande schermo[M]

Hauptlautsprecher[M]
cassa[F] acustica principale

Subwoofer[M]
sub woofer[M]

Videorecorder[M]
videoregistratore[M]

Kassettenschacht[M]
vano[M] cassetta[F]

Display[N]
display[M]

Netzschalter[M]
interruttore[M] generale

Tonwiedergabesystem^{N}

impianto^{M} hi-fi di riproduzione^{F} del suono^{M}

Receiver^{M}: Vorderansicht^{F}
sintoamplificatore^{M}: vista^{F} frontale

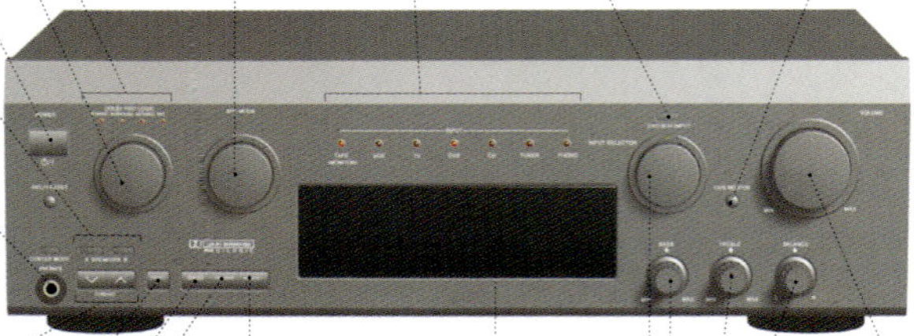

Klangwahlschalter^{M}
selettore^{M} della modalità^{F} audio^{M}

Klangwahlanzeige^{F}
spie^{F} della modalità^{F} audio^{M}

Kontrollleuchten^{F} für Tonsignalquellen^{F}
luci^{F} delle sorgenti^{F}

Kassettenrekorder^{M}-Wahltaste^{F}
tasto^{M} di selezione^{F} del registratore^{M}

Netzschalter^{M}
interruttore^{M} di accensione^{F}

Feldstärkeregler^{M}
controllo^{M} del campo^{M} audio^{M}

Tonsignalquellen^{F}-Wahltaster^{M}
tasto^{M} di selezione^{F} delle sorgenti^{F}

Kanalwahltasten^{F} für Lautsprecher^{M}
tasti^{M} di selezione^{F} delle casse^{F} acustiche

Kopfhörerbuchse^{F}
presa^{F} per cuffia^{F}

Sendersuchlauftasten^{F}
tasti^{M} di selezione^{F} della sintonia^{F}

Display^{N}
display^{M}

Lautstärkeregler^{M}
regolatore^{M} di volume^{M}

Vorwahlsender^{M}-Wahltaste^{F}
tasto^{M} di preselezione^{F} della sintonia^{F}

Speichertaste^{F}
tasto^{M} di memorizzazione^{F}

Eingangsschalter^{M}
selettore^{M} di ingresso^{M}

Balanceregler^{M}
bilanciamento^{M} degli altoparlanti^{M}

Bandwahltaste^{F}
tasto^{M} di selezione^{F} della banda^{F}

UKW^{F}-Wahltaste^{F}
tasto^{M} di selezione^{F} della modalità^{F} FM

Bassregler^{M}
regolatore^{M} dei bassi^{M}

Höhenregler^{M}
regolatore^{M} degli alti^{M}

Amplituner^{M}: Rückansicht^{F}
sintoamplificatore^{M}: dorso^{M}

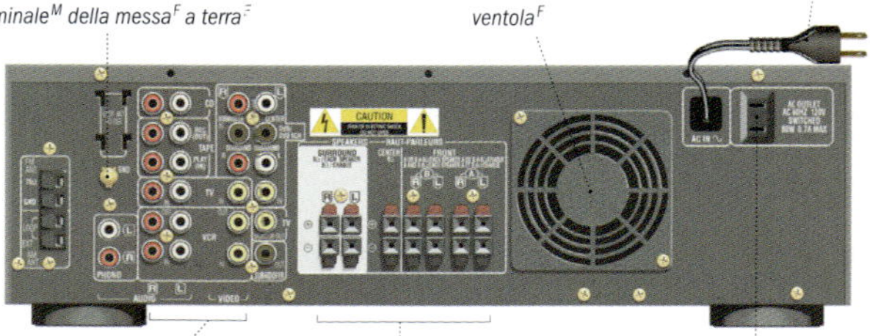

Netzkabel^{N}
cavo^{M} di alimentazione^{F}

Massekontakt^{M}
terminale^{M} della messa^{F} a terra^{F}

Lüfter^{M}
ventola^{F}

Antennenbuchsen^{F}
terminali^{M} di collegamento^{M} delle antenne^{F}

Video-Ein- und -Ausgänge^{M}
ingressi^{M} uscite^{F} audio^{M}/video^{M}

Lautsprecherbuchsen^{F}
terminali^{M} di collegamento^{M} delle casse^{F} acustiche

geschaltete Steckdose^{F}
presa^{F} di corrente^{F} commutata

Kassettendeck[N]
piastra[F] di registrazione[F]

Rückstelltaste[F]
tasto[M] di azzeramento[M] del contatore[M]

Play-Taste[F]
tasto[M] di riproduzione[F]

Schnellvorlauf-Taste[F]
tasto[M] di avanzamento[M] rapido

Auswurf-Taste[F]
tasto[M] di espulsione[F]

Zählwerk[N]
contatore[M]

Bandsortenschalter[M]
selettore[M] del nastro[M]

LED-Pegelanzeige[F]
LED[M] indicatore[M] del livello[M] di picco[M]

Kassettenfach[N]
vano[M] della cassetta[F]

Stopp-Taste[F]
tasto[M] di arresto[M]

Stummaufnahme-Taste[F]
muting[M]

Rücklauf-Taste[F]
tasto[M] di riavvolgimento[M]

Aufnahme-Taste[F]
tasto[M] di registrazione[F]

Pause-Taste[F]
tasto[M] di pausa[F]

manuelle Aussteuerung[F]
selettore[M] del livello[M] di registrazione[F]

CD-Spieler[M]
lettore[M] di compact disc[M]

etzschalter[M]
nterruttore[M] di accensione[F]

Zufallswiedergabe[F]
riproduzione[F] casuale

Direktwahltasten[F]
tasti[M] digitali

Wiederholungstaste[F]
tasto[M] di ripetizione[F]

Titelsuche[F]/Schnellvorlauf[M]
ricerca[F] traccia[F]/riproduzione[F] rapida

Stopptaste[F]
stop[M]

Pausetaste[F]
pausa[F]

Play-Taste[F]
riproduzione[F]

CD[F] wechseln
cambio[M] disco[M]

Kopfhöreranschluss[M]
presa[F] cuffie

CD-Fach[N]
vano[M] del disco[M]

Display[N]
display[M]

Auswurftaste[F] für das
tasto[M] di espulsione[F]

Kopfhörer^M
cuffia^F

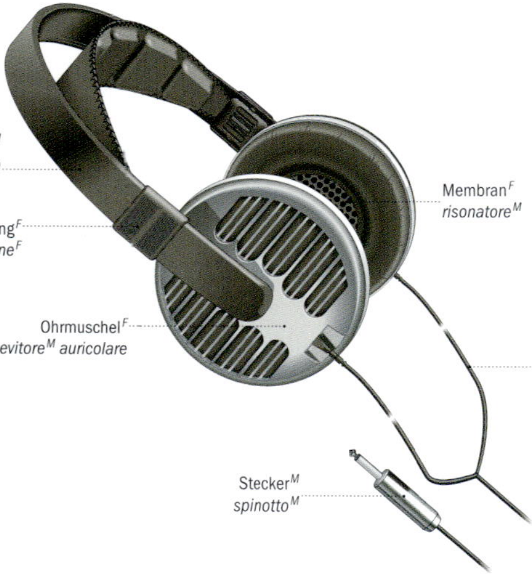

Lautsprecherbox^F
cassa^F ***acustica***

Mini-HiFi[F]-System[N]
mini impianto[M] hi-fi

CD[F]-Spieler[M]
lettore[M] di compact disc[M]

Receiver[M]
sintoamplificatore[M]

Lautsprecher[M]
cassa[F] acustica

CD[F]-Rekorder[M]
registratore[M] di compact disc[M]

Doppel-Kassettendeck[N]
doppia piastra[F] di registrazione[F]

tragbare Tonwiedergabesysteme[N]
riproduttori[M] portatili

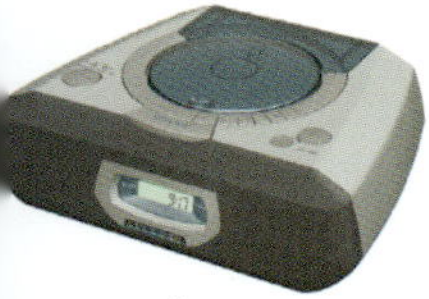

Uhrenradio[N]
radiosveglia[F]

Kofferradio[N]
radio[F] portatile

Frequenzanzeige[F]
display[M] delle frequenze[F]

Teleskopantenne[F]
antenna[F] telescopica

Tragebügel[M]
maniglia[F]

Höhenregler[M]
regolatore[M] dei toni[M] alti

Frequenzwähler[M]
manopola[F] di sintonizzazione[F]

Bassregler[M]
regolatore[M] dei toni[M] bassi

Lautstärkeregler[M]
manopola[F] del volume[M]

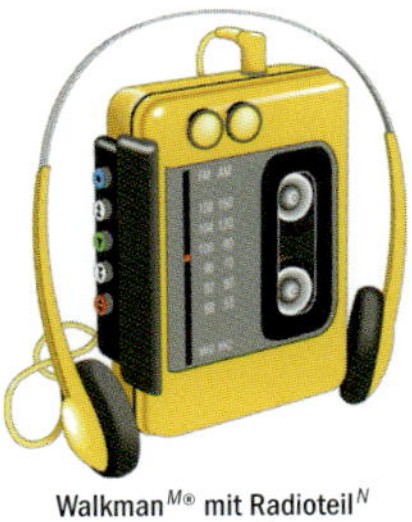

Walkman[M®] mit Radioteil[N]
walkman[M]

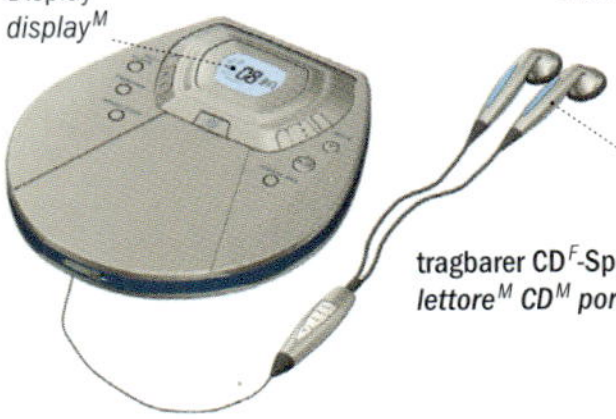

Display[N]
display[M]

Kopfhörer[M]
auricolare[M]

tragbarer CD[F]-Spieler[M]
lettore[M] CD[M] portatile

tragbare Tonwiedergabesysteme[N]

MP3-Spieler[M]
lettore[M] audio digitale portatile

Kabel[N]
cavo[M]

Klinke[F]
spina[F]

Display[N]
display[M]

Auswahltaste[F]
tasto[M] di selezione

Menütaste[F]
tasto[M] menù[M]

Vorspultaste[F]
tasto[M] successivo/avanti veloce

Rückspultaste[F]
tasto[M] precedente/indietro veloce

Play-Taste[F]/Pausetaste[F]
tasto[M] riproduzione[F]/pausa[F]

Kopfhörer[M]
cuffie[F]

Satellitenradioempfänger[M]
ricevitore[M] radio[F] satellitare

Direktwahltasten[F]
tasti[M] numerici

LCD-Display[N]
display[M] a cristalli[M] liquidi

Speichertaste[F]
tasto[M] memoria[F]

Sendervorwahltaste[F]
tasto[M] di preselezione[F]

Menütaste[F]
tasto[M] menù[M]

Kategoriewahltasten[F]
tasti[M] di categorie[F]

Displaytaste[F]
tasto[M] di visualizzazione[F]

Senderwahl[F]
selettore[M] stazioni[F]

Radiorecorder[M] mit CD-Spieler[M]
radioregistratore[M] con compact disc[M]

Betriebseinstellung[F]
selettori[M] di modo[M]

Antenne[F]
antenna[F]

Tragebügel[M]
maniglia[F]

Ein/Aus/Lautstärke[F]
interruttore[M] di accensione[F] e del volume[M]

CD-Spieler[M]
lettore[M] di compact disc[M]

CD[F]
compact disc[M]

Stereotaste[F]
selettore[M] stereo/mono

Kopfhörerbuchse[F]
presa[F] per cuffia[F]

Netzanschluss[M]
presa[F] di alimentazione[F]

Lautsprecher[M]
altoparlante[M]

Kassettendecktasten[F]
tasti[M] del riproduttore[M] a cassette[F]

Sendereinstellung[F]
manopola[F] della sintonia[F]

Kassette[F]
cassetta[F]

Kassettenteil[N]
riproduttore[M] a cassette[F]

Empfangsteil[N]
sintonizzatore[M]

CD-Tasten[F]
tasti[M] del lettore[M] di compact disc[M]

KOMMUNIKATION UND BÜROTECHNIK

Telefonieren^{N}

comunicazione^{F} via telefono^{M}

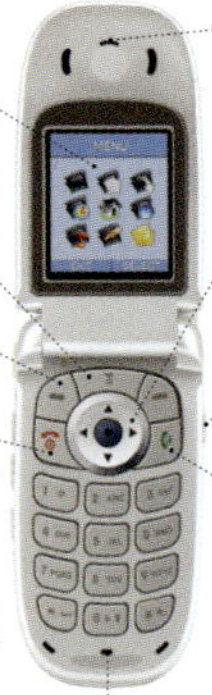

LCD-Display^{N}
display^{M} a cristalli^{M} liquidi

Menütaste^{F}
tasto^{M} menù^{M}

Softkey-Taste^{F}
tasto^{M} programmabile

Auflege-/Ausschalttaste^{F}
tasto^{M} fine^{F} chiamata^{F}/interruttore^{M}

alphanumerische Tastatur^{F}
tastierino^{M} alfanumerico

Mikrofon^{N}
microfono^{M}

Lautsprecher^{M}
ricevitore^{M}

Navigationstaste^{F}
tasto^{M} di navigazione^{F}

Fototaste^{F}
tasto^{M} macchina fotografica

Ruftaste^{F}
tasto^{M} di chiamata^{F}

Handy^{N}
telefono^{M} cellulare

Antenne^{F}
antenna^{F}

LCD-Display^{N}
display^{M} a cristalli^{M} liquidi

Objektiv^{N}
obiettivo^{M}

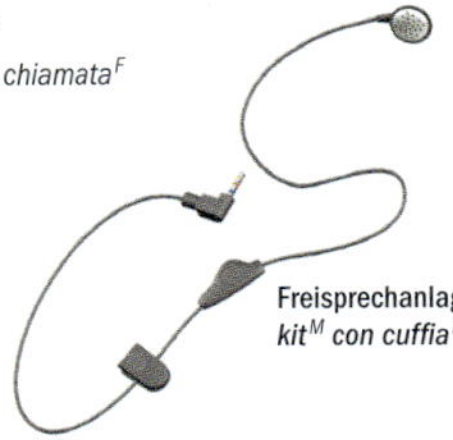

Freisprechanlage^{F}
kit^{M} con cuffia^{F} dotata di microfono^{M}

Telefonapparat^{M}
apparecchio^{M} telefonico

Hörmuschel^{F}
ricevitore^{M}

Display^{N}
display^{M}

Hörer^{M}
microtelefono^{M}

Lautstärkeregler^{M} für den Hörer^{M}
regolatore^{M} del volume^{M} di ricezione^{F}

Sprechmuschel^{F}
microfono^{M}

An-/Aus-Kontrolllampe^{F}
spia^{F} luminosa di accensione^{F}/spegnimento^{M}

Displayeinstellung^{F}
regolatore^{M} del display^{M}

Lautstärkeregler^{M} für den Rufton^{M}
regolatore^{M} del volume^{M} e della suoneria^{F}

Schnur^{F}
cordone^{M} del microtelefono^{M}

Tasten^{F}
tastiera^{F}

Rufnummernregister^{N}
rubrica^{F} telefonica

Rufnummernregister^{N} für automatische Wahl^{F}
tasti^{M} di chiamata^{F} automatica

Speichertaste^{F}
tasto^{M} di memorizzazione^{F}

Funktionswahltaste^{F}
selettori^{M} di funzione^{F}

digitaler Anrufbeantworter[M]
segreteria[F] telefonica digitale

Telefaxgerät[N]
telefax[M]

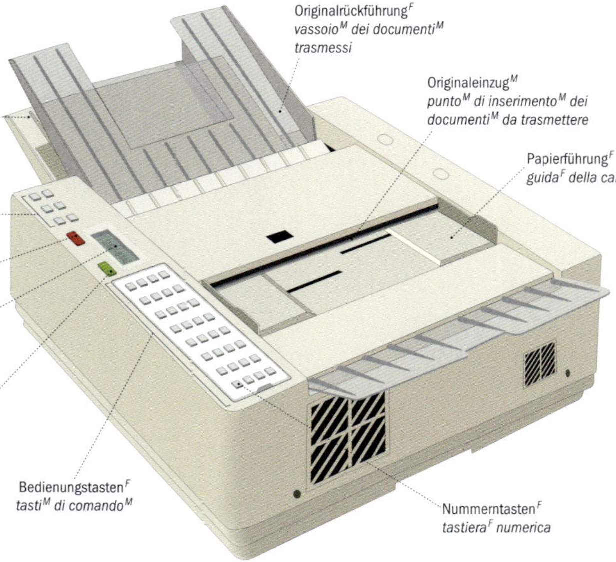

KOMMUNIKATION UND BÜROTECHNIK

Personalcomputer^{M}
personal computer^{M}

Bildschirm^{M}
monitor^{M}

owergehäuse^{N}:
Rückansicht^{F}
hâssis^{M}: dorso^{M}

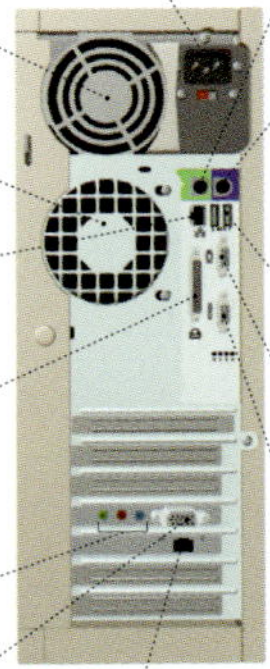

Towergehäuse^{N}: Vorderansicht^{F}
châssis^{M}: vista^{F} frontale

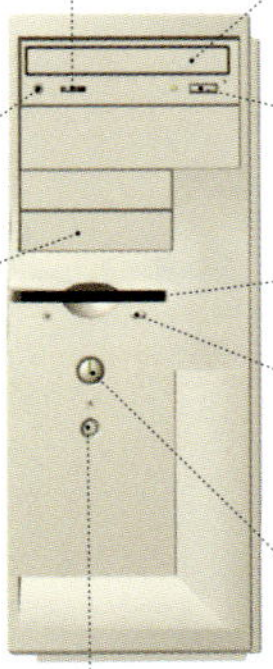

Eingabegeräte^{N}

dispositivi^{M} di entrata^{F}

Tastatur^{F} und Piktogramme^{N}
tastiera^{F} e pittogrammi^{M}

Funktionstasten^{F}
tasti^{M} funzione^{F}

Internet^{N}-Tasten^{F}
tasti^{M} Internet

E-Mail^{F}-Taste^{F}
tasto^{M} email

Escapetaste^{F}
tasto^{M} Esc

Tabulatortaste^{F}
tasto^{M} di tabulazione^{F}

Großschriftfeststellungstaste^{F}
tasto^{M} di blocco^{M} delle maiuscole^{F}

Umschalttasten^{F}
tasto^{M} delle maiuscole^{F}

Steuerungstaste^{F}
tasto^{M} Control

Startmenütaste^{F}
tasto^{M} Avvio^{M}

Alt-Taste^{F}
tasto^{M} Alt

abnehmbare Handballenauflage^{F}
poggiamano^{M} amovibile

Leertaste^{F}
barra^{F} spaziatrice

alphanumerische Tastatur^{F}
tastiera^{F} alfanumerica

Abbruch^{M}
escape^{M}

Tabulator^{M} nach links
tabulazione^{F} a sinistra^{F}

Tabulator^{M} nach rechts
tabulazione^{F} a destra^{F}

Großschriftfeststellung^{F}
blocco^{M} delle maiuscole^{F}

Alternative^{F}: Drittbelegung^{F}
alternato^{M}: selezione^{F} di livello^{M} 3

Großschriftumschaltung^{F}: Zweitbelegung^{F}
maiuscola^{F}: selezione^{F} di livello^{M} 2

Steuerung^{F}: Gruppenwahl^{F}
controllo^{M}: selezione^{F} di gruppo^{M}

Steuerung^{F}
controllo^{M}

Alternative^{F}
alternato^{M}

Leerzeichen^{N}
spazio^{M}

geschütztes Leerzeichen^{N}
spazio^{M} unificatore

Taste[F] Druck[M]/Systemabfrage[F]
tasto[M] di stampa[F]/chiamata[F] sistema[M]

Kontrollleuchten[F]
spie[F] luminose

Taste[F] löschender Rückschritt[M]
tasto[M] backspace

Scrollen[N]-Feststelltaste[F]
tasto[M] di arresto[M] e di scorrimento[M]

Einfügetaste[F]
tasto[M] Ins

Taste[F] Pause[F]/Unterbrechung[F]
tasto[M] di pausa[F]/interruzione[F]

Taste[F] Cursor[M] an Zeilenanfang[M]
tasto[M] Home

Taste[F] numerischer Block[M]
tasto[M] di blocco[M] numerico

Taste[F] vorherige Seite[F]
tasto[M] di pagina[F] su

Taste[F] nächste Seite[F]
tasto[M] di pagina[F] giù

Eingabetaste[F]
tasto[M] Invio[M]

Taste[F] Ende[N]
tasto[M] Fine[F]

numerisches Tastenfeld[N]
tastierino[M] numerico

Richtungstasten[F]
tasti[M] del cursore[M]

Löschtaste[F]
tasto[M] di cancellazione[F]

Eingabetaste[F]
tasto[M] Invio[M]

Pause[F]
pausa[F]

Unterbrechung[F]
interruzione[F]

numerischer Block[M]
blocco[M] numerico

Scrollen[N]
scorrimento[M]

Einfügen[N]
inserimento[M]

Löschen[N]
cancellazione[F]

Cursor[M] an Zeilenanfang[M]
home[F]

Cursor[M] an Zeilenende[N]
fine[F]

vorherige Seite[F]
pagina[F] precedente

löschender Rückschritt[M]
backspace[M]

Bildschirminhalt[M] drucken
stampa[F]

nächste Seite[F]
pagina[F] successiva

Cursor[M] nach links
cursore[M] a sinistra[F]

Cursor[M] nach rechts
cursore[M] a destra[F]

Cursor[M] nach oben
cursore[M] in alto[M]

Cursor[M] nach unten
cursore[M] in basso[M]

Eingabe[F]
invio[M]

KOMMUNIKATION UND BÜROTECHNIK

Eingabegeräte[N]

Kugelmaus[F]
mouse[M] a rotella[F]

Funkmaus[F]
mouse[M] senza fili[M]

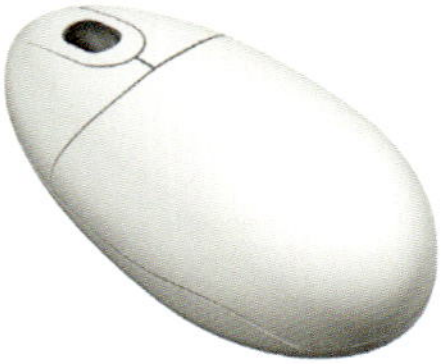

mechanische Maus[F]
mouse[M] meccanico

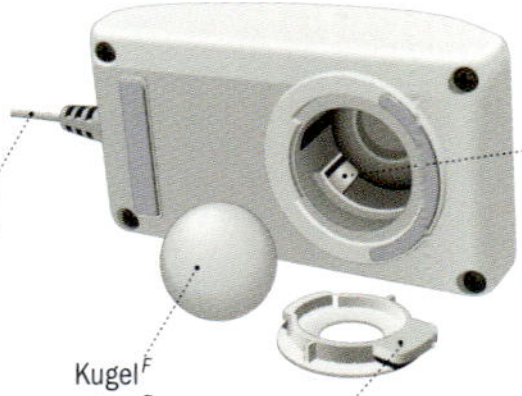

optische Maus[F]
mouse[M] ottico

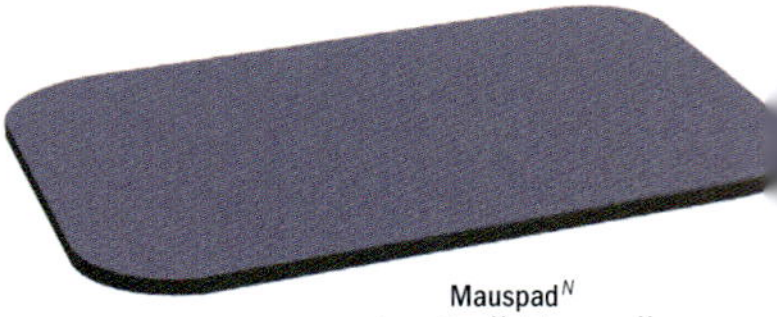

Mauspad[N]
tappetino[M] del mouse[M]

Joystick[M]
joystick[M]

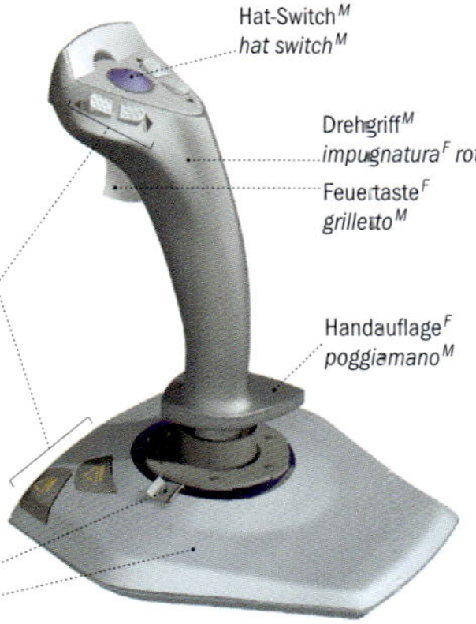

Webcam
webcam

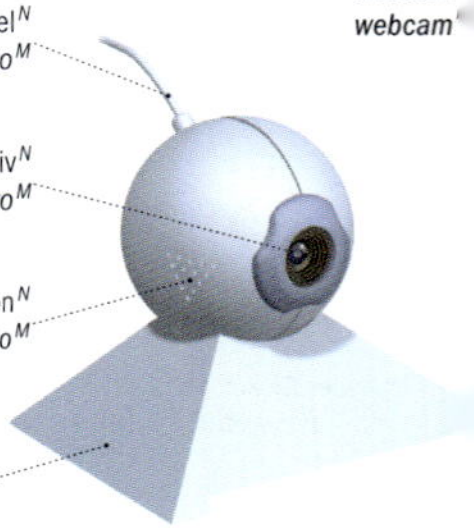

Ausgabegeräte^{N}

dispositivi^{M} di uscita^{F}

Tintenstrahldrucker^{M}
stampante^{F} a getto^{M} di inchiostro^{M}

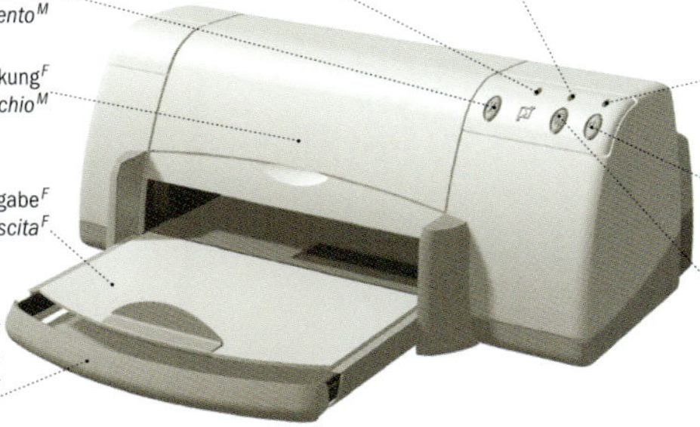

Speichergeräte^{N}

dispositivi^{M} di memorizzazione^{F} dei dati^{M}

externes Festplattenlaufwerk^{N}
unità^{F} hard disk^{M} estraibile

herausnehmbare Festplatte^{F}
hard disk^{M} estraibile

Festplattenlaufwerk^{N}
unità^{F} hard disk^{M}

Kassettenlaufwerk^{N}
drive^{M} per cassette^{F}

Kassette^{F}
cassetta^{F}

USB-Stick^{M}
chiave^{F} USB

Speicherkartenlesegerät^{N}
lettore^{M} di scheda^{F} di memoria^{F}

externes Diskettenlaufwerk^{N}
unità^{F} floppy disk^{M} esterna

Diskette^{F}
floppy disk^{M}

DVD-Brenner^{M}
registratore^{M} di DVD^{M}

Internet[N]

Internet[F]

URL-Adresse[F] (vereinheitlichter Ressourcenzugriff[M])
URL (localizzatore[M] universale di risorse[F])

Kommunikationsprotokoll[N]
protocollo[M] di comunicazione[F]

Domainname[M]
nome[M] del dominio[M]

Dateiformat[N]
formato[M] del file[M]

http://www.un.org/aboutun/index.html

Doppelschrägstrich[M]
doppio slash[M]

Domain[F] zweiten Grades[M]
dominio[M] di secondo livello[M]

Ordner[M], Verzeichnis[N]
directory[F]

Datei[F]
file[M]

Server[M]
server[M]

Top-Level[N]-Domain[F]
dominio[M] di livello[M] superiore

Browser[M]
browser[M]

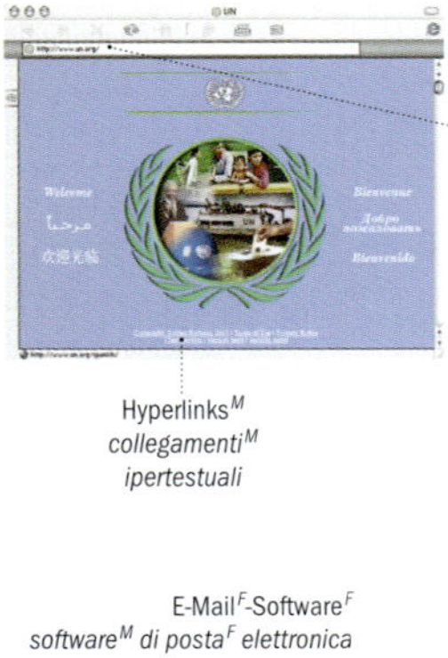

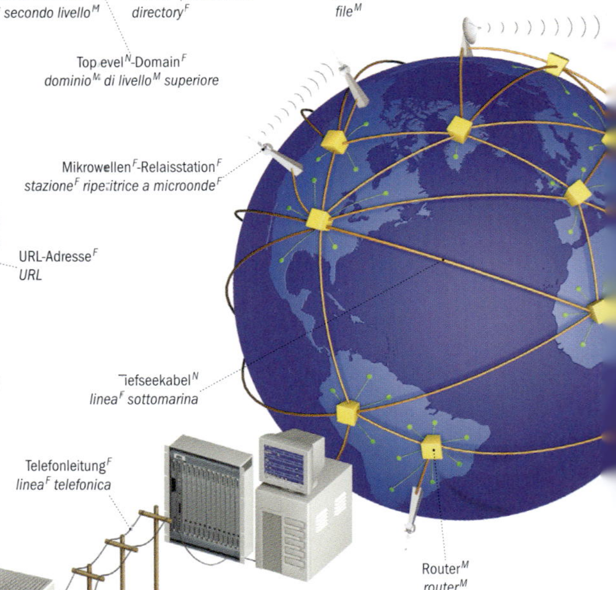

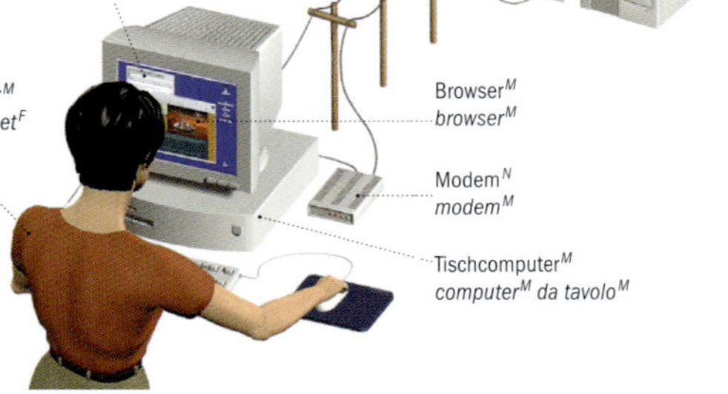

Internet^{N}-Nutzungen^{F}

impieghi^{M} di Internet^{F}

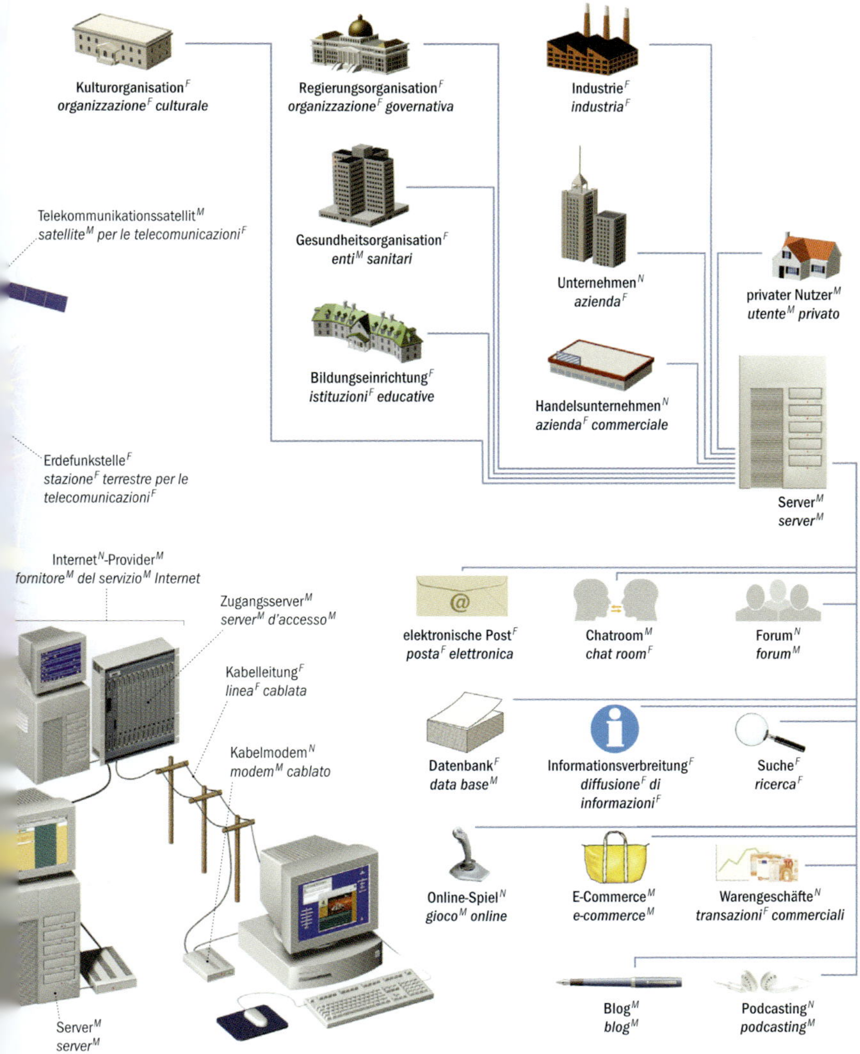

Laptop^{M}

computer^{M} portatile

Laptop^{M}: Vorderansicht^{F}
computer^{M} portatile: vista^{F} frontale

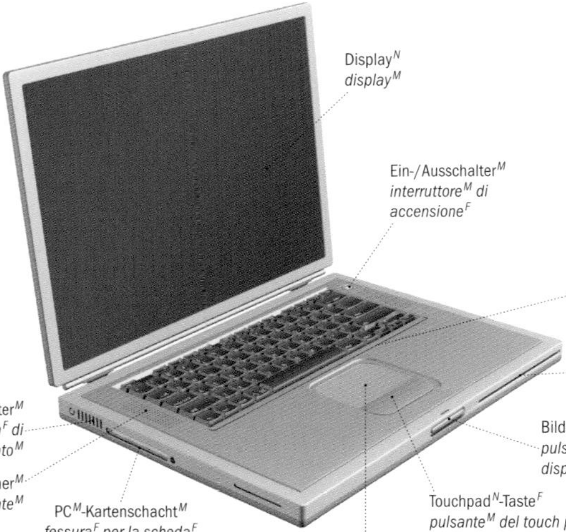

Laptop^{M}: Rückansicht^{F}
computer^{M} portatile: dorso^{M}

Adapter^{M}
alimentatore^{M}

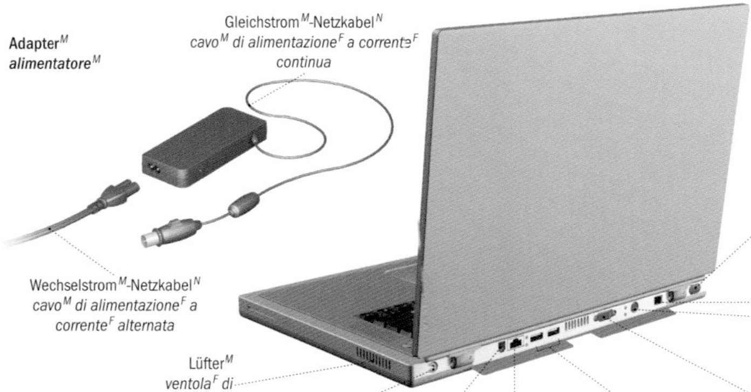

Handheld-Computer^{M}

computer^{M} tascabile

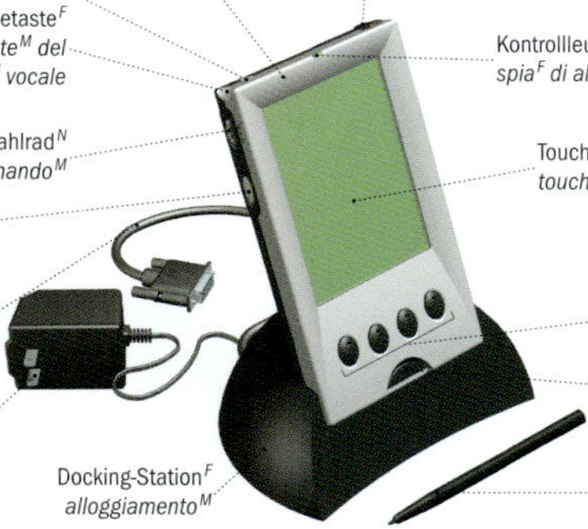

Audio-Ein- und -Ausgänge^{M}
ingresso^{M}/uscita^{F} audio^{M}

Mikrofon^{N}
microfono^{M}

Infrarotschnittstelle^{F}
porta^{F} a infrarossi^{M}

Sprachaufnahmetaste^{F}
pulsante^{M} del registratore^{M} vocale

Kontrollleuchte^{F} Alarm^{M}/Aufladen^{N}
spia^{F} di allarme^{M} e di messa^{F} in carica^{F}

Wahlrad^{N}
rotella^{F} di comando^{M}

Touchscreen^{M}
touch screen^{M}

Abbruchtaste^{F}
pulsante^{M} di uscita^{F}

Anwendungsstarttasten^{F}
pulsanti^{M} di avvio^{M} delle applicazioni^{F}

Synchronisationskabel^{N}
cavo^{M} di sincronizzazione^{F}

Betriebsschalter^{M} und Hintergrundbeleuchtung^{F}
pulsante^{M} di alimentazione^{F} e di controluce^{F}

Netzstecker^{M}
spina^{F} di alimentazione^{F}

Docking-Station^{F}
alloggiamento^{M}

Stift^{M}
stilo^{F}

Schreibwaren^{F}

articoli^{M} di cancelleria^{F}

wissenschaftlicher Taschenrechner^{M}
calcolatrice^{F} scientifica

Tischrechner^{M} mit Druckerteil^{N}
calcolatrice^{F} da tavolo^{M}

Taschenrechner^{M}
calcolatrice^{F} tascabile

Anzeige^{F}
display^{M}

Solarzelle^{F}
cella^{F} solare

Etui^{N}
custodia^{F}

Speichersubtraktionstaste^{F}
tasto^{M} di sottrazione^{F} in memoria^{F}

Speicheradditionstaste^{F}
tasto^{M} di somma^{F} in memoria^{F}

Speicheranzeigetaste^{F}
tasto^{M} di richiamo^{M} della memoria^{F}

Löschtaste^{F}
tasto^{M} di azzeramento^{M}

Speicherlöschtaste^{F}
tasto^{M} di cancellazione^{F} della memoria^{F}

Divisionstaste^{F}
tasto^{M} di divisione^{F}

Eingabe-Löschtaste^{F}
tasto^{M} di azzeramento^{M} ultimo dato^{M}

Zifferntaste^{F}
tasto^{M} numerico

Quadratwurzeltaste^{F}
tasto^{M} di radice^{F} quadrata

Subtraktionstaste^{F}
tasto^{M} di sottrazione^{F}

Multiplikationstaste^{F}
tasto^{M} di moltiplicazione^{F}

Kommataste^{F}
tasto^{M} di punto^{M} decimale

Prozenttaste^{F}
tasto^{M} di percentuale^{F}

Additionstaste^{F}
tasto^{M} di addizione^{F}

Gleichtaste^{F}
tasto^{M} di uguale^{M}

Vorzeichentaste^{F}
tasto^{M} di cambio^{M} segno^{M}

Schreibwaren[F]

für die Terminplanung[F]
per la gestione[F] del tempo[M]

Ringbuchkalender[M]
calendario[M] da tavolo[M]

Abreißkalender[M]
calendario[M] a fogli[M] staccabili

Organizer[M]
organizer[M]

Display[N]
display[M]

alphabetische Tastatur[F]
tastierino[M] alfabetico

numerische Tastatur[F]
tastierino[M] numerico

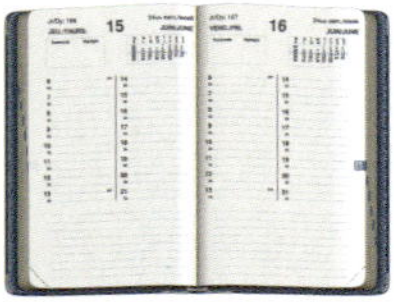

Terminkalender[M]
agenda[F]

Haftnotiz[F]
foglietto[M] adesivo

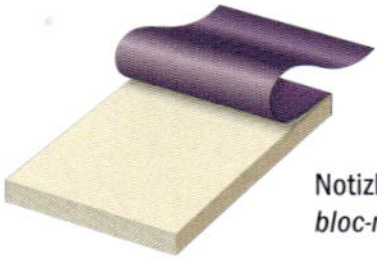

Notizblock[M]
bloc-notes[M]

für die Korrespondenz[F]
per la corrispondenza[F]

Stempelkissen[N]
tampone[M]

Stempel[M]
timbro[M] di gomma[F]

Nummerierstempel[M]
numeratore[M]

Datumstempel[M]
datario[M]

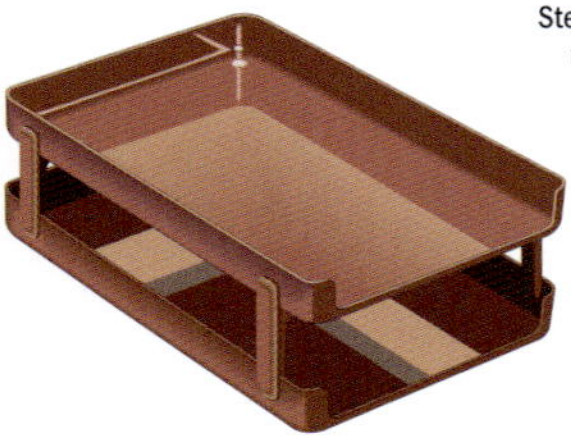

Dokumentenablage[F]
vaschetta[F] portacorrispondenza

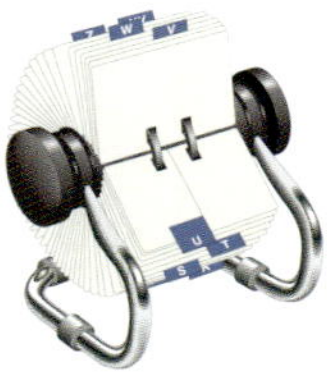

Drehkartei[F]
schedario[M] rotativo

Telefonnummernverzeichnis[N]
rubrica[F] telefonica

KOMMUNIKATION UND BÜROTECHNIK

Luftpolsterumschlag^{M}
busta^{F} imbottita

selbstklebende Lasche^{F}
aletta^{F} autoadesiva

Luftpolster^{N}
bolle^{F} d'aria^{F}

Briefwaage^{F}
pesalettere^{M}

elastischer Fingerhut^{M}
ditale^{M} in gomma^{F}

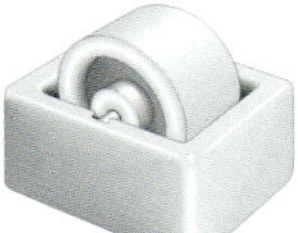

Befeuchter^{M}
spugnetta^{F}

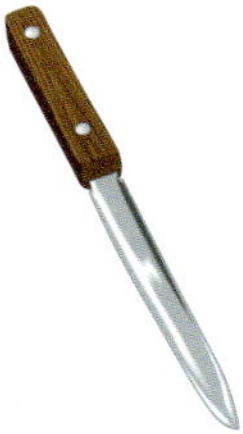

Brieföffner^{M}
tagliacarte^{M}

für die Ablage^{F}
per l'archiviazione^{F}

Registriereinlagen^{F}
divisori^{M}

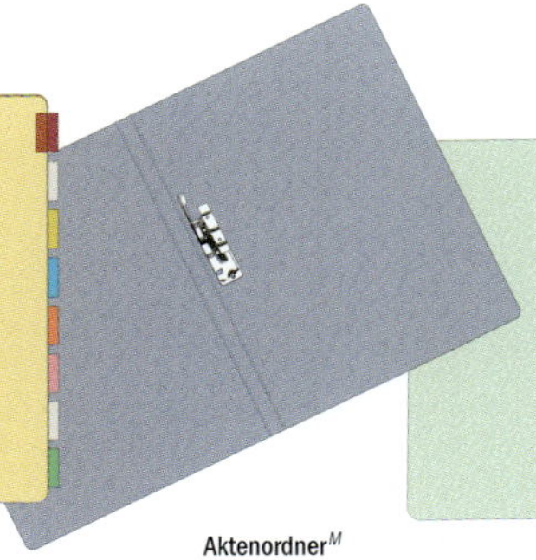

Aktenordner^{M}
cartella^{F} con pressino^{M}

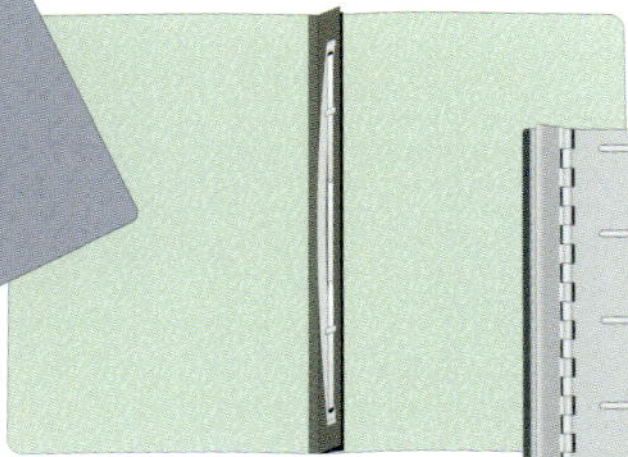

Schnellhefter^{M}
cartella^{F} con linguetta^{F}

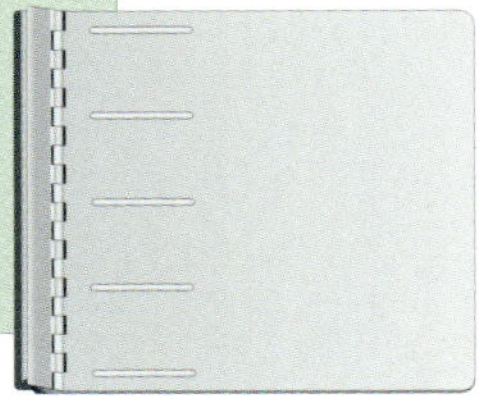

Klemmhefter^{M}
raccoglitore^{M} a molla^{F}

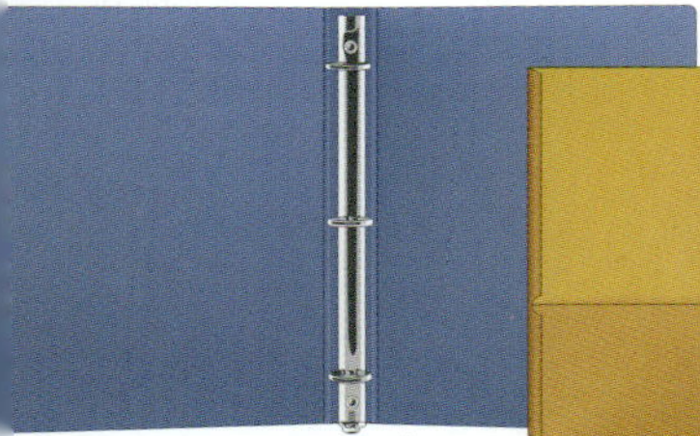

Ringbuch^{N}
raccoglitore^{M} ad anelli^{M}

Dokumentenmappe^{F}
cartella^{F} per documenti^{M}

Hefter^{M}
portatabulati^{M}

Schreibwaren^{F}

Selbstklebeetiketten^{N}
etichette^{F} autoadesive

Reiter^{M}
linguetta^{F}

durchsichtiger Reiter^{M}
linguetta^{F} con finestra^{F}

Aktenmappe^{F}
cartelletta^{F}

Karteiregister^{N}
divisori^{M} alfabetici per schedario^{M}

Hängemappe^{F}
cartella^{F} sospesa

Aktenbox^{F}
scatola^{F} per archivio^{M}

Spiralringbuch^{N}
rilegatura^{F} con spirale^{F}

Klemmbrett^{N}
tavoletta^{F} portablocco^{M}

Ringablage^{F}
portablocco^{M}

Präger^{M}
etichettatrice^{F}

Locher^{M}
perforatore^{M}

Spiralheftung^{F}
rilegatura^{F} con spirale^{F}

Erweiterungskartei
classificatore^{M} a soffietto^{M}

Verschiedenes^{N}
articoli^{M} vari

Büroklammern^{F}
fermagli^{M}

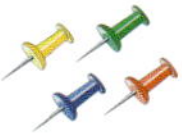

Reißnägel^{M}
puntine^{F} da disegno^{M}

Beutelklammern^{F}
fermacampioni^{M}

Klebebandabroller^{M}
nastratrice^{F}

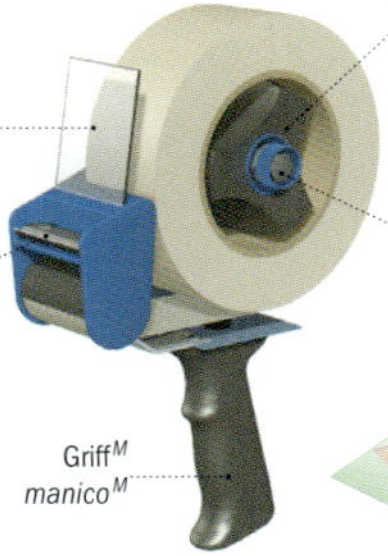

Bleistiftspitzer^{M}
temperamatite^{M}

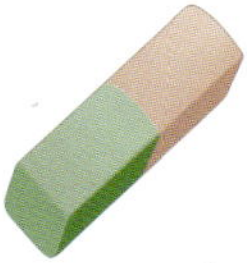

Radiergummi^{M}
gomma^{F}

Dornablage^{F}
infilzacarte^{M}

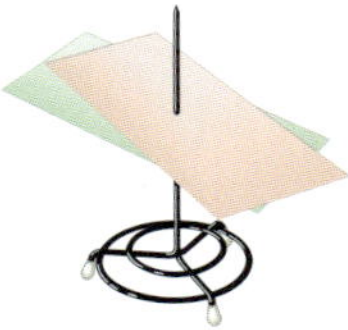

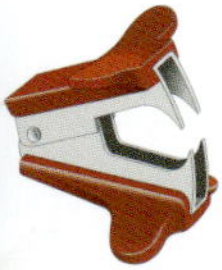

Entklammerer^{M}
levapunti^{M}

Klebefilmspender^{M}
chiocciola^{F} per nastro^{M} adesivo

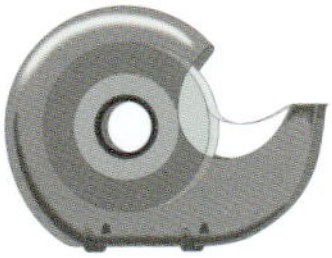

Klebestift^{M}
colla^{F} in stick^{M}

Hefter^{M}
cucitrice^{F}

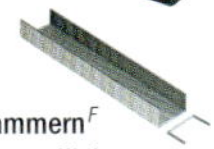

Heftklammern^{F}
punti^{M} metallici

Bücherstütze^{F}
reggilibri^{M}

Büroklammerhalter^{M}
portafermagli^{M}

Bleistiftspitzer^{M}
temperamatite^{M}

nnwand^{F}
checa^{F}

Aktenvernichter^{M}
distruggidocumenti^{M}

Papierkorb^{M}
cestino^{M}

Straßenbau^M

sistema^M stradale

Straße^F im Querschnitt^M
sezione^F trasversale di una strada^F

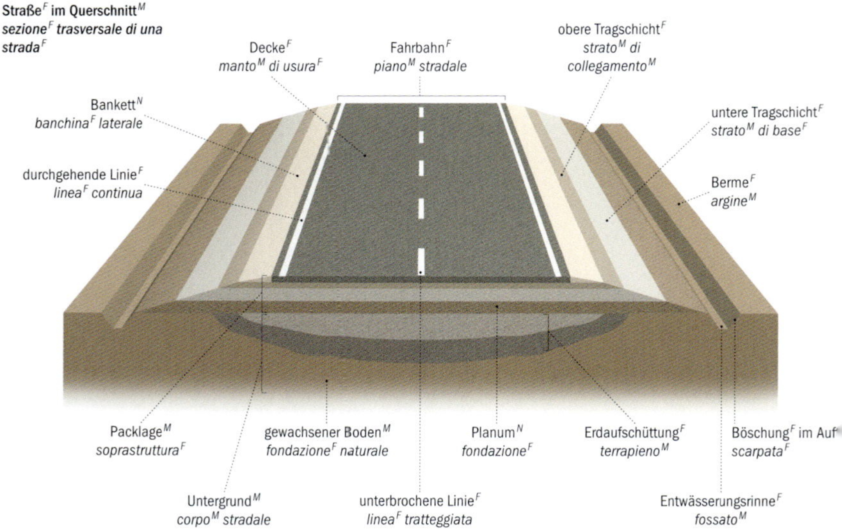

Beispiele^N für Anschlussstellen^F
esempi^M di raccordo^M

Kleeblatt^N
raccordo^M a quadrifoglio^M

Verteiler^M
raccordo^M a rotatoria^F

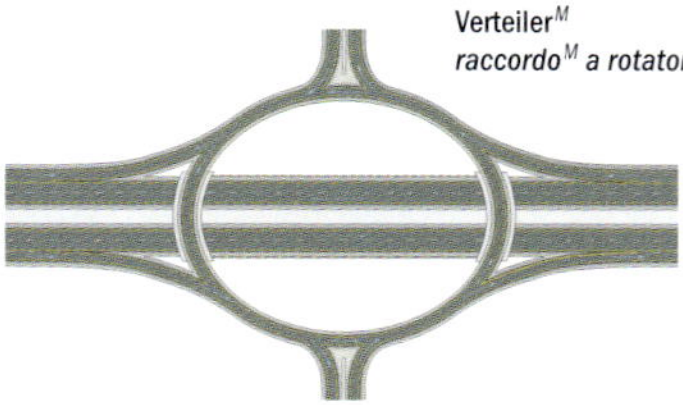

Raute^F
raccordo^M a losanga^F

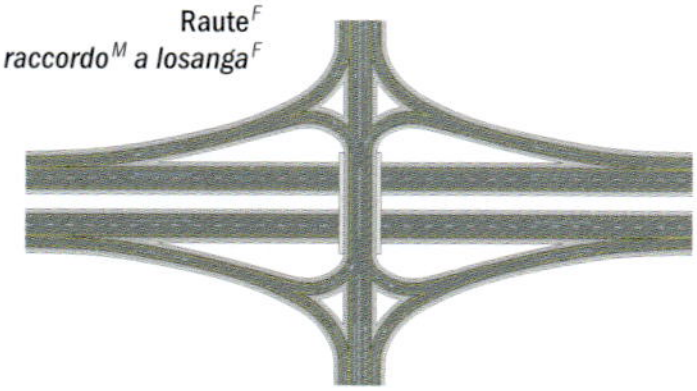

Trompete^F
raccordo^M a tromba^F

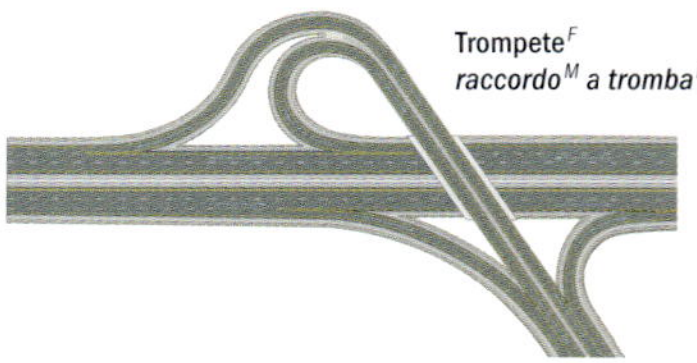

Kleeblatt^N
***raccordo**^M **a quadrifoglio**^M*

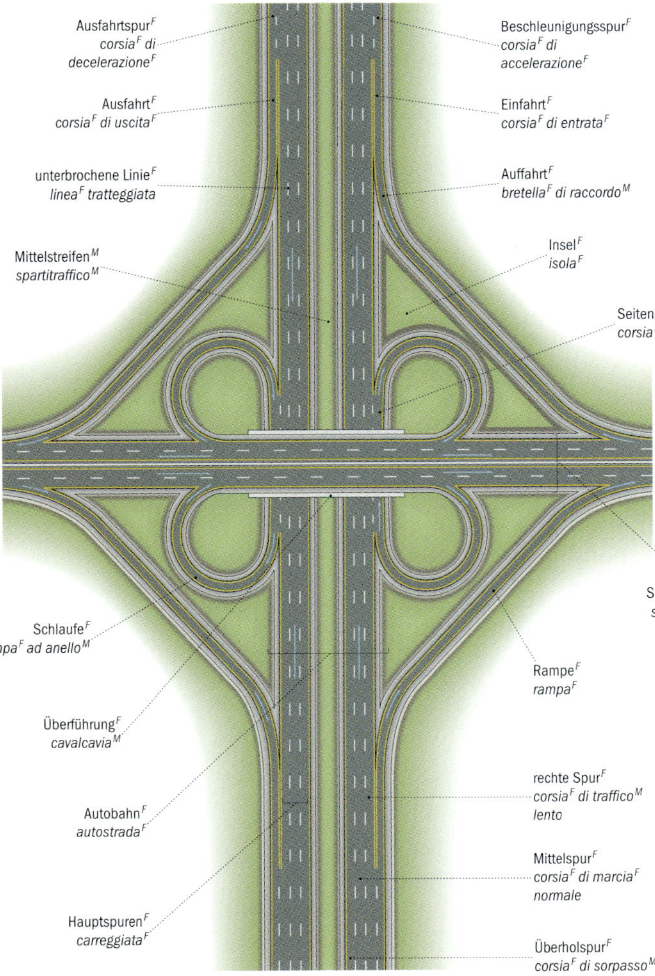

starre Brücken[F]

ponti[M] fissi

Balkenbrücke[F]
ponte[M] a travata[F]

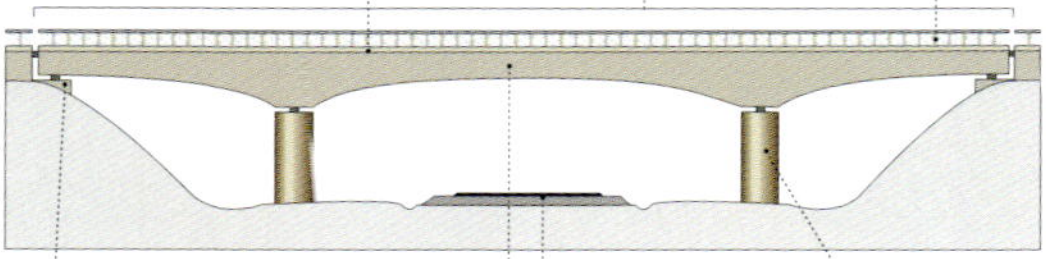

Hängebrücke[F]
ponte[M] sospeso

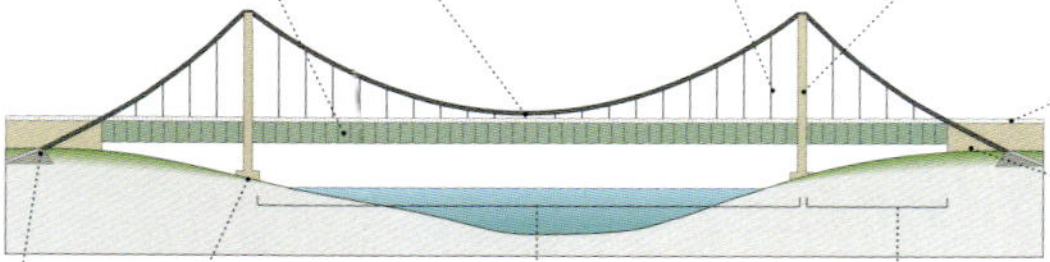

Auslegerbrücke[F]
ponte[M] a cantilever[M]

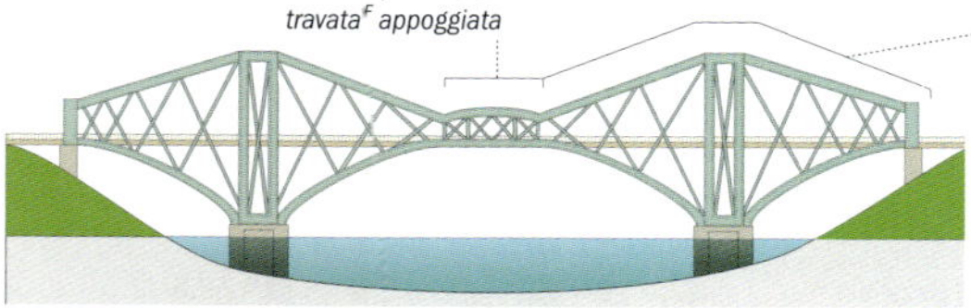

bewegliche Brücken[F]

ponti[M] mobili

Drehbrücke[F]
ponte[M] girevole

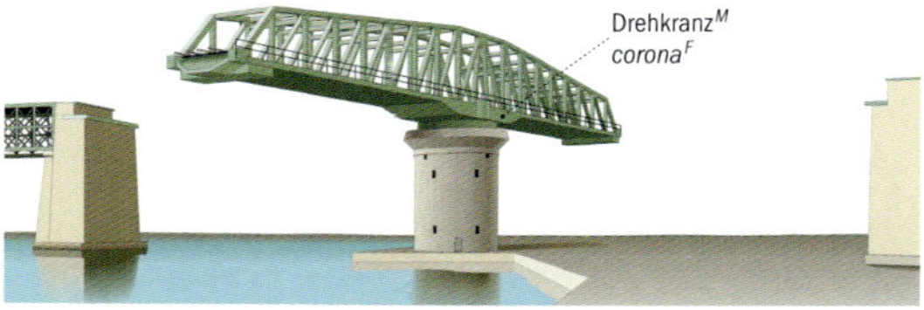

bewegliche Brücken^F

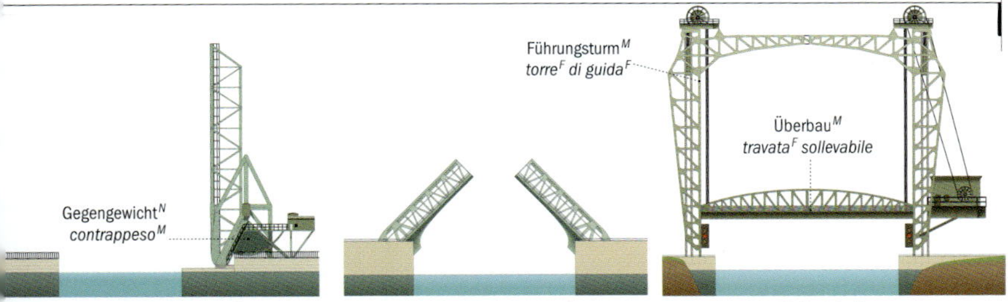

einteilige Klappbrücke^F
ponte^M ribaltabile a un'ala^F

Doppelklappbrücke^F
ponte^M ribaltabile a due ali^F

Hubbrücke^F
ponte^M sollevabile

Straßentunnel^M
galleria^F

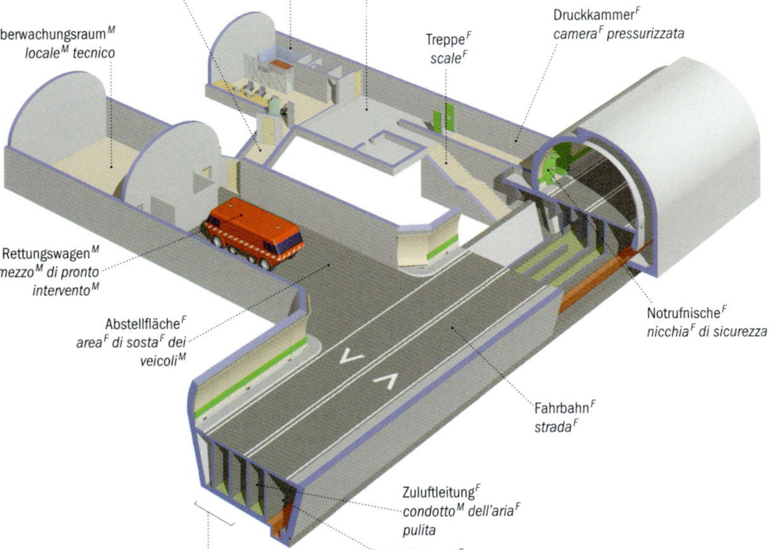

Tankstelle[F]

stazione[F] di servizio[M]

Zapfsäule[F]
pompa[F] della benzina[F]

Tankstelle[F]
stazione[F] di servizio[M]

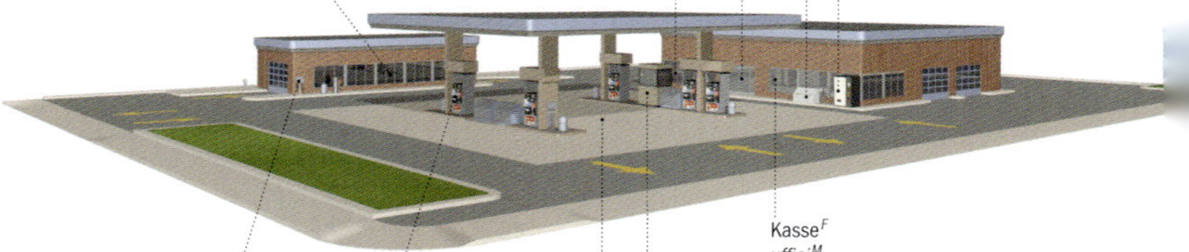

Auto[N]
automobile[F]

Beispiele[N] für Karosserien[F]
esempi[M] di carrozzerie[F]

Sportwagen[M]
granturismo[F]

Kleinwagen[M]
microvettura[F]
compatta

dreitürige Kombilimousine[F]
vettura[F] a tre porte[F]

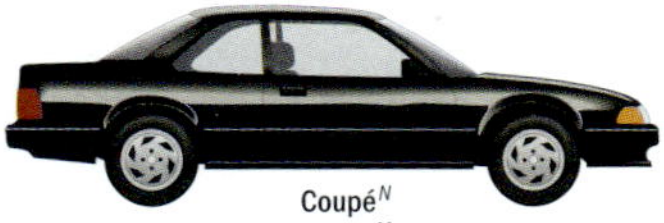

Coupé[N]
coupé[M]

Kabriolett[N]
spider[F]

viertürige Limousine[F]
berlina[F]

Kombi[M]
station wagon[F]

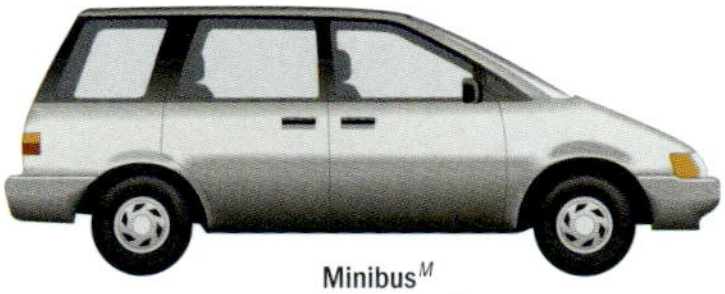

Minibus[M]
monovolume[F]

Geländewagen[M]
fuoristrada[M]

Pickup[M]
pickup[M]

Pullman Limousine[F]
limousine[F]

Karosserie[F]
carrozzeria[F]

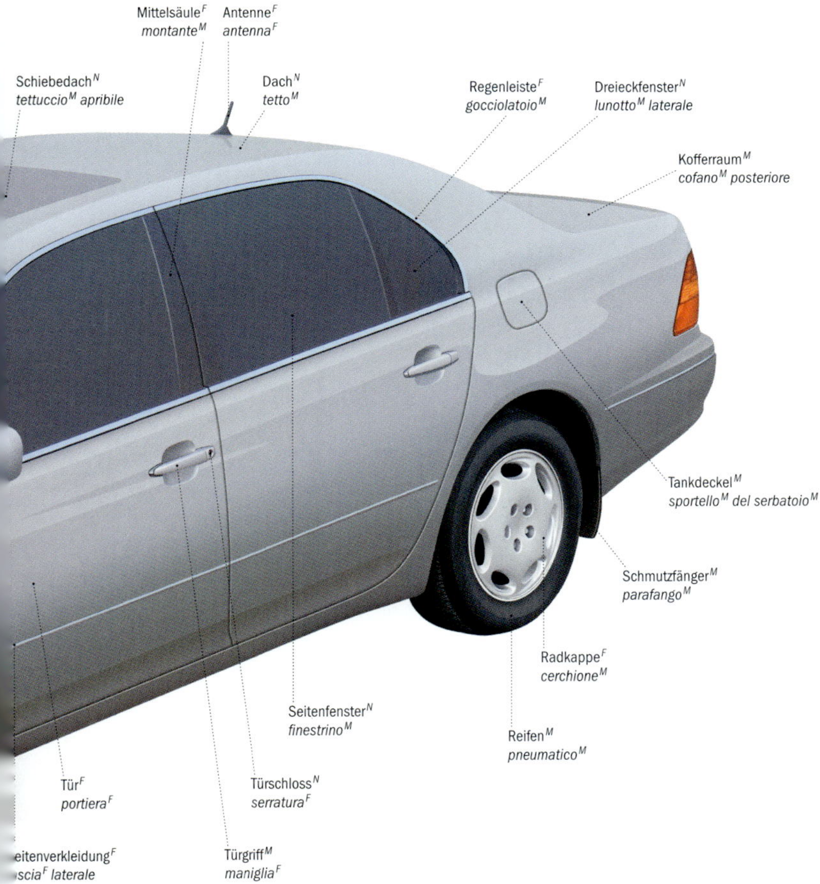
Mittelsäule[F]
montante[M]
Antenne[F]
antenna[F]
Schiebedach[N]
tettuccio[M] *apribile*
Dach[N]
tetto[M]
Regenleiste[F]
gocciolatoio[M]
Dreieckfenster[N]
lunotto[M] *laterale*
Kofferraum[M]
cofano[M] *posteriore*
Tankdeckel[M]
sportello[M] *del serbatoio*[M]
Schmutzfänger[M]
parafango[M]
Radkappe[F]
cerchione[M]
Reifen[M]
pneumatico[M]
Seitenfenster[N]
finestrino[M]
Tür[F]
portiera[F]
Türschloss[N]
serratura[F]
eitenverkleidung[F]
scia[F] *laterale*
Türgriff[M]
maniglia[F]

Kraftfahrzeuge^N: Hauptbauteile^N
sistemi^M dell'automobile^F: componenti^M principali

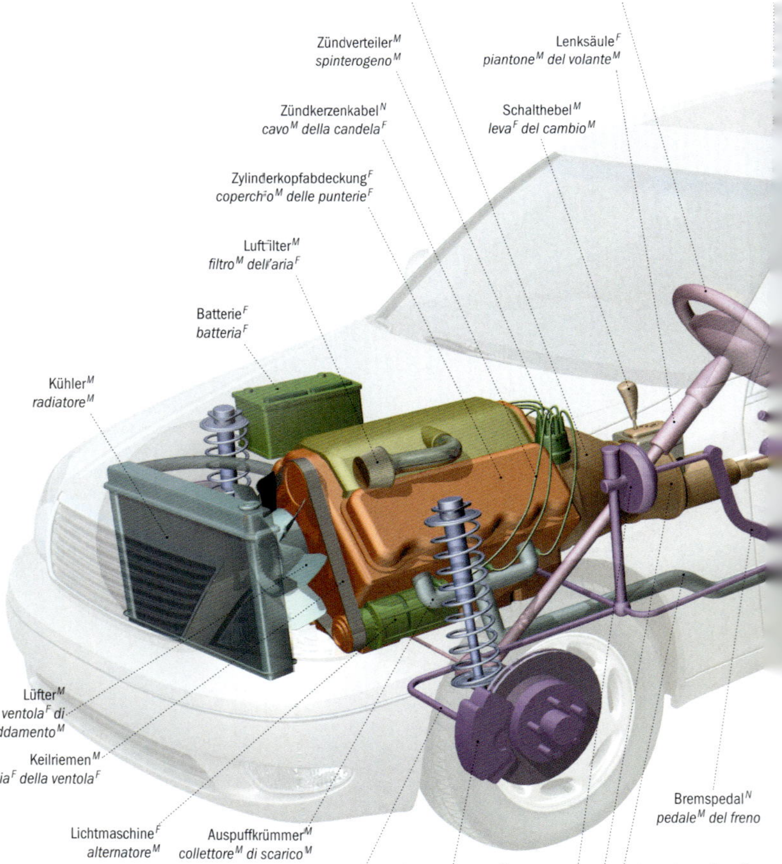

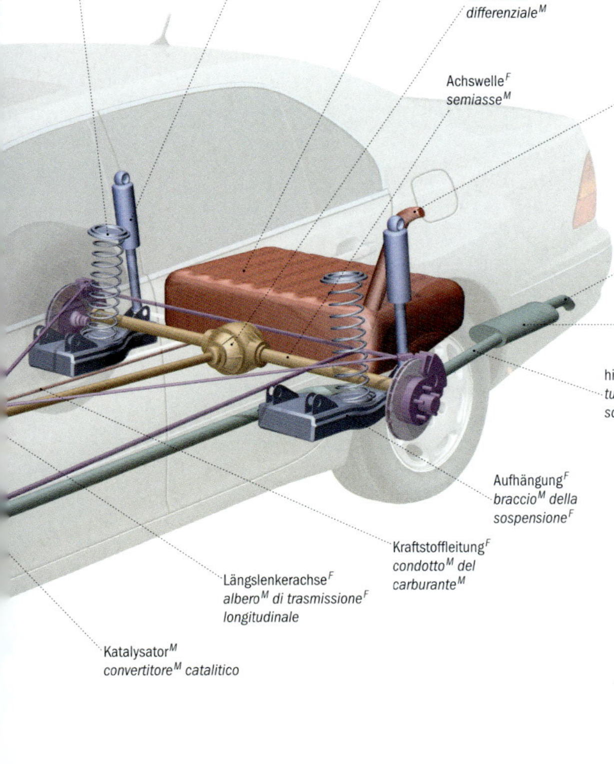

Kraftfahrzeuganlagen[F]
sistemi[M] ***dell'automobile***[F]

- **Aufhängung**[F] ***gruppo***[M] ***delle sospensioni***[F]
- **Antriebssystem**[N] ***sistema***[M] ***di trasmissione***[F]
- **Kraftstoffanlage**[F] ***sistema***[M] ***di alimentazione***[F]
- **Lenkanlage**[F] ***gruppo***[M] ***dello sterzo***[M]
- **Bremsanlage**[F] ***impianto***[M] ***frenante***
- **elektrische Anlage**[F] ***impianto***[M] ***elettrico***
- **Auspuffanlage**[F] ***scappamento***[M]
- **Benzinmotor**[M] ***motore***[M] ***a benzina***[F]
- **Kühleranlage**[F] ***impianto***[M] ***di raffreddamento***[M]

Frontscheinwerfer[F]
luci[F] anteriori

Heckleuchten[F]
luci[F] posteriori

Wagentür[F]
portiera[F]

Schalensitz[M]: Vorderansicht[F]
sedile[M]: vista[F] anteriore

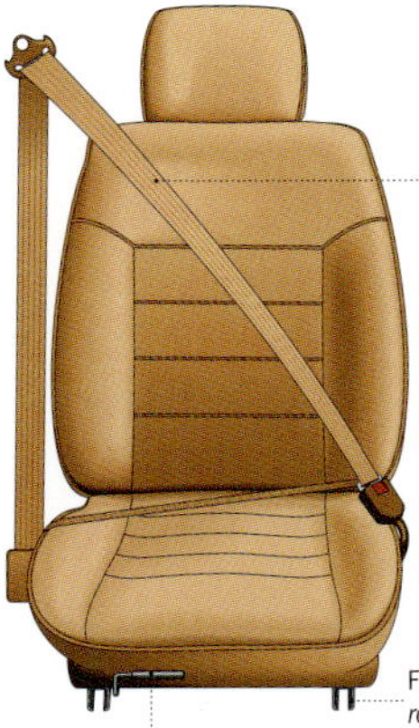

Schalensitz[M]: Seitenansicht[F]
sedile[M]: vista[F] laterale

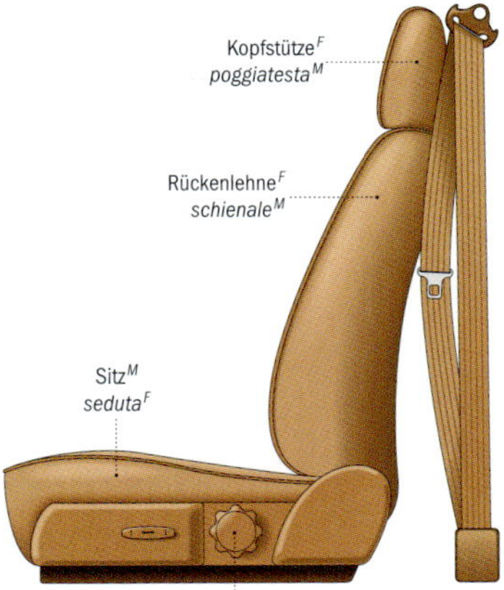

Rückbank[F]
divano[M] posteriore

Armaturenbrett[N]
plancia[F]

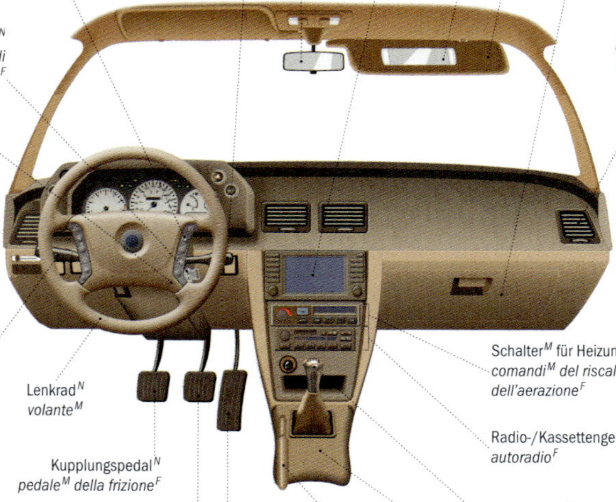

Airbag[M]-Rückhaltesystem[N]
sistema[M] di ritenuta[F] degli air bag[M]

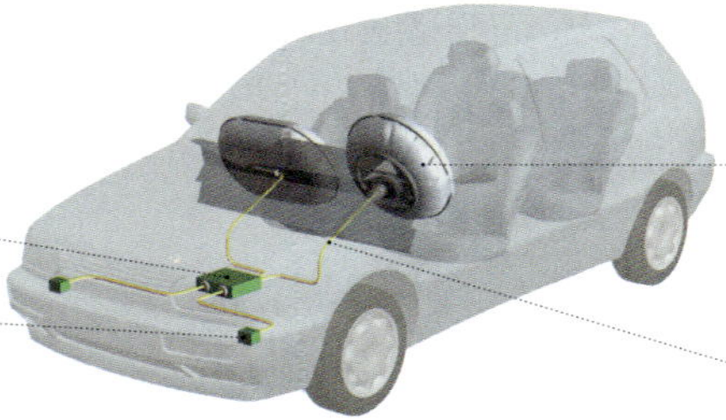

Instrumententafel[F]
quadro[M] degli strumenti[M] di controllo[M]

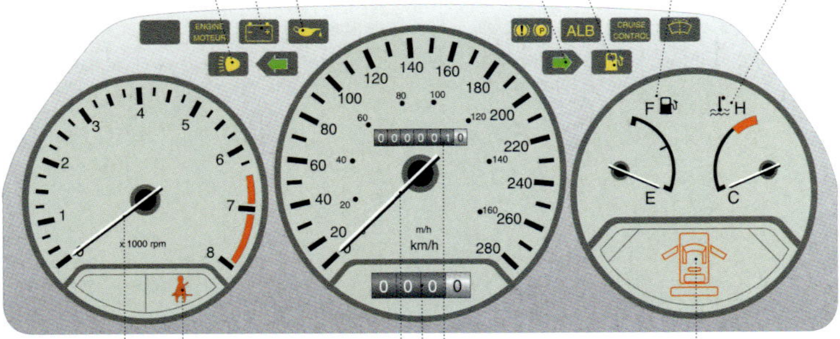

Scheibenwischer[M]
tergicristallo[M]

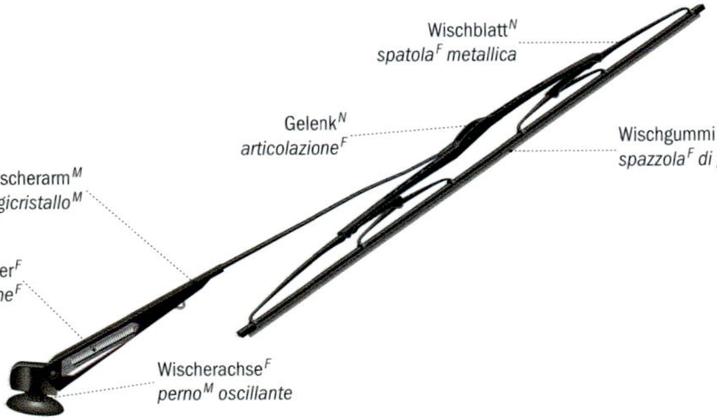

Zubehör[N]
accessori[M]

Sonnenrollo[N]
tendina[F] parasole avvolgibile

Starthilfekabel[N]
cavi[M] di accoppiamento[M]

Fußraummatte[F]
tappetino[M]

Anhängerkupplung[F]
occhione[M] di traino[M]

Schneefeger[M] mit Eiskratzer[M]
spazzola[F] da neve[F] con raschietto[M]

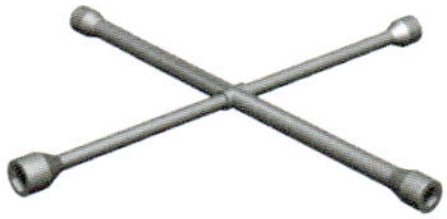

Kreuzschlüssel[M]
chiave[F] a croce[F]

Skiträger[M]
portasci[M]

Fahrradträger[M]
portabici[M]

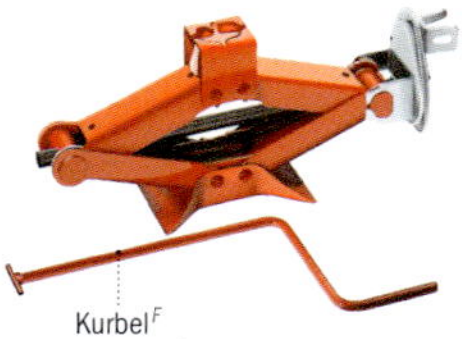

Wagenheber[M]
cric[M]

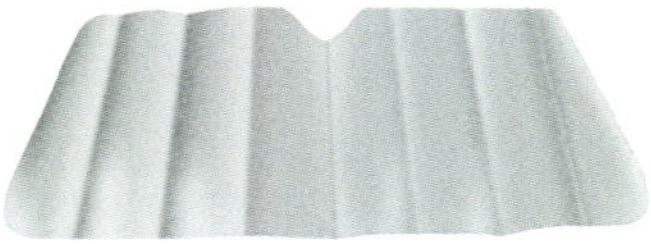

Windschutzscheiben[F]-Sonnenschutz[M]
parasole[M]

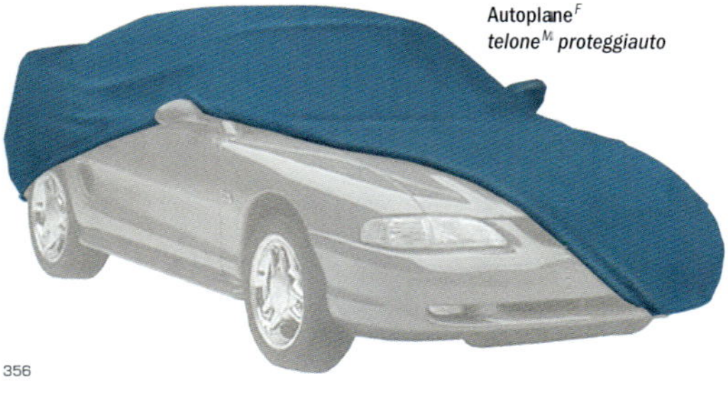

Autoplane[F]
telone[M] proteggiauto

Kindersitz[M]
seggiolino[M] per bambini[M]

Bremsen[F]
freni[M]

Scheibenbremse[F]
freno[M] a disco[M]

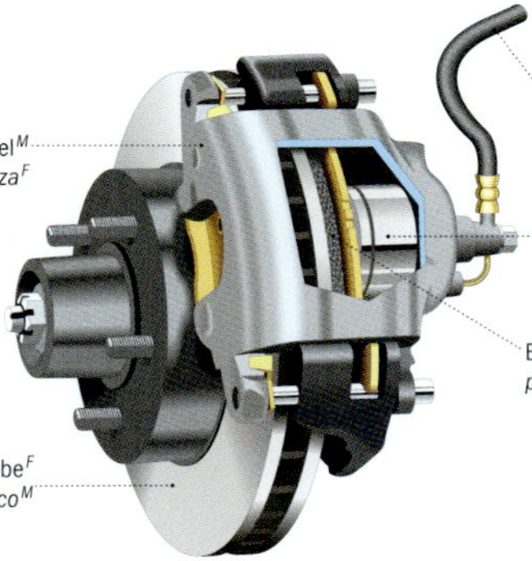

Trommelbremse[F]
freno[M] a tamburo[M]

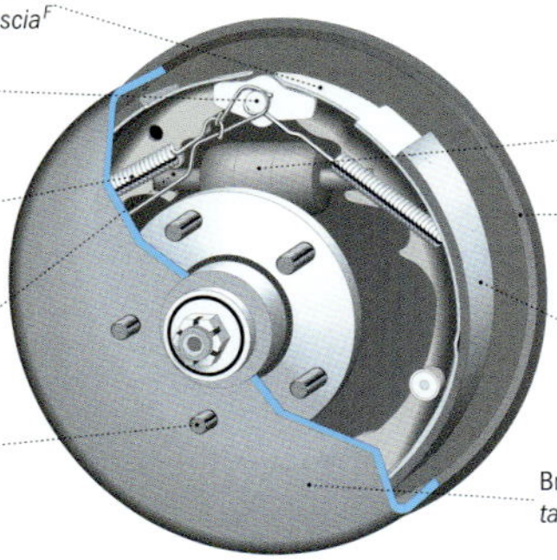

Antiblockiersystem[N] (ABS)
ABS[M], sistema[M] frenante antibloccaggio

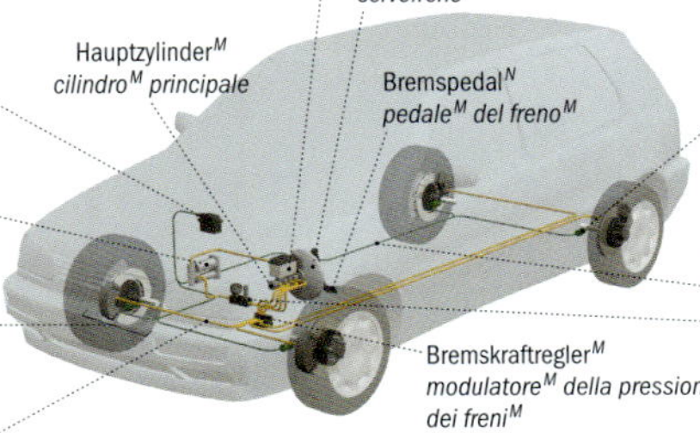

Reifen[M]
pneumatico[M]

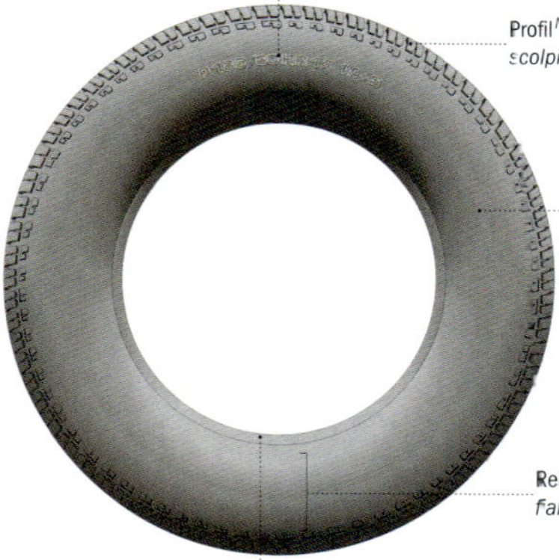

Reifenarten[F]
esempi[M] di pneumatici[M]

Sportreifen[M]
pneumatico[M] sportivo

Ganzjahresreifen[M]
pneumatico[M] per tutte le stagioni[F]

Spikereifen[M]
pneumatico[M] chiodato

Winterreifen[M]
pneumatico[M] invernale

Touringreifen[M]
pneumatico[M] granturismo

Kühler[M]
radiatore[M]

Zündkerze[F]

candela[F]

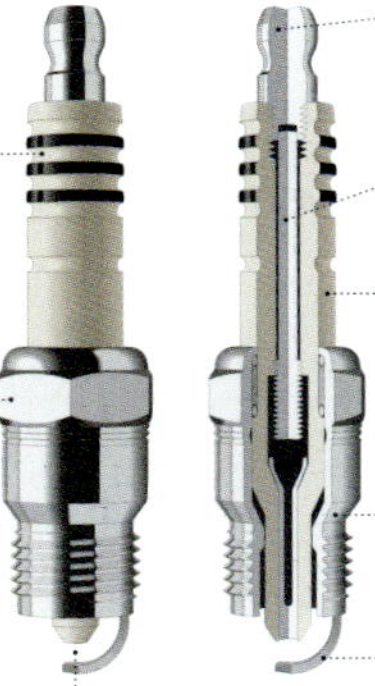

Batterie[F]

batteria[F]

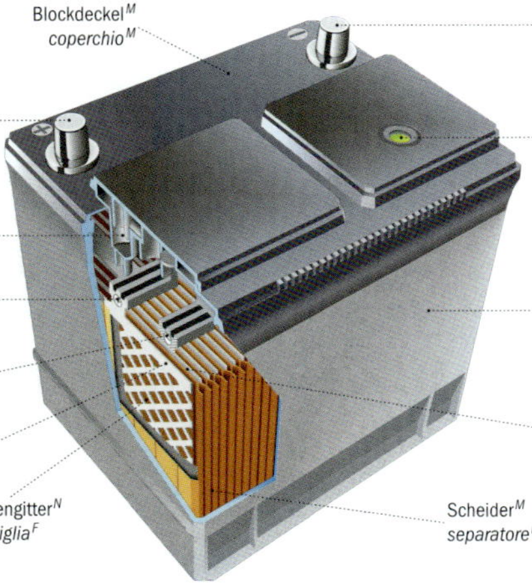

Ottomotor^M

motore^M a benzina^F

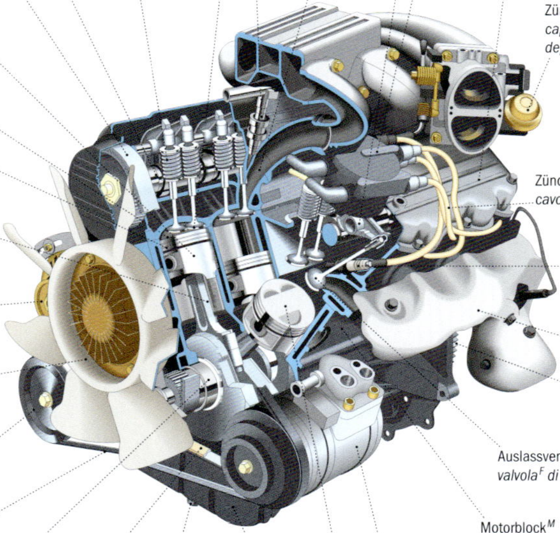

Wohnwagen^{M}

rimorchi^{M} e autocaravan^{M}

Wohnwagen^{M}
roulotte^{F}

Zeltwagen^{M}
carrello^{M} tenda^{F}

Wohnmobil^{N}
autocaravan^{M}

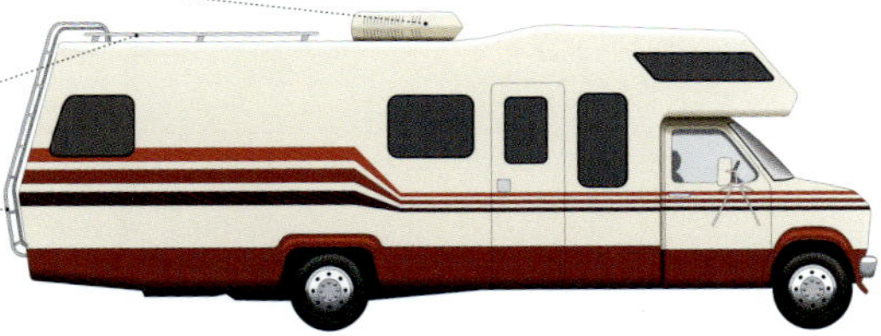

TRANSPORT UND FAHRZEUGE

Bus[M]

autobus[M]

Schulbus[M]
scuolabus[M]

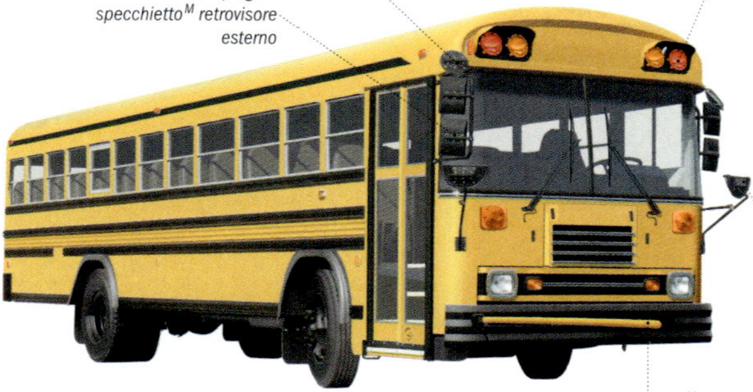

Linienbus[M]
autobus[M] urbano

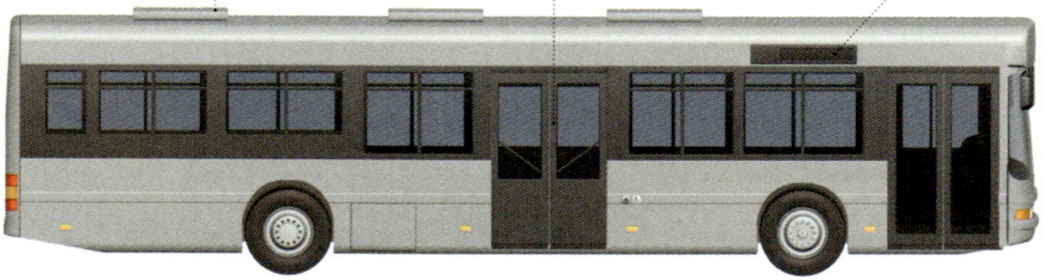

Reisebus[M]
pullman[M]

Doppeldeckerbus^{M}
autobus^{M} a due piani^{M}

Kleinbus^{M}
minibus^{M}

Gelenkbus^{M}
autobus^{M} articolato

Lastkraftfahrzeuge^{N}

autoveicoli^{M} industriali

Sattelschlepper^{M}
motrice^{F}

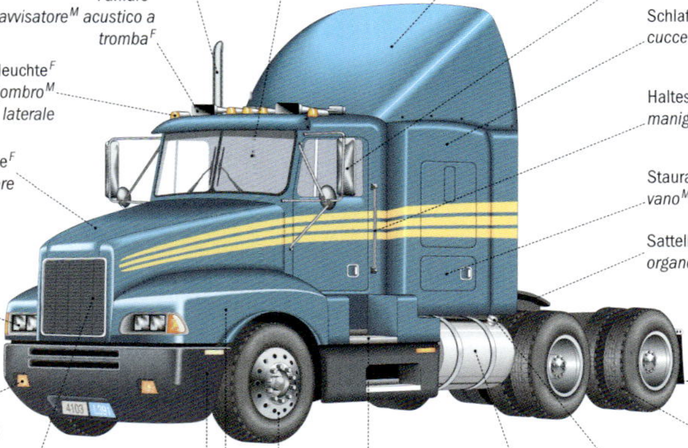

Beispiele^{N} für Lastkraftwagen^{M}
esempi^{M} di camion^{M}

Tankwagen^{M}
autobotte^{F}

Müllabfuhrwagen^{M}
compattatore^{M}

Abschleppwagen
autogr

Kühlsattelschlepper[M]
semirimorchio[M] frigorifero

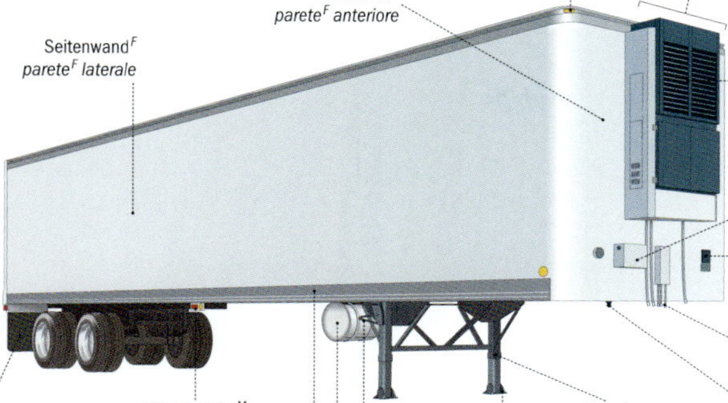

Transporter[M]
furgone[M]

Transportmischer[M]
betoniera[F]

Straßenkehrmaschine[F]
spazzatrice[F]

chneefräse[F]
pazzaneve[M] a turbina[F]

Motorrad[N]

motocicletta[F]

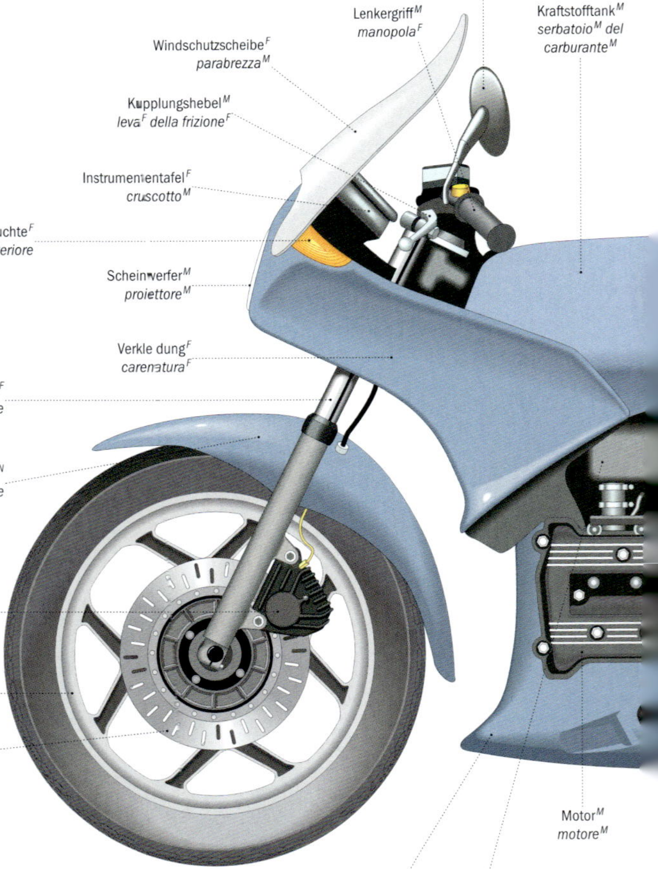

TRANSPORT UND FAHRZEUGE

Schutzhelm[M]
casco[M] di protezione[F]
Oberschale[F]
calotta[F]
Visier[N]
visiera[F]
Lufteinlass[M]
presa[F] d'aria[F]
Kinnschutz[M]
protezione[F] del mento[M]
Scharnier[N]
cerniera[F] della visiera[F]

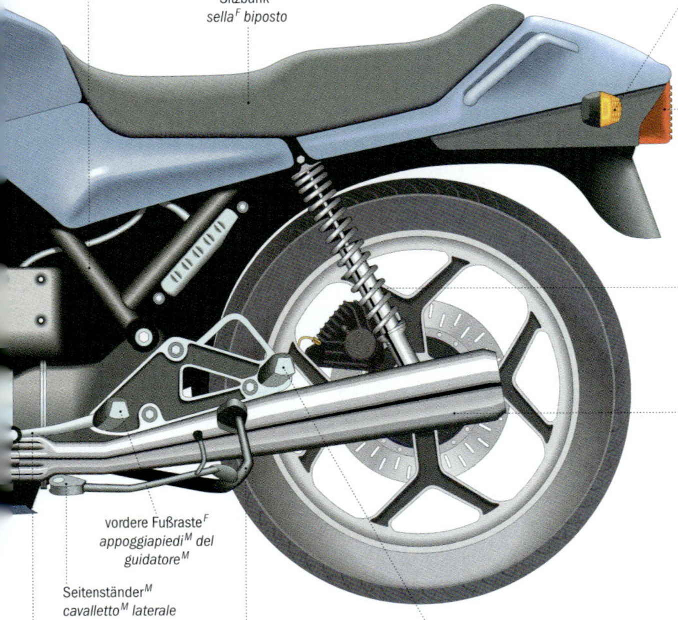
Rahmen[M]
telaio[M]
Sitzbank[F]
sella[F] biposto
Blinkleuchte[F]
lampeggiatore[M] posteriore
Schlussleuchte[F]
fanale[M] posteriore
hinterer Stoßdämpfer[M]
ammortizzatore[M] posteriore
Auspuffrohr[N]
tubo[M] di scappamento[M]
vordere Fußraste[F]
appoggiapiedi[M] del guidatore[M]
Seitenständer[M]
cavalletto[M] laterale
Schaltpedal[N]
pedale[M] del cambio[M]
Hauptständer[M]
cavalletto[M] centrale
Beifahrerfußraste[F]
appoggiapiedi[M] del passeggero[M]

Instrumententafel[F]
cruscotto[M]

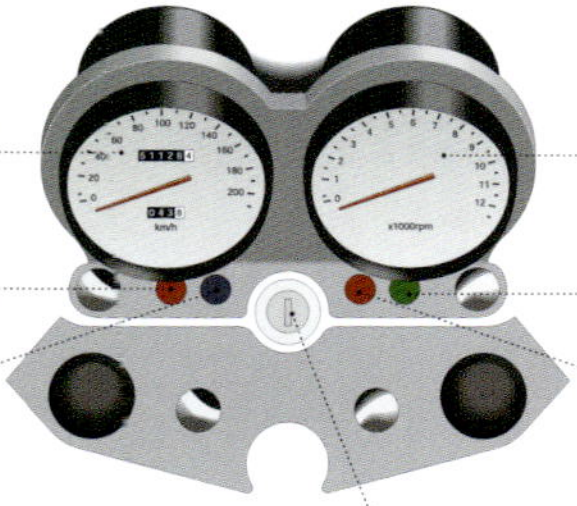

Motorrad[N]: Draufsicht[F]
motocicletta[F]: vista[F] dall'alto[M]

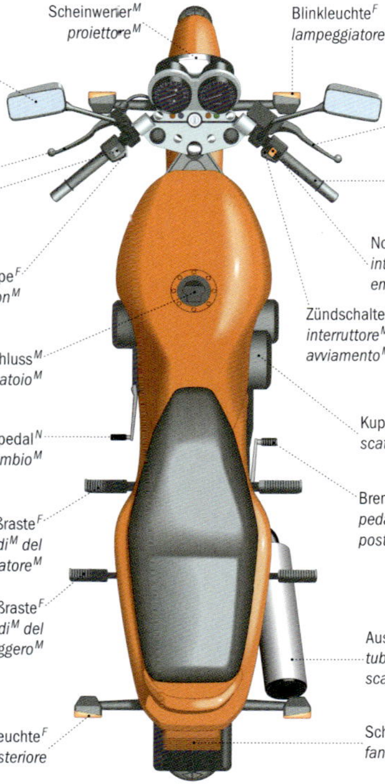

Motorrad[N]

Beispiele[N] für Motorräder[N]
esempi[M] di motociclette[F] e ciclomotore[M]

Motorroller[M]
scooter[M]

Geländemotorrad[N]
motocicletta[F] da cross[M]

Mofa[N]
ciclomotore[M]

Touring[N]-Motorrad[N]
motocicletta[F] da turismo[M]

4x4-Geländemotorrad[N]
veicolo[M] a trazione[F] integrale 4x4

Fahrrad^{N}

bicicletta^{F}

Teile^{N} eines Fahrrads^{N}
componenti^{M} di una bicicletta^{F}

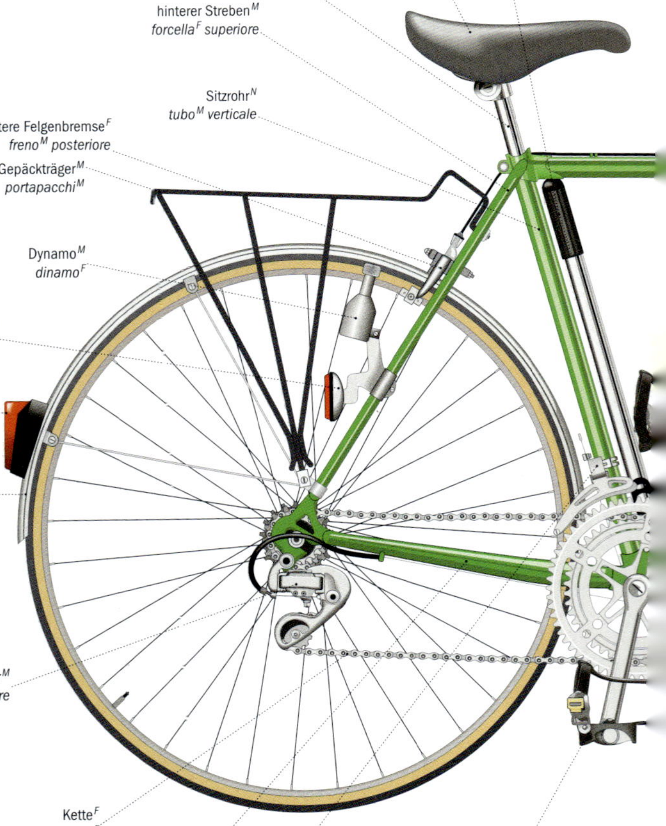

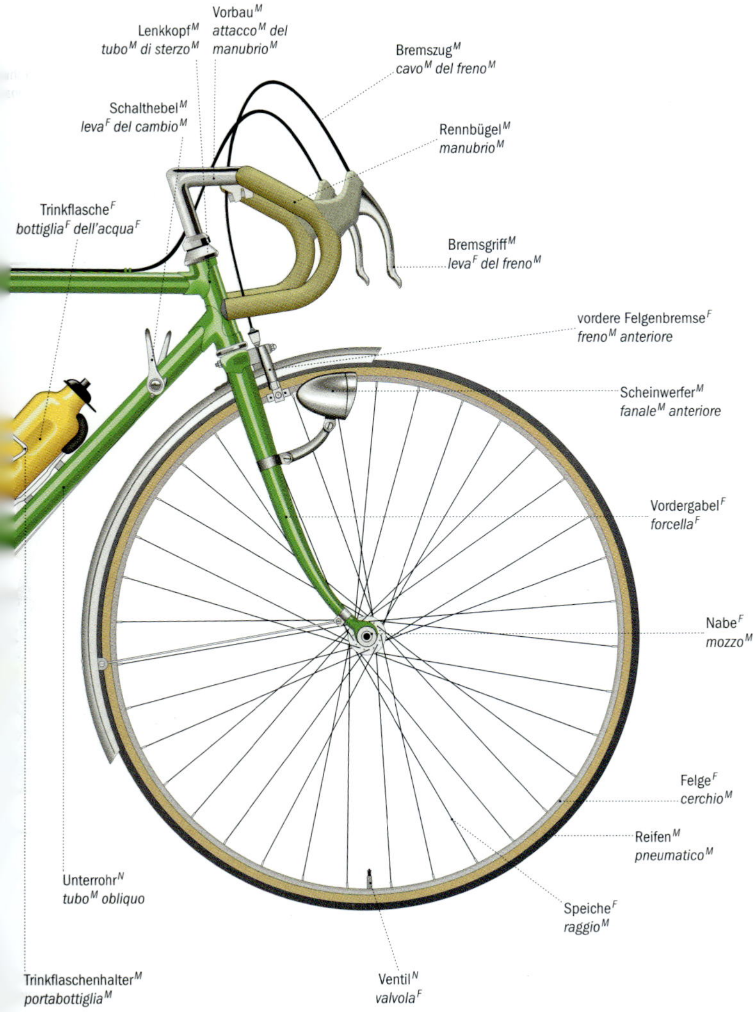
Vorbau^M
attacco^M del manubrio^M
Lenkkopf^M
tubo^M di sterzo^M
Bremszug^M
cavo^M del freno^M
Schalthebel^M
leva^F del cambio^M
Rennbügel^M
manubrio^M
Trinkflasche^F
bottiglia^F dell'acqua^F
Bremsgriff^M
leva^F del freno^M
vordere Felgenbremse^F
freno^M anteriore
Scheinwerfer^M
fanale^M anteriore
Vordergabel^F
forcella^F
Nabe^F
mozzo^M
Felge^F
cerchio^M
Reifen^M
pneumatico^M
Unterrohr^N
tubo^M obliquo
Speiche^F
raggio^M
Trinkflaschenhalter^M
portabottiglia^M
Ventil^N
valvola^F

Kraftübertragung^{F}
organi^{M} di trasmissione^{F}

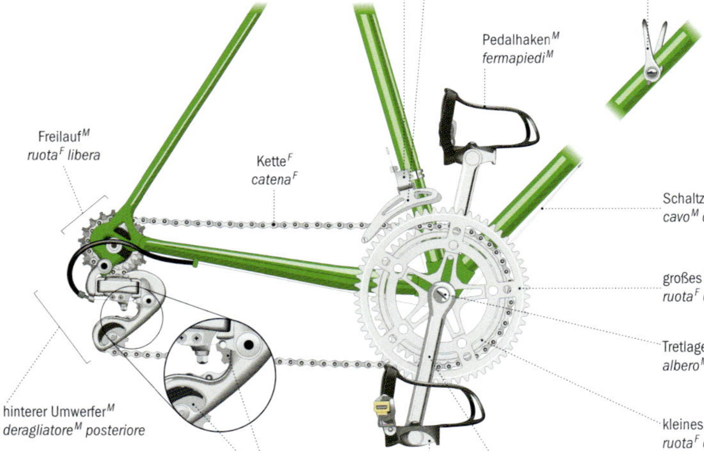

Zubehör^{N}
accessori^{M}

Schloss^{N}
lucchetto^{M}

Fahrradhelm^{M}
casco^{M} di protezione^{F}

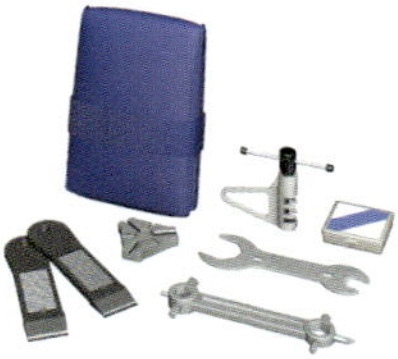

Werkzeugsatz^{M}
kit^{M} di attrezzi^{M}

Satteltasche^{F}
zaino^{M}

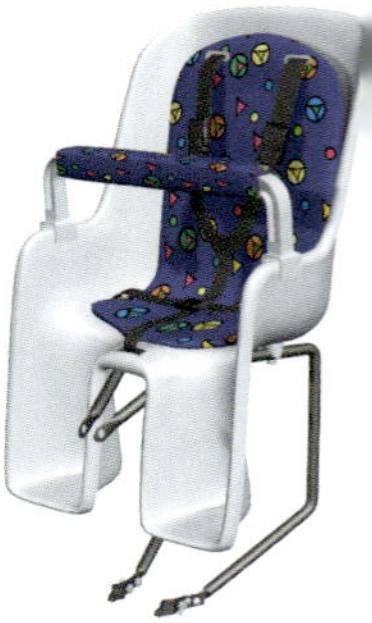

Kindersitz^{M}
seggiolino^{M} per bambini^{M}

Beispiele^{N} für Fahrräder^{N}
esempi^{M} di biciclette^{F}

BMX-Rad^{N}, Mountainbike^{N}
mountain bike^{F} da cross^{M}

Dreirad^{N}
triciclo^{M}

Hollandrad^{N}
bicicletta^{F} olandese

Mountain Bike^{N}
mountain bike^{F}

Stadtrad^{N}
city bike^{F}

Rennrad^{N}
bicicletta^{F} da corsa^{F}

Tourenrad^{N}
bicicletta^{F} da turismo^{M}

Tandem^{N}
tandem^{M}

Bahnhof^{M}

stazione^{F} dei viaggiatori^{M}

Bahnhof^{M}

stazione^{F} ferroviaria

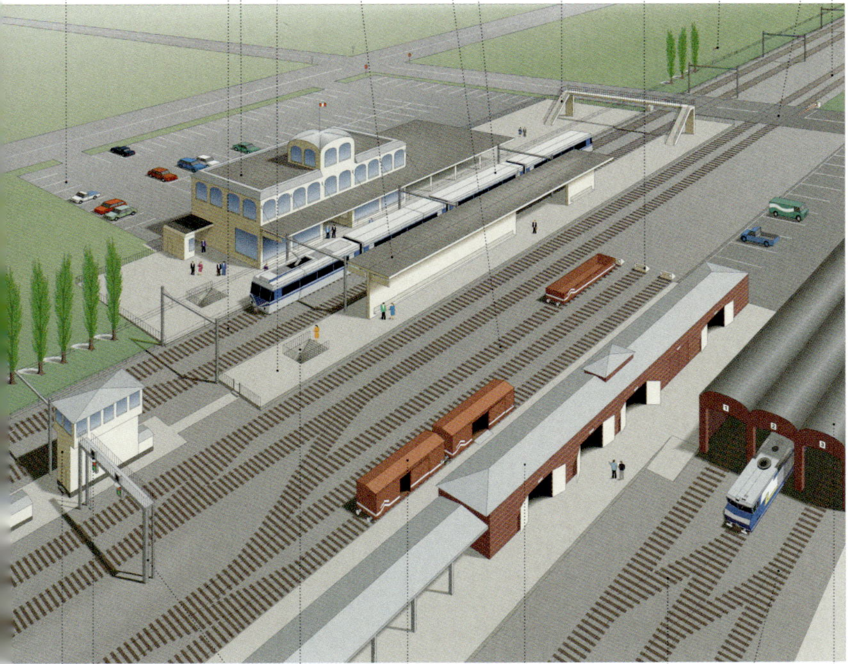

Hochgeschwindigkeitszug^{M}

treno^{M} ad alta velocità^{F}

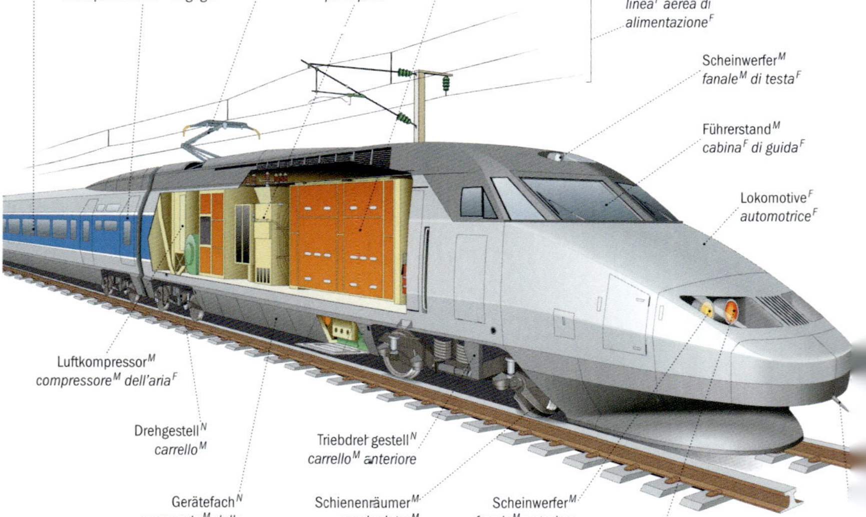

Personenzüge^{M}: Wagentypen^{M}

tipi^{M} di vagoni^{M} passeggeri^{M}

Schlafwagen^{M}
vagone^{M} letto^{M}

Speisewagen^{M}
vagone^{M} ristorante^{M}

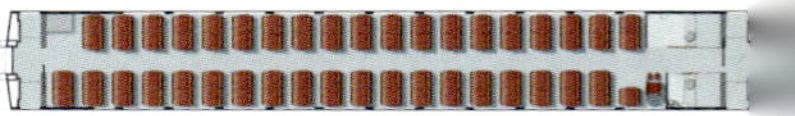

Großraumwagen^{M}
vagone^{M} viaggiatori^{M}

dieselelektrische Lokomotive^{F}

locomotiva^{F} diesel-elettrica

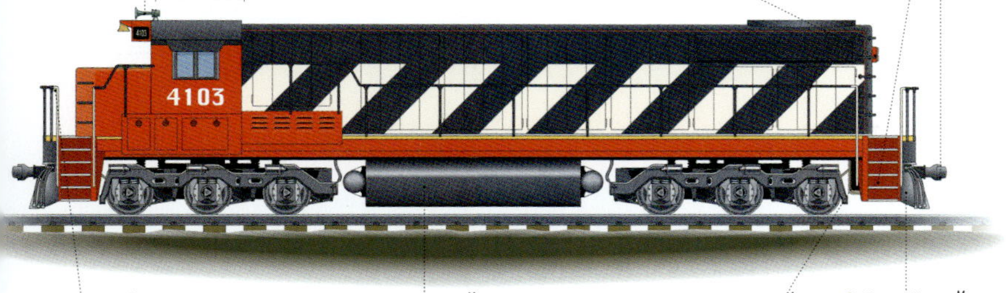

Beispiele^{N} für Güterwagen^{M}

esempi^{M} di carri^{M} merci^{F}

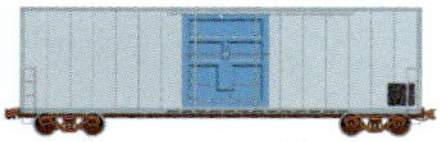

Kühlwagen^{M}
carro^{M} frigorifero

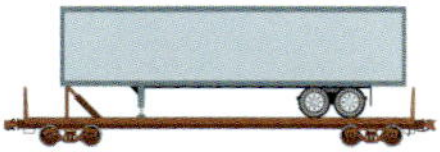

Wagen^{M} für den Kombiverkehr^{M}
vagone^{M} intermodale

Bremswagen^{M}
vagone^{M} di coda^{F} del personale^{M} viaggiante

Drehgestellflachwagen^{M}
carro^{M} pianale^{M}

Kesselwagen^{M}
carro^{M} cisterna^{F}

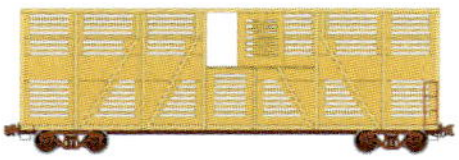

Verschlagwagen^{M}
carro^{M} bestiame^{M}

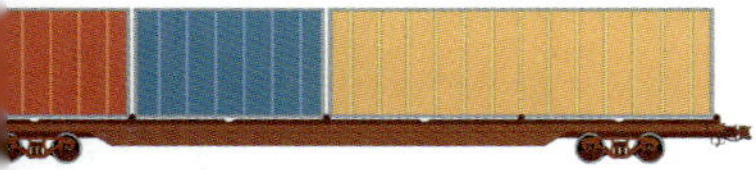

Containerflachwagen^{M}
carro^{M} pianale^{M} portacontainer^{M}

Autotransportwagen^{M}
carro^{M} bisarca^{F}

U-Bahn[F]

metropolitana[F]

U-Bahn-Station[F]
stazione[F] della metropolitana[F]

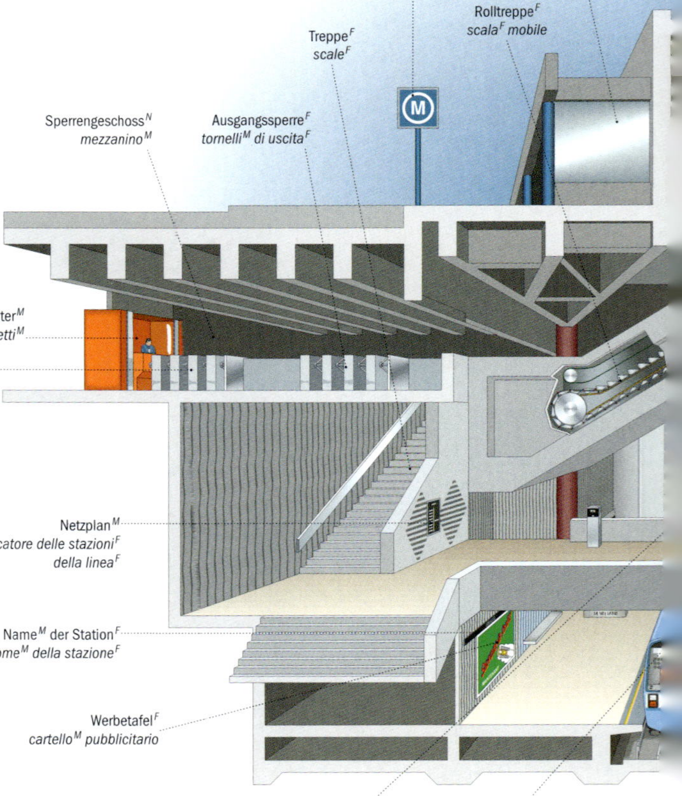

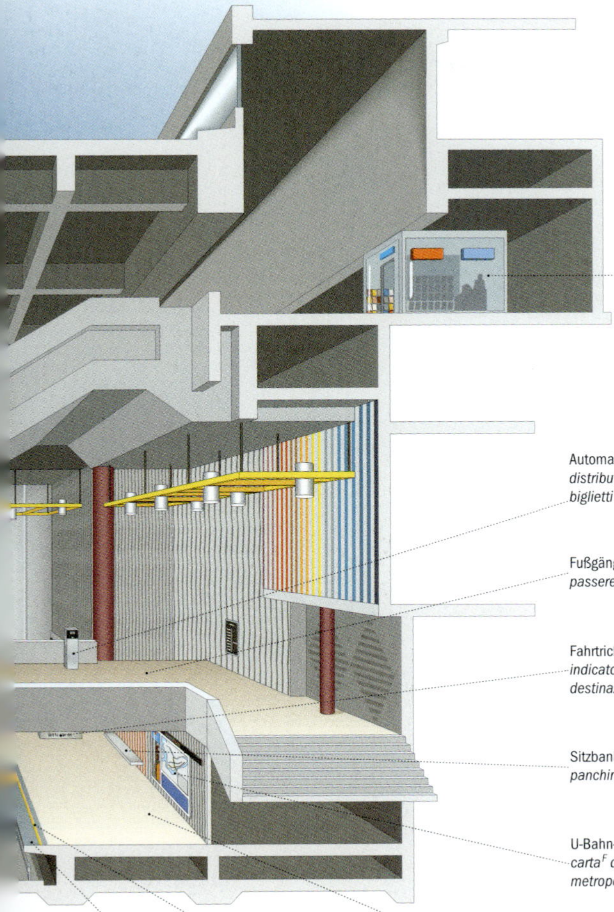
Kiosk^M
edicola^F
Automat^M für Umsteigekarten^F
distributore^M automatico di biglietti^M
Fußgängerbrücke^F
passerella^F
Fahrtrichtungsanzeige^F
indicatore^M di destinazione^F
Sitzbank^F
panchina^F
U-Bahn-Netzplan^M
carta^F della rete^F metropolitana
Bahnsteigkante^F
margine^M del marciapiede^M
Sicherheitsstreifen^M
linea^F di sicurezza^F
Bahnsteig^M
marciapiede^M

U-Bahn^{F}

Mittelwagen^{M}
carrozza^{F} passeggeri^{M}

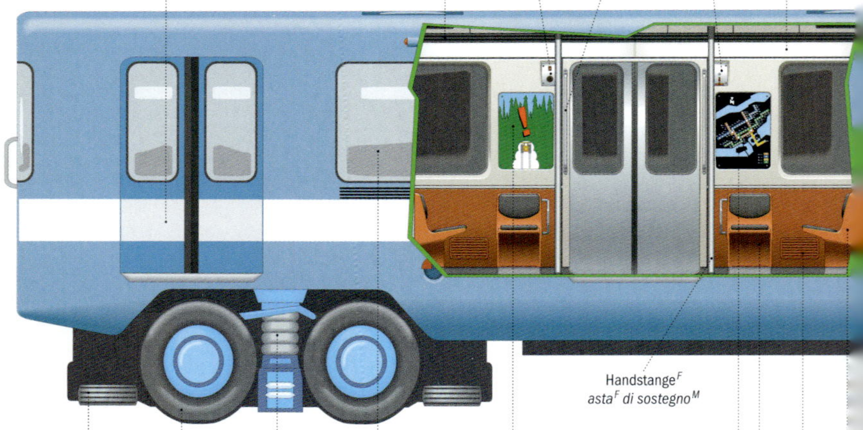

U-Bahn-Zug^{M}
metropolitana^{F}

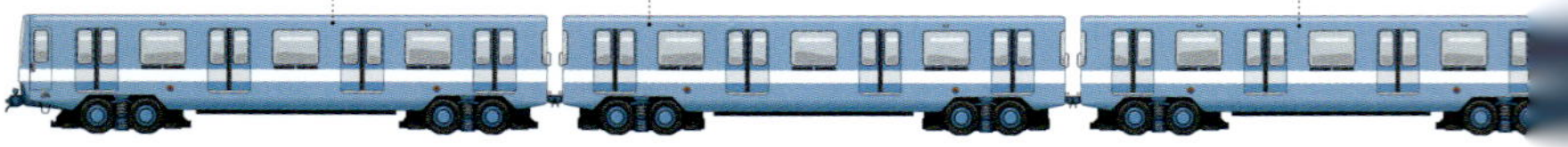

Hafen^{M}

porto^{M} marittimo

Beispiele^{N} für Boote^{N} und Schiffe^{N}

esempi^{M} di barche^{F} e navi^{F}

Bohrschiff^{N}
nave^{F} da perforazione^{F}

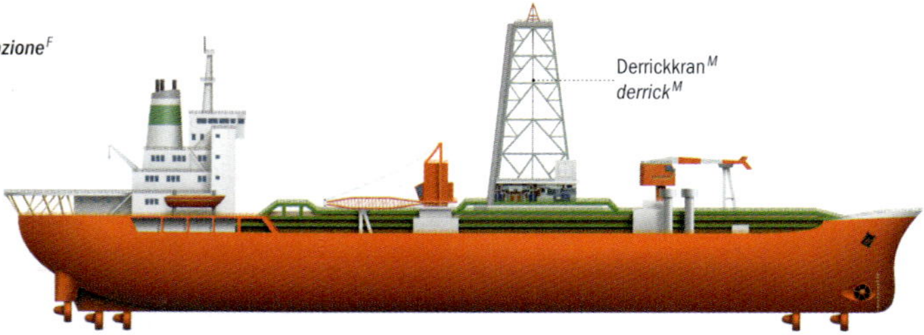

Frachtschiff^{N}
nave^{F} per il trasporto^{M} delle merci^{F}

Containerschiff^{N}
nave^{F} portacontainer^{M}

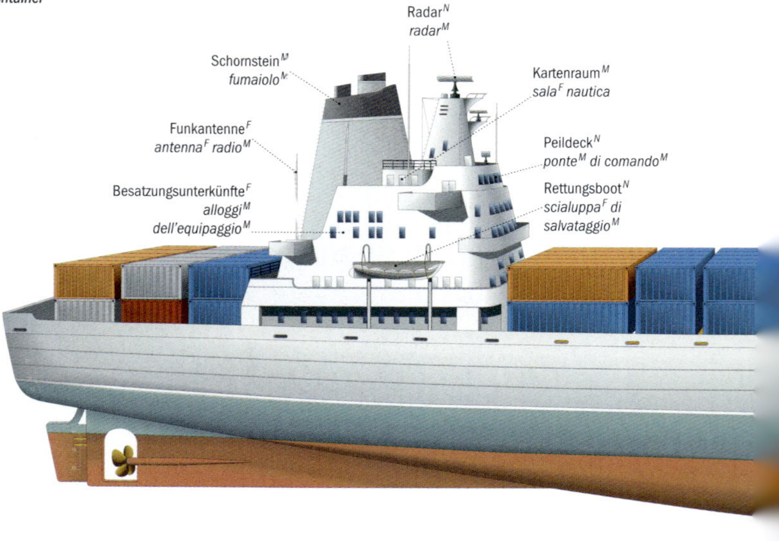

Luftkissenfahrzeug[N]
hovercraft[M]

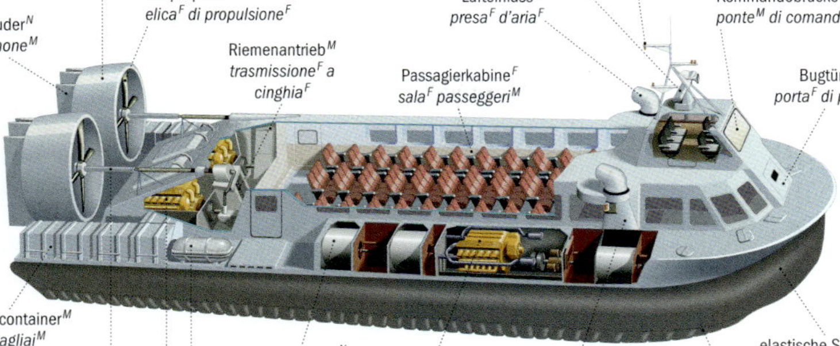

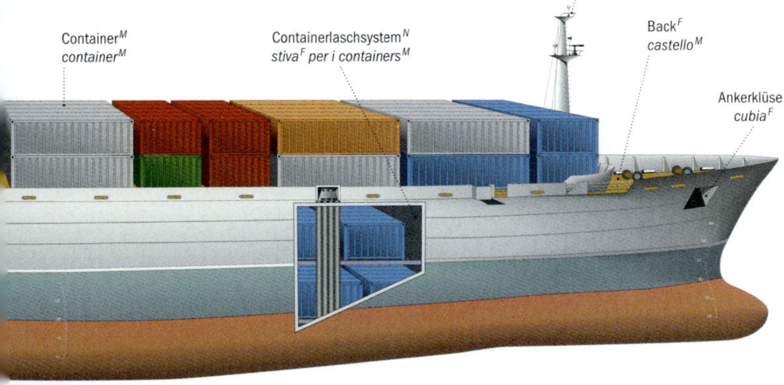

Beispiele^{N} für Boote^{N} und Schiffe^{N}

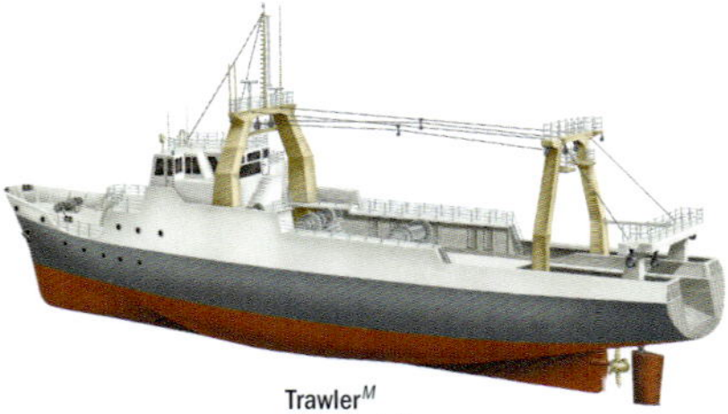

Trawler^{M}
peschereccio^{M}

Schlepper^{M}
rimorchiatore^{M}

Eisbrecher^{M}
rompighiaccio^{M}

Tanker^{M}
nave^{F} cisterna^{F}

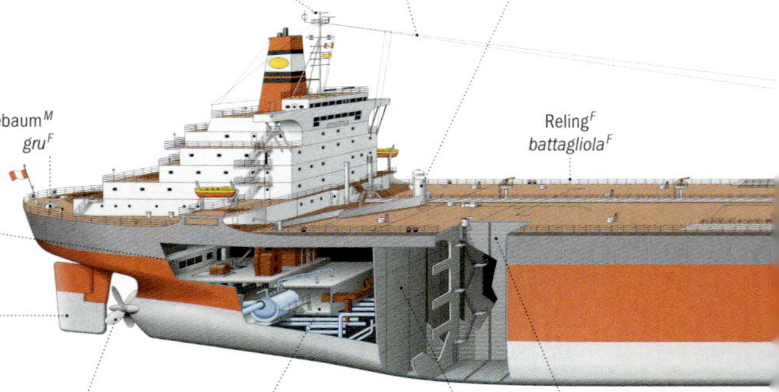

Hausboot[N]
casa[F] galleggiante

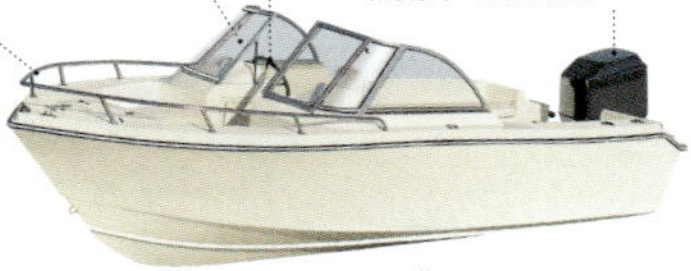

Motorboot[N]
motoscafo[M] da diporto[M]

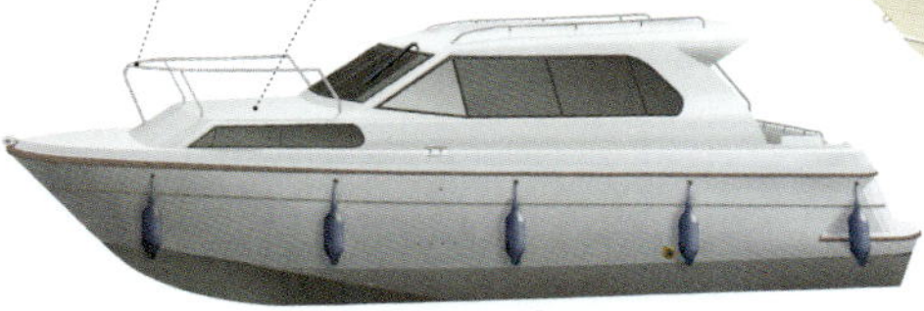

Motorjacht[F]
yacht[M] a motore[M]

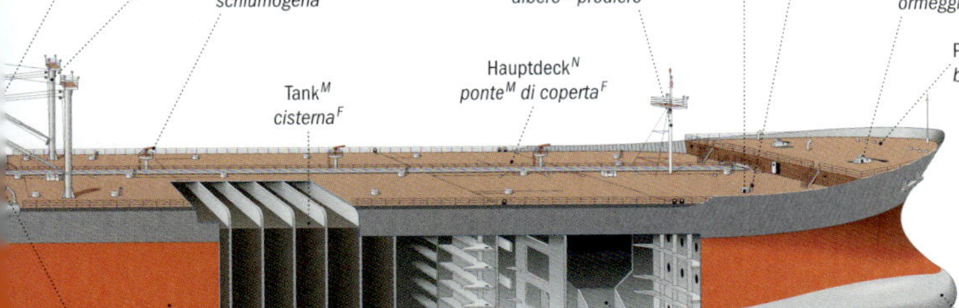

Fähre^F
***nave**^F **traghetto**^M*

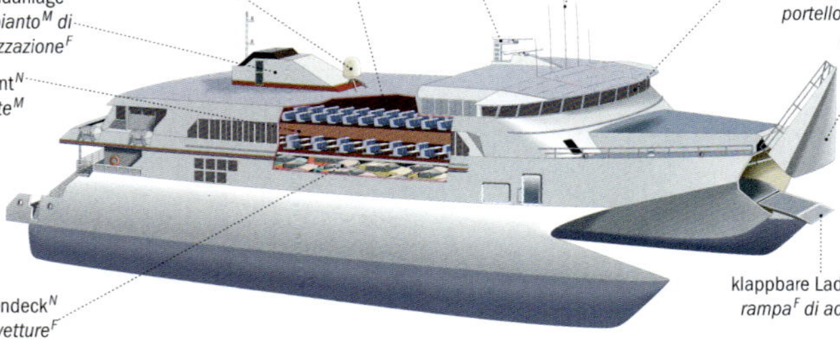

Passagierdampfer^M
***transatlantico**^M*

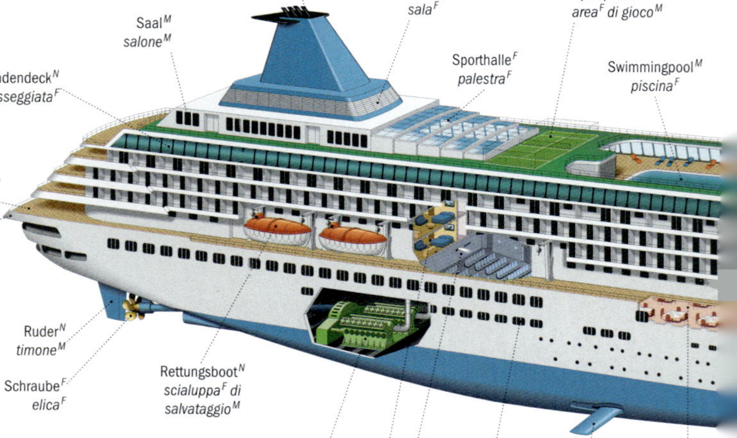

TRANSPORT UND FAHRZEUGE

Tragflügelschiff^N
aliscafo^M

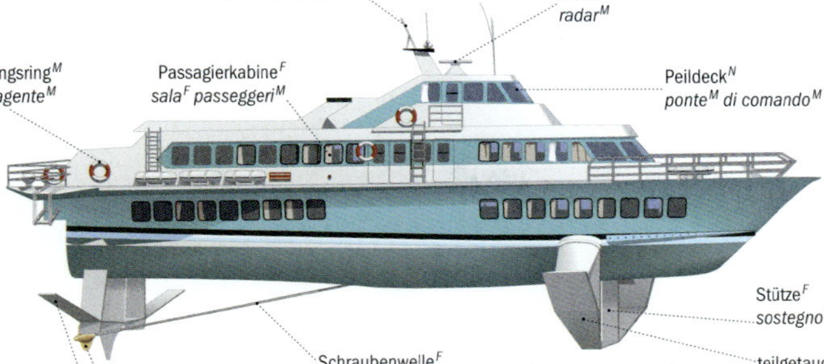

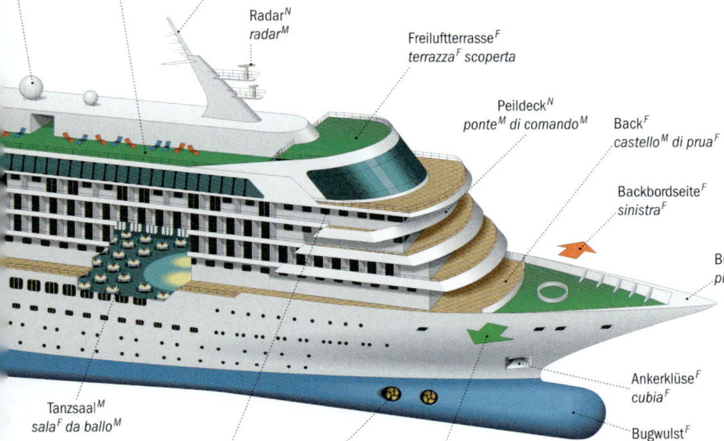

Flughafen^{M}

aeroporto^{M}

Schnellabrollbahn^{F}
bretella^{F} di uscita^{F} della pista^{F} ad alta velocità^{F}

Kontrollraum^{M}
cabina^{F} della torre^{F} di controllo^{M}

Kontrolltower^{M}
torre^{F} di controllo^{M}

Zufahrtsstraße^{F}
strada^{F} di accesso^{M}

Rollbahn^{F}
pista^{F} di rullaggio^{M}

Überholrollbahn^{F}
pista^{F} di accesso^{M}

Rollbahn^{F}
pista^{F} di rullaggio^{M}

Vorfeld^{N}
piazzale^{M}

Versorgungsstraße^{M}
strada^{F} di servizio^{M}

Vorfeld^{N}
piazzale^{M}

Passagierterminal^M
terminal^M dei passeggeri^M
Flugzeugwartungshalle^F
aviorimessa^F
Abstellplatz^M
area^F di parcheggio^M
ausziehbare Fluggastbrücke^F
corridoio^M telescopico
Versorgungsbereich^M
area^F di servizio^M
Fluggastbrücke^F
passerella^F di imbarco^M
Rollbahnmarkierung^F
linea^F di rullaggio^M
radiale Einsteigestation^F
terminal^M satellite^M dei passeggeri^M

Flughafen^M

Passagierterminal^M
terminal^M dei passeggeri^M

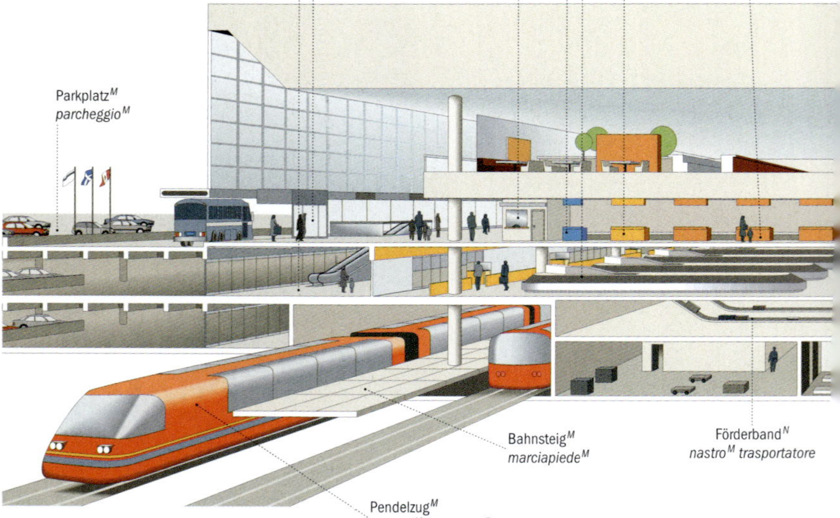

Start- und Landebahn^F
pista^F

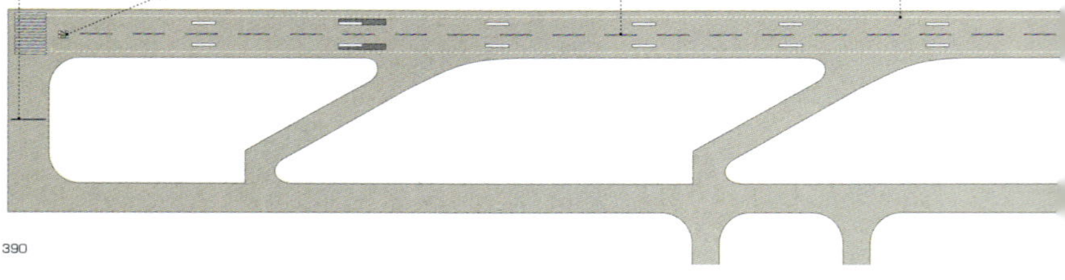

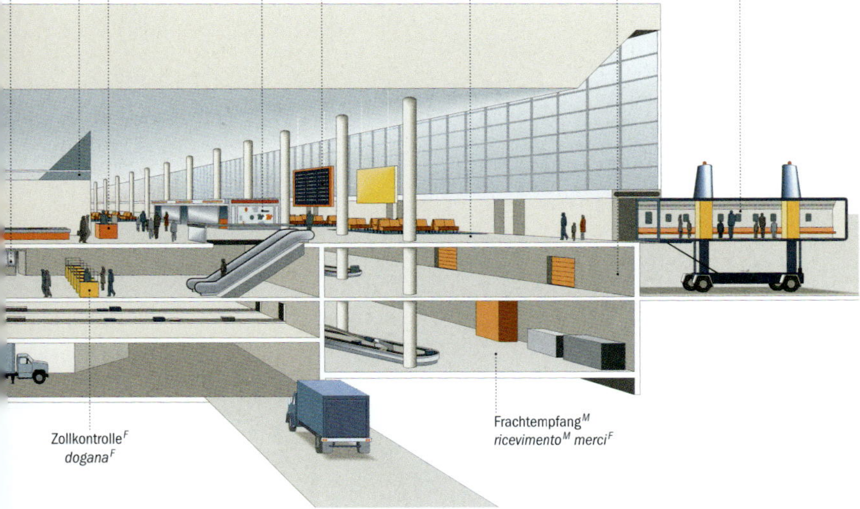
Sicherheitskontrolle^F
controllo^M di sicurezza^F
Duty-free-Shop^M
duty free^M
Fluginformationsanzeige^F
tabellone^M degli arrivi^M e delle partenze^F
Besucherterrasse^F
terrazza^F
Frachtversand^M
spedizione^F merci^F
Passkontrolle^F
controllo^M dei passaporti^M
Abflugwartehalle^F
sala^F di imbarco^M
Passagiertransferfahrzeug^N
navetta^F per il trasbordo^M dei passeggeri^M
Frachtempfang^M
ricevimento^M merci^F
Zollkontrolle^F
dogana^F

Abrollbahn^F
bretella^F di uscita^F
Aufsetzzonenmarkierungen^F
segnale^M di zona^F di contatto^M
Schwellenmarkierungen^F
segnali^M della soglia^F della pista^F
Festabstandmarkierung^F
segnale^M di distanza^F fissa

Langstrecken-Düsenflugzeug[N]

aviogetto[M] a lungo raggio[M]

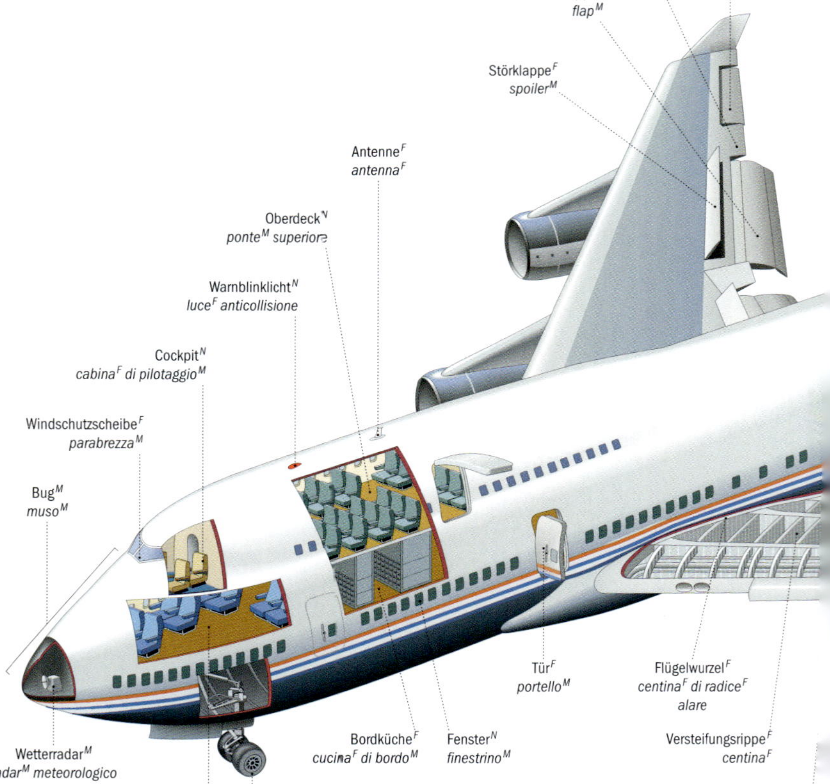

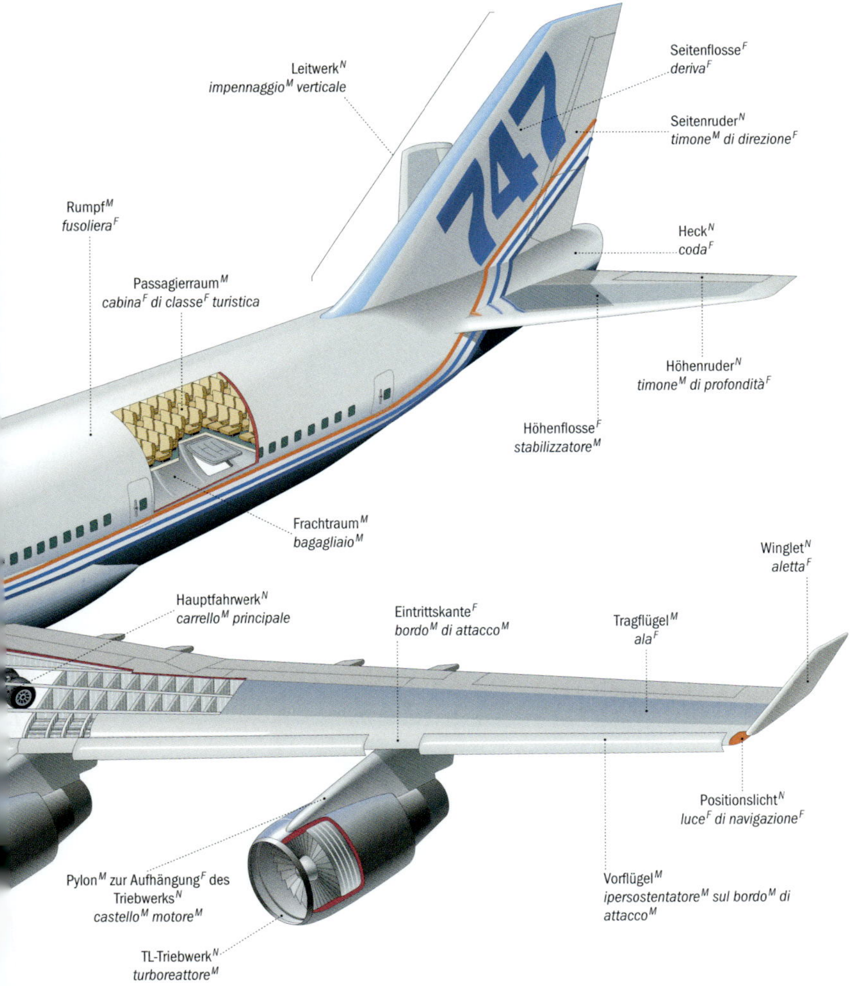
Leitwerk^N
impennaggio^M verticale
Seitenflosse^F
deriva^F
Seitenruder^N
timone^M di direzione^F
Rumpf^M
fusoliera^F
Heck^N
coda^F
Passagierraum^M
cabina^F di classe^F turistica
Höhenruder^N
timone^M di profondità^F
Höhenflosse^F
stabilizzatore^M
Frachtraum^M
bagagliaio^M
Winglet^N
aletta^F
Hauptfahrwerk^N
carrello^M principale
Eintrittskante^F
bordo^M di attacco^M
Tragflügel^M
ala^F
Positionslicht^N
luce^F di navigazione^F
Pylon^M zur Aufhängung^F des Triebwerks^N
castello^M motore^M
Vorflügel^M
ipersostentatore^M sul bordo^M di attacco^M
TL-Triebwerk^N
turboreattore^M

Beispiele^N für Flugzeuge^N

esempi^M di aeroplani^M

Wasserflugzeug^N
idrovolante^M a due galleggianti^M

Privatflugzeug^N
aeroplano^M privato

Frachtflugzeug^N
aeroplano^M da carico^M

Leichtflugzeug^N
aeroplano^M leggero

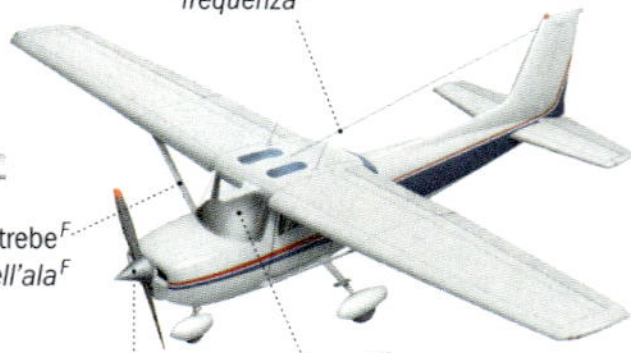

Amphibien^F-Löschflugzeug^N
aeroplano^M anfibio antincendio

Überschallflugzeug^N
jet^M supersonico

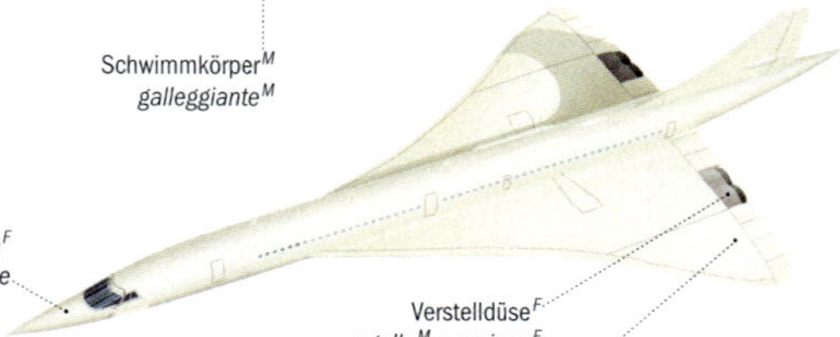

Bewegungen[F] eines Flugzeugs[N]

movimenti[M] di un aeroplano[M]

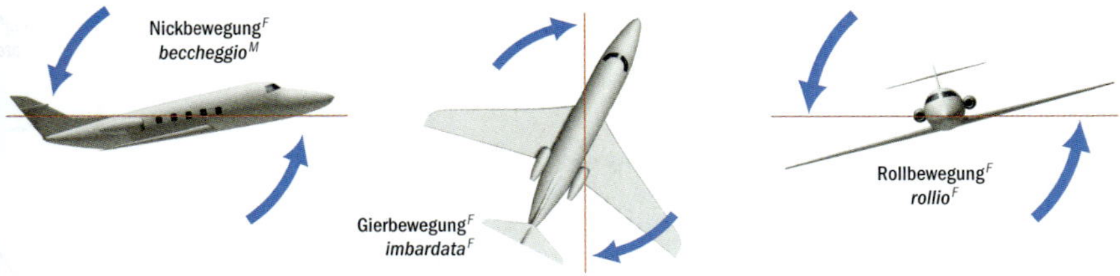

Hubschrauber[M]

elicottero[M]

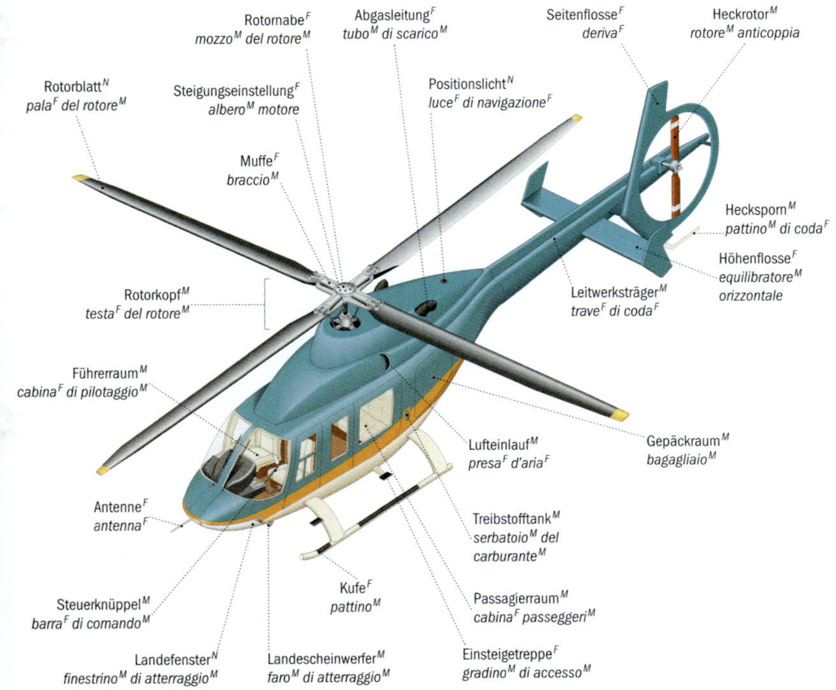

Lastenfortbewegung^{F}

movimentazione^{F} dei materiali^{M}

Gabelstapler^{M}
carrello^{M} elevatore^{M}

Sackkarren^{M}
carrello^{M}

Palettenhubwagen^{M}
carrello^{M} a forca^{F} per palette^{F} di carico^{M}

Rücksprungpalette^{F}
paletta^{F} di carico^{M} ad alette^{F}

Kräne[M]
gru[F]

Turmkran[M]
gru[F] a torre[F]

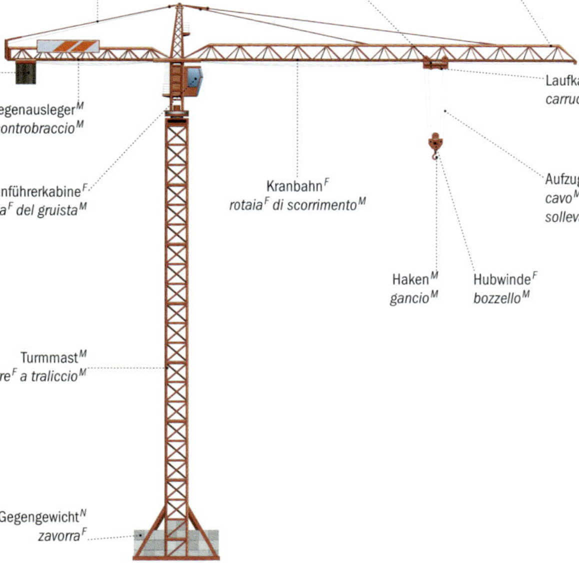

Fahrkran[M]
autogrù[F]

Planierraupe[F]

bulldozer[M]

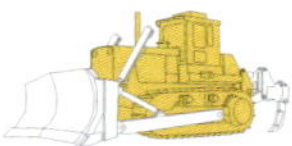

Gleiskettenschlepper[M]
trattore[M] cingolato

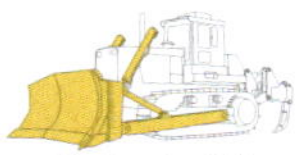

Planierschaufel[F]
lama[F]

Aufreißer[M]
scarificatore[M]

Radlader[M]

terna[F]

Schaufellader[M]
pala[F] caricatrice anteriore

Radtraktor[M]
trattore[M] gommato

Tieflöffel[M]
retroescavatore[M]

Schrapper^{M}

ruspa^{F}

Hydraulik-Hochlöffelbagger^{M}

escavatore^{M} idraulico

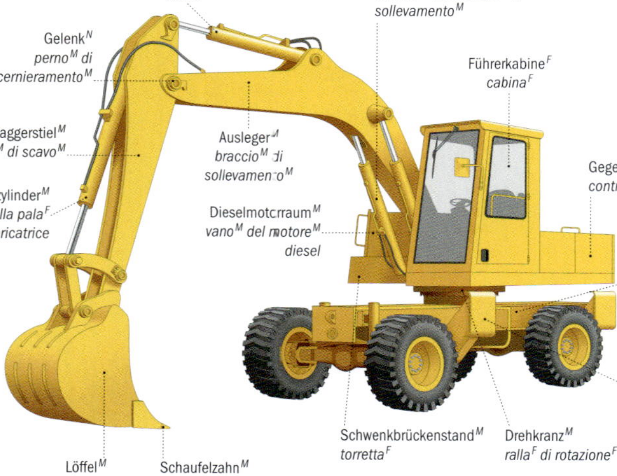

TRANSPORT UND FAHRZEUGE

Straßenhobel^M
livellatrice^F

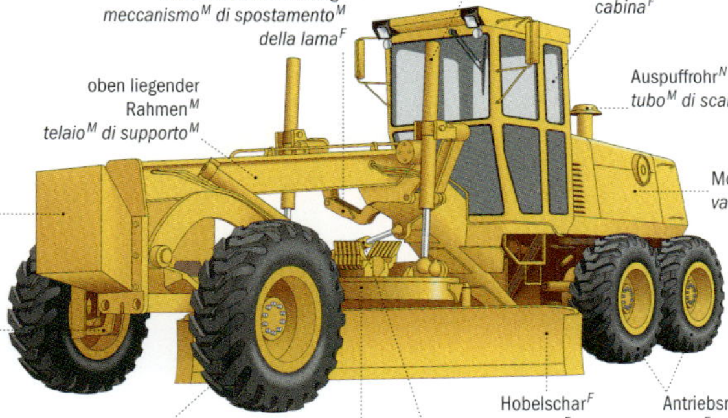

Muldenkipper^M
autocarro^M a cassone^M ribaltabile

Elektrizitätserzeugung[F] aus geothermischer Energie[F]

produzione[F] di elettricità[F] da energia[F] geotermica

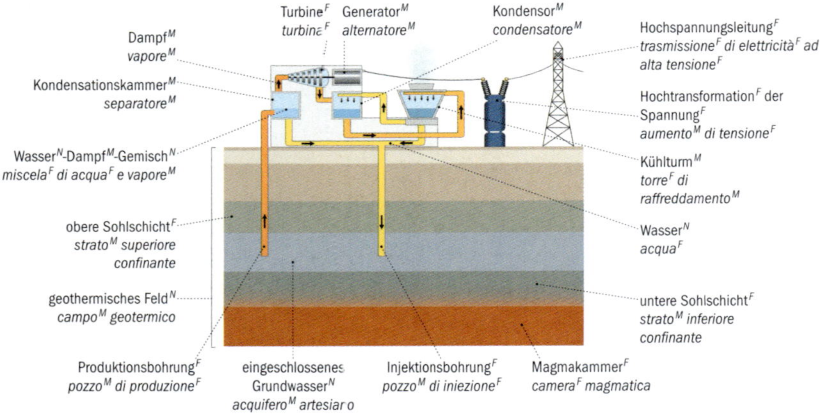

Wärmeenergie[F]

energia[F] termica

Elektrizitätserzeugung[F] aus Wärmeenergie[F]
produzione[F] di elettricità[F] da energia[F] termica

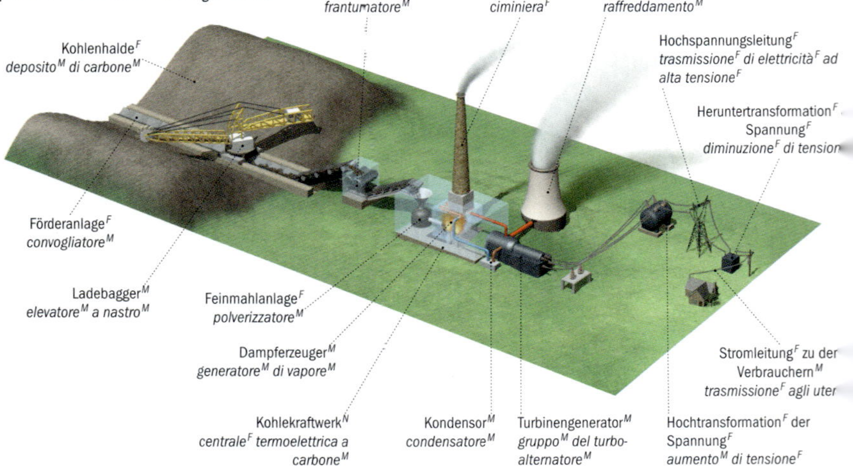

Erdöl[N]
petrolio[M]

Oberflächenerkundung[F]
prospezione[F] terrestre

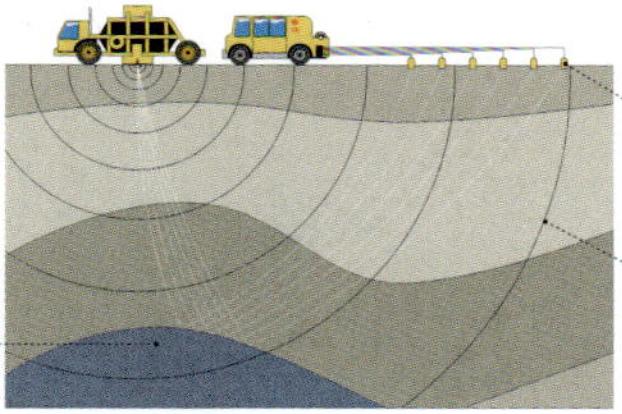

Bohranlage[F]
impianto[M] di trivellazione[F]

Drehbohrverfahren[F]
sistema[M] a rotazione[F]

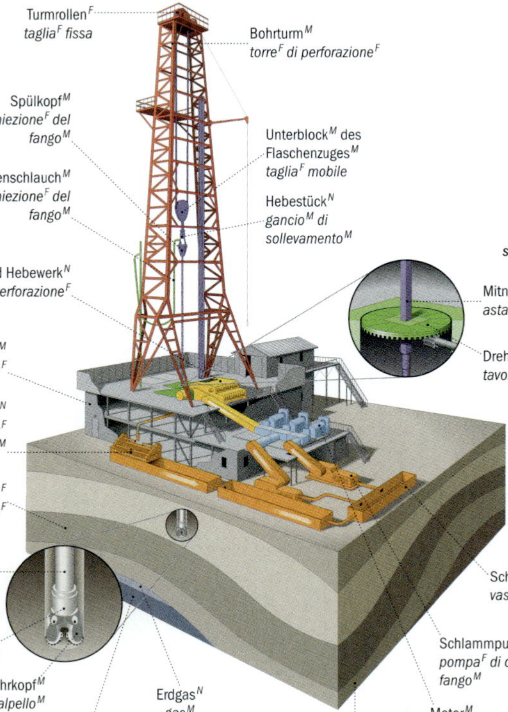

Erdöl^{N}

Schwimmdachtank^{M}
serbatoio^{M} a tetto^{M} galleggiante

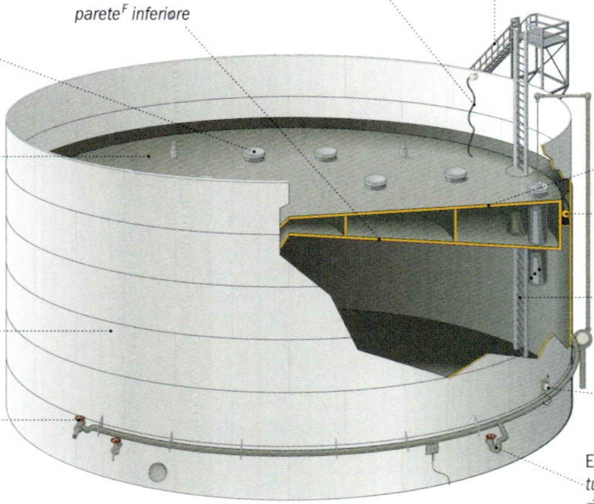

Rohölpipeline^{F}
rete^{F} di oleodotti^{M}

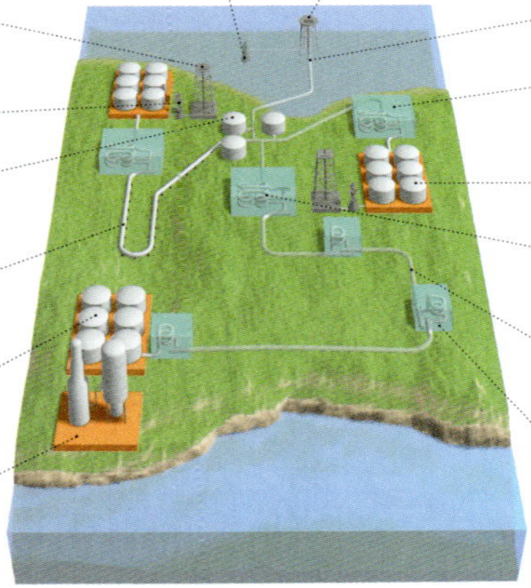

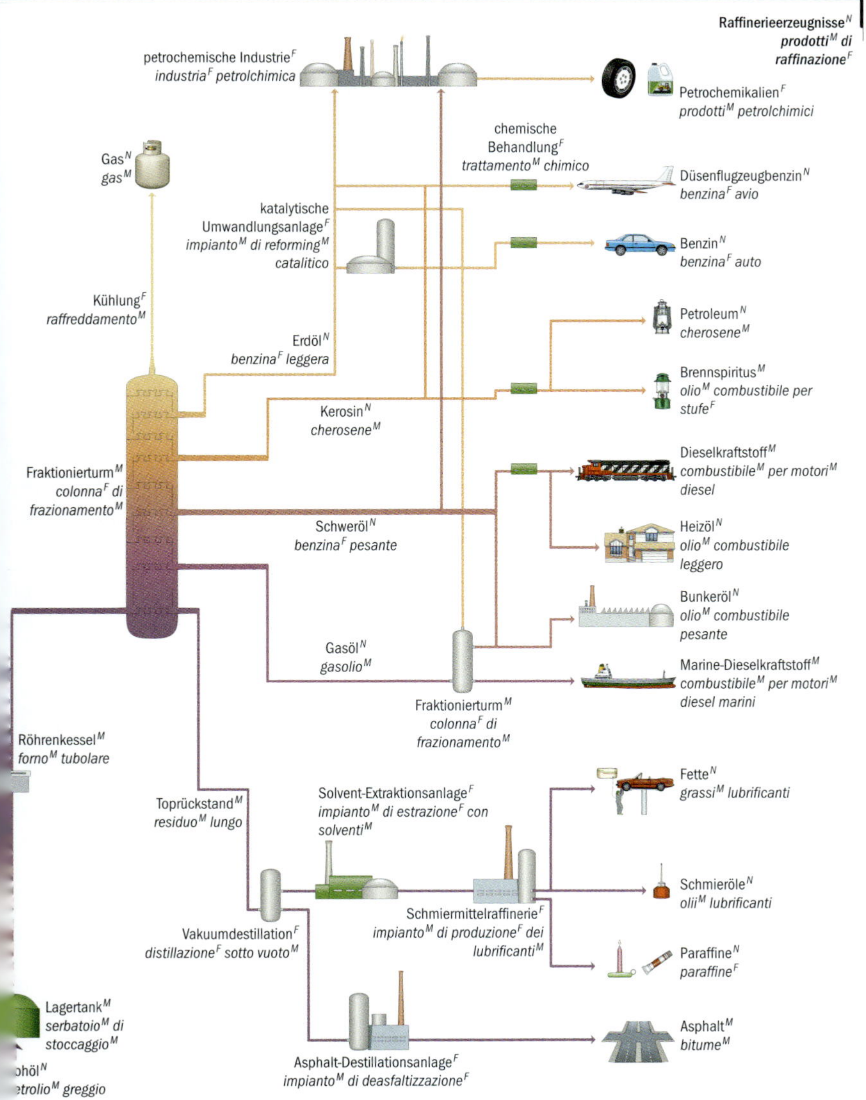
Raffinerieerzeugnisse[N]
prodotti[M] di raffinazione[F]
petrochemische Industrie[F]
industria[F] petrolchimica
Petrochemikalien[F]
prodotti[M] petrolchimici
Gas[N]
gas[M]
chemische Behandlung[F]
trattamento[M] chimico
Düsenflugzeugbenzin[N]
benzina[F] avio
katalytische Umwandlungsanlage[F]
impianto[M] di reforming[M] catalitico
Benzin[N]
benzina[F] auto
Kühlung[F]
raffreddamento[M]
Petroleum[N]
cherosene[M]
Erdöl[N]
benzina[F] leggera
Brennspiritus[M]
olio[M] combustibile per stufe[F]
Kerosin[N]
cherosene[M]
Fraktionierturm[M]
colonna[F] di frazionamento[M]
Dieselkraftstoff[M]
combustibile[M] per motori[M] diesel
Schweröl[N]
benzina[F] pesante
Heizöl[N]
olio[M] combustibile leggero
Bunkeröl[N]
olio[M] combustibile pesante
Gasöl[N]
gasolio[M]
Marine-Dieselkraftstoff[M]
combustibile[M] per motori[M] diesel marini
Fraktionierturm[M]
colonna[F] di frazionamento[M]
Röhrenkessel[M]
forno[M] tubolare
Fette[N]
grassi[M] lubrificanti
Toprückstand[M]
residuo[M] lungo
Solvent-Extraktionsanlage[F]
impianto[M] di estrazione[F] con solventi[M]
Schmieröle[N]
olii[M] lubrificanti
Schmiermittelraffinerie[F]
impianto[M] di produzione[F] dei lubrificanti[M]
Vakuumdestillation[F]
distillazione[F] sotto vuoto[M]
Paraffine[N]
paraffine[F]
Lagertank[M]
serbatoio[M] di stoccaggio[M]
Asphalt[M]
bitume[M]
Asphalt-Destillationsanlage[F]
impianto[M] di deasfaltizzazione[F]
ohöl[N]
etrolio[M] greggio

Wasserkraftwerk^{N}

impianto^{M} idroelettrico

ENERGIE

Wasserkraftwerk[N] im Querschnitt[M]
sezione[F] trasversale di una centrale[F] idroelettrica

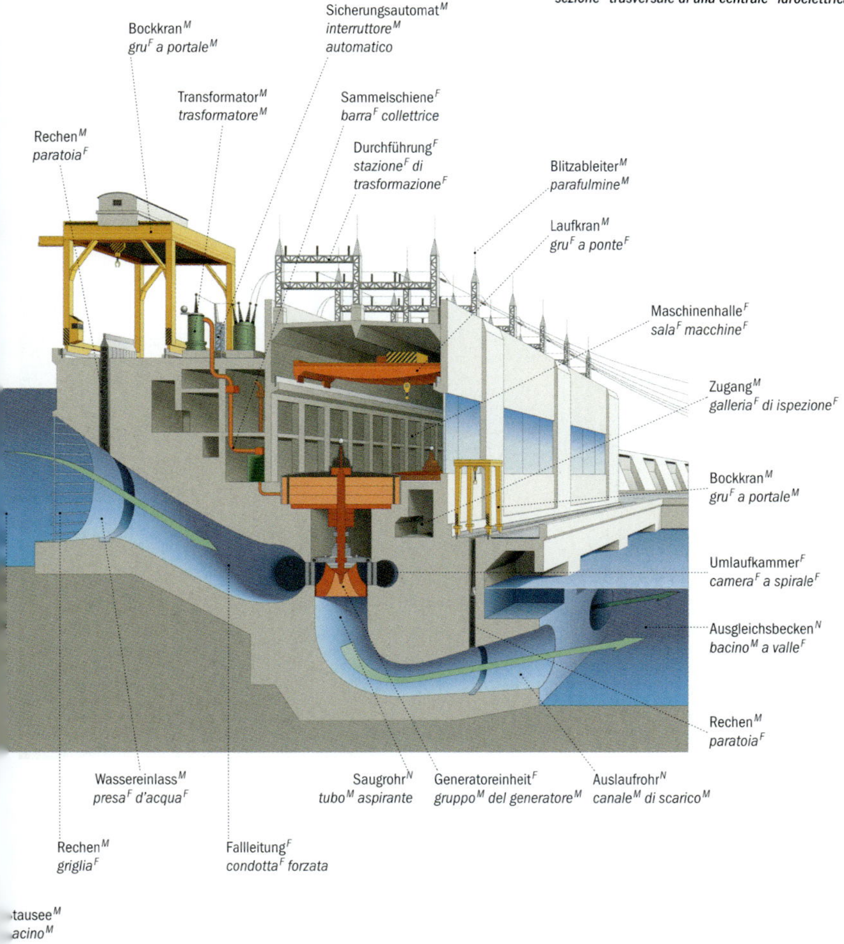

ENERGIE

Elektrizitätserzeugung^F aus Kernenergie^F

produzione^F di elettricità^F da energia^F nucleare

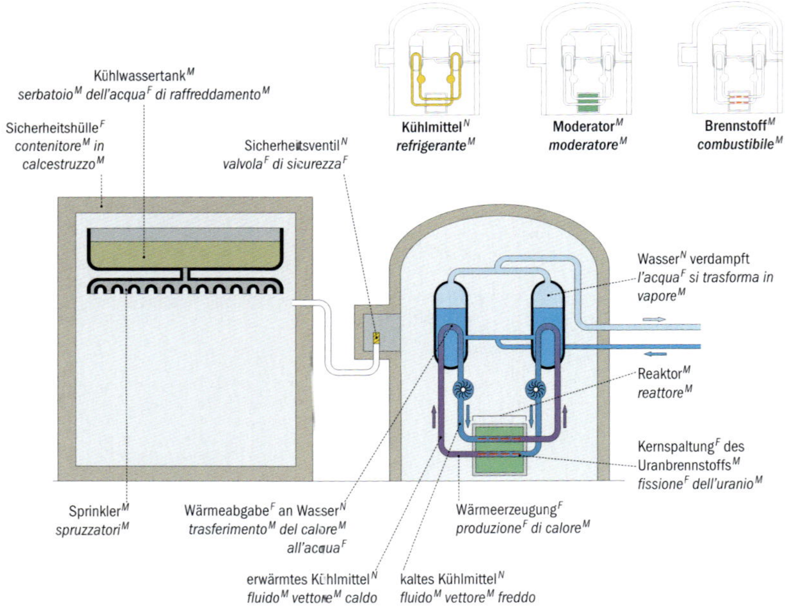

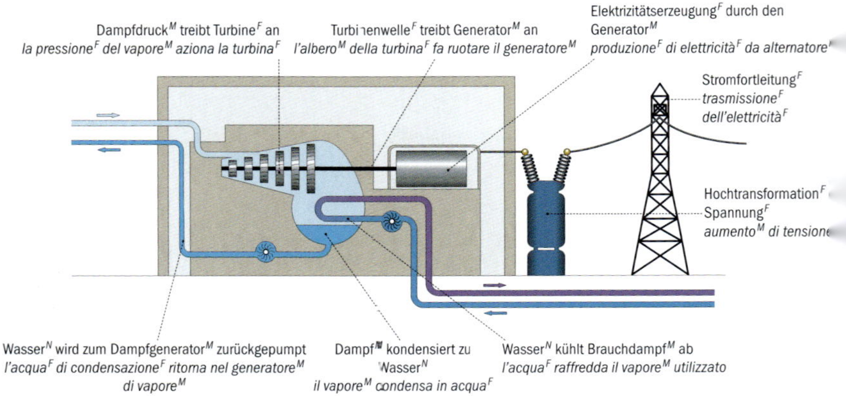

Brennstabbündel^N
elemento^M di combustibile^M

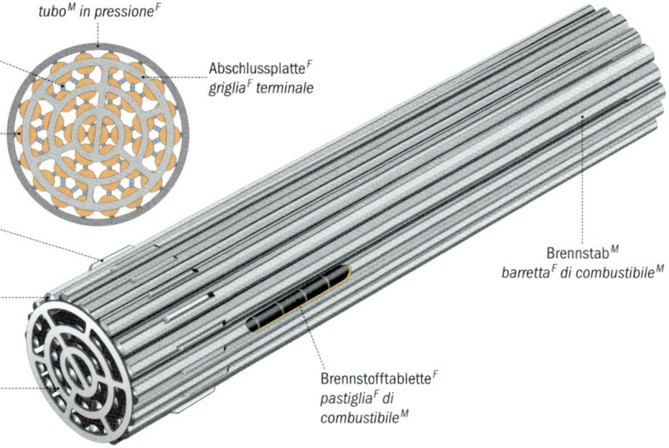

Kernreaktor^M
reattore^M nucleare

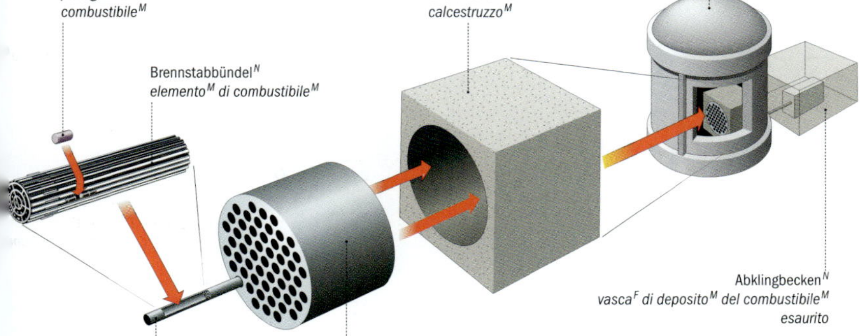

Solarzelle[F]

cella[F] solare

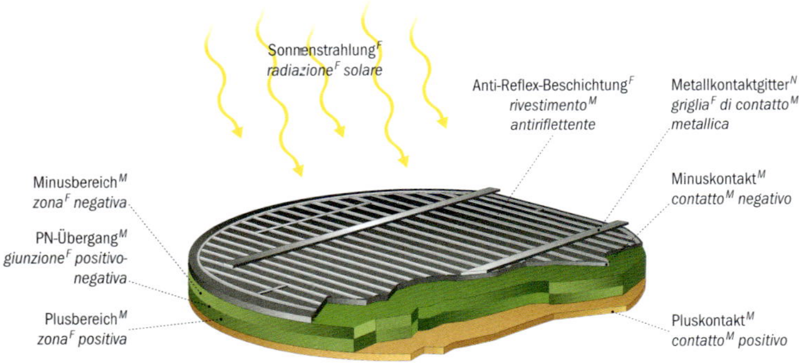

Flachkollektor[M]

collettore[M] solare piatto

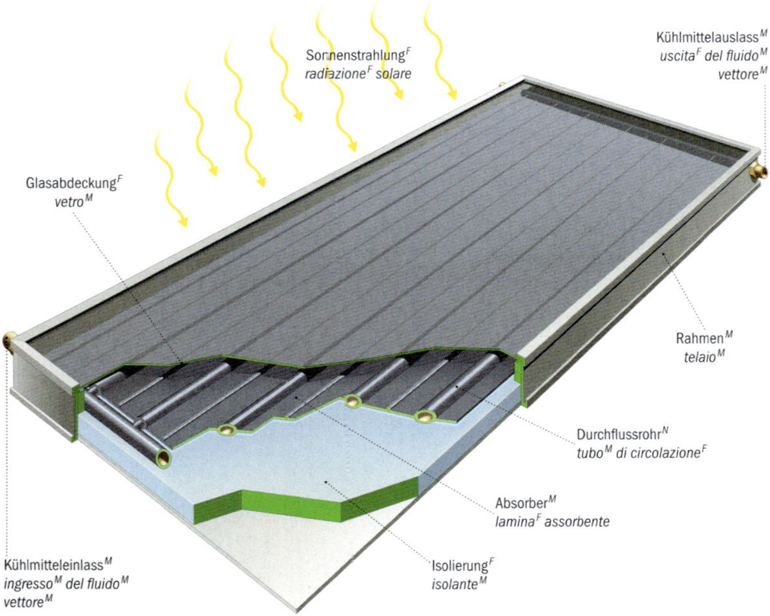

ENERGIE

Solarzellensystem^N
sistema^M a celle^F solari

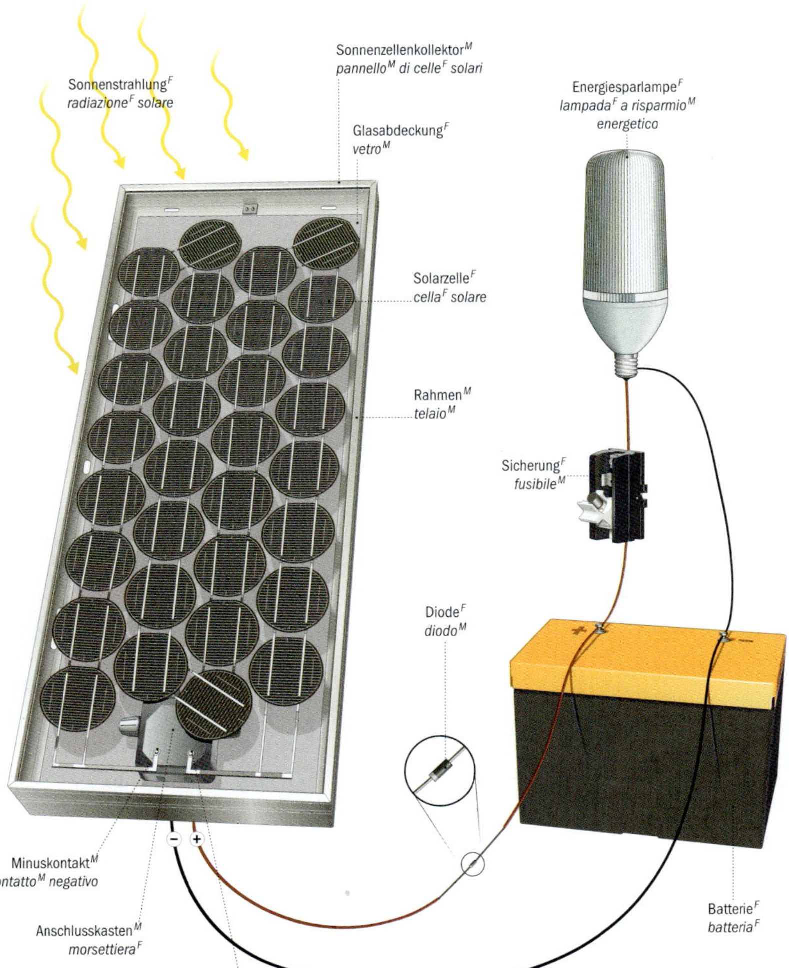

Windmühle^{F}

mulino^{M} a vento^{M}

Turmwindmühle^{F}
mulino^{M} a torre^{F}

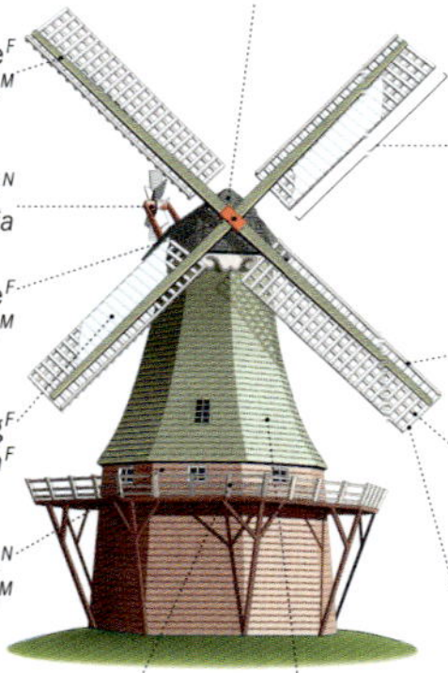

Bockmühle^{F}
mulino^{M} a pilastro^{M}

Windkraftwerke^{N} und Elektrizitätserzeugung^{F}

turbine^{F} eoliche e produzione^{F} di elettricità^{F}

Windkraftwerk mit vertikaler Achse^{F}
turbina^{F} ad asse^{M} verticale

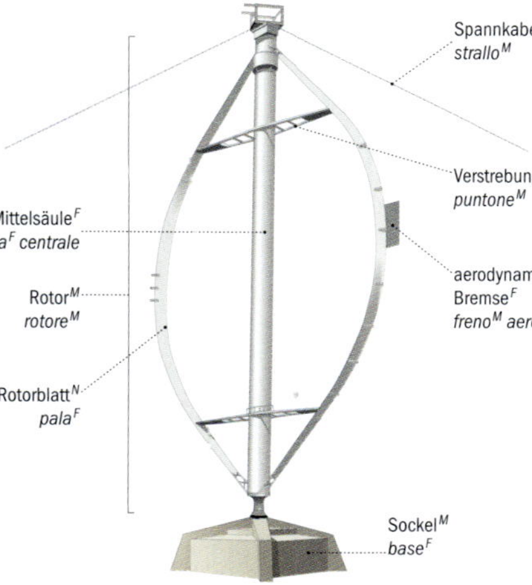

Windkraftwerk mit horizontaler Achse[F]
turbina[F] eolica ad asse[M] orizzontale

Rotorgondel[F] im Querschnitt[M]
sezione[F] trasversale di una navicella[F]

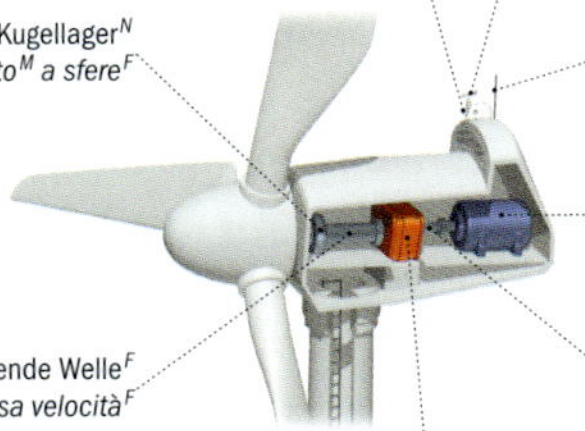

Elektrizitätserzeugung[F] aus Windenergie[F]
produzione[F] di elettricità[F] da energia[F] eolica

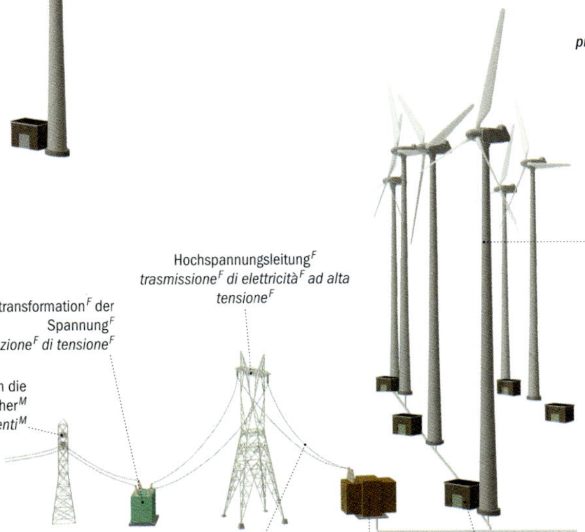

Materie[F]
materia[F]

Atom[N]
atomo[M]

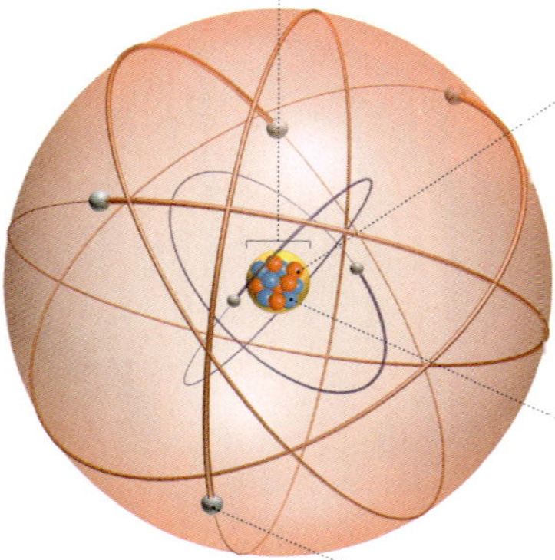

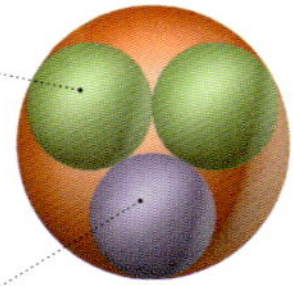

Neutron[N]
neutrone[M]

Proton[N]
protone[M]

Molekül[N]
molecola[F]

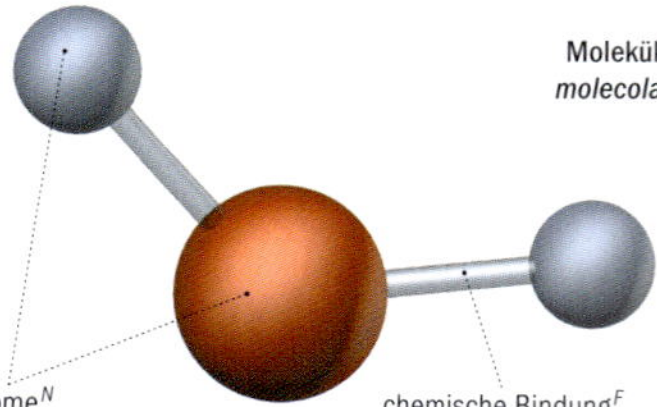

Aggregatzustände[M]
stati[M] della materia[F]

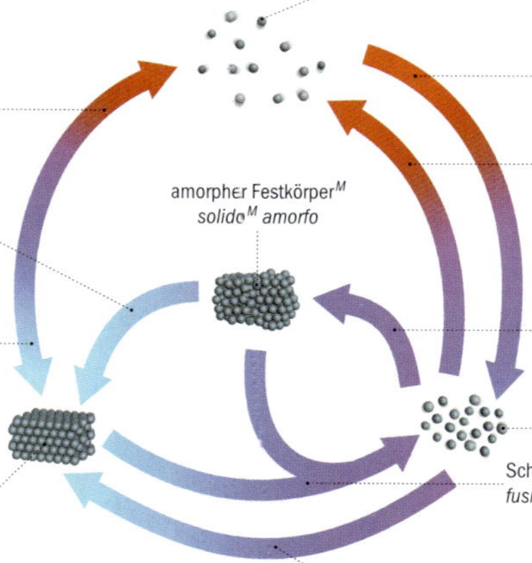

Kernspaltung^F
fissione^F nucleare

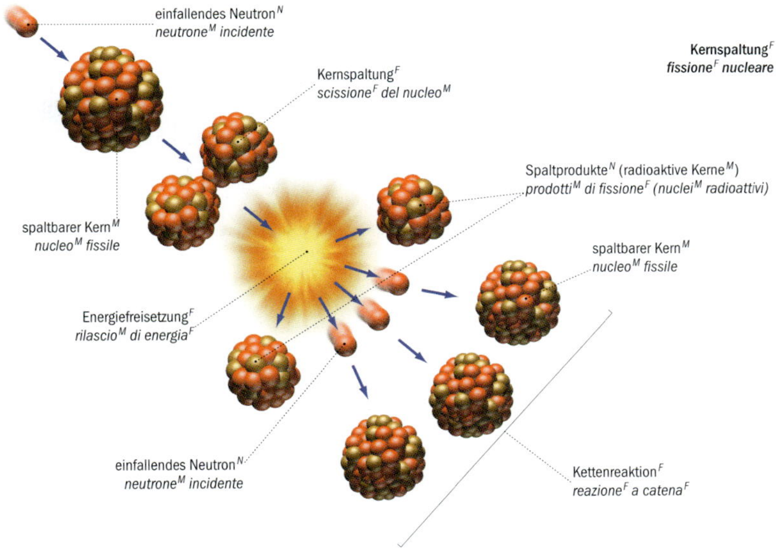

Wärmeübertragung^F
trasferimento^M di calore^M

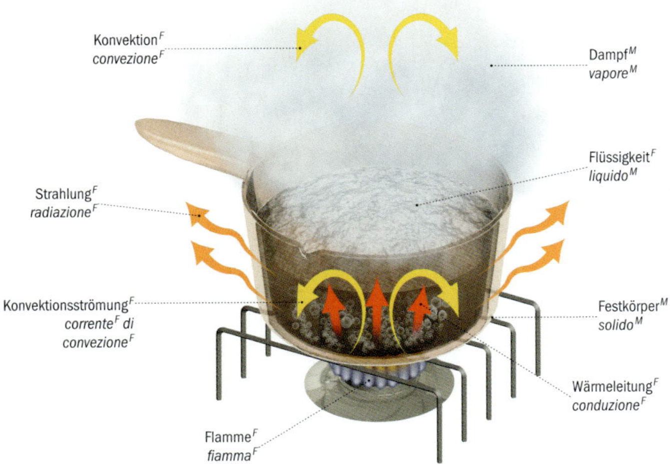

Magnetismus^M

magnetismo^M

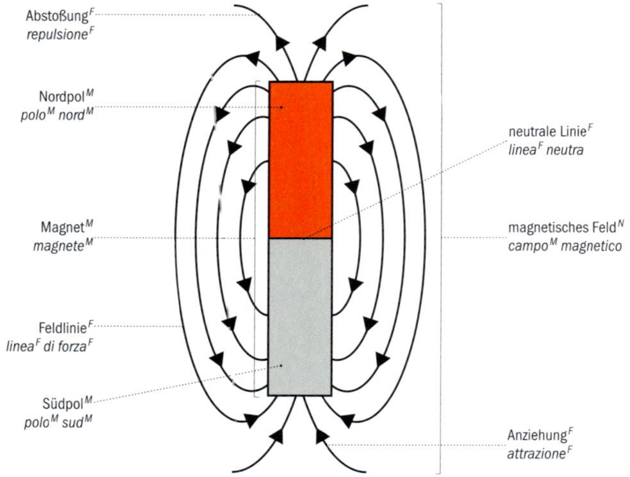

Parallelschaltung^F

circuito^M elettrico parallelo

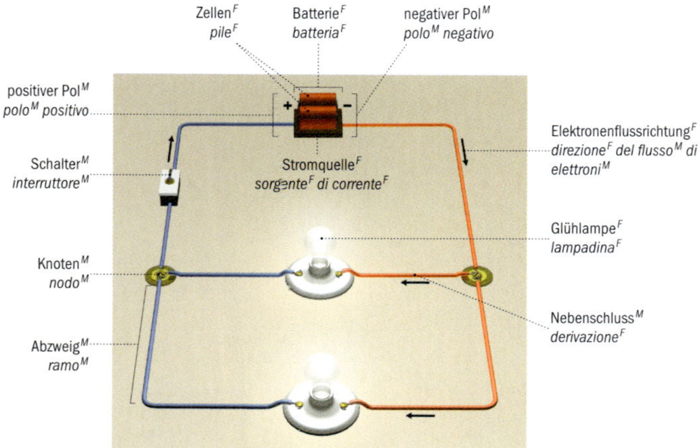

WISSENSCHAFT

Trockenelemente^{N}

pile^{F} a secco^{M}

Kohle^{F}-Zink^{N}-Zelle^{F}
pila^{F} a carbone^{M}-zinco^{M}

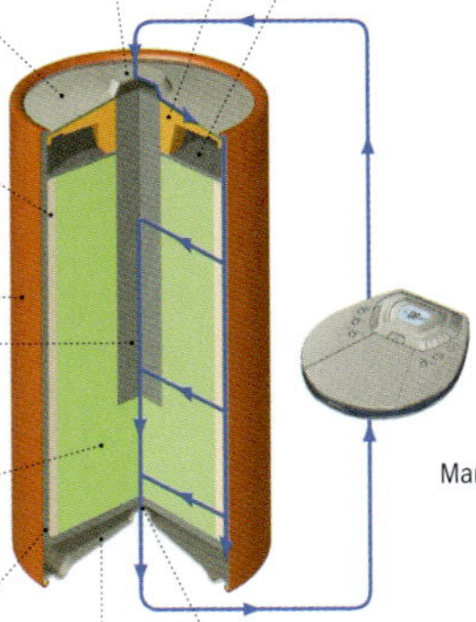

alkalische Zink^{N}-Mangan^{N}-Zelle^{F}
pila^{F} alcalina a manganese^{M}-zinco^{M}

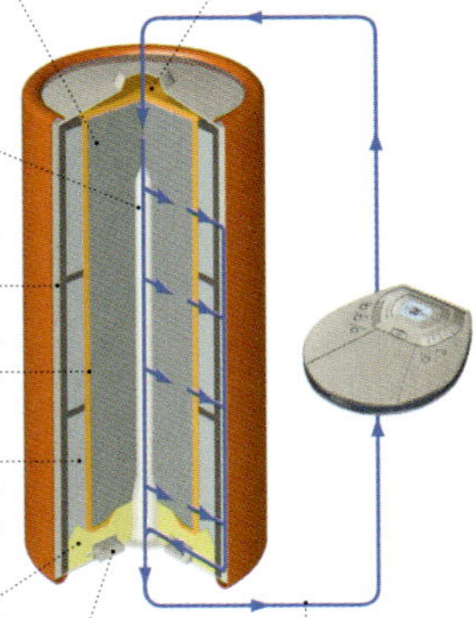

Elektronik^{F}

elettronica^{F}

Leiterplatte^{F}
scheda^{F} del circuito^{M} stampato

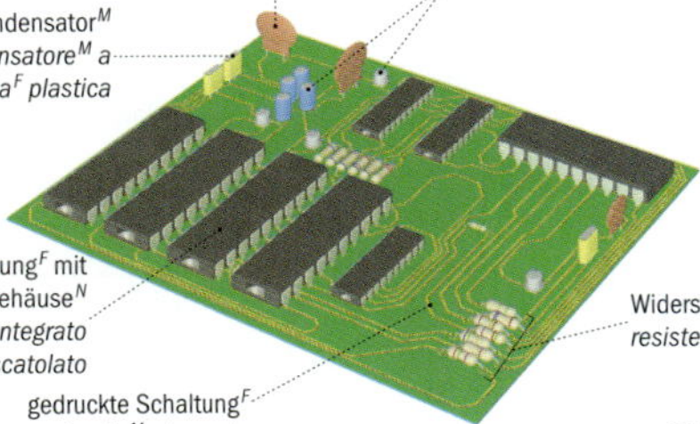

integrierte Schaltung^{F} mit Gehäuse^{N}
circuito^{M} integrato inscatolato

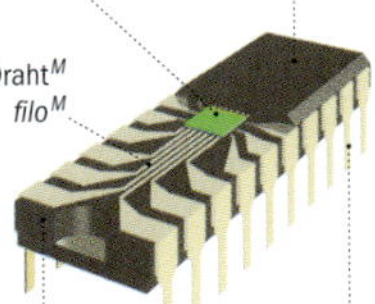

elektromagnetisches Spektrum[N]
spettro[M] elettromagnetico

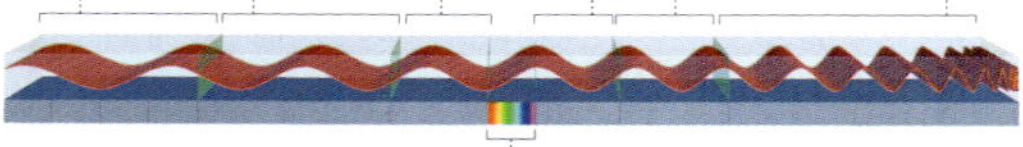

Welle[F]
onda[F]

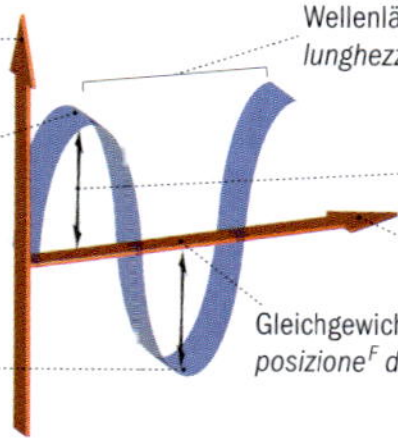

Farbmischung[F]
sintesi[F] dei colori[M]

additive Farbmischung[F]
sintesi[F] additiva

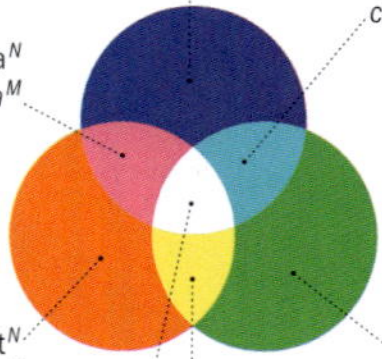

subtraktive Farbmischung[F]
sintesi[F] sottrattiva

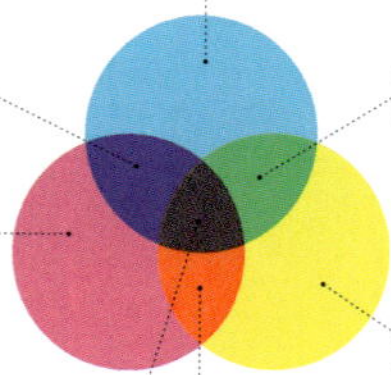

Sehen[N]
vista[F]

Normalsichtigkeit[F]
vista[F] normale

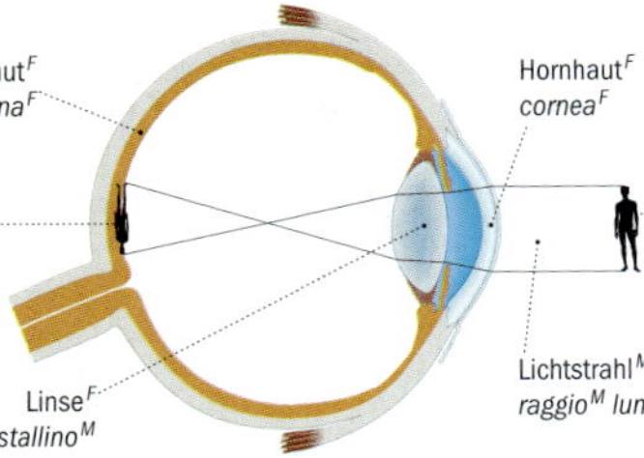

Sehfehler[M]
difetti[M] della vista[F]

Kurzsichtigkeit[F]
miopia[F]

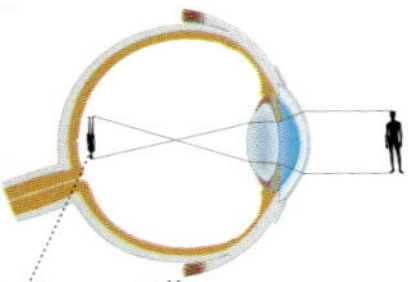

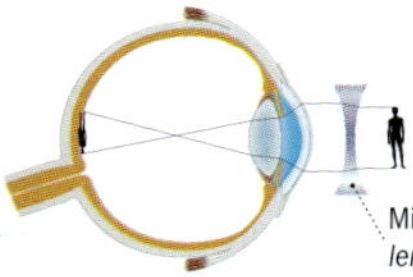

Weitsichtigkeit[F]
ipermetropia[F]

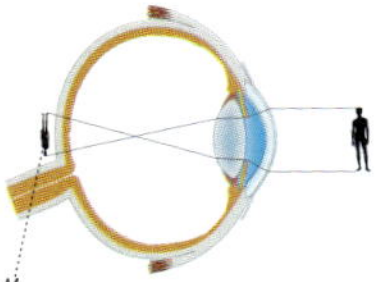

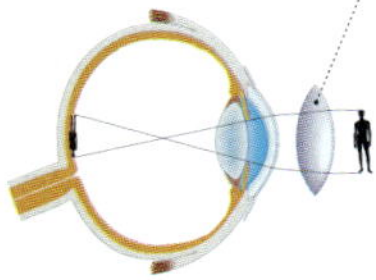

Astigmatismus[M]
astigmatismo[M]

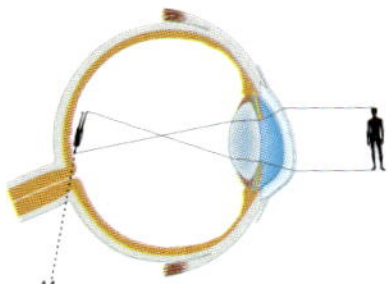

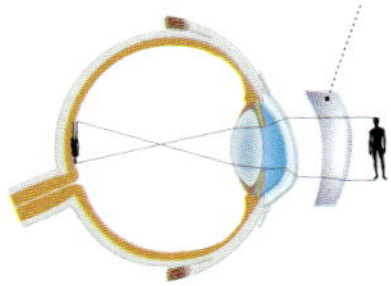

Linsen[F]
lenti[F]

Sammellinsen[F]
lenti[F] convergenti

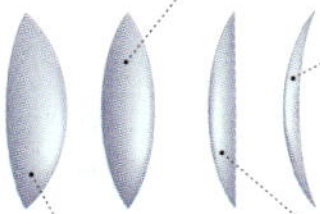

Zerstreuungslinsen[F]
lenti[F] divergenti

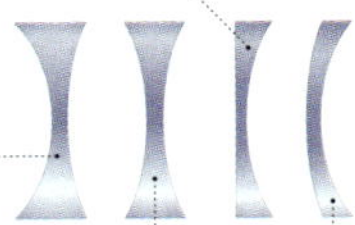

Rubin[M]-Impulslaser[M]

laser[M] a rubino[M] pulsato

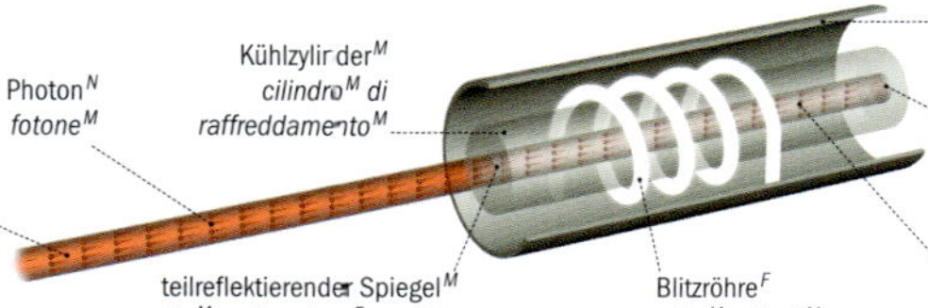

Prismenfernglas[N]

binocolo[M] prismatico

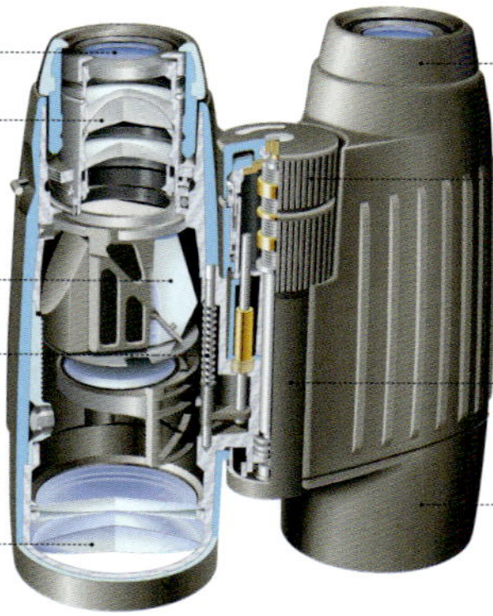

Zielfernrohr[N]

cannocchiale[M] di mira[F]

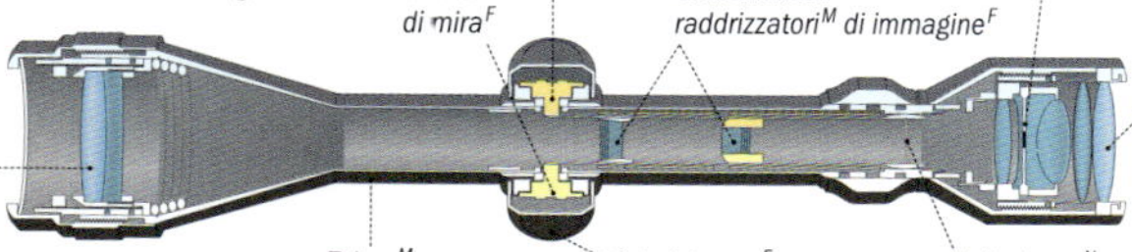

Lupe[F] und Mikroskope[N]

lente[F] di ingrandimento[M] e microscopi[M]

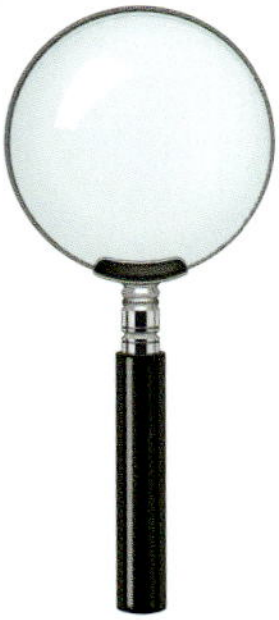

Lupe[F]
lente[F] di ingrandimento[M]

Mikroskop[N]
microscopio[M]

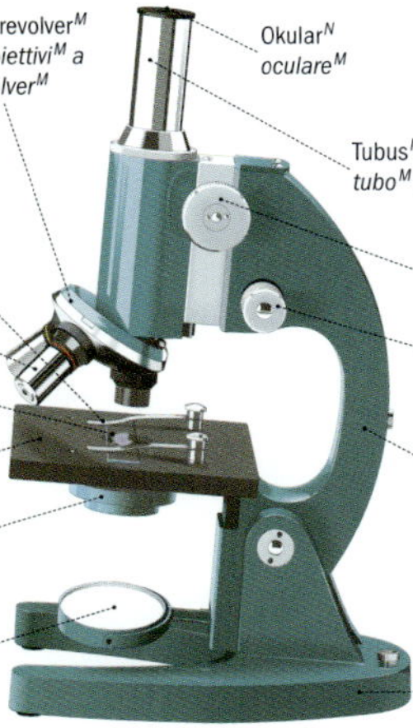

Binokularmikroskop[N]
microscopio[M] binoculare

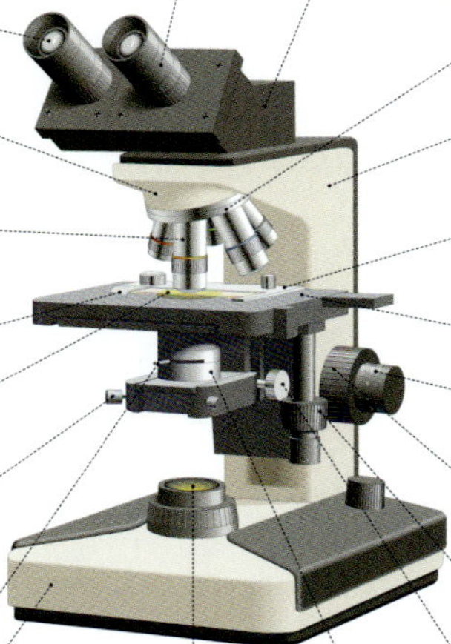

WISSENSCHAFT

Wiegen^{N}
misura^{F} del peso^{M}

Balkenwaage^{F}
bilancia^{F} di precisione^{F}

Handwaage^{F}
stadera^{F}

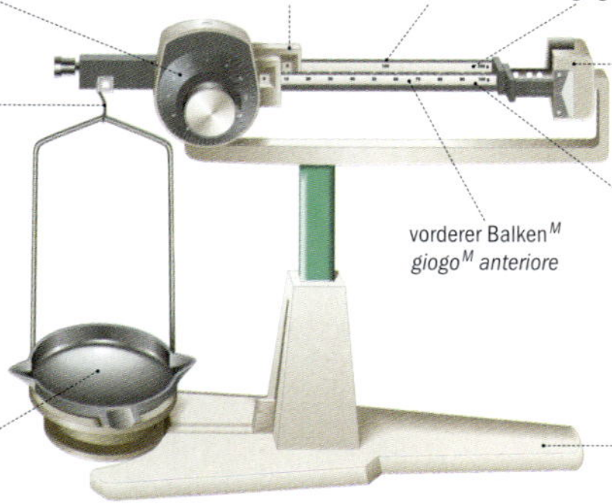

Roberval-Waage^{F}
bilancia^{F} a sospensione^{F} inferiore

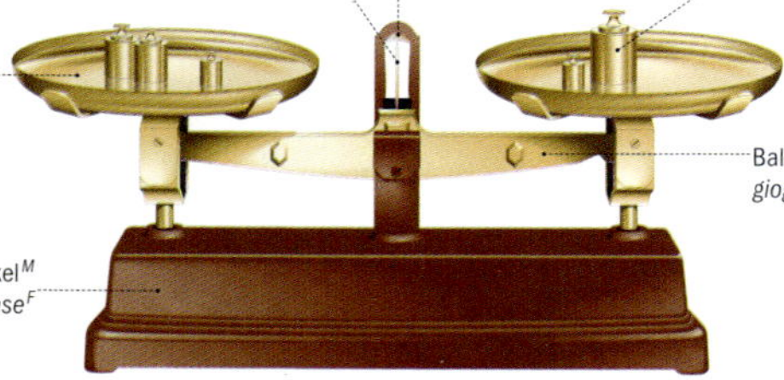

WISSENSCHAFT

Federwaage[F]
bilancia[F] a molla[F]

elektronische Waage[F]
bilancia[F] elettronica

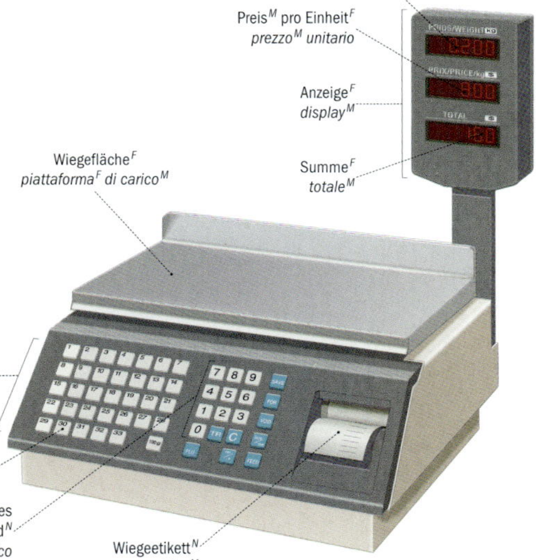

Personenwaage[F]
bilancia[F] pesapersone

Präzisionswaage[F]
bilancia[F] da analisi[F]

Temperaturmessung[F]

misura[F] della temperatura[F]

Thermometer[N]
termometro[M]

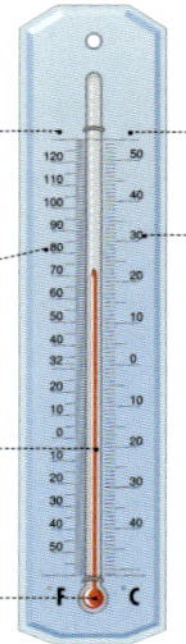

Fieberthermometer[N]
termometro[M] clinico

Zeitmessung[F]

misura[F] del tempo[M]

Stoppuhr[F]
cronometro[M]

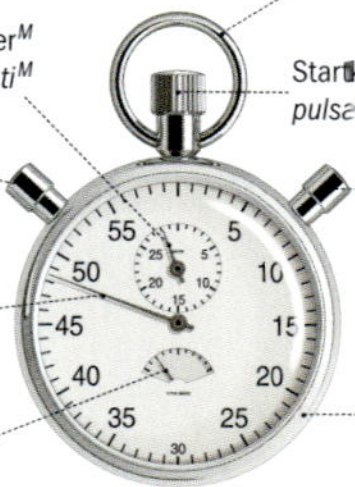

Analoguhr[F]
orologio[M] analogico

Digitaluhr[F]
orologio[M] digitale

Sonnenuhr
meridiana

WISSENSCHAFT

Längenmessung^{F}
misura^{F} della lunghezza^{F}

Lineal^{N}
righello^{M}

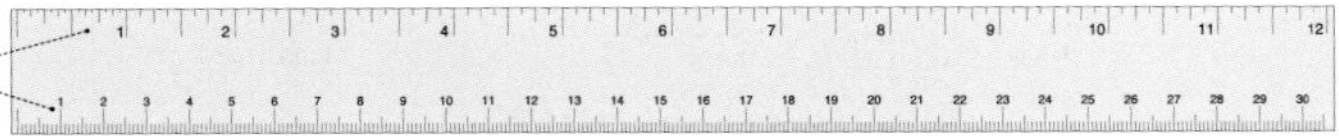

Dickemessung^{F}
misura^{F} dello spessore^{M}

Schieblehre^{F},
Messschieber^{M}
calibro^{M} a corsoio^{M} con nonio^{M}

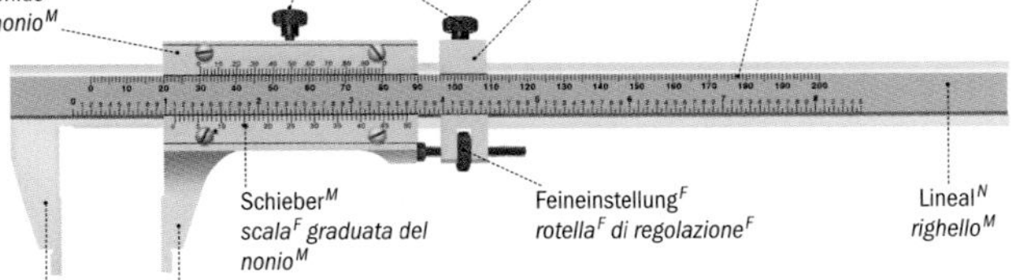

Mikrometerschraube^{F}
micrometro^{M} a vite^{F}

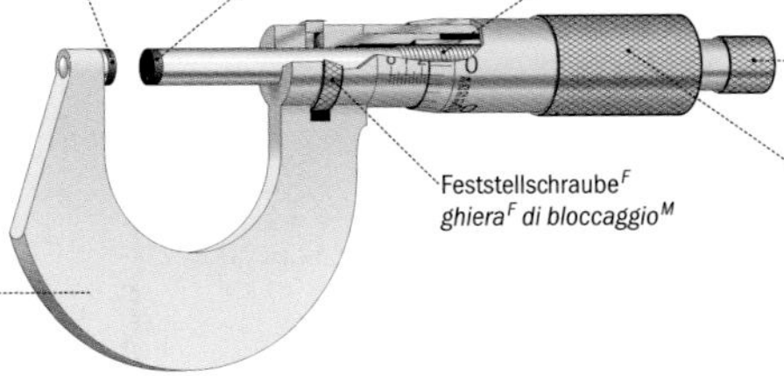

internationales Einheitensystem^{N}
sistema^{M} internazionale di unità^{F} di misura^{F}

Maßeinheit^{F} der Frequenz^{F}
unità^{F} di misura^{F} della frequenza^{F}

Hz

Hertz^{N}
hertz^{M}

Maßeinheit^{F} der elektrischen Spannung^{F}
unità^{F} di misura^{F} della differenza^{F} di potenziale^{M} elettrico

V

Volt^{N}
volt^{M}

Maßeinheit^{F} der elektrischen Ladung^{F}
unità^{F} di misura^{F} della carica^{F} elettrica

C

Coulomb^{N}
coulomb^{M}

Maßeinheit^{F} der Energie^{F}
unità^{F} di misura^{F} dell'energia^{F}

J

Joule^{N}
joule^{M}

Maßeinheit^{F} der Leistung^{F}
unità^{F} di misura^{F} della potenza^{F} elettrica

W

Watt^{N}
watt^{M}

Maßeinheit^{F} der Kraft^{F}
unità^{F} di misura^{F} della forza^{F}

N

Newton^{N}
newton^{M}

Maßeinheit^{F} des elektrischen Widerstands^{M}
unità^{F} di misura^{F} della resistenza^{F} elettrica

Ω

Ohm^{N}
ohm^{M}

Maßeinheit^{F} der elektrische Stromstärke^{F}
unità^{F} di misura^{F} della corren elettrica

A

Ampere^{N}
ampere^{M}

Maßeinheit^{F} der Länge^{F}
unità^{F} di misura^{F} della lunghezza^{F}

m

Meter^{M}
metro^{M}

Maßeinheit^{F} der Masse^{F}
unità^{F} di misura^{F} della massa^{F}

kg

Kilogramm^{N}
kilogrammo^{M}

Maßeinheit^{F} der Celsius-Temperatur^{F}
unità^{F} di misura^{F} della temperatura^{F} Celsius

°C

Grad^{M} Celsius
grado^{M} Celsius

Maßeinheit^{F} der thermodynamische Temperatur^{F}
unità^{F} di misura^{F} della temperatura termodinamica

K

Kelvin^{N}
kelvin^{M}

Maßeinheit^{F} der Stoffmenge^{F}
unità^{F} di misura^{F} della quantità^{F} di sostanza^{F}

mol

Mol^{N}
mole^{F}

Maßeinheit^{F} der Radioaktivität^{F}
unità^{F} di misura^{F} della radioattività^{F}

Bq

Becquerel^{N}
becquerel^{M}

Maßeinheit^{F} des Drucks^{M}
unità^{F} di misura^{F} della pressione^{F}

Pa

Pascal^{N}
pascal^{M}

Maßeinheit^{F} der Lichtstärke^{F}
unità^{F} di misura^{F} dell'intensità luminosa

cd

Candela^{F}
candela^{F}

Biologie^{F}
biologia^{F}

♂

männlich
maschile

♀

weiblich
femminile

Rh+

Rhesusfaktor^{M} positiv
fattore^{M} Rh positivo

Rh-

Rhesusfaktor^{M} negativ
fattore^{M} Rh negativo

†

gestorben
morte^{F}

*

geboren
nascita^{F}

Mathematik^F

matematica^F

$-$	$+$	X	$\div$	$=$
Subtraktion^F *sottrazione^F*	Addition^F *addizione^F*	Multiplikation^F *moltiplicazione^F*	Division^F *divisione^F*	ist gleich *uguale a*
$\neq$	$\approx$	$\sim$	$\equiv$	$\not\equiv$
ist ungleich *diverso da*	ist annähernd gleich *approssimativamente uguale a*	ist äquivalent mit *equivalente a*	ist identisch mit *coincide con*	ist nicht identisch mit *non coincide con*
$\pm$	$\leqslant$	$>$	$\geqslant$	$<$
plus oder minus *più o meno*	ist gleich oder kleiner als *minore o uguale a*	ist größer als *maggiore di*	ist gleich oder größer als *maggiore o uguale a*	ist kleiner als *minore di*
$\varnothing$	$\cup$	$\cap$	$\subset$	%
leere Menge^F *insieme^M vuoto*	Mengenvereinigung^F *unione^F*	Mengenschnitt^M *intersezione^F*	echte Teilmenge^F von *contenuto in*	Prozent^N *percento^M*
$\in$	$\notin$	Σ	$\sqrt{\ }$	$1/2$
Element^N von *appartiene a*	nicht Element^N von *non appartiene a*	Summe^F *sommatoria^F*	Quadratwurzel^F aus *radice^F quadrata di*	Bruch^M *frazione^F*

∞	$\int$	!
unendlich *infinito^M*	Integral^N *integrale^M*	Fakultät^F *fattoriale^M*

römische Ziffern^F

numeri^M romani

I	V	X
Eins^F *uno^M*	Fünf^F *cinque^M*	Zehn^F *dieci^M*

L	C	D	M
Fünfzig^F *cinquanta^M*	Hundert^F *cento^M*	Fünfhundert^F *cinquecento^M*	Tausend^F *mille^M*

Geometrie^F
geometria^F

°	′	″	π	⊥
Grad^M *grado^M*	**Bogenminute^F** *primo^M*	**Bogensekunde^F** *secondo^M*	**Pi^N** *pi^M greco*	**ist senkrecht zu** *perpendicolare*
∥	∦	∟	⟍_	∠
ist parallel zu *parallelo a*	**ist nicht parallel zu** *non parallelo a*	**rechter Winkel^M** *angolo^M retto*	**stumpfer Winkel^M** *angolo^M ottuso*	**spitzer Winkel^M** *angolo^M acuto*

geometrische Formen^F
forme^F geometriche

Beispiele^N für Winkel^M
esempi^M di angoli^M

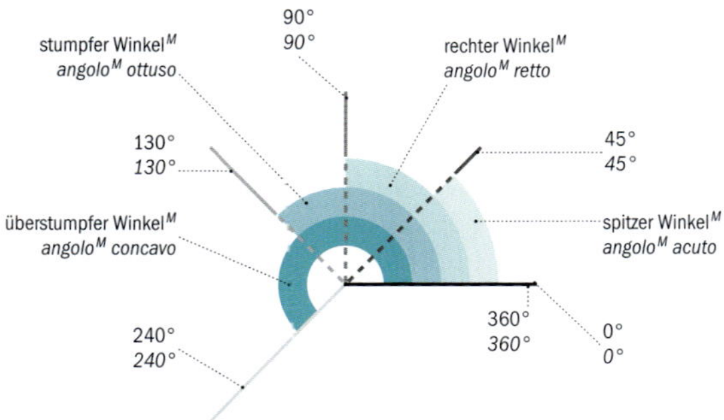

ebene Flächen^F
superfici^F

Teile^M eines Kreises^M
parti^F di un cerchio^M

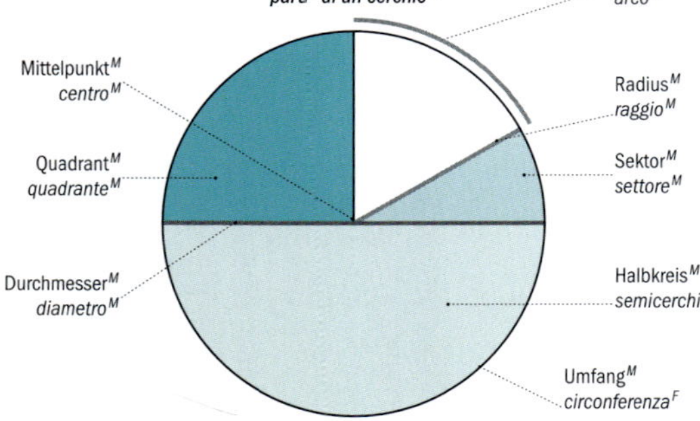

WISSENSCHAFT

Vielecke^{N}
poligoni^{M}

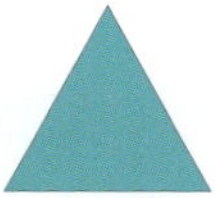
Dreieck^{N}
triangolo^{M}

Quadrat^{N}
quadrato^{M}

Rechteck^{N}
rettangolo^{M}

Rhombus^{M}
rombo^{M}

unregelmäßiges Trapez^{N}
trapezio^{M}

Parallelogramm^{N}
parallelogramma^{M}

Viereck^{N}
quadrilatero^{M}

regelmäßiges Fünfeck^{N}
pentagono^{M} regolare

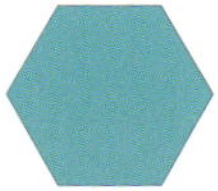
regelmäßiges Sechseck^{N}
esagono^{M} regolare

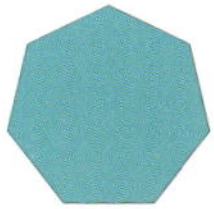
regelmäßiges Siebeneck^{N}
ettagono^{M} regolare

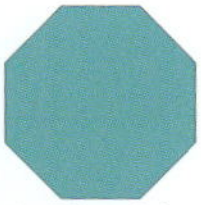
regelmäßiges Achteck^{N}
ottagono^{M} regolare

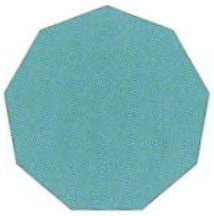
regelmäßiges Neuneck^{N}
enneagono^{M} regolare

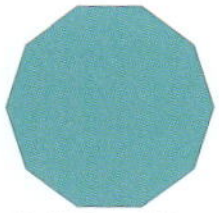
regelmäßiges Zehneck^{N}
decagono^{M} regolare

regelmäßiges Elfeck^{N}
endecagono^{M} regolare

regelmäßiges Zwölfeck^{N}
dodecagono^{M} regolare

Körper^{M}
solidi^{M}

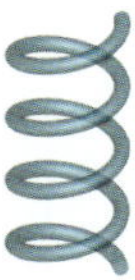
Helix^{F}
elica^{F}

Torus^{M}
toro^{M}

Halbkugel^{F}
semisfera^{F}

Kugel^{F}
sfera^{F}

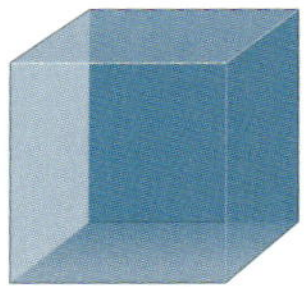
Würfel^{M}
cubo^{M}

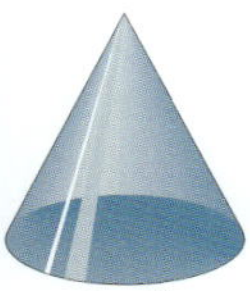
Kegel^{M}
cono^{M}

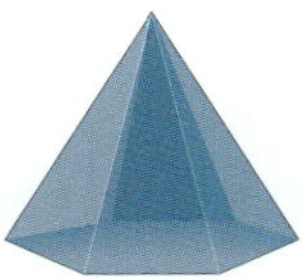
Pyramide^{F}
piramide^{F}

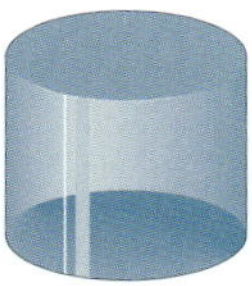
Zylinder^{M}
cilindro^{M}

Parallelepiped^{N}
parallelepipedo^{M}

regelmäßiges Oktaeder^{N}
ottaedro^{M} regolare

Ballungsgebiet[N]

conurbazione[F]

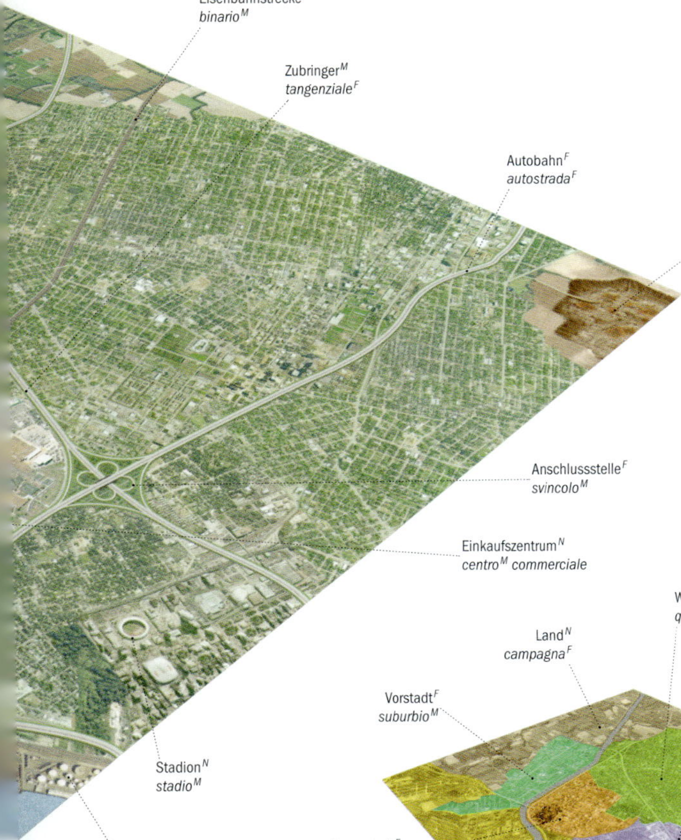
Eisenbahnstrecke^F
binario^M
Zubringer^M
tangenziale^F
Autobahn^F
autostrada^F
Mülldeponie^F
discarica^F
Anschlussstelle^F
svincolo^M
Einkaufszentrum^N
centro^M commerciale
Stadion^N
stadio^M
Raffinerie^F
raffineria^F

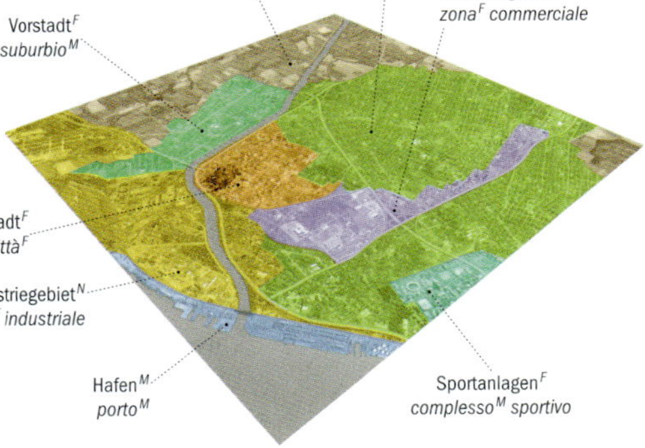
Wohngebiet^N
quartiere^M residenziale
Land^N
campagna^F
Gewerbegebiet^N
zona^F commerciale
Vorstadt^F
suburbio^M
Innenstadt^F
centro^M della città^F
Industriegebiet^N
zona^F industriale
Hafen^M
porto^M
Sportanlagen^F
complesso^M sportivo

Innenstadt[F]

centro[M] della città[F]

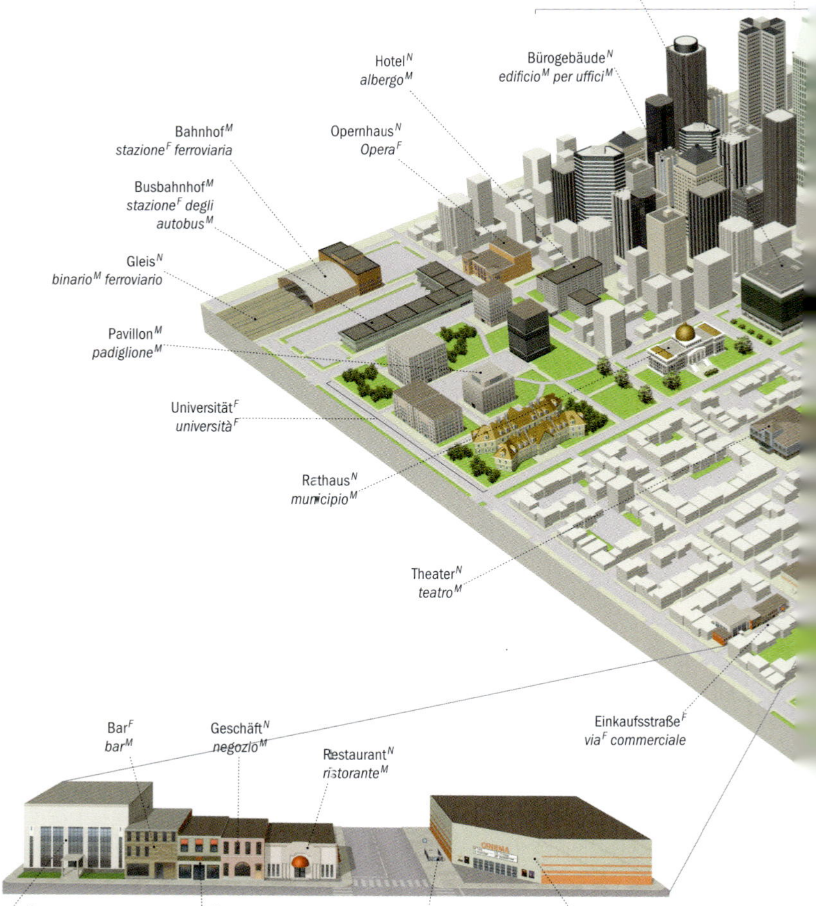

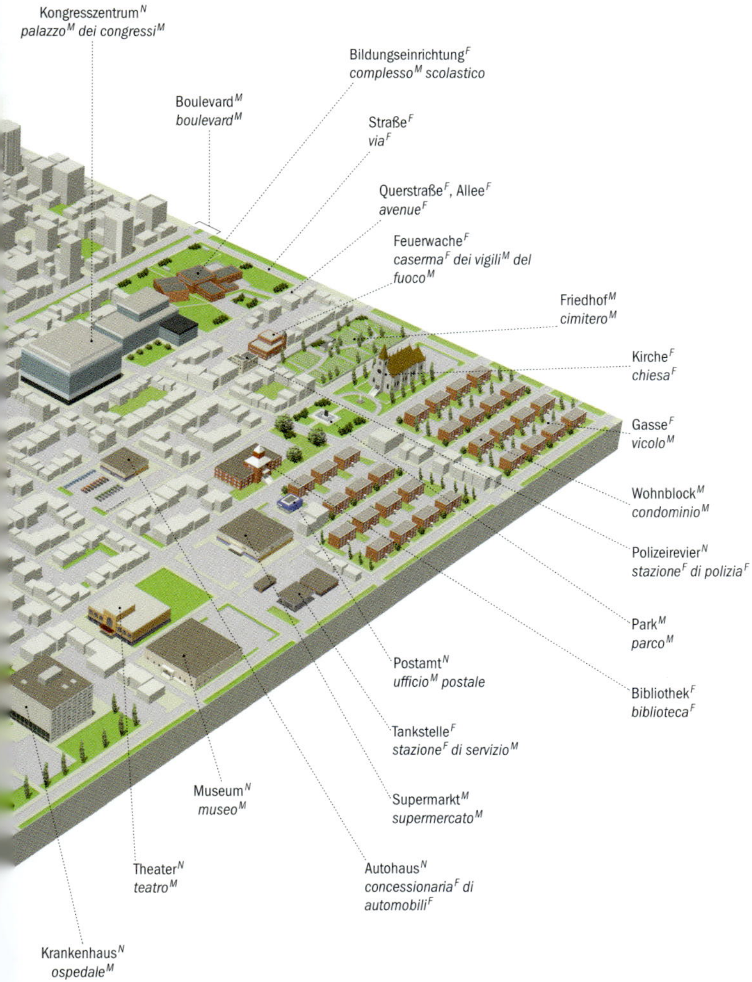
Kongresszentrum[N]
palazzo[M] dei congressi[M]
Bildungseinrichtung[F]
complesso[M] scolastico
Boulevard[M]
boulevard[M]
Straße[F]
via[F]
Querstraße[F], Allee[F]
avenue[F]
Feuerwache[F]
caserma[F] dei vigili[M] del fuoco[M]
Friedhof[M]
cimitero[M]
Kirche[F]
chiesa[F]
Gasse[F]
vicolo[M]
Wohnblock[M]
condominio[M]
Polizeirevier[N]
stazione[F] di polizia[F]
Park[M]
parco[M]
Bibliothek[F]
biblioteca[F]
Postamt[N]
ufficio[M] postale
Tankstelle[F]
stazione[F] di servizio[M]
Supermarkt[M]
supermercato[M]
Museum[N]
museo[M]
Autohaus[N]
concessionaria[F] di automobili[F]
Theater[N]
teatro[M]
Krankenhaus[N]
ospedale[M]

Straße^{F} im Querschnitt^{M}

sezione^{F} trasversale di una strada^{F}

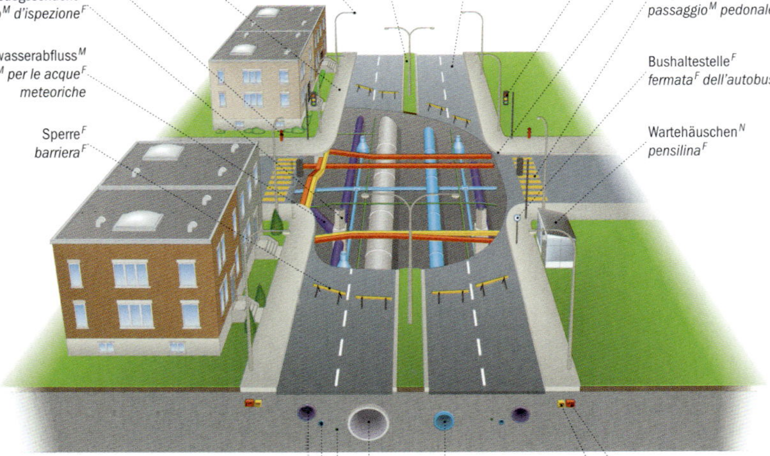

Verkehrsampel^{F}
semaforo^{M}

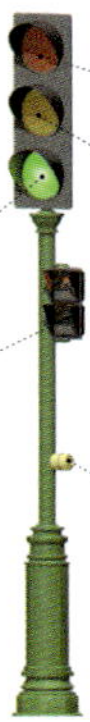

Bürogebäude^N
edificio^M per uffici^M

Breitfußgeschoss^N
basamento^M

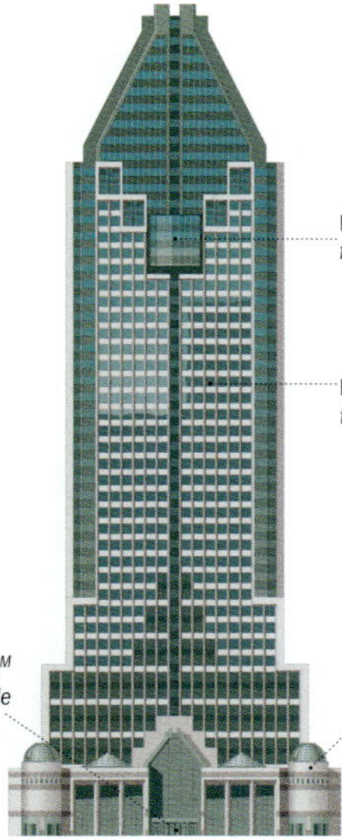

Breitfußgeschoss^N und Untergeschoss^N
basamento^M e sotterraneo^M

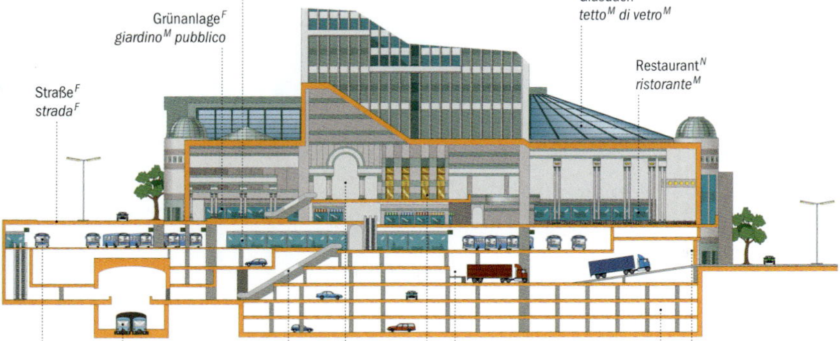

Einkaufszentrum^{N}

centro^{M} commerciale

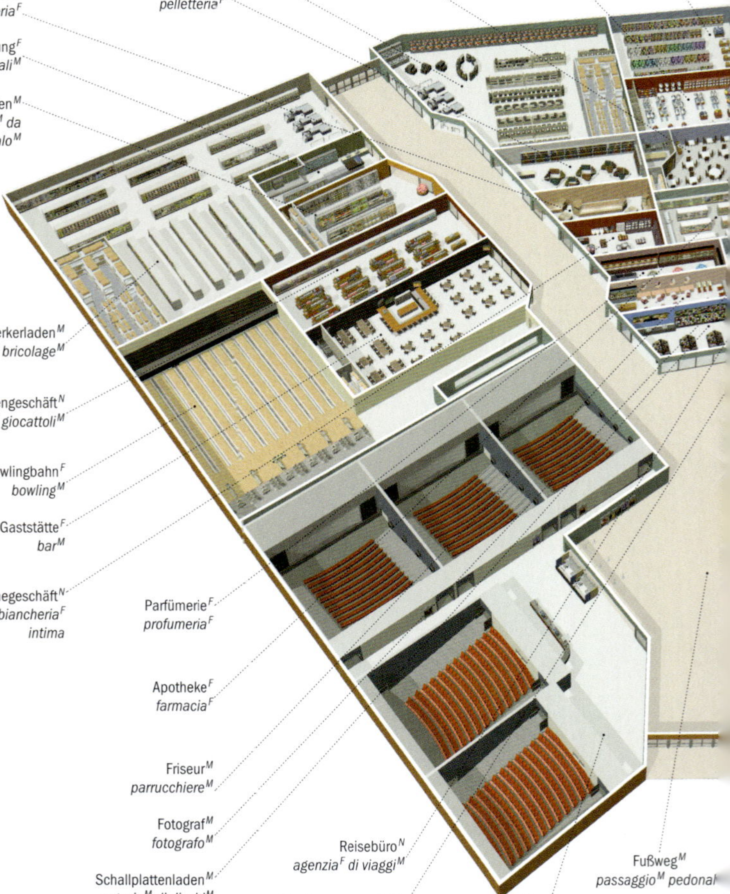

GESELLSCHAFT

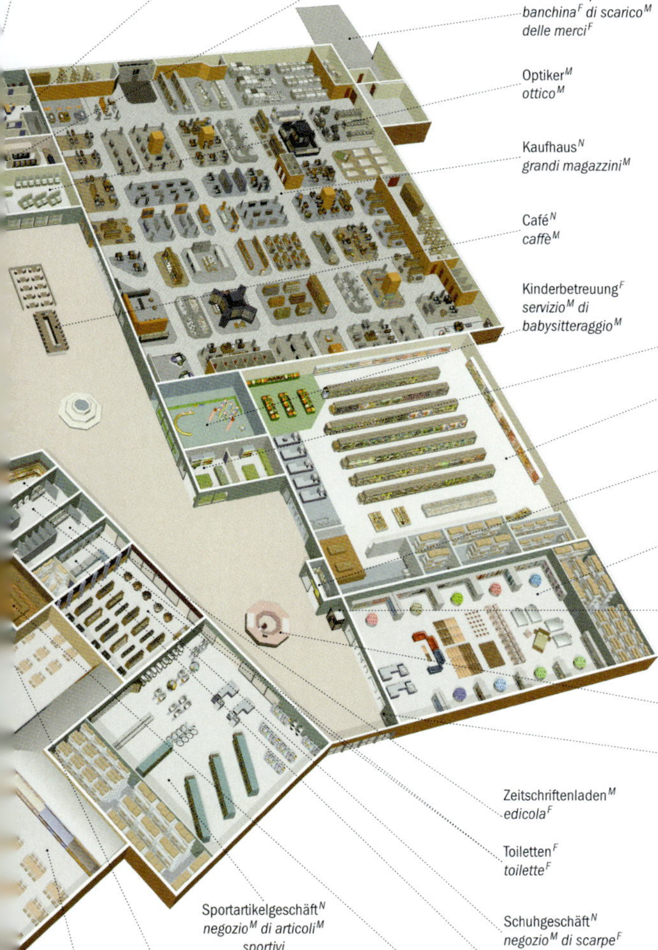
Geldausgabeautomat^{M}
sportello^{M} bancomat^{M}
Bank^{F}
banca^{F}
chemische Reinigung^{F}
lavanderia^{F} a secco^{M}
Entladerampe^{F}
banchina^{F} di scarico^{M} delle merci^{F}
Optiker^{M}
ottico^{M}
Kaufhaus^{N}
grandi magazzini^{M}
Café^{N}
caffè^{M}
Kinderbetreuung^{F}
servizio^{M} di babysitteraggio^{M}
Blumenladen^{M}
fioraio^{M}
Supermarkt^{M}
supermercato^{M}
Schlüsseldienst^{M}
negozio^{M} per la riproduzione^{F} delle chiavi^{F}
Dekorationsgeschäft^{N}
negozio^{M} di oggettistica^{F}
Passbildautomat^{M}
macchina^{F} per fototessere^{F}
Informationsstand^{M}
banco^{M} delle informazioni^{F}
Münzfernsprecher^{M}
telefono^{M} pubblico
Zeitschriftenladen^{M}
edicola^{F}
Toiletten^{F}
toilette^{F}
Schuhgeschäft^{N}
negozio^{M} di scarpe^{F}
Sportartikelgeschäft^{N}
negozio^{M} di articoli^{M} sportivi
astfood^{N}-Restaurant^{N}
fast food^{M}
Bank^{F}
panchina^{F}
Bäckerei^{F}/Konditorei^{F}
panetteria^{F}/ pasticceria^{F}
Postamt^{N}
ufficio^{M} postale

Restaurant^{M}

ristorante^{M}

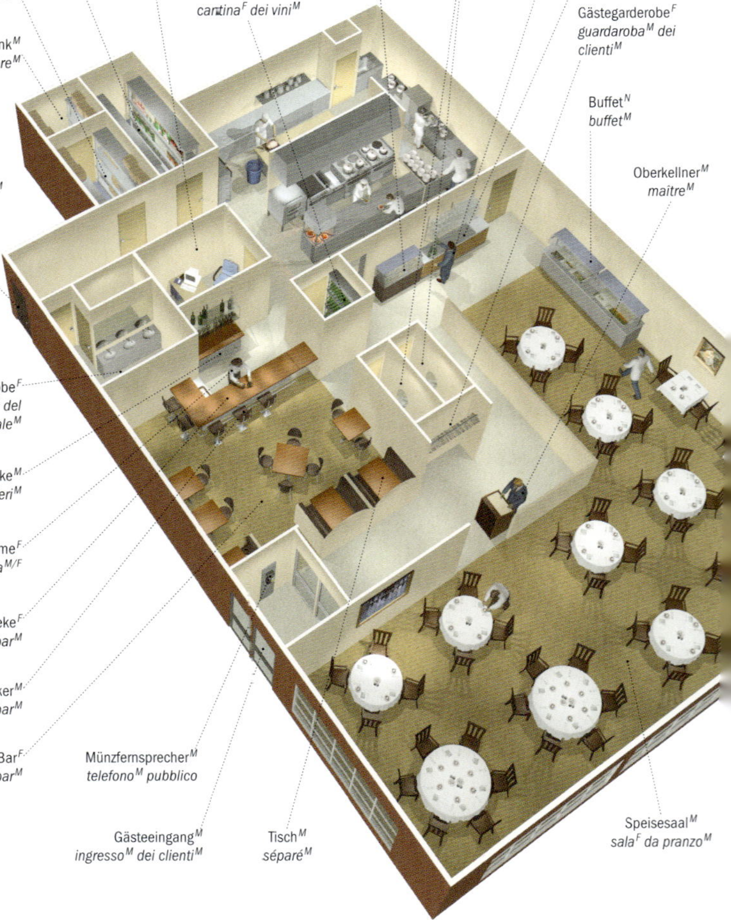

Hotel^{N}
albergo^{M}

Empfangsebene^{F}
piano^{M} della reception^{F}

Hotelzimmer^{N}
camera^{F} d'albergo^{M}

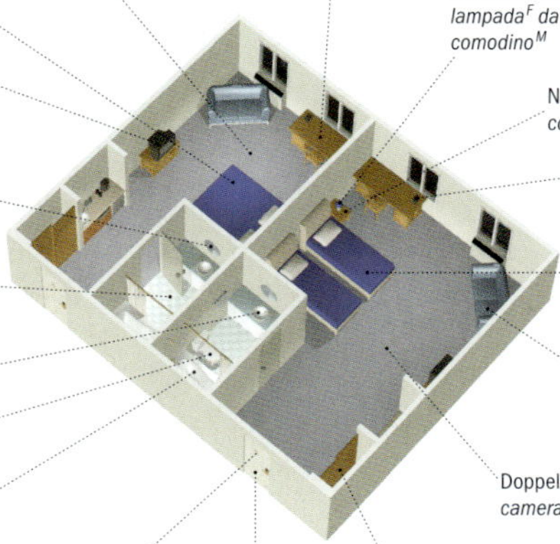

GESELLSCHAFT

Gericht[N]
tribunale[M]

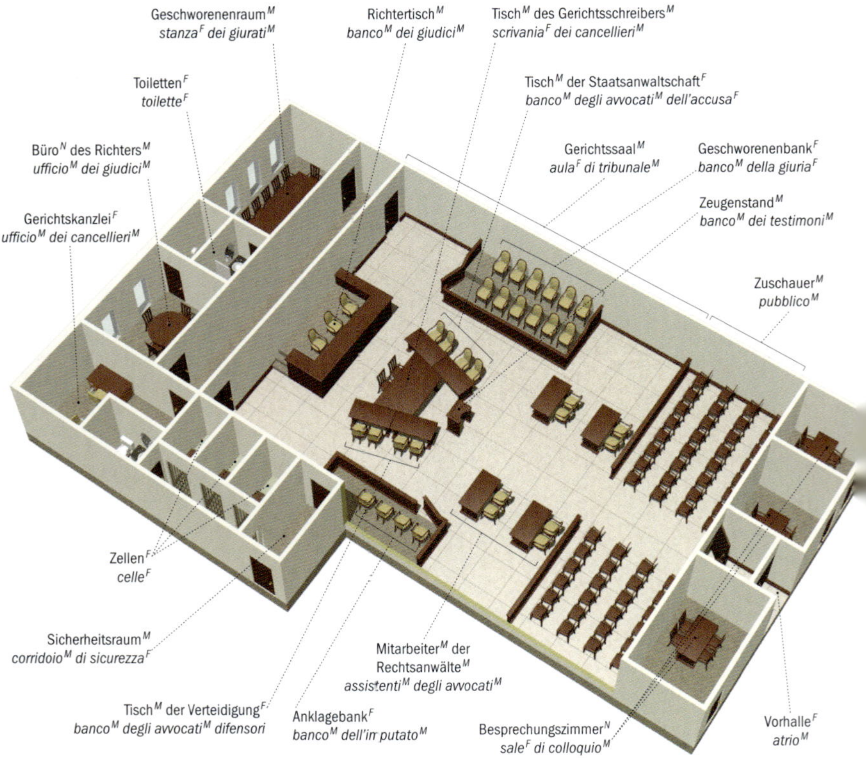

Beispiele[N] für Währungsabkürzungen[F]
esempi[M] di simboli[M] di valute[F]

$	Dollar[M]	*dollaro[M]*
¢	Cent[M]	*cent[M]*
Rs	Rupie[F]	*rupia[F]*
€	Euro[M]	*euro[M]*
₪	neuer Schekel[M]	*nuovo shekel[M]*
₱	Peso[M]	*peso[M]*
¥	Yen[M]	*yen[M]*
£	Pfund[N]	*sterlina[F]*

GESELLSCHAFT

Geld[N] und Zahlungsmodalitäten[F]

denaro[M] e metodi[M] di pagamento[M]

Münze[F]: Vorderseite[F]
moneta[F]: diritto[M]

Jahreszahl[F]
anno[M]

Rand[M]
contorno[M]

Banknote[F]: Vorderseite[F]
banconota[F]: dritto[M]

Kürzel[N] der Ausgabebank[F]
iniziali[F] della banca[F] di emissione[F]

Sicherheitsfaden[M]
filo[M] di sicurezza[F]

metallisiertes Hologramm[N]
banda[F] olografica

amtliche Unterschrift[F]
firma[F] ufficiale

Wasserzeichen[N]
filigrana[F]

metallische Tinte[F]
inchiostro[M] a colori[M] cangianti

Porträt[N]
effigie[F]

Seriennummer[F]
numero[M] di serie[F]

Münze[F]: Rückseite[F]
moneta[F]: rovescio[M]

Außenring[M]
corona[F]

Wertangabe[F]
indicazione[F] del valore[M]

Banknote[F]: Rückseite[F]
banconota[F]: rovescio[M]

Flagge[F] der Europäischen Union[F]
bandiera[F] dell'Unione[F] Europea

Seriennummer[F]
numero[M] di serie[F]

Leitspruch[M]
motto[M]

Wertangabe[F]
indicazione[F] del valore[M]

Währungsangabe[F]
nome[M] della valuta[F]

Schecks[M]
assegni[M]

Kreditkarte[F]
carta[F] di credito[M]

Magnetstreifen[M]
banda[F] magnetica

Unterschrift[F] des Inhabers[M]
firma[F] del titolare[M]

Kartennummer[F]
numero[M] della carta[F]

Name[M] des Inhabers[M]
nome[M] del titolare[M]

Verfallsdatum[N]
data[F] di scadenza[F]

Travellerscheck[M]
traveller's cheque[M]

GESELLSCHAFT

Bank^{F}

banca^{F}

Geldausgabeautomat^{M}
sportello^{M} bancomat^{M}

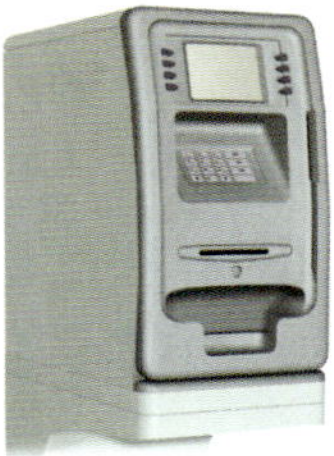

automatischer Bankschalter^{M}
sportello^{M} automatico

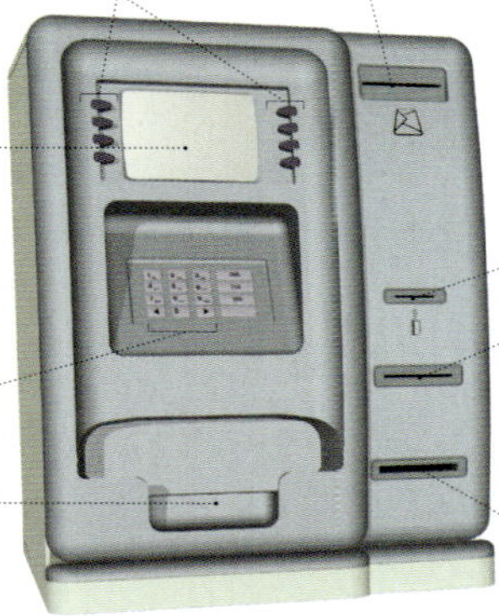

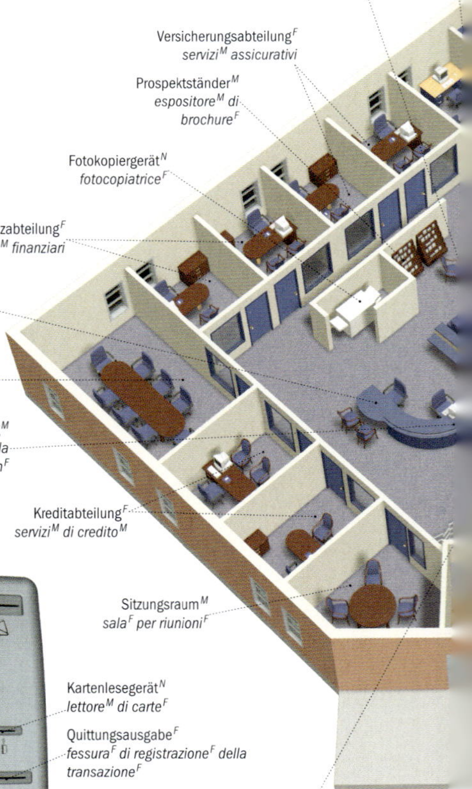

GESELLSCHAFT

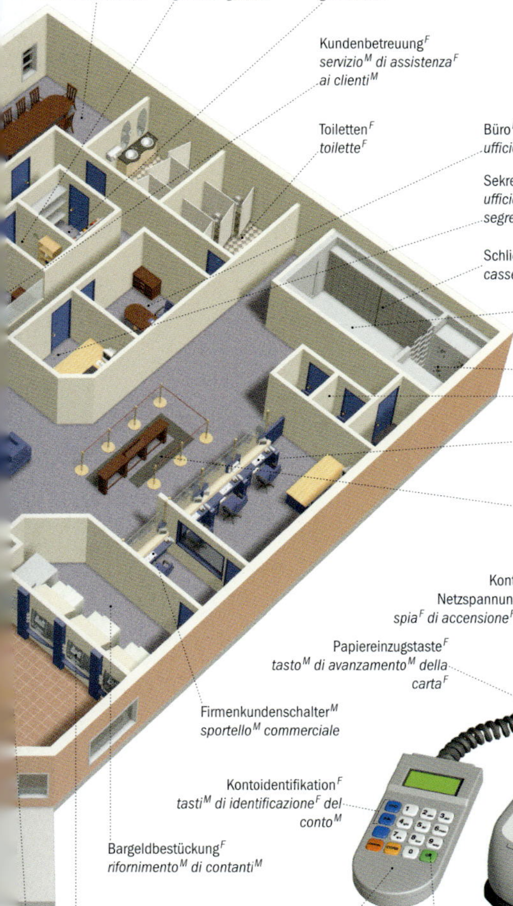

Scheckkarte[F]
carta[F] di addebito[M]

elektronisches Zahlungsterminal[N]
terminale[M] di pagamento[M] elettronico

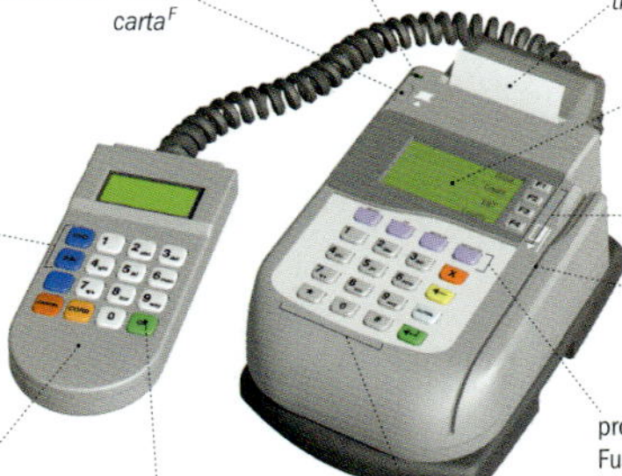

Schule[F]

scuola[F]

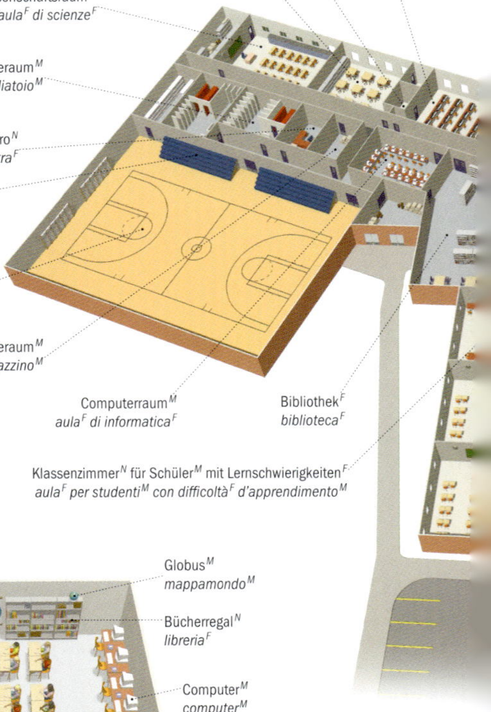

Klassenzimmer[N]
aula[F]

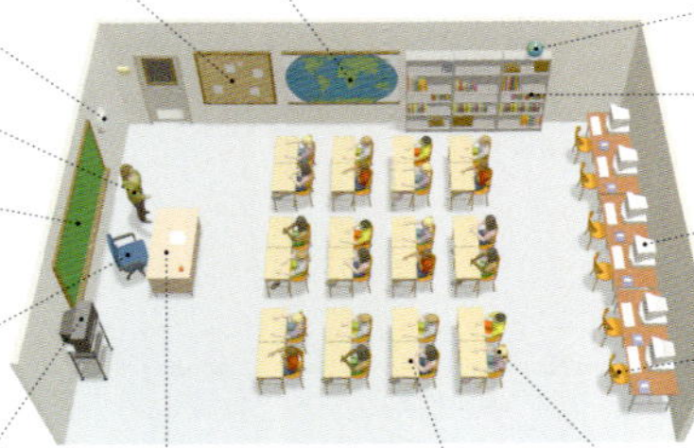

GESELLSCHAFT

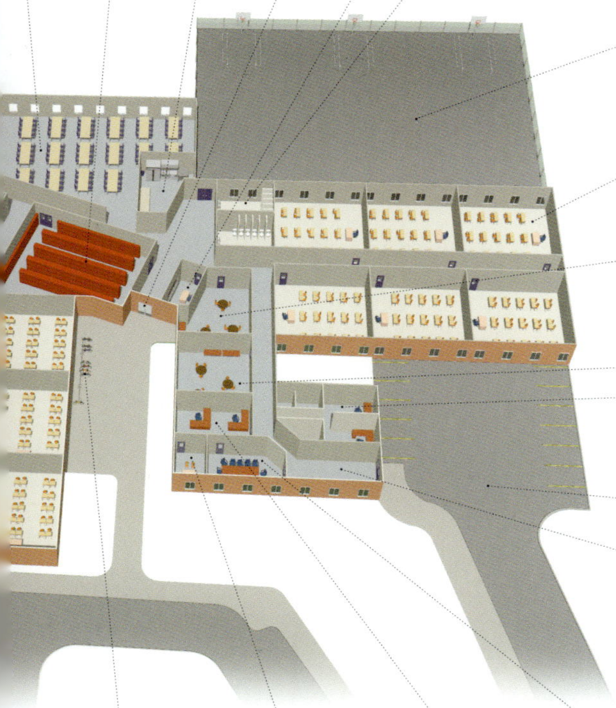
Cafeteria^{F}
caffè^{M}
Küche^{F}
cucina^{F}
Büro^{N} der Schulaufsicht^{F}
ufficio^{M} del bidello^{M}
Schülerspinde^{M}
armadietti^{M} degli studenti^{M}
Haupteingang^{M}
ingresso^{M} principale
Toilette^{F}
toilette^{F}
Schulhof^{M}
cortile^{M}
Klassenzimmer^{N}
aula^{F}
Pausenraum^{M}
stanza^{F} degli studenti^{M}
Lehrerzimmer^{N}
stanza^{F} degli insegnanti^{M}
Verwaltung^{F}
amministrazione^{F}
Parkplatz^{M}
parcheggio^{M}
Diensteingang^{M}
ingresso^{M} del personale^{M}
Fahrradständer^{M}
parcheggio^{M} per le biciclette^{F}
Büro^{N} des Schulleiters^{M}
ufficio^{M} del preside^{M}
Sekretariat^{N}
ufficio^{M} della segreteria^{F} scolastica
Konferenzraum^{M}
sala^{F} per riunioni^{F}

Kirche[F]

chiesa[F]

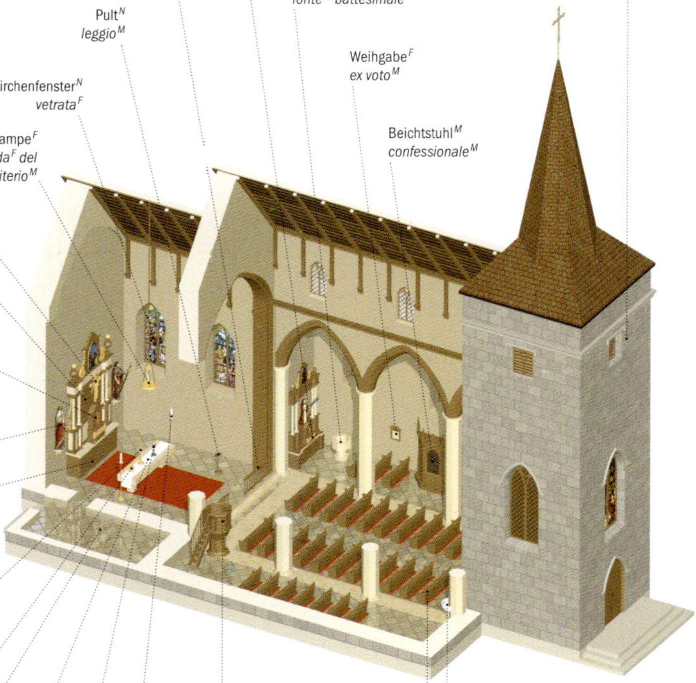

Synagoge[F]
sinagoga[F]

Moschee[F]
moschea[F]

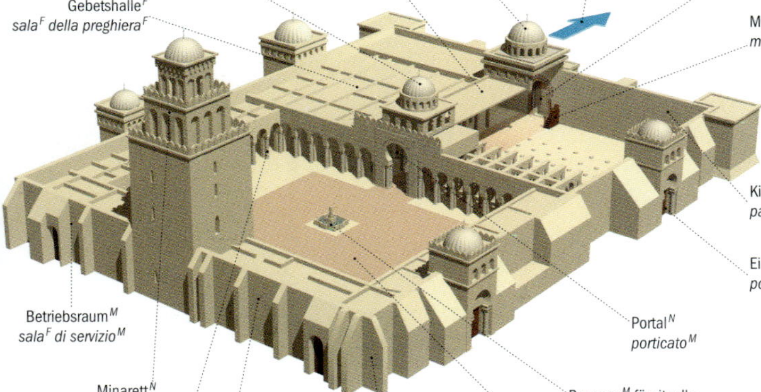

Flaggen[F]

bandiere[F]

Amerika
Americhe[F]

1 

Kanada
Canada[M]

2 

Vereinigte Staaten[M] von Amerika
Stati[M] Uniti d'America[F]

3 

Mexiko
Messico[M]

4 

Honduras
Honduras[M]

5 

Guatemala
Guatemala[M]

6 

Belize
Belize[M]

7 

El Salvador
El Salvador[M]

8 

Nicaragua
Nicaragua[M]

9 

Costa Rica
Costa Rica[M]

10 

Panama
Panama[M]

11 

Kolumbien
Colombia[F]

12 

Venezuela
Venezuela[M]

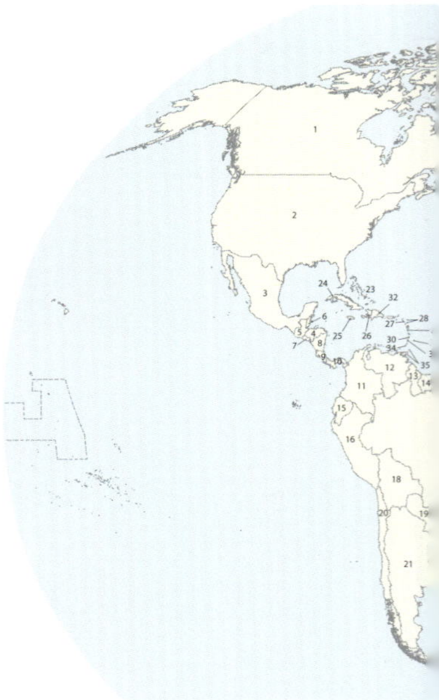

13 

Guyana
Guyana[F]

14 

Surinam
Suriname[M]

15 

Ecuador
Ecuador[M]

16 

Peru
Perù[M]

17 

Brasilien
Brasile[M]

18 

Bolivien
Bolivia[F]

19 

Paraguay
Paraguay[M]

20 

Chile
Cile[M]

21 

Argentinien
Argentina[F]

22 

Uruguay
Uruguay[M]

Karibische Inseln[F]
Isole[F] delle Antille[F]

23 

Bahamas[F]
Bahama[F]

24 

Kuba
Cuba[F]

25 

Jamaika
Giamaica[F]

26 

Haiti
Haiti[F]

27

Saint Kitts und Nevis
Saint Kitts e Nevis^F

28

Antigua und Barbuda
Antigua^F e Barbuda^F

29
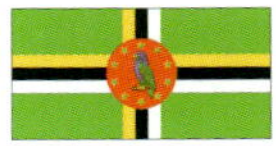
Dominica
Dominica^F

30

St. Lucia
Saint Lucia^F

31

Saint Vincent und die Grenadinen
Saint Vincent e Grenadine^F

32

Dominikanische Republik^F
Repubblica^F Dominicana

33

Barbados
Barbados^F

34

Grenada
Grenada^F

35

Trinidad und Tobago
Trinidad^F e Tobago^F

Europa
Europa^F

36

Andorra
Andorra^F

37

Portugal
Portogallo^M

38

Spanien
Spagna^F

39

Vereinigtes Königreich^N von Großbritannien und Nordirland
Regno^M Unito di Gran Bretagna^F e Irlanda^F del Nord^M

40

Frankreich
Francia^F

41

Irland
Irlanda^F

42

Belgien
Belgio^M

43

Luxemburg
Lussemburgo^M

44

Niederlande^F
Paesi^M Bassi

Flaggen[F]

45 
Deutschland
Germania[F]

46 
Liechtenstein
Liechtenstein[M]

47 
Schweiz[F]
Svizzera[F]

48 
Österreich
Austria[F]

49 
Italien
Italia[F]

50 
San Marino
Repubblica[F] *di San Marino*[M]

51 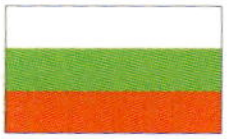
Bulgarien
Bulgaria[F]

52 
Monaco
Principato[M] *di Monaco*[M]

53 
Malta
Malta[F]

54 
Zypern
Cipro[F]

55 
Griechenland
Grecia[F]

56 
Albanien
Albania[F]

57 
Mazedonien
Macedonia[F]

58 
Vatikanstaat[M]
Città[F] *del Vaticano*[M]

59 
Serbien
Serbia[F]

60 
Montenegro
Montenegro[M]

61 
Bosnien und Herzegowina[F]
Bosnia[F] *ed Erzegovina*[F]

62 
Kroatien
Croazia[F]

63 
Slowenien
Slovenia[F]

64 
Ungarn
Ungheria[F]

65 
Rumänien
Romania[F]

66 
Slowakische Republik[F]
Slovacchia[F]

67 
Tschechische Republik[F]
Repubblica[F] *Ceca*

68 
Polen
Polonia[F]

69 
Dänemark
Danimarca[F]

70 
Island
Islanda[F]

71 
Norwegen
Norvegia[F]

72 
Litauen
Lituania[F]

73 
Schweden
Svezia[F]

74 
Finnland
Finlandia[F]

75 
Estland
Estonia[F]

76 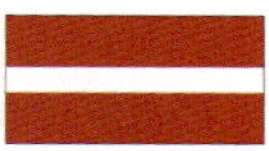
Lettland
Lettonia[F]

77 
Weißrussland
Bielorussia[F]

78 
Ukraine[F]
Ucraina[F]

79 
Moldawien
Moldavia[F]

80 
Russland
Federazione[F] *Russa*

Afrika
Africa[F]

81 
Marokko
Marocco[M]

82 
Algerien
Algeria[F]

83 
Tunesien
Tunisia[F]

84 
Libyen
Libia[F]

85 
Ägypten
Egitto[M]

86 
Kap Verde
Capo Verde[M]

87 
Mauretanien
Mauritania[F]

88 
Mali
Repubblica[F] *del Mali*[M]

89 
Niger[M]
Niger[M]

90 
Tschad[M]
Ciad[M]

91 
Sudan[M]
Sudan[M]

92 
Eritrea
Eritrea[F]

93 
Dschibuti
Gibuti[M]

94 
Äthiopien
Etiopia[F]

95 
Somalia
Somalia[F]

96 
Senegal[M]
Senegal[M]

97 
Gambia
Gambia[M]

98 
Guinea-Bissau
Guinea Bissau[F]

99 
Guinea
Guinea[F]

100 
Sierra Leone
Sierra Leone[F]

101 
Liberia
Liberia[F]

102 
Elfenbeinküste[F]
Costa d'Avorio[F]

103 
Burkina Faso
Burkina Faso[M]

104 
Ghana
Ghana[M]

105 
Togo
Togo[M]

106 
Benin
Benin[M]

107 
Nigeria
Nigeria[F]

108 
Kamerun
Camerun[M]

109 
Äquatorialguinea
Guinea[F] *Equatoriale*

110 
Zentralafrikanische Republik[F]
Repubblica[F] *Centrafricana*

111 
São Tomé und Príncipe
São Tomé e Príncipe[M]

112 
Gabun
Gabon[M]

113 
Kongo[M]
Congo[M]

114 
Republik[F] Kongo[M]
Repubblica[F] *Democratica del Congo*[M]

115 

Ruanda
Ruanda[M]

116 
Uganda
Uganda[F]

117 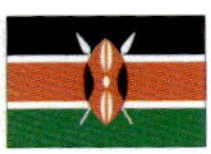
Kenia
Kenya[M]

118 
Burundi
Burundi[M]

119 
Tansania
Tanzania[F]

GESELLSCHAFT

Flaggen[F]

120 
Mosambik
Mozambico[M]

121 
Swasiland[N]
Swaziland[M]

122 
Komoren[F]
Comore[F]

123 
Sambia
Zambia[M]

124 
Madagaskar
Madagascar[M]

125 
Seychellen[F]
Seychelles[F]

126 
Mauritius
Maurizio[F]

127 
Malawi
Malawi[M]

128 
Simbabwe
Zimbabwe[M]

129 
Angola
Angola[F]

130 
Namibia
Namibia[F]

131 
Botswana
Botswana[M]

132 
Lesotho
Lesotho[M]

133 
Südafrika
Repubblica[F] *Sudafricana*

Asien
Asia[F]

134 
Türkei[F]
Turchia[F]

135 
Libanon[M]
Libano[M]

136 
Syrien
Siria[F]

137 
Israel
Israele[M]

138 
Jordanien
Giordania[F]

139 
Irak[M]
Iraq[M]

140 
Kuwait
Kuwait[M]

141 
Saudi-Arabien
Arabia Saudita[F]

142 
Bahrain
Bahrein[M]

143 
Jemen[M]
Yemen[M]

144 
Oman
Oman[M]

145 
Vereinigte Arabische Emirate[N]
Emirati Arabi Uniti[M]

146 
Katar
Qatar[M]

147 
Georgien
Georgia[F]

148 
Armenien
Armenia[F]

149 
Aserbeidschan
Azerbaigian[M]

150 
Iran[M]
Iran[M]

151 
Afghanistan
Afghanistan[M]

152 
Kasachstan
Kazakistan[M]

153 
Turkmenistan
Turkmenistan[M]

154 
Usbekistan
Uzbekistan[M]

155 
Kirgisistan
Kirghizistan[M]

156 
Tadschikistan
Tagikistan[M]

157 
Pakistan
Pakistan[M]

158 
Malediven^{F}
Maldive^{F}

159 
Indien
India^{F}

160 
Sri Lanka
Sri Lanka^{M}

161 
Nepal
Nepal^{M}

162 
China
Cina^{F}

163 
Mongolei^{F}
Mongolia^{F}

164 
Bhutan
Bhutan^{M}

165 
Bangladesch
Bangladesh^{M}

166 
Myanmar
Myanmar^{M}

167 
Laos
Laos^{M}

168 
Thailand
Tailandia^{F}

169 
Vietnam
Vietnam^{M}

170 
Kambodscha
Cambogia^{F}

171 
Brunei
Brunei^{M}

172 
Malaysia
Malaysia^{F}

173 
Singapur
Singapore^{F}

174 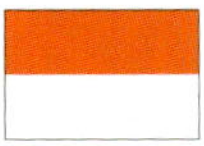
Indonesien
Indonesia^{F}

175 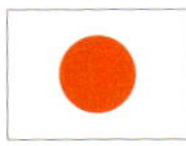
Japan
Giappone^{M}

176 
Nord-Korea
Repubblica^{F} Democratica Popolare di Corea^{F}

177 
Süd-Korea
Repubblica^{F} di Corea^{F}

Ozeanien und Polynesien
Oceania^{F} e Polinesia^{F}

178 
Philippinen^{F}
Filippine^{F}

179 
Palau
Palau^{M}

180 
Mikronesien
Micronesia^{F}

181 
Marshallinseln^{F}
Isole Marshall^{F}

182 
Nauru
Nauru^{M}

183 
Kiribati
Kiribati^{M}

184 
Tuvalu
Tuvalu^{M}

185 
Samoa
Samoa^{F}

186 
Tonga
Tonga^{M}

187 
Vanuatu
Vanuatu^{M}

188 
Fidschi
Figi^{F}

189 
Salomoninseln^{F}
Isole^{F} Salomone

190 
Papua-Neuguinea
Papua Nuova Guinea^{F}

191 
Australien
Australia^{F}

192 
Neuseeland
Nuova Zelanda^{F}

Brandbekämpfung[F]

prevenzione[F] degli incendi[M]

Brandbekämpfungsmaterial[N]
materiale[M] antincendio

Rauchmelder[M]
rilevatore[M] di fumo[M]

Handfeuerlöscher[M]
estintore[M] portatile

Einreißhaken[M]
rampone[M]

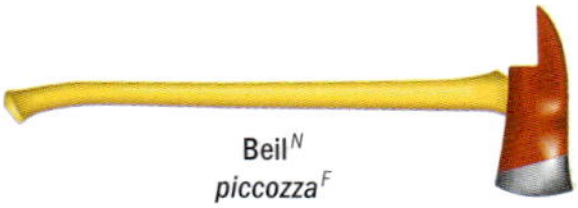

Beil[N]
piccozza[F]

Schlauchleitung[F]
manichetta[F] antincendio

Überflurhydrant[M]
idrante[M] a colonna[F]

Feuerwehrmann[M]
vigile[M] del fuoco[M]

Löschfahrzeuge[N]
carri[M] dei pompieri[M]

Pumplöschfahrzeug[N]
autopompa[F]

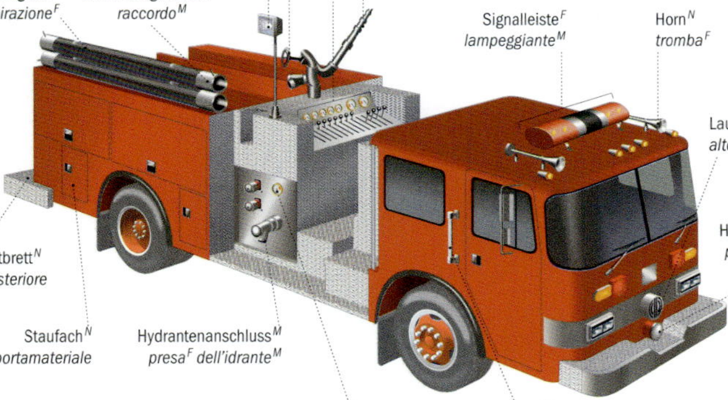

Drehleiterfahrzeug[N]
autoscala[F]

vorbeugende Verbrechensbekämpfung[F]

prevenzione[F] del crimine[M]

Polizeibeamter[M]
agente[M] di polizia[F]

Dienstgürtel[M]
cintura[F] di servizio[M]

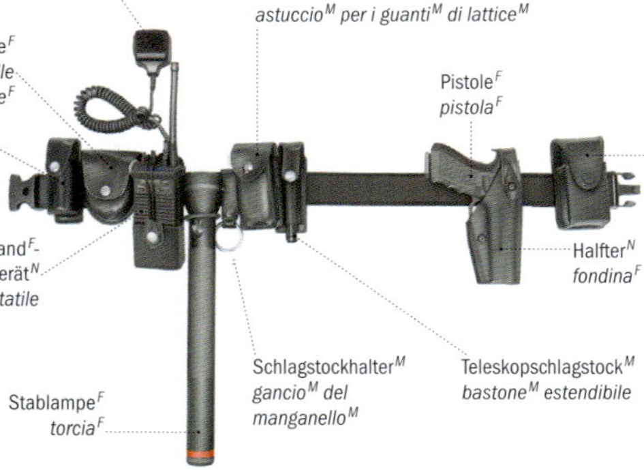

Armaturenbrettausrüstung^F
***equipaggiamento**^M **del cruscotto**^M*

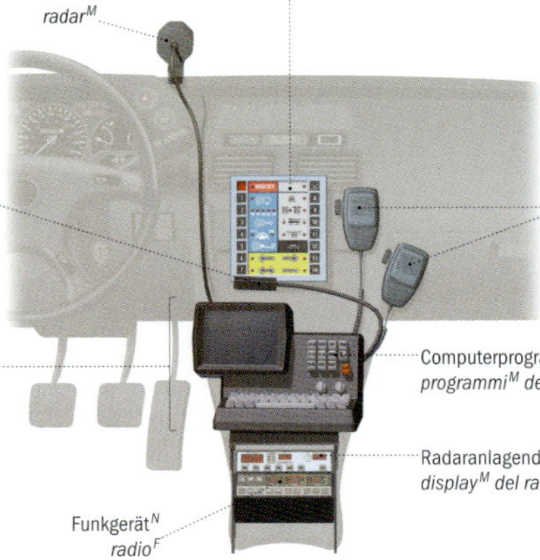

Polizeifahrzeug^N
***macchina**^F **della polizia**^F*

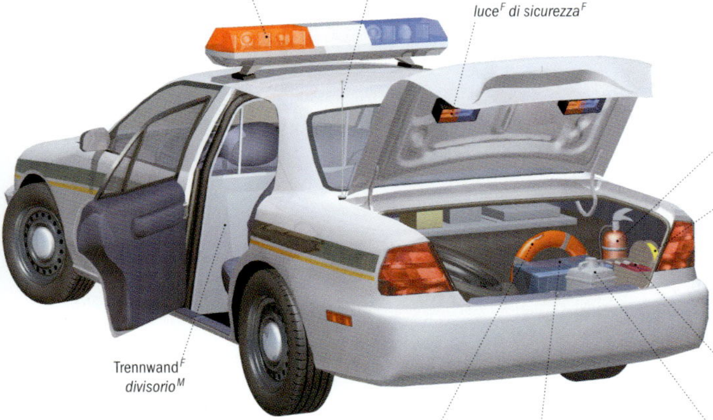

GESELLSCHAFT

Gehörschutz^{M}

protezione^{F} per le orecchie^{F}

Ohrenschützer^{M}
cuffie^{F} di sicurezza^{F}

Ohrstöpsel^{M}
tappi^{M} per le orecchie^{F}

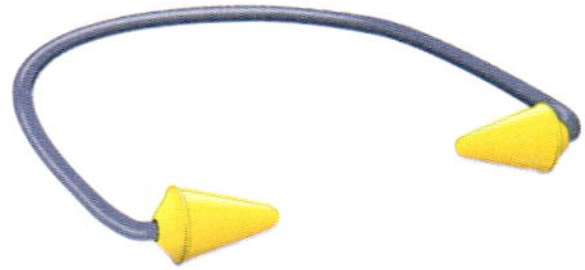

Augenschutz^{M}

protezione^{F} per gli occhi^{M}

Schutzbrille^{F}
occhiali^{M} di protezione^{F} con ripari^{M} laterali

Schutzmaske^{F}
occhiali^{M} di protezione^{F} panoramici

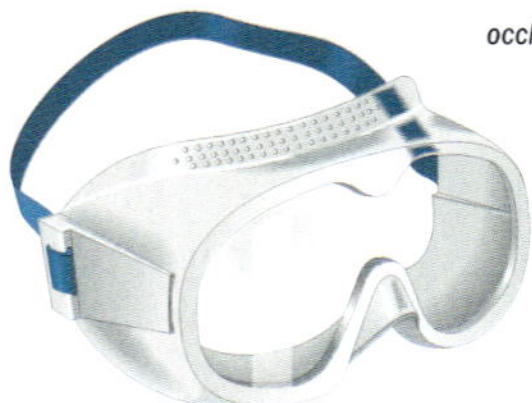

Kopfschutz^{M}

protezione^{F} per la testa^{F}

Schutzhelm^{M}
elmetto^{M}

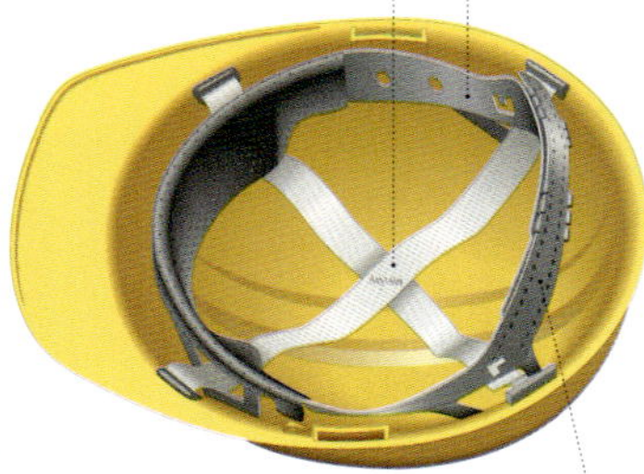

GESELLSCHAFT

Atemschutz[M]

protezione[F] per le vie[F] respiratorie

Gasmaske[F]
maschera[F] a pieno facciale[M] bifiltro

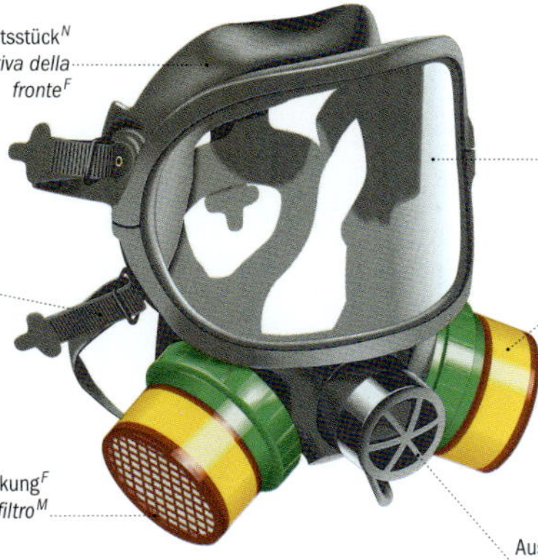

leichte Atemschutzmaske[F]
mascherina[F]

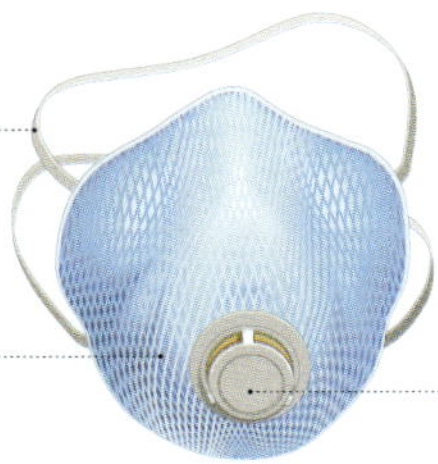

Fußschutz[M]

protezione[F] per i piedi[M]

Sicherheitsschuh[M]
scarponcino[M] di sicurezza[F]

Zehenschützer[M]
puntale[M] di protezione[F]

Notfallausrüstung[F]

strumenti[M] per il pronto soccorso[M]

Stethoskop[N]
fonendoscopio[M]

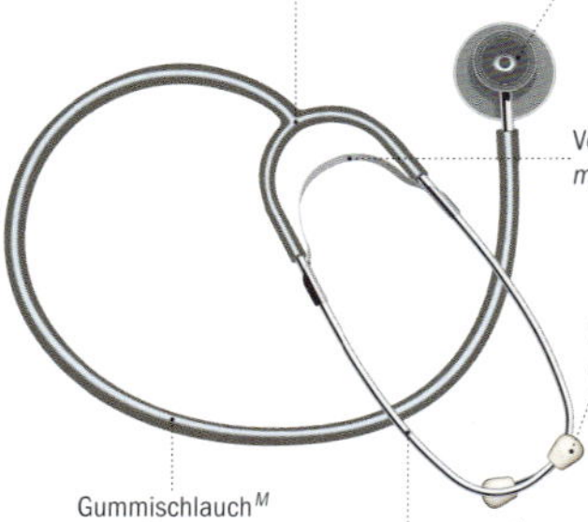

Spritze[F]
siringa[F]

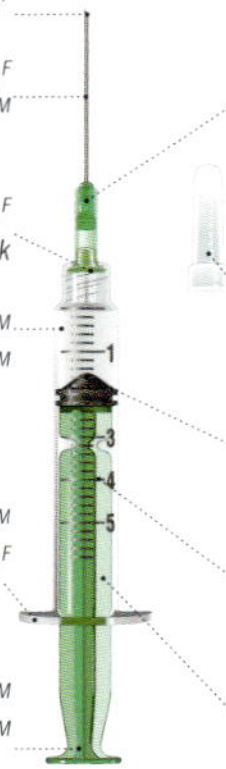

Latexhandschuh[M]
guanto[M] di lattice[M]

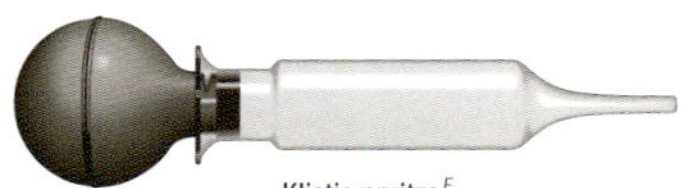

Klistierspritze[F]
schizzetto[M]

Fahrtrage[F]
lettino[M]

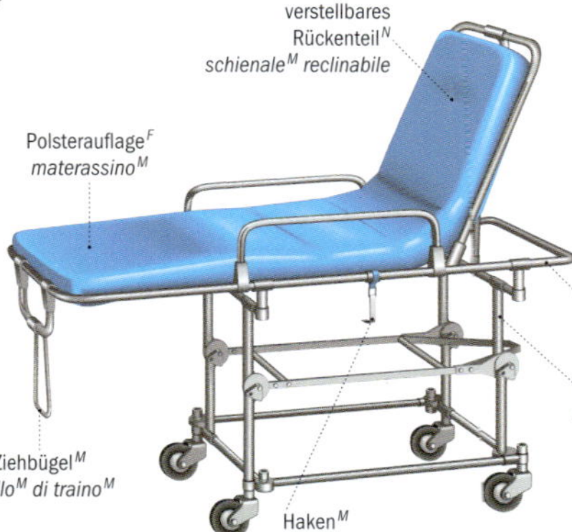

Krankentrage[F]
lettiga[F]

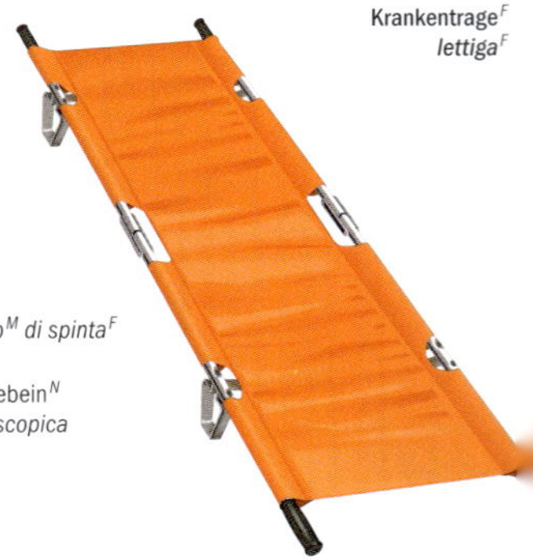

GESELLSCHAFT

Erste-Hilfe-Kasten[M]

cassetta[F] di pronto soccorso[M]

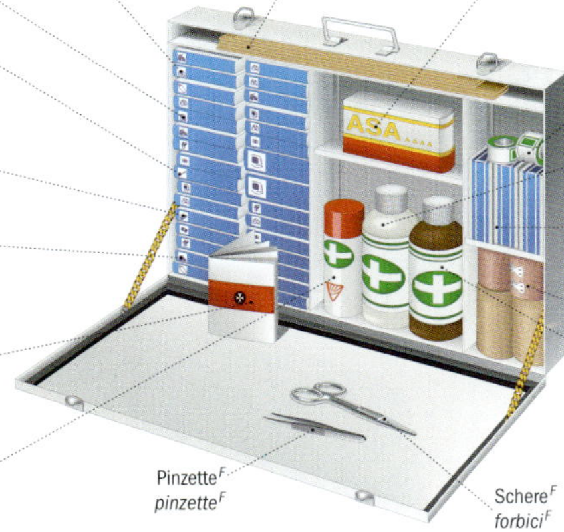

Fieberthermometer[N]

termometri[M] clinici

Blutdruckmessgerät[N]

monitor[M] della pressione[F] sanguigna

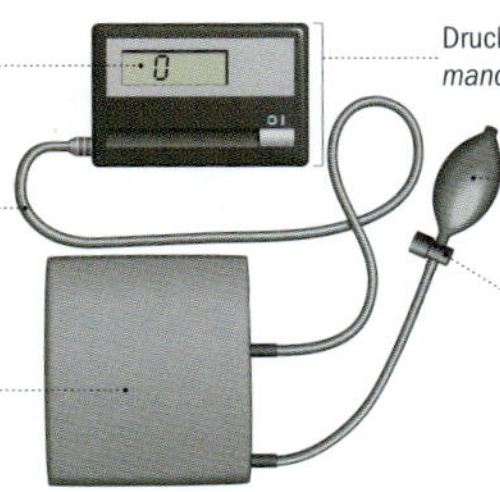

Krankenhaus[N]

ospedale[M]

Unfallstation[F]
pronto soccorso[M]

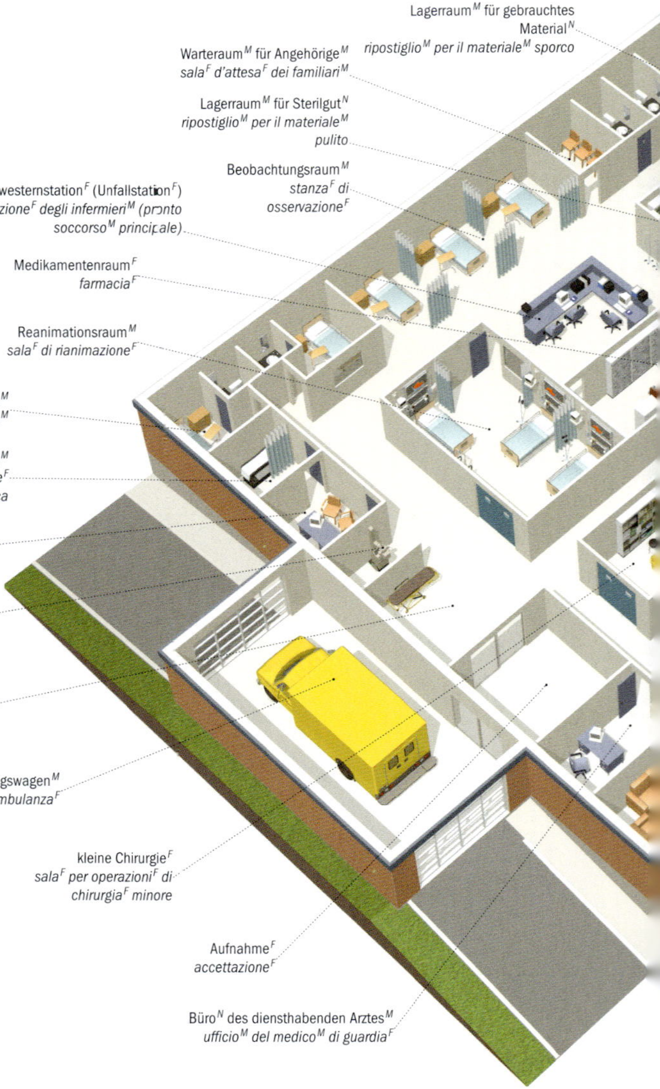

Lagerraum[M] für gebrauchtes Material[N]
ripostiglio[M] per il materiale[M] sporco

Warteraum[M] für Angehörige[M]
sala[F] d'attesa[F] dei familiari[M]

Lagerraum[M] für Sterilgut[N]
ripostiglio[M] per il materiale[M] pulito

Beobachtungsraum[M]
stanza[F] di osservazione[F]

Schwesternstation[F] (Unfallstation[F])
postazione[F] degli infermieri[M] (pronto soccorso[M] principale)

Medikamentenraum[F]
farmacia[F]

Reanimationsraum[M]
sala[F] di rianimazione[F]

Isolierraum[M]
stanza[F] di isolamento[M]

psychiatrischer Beobachtungsraum[M]
stanza[F] per osservazione[F] psichiatrica

psychiatrischer Untersuchungsraum[M]
stanza[F] per esame[M] psichiatrico

fahrbares Röntgengerät[N]
unità[F] radiologica mobile

Tragen[F]-Abstellraum[M]
deposito[M] delle barelle[F]

Rettungswagen[M]
ambulanza[F]

kleine Chirurgie[F]
sala[F] per operazioni[F] di chirurgia[F] minore

Aufnahme[F]
accettazione[F]

Büro[N] des diensthabenden Arztes[M]
ufficio[M] del medico[M] di guardia[F]

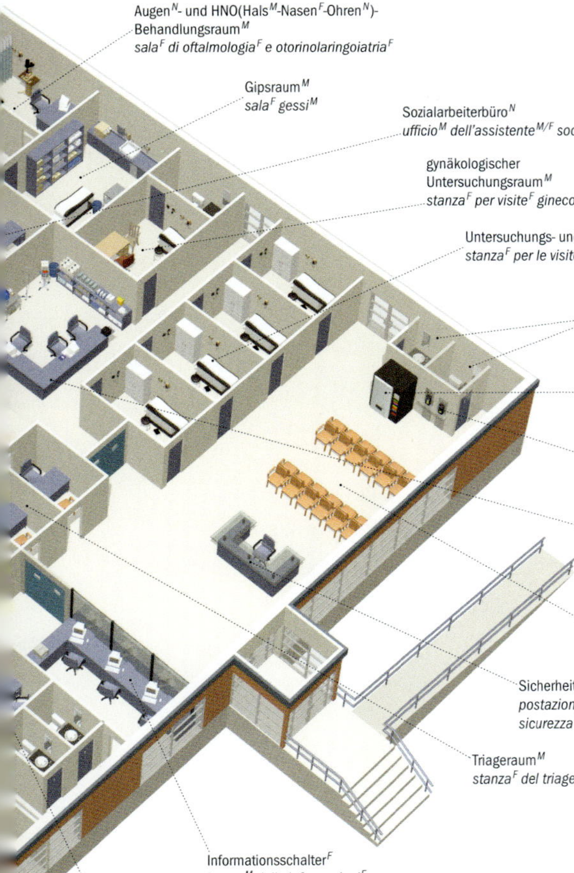

Augen^{N}- und HNO(Hals^{M}-Nasen^{F}-Ohren^{N})-Behandlungsraum^{M}
sala^{F} di oftalmologia^{F} e otorinolaringoiatria^{F}

Gipsraum^{M}
sala^{F} gessi^{M}

Sozialarbeiterbüro^{N}
ufficio^{M} dell'assistente$^{M/F}$ sociale

gynäkologischer Untersuchungsraum^{M}
stanza^{F} per visite^{F} ginecologiche

Untersuchungs- und Behandlungsraum^{M}
stanza^{F} per le visite^{F} mediche e le terapie^{F}

Toiletten^{F}
toilette^{F}

Getränkeautomat^{M}
distributore^{M} di bibite^{F}

Münzfernsprecher^{M}
telefono^{M} pubblico

Schwesternstation^{F} (ambulante Unfallstation^{F})
postazione^{F} degli infermieri^{M} (pronto soccorso^{M} ambulatoriale)

Warteraum^{M}
sala^{F} d'attesa^{F}

Sicherheitsdienst^{M}
postazione^{F} dell'agente^{M} di sicurezza^{F}

Triageraum^{M}
stanza^{F} del triage^{M}

Informationsschalter^{F}
banco^{M} delle informazioni^{F}

Büro^{N} der Oberschwester^{F}
ufficio^{M} del caposala^{M}

Personalraum^{M}
stanza^{F} del personale^{M}

Krankenzimmer^{N}
stanza^{F} di degenza^{F}

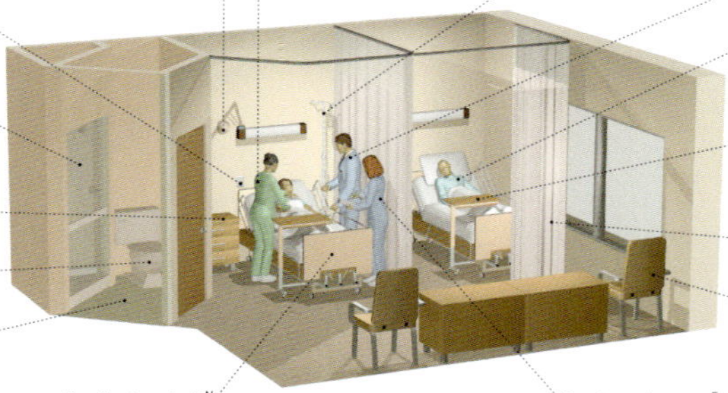

Operationsabteilung^{F}
blocco^{M} operatorio

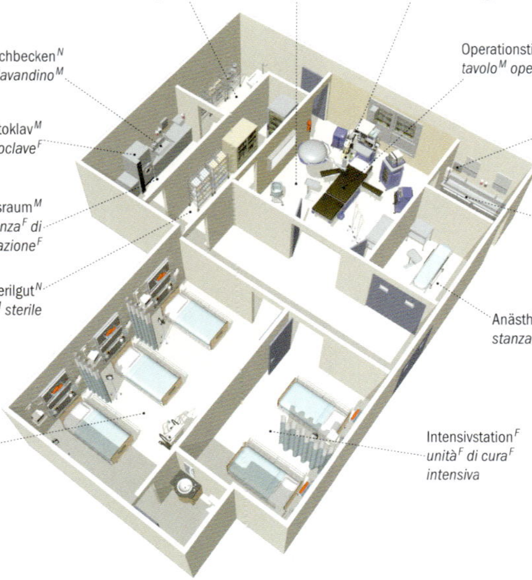

Poliklinik[F]
poliambulatorio[M]

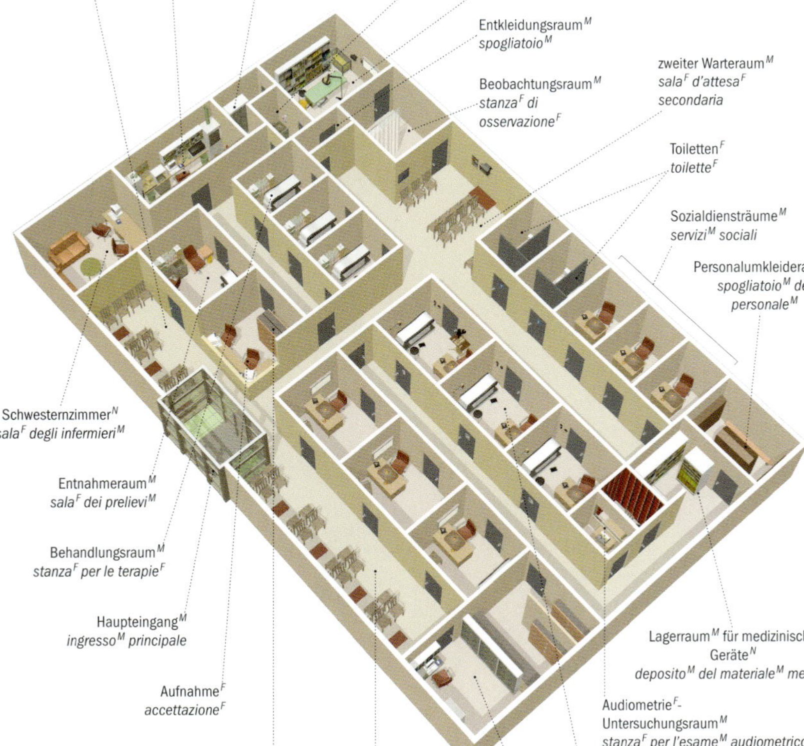

Gehhilfen[F]

supporti[M] per camminare

Gehkrücke[F]
stampella[F] canadese

Achselkrücke[F]
gruccia[F]

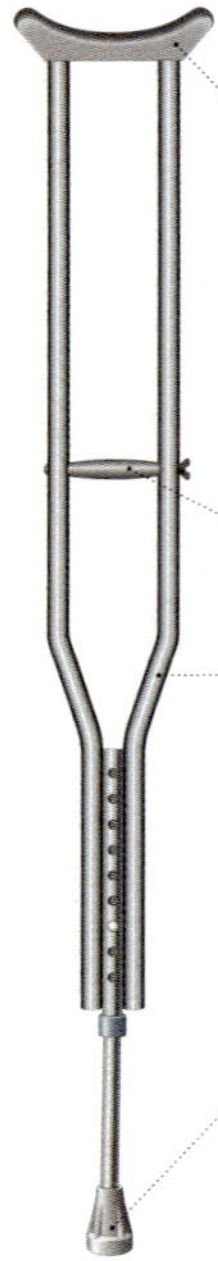

Spazierstock[M]
bastone[M] da passeggio[M]

vierfüßiger Stock[M]
quadripode[M]

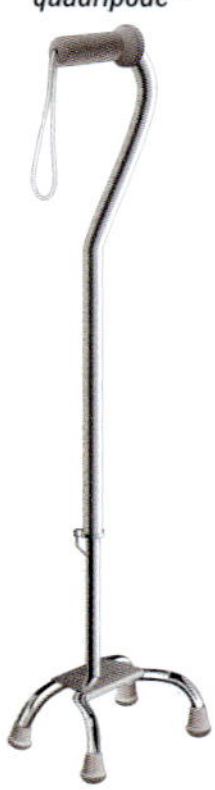

englischer Stock[M]
bastone[M] inglese

orthopädischer Stock[M]
bastone[M] con manico[M] anatomico

Gehgestell[N]
deambulatore[M]

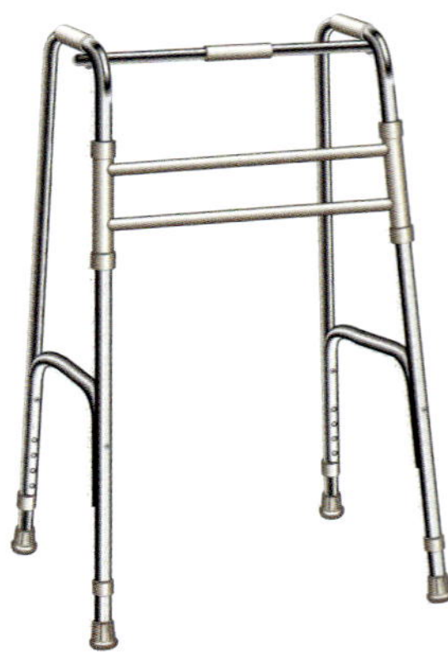

Rollstuhl[M]

sedia[F] a rotelle[F]

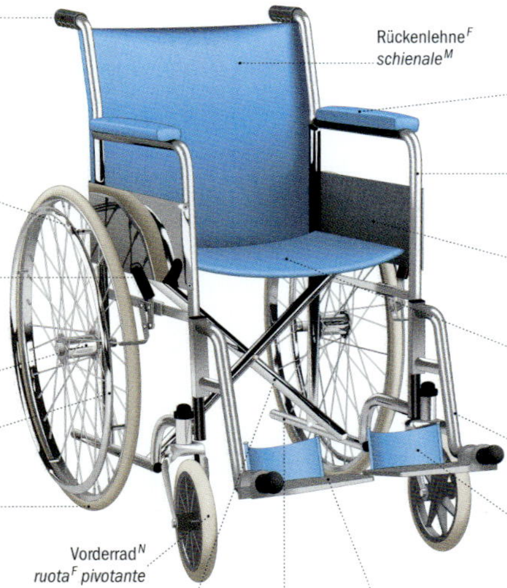

Arzneimittel[N]-Darreichungsformen[F]

confezioni[F] farmaceutiche di medicinali[M]

Hustensirup[M]
flacone[M]

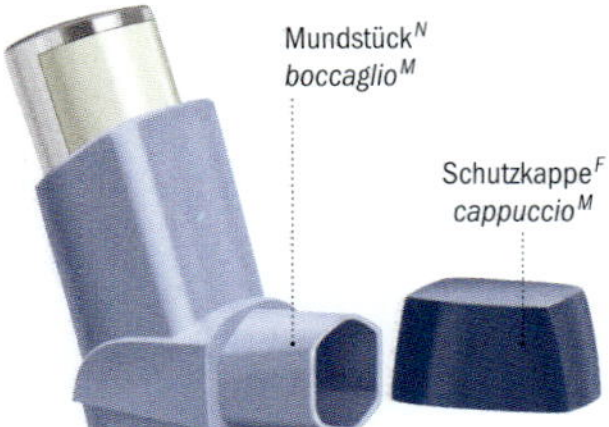

Dosier-Aerosol[N]
inalatore[M] dosimetrico

Kapsel[F]
capsula[F]

Gelatinekapsel[F]
capsula[F] di gelatina[F]

Tablette[F]
pastiglia[F]

Ampulle[F]
fiala[F]

Würfel^{M} und Dominosteine^{M}

dadi^{M} e domino^{M}

gewöhnlicher Würfel^{M}
dado^{M} comune

Pokerwürfel^{M}
dado^{M} da poker^{M}

Dominosteine^{F}
domino^{M}

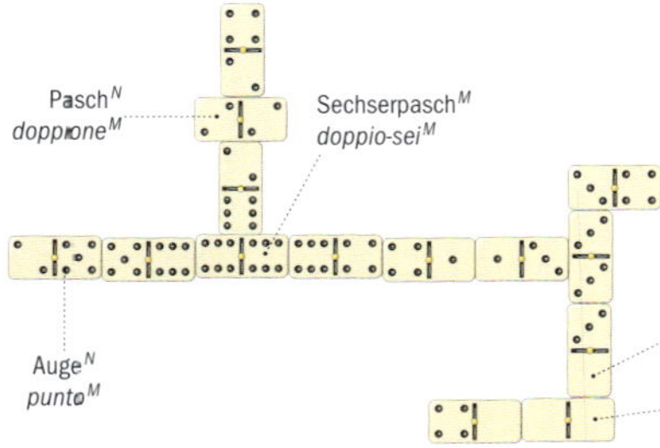

Kartenspiele^{N}

giochi^{M} di carte^{F}

Farben^{F}
simboli^{M}

Herz^{N}
cuori^{M}

Karo^{N}
quadri^{M}

Kreuz^{N}
fiori^{M}

Pik^{N}
picche^{M}

Joker^{M}
jolly^{M}

Ass^{N}
asso^{M}

König^{M}
re^{M}

Dame^{F}
donna^{F}

Bube^{M}
fante^{M}

normale Pokerblätter^{N}
combinazioni^{F} del poker^{M}

höchste Karte^{F}
carta^{F} più alta

ein Pärchen^{N}
coppia^{F}

zwei Pärchen^{N}
doppia coppia^{F}

Drilling^{M}
tris^{M}

Straße^{F}
scala^{F}

Flush^{M}
colore^{M}

Full House^{N}
full^{M}

Vierling^{M}
poker^{M}

Straight Flush^{M}
scala^{F} reale

Royal Flush^{M}
scala^{F} reale massima

Brettspiel^N
giochi^M da tavola^F

Backgammon^N
backgammon^M

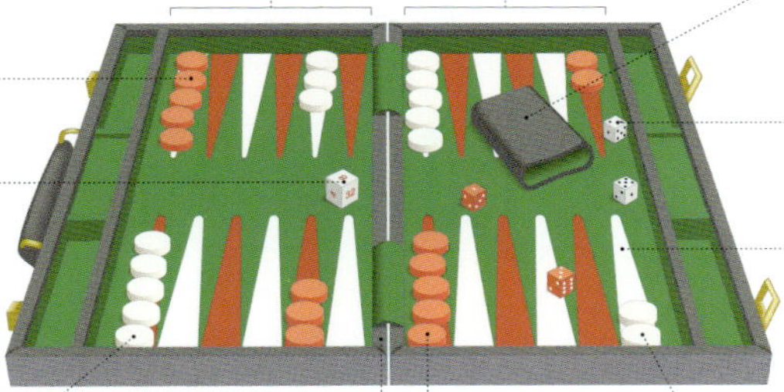

Leiterspiel^N
serpenti^M e scale^F

Schach[N]
scacchi[M]

Schachbrett[N]
scacchiera[F]

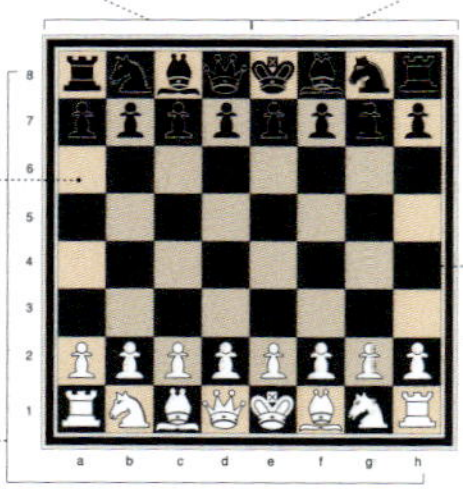

Zugarten[F]
tipi[M] di movimenti[M]

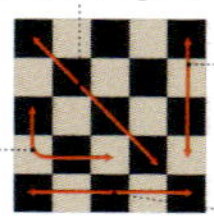

Schachfiguren[F]
pezzi[M]

Bauer[M]
pedone[M]

Turm[M]
torre[F]

Läufer[M]
alfiere[M]

Springer[M]
cavallo[M]

König[M]
re[M]

Dame[F]
regina[F]

Go[N]
go[M]

Spielbrett[N]
scacchiera[F]

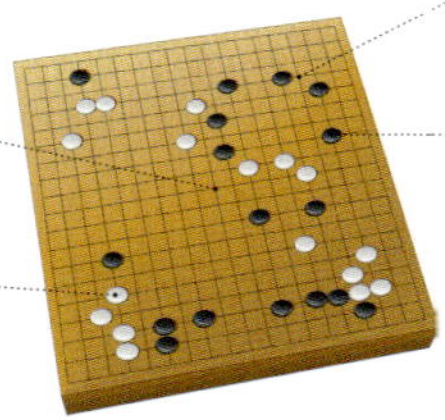

Hauptspielzüge[M]
mosse[F] principali

Verbindung[F]
gruppo[M]

Fangen[N]
cattura[F]

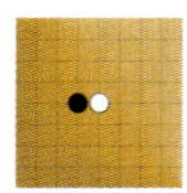
Berührung[F]
contatto[M]

Dame[F]
dama[F]

Videospielsystem[N]

videogioco[M]

Dartspiel[N]

freccette[F]

Dartscheibe[F]
bersaglio[M]

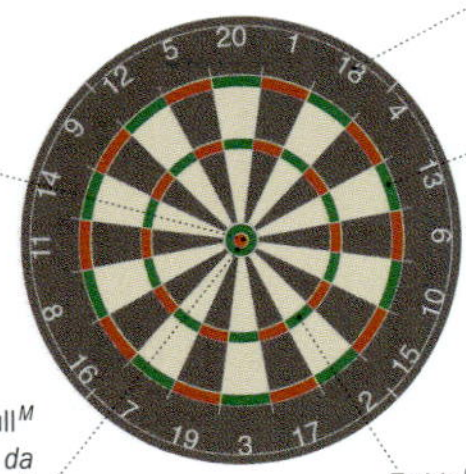

Wurfpfeil[M]
freccetta[F]

Spielbereich[M]
area[F] di gioco[M]

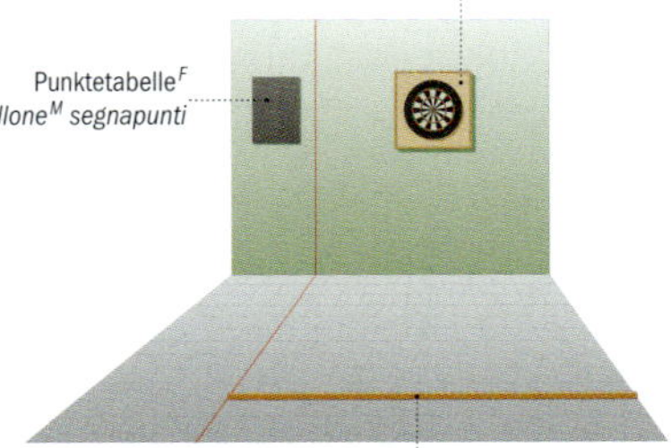

Stadion^{N}

stadio^{M}

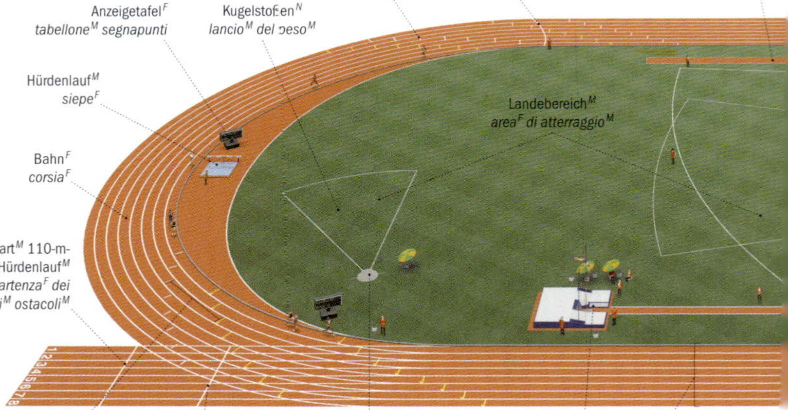

Geräte^{N}
attrezzatura^{F}

Startpistole^{F}
pistola^{F} dello starter^{M}

Kugel^{F}
peso^{M}

Staffelstab^{M}
testimone^{M}

Diskus^{M}
disco^{M}

Hammer^{M}
martello^{M}

Speer^{M}
giavellotto^{M}

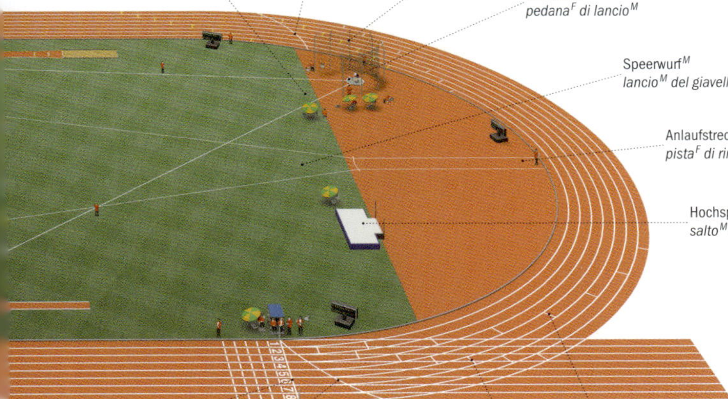

Athletin[F]: Startblock[M]
atleta[M/F]: blocco[M] di partenza[F]

SPORT UND SPIELE

Baseball^M

baseball^M

Spielerpositionen^F
posizioni^F dei giocatori^M

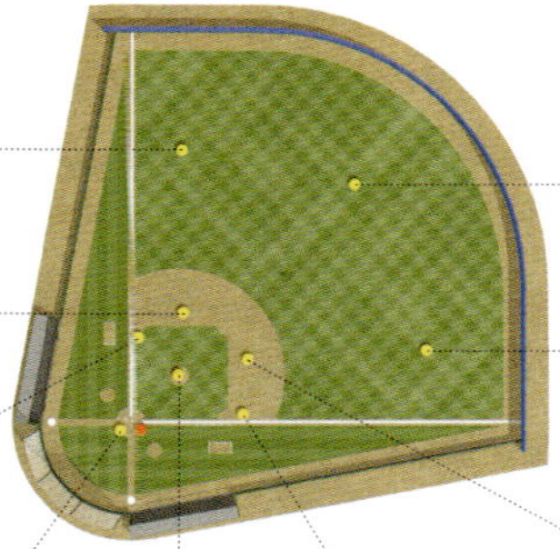

Spielfeld^N
campo^M

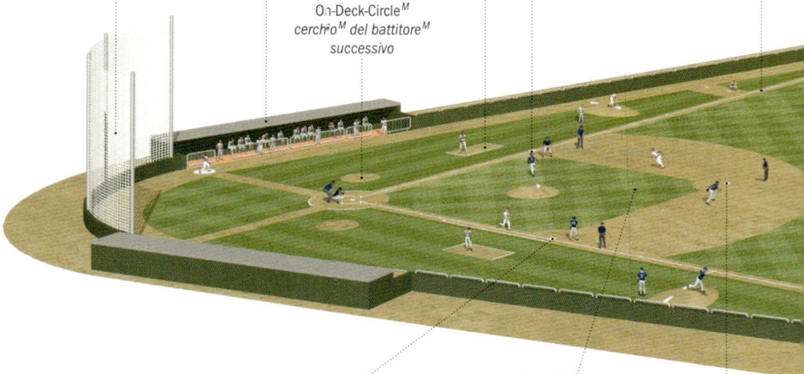

Wurf^{M}
lancio^{M}

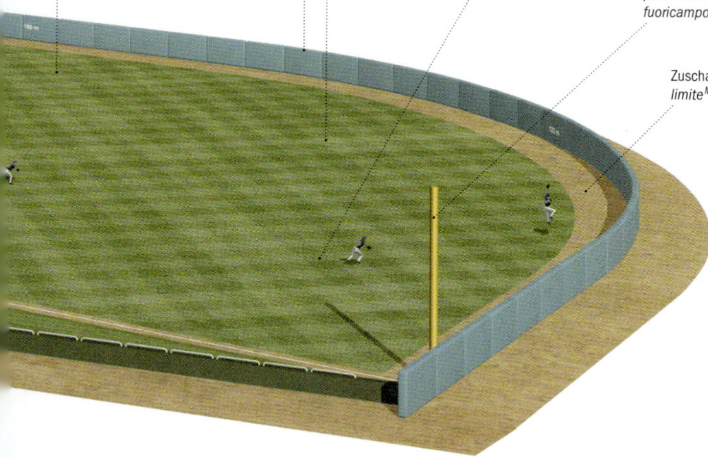

Baseball^{M}

Baseball^{M}
palla^{F}
Schläger^{M}
mazza^{F}
Helm^{M}
casco^{M}
Schlagmann^{M}
battitore^{M}
Fänger^{M}
ricevitore^{M}
Halsschutz^{M}
paragola^{M}
Maske^{F}
maschera^{F}
Brustschutz^{M}
pettorina^{F} di protezione^{F}
Visiergestell^{N}
griglia^{F} per casco^{M}
Fanghandschuh^{M}
guanto^{M}
Mannschaftstrikot^{N}
maglia^{F} della squadra^{F}
Unterhemd^{N}
prima maglia^{F}
Schlaghandschuh^{M}
guanto^{M}
Hose^{F}
pantaloni^{M}
Stutzen^{M}
calza^{F} con reggicalze^{M}
Stollenschuh^{M}
scarpa^{F} con tacchetti^{M}
Zehenschützer^{M}
parapunta^{M}
Beinschutz^{M}
schiniere^{M}
Knieschützer^{M}
ginocchiera^{F}
Knöchelschutz^{M}
parastinchi^{M}

Baseball[M]

Schläger[M]
mazza[F]

Baseball[M] im Querschnitt[M]
sezione[F] di una palla[F]

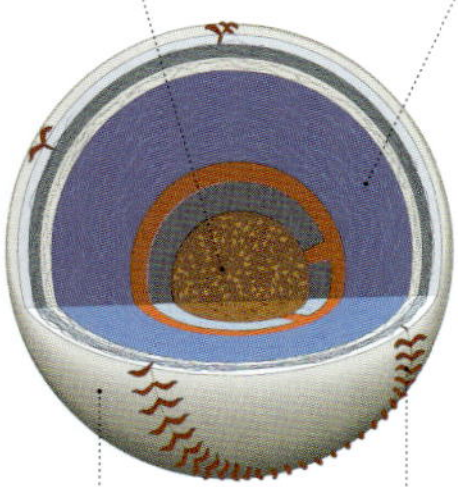

Handschuh[M]
guanto[M] del difensore[M]

Softball[M]

softball[M]

Softballhandschuh[M]
guanto[M]

Softball[M]
palla[F]

Softballschläger[M]
mazza[F]

Cricket[N]

cricket[M]

Cricketspieler[M]: Schlagmann[M]
giocatore[M]: battitore[M]

Cricketball[M]
palla[F]

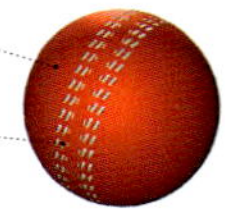

Schlagholz[N]
mazza[F]

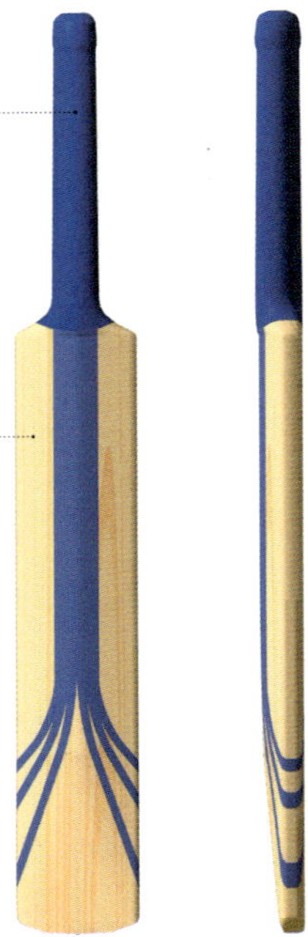

Vorderansicht[F] ***vista[F] frontale***

Seitenansicht[F] ***vista[F] laterale***

Feld[N]
campo[M]

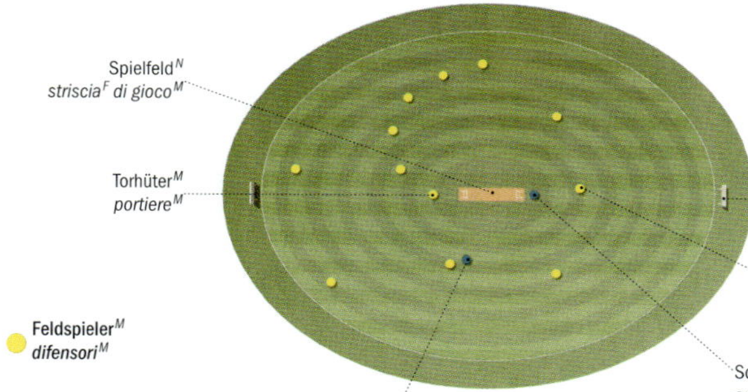

Mal[N]
porta[F]

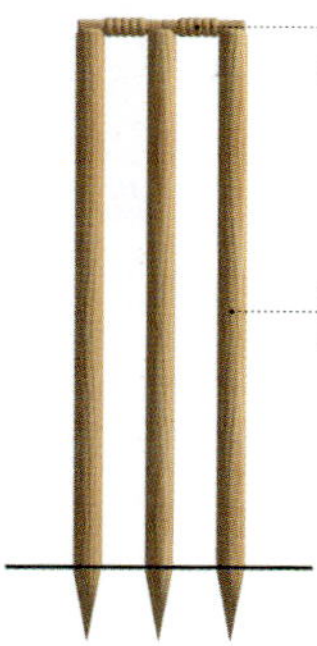

Spielfeld[N]
striscia[F] di gioco[M]

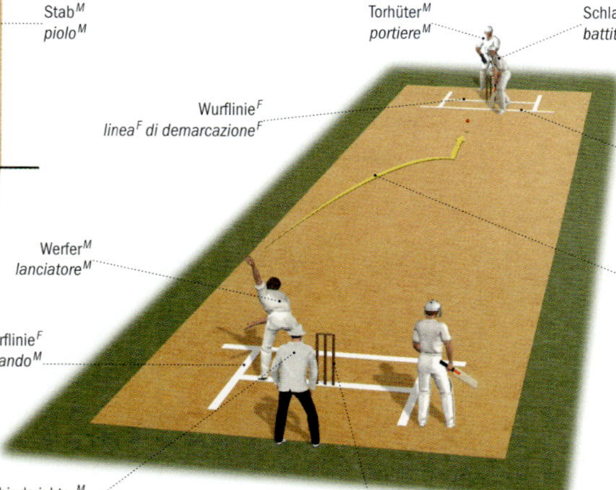

Fußball^{M}

calcio^{M}

Fußballspieler^{M}
calciatore^{M}

Torwarthandschuhe^{M}
guanti^{M} del portiere^{M}

Fußballschuh^{M}
scarpa^{F}

Spielfeld^{N}
campo^{M} di gioco^{M}

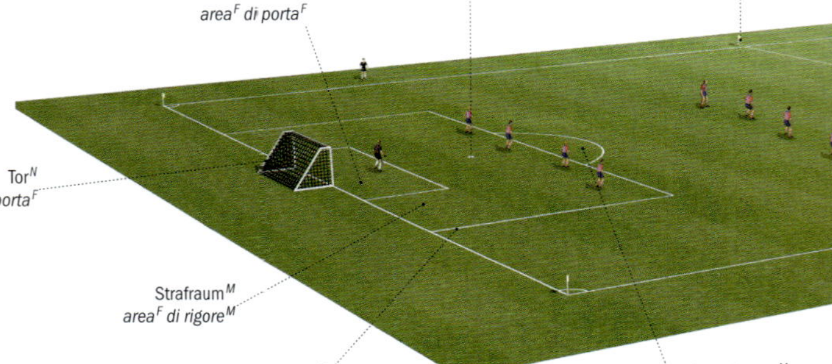

Spielerpositionen^{F}
posizioni^{F} dei giocatori^{M}

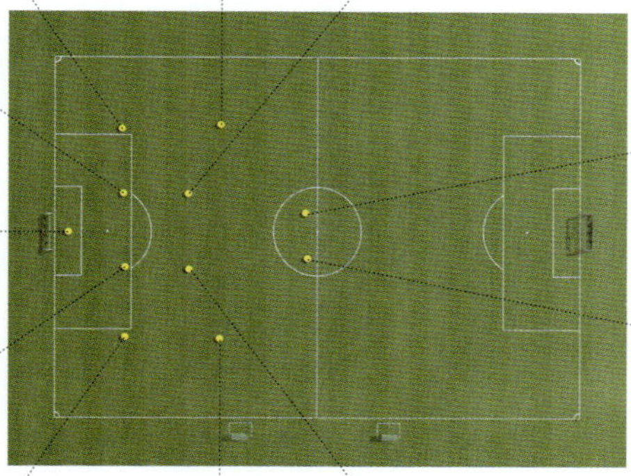

Rugby^N
rugby^M

Spielerpositionen^F
posizioni^F dei giocatori^M

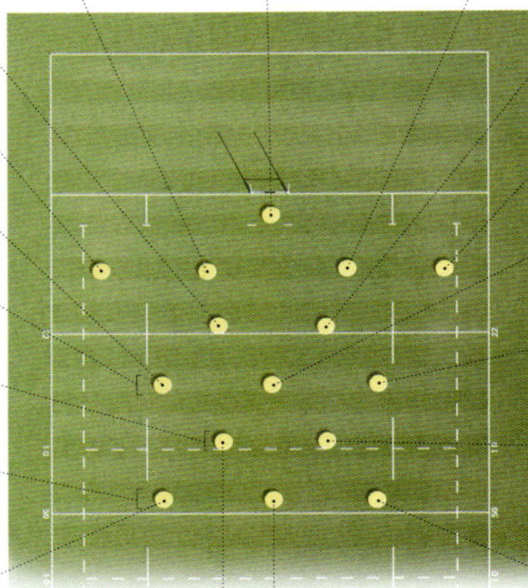

Spielfeld^N
campo^M

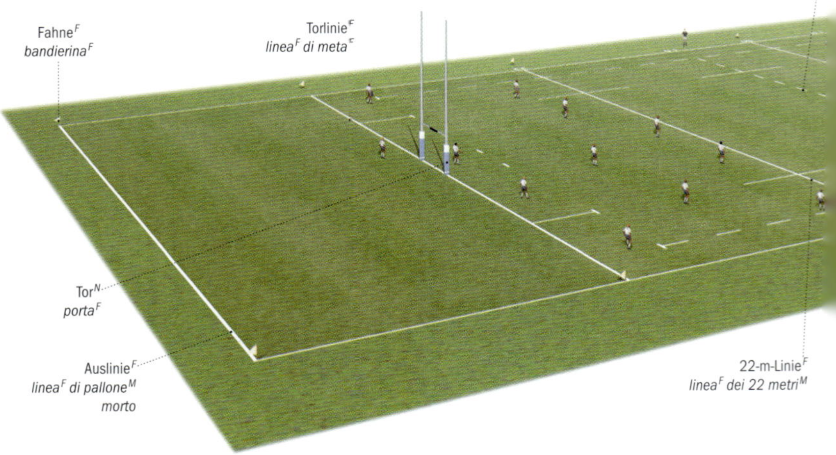

Rugbyball^{M}
palla^{F} ovale

Gedränge^{N}
mischia^{F} spontanea

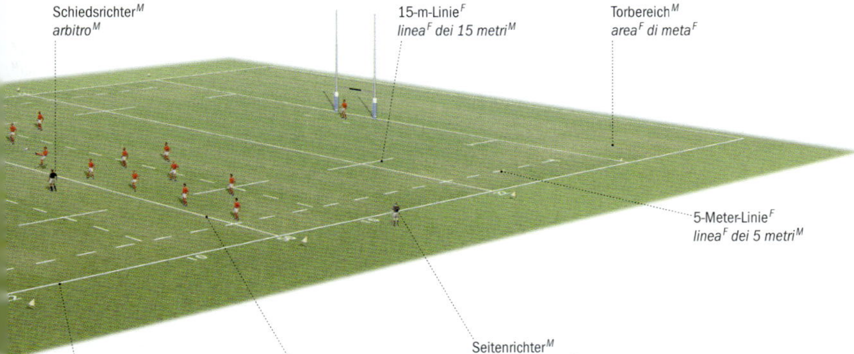

American Football^{M}

football^{M} americano

Gedränge^{N}: Verteidigung^{F}
mischia^{F}: difesa^{F}

Spielfeld^{N} für American Football^{M}
campo^{M}

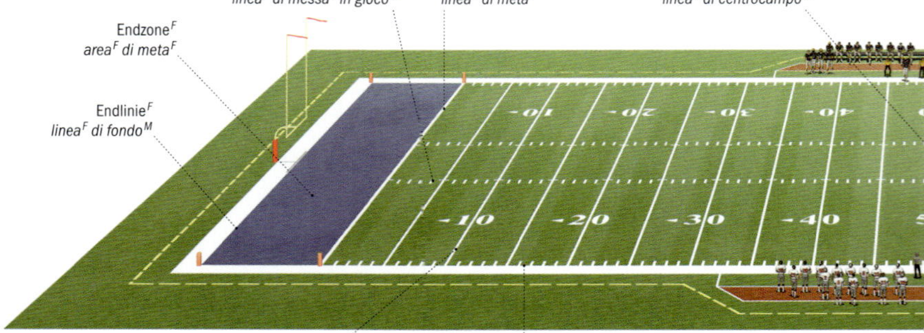

SPORT UND SPIELE

Gedränge[N]: Angriff[M]
mischia[F]: attacco[M]

Tor[N]
porta[F]

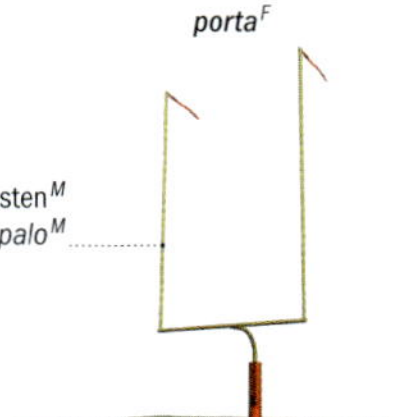

American Football[M]

Footballspieler[M]
giocatore[M]

Schutzausrüstung[F]
equipaggiamento[M] protettivo

Kieferschutz[M]
paradenti[M]

Nackenschutz[M]
paracollo[M]

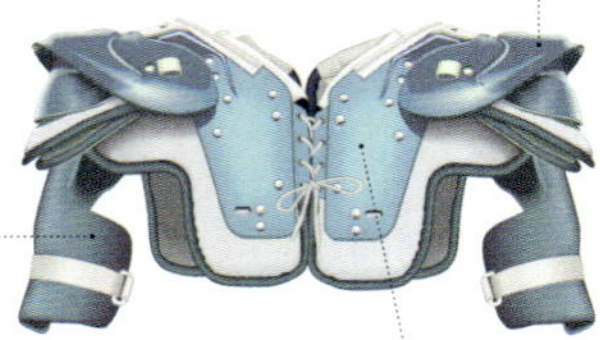

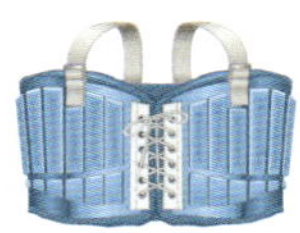

Rippenpolster[N]
paracostole[M]

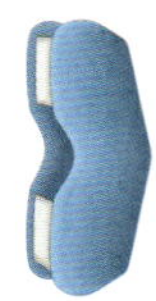

Ellbogenpolster[N]
paragomito[M]

Football[M]
palla[F] ovale

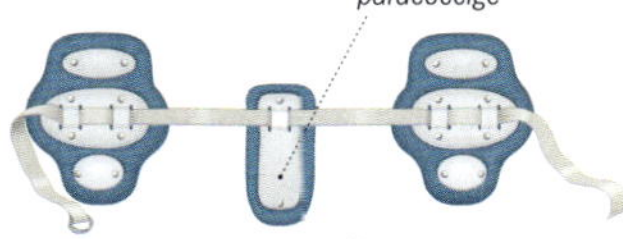

Hüftpolster[N]
parafianchi[M]

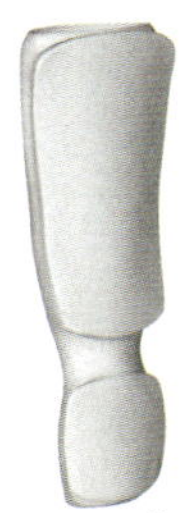

Armschutz[M]
protezione[F] per l'avambraccio[M]

Suspensorium[N]
conchiglia[F] di protezione[F]

SPORT UND SPIELE

Volleyballspiel[N]

pallavolo[F]

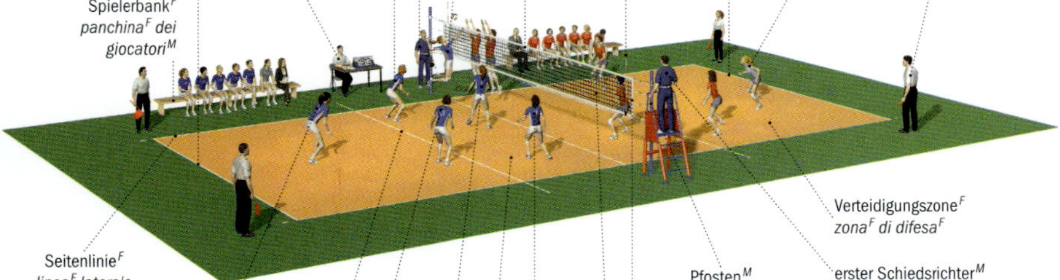

Volleyball[M]
pallone[M]

Techniken[F]
tecniche[F]

pritschen
palleggio[M]

baggern
bagher[M]

Aufschlag[M]
servizio[M]

Basketballspiel^N
pallacanestro^F

Basketballspieler^M
giocatore^M

Spielfeld^N
campo^M

Spielerpositionen^F
posizioni^F dei giocatori^M

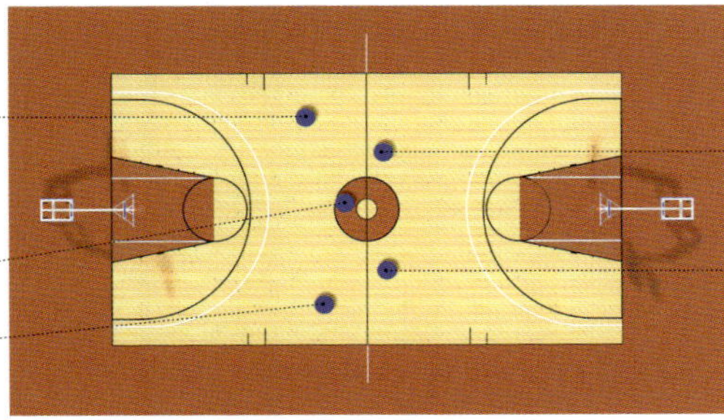

Korbanlage^F
canestro^M

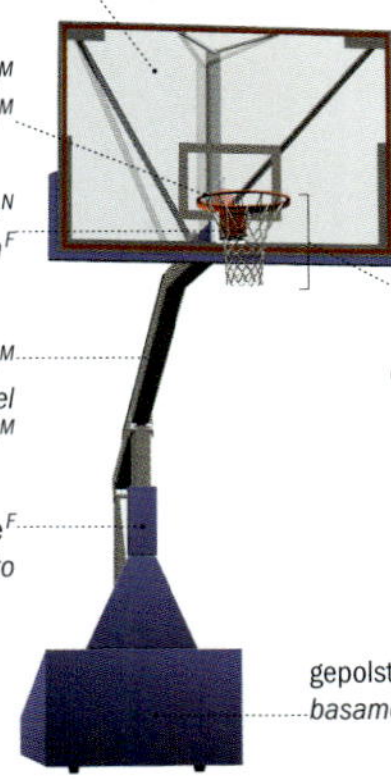

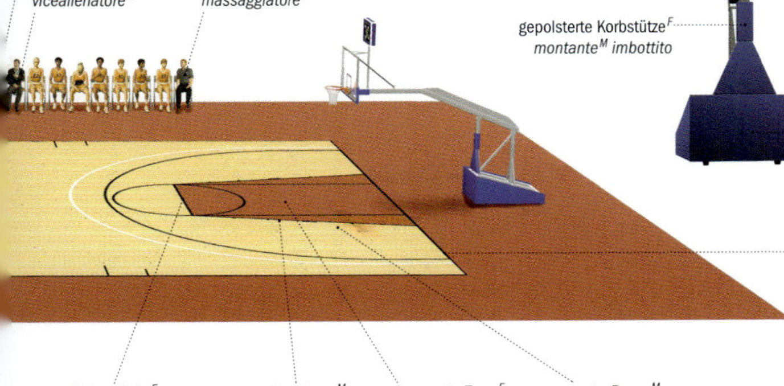

Tennis^N
tennis^M

Tennisplatz^M
campo^M

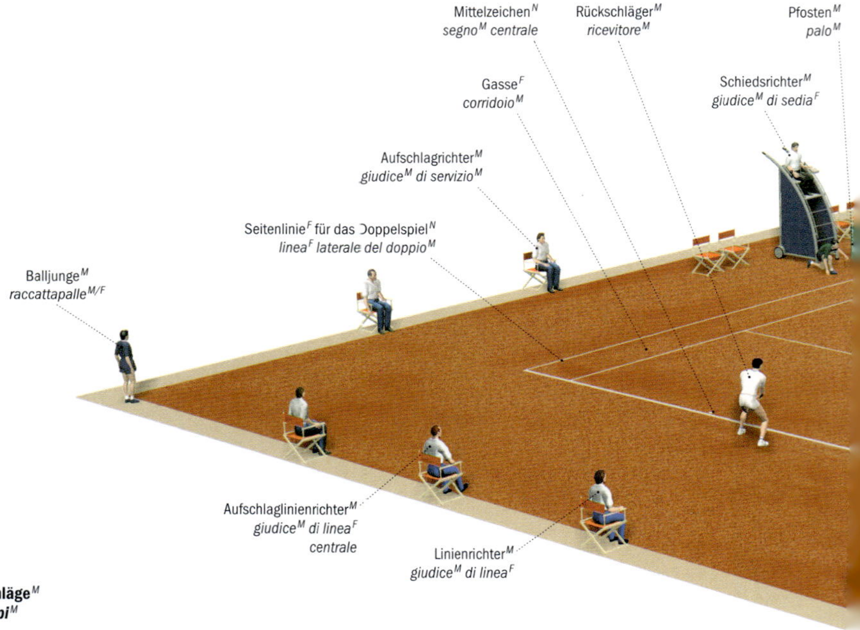

Schläge^M
colpi^M

Aufschlag^M
servizio^M

Halbvolleyball^M
demi-volée^F

Volleyball^M
volée^F

Tennis[N]

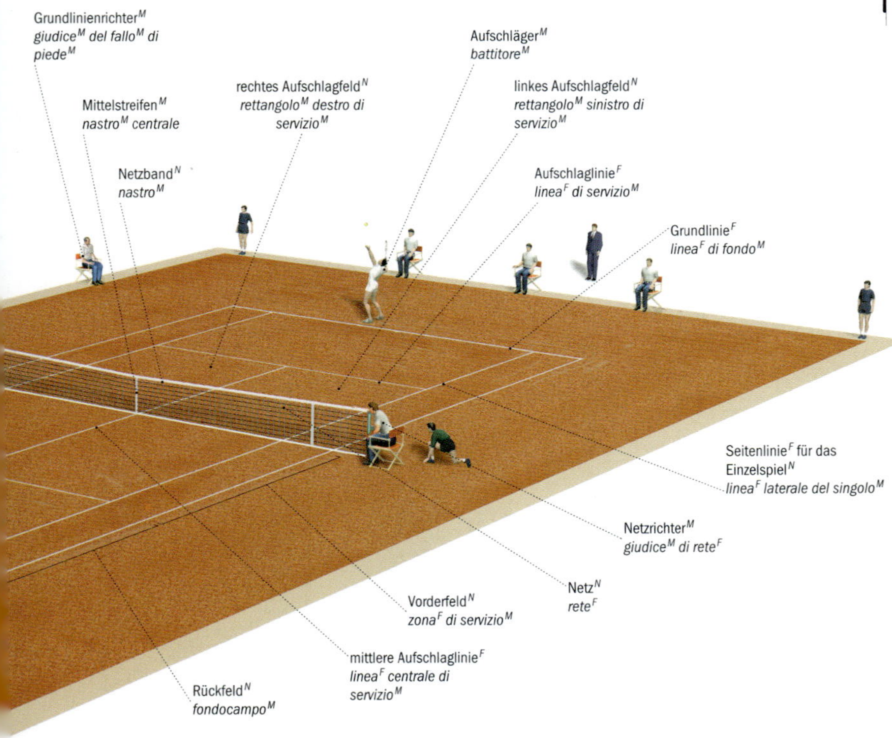

Lob[M]
pallonetto[M]

Stoppball[M]
smorzata[F]

Schmetterball[M]
schiacciata[F]

Tennis^{N}

Tennisschläger^{M}
racchetta^{F}

Rahmen^{M} / *telaio^{M}*

Kopf^{M} / *testa^{F}*

Herz^{N} / *spalla^{F}*

Bespannung^{F} / *incordatura^{F}*

Hals^{M} / *collo^{M}*

Schaft^{M} / *fusto^{M}*

Griff^{M} / *manico^{M}*

Knauf^{M} / *fondello^{M}*

Tennisball^{M}
palla^{F}

Tennisspielerin^{F}
tennista$^{M/F}$

Polohemd^{N} / *polo^{F}*

Schweißband^{N} / *polsino^{M}*

Rock^{M} / *gonnellino^{M}*

Socke^{F} / *calzino^{M}*

Tennisschuh^{M} / *scarpa^{F} da tennis^{M}*

Anzeigetafel^{F}
tabellone^{M} segnapunti

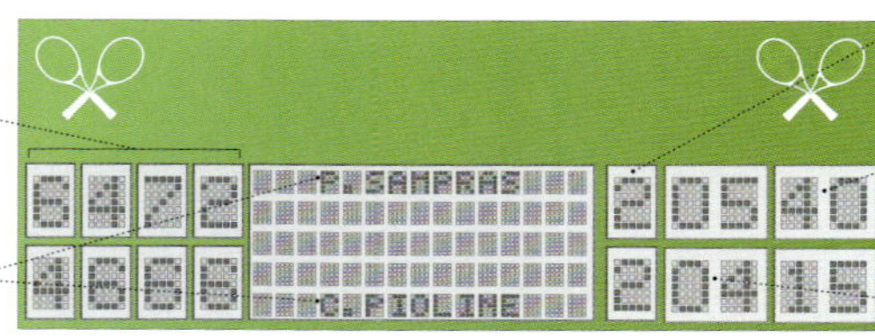

vorherige Sätze^{M} / *set^{M} precedenti*

Spieler^{M}/Spielerinnen^{F} / *giocatori^{M}*

Satz^{M} / *set^{M}*

Punkte^{M} / *punti^{M}*

Spiel^{N} / *gioco^{M}*

Spielfeldbeläge^{M}
superfici^{F} di gioco^{M}

Rasen^{M}
erba^{F}

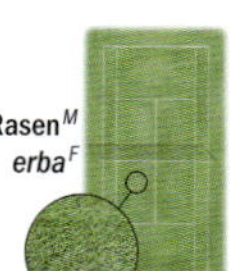

Sand^{M}
terra^{F} battuta

Hartplatz^{M} (Zement^{M})
superficie^{F} dura (cemento^{M})

Kunststoffboden^{M}
superficie^{F} sintetica

SPORT UND SPIELE

Tischtennis^{N}

tennis^{M} da tavolo^{M}

Tischtennisplatte^{F}
tavolo^{M}

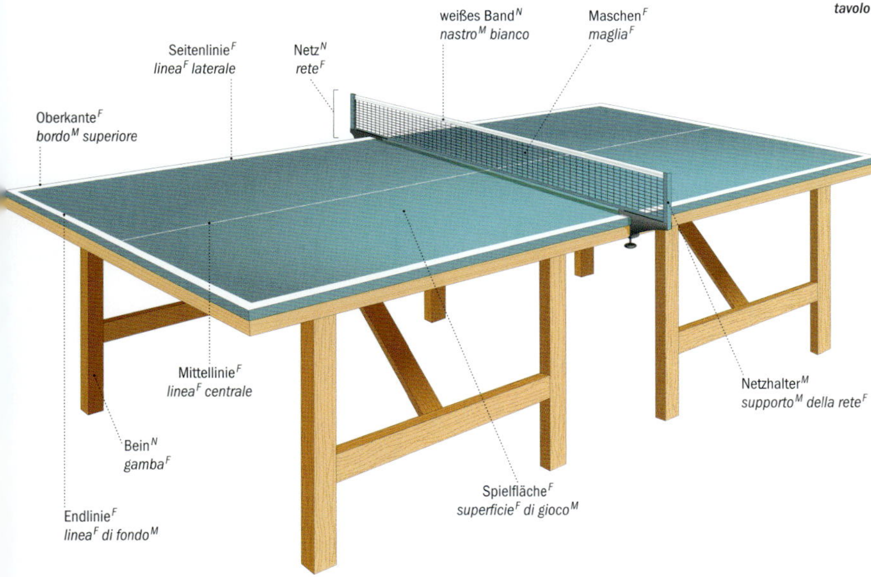

Tischtennisschläger^{M}
racchetta^{F}

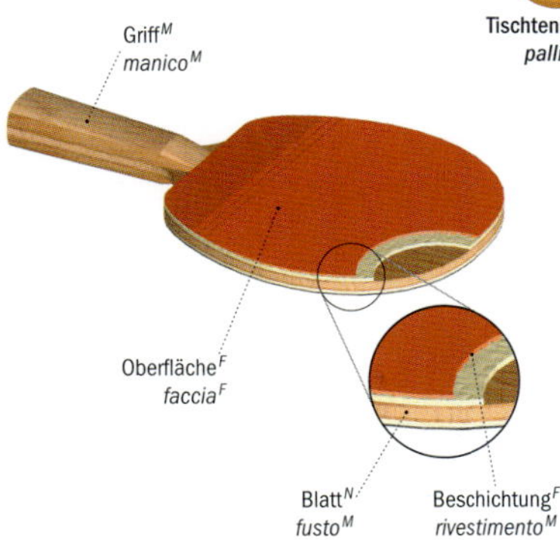

Tischtennisball^{M}
pallina^{F}

Grifftechniken^{F}
tipi^{M} di impugnature^{F}

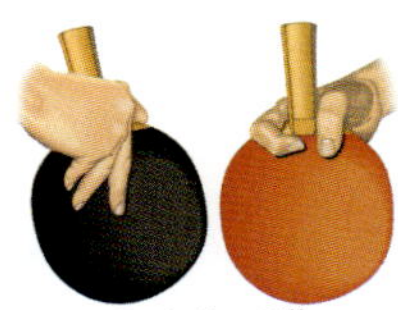

Penholdergriff^{M}
impugnatura^{F} a penna^{F}

Shake-Hands-Griff^{M}
impugnatura^{F} a stretta^{F} di mano^{F}

Badminton[N]

gioco[M] del volano[M]

Badmintonplatz[M]
campo[M]

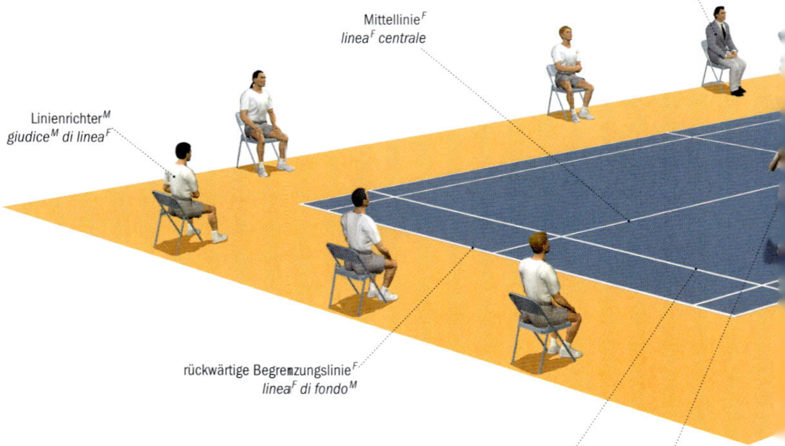

Badmintonschläger[M]
racchetta[F]

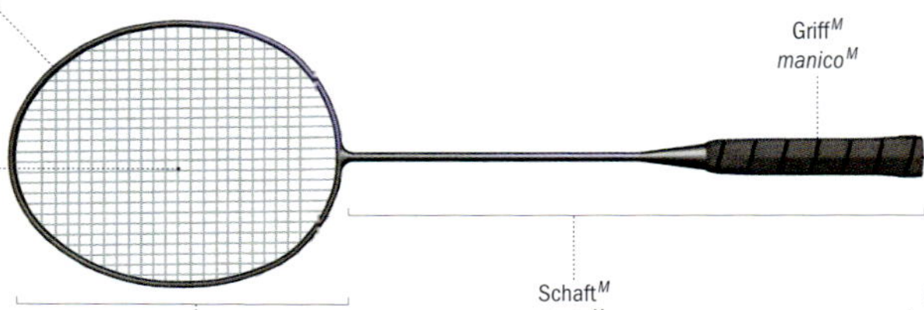

SPORT UND SPIELE

Badminton^{N}

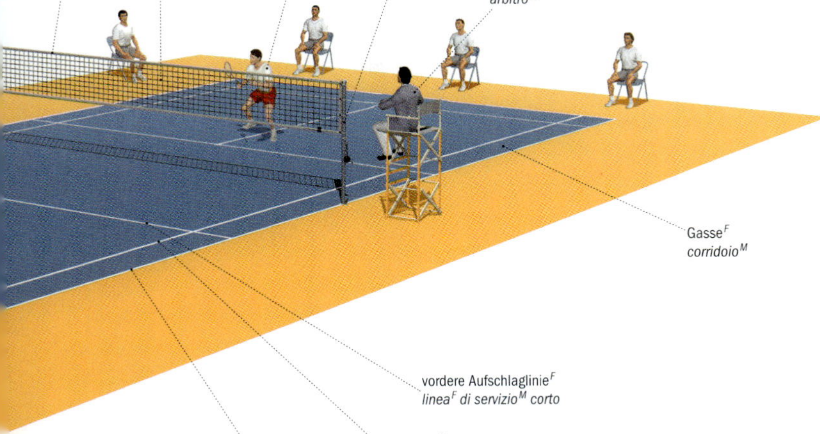

Aufschlagfelder^{N}
zone^{F} di servizio^{M}

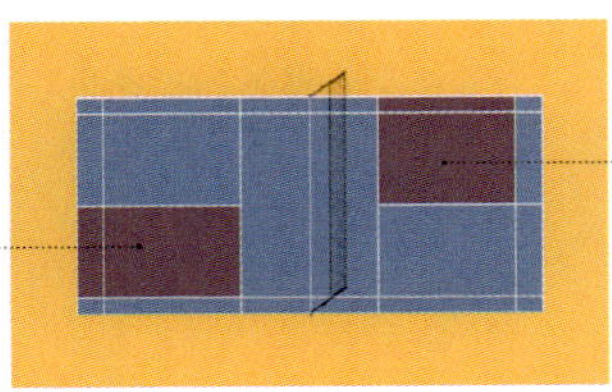

Kunststoff^{M}-Federball^{M}
volano^{M} sintetico

Federball^{M}
volano^{M} a penne^{F} naturali

SPORT UND SPIELE

Geräteturnen^N

ginnastica^F

Geräteturnanlage^F
pedana^F

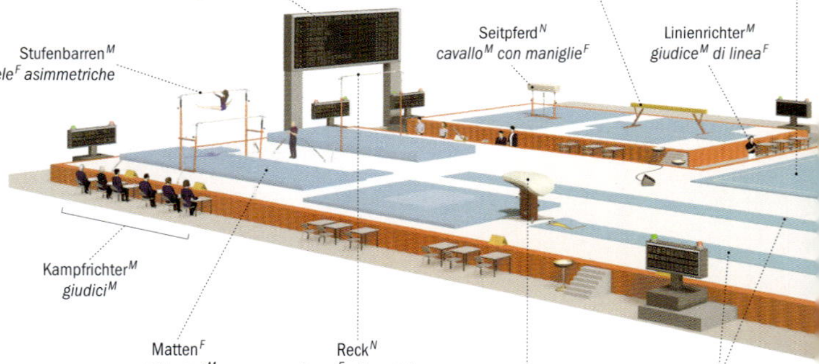

Sprungbrett^N
pedana^F elastica

Sprungpferd^N
cavallo^M per volteggi^M

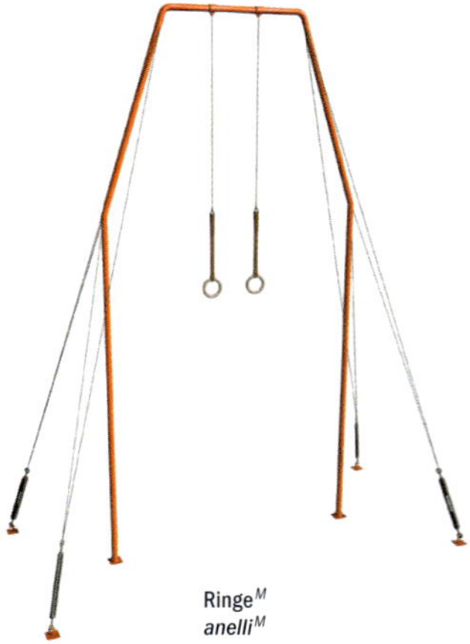

Ringe^M
anelli^M

Seitpferd^N
cavallo^M con maniglie^F

Barren^M
parallele^F

Geräteturnen[N]

Anzeigetafel[F]
tabellone[M] segnapunti

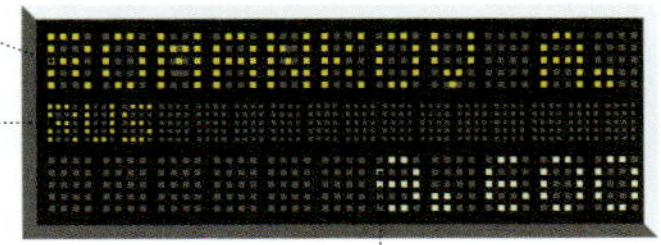

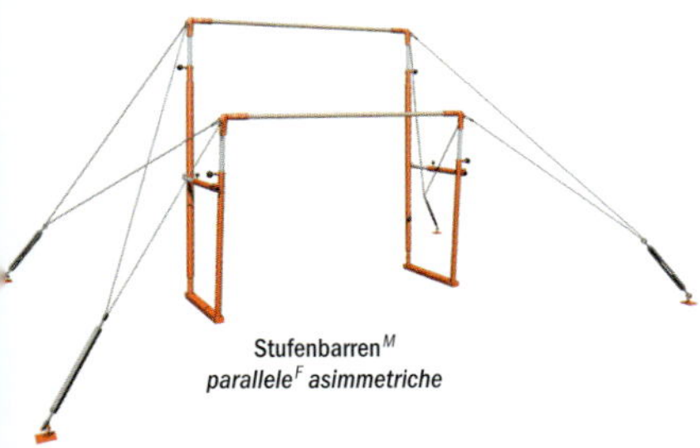
Stufenbarren[M]
parallele[F] asimmetriche

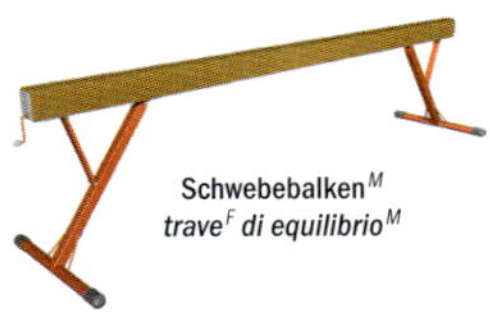
Schwebebalken[M]
trave[F] di equilibrio[M]

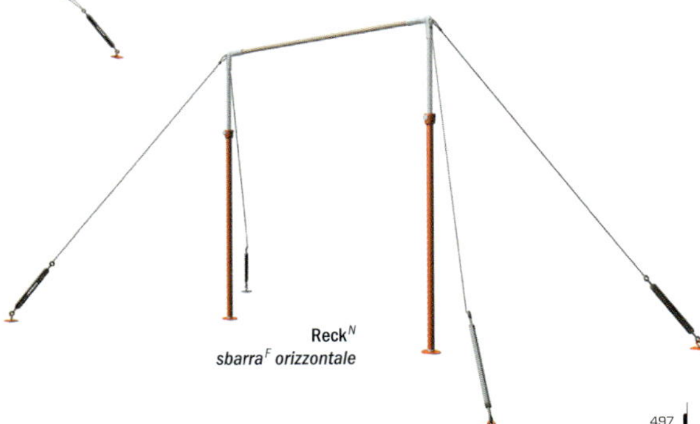
Reck[N]
sbarra[F] orizzontale

Boxen^N

pugilato^M

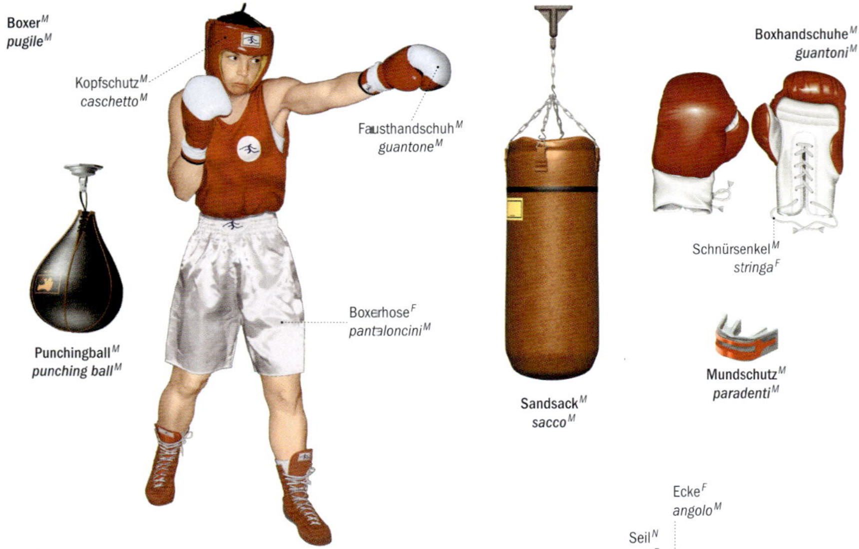

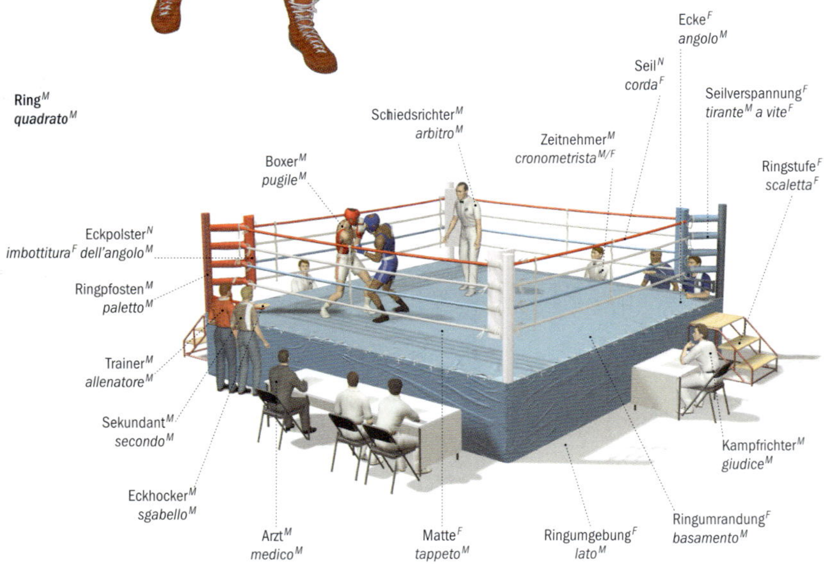

Judo^N^
*judo^M^*

Judogi^M^
judogi^M^

Griff- und Wurfbeispiele^N^
esempi^M^ di prese^F^

Haltegriffe^M^
*presa^F^ a terra^F^*

Kopfwurf^M^
rovesciata^F^ all'indietro

Große Außensichel^F^
grande falciata^F^ esterna

Hüftwurf^M^
*spazzata^F^ d'anca^F^*

Große Innensichel^F^
grande falciata^F^ interna

Armhebel^M^
*presa^F^ a croce^F^*

Halsumklammerung^F^
*presa^F^ di strangolamento^M^*

einarmiger Schulterwurf^M^
*proiezione^F^ di spalla^F^ e braccio^M^*

SPORT UND SPIELE

Gewichtheben^N
sollevamento^M pesi^M

Stoßen^N
slancio^M

Reißen^N
strappo^M

Fitnessgeräte^N
attrezzi^M ginnici

Hantel^F
manubrio^M

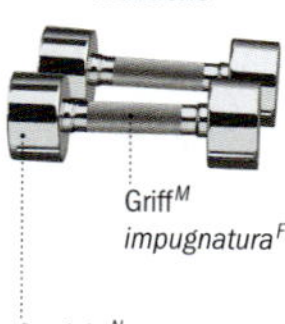

Handmuskeltrainer^M
molle^F a forbice^F

Fuß-/Handgelenksgewicht^N
cavigliera^F/polsiera^F

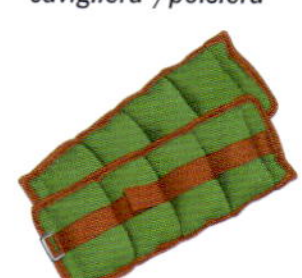

Springseil^N
corda^F

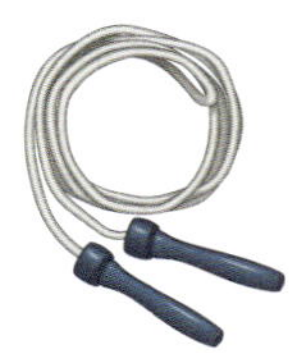

Federstange^F
sbarra^F pieghevole

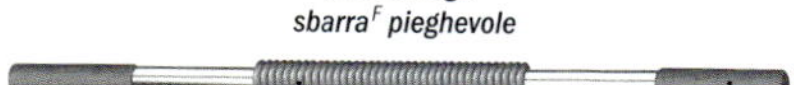

Expander^M
estensore^M

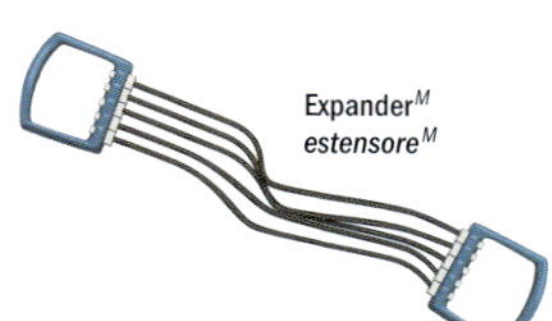

SPORT UND SPIELE

Hantel^{F}
bilanciere^{M}

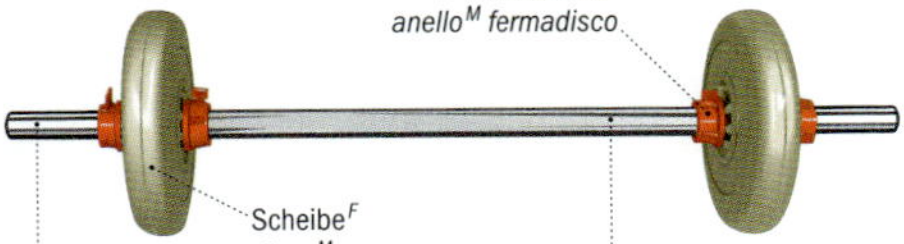

Heimtrainer^{M}
cyclette^{F}

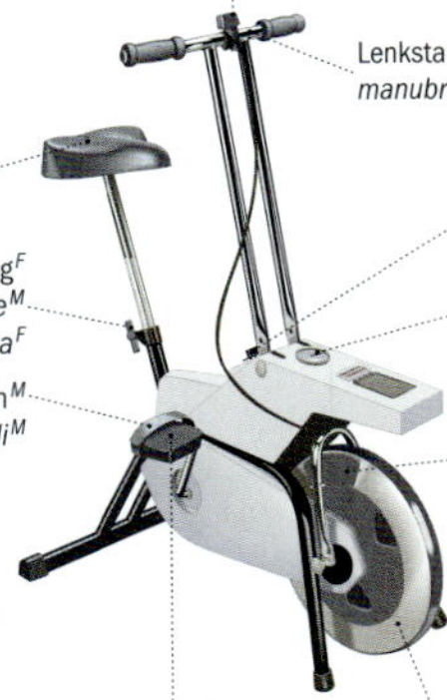

Multitrainer^{M}
attrezzo^{M} multiuso

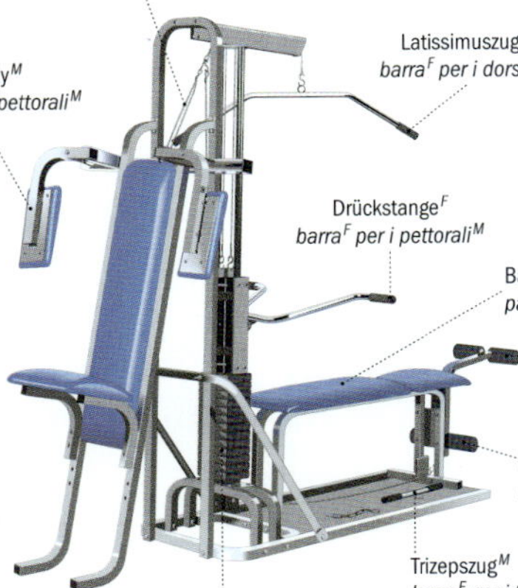

Climber^{M}
stepper^{M}

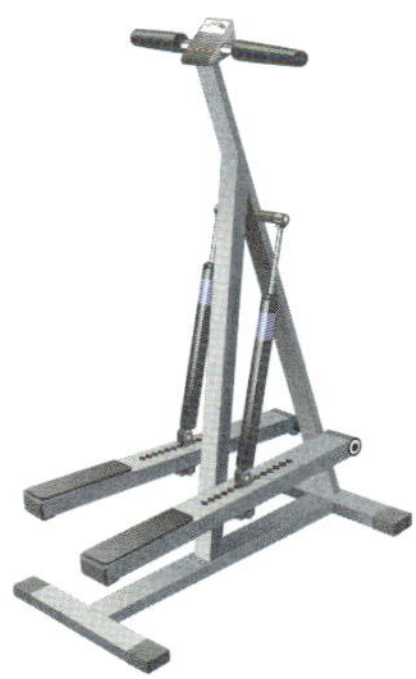

Rudergerät^{N}
vogatore^{M}

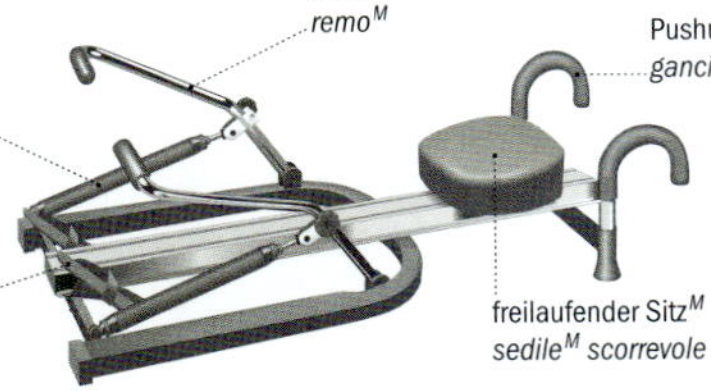

Billard[N]

biliardo[M]

Karambolagebillard[N]
biliardo[M] per carambola[F]

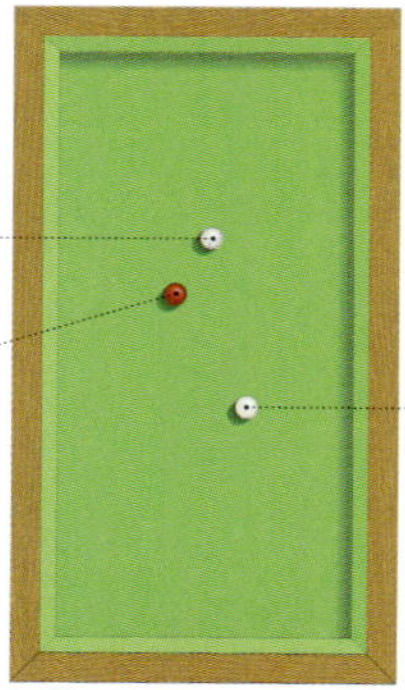

Pool[N]
pool[M]

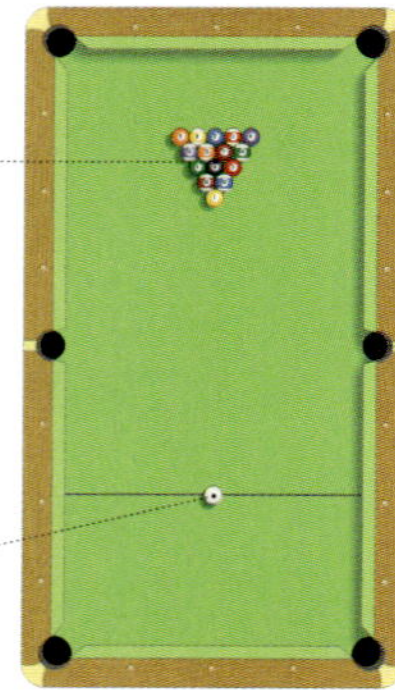

Billardtisch[M]
tavolo[M]

SPORT UND SPIELE

Snooker[N]
snooker[M]

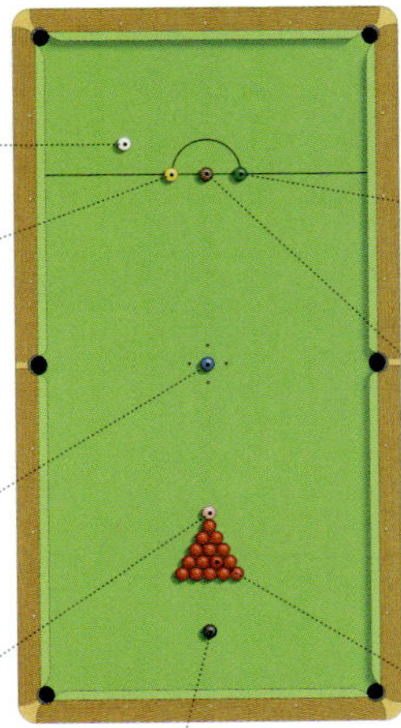

Lochbillard[N]
biliardo[M] inglese

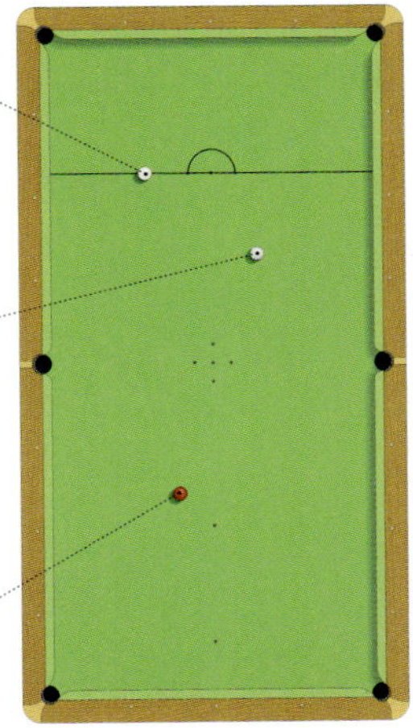

Dreieck[N]
triangolo[M]

Kreide[F]
gessetto[M]

Billardqueue[N/M]
stecca[F]

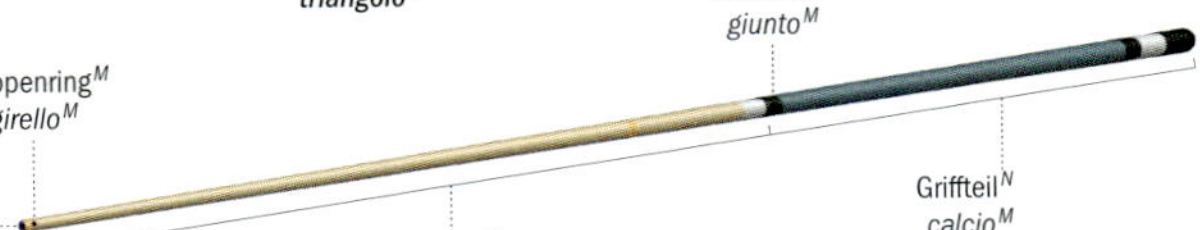

Steg[M]
strega[F]

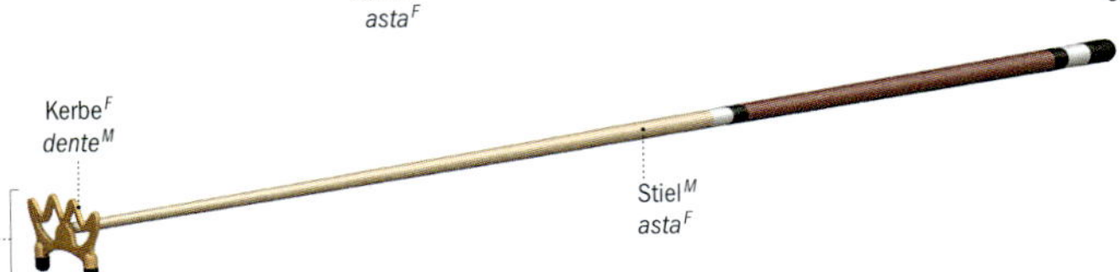

Golfspiel[N]

golf[M]

Golfplatz[M]
percorso[M]

Par[N]-5-Loch[N]
buca[F] par 5

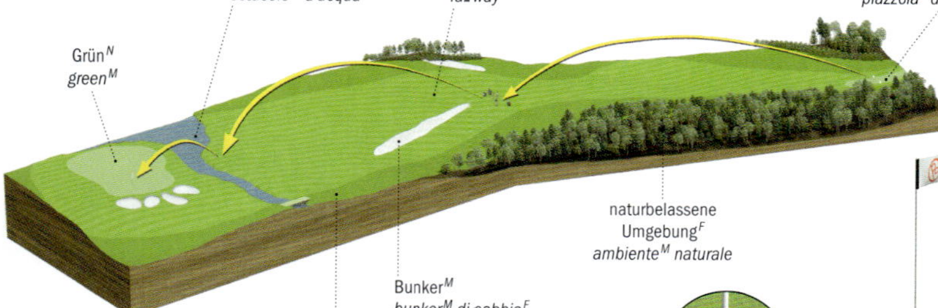

Loch[N]
buca[F]

umsetzbare Flagge[F]
bandiera[F] rimovibile

Arten^{F} von Golfschläger^{M}
tipi^{M} di mazze^{F}

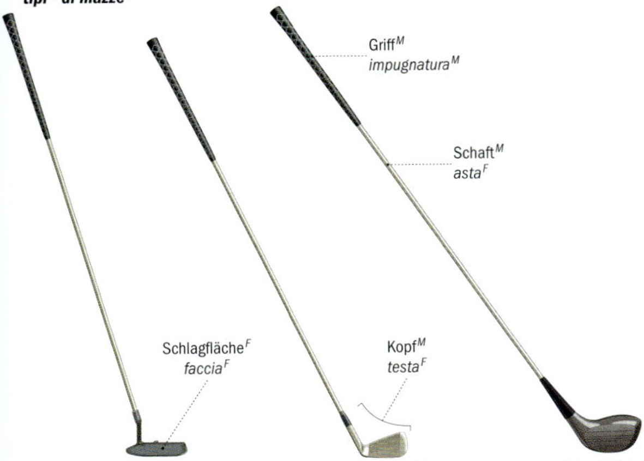

Putter^{M}
putter^{M}

Eisenschläger^{M}
ferro^{M}

Holzschläger^{M}
legno^{M}

Golfball^{M}
palla^{F}

Schlägerabdeckung^{F}
coprilegno^{M}

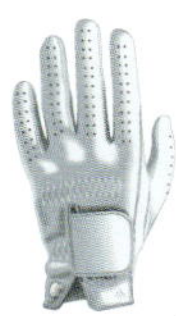

Golfhandschuh^{M}
guanto^{M}

Golfschuhe^{M}
scarpe^{F}

Golftasche^{F}
sacca^{F}

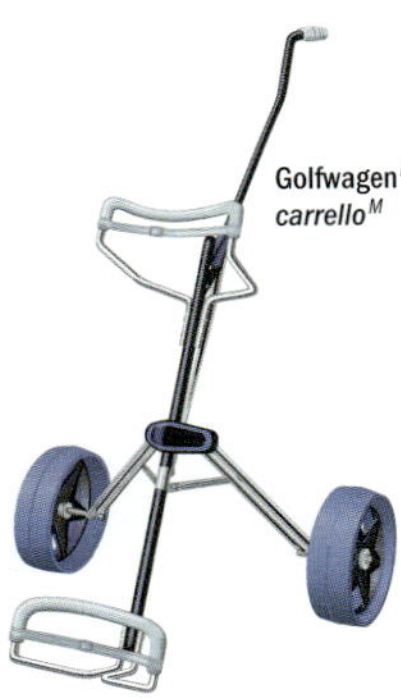

Golfwagen^{M}
carrello^{M}

elektrischer Golfwagen^{M}
vettura^{F} da golf^{M}

Eishockey^{N}

hockey^{M} su ghiaccio^{M}

Eishockeyspieler^{M}
giocatore^{M}

Eishockeyschläger^{M}
bastone^{M} del giocatore^{M}

Eisfläche^{F}
campo^{M}

Torwart^{M}
portiere^{M}

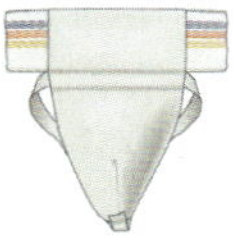

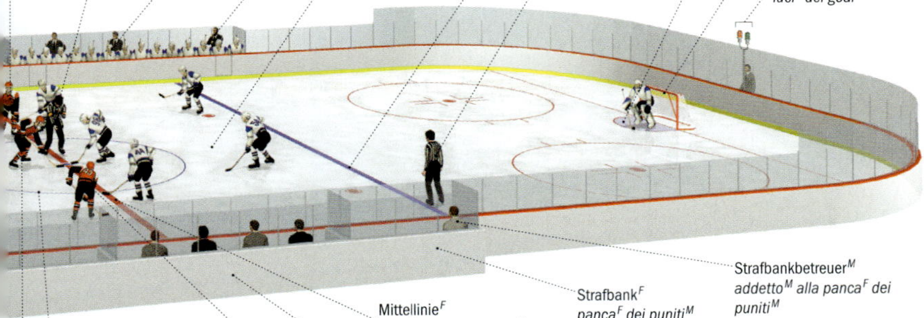

Eisschnelllauf[M]

pattinaggio[M] di velocità[F]

Eisschnellläufer[M]: Langstrecke[F]
pattinatore[M]: pista[F] lunga

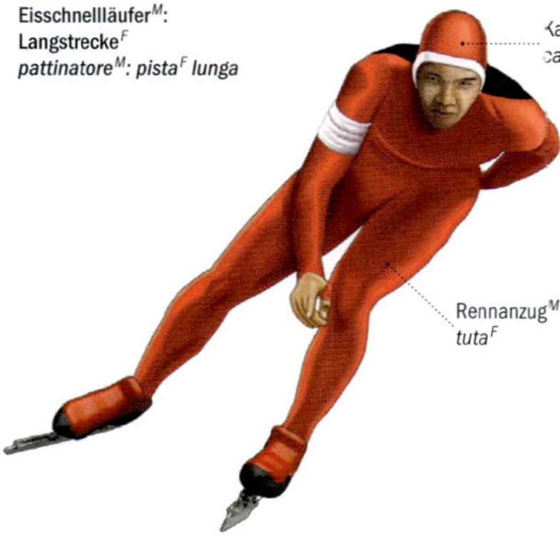

Eisschnellläufer[M]: Kurzstrecke[F]
pattinatore[M]: short track[M]

Eisschnelllauf[M]-Schlittschuhe[M]
pattini[M] per velocità[F]

Klappschlittschuh[M]
pattino[M] ad incastro[M]

Kurzstreckenschlittschuh[M]
pattino[M] da short track[M]

Kurzstrecke[F]
short track[M]

Eisschnelllaufbahn[F]
pista[F] lunga

Eiskunstlauf[M]

pattinaggio[M] artistico

Eiskunstlaufstiefel[M]
pattino[M] per pattinaggio[M] artistico

Eistanzkufe[F]
lama[F] per danza[F]

Eiskunstlaufkufe[F]
lama[F] per pattinaggio[M] libero

Beispiele[N] für Sprünge[M]
esempi[M] di salti[M]

Salchow[M]
salchow[M]

Axel[M]
axel[M]

Toeloop[M]
loop[M] di punta[F]

Flip[M]
flip[M]

Lutz[M]
lutz[M]

Eisfläche[F]
pista[F] di pattinaggio[M]

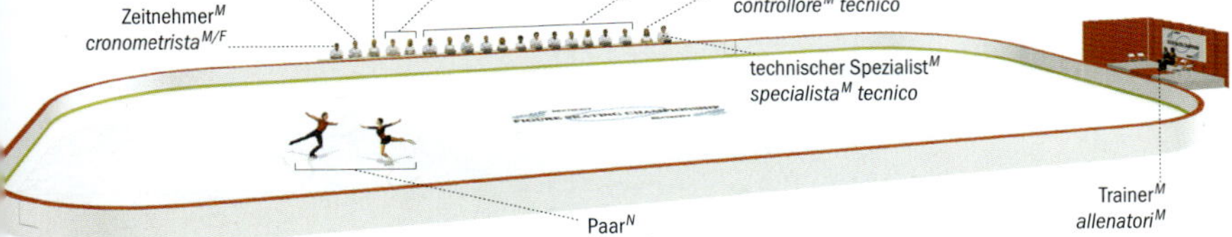

alpines Skilaufen[N]

sci[M] alpino

alpiner Skiläufer[M]
sciatore[M]

Ski[M]
sci[M]

Beispiele[N] für Skier[M]
esempi[M] di sci[M]

Slalomski[M]
sci[M] da slalom[M]

Riesenslalomski[M]
sci[M] da slalom[M] gigante

Abfahrts- und Superriesenslalom[M]-Ski[M]
sci[M] da discesa[F] libera e supergigante[M]

Disziplinen^{F}
specialità^{F}

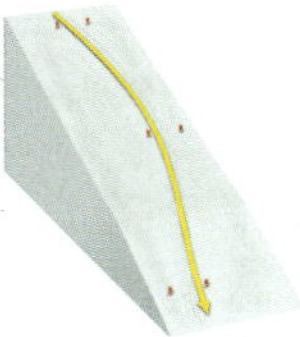

Abfahrtslauf^{M}
discesa^{M} libera

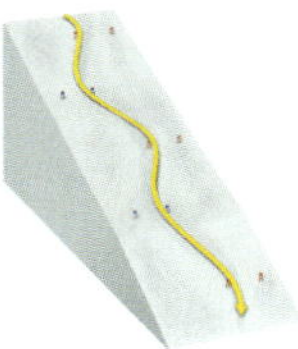

Superriesenslalom^{M}
slalom^{M} supergigante

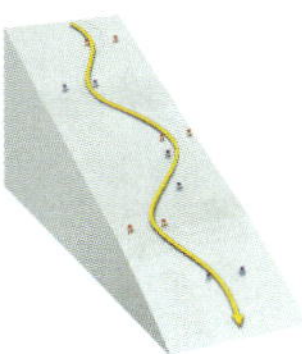

Riesenslalom^{M}
slalom^{M} gigante

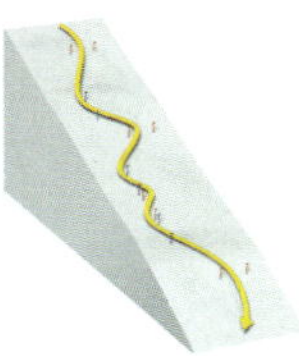

Spezialslalom^{M}
slalom^{M} speciale

Skistiefel^{M}
scarpone^{M}

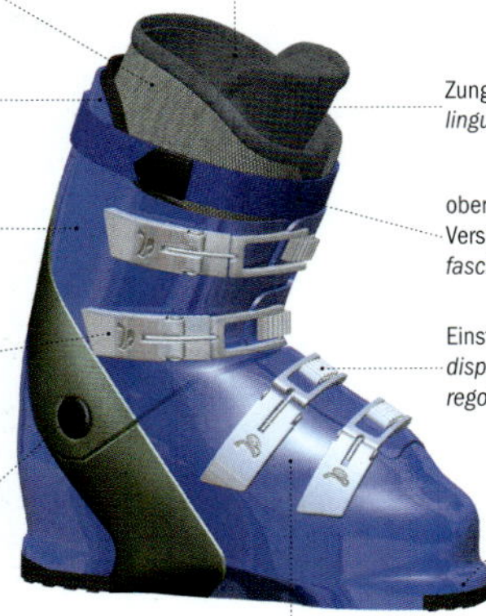

Sicherheitsbindung^{F}
attacco^{M} di sicurezza^{F}

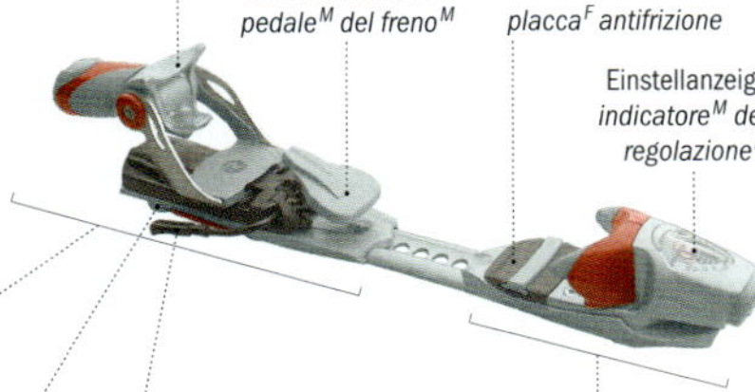

Skigebiet[N]

stazione[F] sciistica

SPORT UND SPIELE

Snowboarden^N
snowboard^M

Snowboarder^M
snowboardista^M/F

Hardboots^M
scarpone^M rigido

Softboots^M
scarpone^M morbido

Freestyleboard^N
snowboard^M per freestyle^M

Alpinboard^N
snowboard^M per sci^M alpino

Skispringen^N
salto^M con gli sci^M

Skispringer^M
saltatore^M

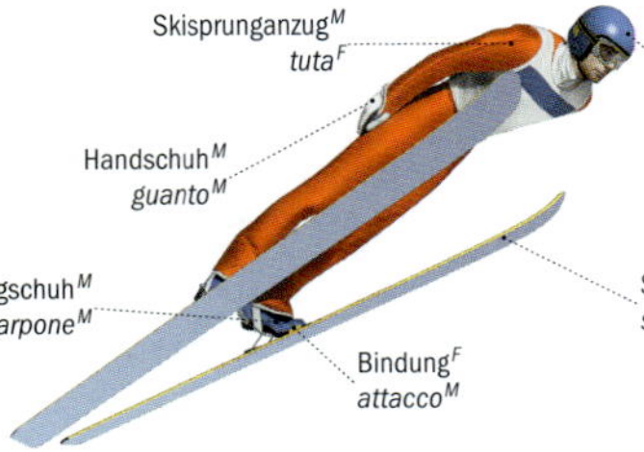

SPORT UND SPIELE

Skilanglauf[M]

sci[M] da fondo[M]

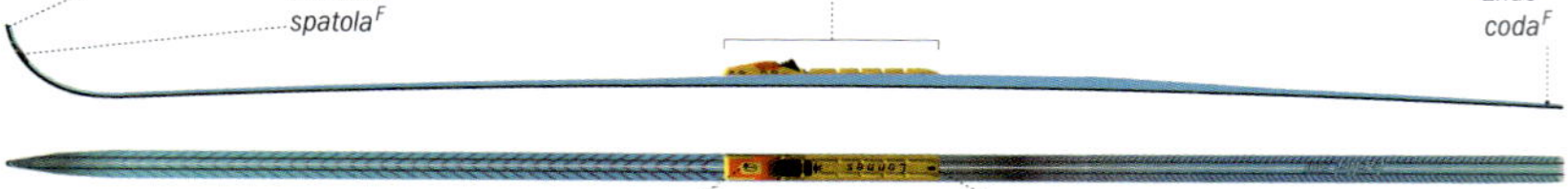

SPORT UND SPIELE

Curling^{N}

curling^{M}

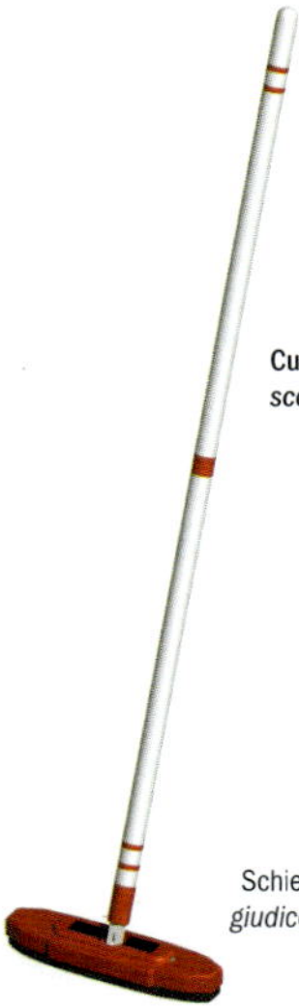

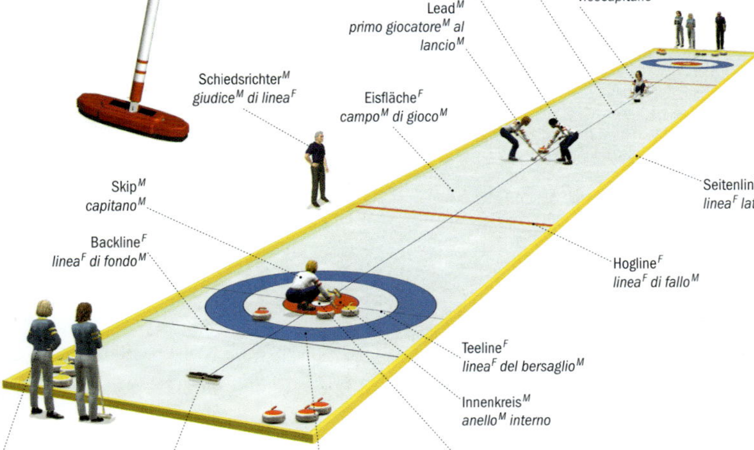

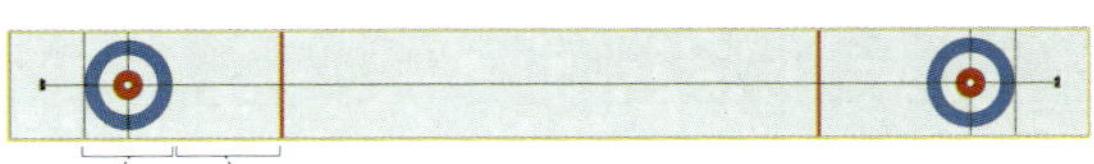

Schwimmen[N]

nuoto[M]

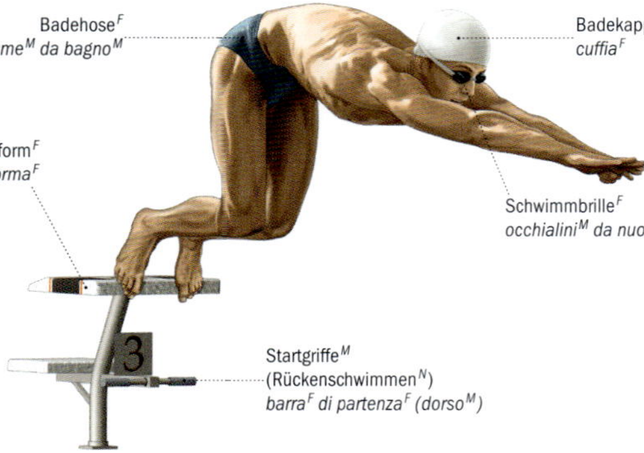

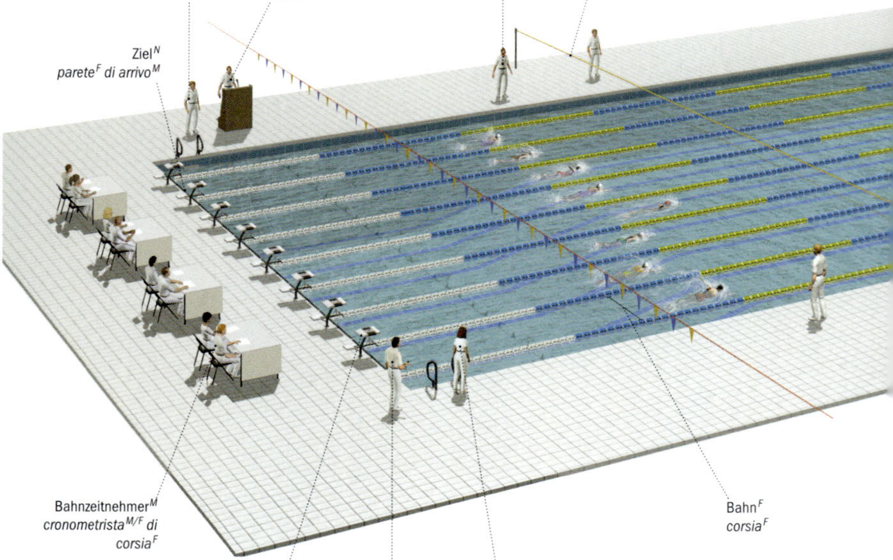

verschiedene Schwimmstile[M]
stili[M] di nuoto[M]

Kraulen[N]
stile[M] libero o crawl[M]

Schmetterlingsstil[M]
farfalla[F]

Brustschwimmen[N]
rana[F]

Rückenschwimmen[N]
dorso[M]

Wettkampfbecken[N]
piscina[F] olimpionica

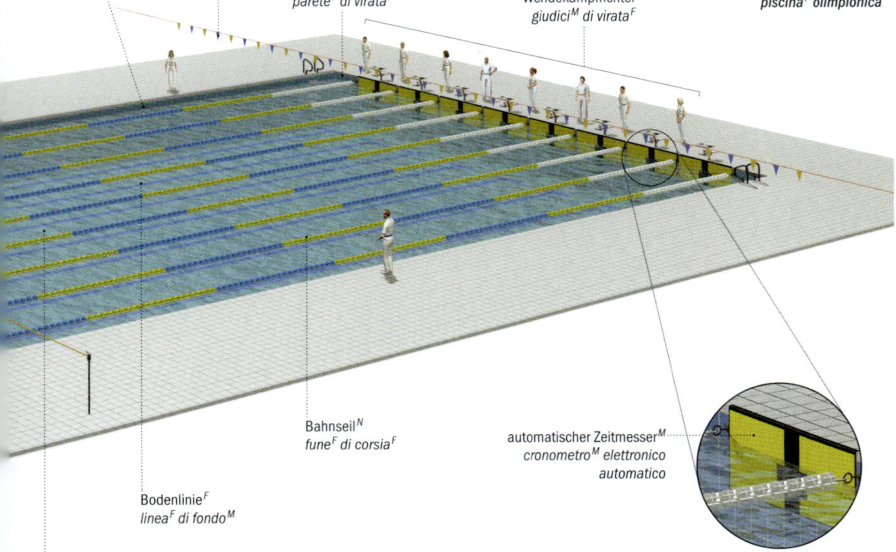

Kunstspringen[N]

tuffi[M]

Startpositionen[F]
posizioni[F] di partenza[F]

auswärts
rovesciata[F]

einwärts
ritornata[F]

rückwärts
all'indietro

vorwärts
in avanti

Handstand[M]
verticale[F] sulle braccia[F]

Sprungfiguren[F]
voli[M]

Saltostellung[F]
posizione[F] raggruppata

Bohrerstellung[F]
posizione[F] tesa

Hechtsprungstellung[F]
posizione[F] carpiata

Springeinrichtungen[F]
strutture[F] per i tuffi[M]

10-Meter-Turm[M]
piattaforma[F] di 10 metri[M]

7,5-Meter-Turm[M]
piattaforma[F] di 7,5 metri[M]

3-Meter-Turm[M]
piattaforma[F] di 3 metri[M]

Schiedsrichter[M]
arbitro[M]

Sprungturm[M]
torre[F] per i tuffi[M]

5-Meter-Turm[M]
piattaforma[F] di 5 metri[M]

1-Meter-Brett[N]
trampolino[M] di 1 metro[M]

Sprungrichter[M]
giudici[M]

3-Meter-Brett[N]
trampolino[M] di 3 metri[M]

Sprecher[M]
speaker[M]

Stützpunkt[M]
fulcro[M]

Anzeigetafel[F]
tabella[F] dei risultati[M]

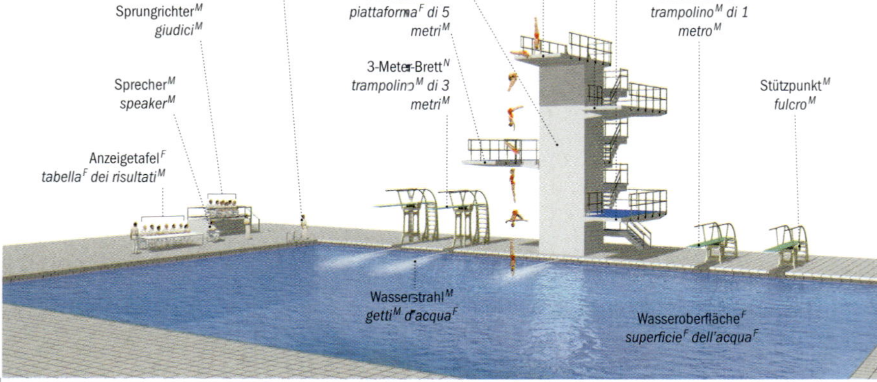

Wasserstrahl[M]
getti[M] d'acqua[F]

Wasseroberfläche[F]
superficie[F] dell'acqua[F]

Surfbrett[N]

windsurf[M]

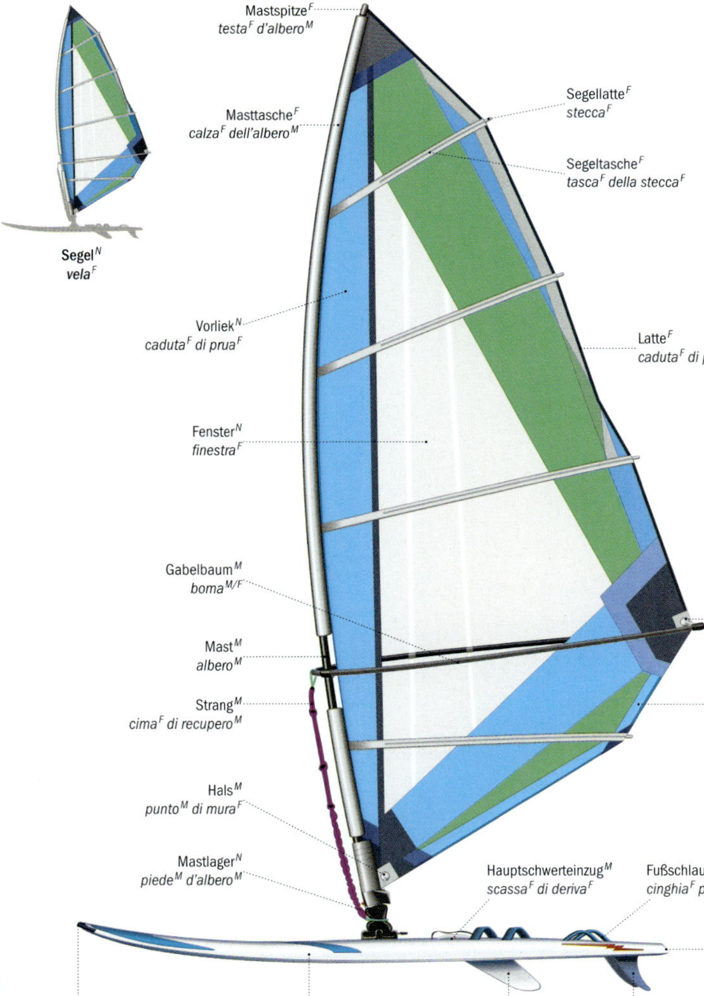

Segelsport^{M}

vela^{F}

Segelboot^{N}
barca^{F} a vela^{F}

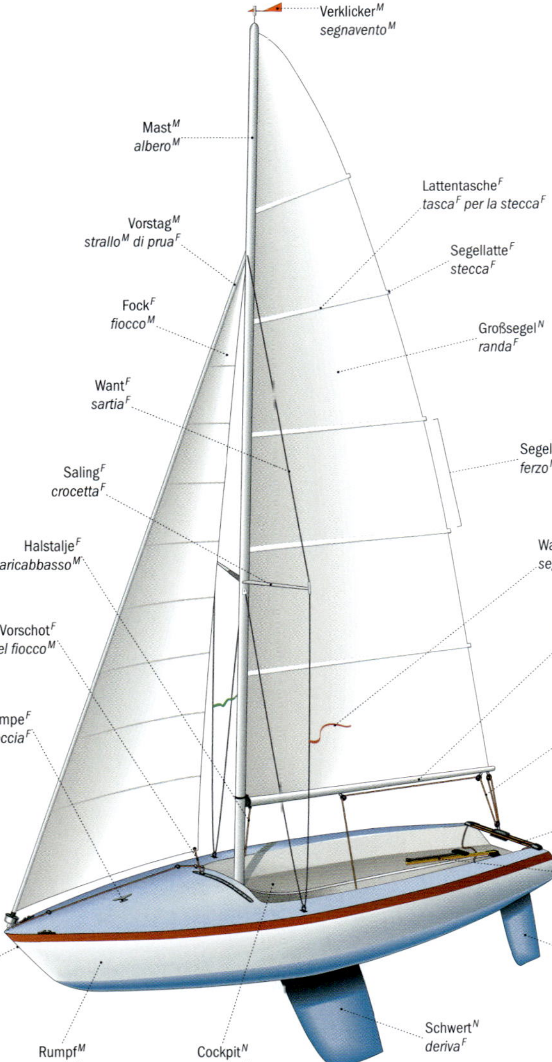

Mehrrumpfboote^{N} / ***multiscafi***^{M}

Trimaran^{M}
trimarano^{M}

Katamaran^{M}
catamarano^{M}

Einrumpfboote^{N} / ***monoscafi***^{M}

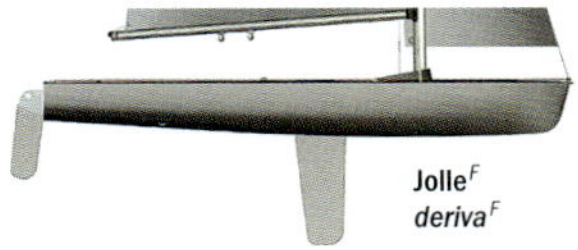

Jolle^{F}
deriva^{F}

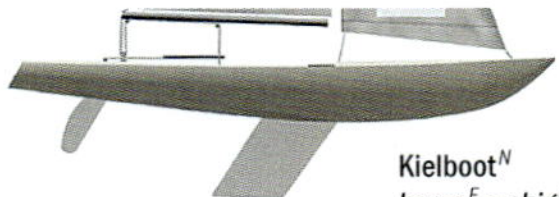

Kielboot^{N}
barca^{F} *a chiglia*^{F}

Beschläge^{M} / ***opera***^{F} ***morta***

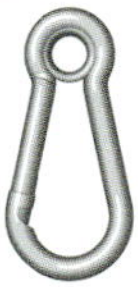

Karabinerhaken^{M}
moschettone^{M}

Gelenkschäkel^{M}
bozzello^{M}

Schäkel^{M}
grillo^{M}

Wantenspanner^{M}
arridatoio^{M}

Lippe^{F}
passacavo^{M}

Klampe^{F}
galloccia^{F}

Winsch^{F}
winch^{M}

Curryklemme^{F}
strozzascotte^{M}

Leitöse^{F}
passascotte^{M}

Traveller^{M}
rotaia^{F} *del carrello*^{M} *di scotta*^{F}

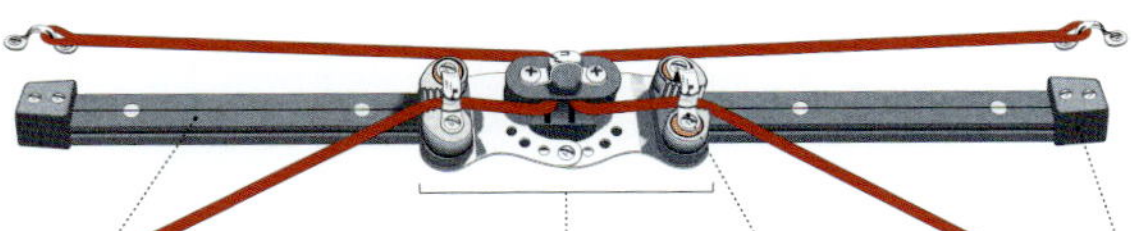

Schlitten^{M}
guida^{F} *di scorrimento*^{M}

Wagen^{M}
carrello^{M}

Curryklemme^{F}
strozzascotte^{M}

Anschlag^{M}
fermo^{M} *di testa*^{F}

Straßenradsport^{M}

ciclismo^{M} su strada^{F}

Straßenrennrad^{N} und Fahrer^{M}
bicicletta^{F} da corsa^{F} e ciclista$^{M/F}$

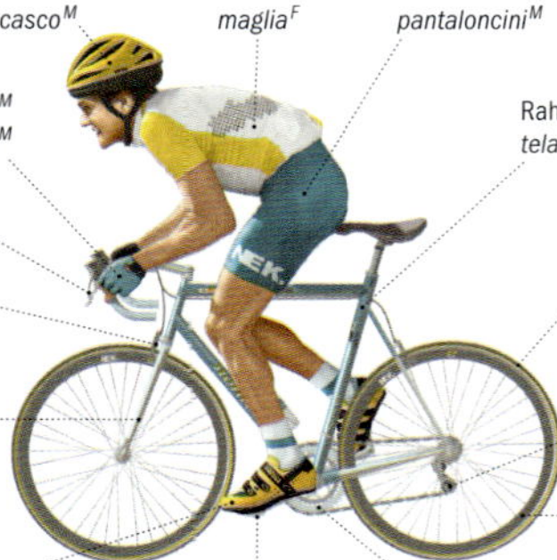

Straßenradrennen^{N}
gara^{F} di ciclismo^{M} su strada^{F}

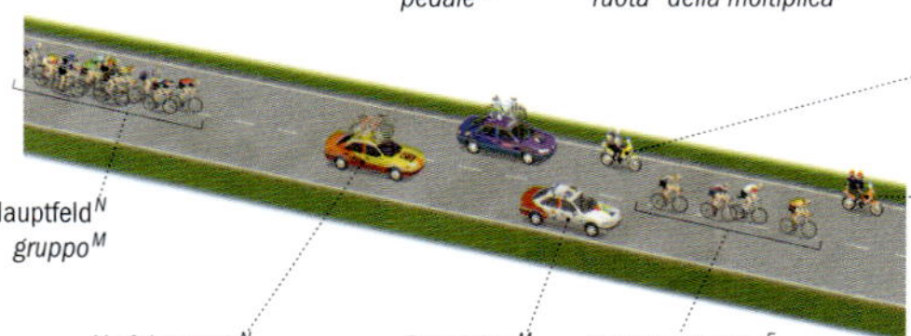

Mountainbike^{N}

mountain bike^{F}

Querfeldeinrad^{N} und Fahrer^{M}
bicicletta^{F} da cross-country^{M} e ciclista$^{M/F}$

Downhillrad^{N} und Fahrer^{M}
bicicletta^{F} da downhill^{M} e ciclista$^{M/F}$

Jetski M
acquascooter M

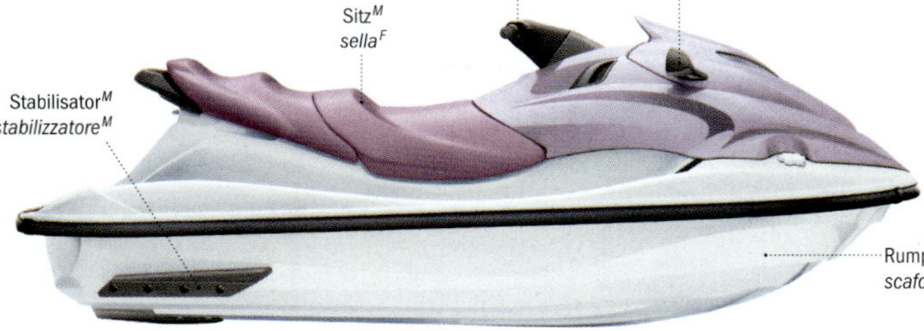

Schneemobil N
gatto M delle nevi F

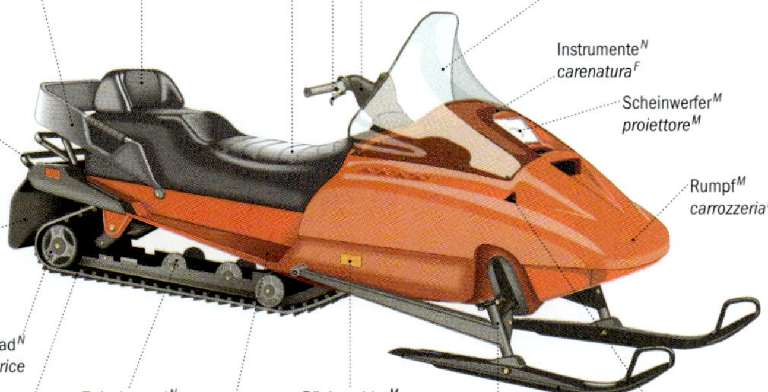

SPORT UND SPIELE

Autorennen^{N}

automobilismo^{M}

Rennfahrer^{M}
pilota^{M}

Geländefahrzeug^{N}
auto^{F} da rally^{M}

Formel-Indy-Auto^{N}
auto^{F} da formula^{F} Indy

Formel-3000-Auto^{N}
auto^{F} da formula^{F} 3000

Startaufstellung^{F}
griglia^{F} di partenza^{F}

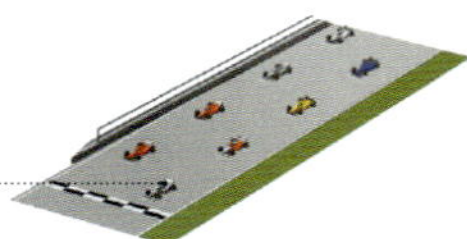

Kurs^{M}
circuito^{M}

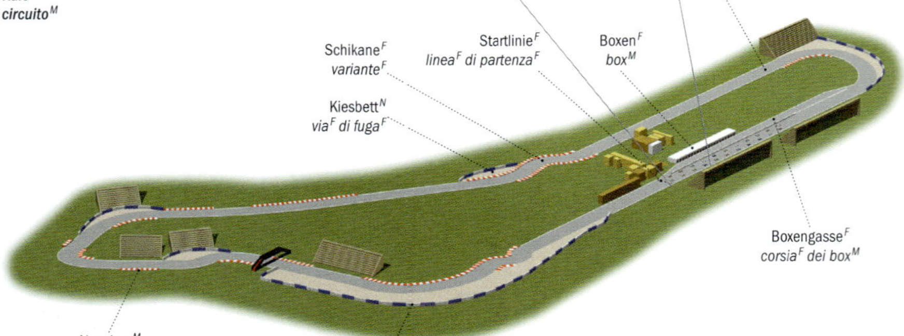

SPORT UND SPIELE

Autorennen^{N}

Formel-1-Auto^{N}
auto^{F} da formula^{F} 1

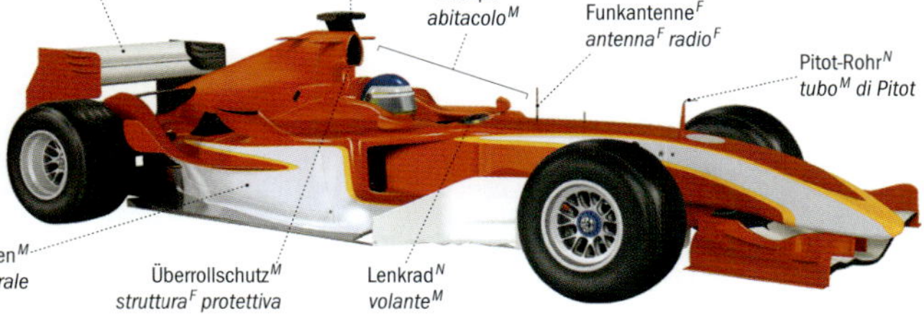

Motorradsport^{M}
motociclismo^{M}

Motocross^{N}- und Supercross^{N}-Motorrad^{N}
motocicletta^{F} da motocross^{M} e supercross^{M}

Grand-Prix^{M}-Rennmaschine^{F} und Motorradfahrer^{M}
moto^{M} da Gran premio^{M} e motociclista$^{M/F}$

Skateboarding^{N}
skateboard^{M}

Skateboard^{N}
skateboard^{M}

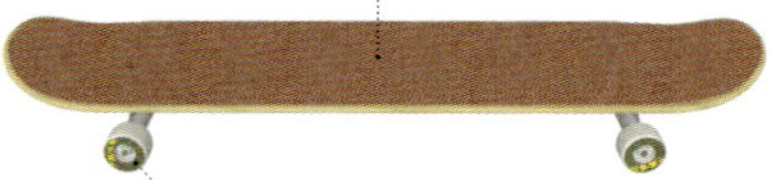

Skateboarder^{M}
skater$^{M/F}$

Rampe^{F}
rampa^{F}

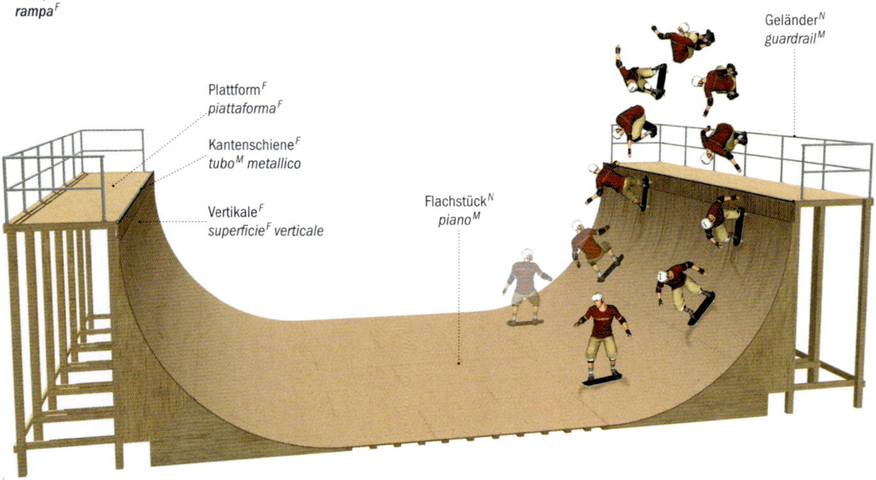

Inlineskating[N]

pattinaggio[M] in linea[F]

Stuntskate[M]
pattino[M] acrobatico

Skaterin[F]
pattinatore[M]

Speedskate[M]
pattino[M] da velocità[F]

Hockeyskate[M]
pattino[M] da hockey[M]

Rollschuh[M]
pattino[M] a rotelle[F]

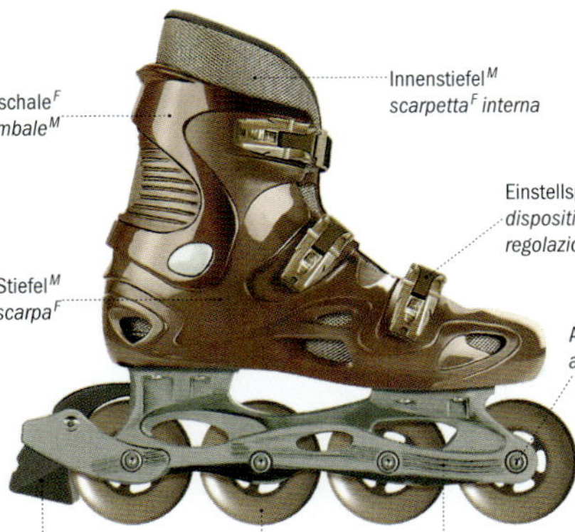

Camping^{N}
campeggio^{M}

Beispiele^{N} für Zelte^{N}
esempi^{M} di tende^{F}

Zweipersonenzelt^{N}
tenda^{F} a due posti^{M}

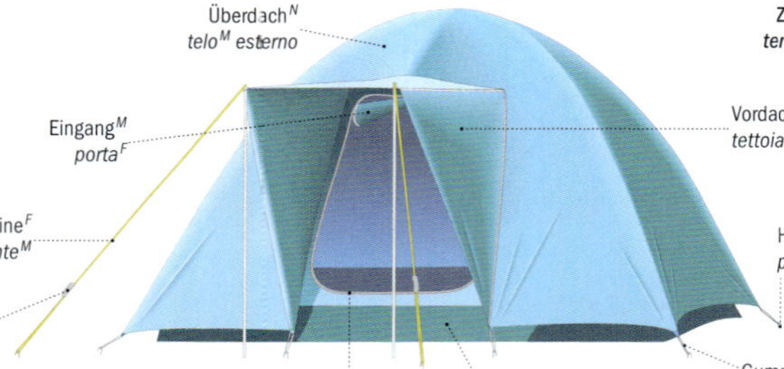

Familienzelt^{N}
tenda^{F} di tipo^{M} familiare

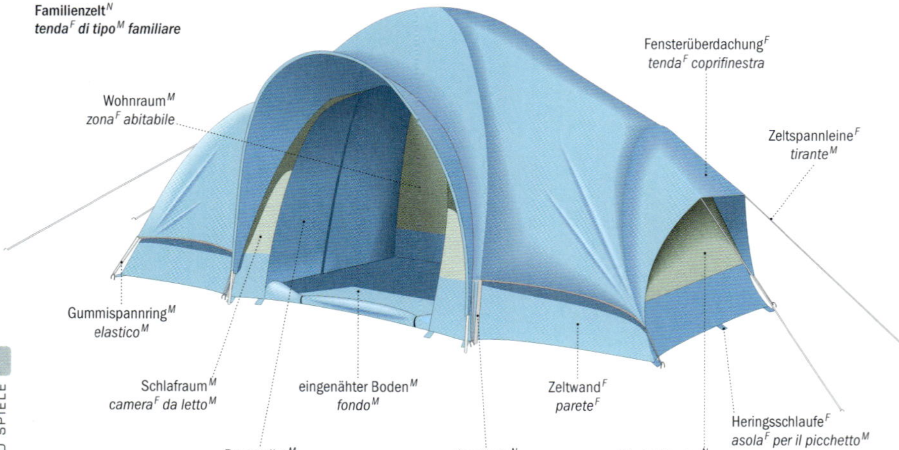

Mannschaftszelt^{N}
tenda^{F} da cucina^{F}

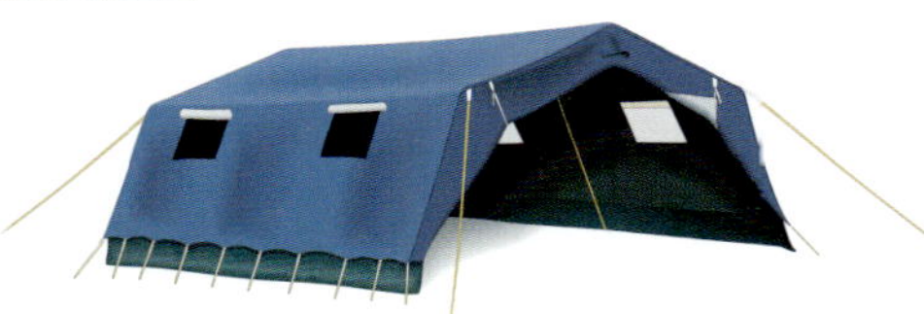

Steilwandzelt^{N}
tenda^{F} da campo^{M}

Hauszelt[N]
tenda[F] canadese

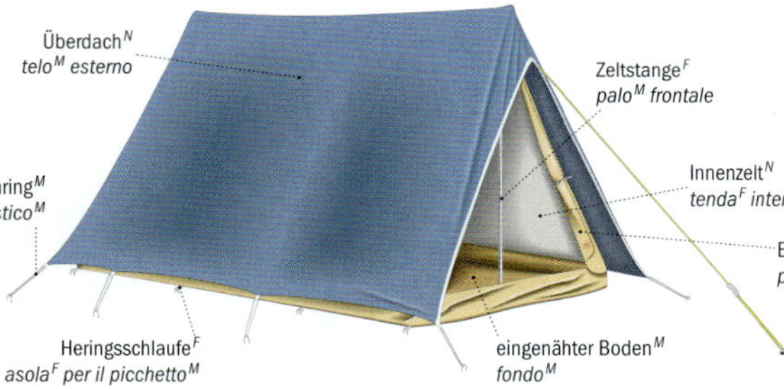

Einpersonenzelt[N]
tenda[F] a un posto[M]

Kuppelzelt[N]
tenda[F] a cupola[F]

Igluzelt[N]
tenda[F] a igloo[M]

Propan- oder Butangas-Geräte[N]
accessori[M] a propano[M] o butano[M]

Lampe[F]
lanterna[F]

Heizstrahler[M]
stufa[F] a gas[M]

zweiflammiger Gasbrenner[M]
fornello[M] da campo[M] a due fuochi[M]

einflammiger Gasbrenner[M]
fornello[M] da campo[M] con un bruciatore[M]

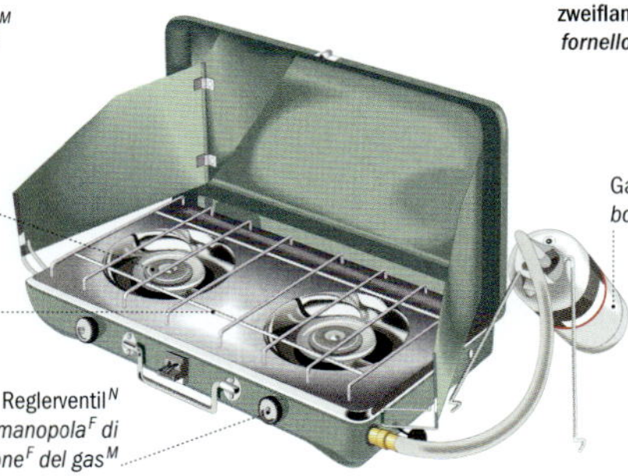

Beispiele[N] für Schlafsäcke[M]
esempi[M] di sacchi[M] a pelo[M]

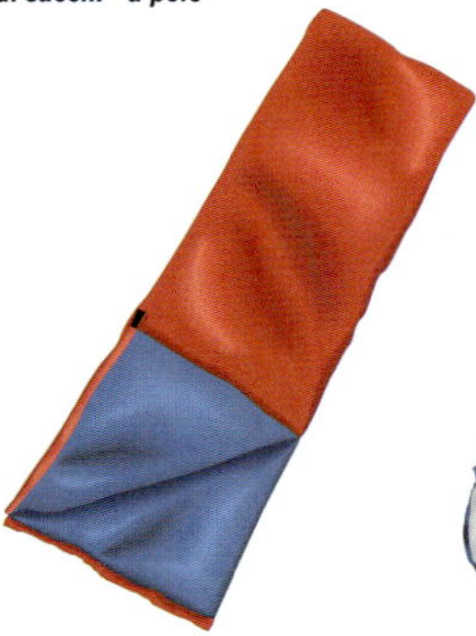

Rechteckschlafsack[M]
rettangolare

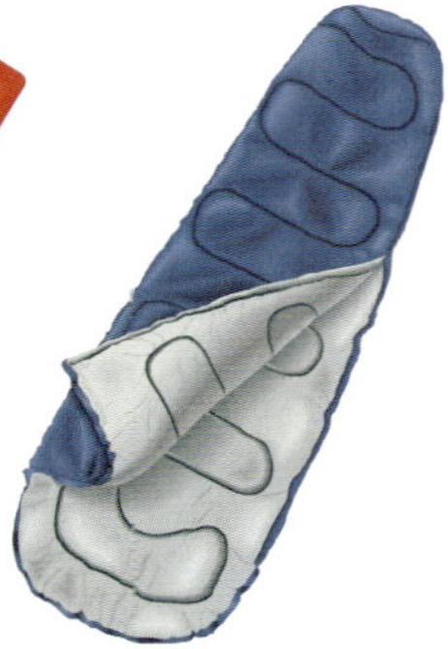

Halbmumienschlafsack[M]
semi-mummia[F]

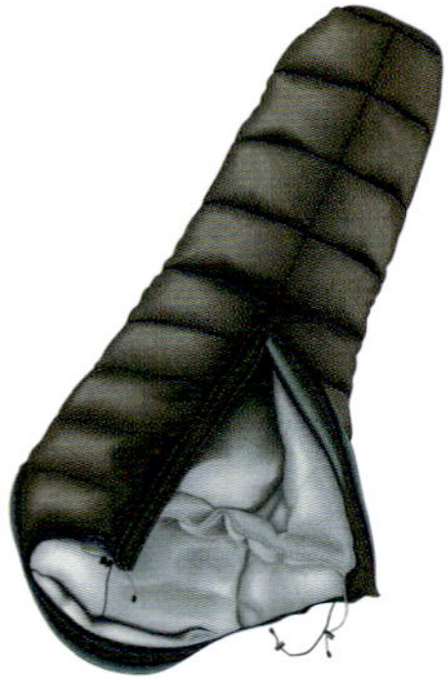

Mumienschlafsack[M]
mummia[F]

Bett[N] mit Matratze[F]
branda[F] e materassino[M]

Feldbett[N]
brandina[F] smontabile

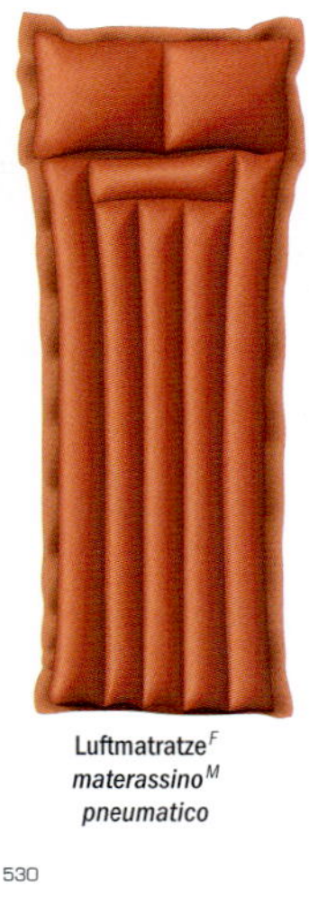

Luftmatratze[F]
materassino[M] pneumatico

selbstaufblasbare Luftmatratze[F]
materassino[M] autogonfiante

Schaumgummimatratze[F]
materassino[M] isolante

Kombipumpe[F]
gonfiatore[M] a soffietto[M]

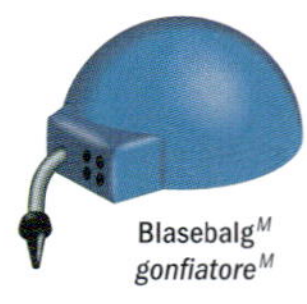

Blasebalg[M]
gonfiatore[M]

Essbesteck[N]
posate[F]

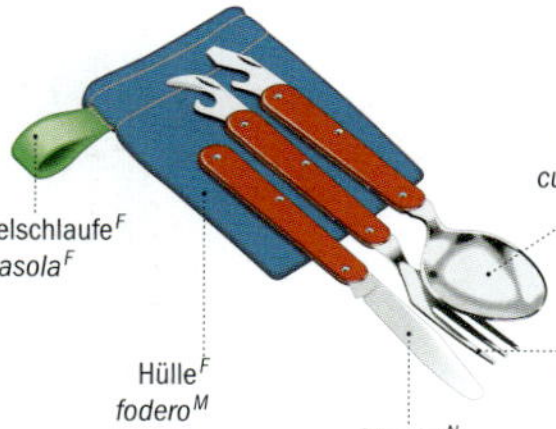

Kochgeschirr[N]
set[M] per cucinare

Teller[M]
piatto[M]

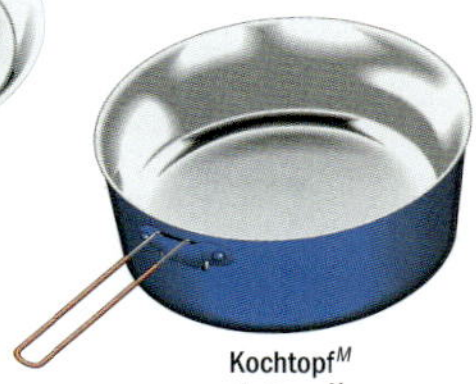

Kochtopf[M]
tegame[M]

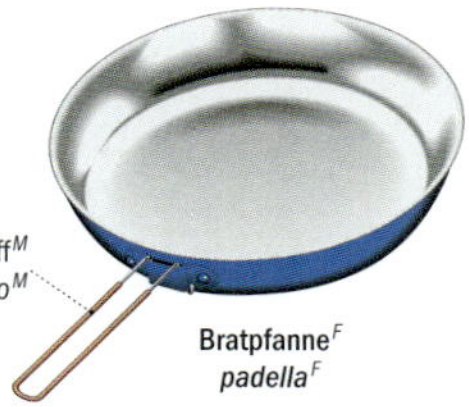

Bratpfanne[F]
padella[F]

Kaffeekanne[F]
caffettiera[F]

Tasse[F]
tazza[F]

Campingausrüstung[F]
attrezzature[F] da campeggio[M]

schweizer Offiziersmesser[N]
temperino[M] multiuso

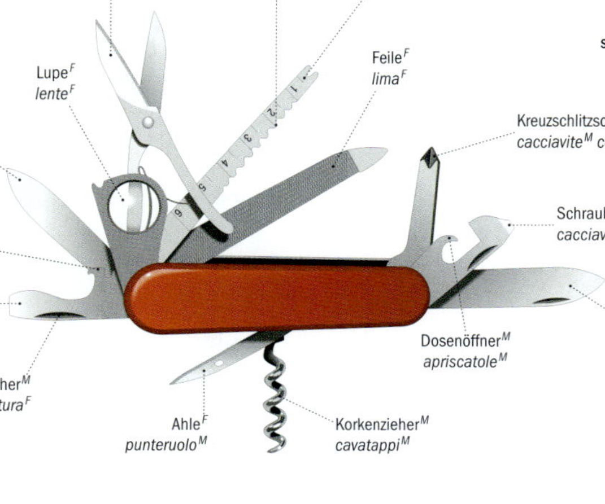

Camping^{N}

Rucksack^{M}
zaino^{M}

Klappspaten^{M}
badile^{M} pieghevole

Sturmlampe^{F}
lampada^{F} a petrolio^{M}

Thermosflasche^{F}
thermos^{M}

Feldflasche^{F}
borraccia^{F}

Kühlbox^{F}
frigo^{M} portatile

Wasserkanister^{M}
contenitore^{M} termico

SPORT UND SPIELE

Bogensäge^{F}
sega^{F} a mano^{F}

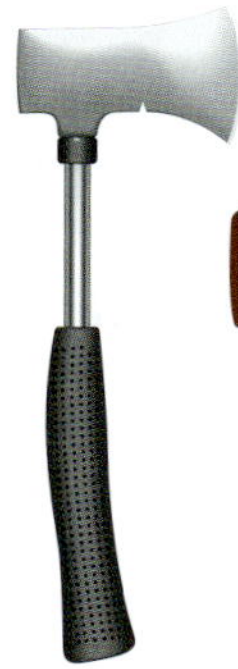

Beil^{N}
accetta^{F}

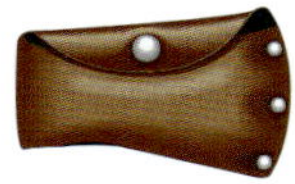

Lederschutz^{M}
fodero^{M} di pelle^{F}

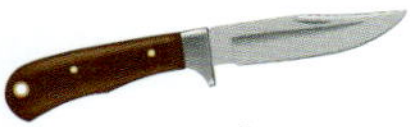

Messer^{N}
coltello^{M}

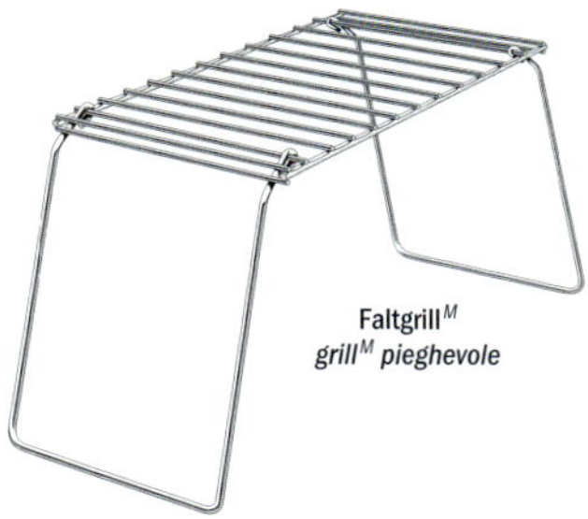

Faltgrill^{M}
grill^{M} pieghevole

Scheide^{F}
fodero^{M}

Magnetkompass^{M}
bussola^{F} magnetica

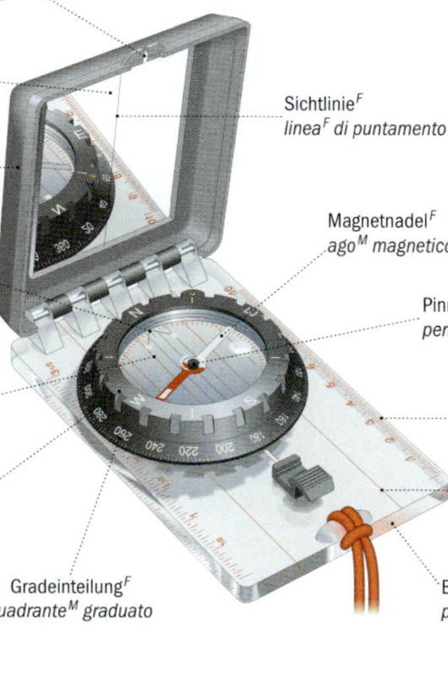

Jagen[N]

caccia[F]

Gewehr[N] (gezogener Lauf[M])
fucile[M] a canna[F] rigata

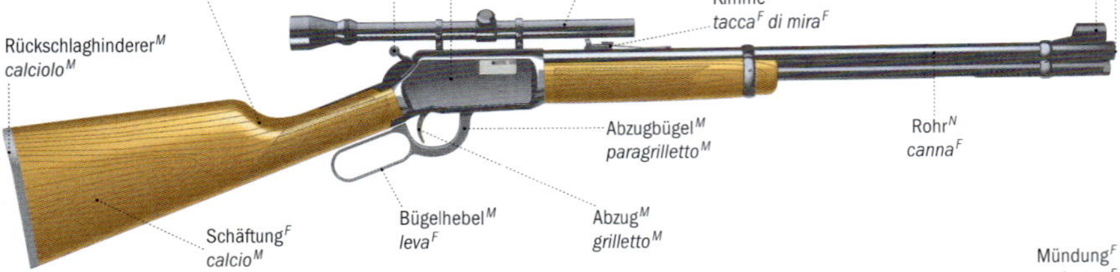

Schrotflinte[F] (glatter Lauf[M])
fucile[M] a canna[F] liscia

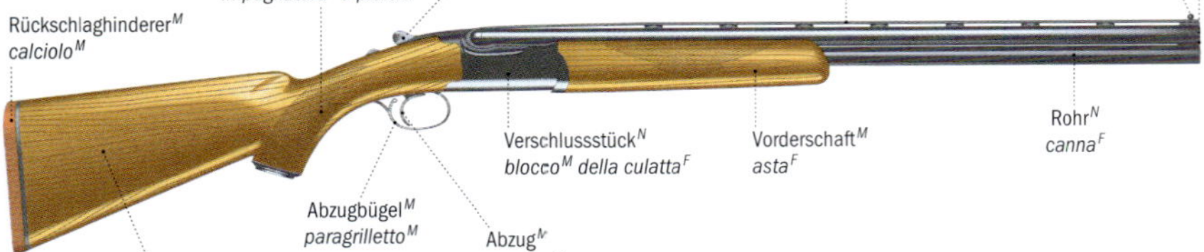

Patrone[F] (Schrotflinte[F])
cartuccia[F] per fucile[M] a canna[F] liscia

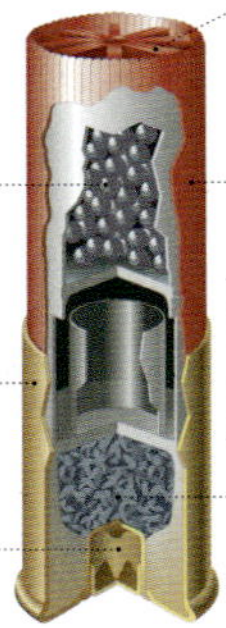

Patrone[F] (Gewehr[N])
cartuccia[F] per fucile[M] a canna[F] rigata

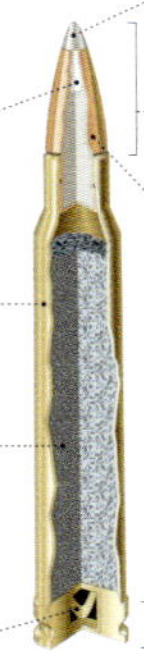

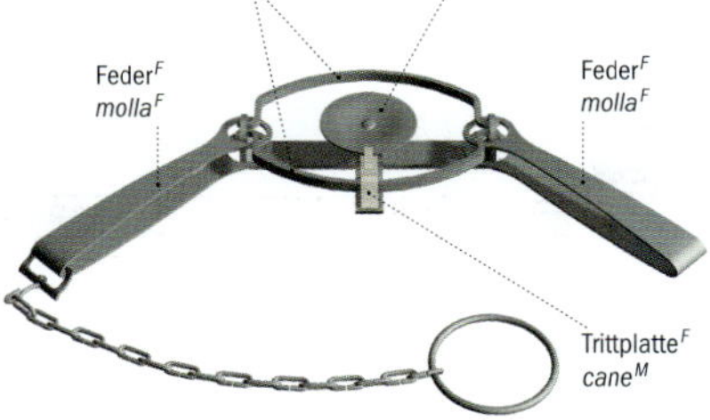

Tellereisen^{N}
tagliola^{F}

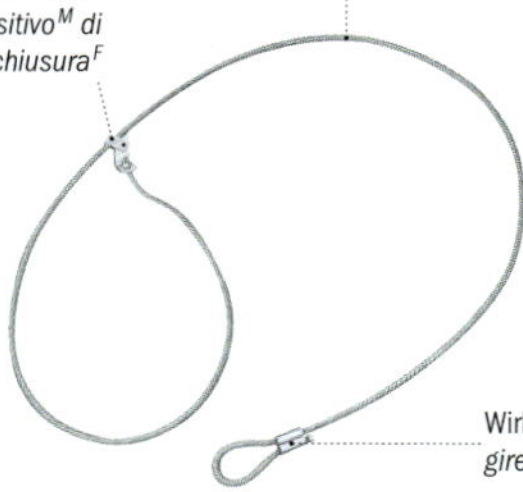

Schlinge^{F}
laccio^{M}

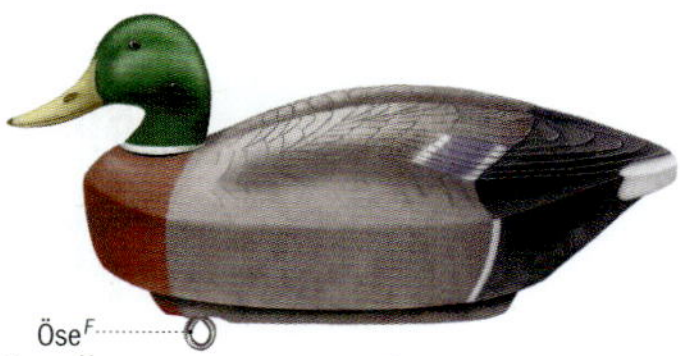

Lockente^{F}
richiamo^{M}

Kompositbogen^{M}
arco^{M} composto

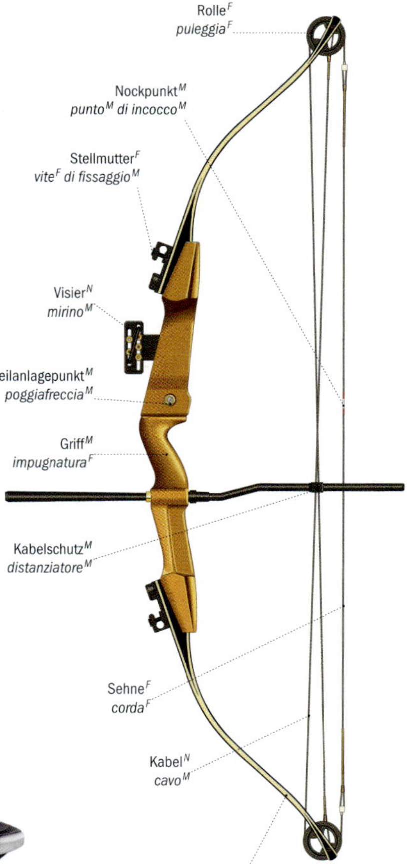

Sportfischerei^{F}

pesca^{F}

Fliegenfischen^{N}
pesca^{F} a mosca^{F}

Fliegenrolle^{F}
mulinello^{M}

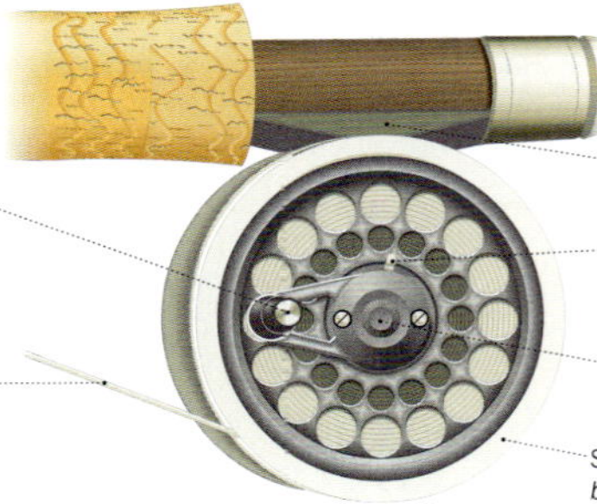

Fliegenrute^{F}
canna^{F} da mosca^{F}

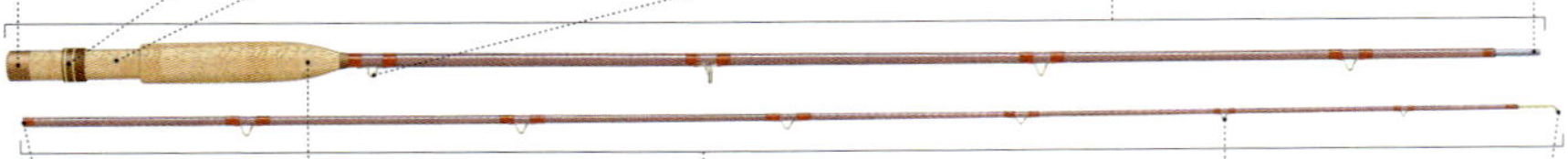

Kunstfliege^{F}
mosca^{F} artificiale

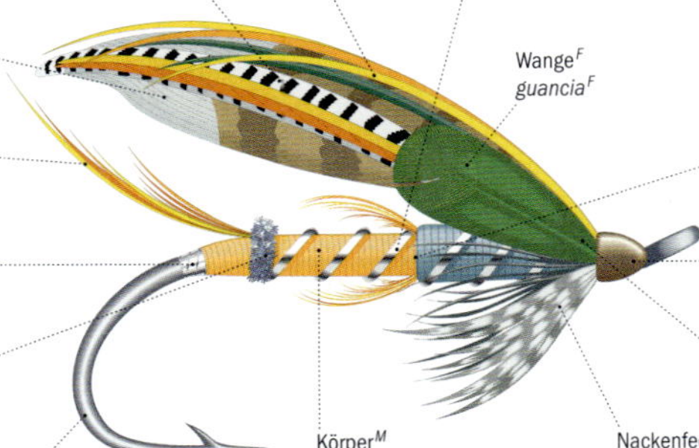

Casting[N]
pesca[F] al lancio[M]

Spinnrute[F]
canna[F] da lancio[M]

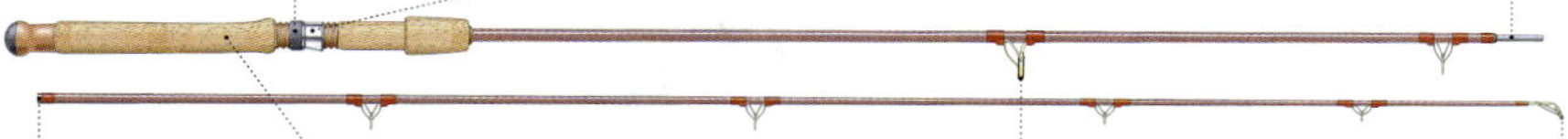

offene Spinnrolle[F]
mulinello[M] a bobina[F] fissa

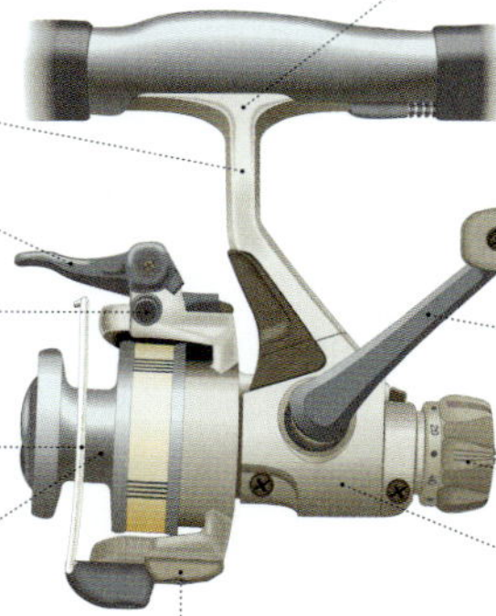

Multirolle[F]
mulinello[M] a bobina[F] rotante

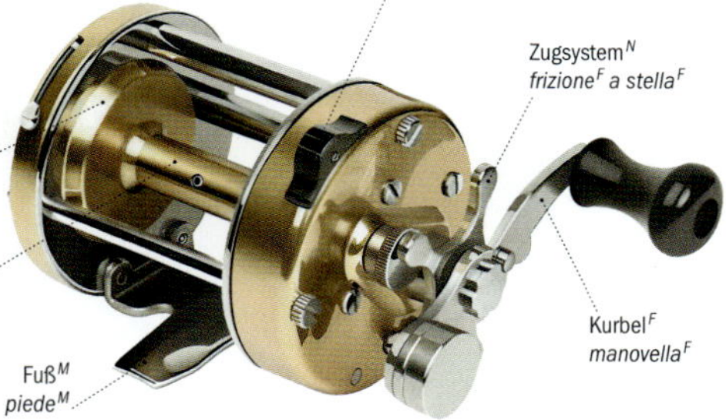

Sportfischerei[F]

Angelhaken[M]
amo[M]

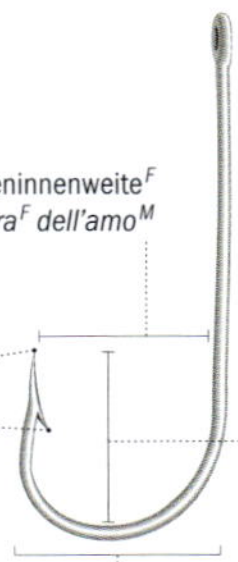

Fangzubehör[N]
attrezzatura[F] terminale

Blinker[M]
cucchiaino[M] rotante

Kleidung[F] und Zubehör[N]
abbigliamento[M] e accessori[M]

Spinnerschachtel[F]
scatola[F] portaesche

Fischkorb[M]
cestino[M]

Anglerweste[F]
giubbotto[M] da pescatore[M]

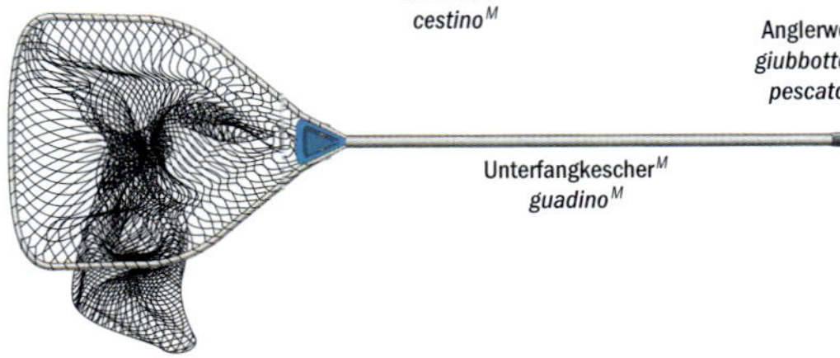

Unterfangkescher[M]
guadino[M]

Watstiefel[M]
stivaloni[M] impermeabili

Deutsches Register

1-Meter-Brett 518
10-m-Linie 482
10-Meter-Turm 518
100-m- und 100-m-Hürdenlauf, Start 472
10000-m- und 4-x-400-m-Lauf, Start 473
110-m-Hürdenlauf, Start 472
15-m-Linie 483
1500-m-Lauf, Start 473
200-m-Lauf, Start 472
22-m-Linie 482
3-Meter-Brett 518
3-Meter-Turm 518
35mm-Fotoapparat 10
400-m-, 400-m-Hürden-, 4-x-100-m-Lauf, Start 473
4x4-Geländemotorrad 369
5-Meter-Linie 483
5-Meter-Turm 518
5000-m-Lauf, Start 472
7,5-Meter-Turm 518
800-m-Lauf, Start 473

A

A 298
Aal 159
Abblendlicht 352
Abblendschalter 368
Abbruch 330
Abbruchtaste 333, 337
Abdeckscheibe 417
Abdeckung 210, 315, 324, 454
Abdomenarterie 71
Abendhandschuh, langer 243
Abessinierkatze 87
Abfahrt, Seilbahn 512
Abfahrt, Sessellift 512
Abfahrtslauf 511
Abfahrtsski 510
Abfahrtzeiten 374
Abfall, radioaktiver 48
Abfalleimer 215
abfallendes Revers 248
Abflugwartehalle 391
Abfluss 32, 194
Abfluss, oberirdischer 45
Abfluss, unterirdischer 45
Abflusskreislauf 194
Abflussrohr 197
Abflusssieb 197
Abgabe von Sauerstoff 54
Abgasleitung 395
abgesenkte Nase 394
abgesteppte Falte 253
Abhalter 372
Abisolierzange 217
Abklingbecken 409
Ablage 219, 339
Ablassventil 404
Ablauf, Boden 184
Ablaufrohr 196
Ablaufschlauch 212, 214
Abluftleitung 345
abnehmbare Handballenauflage 330
abnehmender Mond 5
Abreißkalender 338
Abrollbahn 391
Absatz 240, 262, 509
Absatzoberflecken 240
Absatzplatte 514
Absatzstopper 527
Absatzteil 511
Abscheider 384
Abschlagplatz 504
Abschlagsbereich 504
Abschleppkran 364
Abschleppwagen 364
Abschluss, oberer 205
Abschlusskappe 536
Abschlusskappe, obere 417
Abschlusskappe, untere 417
Abschlussplatte 409
Abschlussring 536, 537
Abseihkelle 173
Abseihlöffel 173
absinkende kalte Luft 43
Absorber 410
absorbierte Sonneneinstrahlung 46
Absorption der Erdoberfläche 46
Absperrarm 362
Absperrband 457
Absperrventil 194, 196, 197
Abstandstück 467
absteigende Aorta 103
absteigender Dickdarm 106
absteigender Gang 278
Abstellfläche 345
Abstellplatz 389
Abstellrost 211
Abstoßsäge 509
Abstoßung 416
Abteilklammer 268
Abteilung 121
Abtropfen 171
Abwasser 48
Abwasserkanal 434
Abwehrhandschuh 507
Abwehrspieler, mittlerer 487
Abwehrspieler, rechter 487
Abweiser 524
Abzeichen 456
abziehbarer Temperaturregler 179
Abziehklinge 514
Abzug 454, 534
Abzugbügel 534
Abzweig 416
Abzweigleitung 194
Achse 272, 526, 527
Achselarterie 102
Achselhöhle 92, 94
Achselknospe 53
Achselkrücke 466
Achselnerv 108
Achselstütze 466
Achselvene 102
Achswelle 351
Achteck, regelmäßiges 429
Achtelnote 299
Achtelpause 299
Adamsapfel 92
Adapter 198, 271, 336
Adapterschnittstelle 336
Addition 427
Additionstaste 337
additive Farbmischung 418
Aden, Golf 19, 20
Aderhaut 119
Adler 81
Adria 18
aerodynamische Bremse 412
Afghanistan 452
Afrika 14, 20, 34, 451
Afrikanische Platte 27
After 71, 73, 106, 111, 112
Afterflosse 74
Afterfurche 93
Afterschließmuskel 106
Ägäis 18
Agar-Agar 123
Aggregatzustände 414
Ägypten 451
Ahle 531
Ahorn 64
Ahornsirup 149
Ährchen 61
Ähre 57, 61
Ährenbrot 144
Ährenrispe 61
Airbag 354
Airbag-Rückhaltesystem 354
Ajowan 139
Akanthusblatt 200
Akkord 299
Akkordeon 296
Akku 228, 320
Akku-Bohrschrauber 228
Akku-Mini-Staubsauger 208
Akkumulator 357
Akromion 99
Akroterion 279
Aktenbox 340
Aktenkoffer 274
Aktenmappe 340
Aktenordner 339
Aktentasche 274, 275
Aktenvernichter 341
Aktionstasten 471
Akustikdecke 293
akustische Gitarre 302
Alarm, Kontrollleuchte 337
Alaska, Golf 16
Albanien 450
Albatros 80
Aleuten 16
Aleutengraben 34
Alge 51
Alge, Aufbau 51
Algen, Beispiele 51
Algerien 451
alkalische Zink-Mangan-Zelle 417
Alkoholkolben 424
Alkoholsäule 424
Allee 25
Alligator 77
Alluvion 32
Alpen 18
alphabetische Tastatur 338
alphanumerische Tastatur 327, 330, 346, 442, 443
Alpin-Skipiste 512
Alpinboard 513
alpiner Skiläufer 510
alpines Skilaufen 510
Alse 160
Alt-Taste 330
Altaluminium-Sammelbehälter 49
Altarbild 446
Altarkreuz 446
Altarm 32
Alternative 330
Altglas-Container 49
Altglas-Sammelbehälter 49
Altokumulus 42
Altostratus 42
Altpapier-Container 49
Altpapier-Sammelbehälter 49
Altschlüssel 298
Aluminiumfolie 162
Alveolarknochen 101
Amarant 143
Amazonas 17
Amboss 116, 534
ambulante Unfallstation 463
Ameise 69
American Football 484
Amerika 448
Amerika, Vereinigte Staaten 448
amerikanischer Bacon 156
amerikanischer Senf 140
amerikanisches Labor 11
amerikanisches Maisbrot 145
amerikanisches Wohnmodul 11
Amery-Eisschelf 15
Amöbe 66
amorpher Festkörper 414
Ampel 230
Ampere 426
Amphibien 75
Amphibien, Beispiele 75
Amphibien-Löschflugzeug 394
Amphitheater, römisches 281
Amplitude 418
Amplituner: Rückansicht 322
Ampulle 467

amtliche Unterschrift 441
An-/Aus-Kontrolllampe 327
Analfuß 67
Analoguhr 424
Ananas 136
Ananasguave 137
Anästhesieraum 464
Anatomie 96
Anatomie einer zweischaligen Muschel 73
Anatomie eines Hummers 71
Anden 17
andere Zeichen 299
Andorra 449
Anemometer 413
angehobener Lenkerbügel 522
Angehörige, Warteraum 462
Angel 167, 169, 216
Angelhaken 536, 538
Angelhaken mit Vorfach 538
Angelwurzel 169
Anglerweste 538
Angola 452
Angriff 485
Angriffslinie 487
Angriffszone 487
Anhänger 264
Anhängerkupplung 356, 361
Anik 317
Anis 142
Anker 473
Ankerbolzen 357
Ankerklüse 383, 387
Anklagebank 440
Ankleideraum 189, 290
Ankleideraum, privater 290
Anlage 182
Anlage, elektrische 351
Anlagen, unterirdische 281
Anlasser 237
Anlaufbahn 496
Anlaufhülse 229
Anlaufstrecke 473
annähernd gleich 427
Anode 417
Anorak 263
anorganische Substanzen 45
Ansatz 223
Ansatzrohr 209
Ansauggitter 270
Anschlag 226, 425, 521
Anschlagfläche 341
Anschlagrahmen 202
Anschluss 210
Anschluss für Zündkabel 359
Anschlussabdeckung 320
Anschlussbuchse 303
Anschlussbuchsen für Video- und Digitalübertragung 315
Anschlüsse, Beispiele 197
Anschlusskabel 227, 324
Anschlusskasten 411
Anschlussklemme 198
Anschlussleitung 194
Anschlussstelle 431
Anschlussstellen, Beispiele 342
Anschlussstifte 417
Anschreiber 487, 488
Ansicht 182
Anspielkreis 506
Anspielpunkt 506
Anstoßlinie 502
Anstoßpunkt 481, 502
Anstoßraum 502
Anstreichen 219
Antarktis 14, 15
Antarktische Halbinsel 15
Antarktische Platte 27
Antenne 7, 67, 68, 71, 326, 327, 349, 369, 392, 395, 457, 487
Antenne für die Linienzugbeeinflussung 376
Antennenbuchsen 322
Antennula 71
Antependium 446
anthropogener Treibhauseffekt 46
Anti-Reflex-Beschichtung 410
Antiblockiersystem (ABS) 357
Antigua und Barbuda 449
Antiklinale 403
Antilope 84
Antiseptikum 461
antiseptische Flüssigkeit 461
Antriebsmodul 316
Antriebsrad 398, 523
Antriebsräder 401
Antriebsriemen 360
Antriebssystem 351
Antriebswelle 177
Antriebswerk 403
Antrittspfosten 191
Antrittsstufe 191
Anwendungsstarttasten 337
Anzeige 313, 337, 346, 422, 423
Anzeige "Sicherheitsgurte anlegen" 355
Anzeigeskala 423
Anzeigetafel 472, 492, 497, 499, 518
Anzeigetafel für das Gesamtergebnis 496
Anzeigetafel für die Einzeldisziplin 497
Anziehung 416
Anzünder 218
Aorta 104, 105
Aorta, absteigende 103
Aorta, aufsteigende 103
Aortenbogen 102, 103, 104
Aortenklappe 104
Apex 72, 73
Apfel 133
Apfel im Querschnitt 58
Apfelessig 141
Apfelfrucht, fleischige 58
Apfelfrüchte 133
apokrine Schweißdrüse 114
Apotheke 436
Appalachen 16
Appartements 512
Aprikose 132
Äquator 17, 20, 21, 22, 43
Äquatorialguinea 451
äquivalent 427
Ara 80
Arabische Halbinsel 19
Arabisches Meer 19
Arachnoidea 109
Aralsee 19
Arame 123
Arbeiterin 68
Arbeitsbrett 219
Arbeitskittel 255
Arbeitsleuchte 206
Arbeitsplatte 164, 224
Arbeitsstiefel 240
Arbeitszimmer 189
Archipel 24
Architektur 278
Architekturelemente 286
Architrav 279
Archivolte 285
Arena 281
Arenberg-Parkett 190
Argentinien 448
Ariel 3
Arkade 281, 284
Arkaden 447
Arktis 14
Arm 83, 91, 93, 95, 206, 467
Armaturenbrett 354
Armaturenbrettausrüstung 457
Armausschnitt 247
Armband 264
Armbänder 264
Armbeuger 96
Armdecken, große 78
Armdecken, kleine 78
Armdecken, mittlere 78
Ärmel 244
Ärmel, eingesetzter 245
Ärmelkanal 18
Ärmellasche 248
ärmelloses Sporthemd 500
Ärmelschlitz 245
Armenien 452
Armgeflecht 108
Armhebel 499
Armlehne 200, 205
Armlehnstuhl 200
Armreif 264
Armschutz 486
Armschützer 486
Armschwingen 78
Armstrecker, dreiköpfiger 97
Armstrecker, zweiköpfiger 96
Armstuhl 444
Armstühle, Beispiele 200
Armstütze 200, 352, 353, 467
Arpeggio 299
Arretierhebel 224, 229
Arretierknopf 229
Art der hohen Wolken 39
Art der mittelhohen Wolken 39
Art der tiefen Wolken 39
Arten von Blütenständen 57
Arten von Golfschläger 505
Arterien 102
Artikel 313
Artischocke 127
Arzneimittel-Darreichungsformen 467
Arzt 498
Ärzteteam 499
Asche, vulkanische 28
Aschenbahn 472
Ascheschicht 28
Aserbaidschan 452
asiatische Birne 137
asiatische Eiernudeln 147
asiatische Teigwaren 147
Asien 14, 19, 34, 452
Asphalt 405
Asphalt-Destillationsanlage 405
Aspirin 461
Ass 468
Assistenzarzt 464
Assistenzschiedsrichter 509
Assistenztrainer 507
Ast 63, 65
Äste 63
Asteroidengürtel 3
Asthenosphäre 26
Astigmatismus 419
Astronomie 2
astronomische Einheit 2, 3
Astschere 234
Asukibohne 131
Atacama-Wüste 17
Atemluftzufuhrschlauch 454
Atemschutz 459
Atemschutzmaske, leichte 459
Atemschutzsystem, geschlossenes 454
Äthiopien 451
Athletin 473
Atlantik 14
atlantischer Kabeljau 161
atlantischer Lachs 161
Atlantischer Ozean 15, 18, 20
Atlas 99
Atlasgebirge 20
Atlasspinner 69
Atmosphäre 44, 48
Atoll 35
Atom 414
Atome 414
Atomkern 414
Atrium 280
Aubergine 128
Audio-Ausgänge 337
Audio-Eingänge 337
Audiobuchse 329
Audiometrie-Untersuchungsraum 465
Aufbau 361
Aufbau der Biosphäre 44
Aufbau der Sonne 4
Aufbau des Ohres 116
Aufbau des Rückenmarks 109
Aufbau einer Alge 51
Aufbau einer Blume 56
Aufbau einer Flechte 50
Aufbau einer Pflanze 53
Aufbau eines Baumes 63
Aufbau eines Blatts 55
Aufbau eines Farns 52
Aufbau eines Mooses 51
Aufbau eines Pilzes 52
Aufbauspieler, linker 489
Aufbauspieler, rechter 489
Aufbewahrungsmöbel 202
aufblasbare Manschette 461
Aufdruck 260
Aufenthaltsraum 439
Auffahrt 343, 344
Auffangschale 181
Auffangschüssel 210
Aufgeber 494
aufgesetzte Tasche 244, 249, 260
aufgewirbelter Staub 43
Aufhängeband 119
Aufhängeöse 270
Aufhänger 250
Aufhängung 308, 351
Aufhelltaste 320
Aufladen, Kontrollleuchte 337
Auflage 204
Auflagehumus 54
Auflaufförmchen 166
Auflege-/Ausschalttaste 327
Auflösungszeichen 299
Aufnahme 462, 465
Aufnahme von Kohlendioxid 54
Aufnahme von Wasser und Mineralstoffen 54
Aufnahme- und Speichermedien 319
Aufnahme-Starttaste 320
Aufnahme-Stopptaste 320
Aufnahme-Taste 323
Aufnahme-Ziffer 291
Aufnahmebühne 290
Aufnahmemodus 314, 320
Aufnahmetaste 319
Aufprallsensor 354
Aufreißer 398
Aufreißerspitze 398
Aufreißerzylinder 398
Aufsatz 174
Aufsatzstück 296
Aufschäumdüse 181
Aufschlag 246, 487, 490
Aufschläger 491
Aufschlagfeld für das Doppelspiel 495
Aufschlagfeld für das Einzelspiel 495
Aufschlagfelder 495
Aufschlaglinie 491
Aufschlaglinienrichter 490
Aufschlagrichter 490, 494
Aufschnitt 305
Aufsetzzonenmarkierungen 391
Aufsteckbürste 272
Aufsteckdüse 272
aufsteigende Aorta 103
aufsteigende warme Luft 43
aufsteigender Dickdarm 106
aufsteigender Gang 278
Aufstellpunkt 502
Aufwachraum 464
Aufzeichnung, seismologische 403
Aufziehbrett 216
Aufzug 281, 287, 435, 439
Aufzugseil 397
Augapfel 75, 119
Auge 43, 70, 71, 72, 76, 90, 94, 119, 220, 270, 468
Augen-Make-up 266
Augenbehandlungsraum 463
Augenbrauenpinzette 265
Augenbrauenstift 266
Augengläser, Beispiele 273
Augenkammer, hintere 119
Augenkammer, vordere 119
Augenlid 76
Augenlid, oberes 75, 87
Augenlid, unteres 75, 87
Augenmuskel, unterer gerader 119
Augenring 78
Augenringmuskel 96
Augenschutz 458
Augenstreif 78
Augenträger 72
Augenwand 43
Ausatmungsventil 459
Ausbeinmesser 169
Ausbreitung, Fortpflanzung 418
Ausbruchstätigkeit, Vulkan 28
Ausdehnungskammer 424
ausfahrbarer Baum 397
ausfahrbarer Leiterbaum 455
Ausfahrt 343
Ausfahrtspur 343
Ausführungsgang, Schweißdrüse 114
Ausgabebank, Kürzel 441
Ausgabegeräte 333
Ausgangssperre 378
Ausgangstür, zweiflügelige 362
Ausgleichsbecken 406, 407
Ausguss 215
Ausgussreiniger 216
Ausklapparretierung 219
ausklappbare Stützvorrichtung 365
Auslassventil 360, 461
Auslauf 122

Auslaufgarnitur 197
Auslaufrohr 407
Ausleger 397, 399, 400
Auslegerbrücke 344
Auslegerseil 397
Auslegerzylinder 399, 400
Auslenkungsrichtung 418
Auslinie 482
Auslöser 314
Auspressen 177
Auspuffanlage 351
Auspuffendrohr 351
Auspuffkrümmer 350, 360
Auspuffrohr 364, 367, 368, 369, 398, 401
Auspuffrohr, hinteres 351
Auspuffrohr, vorderes 350
Ausrichtschraube 423
Ausschalter 235
Ausschnitt, halsnaher 250, 255, 260
Ausstatter 290
Ausstattung, persönliche 264
Ausstechformen 172
Aussteuerung, manuelle 323
Auster 157
Austerngabel 168
Austernmesser 169
Austernseitling 123
Australien 14, 34, 453
Australische Kordilleren 15
Austrittskante 392
Auswahltaste 326
auswärts 518
Auswaschung 48
Auswechselbank 481
Auswurf-Taste 323
Auswurftaste 176, 315, 319, 471
Auswurftaste für das 323
ausziehbare Fluggastbrücke 389
ausziehbarer Griff 274
Ausziehbein 202
Ausziehleiter 219
Ausziehtisch 202
Auszug 202, 210
Außenangreifer, linker 487
Außenangreifer, rechter 487
Außenansicht eines Hauses 182
Außenbordmotor 385
Außenbrett 469
Außendreiviertel links 482
Außendreiviertel rechts 482
Außenfeldspieler, linker 474
Außenfeldspieler, mittlerer 474
Außenfeldspieler, rechter 474
Außengewinde 537
außengezahnte Fächerscheibe 222
Außenkelch 59
Außenkreis 515
Außenlippe 73
Außenring 441
Außenrohr, druckfestes 409
Außenschicht 477
Außenspiegel 362, 363
Außensteckhülse 536
Außenstürmer links 482
Außenstürmer rechts 482
Außentank 12
Außentasche 274, 276
äußere Drosselvene 102
äußere Kappe 240
äußere Kuppelhülle 7
äußere Merkmale einer einschaligen Muschel 73
äußere Merkmale einer Giftschlange: Kopf 76
äußere Merkmale einer Honigbiene: Arbeiterin 68
äußere Merkmale einer Ratte 82
äußere Merkmale einer Schildkröte 76
äußere Merkmale einer Schnecke 72
äußere Merkmale einer Spinne 70
äußere Merkmale einer zweischaligen Muschel 73
äußere Merkmale eines Delphins 90
äußere Merkmale eines Flußbarschs 74
äußere Merkmale eines Froschs 75
äußere Merkmale eines Gorillas 91
äußere Merkmale eines Hais 74
äußere Merkmale eines Hummers 71
äußere Merkmale eines Hundes 86
äußere Merkmale eines Pferdes 83
äußere Merkmale eines Schmetterlings 67
äußere Merkmale eines Tintenfischs 72
äußere Merkmale eines Vogels 78
äußere Nase 117
äußere Oberschenkelkondyle 99
äußere Planeten 2
äußerer Bull 471
äußerer Gehörgang 100
äußerer Hausflur 280
äußerer Kern 26
äußerer Linebacker 484
äußerer Ohrmuschelrand 115
äußerer Schenkelmuskel 96, 97
äußerer Schneidezahn 101
äußerer schräger Bauchmuskel 96, 97
äußeres Ohr 116
Auto 347
Autobahn 25, 343, 431
Autobahnnummer 25
Autocoat 251
Autofocus-Umschalter 314
Autohandschuh 243
Autohaus 433
Autoklav 464
Automat für Umsteigekarten 379
automatische Schiebetür 286
automatische Tür 390
automatischer Bankschalter 442, 443
automatischer Zeitmesser 517
Autoplane 356
Autorennen 524
Autotransportwagen 377
autotrophe Organismen 45
Autowaschanlage 346
Avocado 128
Axel 509
Axialrippe 73
Axon 110
Axt 234
Azimutalprojektion 22
Azimutfeineinstellung 8, 9
Azimutfesteller 8
Azimutfeststeller 9
aztekischer Tempel 283

B

B 299
Baby-Doll 256
Babybekleidung 260
Bach 32
Bachsaibling 161
Back 383, 387
Backblech 172
Backbordseite 387
Backe 86, 273
Backe, bewegliche 223, 224
Backe, feste 223, 224
Backen 217, 221, 224, 228, 511
Backenhörnchen 82
Backenzahn im Längsschnitt 101
Backenzahn, erster 101
Backenzahn, erster vorderer 101
Backenzahn, zweiter 101
Backenzahn, zweiter vorderer 101
Backenzähne 101
Backenzähne, vordere 101
Bäckerei 437
Backfett 149
Backform 179
Backgammon 469
Backgerät 172
Backline 515
Backofen 164, 210
Backofenfolie 162
Backofenschalter 210
Backofenthermometer 171
Backofentür 210
Backrost 210
Backsteinhaus 288
Backwaren 121
Bacon, amerikanischer 156
Bacon, kanadischer 156
Bad 189, 439, 464
Badeanzug 263
Badebürste 267
Badehose 263, 516
Badekappe 516
Badeleiter 184
Bademantel 256
Badetuch 267
Badetuch mit Kapuze 260
Badewanne 189, 194, 195, 439
Badezimmer-Oberlicht 189
Badminton 494
Badmintonplatz 494
Badmintonschläger 494
Baffinland 16
baggern 487
Baggerstiel 400
Baggerstielzylinder 400
Baguette 144
Bahamas 448
Bahn 220, 472, 515, 516
Bahnende 517
Bahnenplissee 253
Bahnenrock 253
Bahnhof 25, 374, 375, 430, 432
Bahnhofshalle 374
Bahnmarkierung 473
Bahnseil 517
Bahnsteig 374, 375, 379, 390
Bahnsteigkante 374, 379
Bahnsteigüberdachung 375
Bahnübergang 375
Bahnzeitnehmer 516
Bahrain 452
Baikalsee 19
Bajonettfassung 199
Balalaika 297
Balanceregler 322
Balg 296
Balg, Schnitt 60
Balgenverschluss 296
Balkanhalbinsel 18
Balken 109, 279, 280, 283, 288, 422
Balken, hinterer 422
Balken, vorderer 422
Balkenbrücke 344
Balkenwaage 422
Balkon 189
Balkontür 189
Ballerinaschuh 241
Ballfangzaun 474
Balljunge 490
Ballonsonde 38
Ballsportarten 474
Ballungsgebiet 430
Balsamessig 141
Balustrade 283
Bambussprosse 125
Banane 136
Bande 506
Bandführung 341
Bandring 264
Bandsortenschalter 323
Bandsperre 225
Bandwahltaste 322
Bangladesch 453
Banjo 296
Bank 201, 432, 437, 442, 501
Bankett 342
Banknote: Rückseite 441
Banknote: Vorderseite 441
Bankschalter, automatischer 442, 443
Bar 293, 432, 438, 469
Barbados 449
Barbakane 282
Bardame 438
Barentssee 18
Bargeldbestückung 443
Barhocker 201, 438
Baronstange 302
Barren 496, 497
Barrierriff, Großes 15
Barsch 160
Bart 61
Bartregion 78
Basalschicht 114
Basaltschicht 26
Baseball 474, 476
Baseball im Querschnitt 477
Basilikum 142
Basis 318, 473
Basis der Rückenlehne 200
Baskenmütze 239
Basketball 488
Basketballspiel 488
Basketballspieler 488
Basmatireis 147
Bass-Straße 15
Bass-Tonabnehmer 303
Bassgitarre 303
Bassklarinette 295
Bassregister 296
Bassregler 322, 325
Bassschlüssel 298
Basssteg 304
Basstastatur 296
Basstrommel 295, 308
Bast 63
Batterie 221, 350, 359, 411, 416
Batterie-Schraubendreher 221
Batteriegehäuse 359
Batteriekasten 365
Batterieladekontrollleuchte 355
Bauch 78, 83, 92, 94
Bauchaorta 102, 107
Baucharterie 71
Bauchfell 111, 112
Bauchflosse 74
Bauchfuß 67
Bauchhöhle 111, 112
Bauchmuskel, äußerer Schräger 96
Bauchmuskel, äußerer schräger 97
Bauchmuskel, gerader 96
Bauchpanzer 76
Bauchspeck 156
Bauchspeicheldrüse 106
Bauer 470
Bauernbrot 145
Bauernhof 122
Baum 63, 520
Baum, Aufbau 63
Baum, ausfahrbarer 397
Bäume 504
Baumfarn 52
Baumsäge 234
Baumschere 234
Baumstamm im Querschnitt 63
Baumstütze 231
Baumtomate 136
Baumvogel 79
Bauschmuskel 97
Bautischlerei 220, 221, 222, 225, 226, 228, 229
Beaufortsee 16
Becher 163, 166, 532
Becken 184, 295, 308, 309
Becken, oberes 308
Becken, unteres 308
Beckengurt 353
Becquerel 426
Bedienblende 178
Bedienkonsole 455
Bedienleiste 210, 212, 213, 214
Bedientasten 318
Bedienungsanleitung 346
Bedienungsfeld 179
Bedienungstafel 287
Bedienungstasten 328
Beere 59
Beeren 132
Beet 183
Beete, rote 129
befestigte Umfassungsmauer 447
Befestigungshebel 207
Befestigungsschiene 420
Befeuchter 339
begehbarer Kleiderschrank 189
Begonie 56
begrenzte Zone 489
Begrenzungsleuchte 352
Behaarung 82, 91
Behälter 176, 180

Behälter für gebrauchte Spritzen 457
Behälter mit Gießer 177
Behandlung, chemische 405
Behandlungsraum 463, 465
Beichtstuhl 446
Beifahrer-Fußraste 368
Beifahrerfußraste 367
Beil 454, 533
Beilage, farbige 313
Bein 76, 91, 93, 95, 202, 247, 308, 493
Beinausschnitt, elastischer 247
Beincurler 501
Beininnenseite 260, 261
Beinpolster 507
Beinschutz 476
Beinstreckerzug 501
Beispiele für Algen 51
Beispiele für Amphibien 75
Beispiele für Anschlussstellen 342
Beispiele für Armstühle 200
Beispiele für Augengläser 273
Beispiele für Bits und Bohrer 228
Beispiele für Blumen 56
Beispiele für Blusen und Hemden 255
Beispiele für Boote und Schiffe 382
Beispiele für Fahrräder 373
Beispiele für Falten 253
Beispiele für Farne 52
Beispiele für Fenster 287
Beispiele für Flechten 50
Beispiele für Flugzeuge 394
Beispiele für Gabeln 168
Beispiele für Güterwagen 377
Beispiele für Hasentiere 82
Beispiele für Hosen 254
Beispiele für Huftiere 84
Beispiele für Insekten 69
Beispiele für Instrumentalgruppierungen 300
Beispiele für Karosserien 347
Beispiele für Kleider 252
Beispiele für Küchenmesser 169
Beispiele für Lastkraftwagen 364
Beispiele für Laubhölzer 64
Beispiele für Löffel 168
Beispiele für Meeressäugetiere 90
Beispiele für Messer 168
Beispiele für Moose 51
Beispiele für Motorräder 369
Beispiele für Nadelblätter 65
Beispiele für Nadelhölzer 65
Beispiele für Nägel 220
Beispiele für Nagetiere 82
Beispiele für Primaten 91
Beispiele für Raubtiere 88
Beispiele für Reptilien 77
Beispiele für Röcke 253
Beispiele für Schlafsäcke 530
Beispiele für Skier 510
Beispiele für Spinnentiere 70
Beispiele für Sprünge 509
Beispiele für Stühle 201
Beispiele für Tische 202
Beispiele für Türen 286
Beispiele für Vogelfüße 79
Beispiele für Vogelschnäbel 79
Beispiele für Währungsabkürzungen 440
Beispiele für Winkel 428
Beispiele für Zelte 528
Beitrag, redaktioneller 313
Beiwagen 380
Bekleidungsgeschäft 436
Belegausgabe 346
Beleuchterbrücke 292
beleuchteter Spiegel 269
Beleuchtung 199, 269
Beleuchtungsgitter 291
Beleuchtungsschiene 207
Belgien 449
Belichtungseinstellung 314
Belichtungskorrekturknopf 314
Belichtungsmesser 314
Belize 448
Belüftungsfenster 182
Belüftungsschlitz 214
bemannte Manövriereinheit 10
Bengalen, Golf 19
Benin 451
Benzin 405
Benzinmotor 351
Benzintankverschluss 368
Beobachtung des Weltraums 7
Beobachtungsposten 7
Beobachtungsraum 462, 465
Beobachtungsraum, psychiatrischer 462
Bereitschaftsanzeige 269
Berg 29
Bergamotte 134
Bergère 200
Bergfried 282
Berghang 29
Berghütte 512
Bergkette 5
Bergschrund 30
Bergwacht 512
Beringsee 14
Beringstraße 16
Berme 342
Bermudashorts 254
Bernhardiner 86
Berührung 470
Besatzungsunterkünfte 382
Beschichtung 493
Beschläge 521
Beschleunigungsspur 343
Besen 193, 215
Bespannung 492, 494, 502
Besprechungszimmer 440
Besteckkorb 214
Bestückung 227
Besucherterrasse 391
Betriebsanzeigen 318
Betriebseinstellung 326
Betriebsraum 447
Betriebsschalter 337
Bett 204, 361
Bett mit Matratze 530
Betttuch 204
Bettwäsche 204
Beutel 162
Beutelfach 209
Beutelklammern 341
Beuteltasche 275
Beuteltasche, kleine 276
Beweger 212
bewegliche Backe 223, 224
bewegliche Brücken 344
bewegliche Tribünen 444
beweglicher Oberkiefer 76
Bewegungen eines Flugzeugs 395
Bewegungsmelder 286
Bezeichnungen tropischer Wirbelstürme 43
Bezugsstoff 273
BH 259
Bhutan 453
Biber 82
Bibliothek 433, 444
Bidet 195
Bienenstock 122
Bier 120
Bierkrug 165
bikonkave Linse 419
bikonvexe Linse 419
Bildanzeige 315
Bildröhre 318
Bildschirm 318, 329
Bildschirminhalt drucken 331
Bildschirmverriegelung 336
Bildung 444
Bildungseinrichtung 335, 433
Bildunterschrift 313
Bildvorlauf 315
Billard 502
Billardqueue 503
Billardtisch 502
Billettasche 244
Bimah 447
Binde, elastische 461
Bindebogen 299
Bindegewebe 114
Bindehaut 119
Bindeteil 245
Bindung 513
Bindung, chemische 414
Binokularmikroskop 421
Binsenstängel 312
Bioabfallbehälter 49
Biologie 426
biologisch nicht abbaubare Schadstoffe 47
Biosphäre 44
Biosphäre, Aufbau 44
Birke 64
Birne 133
Birne, asiatische 137
birnenförmiger Korpus 297
Birnenmelone 137
Bison 84
Bit 221
Bits und Bohrer, Beispiele 228
Bittermelone 128
Bitterschokolade 148
Blank 468
Blase 51
Blasebalg 530
Blasebalgtasche 255
Blasinstrumente 306
Blaspfeife 296
Blassynthesizer 311
Blatt 53, 54, 55, 125, 216, 219, 226, 227, 270, 493, 506
Blatt, Aufbau 55
Blatt, Säge 226, 227
Blattachsel 55
Blattader 55
Blattansatz 55
Blättchen 51
Blätter, einfache 55
Blätter, zusammengesetzte 55
Blätterpapille 118
Blätterteig 145
Blattgemüse 126
Blattgrund 53
Blattrand 55
Blattscheide 55
Blattschraube 306
Blattspindel 52
Blattstiel 55
Blattstieleinschnitt 62
Blau 418
blaue Linie 507
blaue Luzerne 130
blauer Ball 503
Blaufisch 160
Blaulicht 455
Blaustrahl 318
Blazer 251, 254
Blechbläser 295
Blechverkleidung 192
Bleikopf 305
Bleistift 312
Bleistiftspitzer 341
Blende 210, 212, 213, 277
Blendenöffnung 7
Blendrahmen 186
Blendrahmen oben 186
Blinddarm 106
blinde Tasche 251
blinder Fleck 119
Blinker 538
Blinkerhebel 354
Blinkerkontrollleuchte 368
Blinkleuchte 352, 366, 367, 368
Blinklichter 362
Blinklichtkontrolle 355
Blitz 41
Blitzableiter 183, 407, 413
Blitzkontakt 314
Blitzröhre 420
Block 473
Block, numerischer 331
Blockdeckel 359
Blog 335
Blouson 249
Blume, Aufbau 56
Blumen, Beispiele 56
Blumenbeet 230
Blumenkohl 127
Blumenkrone 56
Blumenladen 437
Blumenrabatte 230
Bluse, klassische 255
Blusen und Hemden, Beispiele 255
Blut, sauerstoffarmes 104
Blut, sauerstoffreiches 104
Blutbestandteile 104
Blutdruckmessgerät 461
Blüte 53, 56, 62
Blütenblatt 56
Blütenboden 56, 59
Blütengemüse 127
Blütenkelch 56
Blütenknospe 53
Blütenständen, Arten 57
Blütenstandstiel 54
Blütenstiel 56, 62
Blutgefäß 104, 114
Blutkörperchen, rotes 104
Blutkörperchen, weißes 104
Blutkreislauf 102
Blutkreislauf, Schema 103
Blutplasma 104
Blutwurst 156
BMX-Rad, Mountainbike 373
Boa 77
Böckchen 308
Bockkran 406, 407
Bockmühle 412
Bocksfuß 200
Bockshornkleesamen 138
Boden 48, 180, 534
Boden, gewachsener 342
Bodenablauf 184, 194
Bodenbalken 187
Bodenbeläge, textile 190
Bodenbewegung, horizontale 27
Bodenbewegung, vertikale 27
Bodenbewegungen 31
Bodendiele 190
Bodendüngung 47
Bodendüse 209
Bodenkriechen 31
Bodenlinie 517
Bodenplättchen 302
Bodenplatte 308, 533
Bodenprofil 54
Bodenstaubsauger 209
Bodenturnfläche 496
Bodenverschmutzung 47
Bodyshirt 255
Bodysuit 258
Bogen 301, 306, 428
Bogenansatz 301
Bogenarm 535
Bogenfeld 285
Bogengang, äußerer knöcherner 116
Bogengang, hinterer knöcherner 116
Bogengang, oberer knöcherner 116
Bogenminute 428
Bogensäge 533
Bogenschutz 306
Bogensekunde 428
Bohne, Flageolet 131
Bohne, grüne 131
Bohne, römische 131
Bohne, schwarzäugige 130
Bohne, schwarze 131
Bohnen 130, 131
Bohnen, dicke 130
Bohnenkraut 142
Bohranlage 403
Bohrerstellung 518
Bohrfutter 221, 228
Bohrfutterschlüssel 228
Bohrgestänge 403
Bohrkopf 403
Bohrkörper 228
Bohrkragen 403
Bohrmaschine, elektrische 228
Bohrschiff 382
Bohrturm 403, 404
Bohrwerkzeuge 228
Bolero 254
Bolivien 448
Bolzen 222, 224, 270, 271
Bombe, vulkanische 28
Bongos 309
Boot 240
Boote und Schiffe, Beispiele 382
Bordcomputer 354, 457

Bordeauxglas 165
Bordküche 392
Bordstein 434
Bordunpfeife 296
borealer Wald 44
Boretsch 142
Borke 63
Borste 271, 272
Borsten 215, 219
Böschung 182
Böschung im Auftrag 342
Bosnien und Herzegowina 450
Botswana 452
Bottich 214
Bottichrand 212
Bottnischer Meerbusen 18
Boulevard 25, 433
Boulevardblatt 313
Bowlingbahn 436
Box 272
Box für die Aufsteckbürsten 272
Boxen 498, 524
Boxengasse 524
Boxer 498
Boxerhose 498
Boxershorts 247
Boxhandschuhe 498
Boxtasche 276
Brachacker 122
Brandbekämpfung 454
Brandbekämpfungsmaterial 454
Brandungspfeiler 35
Brandungstor 35
Brasilien 448
Braten 153
Bratenthermometer, digitales 171
Bratentopf, flacher 175
Bräter 174
Bratpfanne 175, 531
Bratsche 301
Bratschen 295
Bratwurst 156
Brauchdampf 408
Brauenbürstchen 266
Braunalge 51
brauner Ball 503
brauner Zucker 149
Braunreis 147
Brause 236
Brausegarnitur 194
Brausenkopf 195, 197
Brauseschlauch 195, 197
Brecher 33
Breiapfel 137
Breitbild-Fernseher 321
Breitengrade 22
Breitenkreis 22
breiter Rückenmuskel 97
breites Mutterband 113
Breitfußgeschoss 435
Bremsanlage 351
Bremsbacke 357
Bremsbelag 357
Bremse 69, 467, 501, 522, 525, 536
Bremsen 357
Bremsflüssigkeitsbehälter 357
Bremsgriff 371, 522
Bremshebel 523
Bremskraftregler 357
Bremskraftverstärker 350, 357
Bremskreis 357
Bremsleitung 350
Bremsleuchte 352
Bremspedal 350, 354, 357, 368
Bremssattel 357, 366
Bremsscheibe 357
Bremsschlauch 357
Bremsträger 357
Bremstrommel 357
Bremswagen 377
Bremszug 371
Bremszylinder 357
Brenner 174, 210, 529
Brennholzstauraum 192
Brennpunkt 419
Brennraum 192
Brennsockel 529
Brennspiritus 405
Brennstab 409
Brennstabbündel 409
Brennstoff 408
Brennstoff, fossiler 48
Brennstofftablette 409
Brett 519
Brett, schwarzes 444
Brettspiel 469
Brie 151
Brieföffner 339
Brieftasche 275
Briefwaage 339
Brille 273, 513, 522
Brille, Teile 273
Brillenetui 275
Broccoli 127
Brombeere 132
Brot 144
Brotbackautomat 179
Brothalter 178
Brotmesser 169
Browser 334
Bruch 427
Brücke 25, 109, 273, 420
Brücken, bewegliche 344
Brücken, starre 344
Brückenlift 381
Brunei 453
Brunnen für rituelle Waschungen 447
Brunnenkresse 127
Brust 78, 83, 92, 94, 113
Brustbein 98
Brustbeine 71
Brustdrüse 113
Brustflosse 74, 90
Brustkorb 92, 94
Brustleistentasche 244
Brustmuskel, großer 96
Brustschutz 476, 486
Brustschwimmen 517
Brusttasche 245, 248
Brüstungsriegel 187
Brustwarze 92, 94, 113
Brustwirbel 99
Brutzwiebel 54
Bube 468
Buche 64
Buchecker 133
Bücherregal 444
Bücherstütze 341
Buchhandlung 436
Buchsenhalter 198
Büchsenöffner 170
Bucht 5, 24
Bucht, Große Australische 15
Buchweizen 61, 143
Buckelwal 90
Büfett 203
Büffel 84
Buffet 438
Bug 384, 387, 392, 519, 520
Bügel 226, 273, 301, 324, 535
Bügel, verstellbarer 226
Bügelanschlag 273
Bügelende 273
Bügelfalte 246
Bügelhebel 534
Bügelheck 208
Bügelhorn 307
Bügelrundung 273
Bügelsäge 226
Bügelsohle 208
Bügelspannmechanismus 537
Bugfahrwerk 392
Bugladeklappe 386
Bugpropeller 384
Bugstrahler 387
Bugtür 383
Bugwulst 385, 387
Bühne 278, 292, 293
Bühnenhaus 278, 292
Bühnenhintergrund 292
Bulbospongiosus 111
Bulgarien 450
Bull's eye 471
Bullauge 386
Bulldogge 86
Bund 125, 249, 302, 303
Bund mit Druckknöpfen 260
Bund, elastischer 249
Bündchen 247
Bundesstaat 23
Bundmarkierung 303
Bundverlängerung 246
Bunker 504
Bunkeröl 405
Burg 282
Bürgersteig 434
Burggraben 282
Burghof 282
Burkina Faso 451
Büro 374, 438, 439
Büro der Oberschwester 463
Büro der Schulaufsicht 445
Büro des diensthabenden Arztes 462
Büro des Direktors 443
Büro des Richters 440
Büro des Schulleiters 445
Bürogebäude 381, 432, 435
Büroklammerhalter 341
Büroklammern 341
Bürotechnik 312, 329
Büroturm 435
Bürste 209, 215, 272
Bürstenkörper 215
Burundi 451
Bürzel 78
Bus 362, 435
Busbahnhof 432
Bushaltestelle 434
Büstenhalter, trägerloser 259
Büstenschale 259
Butter 150
Butterdose 163, 166
Butterfach 211
Butterfly 501
Buttermesser 168
Buttermilch 150
Butterroller 169
Button-Down-Kragen 245

C

C 298
Cabanjacke 251
Café 432, 437
Cafeteria 445
Cajun-Gewürzmischung 139
Callisto 2
Camembert 151
Camisol 258
Camping 528
Campingausrüstung 531
Candela 426
Cannelloni 146
Cañon, unterseeischer 33
Cape 251
Caprihose 254
Carapax 71
Cardigan 255
Carina 74
Carpentariagolf 15
Casabamelone 135
Cashewkern 133
Cassegrain-Fokus 7
Casting 537
Cayennepfeffer 139
CD 326
CD wechseln 323
CD-/DVD-Auswurftaste 329
CD-/DVD-Laufwerk 329, 336
CD-Einschub 471
CD-Fach 323
CD-Rekorder 325
CD-Spieler 323, 325, 326
CD-Spieler, tragbarer 325
CD-Tasten 326
Celli 295
Cello 301
Celsius-Temperatur, Maßeinheit 426
Celsiusskala 424
Cent 440
Centerlautsprecher 321
Centre 485
Cephalica 102
Cephalothorax 70
Ceres 2
Chac-Mool 283
Chaiselongue 200
Chamäleon 77
Chantilly-Parkett 190
Charlestonmaschine 308
Charlottenform 172
Charon 3
Chatroom 335
Chayote 129
Check-in-Schalter 390
Checkliste 10
Chef-Kameramann 291
Chefmaschinist 290
Chemie 414
chemische Behandlung 405
chemische Bindung 414
chemische Reinigung 437
Chesterfieldsofa 200
Chicorée 127
Chiffonière 203
Chile 448
Chili, Jalapeño 139
Chilipulver 139
Chilis, getrocknete 139
Chilis, zerstoßene 139
China 453
China-Broccoli 127
Chinakohl 126
chinesische Dattel 137
Chirimoya 136
Chirurgen-Waschraum 465
Chirurgie, kleine 462
Chloroplast 50
Chokerkette 264
Chor 284, 285
Chorhaupt 285
Chorizo-Wurst 156
Chorlampe 446
Chorscheitelkapelle 284, 285
Chorumgang 285
Chromatin 66
Chromosphäre 4
Chutney 141
Climber 501
Clip 312
Cliphalterung 199
Clubsessel 200
Coach-Box 474
Cockpit 12, 392, 520, 525
Cocktailbar 203, 439
Cocktailglas 165
Cocos-Platte 27
Collie 86
Compluvium 280
Computer 444
Computerbildschirm 10
Computerprogramme 457
Computerraum 444
Conchiglie 146
Container 383
Containerbrücke 381
Containerflachwagen 377
Containerlaschsystem 383
Containerschiff 381, 382
Containerterminal 381, 430
Controller 471
Controller-Schnittstellen 471
Cookstraße 15
Costa Rica 448
Costalschild 76
Coudé-Fokus 7
Coulomb 426
Coulommiers 151
Coupé 347
Couscous 144
Couscoustopf 175
Cowper-Drüse 111
Coyolxauhqui-Stein 283
Crêpe-Pfanne 175
Cricket 478
Cricketball 478
Cricketschuh 478
Cricketspieler 478
Crochetwinkel 244
Croissant 144
Crottin de Chavignol 150
CRT-Fernseher (Kathodenstrahlröhren-Fernseher) 318
Cubiculum 280
Curling 515
Curlingbesen 515
Curlingstein 515
Curry 138
Curryklemme 521
Cursor an Zeilenanfang 331
Cursor an Zeilenende 331
Cursor nach links 331
Cursor nach oben 331
Cursor nach rechts 331
Cursor nach unten 331

D

D 298
Dach 183, 193, 283, 349, 361
Dachfenster 183
Dachkranz, vorkragender 283
Dachluke 361
Dachrinne 182
Dachs 88
Dachziegel 283
Dalmatiner 86
Dame 468, 470
Damenflanke 470
Damenhandschuhe 243
Damenkleidung 251
Damenkopfbedeckungen 239
Damenschuhe 241
Damentoilette 294, 439
Damm 406
Dammkrone 406
Dampf 402, 408, 415
Dampfbügeleisen 208
Dampfdruck 408
Dampfdüse 208
Dämpfeinsatz 175
Dämpfer 307
Dampferzeuger 402
Dampfgenerator 408
Dampfkochtopf 175
Dampfregler 181
Dampfstärkeregler 208
Dämpfung, magnetische 422
Dänemark 450
Dänische Dogge 86
dänisches Roggenbrot 145
Danish Blue 151
Darm 71, 73, 103
Darmbein 98
Darreichungsformen, Arzneimittel 467
darstellende Künste 294
Dartscheibe 471
Dartspiel 471
Datei 334
Dateiformat 334
Datenauswertung 38
Datenbank 335
Datendisplay 328
Dateneingabe, Feinregler 310
Dateneingabe, Grobregler 310
Dattel 132
Dattel, chinesische 137
Datumstempel 338
Dauerbrand 192
Daumen 115, 243, 477
Daumen, opponierbarer 91
Daumenauflage 306
Daumenfittich 78
Daumenring 307
Daumenteil 460
Daunendecke 204
Davidstern 447
Deckblatt 60
Decke 193, 204, 342
Deckel 174, 177, 178, 179, 180, 181, 211, 212, 215, 225, 533
Deckelhalter, magnetischer 180
Deckelknopf 176
Deckeltasche 532
Deckenbalken 187, 190
Deckendurchführung 193
Deckenleuchte 206
Deckfeder 78
Deckleiste 186
Deimos 2
Deklinationsachse 8, 9
Dekorateur 291
Dekorationsgeschäft 437
Delegierte, technische 509
Delle 505
Delphin 90
Delphin, äußere Merkmale 90
Delta 32, 35
Delta-Arm 32
Deltaflügel 394
Deltamuskel 96
Dendrit 110
Denkmal 25
Deodorant 267
Depolarisationsgemisch 417
Derrickkran 382
Dessertgabel 168
Dessertlöffel 168
Dessertmesser 168
Deutscher Schäferhund 86
deutscher Senf 140
deutsches Roggenbrot 145
Deutschland 450
diagonaler Schlittschuhschritt 514
diagonaler Zug 470
Dichtemesser 359
dichtes Windelhöschen 260
Dichtring 404
Dichtung, magnetische 211
Dichtungsring 214
Dichtverschluss 529
Dickdarm 106
Dickdarm, absteigender 106
Dickdarm, aufsteigender 106
Dickdarm, quer verlaufender 106
dicke Bohnen 130
Dickemessung 425
Diele 188, 190
Diensteingang 445
Dienstgradabzeichen 456
Dienstgürtel 456
diensthabender Arzt, Büro 462
dieselelektrische Lokomotive 377
Dieselkraftstoff 405
Dieselmotor 383
Dieselmotorraum 398, 399, 400, 401
Dieseltriebwerk 383
Differenzial 351
Digitalanzeige 423, 461
digitale Spiegelreflexkamera: Rückansicht 315
digitaler Anrufbeantworter 328
digitales Bratenthermometer 171
Digitalthermometer 461
Digitaluhr 424
Digitus 82
Dijon-Senf 140
Dill 142
Dimmerschalter 198
Dinkel 143
Diode 314, 411
Dione 3
Direktor, Büro 443
Direktwahltasten 323, 326
Dirigent(in) 295
Dirigentenpult 295
Dirndl-BH 259
Diskantregister 296
Diskantsteg 304
Diskanttastatur 296
Diskette 333
Disketten-Auswurftaste 329
Diskettenlaufwerk 310, 329
Diskettenlaufwerk, externes 333
Diskus 472
Diskus- und Hammerwerfen 473
Display 314, 319, 321, 322, 323, 325, 326, 327, 328, 336, 338, 442, 443
Displayeinstellung 327
Displaytaste 326
Distanzstück 409
Disziplinen 511
Ditali 146
divergierende Plattengrenzen 27
Division 427
Divisionstaste 337
Djembe 297
Dnjepr 18
Dock 381
Docking-Station 337
Dogge, Dänische 86
Dokumente 328
Dokumentenablage 338
Dokumentenmappe 339
Dolde 57
Dolderrispe 61
Doldertraube 57
Doline 31
Dollar 440
Dolly 290
Dollyschienen 290
Dom 234
Dom, gotischer 284
Dom, Grundriss 285
Domain zweiten Grades 334
Domain, Toplevel 334
Domainname 334
Dominica 449
Dominikanische Republik 449
Dominosteine 468
Donau 18
Doppel-B 299
Doppel-Kassettendeck 325
Doppelbett 439
Doppelblank 468
Doppelblatt 306
Doppeldeckerbus 363
Doppelhaus 289
Doppelklappbrücke 345
Doppelkreuz 299
Doppelmaulschlüssel 223
Doppelriegel 187
Doppelringschlüssel 223
Doppelringschlüssel, offener 223
Doppelschlag 299
Doppelschrägstrich 334
Doppelsitz 380
Doppelspiel 490
Doppelspüle 194
Doppelstockschub 514
doppelt gesägt 55
Doppelzimmer 439
Dopplerwürfel 469
Dorf 430, 512
dorische Halbsäule 281
Dorn 246
Dornablage 341
Dornfortsatz 110
Dose 163
Dose, Konserven 163
Dosenöffner 163, 180, 531
Dosier-Aerosol 467
Dotterhaut 79
Double 471
Douglasscher Raum 112
Down-Quark 414
Downhillrad 522
Draht 417, 501
Drahtbesen 176
Drahtbürste 268
Drahtschneider 217
Drahtschneidezange 217
Drakestraße 15, 17
Drehbohrverfahren 403
Drehbrücke 344
Drehdüse 236
Drehflügel nach außen 287
Drehflügel nach innen 287
Drehflügeltür 286
Drehgehäuse 286
Drehgeschwindigkeitssensor, Räder 357
Drehgestell 376
Drehgestellflachwagen 377
Drehgriff 332
Drehjustierung 420
Drehkartei 338
Drehknopf 536, 537
Drehkranz 344, 400
Drehkuppel 7
Drehleiterfahrzeug 455
Drehmoment-Einstellring 228
Drehmomentwandler 212
Drehscheibe 176, 455
Drehspiegel 269
Drehtisch 403
Drehtür 286
Drehwalze 27
Drehzahlmesser 355, 368
Drehzahlschalter 228
Drehzapfen 217
Dreieck 429, 503
Dreieckfenster 349
dreieckiger Korpus 297
Dreiecksgruppe 115
Dreiecktuch 461
dreiflügeliger Propeller 394
Dreifußständer 308
dreiköpfiger Armstrecker 97
Dreipass 285
dreipolige Steckdose 198
dreipoliger, amerikanischer Stecker 198
Dreirad 373
Dreisprung 472
dreitürige Kombilimousine 347
dreiviertellange Jacke 248
Dreivierteltakt 298
dreizählig 55
Dressiernadel 173
Drilling 468
Drillingshaken 538
Drillschraubenzieher 221
Drittbelegung 330
dritte Reihe 482
dritte Zehe 78
dritter Malspieler 474
dritter Ventilzug 307
drittes Mal 474
Drohne 68
Dromedar 85
Drosselvene, äußere 102
Drosselvene, innere 102
Druck, Maßeinheit 426
Druckbleistift 312
Drücker 307
Drückerbügel 216
druckfestes Außenrohr 409
Druckkammer 345
Druckknopf 243, 249, 305, 312
Druckknopfleiste 249, 261
Druckknopfleiste an der Beininnenseite 260, 261
Druckluft 346
Druckluftflasche 454
Druckmechanik 312
Druckmessgerät 461
Druckmotiv 261
Druckregler 272, 454
Druckrohr 312
Druckschalter 227, 228, 229, 235
Drückstange 501
Drucksteg 304
Drucktaste 176, 214
Drucktendenz 39
Druckverschluss 274
Druckverstärkerpumpanlage 404
Druckwelle 403
Druckzahnrädchen 180
Drumlin 29
Dschibuti 451
Dual-in-line-Gehäuse 417
Dudelsack 296
Dufflecoat 249
Dulse 123
Düne 35
Düne, komplexe 36
Dünenformen 36
Dünenzug 36
Dung 48
Düngemitteln, Einsatz 47
dunkles Roggenbrot 144
Dünndarm 106
Dunst 41
Dunstabzugshaube 164, 210
Dunstrohrabzug 194
Duo 300
Durchflussrohr 410
Durchführung 406, 407
durchgehende Linie 342
Durchgrifftasche 251
Durchlaufträger 344
Durchmesser 428
Durchschnitt, Erdatmosphäre 37
durchsichtiger Reiter 340
Durchziehschnur 249
Durianfrucht 137
Dusche 189, 439, 464
Duschkabine 195
Düse 12, 216, 219, 236
Düsenflugzeugbenzin 405
Düsenreiniger 218
Duty-free-Shop 391
DVD 319
DVD-Brenner 333
DVD-Einschub 471
DVD-Lade 319
DVD-Recorder 319
Dynamo 370

E

E 298
E-Commerce 335
E-Mail-Software 334
E-Mail-Taste 330
Eau de parfum 267
Eau de toilette 267
Ebene 24
ebene Flächen 428
ebener Spiegel 7
Echinodermen 66
echte Teilmenge von 427
echter Reizker 123
Eckballfahne 481
Eckbogen 481
Ecke 498, 506
Eckhocker 498
Eckpfosten 187
Eckpolster 498
Eckschrank 203
Eckstück 277

Eckturm 282
Eckzahn 101
Ecuador 448
Edelgas 199
Edelpilzkäse 151
Effiliermesser 269
Effilierschere, einseitig gezahnte 270
Effilierschere, zweiseitig gezahnte 270
effusiver Vulkan 28
Ehering 264
Ehrensessel, steinerner 447
Ei 79
Eiche 64
Eichel 111
Eichelhäher 80
Eichelkürbis 129
Eichhörnchen 82
Eidechse 77
Eier 155
Eier, Karton 162
Eierfach 211
Eierkarton 162
Eiernudeln, asiatische 147
Eierschneider 173
Eierstock 112, 113
Eieruhr 171
eiförmig 55
Eigelb 79
Eigentumswohnungen 289
Eileiter 112, 113
Eileiterampulle 113
Eileiterenge 113
Eileitertrichter 113
Eimer 215
Eimer, Abfall 215
ein Pärchen 468
Ein- und Ausschalter 177, 180, 181
Ein-/Ausschalter 206, 208, 209, 218, 314, 319, 329, 333, 336
Ein-/Ausschalttaste 328
Ein/Aus/Lautstärke 326
einarmiger Schulterwurf 499
Einatmungsventil 459
Einbauwaschtisch 195
Einbuchtung, vordere 115
einfache Blätter 55
einfache Falte 246, 253
einfache Organismen 66
Einfahröffnung 396
Einfahrt 343
einfallendes Neutron 415
Einfassband 238
Einfassung 230, 240
Einfassung, seitliche 192
einflammiger Gasbrenner 529
Einfügen 331
Einfügetaste 331
Einfüllöffnung 208
Einfüllschacht 177, 180
Einfüllstutzen 237, 351, 404
Eingabe 331
Eingabe-Löschtaste 337
Eingabegerät für persönliche Identifikationsnummer (PIN) 443
Eingabegeräte 330
Eingabetaste 331, 443
Eingang 278, 378, 447, 528, 529
Eingangshalle 188, 390, 435
Eingangsschalter 322
Eingangssperre 378
Eingangstüren 294
eingebautes Schwimmbecken 184
eingehängte Spannweite 344
eingenähter Boden 528, 529
eingerollter junger Wedel 52
eingeschlossenes Grundwasser 402
eingesetzter Ärmel 245
Eingeweideganglion 73
eingliedrige Trugdolde 57
Einhand-Mischbatterie 197
Einhand-Rohrzange 216
Einheit, mobile 316
Einheitensystem, internationales 426
Einkaufsstraße 432
Einkaufstasche 276
Einkaufstasche, große 276
Einkaufstüten 121
Einkaufswagen 121
Einkaufszentrum 431, 436
Einlage 225, 301, 302
Einlassventil 360
Einlegegurke 128
Einmachthermometer 171
Einpackhilfe 121
Einpersonenzelt 529
Einreiher 244
Einreißhaken 454
Einrumpfboote 521
Eins 427
Einsatz 277
Einsatz für Imbusschrauben 221
Einsatz für Kreuzschlitzschrauben 221
Einsatz für Schlitzschrauben 221
Einsatz von Düngemitteln 47
Einsätze 179
Einsatzkleidung 454
einschalige Muschel 73
einschalige Muschel, äußere Merkmale 73
Einschalter 213
Einschnitt, oberer seitlicher 62
Einschnitt, unterer seitlicher 62
einseitig gezahnte Effilierschere 270
Einspangenschuh 241
Einspeisung in das Leitungsnetz 413
Einspritzdüse 360
Einstechhebel 180
Einstecktuch 244
Einsteigegriff 380
Einsteigestation, radiale 389
Einsteigetreppe 395
Einstellanzeige 511
einstellbare Bremse 537
Einstellkerbe 511
Einstellrad 353
Einstellspanner 527
Einstellung 324
Einstellung der Deklinationsachse 8, 9
Einstellung der Rektaszensionsachse 8, 9
Einstellung, horizontale 329
Einstellung, Pendelhub 227
Einstellung, vertikale 329
Einstellungen 328
Einstellungsanzeige 315
Einstiegsloch 31
Einstiegsluke 13, 404
Einstiegstür 362, 363, 380
einstöckiges Haus 289
einteilige Klappbrücke 345
Einteilung 274
Eintrittskante 393
Eintrittskartenautomat 294
einwärts 518
Einwärtsdreher, runder 96
Einweg-Brennstoffflasche 218
Einwegkamera 315
Einwegkontaktlinse 272
Einwegrasierer 271
Einzahlungsschlitz 442
Einzelbett 439
Einzeldisziplin, Anzeigetafel 497
Einzeller 66
Einzelsitz 380
Einzelspiel 491
Einzelzimmer 439
Eipochierer 175
Eis 45
Eisautomat 346
Eisbär 89
Eisbehälter 180
Eisbein 153
Eisbergsalat 126
Eisbrecher 384
Eisenbahn 25
Eisenbahnstrecke 431
Eisenschläger 505
Eisenträger 374
eiserner Vorhang 292
Eisfläche 506, 509, 515
Eishockey 506
Eishockeyschläger 506
Eishockeyspieler 506
Eiskappe 40
Eiskratzer 356
Eiskunstlauf 509
Eiskunstlaufkufe 509
Eiskunstlaufstiefel 509
Eislaufplatz 512
Eismaschine 180
Eisportionierer 173
Eisschelf, Amery 15
Eisschnelllauf 508
Eisschnelllauf-Schlittschuhe 508
Eisschnelllaufbahn 508
Eisschnellläufer: Kurzstrecke 508
Eisschnellläufer: Langstrecke 508
Eistanzkufe 509
Eisvogel 80
Eiswürfelschale 211
Eiswürfelspender 164
Eiweiß 79
Eizelle 112
Ejakulationsgang 111
ekkrine Schweißdrüse 114
El Salvador 448
elastische Binde 461
elastische Schürze 383
elastischer Beinausschnitt 247
elastischer Bund 249
elastischer Fingerhut 339
Elch 85
Elefant 85
elektrische Anlage 351
elektrische Bohrmaschine 228
elektrische Gitarre 303
elektrische Heckenschere 235
elektrische Schiebetür 363
elektrische Steuereinheit 357
elektrische Stichsäge 227
elektrische Stromstärke, Maßeinheit 426
elektrische Zahnbürste 272
elektrischer Golfwagen 505
elektrischer Schnellkocher 179
Elektrischer Tischgrill 179
elektrischer Widerstand, Maßeinheit 426
elektrisches Potential, Maßeinheit 426
Elektrizität 198
Elektrizität aus Wasserkraft 406
Elektrizität und Magnetismus 416
Elektrizitätserzeugung 412
Elektrizitätserzeugung aus geothermischer Energie 402
Elektrizitätserzeugung aus Kernenergie 408
Elektrizitätserzeugung aus Wärmeenergie 402
Elektrizitätserzeugung aus Windenergie 413
Elektrizitätserzeugung durch den Generator 408
Elektrizitätsmenge, Maßeinheit 426
Elektroherd 210
Elektroinstallateurwerkzeuge 217
Elektrokabel 354
Elektrolytkondensatoren 417
Elektrolytseparator 417
elektromagnetisches Spektrum 418
Elektromesser 177
Elektromotor 235, 237, 358
Elektron 414
Elektronenflussrichtung 416, 417
Elektronenkanone 318
Elektronenkollektor 417
Elektronenstrahl 318
Elektronik 417
Elektronikgeschäft 436
elektronische Instrumente 310
elektronische Post 335
elektronische Waage 423
elektronischer Sucher 320
elektronisches Piano 311
elektronisches Schlagpolster 311
elektronisches Vorschaltgerät 199
elektronisches Zahlungsterminal 121, 443
Elektropumpe 357
Elektrorasierer 271
Element 427
Element von 427
Elfeck, regelmäßiges 429
Elfenbeinküste 451
Elfmeterpunkt 480
Ellbogen 83, 86, 93, 95
Ellbogenfortsatz 99
Ellbogenpolster 486
Ellbogenschützer 526, 527
Elle 98
Ellennerv 108
Ellenseite, Handbeuger 96, 97
Ellenseite, Handstrecker 97
Elsassglas 165
Embryonalgewinde 73
Emission schädlicher Gase 47
Emission von Salpetersäure 48
Emission von Schwefeldioxid 48
Emission von Schwefelsäure 48
Emission von Stickoxiden 48
Emmentaler 151
Empfang 439, 442
Empfang von Dokumenten 328
Empfangsantenne 316
Empfangsebene 439
Empfangshalle 439, 447
Empfangsteil 326
Empfindlichkeit 314
Endanschlag 226
Endbande 502
Ende 510, 514
Ende, hinteres 73, 226, 229
Ende, vorderes 73
Endfaden 109
Endivie, krause 127
Endknospe 53
Endlagerung 49
Endlappen 62
Endlinie 484, 487, 489, 493
Endlosperlenkette 264
Endmoräne 30
Endokarp 57, 58
endoplasmatisches Retikulum 50, 66
Endplatte, motorische 110
Endschalter 287
Endstück 111, 409, 503, 526
Endteil 245
Endverzweigung 110
Endzone 484
Energie 402
Energie, fossile 402
Energie, geothermische 402
Energie, Maßeinheit 426
Energiefreisetzung 415
Energiesparlampe 199, 411
englischer Senf 140
englischer Stock 466
englisches Weißbrot 145
Englischhorn 306
Englischhörner 295
Enoki 123
Ente 81, 155
Entenei 155
Entklammerer 341
Entkleidungsraum 465
Entladerampe 437, 439
Entladungsröhre 199
Entlastungsraum 278
Entleerungsschlauch 212
Entlüftungskreis 194
Entlüftungskreislauf 194
Entlüftungsventil 385
Entnahmeraum 465
Entnahmeraum, Wartebereich 465
Entriegelungstaste 208
Entsafter 180
Entsteiner 173
Entwaldung 47
Entwässerungsrinne 342
Epiduralraum 110
Epizentrum 27
Erbse 60
Erbsen 130
Erbsen, gespaltene 130
Erbsen, grüne 130
Erdatmosphäre im Querschnitt 37
Erdaufbau 26
Erdaufschüttung 342
Erdbahn 4, 5
Erdbeben 27
Erdbeere 132
Erdbeere im Querschnitt 59
Erdbewegung, Geräte 233
Erde 2, 3, 4, 5, 14

Erdeaufbau 26
Erdefunkstelle 335
Erdgas 403
Erdgeschoß 182, 188
Erdkröte, gemeine 75
Erdkruste 26, 27
Erdkruste im Querschnitt 26
Erdkugel, Koordinatensystem 21
Erdleitung 198
Erdnuss 130
Erdnussöl 149
Erdoberfläche 14
Erdoberfläche, Absorption 46
Erdöl 403, 405
Erdöleruptionskreuz 404
Erdölterminal 404
Erdölvorkommen 403
Erdrutsch 31
Erdsatellit, künstlicher 37
Erdung 404
Erdungsklemme 198
Erdungsstift 198
Eris 3
Eritrea 451
Erstarren 414
erste Holzlage 187
erste Laubblätter 53
erste Reihe 482
erste Rückenflosse 74
erste Spannungserhöhung 413
erste Violinen 295
Erste-Hilfe-Anleitung 461
Erste-Hilfe-Kasten 457, 461
erster Backenzahn 101
erster Führungsring 537
erster Kamera-Assistent 290
erster Malspieler 474
erster Rang 293
erster Raum 489
erster Schiedsrichter 485, 487
erster Stock 182, 189
erster Ventilzug 307
erster vorderer Backenzahn 101
erstes Mal 474
Eruptivgesteine 26
Erwärmung, globale 46
Erweiterungskartei 340
Erythrozyt 104
Escapetaste 330
Esel 84
Eskariol 126
Espadrille 242
Espresso-Maschine 181
Espressomaschine 181
Essbesteck 531
Essecke 164
Essig 141
Esskastanie 133
Esslöffel 168
Esstablett 205
Esszimmer 188
Estland 450
Estragon 142
Ethernet-Schnittstelle 336
Etui 265, 337
Etui für Taschenrechner und Scheckheft 274
Etuirock 253
Eurasiatische Platte 27
Eurasien 14
Euro 440
Europa 2, 14, 18, 34, 449
Europäische Union, Flagge 441
europäisches Experimentiermodul 11
Eutelsat 316
Euthynterie 279
Evakuierungskapsel 11
ewiger Schnee 29
Ewiges Licht 447
Exokarp 57, 58, 59
Exosphäre 37
Expander 310, 500
Experimentiermodul, europäisches 11
Experimentiermodul, japanisches 11
Expertenpiste 512
explosiver Vulkan 28
externes Diskettenlaufwerk 333
externes Festplattenlaufwerk 333
Extrakt, Vanille 140
Exzenterschleifer 229
Eyeliner, flüssiger 266
Eyresee 15

F

F 298
Fabrik 430
Facettenauge 67, 68
Fach 203, 274
Fach für Molkereiprodukte 211
Facharzt 464
Fächerpinsel 266
Fächerscheibe, außengezahnte 222
Fächerscheibe, innengezahnte 222
Fackeln 4
fadenförmige Papille 118
Fadenkreuz 420
Fagott 306
Fagotte 295
Fahne 482
Fahrbahn 342, 344, 345, 434
fahrbares Röntgengerät 462
Fähre 386
Fahrenheitskala 424
Fahrer 522
Fahrersitz 369
Fahrgastanlage 381
Fahrkartenkontrolleur 374
Fahrkartenschalter 378
Fahrkorb 287
Fahrkorb-Fangvorrichtung 287
Fahrkorb-Führungsschiene 287
Fahrkorbboden 287
Fahrkorbdecke 287
Fahrkran 397
Fahrmotor 376
Fahrplan 374
Fahrrad 370
Fahrrad, Teile 370
Fahrräder, Beispiele 373
Fahrradhelm 372
Fahrradständer 445
Fahrradträger 356
Fahrtrage 460
Fahrtreppe 294
Fahrtrichtungsanzeige 379
Fahrzeuge 342
Fairway 504
Fakultät 427
Falke 81
Falkland-Inseln 17
Falle 186
Fallleitung 406, 407
Fallschirm für die Feststoffrakete 12
Fallstrang 194
Falltür 281
Falte, abgesteppte 253
Falte, einfache 253
Falten, Beispiele 253
Faltfenster 287
Faltgrill 533
Falttür 286
Faltverschluss 534
Falz 136
Familie der Blechbläser 295
Familie der Holzblasinstrumente 295
Familienzelt 528
Fanfare 364
Fangen 470
Fänger 474, 475, 476
Fanghandschuh 476, 507
Fangvorrichtung, Fahrkorb 287
Fangzubehör 538
Farbabbrennervorsatz 218
Farben 468
Farbfernsehkamera 10
Farbfilter 318
farbige Beilage 313
Farbmasse 312
Farbmischung 418
Farbmischung, additive 418
Farbmischung, subtraktive 418
Farbroller 219
Farn 52
Farn, Aufbau 52
Farne, Beispiele 52
Farnspitze 125
Fasan 81, 154
Fasanenei 155
Fase 228
Faserwurzel 53, 63
Fassade 285
Fastfood-Restaurant 437
Faulbecken 48
Fausthandschuh 498
Fäustling 243
Feder 27, 206, 212, 222, 273, 312, 535
Federball 495
Federball, Kunststoff 495
Federflügel 221
Federkiel 312
Federkranz 495
Federring 222
Federstange 500
Federung 380
Federwaage 423
Fehlstartleine 516
Feige 137
Feile 531
feine Salami 156
Feineinstellung 421, 422, 425
Feinkost 120
Feinmahlanlage 402
Feinnachführungssystem 7
Feinregler für Dateneingabe 310
Feintrieb 421
Feld 469, 479
Feld, geothermisches 402
Feld, magnetisches 318, 416
Feldbett 530
Feldflasche 532
Feldlinie 416
Feldlinse 420
Feldlinseneinstellung 421
Feldmaus 82
Feldsalat 127
Feldspieler 479
Feldstärkeregler 322
Felge 366, 371
Felgenbremse, hintere 370
Felgenbremse, vordere 371
Fell 309
Fellmütze 238
Felsen 5
Felsenbecken 30
Felseninselchen 35
Felssäule 35
Fenchel 125
Fenster 186, 189, 352, 361, 380, 392, 519
Fenster, Beispiele 287
Fensterbrett 186
Fensterheber 352
Fensterladen 186
Fensterüberdachung 528
Fernbedienung 319, 321
ferngesteuertes Servicemodul 11
Fernlicht 352
Fernlichtanzeige 355
Fernlichthebel 354
Fernlichtkontrollleuchte 368
Fernmeldeantenne 386
Fernmeldesatelliten 316
Fernmeldeturm 316
Fernsehen 318
Fernsehgerät 439, 444
Fernsehprogramm 313
Fernsteuerungsanschlussbuchse 315
Ferse 93, 95, 247
Fersenautomatik 511
Fersenbein 99
Fersenhalter 240
Fersenrand 262
Fersenriemen 241
Fersenstütze 467
Fertiggerichte 121
Fessel 83
Festabstandmarkierung 391
feste Backe 223, 224
fester Sockel 224
Festkörper 414, 415
Festkörper, amorpher 414
Festplatte, herausnehmbare 333
Festplattenlaufwerk 333
Festplattenlaufwerk, externes 333
feststehender Messschnabel 425
Feststellknopf 227, 228
Feststellring 221
Feststellschraube 341, 425
Feststellschraube für das Blatt 227
Feststellschraube für Schrägstellung 227
Feststellschrauben 425
Feststellspitze 308
Feststelltaste, Scrollen 331
Feststoff-Booster 12
Feststoffrakete, Fallschirm 12
Fett-Tröpfchen 50
Fettauffangschale 179
Fette 149, 405
Fettgewebe 113, 114
Fettgießer 173
Fettpfanne 174, 179
Fettuccine 146
feucht-kontinental - heißer Sommer 40
feucht-kontinental - warmer Sommer 40
feuchte Subtropen 40
Feuerbecken 283
Feuerbock 193
Feuerbohne 131
feuerfester Rennanzug 524
Feuerland 17
Feuerlöscher 457
Feuerschutzhelm 454
Feuerschutztür 286
Feuerstätte 192
Feuerstein 218
Feuertaste 332
Feuerwache 433
Feuerwehrmann 454
Feuerzange 193
Fiale 282, 284
Fichte 65
Fidschi 453
Fidschiinseln 15
Fieberthermometer 424, 461
Fieder 52
fiederteilig 55
Filchner-Schelfeis 15
Filiermesser 169
Filigrangewinde 425
Filmkamera 290
Filmset 291
Filmtitel 294
Filter 178, 184, 210
Filterabdeckung 459
Filterhalter 181
filum terminale 109
Filzhut 238, 239
Finanzabteilung 442
Finanzwesen 441
Finger 75, 114, 243, 477
Finger, kleiner 115
Fingerbeere 114
Fingerendglied 114
Fingerhut, elastischer 339
fingerloser Spitzenhandschuh 243
Fingermittelglied 114
Fingernagel 115
Fingernerv 108
Fingerrand 460
Fingerstrecker, gemeinsamer 97
Fink 80
Finnland 450
Finsternis, partielle 4, 5
Finsternis, ringförmige 4
Finsternis, totale 4, 5
Finsternisarten 4, 5
FireWire-Schnittstelle 336
Firmenkundenschalter 443
Firn 30
Firstpfette 187
Fisch 121
Fische 74
Fischgabel 168
Fischgrätmuster 190
Fischgrätparkett 190
Fischkochtopf 174
Fischkorb 538
Fischmesser 168
Fischplatte 166
Fischschupper 531
Fitnessgeräte 500
Fjordküste 35
flache Frisierbürste 268
flache Kuchenform 172
Flächen, ebene 428
flacher Bratentopf 175
flacher Teller 166
Flachfeile 229
Flachfräsbohrer 228
Flachkollektor 410

Flachland 32
Flachsilo 122
Flachstück 526
Flachwurzel 63
Flageolet-Bohne 131
Flagge der Europäischen Union 441
Flagge, umsetzbare 504
Flaggen 448
Flamingo 81
Flamme 415
Flanke 78, 83
Flare 4
Flasche 267, 532
Flasche, Glas 163
Flaschenöffner 170, 531
Flechte 50
Flechte, Aufbau 50
Flechten, Beispiele 50
Fleck, blinder 119
Fleck, gelber 119
Fleisch 152
Fleisch- und Wurstfach 211
Fleisch-Selbstbedienungstheke 120
Fleischfresser 45
fleischige Apfelfrucht 58
fleischige Frucht 58, 59
fleischige Steinfrucht 57
Fleischtheke 120
Fleischthermometer 171
Fleischwolf 170
flexibler Schlauch 209
Fliege 69, 245
Fliegenfenster 528
Fliegenfischen 536
Fliegengittertür 361
Fliegenpilz 52
Fliegenrolle 536
Fliegenrute 536
Fliegenschnur 536
Flip 509
Floh 69
Flosse 394
Flossenstrahl 74
Flügel 68, 78, 186, 286, 295, 412, 525, 536
Flügelader 67
Flügelmutter 223
Flügelrahmen 186
Flügelstrebe 394
Flügeltasche 246
Flügelwurzel 392
Fluggastbrücke 389
Fluggastbrücke, ausziehbare 389
Flughafen 25, 388, 430
Fluginformationsanzeige 391
Flugtasche 276
Flugzeug, Bewegungen 395
Flugzeuge, Beispiele 394
Flugzeugwartungshalle 389
Flunder 161
Flusensieb 212
Flush 468
Fluss 24, 25, 32
Flussbarsch 160
flüssige Grundierung 266
flüssiger Eyeliner 266
flüssiges Mascara 266
Flüssigkeit 414, 415
Flüssigkeit, antiseptische 461
Flüssigkeits-/Gasscheider 359
Flüssigkristallanzeige 315, 320
Flusskrebs 158
Flusslandschaft 32
Flussmündung 24, 35
Flußbarsch, äußere Merkmale 74
Fly-Half 482
Fock 520
Fokustaste 320
Folie 163
Folie, Aluminium 162
Fön 270
Fondue-Set 174
Fonduegabel 168
Fonduetopf 174
Föngehäuse 270
Fontanelle, hintere 100
Football 486
Football, American 484
Footballspieler 486
Foramen caecum 118
Förderanlage 402
Förderband 49, 390
Förderplattform 404
Förderwagen 374
Forelle 161
Formel 1 525
Formel 3000 524
Formel Indy 524
Formel-1-Auto 525
Formel-3000-Auto 524
Formel-Indy-Auto 524
Formen, geometrische 428
Formwerkzeuge 229
Fortbildungsbüro 442
Fortepedal 304, 311
Forum 335
fossiler Brennstoff 46, 48
Fotoapparate 315
Fotograf 436
Fotografie 314
Fotokopiergerät 442
Fototaste 320, 327
Foullinie 474
Foullinienpfosten 475
Foyers 293
Frachtempfang 391
Frachtflugzeug 394
Frachtraum 393
Frachtschiff 382
Frachtversand 391
Fraktionierturm 405
Frankfurter Würstchen 156
Frankiermaschine 339
Frankreich 449
französisches Weißbrot 144
Frau 94
Free Guard Zone 515
Freestyleboard 513
frei endende Rippe 98
freie Rippe 99
freier Nagelrand 114
Freilauf 372
freilaufender Sitz 501
Freileitungen, Verteilung 316
Freiluftterrasse 387
Freiraum 487
Freisaiten 296
Freisprechanlage 327
freistehendes Schwimmbecken 184
Freiwange 191
Freiwurflinie 489
Freizeit in der Natur 528
Frequenz, Maßeinheit 426
Frequenzanzeige 325
Frequenzwähler 325
Fresko 280
Friedhof 25, 433
Fries 202, 279
Frischhaltefolie 162
Frischkäse 150
Friséesalat 126
Friseur 290, 436
Frisierbürste, flache 268
Fritteuse 178
Frittierkorb 171, 178
Frontabdeckung 333
Frontblech 369
Frontscheibe 210
Frontscheinwerfer 352
Frontstoßdämpfer 369
Frontstoßfänger 348
Frosch 75, 301
Frosch, äußere Merkmale 75
Fruchtbecher 60
Fruchtbildung 62
Fruchtblatt 60
Früchte 57
Fruchtfach 58
Fruchtfleisch 57, 58, 59
Fruchtgemüse 128
Fruchtholz 62
Fruchtkapsel 60
Fruchtknoten 56
Fruchtknotenfach 58
Fruchtkörper 50
Fruchtwand 58, 60
Frühling 38
Frühlingsäquinoktium 38
Frühlingszwiebel 124
Fuchs 88
Fuchsschwanz 226
Fugendüse 209
Fugenkelle 216
Führerhaus 401
Führerkabine 397, 398, 399, 400, 401
Führerraum 395
Führerstand 376, 377
Führungsgriff 227, 229
Führungsgruppe 522
Führungsmotorrad 522
Führungsrille 510
Führungsring 536
Führungsschiene 353
Führungsschiene, Fahrkorb 287
Führungsständer 396
Führungsturm 345
Full House 468
Fullback 482, 485
Füllfederhalter 312
Füllmengenanzeige 346
Füllrohr 196
Fülltür 192
Füllung 185
Fumarole 28
Fundament 187
Fundamentstreifen 187
Fünf 427
Fünf-Kräuter-Gewürz 139
Fünfeck, regelmäßiges 429
Fünfhundert 427
Fünfzig 427
Fungizid 47
Funkantenne 382, 384, 386, 387, 394, 525
Funkenstrecke 359
Funkgerät 457
Funkmaus 332
Funkmeldeempfänger 454
Funktionsanzeige 310
Funktionsdisplay 310
Funktionsschalter 320
Funktionstasten 328, 330, 423, 442, 443
Funktionstasten, programmierbare 443
Funktionswahltaste 327
Funkübertragungssystem 10
Furche 118
Fusilli 146
Fusselfilter 213
Fuß 72, 73, 91, 92, 93, 94, 95, 202, 204, 206, 229, 236, 247, 260, 302, 305, 332, 421, 519, 537
Fuß, geschwungener 200
Fuß-/Handgelenksgewicht 500
Fußball 480
Fußballschuh 480
Fußballspieler 480
Fußboden 193
Fußbohrung 305
Fußende 204
Fußgängerampel 434
Fußgängerbrücke 375, 379
Fußgängerknopf 434
Fußgängerüberweg 434
Fußgelenk 86
Fußgestell 201
Fußgewölbearterie 102
Fußholz 185
Fußnagelschere 265
Fußplatte 227
Fußraste, vordere 367, 368
Fußraummatte 356
Fußriemen 501
Fußrückenarterie 102
Fußschlaufe 519
Fußschutz 459
Fußstütze 205, 224, 369, 467, 473, 501
Fußtritt 305
Fußweg 436
Futter 240, 244, 245, 262, 274, 509
Futtergetreide 122

G

G 298
Gabel 8, 167, 396, 525, 531
Gabelarm 396
Gabelbaum 519
Gabeln, Beispiele 168
Gabelstapler 396
Gabun 451
Galaxie 6
Galerie 285, 292, 412, 447
Galerie, Große 278
Gallenblase 106
Galopp 83
Gambia 451
Gammastrahlen 418
Ganasche 83
Gang 28, 120, 278
Gang, absteigender 278
Gang, aufsteigender 278
Gangarten 83
Ganglion, symphatisches 109
Gans 81, 155
Gänseei 155
Ganymed 2
ganze Note 299
ganze Pause 299
Ganzjahresreifen 358
ganzrandig 55
Garage 182
Garam Masala 139
Garderobe 188, 293, 443
Garderobier 290
Garnball 477
Garnele 158
Garnierspritze 172
Garten 280
Garten-Sauerampfer 127
Gartenarbeit 216, 230
Gartenhandschuhe 232
Gartenkresse 127
Gartenkreuzspinne 70
Gartenkürbis 128
Gartenschlauch 236
Gartenspritze 236
Gartenteich 230
Gartenweg 182, 230
Gas 405, 414
Gasbehälter 529
Gasflasche, medizinische 464
Gashebel 235, 368
Gasherd 210
Gasleitung 434
Gasmaske 459
Gasöl 405
Gaspedal 354
Gasse 433, 490, 495
Gasstromregulierung 529
Gästeeingang 438
Gästegarderobe 438
Gästetoiletten 438
Gaststätte 436
Gaszug 237
Gaumen, harter 116, 117
Gaumen, weicher 116, 117
Gaumenbogen, vorderer 116
Gaumenmandel 118
Gebälk 185, 279
Gebärmutter 112, 113
Gebärmutterhals 112
Gebäude, öffentliches 25
Gebetshalle 447
Gebirge, Transantarktisches 15
Gebirgsbach 29
Gebirgskette 24, 26
Gebirgsmassiv 24
Gebiss, menschliches 101
Gebläse 213
geboren 426
gebräuchliche Bezeichnungen 57, 58, 59
gebrauchte Spritzen, Behälter 457
gebrauchtes Material, Lagerraum 462, 464
gebuchtet 55
gedeckter Wehrgang 282
Gedenktafel 447
Gedränge 483, 484, 485
Gedrängehalbspieler 482
gedruckte Schaltung 417
Gefahrenbereich 499
Geflügel 155
Geflügelschere 173
Gefrierbeutel 162
gefrierender Regen 41
Gefrierfach 211
Gefrierschrank 120, 164, 438
Gefriertruhe 211
Gegenausleger 397
Gegenauslegerballast 397
Gegengewicht 8, 287, 345, 397, 400, 401
Gegengewichtsführung 287
Gegenleiste 115
Gegenlichtblende 314
Gegensprechanlage 380
gegenwärtige Wetterlage 39

Gehäuse 72, 180, 199, 208, 212, 213, 218, 225, 228, 229, 237, 271, 304, 318, 424
Gehäuse, hinteres 7
Gehäusedach 286
Gehäuselüfter 329
Gehfalte 253
Gehgestell 466
Gehhilfen 466
Gehirn 71
Gehirn-Rückenmark-Flüssigkeit 110
Gehkrücke 466
Gehörgang 115, 116
Gehörgang, äußerer 100
Gehörknöchelchen 116
Gehörschutz 458
Gehrmaß 226
Gehrungssäge 226
Gehrungsschneidlade 226
Gehweg 183
Geier 80
Geigenfamilie 295
gekerbt 55
gekerbtes Scherenblatt 270
gekochter Schinken 156
Gekröse 154
gekrümmte Greifbacke 222
Geländefahrzeug 524
Geländemotorrad 369
Geländemotorrad, 4x4 369
Geländer 188, 189, 191, 344, 526
Geländerstab 191
Geländewagen 347
Gelatinekapsel 467
Gelb 418
gelbe Zucchini 129
gelber Ball 503
gelber Fleck 119
gelber Paprika 128
gelbes Licht 434
Geld 441
Geldausgabeautomat 437, 442
Geldbeutel 275
Geldbeutel für Münzen 275
Geldscheinausgabe 442
Geldscheinfach 274
Gelenk 240, 355, 363, 400, 511
Gelenkbus 363
Gelenkhöcker 99
Gelenkschäkel 521
gemahlener Pfeffer 139
gemäßigter Wald 44
gemeine Erdkröte 75
gemeiner Tüpfelfarn 52
gemeines Widertonmoos 51
gemeinsame Hüftarterie 102, 107
gemeinsame Hüftvene 107
gemeinsamer Fingerstrecker 97
gemeinsamer Wadenbeinnerv 108
Gemüse 120, 124
Gemüsebürste 173
Gemüsegarten 122, 182
Gemüseterrine 166
Gemüsezwiebel 124
Generator 402, 408, 413
Generator, Elektrizitätserzeugung 408
Generatoreinheit 407
Genicklasche 458
Geographie 14
Geologie 26
Geometrie 428
geometrische Formen 428
Georgien 452
geothermische Energie, Elektrizitätserzeugung 402
geothermisches Feld 402
Gepäck 276
Gepäckanhänger 277
Gepäckaufbewahrung 374
Gepäckausgabe 390
Gepäckcontainer 383
Gepäckraum 362, 376, 395
Gepäckroller 277
Gepäckschließfächer 374
Gepäckschnur 277
Gepäckträger 361, 369, 370, 523
Gepard 89
gepolsterte Korbstütze 489
gepolsterter Sockel 489
gerade Greifbacke 222
gerader Bauchmuskel 96
gerader Rock 253
gerader Schenkelmuskel 96
gerades Rippenbündchen 247
Geradseite 385
Geräte 472
Geräte zur Erdbewegung 233
Geräte, verschiedene 231
Geräteanschluss 271
Gerätefach 376
Geräteraum 444
Geräteschuppen 122
Geräteturnanlage 496
Geräteturnen 496
geräumige Tasche 276
Gericht 440
Gerichtsgebäude 432
Gerichtskanzlei 440
Gerichtssaal 440
Gerichtsschreiber, Tisch 440
geröstete Kaffeebohnen 148
Gerste 61, 143
Geruchssinn 116
Geruchsverschluss 194, 196, 197
gesägt 55
Gesamtansicht 186
Gesamtergebnis, Anzeigetafel 496
Gesäß 93, 95, 111, 112
Gesäßmuskel, großer 97
Gesäßnerv 108
Gesäßspalte 95
Gesäßtasche 246
Geschäft 432
Geschäftsbeleg 443
Geschäftsviertel 430, 432
geschaltete Steckdose 322
Geschenkwarenladen 436
Geschirr 166
Geschirrspüler 164
Geschirrspülmaschine 214
Geschirrtuch 215
Geschlechtsorgane, männliche 111
Geschlechtsorgane, weibliche 112
geschlossene Traube 57
geschlossener Gesichtsschutz 454
geschlossenes Atemschutzsystem 454
Geschmacksknospe 118
Geschmacksrezeptoren 118
Geschmackssinn 116
geschnittener Nagel 220
geschütztes Leerzeichen 330
Geschwindigkeitsregelung 176, 177
Geschwindigkeitsregler 237, 287
Geschwindigkeitswähler 176
Geschworenenbank 440
Geschworenenraum 440
geschwungener Fuß 200
Gesellschaft 430
Gesicht 91, 92
Gesichtsmaske 478, 486
Gesichtsschutz 506
Gesichtsschutz, geschlossener 454
Gesichtsschutzmaske 507
Gesichtsstück 459
Gesims 183, 185
gespaltene Erbsen 130
gespaltene Zunge 76
gespreizter Kragen 245
Gestänge 528
gestanztes Loch 240, 246, 263
Gestein, undurchlässiges 403
Gestell 205, 219, 273, 460
gestorben 426
Gesundheit 460
Gesundheitsorganisation 335
Getränke 120
Getränkeautomat 346, 463
Getränkedose 163
Getränkekarton 163
Getränkekarton, kleiner 163
Getreide 61, 143
Getreideprodukte 144
Getreidesilo 381
getrennte Sammlung 49
Getriebe 212, 350
getrocknete Chilis 139
gewachsener Boden 342
Gewände 285
Gewebe-Einstellskala 208
Gewehr (gezogener Lauf) 534
Gewerbegebiet 431
Gewicht 422, 423, 500
Gewichte 501
Gewichtheben 500
Gewichthebergürtel 500
Gewichtheberschuh 500
gewimpert 55
Gewinde 221, 503
Gewindegang 228
Gewindeschaft 223
Gewitterwolken 43
gewöhnlicher Nagel 220
gewöhnlicher Würfel 468
Gewölbe 284
Gewölbekörper 109
gewölbter Zentralbereich 6
Gewürz, Fünf-Kräuter 139
Gewürze 138
Gewürzmischung, Cajun 139
Gewürznelke 138
Geysir 28
gezahnte Greifbacke 222
Ghana 451
Ghee 150
Gibbon 91
Gibraltar, Straße 18
Giebel 163, 182
Giebeldach 189
Giebeldecke 189
Giebeldreieck 279
Giebelständer 187
Gierbewegung 395
Gießbrause 236
Gießgeräte 236
Gießkanne 236
Gießpistole 236
Gift-Leitfurche 76
Giftdrüse 76
Giftkanal 76
Giftklaue 70
Giftpilz 52
Giftschlange, äußere Merkmale 76
Giftzahn 76
Ginkgonuss 133
Gipfel 29, 512
Gipfel, Hütte 512
Gipfelhütte 512
Gipsbinden 461
Gipsraum 463
Giraffe 85
Gitarre, akustische 302
Gitarre, elektrische 303
Gitter 279, 296, 318
Gitterbett 205
Gittereinsatz 174
Glanzschicht 114
Glas 273, 529
Glas, Sortierung 49
Glasabdeckung 410, 411
Glasdach 188, 435
Gläser 165
Glasflasche 163
Glasgehäuse 423
Glaskolben, oberer 181
Glaskolben, unterer 181
Glaskörper 119
Glasmalerei 285
Glasnudeln 147
Glasplatte 211
Glasscheibe 421
Glasüberdachung 374
gleich 427
gleich oder größer als 427
gleich oder kleiner als 427
Gleichgewichtslage 418
Gleichstrom-Netzkabel 336
Gleichtaste 337
Gleis 374, 378, 432
Gleiskette 398
Gleiskettenschlepper 398
Gleiskreuzung 375
Gleisnummer 374
Gleitfuge 222
Gleitphase 514
Gleitschuh 227
Gleitschutz 511
Gletscher 30, 32, 44
Gletschersee 32
Gletscherspalte 30
Gletscherzunge 30
Gliedmaßen, obere 103
Gliedmaßen, untere 103
Glimmlampe 217
globale Erwärmung 46
Globus 444
Glockenband 309
Glockendichtung 196
Glockenstube 284, 285
Glockenturm 285, 446
Glottis 76
Glühbirne 217
Glühfaden 199
Glühlampe 199, 416
Glukose 54
Gnocchi 146
Gnomon 424
Go 470
Goldbrasse 159
Golf 24
Golf von Aden 19, 20
Golf von Alaska 16
Golf von Bengalen 19
Golf von Guinea 20
Golf von Kalifornien 16
Golf von Mexiko 16
Golf von Oman 19
Golf von Panama 17
Golf, Persischer 19
Golfball 505
Golfhandschuh 505
Golfplatz 430, 504
Golfschuhe 505
Golfspiel 504
Golftasche 505
Golfwagen 505
Golgi-Apparat 50, 66
Gonade 73
Gong 295, 309
Gorgonzola 151
Gorilla 91
Gorilla, äußere Merkmale 91
gotischer Dom 284
Gottesanbeterin 69
Graben, Kermadec-Tonga 34
Graben, Peru-Chile 34
Graben, Puerto-Rico 34
Grabgabel 233
Grabkammer der Königin 278
Grabkammer des Königs 278
Grabschaufel 233
Grad 428
Grad Celsius 424, 426
Grad Fahrenheit 424
Gradeinteilung 533
Gradnetz 22
Granatapfel 136
Grand Canyon 16
Grand-Prix-Rennmaschine 525
Granitschicht 26
Granne 61
Granulation 4
Grapefruit 134
Grapefruitmesser 169
Graphitstift 312
Grasfang 237
grasgrüner Täubling 123
Grasland 44
Grat 29
graue Substanz 109, 110
Greif- und Spannwerkzeuge 222
Greifbacke, gekrümmte 222
Greifbacke, gerade 222
Greiffinger 91
Grenada 449
Griechenland 450
griechischer Tempel 279
griechischer Tempel, Grundriss 279
griechisches Brot 144
griechisches Theater 278
Grieß 144
Griff 167, 170, 176, 177, 178, 179, 180, 192, 204, 208, 210, 211, 215, 216, 217, 219, 222, 223, 225, 226, 227, 229, 231, 235, 236, 237, 269, 270, 271, 272, 273, 274, 275, 276, 277, 301, 341, 466, 477, 478, 492, 493, 494, 500, 505, 510, 515, 531, 535, 536
Griff, ausziehbarer 274
Griff, isolierter 217
Griff, wärmeisolierter 179
Griff, zusätzlicher 228
Griff- und Wurfbeispiele 499
Griffband 526

Griffbrett 296, 301, 303
Griffel 56, 57, 58, 60
Griffelfortsatz 100
Griffhebel für S-Bogen 306
Griffkamm 268
Grifftechniken 493
Griffteil 503
Grill, Raclette 179
Grillfläche 179
Grillplatte 179
Grillrost 210
Gripzange 222
grobe Salami 156
Grobeinstellung 421
grobes Salz 141
Grobregler für Dateneingabe 310
Grobtrieb 421
Grönland 16
Grönlandsee 14
groß gefleckter Katzenhai 158
große Armdecken 78
Große Australische Bucht 15
Große Außensichel 499
große Einkaufstasche 276
Große Galerie 278
große Handdecken 78
Große Innensichel 499
große Klinge 531
große Nackenrolle 204
große Rosenvene 102
Große Sandwüste 15
große Schamlippe 112, 113
Große Seen 16
Große Victoriawüste 15
größer als 427
großer Brustmuskel 96
großer Gesäßmuskel 97
großer Nasenflügelknorpel 117
großer Oberschenkelanzieher 97
großer Rundmuskel 97
Großes Barrierriff 15
großes Kettenblatt 372
Großformatkamera 315
Großhirn 109
Großrad 467
Großraumwagen 376
Großschot 520
Großschriftfeststellung 330
Großschriftfeststellungstaste 330
Großschriftumschaltung 330
Großsegel 520
Grubenorgan 76
Grün 418, 504
Grünalge 51
Grünanlage 435
Grundgestein 27
Grundierung, flüssige 266
Grundlinie 491
Grundlinienrichter 491
Grundmoräne 30
Grundplatte 511
Grundriss 279, 285
Grundstücksgrenze 182
Grundwasser, eingeschlossenes 402
Grundwasserspiegel 31, 48
grüne Bohne 131
grüne Erbsen 130
grüne Tagliatelle 146
grüner Ball 503
grüner Paprika 128
grüner Pfeffer 138
grüner Tee 148
grünes Licht 434
Grünkohl 126
Grünstrahl 318
Gruppenwahl 330
Gruyèrekäse 151
Guatemala 448
Guave 137
Guinea 451
Guinea, Golf 20
Guinea-Bissau 451
Gummiband 204, 246
Gummihöschen 260
Gummikappe 466
Gummipfropfen 460
Gummiring 197
Gummischlauch 460
Gummispannring 528, 529
Gummistiefel 454
Gummistöpsel 219
Gurke 128
Gurt 205
Gurtbefestigung 303
Gurtbogen 284
Gürtel 246, 248, 499
Gürtelband 246
Gürtelschlaufe 246, 248, 531
Gürtelschnalle 246
Gürtelspitze 246
Gurtschließe 353
Gusserker 282
Gutenberg-Diskontinuität 26
Güterbahnhof 375, 430
Güterwagen 375
Güterwagen, Beispiele 377
Guyana 448
Guyot 33
gynäkologischer Untersuchungsraum 463

H

H 298
Haar 93, 95, 114, 301
Haaraufrichter 114
Haarbalg 114
Haarbürsten 268
Haarclip 268
Haarfärbemittel 267
Haarglätter 269
Haarklemme 268
Haarliftkamm 268
Haarpflege 268
Haarschaft 114
Haarschneidekamm 268
Haarschneider 269
Haarschneideschere 270
Haarspange 268
Haarspülung 267
Haarstecker 268
Haarzwiebel 114
Hachse 152, 153
Hack 515
Hafen 381, 431
Hafenbahn 381
Hafenfähre 381
Hafenzollamt 381
Hafer 61, 143
Hafermehl 144
Haferwurz 129
Haftgurtband 260
Haftnotiz 338
Haftorgan 51
Haftscheibe 75
Hagelschnur 79
Hahn 81, 534
Hai, äußere Merkmale 74
Haiti 448
Haken 217, 225, 364, 397, 423, 460, 502
Hakenbogen 538
Hakenbogentiefe 538
Hakenhalteöse 536
Hakeninnenweite 538
Hakenspitze 538
Hakenverriegelung 186
Hakler 482
Halbbrille 273
halbe Note 299
halbe Pause 299
halbes Heft 169
Halbinsel 24
Halbinsel, Antarktische 15
Halbinsel, Arabische 19
Halbinsel, Iberische 18
Halbinsel, Kamtschatka 19
Halbinsel, Kola 18
Halbinsel, Skandinavische 18
Halbinsel, Yucatan 16
Halbkreis 428, 488
Halbkugel 429
Halbmond (erstes Viertel) 5
Halbmond (letztes Viertel) 5
Halbmumienschlafsack 530
Halbsäule, dorische 281
Halbsäule, ionische 281
Halbsäule, korinthische 281
Halbschale 259
Halbschatten 4, 5
Halbsehnenmuskel 97
Halbspieler 474
Halbstiefel 240
Halbvolleyball 490
Halfter 456
Halm 270
Halo 6
Halogen-Tischleuchte 206
Hals 53, 76, 83, 93, 94, 95, 101, 111, 167, 297, 301, 302, 303, 318, 492, 519
Halsausschnitt 247
Halskette in Matineelänge 264
Halskette in Opernlänge 264
Halskette, mehrreihige 264
Halsketten 264
halsnaher Ausschnitt 260
Halsschlagader 102
Halsschutz 476
Halstalje 520
Halsumklammerung 499
Halswirbel 99
Haltebügel 467
Haltegriff 361, 363, 455
Haltegriffe 499
Haltemutter 536, 537
Halteplatte 514
Halter 199
Halterung 9, 371, 423
Haltestange 364
Hammer 116, 220, 236, 304, 472
Hammer mit runder Bahn 220
Hammerhalter 225
Hammerleiste 304
Hamster 82
Hand 91, 93, 95, 115
Hand-Funksprechgerät 456
Hand-Gehrungssäge 226
Handauflage 332
Handballenauflage, abnehmbare 330
Handbeuger der Ellenseite 96, 97
Handblasebalg 461
Handbrause 195
Handbremse 350
Handbremshebel 354
Handdecken, große 78
Handdecken, mittlere 78
Handelsunternehmen 335
Handfeuerlöscher 454
Handfläche 115, 477
handförmig 55
Handgabel 232
Handgelenk 93, 95, 115
Handgelenkpolster 486
Handgelenksbandage 500
Handgelenkschützer 527
Handgriff 229, 286, 297
Handhabung 396
Handheld-Computer 337
Handkreissäge 227
Handkultivator 233
Handkurbel 225
Handlampe 217
Handlauf 191, 287
Handlöser 511
Handmuskeltrainer 500
Handrücken 115
Handrührgerät 176
Handschellentasche 456
Handschlaufe 510, 514
Handschuh 10, 477, 478, 506, 508, 513, 514, 522, 525
Handschuh-Außenseite 243
Handschuh-Innenseite 243
Handschuhe 243
Handschuhfach 354
Handschuhspender 464
Handschutz 235, 525
Handschwingen 78
Handstand 518
Handstange 380
Handstaubsauger 209
Handstrecker der Ellenseite 97
Handstrecker, kurzer 97
Handstrecker, langer 97
Handtaschen 275
Handtuch 267
Handtuchhalter 195
Handwaage 422
Handwerkzeuge 232
Handwurzel 477
Handy 327
Hängebrücke 344
Hängegletscher 30
Hängeleuchte 206
Hängemappe 340
Hänger 344
Hantel 500, 501
Hantelstange 501
Hardboots 513
Harfe 302
Harfen 295
Harissasoße 141
Harmonikatür 286
Harnapparat 107
Harnblase 107, 111, 112
Harnleiter 107
Harnröhre 107, 111, 112
Harnröhrengang 111
harte Kontaktlinse 272
harte Rückenmarkshaut 109, 110
harter Gaumen 116, 117
Hartkäse 151
Hartplatz (Zement) 492
Hase 82, 154
Haselnuss 133
Haselnuss, Längsschnitt 60
Hasentiere 82
Hasentiere, Beispiele 82
Hat-Switch 332
Haube 209
Hauptanschluss 198
Hauptapsis 285
Hauptbronchus 105
Hauptdeck 385
Haupteingang 188, 435, 445, 465
Hauptentlüftungssteigrohr 194
Hauptfahrwerk 393
Hauptfeld 522
Hauptgleis 375
Hauptlautsprecher 321
Hauptlinienrichter 485
Hauptmaßstab 425
Haupträume 188
Hauptschalter 198, 315, 320
Hauptschiedsrichter 475
Hauptschlot 28
Hauptschwert 519
Hauptschwerteinzug 519
Hauptspiegel 7, 9
Hauptspielzüge 470
Hauptspuren 343
Hauptstadt 23
Hauptständer 367
Hauptstiel 62
Haupttransformator 376
Haupttriebwerk 13
Hauptunterkunft 512
Hauptvorhang 292, 293
Hauptwarteraum 465
Hauptwurzel 53
Hauptzeitnehmer 516
Hauptzylinder 357
Haus 182, 515
Haus, einstöckiges 289
Haus, Teile 185
Haus, zweistöckiges 289
Hausanschluss 198
Hausantenne 316
Hausboot 385
Hauseinrichtung 200
Häuserformen in der Stadt 289
Hausflur, äußerer 280
Haushaltsartikel 120
Haushaltsgegenstände 215
Haushaltsgeräte 176, 208
Haushaltsgeräte, verschiedene 180
Haushaltsmehl 144
Hauskleid 252
Hausmeisterraum 443
Hausmüll 47, 48
Haustür 185
Hauszelt 529
Haut 57, 59, 110, 114
Hautnerv, seitlicher 108
Hautoberfläche 114
Hebel 178, 197, 222, 265, 368
Hebel für den Klemmbügel 269
Hebel-Korkenzieher 170
Hebeleisen 220
Hebeleiste der unteren Schutzhaube 227
Heber 400
Hebestück 403
Hebewerk 403
Hecht 160
Hechtsprungstellung 518
Heck 176, 386, 393, 519
Hecke 183, 230
Heckenschere 234
Heckleuchten 352
Heckpropeller 384
Heckrotor 395

Hecksporn 395
Heft 221
Heft, halbes 169
Hefter 339, 341
heftige Regenfälle 43
Heftklammern 341
Heftpflaster 461
Heidelbeere 132
Heilbutt 161
Heimkino 321
Heimtierbedarf 121
Heimtrainer 501
Heimwerken 216
Heimwerkerladen 436
Heißluftaustritt 192
Heißluftpistole 219
heißversiegelte Folie 163
Heizelement 213, 214, 218
Heizöl 405
Heizspirale 210
Heizstrahler 529
Heizung 192, 386
Heizungsgitter 380
Helix 429
Helixende 115
Helligkeitsregelung 10
Helligkeitsregler 329
Helm 10, 476, 478, 508, 513, 522, 524, 525, 526, 527
Helmbohne 130
Hemd 245, 473
Hemdblusenkleid 252
Hemdchen 260
Hemdhose 247
Hemisphäre, nördliche 21
Hemisphäre, östliche 21
Hemisphäre, südliche 21
Hemisphäre, westliche 21
Hemisphären 21
Henkel 215
heranwachsende Nahrungsvakuole 66
herausklappbare Schreibplatte 203
herausnehmbare Festplatte 333
Herbizid 47
Herbst 38
Herbstäquinoktium 38
Herd 27
Herdkante 210
Herdtiefe 27
Hering 159, 528, 529
Heringskönig 161
Heringsschlaufe 528, 529
Herrenhalbschuh 240
Herrenhandschuhe 243
Herrenkleidung 244
Herrenkopfbedeckungen 238
Herrenring 264
Herrenschuhe 240
Herrentasche 276
Herrentoilette 294, 439
Hertz 426
Heruntertransformation der Spannung 402, 413
Herz 71, 73, 104, 105, 154, 468, 492
Herzbeutel 105
herzförmig 55
Herzkammer, linke 103, 104
Herzkammer, rechte 103, 104
Herzmuschel 157
Herzmuskel 104
Herzwandschicht 104
heterotrophe Organismen 45
Heuboden 122
HiFi-System 325
Hijiki 123
Hilfe 121
Hilfslinie 298
Hilfsschwert 519
Himalaja 19
Himbeere 132
Himbeere im Querschnitt 59
Himmel, stürmischer 41
Himmelsbedeckung 39
Himmelskörper 2
Hinterbein 67, 68, 75, 201
Hinterbühne 293
hintere Aufschlaglinie für das Doppelspiel 494
hintere Augenkammer 119
hintere Felgenbremse 370
hintere Fontanelle 100
hintere Klappe 13
hintere Nervenwurzel 109, 110
hintere Schaufel 399
hintere Seitenfontanelle 100
hinterer Balken 422
hinterer knöcherner Bogengang 116
hinterer Kotflügel 369
hinterer Schließmuskel 73
hinterer Stoßdämpfer 367
hinterer Streben 370
hinterer Tragflügel 387
hinterer Umwerfer 370, 372
hinteres Auspuffrohr 351
hinteres Ende 73, 226, 229
hinteres Gehäuse 7
hinteres Trittbrett 455
Hinterflügel 67
Hintergrundbeleuchtung 337
Hinterhauptbein 100
Hinterhauptmuskel 97
Hinterhauptsbein 99, 100
Hinterhorn 109
Hinterkappe 262
Hinterleib 67, 68, 70, 71
Hinterleibssegment 67
Hinterpartie 536
Hinterzehe 78, 79
Hippe 234
Hirn 154
Hirnanhangdrüse 109
Hirnnerven 108
Hirse 61, 143
Hitzeschild 12
HNO(Hals-Nasen-Ohren)-Behandlungsraum 463
Hobel 229
Hobeleisen 229
Hobeleisen-Stellschraube 229
Hobelschar 401
Hobelzahn 235
Hochaltar 446
Hochdruckgebiet 39, 43
Hochebene 29
Hochgebirge 40
Hochgeschwindigkeitszug 376
Hochland 5
Hochlandklimate 40
Hochschrank 164
Hochsilo 122
Hochspannungsleitung 402, 413
Hochsprung 473
höchste Karte 468
Hochstuhl 205
Hochtöner 324
Hochtransformation der Spannung 402, 408
Hochwasserentlastungswehr 406
Hochwasserentlastungswehr, Verschluss 406
Hocker 164, 201
Hockey 471
Hockeyskate 527
Hoden 71, 111
Hodensack 92, 111
Hof 122
Hogline 515
hohe Rippe 152
hohe Wolken 42
Höhen-Tonabnehmer 303
Höheneinstellung 420
Höhenfeineinstellung 8, 9
Höhenfeststeller 8, 9
Höhenflosse 393, 395
Höhenlagen, Vegetationsbild 44
Höhenregler 303, 322, 325
Höhenruder 393
Höhenskala 37
Höhenverstellskala 227
Höhenverstellung 209, 501
Höhle 31, 35
Höhlenraum, trocken liegender 31
Hohlhandmuskel, kurzer 96
Hohlhandmuskel, langer 96
Hohlvene, obere 102, 103, 104
Hohlvene, untere 102, 103, 104, 107
Hoisinsoße 140
Hollandrad 373
Holm 219, 392, 466
Hologramm, metallisiertes 441
Holzbeheizung 192
Holzblasinstrumente 295
Holzhammer 220
Holzkiste 162
Holzleibung 186
Holzohr 123
Holzschläger 505
Holzträger 193
Holzunterbau 190
homogenisierte Milch 150
Honduras 448
Honig 149
Honigbiene 68
Honigbiene, äußere Merkmale 68
Honigmelone 135
Höraufsatz 460
Hörer 327
horizontale Bodenbewegung 27
horizontale Einstellung 329
horizontaler Zug 470
horizontales Schiebefenster 287
Horizontalseismograph 27
Hörmuschel 327
Horn 455, 519
Hörnchennudeln 146
Hörnerv 116
Hornhaut 119, 419
Hornisse 69
Hornschicht 114
Hornschnabel 76
Hornschuppe 79
Hors-d'Oeuvre-Schale 166
Hose 83, 246, 263, 476, 480, 486, 493, 500, 506, 525
Hose, kurze 261, 483, 488
Hosen, Beispiele 254
Hosenbluse 255
Hosenbund 246
Hosenrock 253
Hosenschlitz 246
Hosenträger 246
Hotel 432, 439, 512
Hotelreservierungsschalter 390
Hotelzimmer 439
Hubarm 399
Hubarmzylinder 399
Hubble-Weltraumteleskop 7, 37
Hubbrücke 345
Hubgebläse 383
Hubkette 396
Hubschrauber 395
Hubwinde 397
Hubzahlvorwahl 227
Hubzylinder 364, 397, 455
Hudson Bay 16
Huf 83
Hufeisenmontierung 7
Hüft-Becken-Nerv 108
Hüft-Leisten-Nerv 108
Hüftarterie, gemeinsame 102, 107
Hüftarterie, innere 102, 103, 107
Hüfte 93, 95
Hüftgurt 532
Huftiere 83
Huftiere, Beispiele 84
Hüftlochnerv 108
Hüftpolster 486
Hüftvene, gemeinsame 107
Hüftvene, innere 103
Hüftwurf 499
Hügel 29
Huhn 81, 155
Hühnerei 155
Hühnerstall 122
Huitzilopochtli-Tempel 283
Hülle 60, 505, 531
Hüllen, Wan-tan 147
Hülse 61, 534
Hülse, Schnitt 60
Hülsenfrüchte 130
Humeruskopf 99
Hummel 69
Hummer 71, 158
Hummer, Anatomie 71
Hummer, äußere Merkmale 71
Hummus 140
Hund 86
Hund, äußere Merkmale 86
Hunderassen 86
Hundert 427
Hundshai 158
Hupe 354, 368
Hürdenlauf 472
Hurrikan 43
Hustensirup 467
Hut 52
Hutband 238
Hutmutter 223
Hüttenkäse 150
Hyäne 88
Hydrant 434
Hydrantenanschluss 455
Hydraulik 396
Hydraulik-Heber 361
Hydraulik-Hochlöffelbagger 400
hydraulische Scheibenbremse 522
hydraulischer Widerstand 501
Hydrosphäre 44
Hyperlinks 334

I

Iapetus 3
Iberische Halbinsel 18
identisch 427
Identitätsband 264
Idiotenhügel 512
Iglu 288
Igluzelt 529
Ileum 106
Imbusschrauben 221
Impluvium 280
Impressum 313
Impulslaser, Rubin 420
Impulsregner 236
Inbound-Linie 484
Incisura intertragica 115
Indexanzeigeregler 315
Indien 453
Indisch-Antarktischer Rücken 34
Indisch-Australische Platte 27
Indischer Ozean 14, 15, 19, 20
indisches Fladenbrot 145
indisches Naanbrot 145
Indonesien 19, 453
Industrie 335
Industrie, petrochemische 405
Industrieabfälle 47, 48
Industriegebiet 431
industrielle Telekommunikation 317
industrielle Verschmutzung 47
Infiltration 45, 47
Informationsschalter 390, 442, 463, 512
Informationsstand 437
Informationsverbreitung 335
Infrarotschnittstelle 336, 337
Infrarotstrahlung 46, 418
Infusionsständer 464
Ingwer 139
Inhaber, Name 441
Inhaber, Unterschrift 441
Inhalt 313
Injektionsbohrung 402
Inlineskating 527
Innenbeleuchtung 380
Innenbrett 469
Innenfeld 474
Innenfläche 243
Innengewinde 537
innengezahnte Fächerscheibe 222
Innenhof 447
Innenkreis 515
Innenlippe 73
Innenohr 116
Innenohrvorhof 116
Innenstadt 431, 432
Innensteckhülse 536
Innenstiefel 511, 527
Innentasche 277
Innentür 211
Innenverteidiger 481
Innenzelt 528, 529
innere Drosselvene 102
innere Hüftarterie 102, 103, 107
innere Hüftvene 103
innere Kuppelhülle 7
innere Oberschenkelkondyle 99
innere Planeten 3
Innereien 154
innerer Kern 26
innerer Oberarmgelenkhöcker 99

innerer Schenkelmuskel 96
Insekten 67
Insekten, Beispiele 69
Insektenfresser 79
Insel 24, 343
Inselkette 33
Instrumentalgruppierungen, Beispiele 300
Instrumente 7, 523
Instrumente, elektronische 310
Instrumente, wissenschaftliche 13
Instrumententafel 355, 366, 368
Integral 427
Integralhelm 525
integrierte Schaltung 417
integrierte Schaltung mit Gehäuse 417
Intelsat 317
intensive Kultur 46, 47
intensive Landwirtschaft 46, 48
Intensivstation 464
Interlobärspalt, schräger 105
internationale Raumstation 11
internationales Einheitensystem 426
interne Modemschnittstelle 329, 336
Internet 334
Internet-Nutzer 334
Internet-Nutzungen 335
Internet-Provider 335
Internet-Tasten 330
Intervalle 298
Interview 313
Intrusivgesteine 26
Io 2
Ionenschweif, Plasmaschweif 6
ionische Halbsäule 281
Irak 452
Iran 452
Iris 119
Irisch Moos 123
Irische See 18
irisches Brot 145
Irland 449
Isba 288
Ischiasnerv 108
Ischiasnerv, kleiner 108
Island 18, 450
Isobare 39
Isolator 359
Isoliermaterial 214
Isolierraum 462
Isolierstoff 190
isolierte Klinge 217
isolierter Griff 217
Isolierung 410
Isoseiste 27
Israel 452
ist annähernd gleich 427
ist äquivalent mit 427
ist gleich 427
ist gleich oder größer als 427
ist gleich oder kleiner als 427
ist größer als 427
ist identisch mit 427
ist kleiner als 427
ist nicht identisch mit 427
ist nicht parallel zu 428
ist parallel zu 428
ist senkrecht zu 428
ist ungleich 427
Italien 450

J

Jaboticaba 137
Jacke 251, 499
Jacke, dreiviertellange 248
Jacken 248, 251, 254
Jackett 244
Jackfrucht 136
Jagdkappe 238
Jagen 534
Jaguar 89
Jahresring 63
Jahreszahl 441
Jahreszeiten 38
Jakobsmuschel 157
Jalapeño-Chili 139
Jalousie 186
Jalousiefenster 287
Jalousieschweller 305
Jamaika 448
Jamaikapfeffer 138
Japan 19, 453
Japangraben 34
japanischer Rettich 129
japanisches Experimentiermodul 11
Japanisches Meer 19
Jarlsberg 151
Javagraben 34
Jazzband 300
Jazzbesen 309
Jeans 254
Jemen 452
Jetski 523
Jicama 124
Jocharm 297
Jochbein 98, 100
Jochweite 344
Joggingschuh 262
Joghurt 150
Johannisbeere 132
Johannisbeere, schwarze 132
Joker 468
Jolle 521
Jordanien 452
Joule 426
Joystick 332
Joysticks 471
jüdisches Weißbrot 145
Judo 499
Judogi 499
Judokämpfer Wettkampfteilnehmer 499
Jupiter 2
Jurte 288
Justierring 271
Justiz 440
Juweliergeschäft 436

K

Kabel 209, 217, 228, 235, 237, 326, 332, 356, 364, 535
Kabel der Schnittstelle für digitale Musikinstrumente (MIDI) 311
Kabel, Anschluss 227
Kabeljau, atlantischer 161
Kabelleitung 335
Kabelmantel 218, 229
Kabelmodem 335
Kabelmuffe 228
Kabelschutz 535
Kabeltülle 217
Kabelversteifung 208
Kabelverteiler 316
Kabine 386, 443
Kabriolett 347
Kachel 12
Kaffee 148
Kaffee-Filterkanne 181
Kaffeebohnen, geröstete 148
Kaffeekanne 531
Kaffeelöffel 168
Kaffeemaschine 181
Kaffeemaschinen 181
Kaffeemühle 180
Kaffeepresser 181
Käfig 281
Kai 381
Kaianlage 430
Kaiman 77
Kairampe 381
Kaiserling 123
Kakao 148
Kaki 137
Kaktusfeige 137
Kalahari 20
Kalb 84
Kalbfleisch 152
Kalbfleischwürfel 152
Kalbshackfleisch 152
Kaldaune 154
Kalifornien, Golf 16
Kalmar 157
kalte Luft 41
kaltes Kühlmittel 408
kaltgemäßigte Klimate 40
Kaltwasserkreislauf 194
Kaltwassersteigleitung 194
Kaltwasserzulauf 196, 197
Kambium 63
Kambodscha 453
Kamel 85
Kamera 525
Kamera-Assistent, erster 290
Kamera-Assistent, zweiter 290
Kameragehäuse 314
Kameramann 290
Kamerun 451
Kamille 148
Kamin 188, 192, 193
Kaminabdeckung 193
Kaminabdichtung 193
Kaminanschluss 192
Kaminaufsatz 183
Kaminbesteck 193
Kamineinfassung 192, 193
Kamingitter 193
Kaminsims 192
Kamm 29
Kämme 268
Kammer, unterirdische 278
Kammerseptum 104
Kammerwasser 119
Kammmuschel 157
Kampfbereich 499
Kampfrichter 496, 497, 498, 499, 509
Kampfsportarten 498
Kamtschatka-Halbinsel 19
Kanada 448
kanadischer Bacon 156
Kanal, linker 324
Kanal, rechter 324
Kanalauswahl 319
Kanaleinstiegsschacht 434
Kanalisation 194
Kanalschleuse 381
Kanalsuchtasten 319
Kanalwahltasten für Lautsprecher 322
Kanapee 200
kanarische Melone 135
Kandiszucker 149
Kaninchen 82, 154
Kanne 181
Kante 533
Kantenschiene 526
Kantenstecher 233
Kanüle 460
Kanülenansatz 460
Kanzel 446, 447
Kap 24
Kap der Guten Hoffnung 20
Kap Horn 17
Kap Verde 451
Kapaun 155
Kapelle 282
Kapillargefäß 114
Kapillarröhrchen 424
Kapitelsuche/Schnellvorlauf 319
Käppchen 238
Kappe 198, 312, 494
Kappe, äußere 240
Kapsel 51, 467
Kapsel, Schnitt 60
Kapuze 249, 260, 508
Kapuze mit Zugband 261
Kapuzenmuskel 96, 97
Kapuzenmütze 239
Kar 5, 30
Karabiner 538
Karabinerhaken 521
Karaffe 165
Karaffe, kleine 165
Karambolagebillard 502
Kardamom 138
Kardinal 80
Kardone 125
Karibik 14, 16
Karibische Inseln 448
Karibische Platte 27
Karikatur 313
Karo 468
Karosserie 348, 361
Karosserien, Beispiele 347
Karotte 129
Karpaten 18
Karpfen 160
Karte, politische 23
Karteiregister 340
Kartendarstellungen 22
Kartenkontrolleur 294
Kartenlesegerät 442, 443
Kartenleser 321
Kartenleserschlitz 346
Kartennummer 441, 443
Kartenraum 382
Kartenschacht, PC 336
Kartenspiele 468
Kartoffel 124
Kartoffelstampfer 173
Kartographie 21
Karton 163
Kartusche 216, 459
Kartuschenpistole 216
Kasachstan 452
Käsemesser 168
Käsereibe 170
Käseschachtel 163
Käsetheke 121
Kaspisches Meer 14, 19
Kasse 121, 294, 346
Kassen 121
Kassette 326, 333
Kassettendeck 323, 325
Kassettendecktasten 326
Kassettenfach 323
Kassettenlaufwerk 333
Kassettenrekorder-Wahltaste 322
Kassettenschacht 321
Kassettenteil 326
Kassiererin 121
Kastagnetten 295, 309
Kasten 68
Katalysator 351
katalytische Umwandlungsanlage 405
Katamaran 521
Katar 452
Kategoriewahltasten 326
Kathode 417
Katze 87
Katze, Kopf 87
Katzenhai, groß gefleckter 158
Katzenrassen 87
Kaufhaus 437
Kaumuskel 96
Kegel 177, 429
Kegelprojektion 22
Kehldeckel 105, 118
Kehle 78, 305
Kehlkopf 105
Kehrschaufel 215
Keil 243, 274, 276, 305
Keilbein 100
Keilbeinhöhle 117
Keilhebel 229
Keilriemen 212, 350, 360
Keim 61
Keimblatt, verwelkendes 53
Keimscheibe 79
Keimung 53
Keimwurzel 53
Kelch 59, 60, 446
Kelchblatt 56, 59
Keller 182
Kellerfalte 253
Kellerfenster 183
Kellnerbesteck 170
Kelvin 426
Kenia 451
Kennzeichnung 358
Keramikkondensator 417
Kerbe 422, 503
Kerbel 142
Kermadec-Tonga-Graben 34
Kern 6, 57, 58, 59, 61, 305, 534
Kern, äußerer 26
Kern, innerer 26
Kern, spaltbarer 415
Kernenergie 408
Kernenergie, Elektrizitätserzeugung 408
Kerngehäuse 58
Kerngehäuseausstecher 173
Kernholz 63
Kernkörperchen 50, 112
kernlose Salatgurke 128
Kernmembran 50, 66
Kernreaktor 409
Kernschatten 4, 5
Kernspalte 305
Kernspaltung 415
Kernspaltung des Uranbrennstoffs 408
Kerosin 405
Kerze 446
Kessel 29, 308
Kesselpauke 308
Kesselwagen 377

Ketchup 141
Kette 196, 370, 372, 523
Kettenblatt, großes 372
Kettenblatt, kleines 372
Kettenblattumwerfer 370, 372
Kettenbremse 235
Kettenführung 372
Kettenlaufwerkrahmen 398
Kettenrad 522
Kettenreaktion 415
Kettensäge 235
Kettenstrebe 370
Keule 86
Kibla 447
Kichererbsen 130
Kidneybohne, rote 131
Kiefernnadeln 65
Kieferschutz 486
Kiefertaster 70
Kielbasa-Wurst 156
Kielboot 521
Kiemen 73
Kiemendeckel 74
Kiemenspalten 74
Kiesbett 524
Kilogramm 426
Kilometerzähler 355
Kimme 534
Kimono 256
Kinderbekleidung 261
Kinderbetreuung 437
Kindermöbel 205
Kindersessel 205
Kindersitz 356, 372
Kinn 78, 94
Kinnriemen 486
Kinnschutz 367, 522
Kinnstütze 301
Kino 294, 386, 432, 436
Kinoleinwand 294
Kinosaal 294
Kiosk 346, 379
Kippermulde 401
Kipphebel 467
Kirche 433, 446
Kirchenbank 446
Kirchenfenster 446
Kirgisistan 452
Kiribati 453
Kirsche 132
Kirschtomate 128
Kissen, kleines 204
Kiste 162
Kittelbluse 255
Kiwano 136
Kiwi 136
Klaffmuschel 157
Klampe 520, 521
Klangfarbenregler 303
Klangfell 297
Klangwahlanzeige 322
Klangwahlschalter 322
klappbare Laderampe 386
klappbare Nagelfeile 265
Klappbrücke, einteilige 345
Klappe 73, 202, 229, 244, 291, 306
Klappe, hintere 13
Klappendrücker 306
Klappenschutz 306
Klappenstiel 306
Klappentasche 244, 248
Klapperschlange 77
Klappschlittschuh 508
Klappspaten 532
Klappstufe 361
Klappstuhl 201
Klapptisch 202
Klarinette 306
Klarinetten 295
Klarsichtfenster 274
Klarsichthüllen 274
Klarsichtscheibe 523
Klarspülmittelbehälter 214
Klassenzimmer 444, 445
Klassenzimmer für Schüler mit Lernschwierigkeiten 444
klassische Bluse 255
Klaue 71, 82, 220
Klaviaturboden 304
Klavier 304
Klebeband 190
Klebebandabroller 341
Klebefilmspender 341
Klebestift 341
Klebfaden 70
Klebstoff 190
Kleeblatt 342, 343
Kleid in Trapez-Form 252
Kleid mit angesetztem Schoß 252
Kleid, mit angesetztem Schoß 252
Kleider, Beispiele 252
Kleidersack 277
Kleiderschrank 189, 202, 203, 439
Kleiderschutz 467
Kleidung 238, 538
Kleidung, feuer- und wasserfeste 454
Kleinanzeigen 313
Kleinbus 363
kleine Armdecken 78
kleine Beuteltasche 276
kleine Chirurgie 462
kleine Karaffe 165
kleine Klinge 531
kleine Schamlippe 112, 113
kleine Trommel 295, 308
kleiner als 427
kleiner Finger 115
Kleiner Getränkekarton 163
kleiner Ischiasnerv 108
kleiner Lehnstuhl 200
kleiner Rundmuskel 97
kleiner Teller 166
kleiner Tentakel 72
kleines Kettenblatt 372
kleines Kissen 204
Kleinfingerhaken 307
Kleinhirn 109
Kleinwagen 347
Klemmbacke 265
Klemmbrett 340
Klemmbügel 269
Klemmbügel, Hebel 269
Klemme, rote 356
Klemme, schwarze 356
Klemme, verstellbare 206
Klemmhefter 339
Klemmspot 206
Klemmverschraubung 197
Klemmvorrichtung 425
Klempnerwerkzeuge 216
Klettenwurzel 129
Kletterpflanze 230
Klickpedal 522
Kliff, Klippe 35
Klimaanlage 46, 361, 386
Klimate der Welt 40
Klimate, kaltgemäßigte 40
Klimate tropische 40
Klimate warmgemäßigte 40
Klinge 167, 169, 177, 221, 271
Klinge, isolierte 217
Klinge, zweischneidige 271
Klingenarten 221
Klingendose 271
Klingenstopper 270
Klinke 326
Klips 246, 264
Klistierspritze 460
Klitoris 112
Klosettbecken 196
Klosettdeckel 196
Klubhaus 504
Knarre 223, 536
Knauf 201, 202, 477, 492, 506
Knebel 224
Knebelbolzen 221
Knebelverschluss 249
Kneten 176
Knethaken 176
Knickschutztülle 269
Knie 83, 86, 92, 94
Kniebandage 500
Kniebundhose 254
Kniepolster 486
Kniescheibe 83, 98
Knieschützer 476, 525, 526, 527
Kniestrumpf 247, 257
Knoblauch 124
Knoblauchpresse 170
Knöchel 92, 94
knöchelhohe Stiefelette 241
Knöchelschutz 476
Knöchelsocke 247
Knochenfisch 74
Knochenfische 159
Knolle 125
Knollenblätterpilz 52
Knollengemüse 124
Knollensellerie 129
Knollenziest 124
Knopf 199, 227, 245, 250, 296
Knopflasche 246
Knopfleiste 245, 250
Knopfleiste, verdeckte 251, 261
Knopfloch 248
Knorpelfisch 74
Knorpelfische 158
Knorrenmuskel 97
Knospe 54
Knoten 416
Knurrhahn 159
Kobra 77
Kochen 178
Kochfeld 179
Kochgeräte 174
Kochgeschirr 531
Kochmesser 169
Kochmulde 164, 210
Kochplatte 210
Kochtopf 531
Koffer 277
Kofferradio 325
Kofferraum 349
Kognakschwenker 165
Kohl 126
Kohle-Zink-Zelle 417
Kohlekraftwerk 402
Kohlendioxid, Aufnahme 54
Kohlenhalde 402
Kohlenschaufel 193
Kohlestab (Kathode) 417
Kohlrabi 125
Kohlrübe 129
Kokosnuss 133
Kola-Halbinsel 18
Kolanuss 133
Kolben 57, 61, 199, 357, 360
Kolbenhals 534
Kolbenring 360
Kolbenschaft 360
Kolibri 80
Kolk 31
Kollaterale 110
Kollegmappe 274
Kollegmappe mit Griff 274
Koller 248
Kolumbien 448
Koma 6
Kombi 347
Kombi-Pflegelösung 272
Kombihacke 233
Kombilimousine, dreitürige 347
Kombipumpe 530
Kombizange 217, 222
Kombu 123
Komet 6
Kommandobrücke 383
Kommataste 337
Kommode 203
Kommunikation 312
Kommunikationsmodul 316
Kommunikationsprotokoll 334
Kommunionbank 446
Komoren 452
Kompaktkamera 315
Kompaktpuder 266
Kompaktspeisesystem 321
Kompassrose 533
komplexe Düne 36
Kompositbogen 535
Kompostkiste 231
Kompressionsgurt, seitlicher 532
Kompressor für Klimaanlage 360
Kondensation 45
Kondensationskammer 402
Kondensieren 414
Kondensmilch 150
Kondensor 402, 421
Kondensoreinstellung 421
Kondensorhöhenverstellung 421
Konditorei 437
Kondor 80
Konferenzraum 442, 445
Kongo 20, 451
Kongresszentrum 433
König 468, 470
König, Grabkammer 278
Königin 68
Königin, Grabkammer 278
Königin-Maud-Land 15
königliche Vene 102
Königsbaum 412
Königsflanke 470
konkave Linse 419
konkavkonvexe Linse 419
Konserven 121
Konservendose 163
Konsole 283
Konstruktion 186
Konstruktion eines Hauses 188
Konsument 317
Kontaktelemente 198
Kontaktlinse, harte 272
Kontaktlinse, weiche 272
Kontaktlinsen 272
Kontaktlinsenbehälter 272
Kontermutter 197
Kontinent 33
kontinentale Kruste 26
Kontinentalfuß 33
Kontinentalhang 33
Kontinentalrand 33
Kontinentalschelf 33
Kontinente, Lage 14
Kontoidentifikation 443
Kontrabass 301
Kontrabasse 295
Kontrafagotte 295
Kontrastregler 329
Kontrolllampe 269
Kontrollleuchte 178, 179, 180, 181, 208, 210, 214, 443, 454
Kontrollleuchte Netzspannung 443
Kontrollleuchte Papiereinzug 333
Kontrollleuchte, Tintenpatrone 333
Kontrollleuchten 331
Kontrollleuchten für Tonsignalquellen 322
Kontrollmonitore, Regie 290
Kontrollraum 388
Kontrolltower 388
Konvektion 415
Konvektionsströmung 415
Konvektionszelle 43
Konvektionszone 4
konvergierende Plattengrenzen 27
konvexe Linse 419
konvexkonkave Linse 419
Koordinatensystem der Erdkugel 21
Kopf 6, 67, 72, 78, 93, 95, 103, 111, 220, 221, 223, 229, 271, 272, 301, 303, 492, 494, 505, 536
Kopf der Katze 87
Kopfarten 221
Kopfband 458, 459
Kopfbedeckungen 238, 239
Kopfbruststück 71
Kopfende 204
Kopfganglion 73
Kopfhörer 324, 325, 326
Kopfhöreranschluss 323
Kopfhöreranschlussbuchse 310, 311, 329
Kopfhörerbuchse 322, 326
Kopfkissen 204
Kopfkissenbezug 204
Kopfkissenschonbezug 204
Kopfnicker 96
Kopfregal 121
Kopfriegel 185
Kopfriemen 459
Kopfsalat 126
Kopfschutz 458, 498
Kopfstütze 353
Kopfteil 191, 205, 238, 239
Kopfwurf 499
Koppel-Kipptaste 305
Koppelungsmodul 11
Koppen 207
Kora 297
Korallenmeer 15
Korallennatter 77
Korb 211, 214, 489
Korbanlage 489

Korbbrett 489
Korbbretthalter 489
Körbchen 57
Korbring 489
Korbstütze, gepolsterte 489
Kordilleren, Australische 15
Korea 19
Koriander 142
korinthische Halbsäule 281
korinthischer Pilaster 281
Kork 514
Korkball 477
Korkenzieher 531
Korkspitze 495
Korn 534
Körner 220
Körnerfresser 79
Körnerschicht 114
Kornett 295, 307
Korona 4
Körper 118, 305, 429, 536
Körper, menschlicher 92
Körperchen, Ruffinisches 114
Körperchen, Vater-Pacinisches 114
Körperpflege 121, 267
Körpertemperaturregelung 10
Korpus 303, 306
Korpus, birnenförmiger 297
Korpus, dreieckiger 297
Korpus, massiver 303
Korpus, runder 296
Korrespondenz 338
Korselett 258
Korsett 259
Kosakenmütze 238
Kosmetikeinsatz 277
Kosmetikkoffer 277
Kostüm 251, 290
Köte 83
Kotelett 152, 153
Kötengelenk 83
Kotflügel 348, 364
Kotflügel, hinterer 369
Krabbe 158
Krabbenspinne 70
Kraft, Maßeinheit 426
Kraftfahrzeuganlagen 351
Kraftfahrzeuge: Hauptbauteile 350
Kraftsport 500
Kraftstoffanlage 351
Kraftstoffanzeige 355
Kraftstoffleitung 351
Kraftstoffreserveanzeige 355
Kraftstofftank 235, 351, 364, 366, 369, 377
Kraftübertragung 372
Kragen 244, 245, 248, 302, 303
Kragen, gespreizter 245
Kragenspitze 245
Kragenstäbchen 245
Kragstein 192, 282
Kragträger 344
Krake 157
Kralle 76, 78, 79, 232
Kranbahn 397
Kräne 397
Kranführerkabine 397
Krankenakten 465
Krankenhaus 433, 462
Krankenhausbett 464
Krankenschwester 464
Krankentisch 464
Krankentrage 460
Krankenzimmer 464
Kranzgesims 279
Kranznaht 100
Kranzprofil 202
Krater 5, 28
Kraterstrahlen 5
Kraterwall 5
Kraulen 517
krause Endivie 127
Kräuselfalte 255
Kräuselrock 253
Kräuter 142
Kräutertees 148
Krawatte 245
Krawattenschal 245
Krebs, Wendekreis 20, 21, 22
Krebse 71
Krebstiere 158
Kreditabteilung 442
Kreditkarte 441
Kreditkartenetui 274
Kreditkartenfach 274
Kreide 503
Kreis, Teile 428
Kreisregner 236
Kreissägeblatt 227
Kreisverkehr 25
Krempe 238, 239
Kreolen 264
Krepis 279
Kreuz 299, 468
Kreuzaussteifung 187
Kreuzbein 98, 99
Kreuzgeflecht 108
Kreuzhacke 233
Kreuzkopf 396
Kreuzkümmel 138
Kreuzmuster-Teppichmuschel 157
Kreuzrippe 284
Kreuzschlitzschrauben 221
Kreuzschlitzschraubenzieher 531
Kreuzschlüssel 356
Kreuztisch 421
Kreuztischeinstellung 421
Kriechstrombarriere 359
Kringel 144
Kristallisation 414
Kristalltropfen 207
Kristallzucker 149
Kroatien 450
Krokodil 77
Krokus 56
Krone 63, 83, 101, 167, 169, 283, 302, 424
Kronenabschnitt der Pulpahöhle 101
Kronleuchter 207
Krummhalskürbis 129
Krümmling 191
Kruppe 83
Kruste, kontinentale 26
Kruste, ozeanische 26
Krustenflechte 50
Kruzifix 446
Kuba 448
Kübel 230
Küche 120, 162, 164, 188, 280, 439, 445
Küchenbeil 169
Kuchenform 172
Kuchenform, flache 172
Kücheninsel 164
Küchenmaschine 177
Küchenmesser 169
Küchenmesser, Beispiele 169
Kuchenpinsel 172
Kuchenrad 172
Küchenreibe 170
Küchenschere 173
Küchenset 173
Küchenuhr 171
Küchenutensilien 169
Küchenwaage 171
Kufe 395, 506, 509, 523
Kugel 312, 332, 429, 472, 534
Kugel-Sternhaufen 6
Kugelhalterung 332
Kugellager 413
Kugelmaus 332
Kugelschreiber 312
Kugelstoßen 472
Kuh 84
Kühlabteilung 120, 121
Kühlaggregat 365
Kühlbox 532
Kühler 350, 358
Kühleranlage 351
Kühleranschluss, unterer 358
Kühlerblock 358
Kühlergrill 348, 364
Kühlerhaube 364
Kühlerverschlussdeckel 358
Kühlfach 211
Kühlhaus 381
Kühlmittel 408
Kühlmittel, erwärmtes 408
Kühlmittel, kaltes 408
Kühlmittelauslass 410
Kühlmitteleinlass 410
Kühlraum 121
Kühlsattelschlepper 365
Kühlschrank 164, 211, 438
Kühlschränke 438
Kühlturm 402
Kühlung 405
Kühlvitrine 438
Kühlwagen 377
Kühlwassertank 408
Kühlzylinder 420
Kuhstall 122
Kuiper-Gürtel 2
Kulissen 292
Kultbild, Standort 279
Kultur, intensive 46, 47
Kulturbeutel 276
Kulturorganisation 335
Kümmel 138
Kumquat 134
Kumulonimbus 42
Kumulus 42
Kundenbetreuung 443
Kunst 278
Künste, darstellende 294
Kunstfliege 536
künstlerischer Leiter 290
künstlicher Erdsatellit 37
künstlicher See 32
Kunstraum 444
Kunstschwamm 266
Kunstspringen 518
Kunststoff, Sortierung 49
Kunststoff-Federball 495
Kunststoffboden 492
Kunststoffkondensator 417
kunststoffummantelter Stoßfänger 348
Kunstturnen 496
Kuppe 503
Kuppel 394
Kuppel des Mihrab 447
Kuppelhülle, äußere 7
Kuppelhülle, innere 7
Kuppelspaltabdeckung 7
Kuppelzelt 529
Kuppenring 503
Kupplung 350
Kupplungsbügel 377
Kupplungsgehäuse 368
Kupplungshebel 366, 368
Kupplungspedal 354
Kurbel 170, 224, 236, 356, 372, 537
Kurbel der Stützvorrichtung 365
Kurbelwelle 360
Kürbis 129
Kurilengraben 34
Kurkuma 138
Kurs 524
Kursbuchtafeln 374
Kurtine 282
kurze Hose 261, 483, 488, 522
Kürzel der Ausgabebank 441
kurzer Hohlhandmuskel 96
kurzer Wadenbeinmuskel 97
kurzer Zehenstrecker 96
Kurzhandschuh 243
Kurzmeldungen 313
Kurzsichtigkeit 419
Kurzsocke 257
Kurzstrecke 508
Kurzstreckenschlittschuh 508
Küste 33
Küstenformen 35
Küstenformen, typische 35
Kuttelwurst 156
Kuwait 452

L

Labor 7
Labor, amerikanisches 11
Labor, pathologisches 465
Lachs, atlantischer 161
Lachs, pazifischer 161
Lackieren 219
Lade-Anschlussbuchse 208
Ladeanzeige 271
Ladebagger 402
Ladebaum 384, 385
Ladegerät 228
Ladekontrolllampe 271
Lademast 385
Laden 280
Ladenpassage 435
Laderampe 435
Laderampe, klappbare 386
Ladevorrichtung 364
Ladogasee 18
Ladung 534
Laffe 167
Lage der Kontinente 14
Lageplan 183
Lagergang 28
Lagerhaus 430
Lagerholz 187
Lagerraster 409
Lagerraum 438
Lagerraum für gebrauchtes Material 462, 464
Lagerraum für medizinische Geräte 465
Lagerraum für Sterilgut 462, 464
Lagertank 405
Lagune 35
Lakkolith 28
Lama 84
Lambdanaht 100
Lamelle 52
Lammfelljacke 249
Lammfleisch 153
Lammfleischwürfel 153
Lammhackfleisch 153
Lampe 320, 421, 529
Lampen 206
Lampenfassung 199
Lampenreihe 207
Land 23, 431
Landebereich 472
Landefenster 395
Landeklappe 392
Landenge 24
Landenge von Panama 16
Landescheinwerfer 395
Landkarte 444
landschaftlich schöne Strecke 25
Landspitze 35
Landwirtschaft, intensive 46, 48
landwirtschaftliche Verschmutzung 47
Landzunge 35
lange Unterhose 247
Länge, Maßeinheit 426
Längengrade 22
Längenmessung 425
Längenverstellung 466
langer Abendhandschuh 243
langer Hohlhandmuskel 96
langer Oberschenkelanzieher 96
langer Wadenbeinmuskel 96
langer Zehenstrecker 96
Langhaarschneider 271
Langhandschuh 243
Langlauf-Rattenfallbindung 514
Langläufer 514
Langlaufloipe 512
Langlaufski 514
langsam drehende Welle 413
Längsdünen 36
Längslenkerachse 351
Längsschnitt durch ein Weizenkorn 61
Längsschnitt durch eine Haselnuss 60
Längsschnitt durch eine Walnuss 60
Längsschnitt, Backenzahn 101
Längsschott 384
Langstrecke 508
Langstrecken-Düsenflugzeug 392
Languste 158
Langustine 158
lanzettförmig 55
Laos 453
Lappen 79
Lappen, oberer seitlicher 62
Lappen, unterer seitlicher 62
Lappenbronchus 105
Laptop 336
Laptop: Rückansicht 336
Laptop: Vorderansicht 336
Lärche 65
Lasagne 146
Lasche 249, 274
Lasche, selbstklebende 339
Laserstrahl 420
Lastenfortbewegung 396
Lastkraftfahrzeuge 364
Lastkraftwagen, Beispiele 364
Laterne 230
Latexhandschuh 460

Latissimuszug 501
Latrinen 280
Latte 519
Lattentasche 520
Lattenzaun 230
Lätzchen 260, 261
Latzhose 254
Latzhose mit gekreuzten Rückenträgern 261
Latzhose mit hohem Rückenteil 260
Laub 63
Laubblatt 54
Laubblätter, erste 53
Laubflechte 50
Laubfrosch 75
Laubheuschrecke 69
Laubhölzer, Beispiele 64
Laubsäge 226
Laubwald 44
Laubwerk 200
Lauch 124
Lauf 78
Laufbein 67, 70
Laufbrett 377
Laufbrücke 385
Läufer 469, 470
Laufgewicht 422
Laufkatze 397
Laufkatzenrolle 397
Laufkran 407
Laufrad, pneubereiftes 380
Laufrolle 205, 332
Laufschiene 534
Laufschuh 473
Laufsohle 240, 263, 510
Laugenbottich 212
Laus 69
Lautsprecher 294, 320, 321, 325, 326, 327, 328, 336, 455
Lautsprecher, Kanalwahltasten 322
Lautsprecherbox 324
Lautsprecherbuchsen 322
Lautstärke 328
Lautstärkeregler 10, 303, 310, 311, 319, 322, 325, 329
Lautstärkeregler für den Hörer 327
Lautstärkeregler für den Rufton 327
Lavaschicht 28
Lavastrom 28
LCD-Anzeige 424
LCD-Display 326, 327
LCD-Fernseher (Liquid-Crystal-Display-Fernseher) 318
Lead 515
Lebenserhaltungssystem 10
Lebenserhaltungssystem, Steuerung 10
Leber 103, 106, 154
Lebervene 103
LED-Pegelanzeige 323
Lederhaut 114, 119, 478
Lederschutz 533
Lederstrippe 246
Lederwaren 274
Lederwarengeschäft 436
Leerdarm 106
leere Menge 427
Leerlaufanzeige 368
Leertaste 330
Leerzeichen 330
Leerzeichen, geschütztes 330
Left-Wing 482
Lefzen 86
Leggins 263
Leguan 77
Legwarmer 263
Lehmhütte 288
Lehnstuhl, kleiner 200
Lehrer/Lehrerin 444
Lehrerpult 444
Lehrerzimmer 445
Leichtathletik 472
leichte Atemschutzmaske 459
leichtes Sonnenkleid 252
Leichtflugzeug 394
Leinwand 439
Leiste 92, 94
Leistentasche 244
Leistung, Maßeinheit 426
Leiter 184, 288, 361, 401, 404, 469
Leiter, künstlerischer 290
Leiterbaum, ausfahrbarer 455
Leitern 219
Leiterplatte 417
Leiterspiel 469
Leiterstrahlrohr 455
Leitöse 521
Leitrad, pneubereiftes 380
Leitspruch 441
Leitungsnetz, Einspeisung 413
Leitwerk 393, 406
Leitwerksträger 395
Lemure 91
Lende 83, 93, 95
Lendengeflecht 108
Lendenpolster 486
Lendenwirbel 99, 110
Lenkanlage 351
Lenker 523
Lenkerbügel, angehobener 522
Lenkergriff 366, 369
Lenkkopf 371
Lenkrad 350, 354, 385, 525
Lenkrolle 209
Lenksäule 350
Lenkstange 501
Lenkzylinder 400
Leopard 89
Leopardfrosch 75
Leselampe 457, 464
Leseleuchte 206
Leserbriefe 313
Lesotho 452
Lettland 450
Leuchtanzeige 329
Leuchtrakete 457
Leuchtstoffröhre 199
Leuchtturm 381
Leukoplast 50
Leukozyt 104
Libanon 452
Libanonzeder 65
Libelle 69
Liberia 451
Libero 487
Libyen 451
Licht 7, 8, 9
Licht, Ewiges 447
Licht, gelbes 434
Licht, grünes 434
Licht, rotes 434
Licht, sichtbares 418
Lichtleiste 457
Lichtleistensteuerung 457
Lichtmaschine 350, 360
Lichtrezeptoren 119
Lichtschutzschirm 7
Lichtstärke, Maßeinheit 426
Lichtstrahl 419
Lichttechniker 291
Lidschatten 266
Liebstöckel 142
Liechtenstein 450
Lieferanteneinfahrt 435
Liegestuhl 201
Likörglas 165
Lilie 56
Limabohne 131
Limette 134
Limonadenlöffel 168
Limousine, viertürige 347
Linde 148
Lineal 425, 531
linealisch 55
Linie, durchgehende 342
Linie, neutrale 416
Linie, unterbrochene 342, 343
Linienanzeige 362, 363
Linienbus 362
Linienrichter 481, 485, 487, 490, 494, 496, 507
Liniensystem 298
linke Herzkammer 103, 104
linke Lunge 103, 105
linke Lungenvene 104
linke Niere 107
linke Seite 272
linker Abwehrspieler 487
linker Angriffsspieler 489
linker Aufbauspieler 489
linker Außenangreifer 487
linker Außenfeldspieler 474
linker Centre 482
linker Corner Back 484
linker Defensive End 484
linker Defensive Tackle 484
linker Guard 485
linker Kanal 324
linker Mittelfeldspieler 481
linker Safety 484
linker Stürmer 507
linker Tackle 485
linker Verteidiger 481, 506
linker Vorhof 103, 104
linkes Aufschlagfeld 491
linkes Feld 475
links 293
Linse 119, 419
Linse, bikonkave 419
Linse, bikonvexe 419
Linse, konkave 419
Linse, konkavkonvexe 419
Linse, konvexe 419
Linse, konvexkonkave 419
Linse, plankonkave 419
Linse, plankonvexe 419
Linsen 130, 419
Linsenfernrohr 8
Linsenfernrohr im Querschnitt 8
Linsenkopf mit Schlitz 221
Linsensystem 420
Lippe 83, 87, 521
Lippen-Make-up 266
Lippenkonturenstift 266
Lippenpfeife 305
Lippenpinsel 266
Lippenstift 266
Lippentaster 67, 73
Litauen 450
Litchi 137
Literaturbeilage 313
Lithosphäre 26, 44
Litze 273
Lob 491
Loch 504
Loch, gestanztes 240, 246
Loch, Par-5 504
Lochbillard 503
Locher 340
Lockennadel 268
Lockenstab 269
Lockente 535
Lockenwickler 268
Löffel 167, 400, 531, 538
Löffel, Beispiele 168
Löffelstiel 399
Löffelstielzylinder 399
Loge 293
Lokale Station 316
Lokomotive 376
Lokomotive, dieselelektrische 377
Lokschuppen 375
Longanfrucht 136
Longdrinkglas 165
Lorbeer 142
Löschen 328, 331
löschender Rückschritt 331
Löschfahrzeuge 455
Löschflugzeug 394
Löschmittelbehälter 454
Löschtaste 315, 331, 337
loser Puder 266
Löshebel 222
Lötkolben 218
Lötlampe 218
Lötpistole 218
Lötspitze 218
Lötwerkzeuge 218
Lötzinn 218
Lounge 386
Löwe 89
Löwenzahn 127
Luchs 88
Luer-Lock-Spitze 460
Luffaschwamm 267
Luft, absinkende kalte 43
Luft, aufsteigende warme 43
Luft, kalte 41
Luft, warme 41
Luftansaugrohr 383
Luftaustrittsöffnung 270
Luftaustrittsschlitz 209
Luftdruck 39
Luftdruck in Meereshöhe 39
Luftdruckänderung 39
Luftdüse 354
Lufteinlass 361, 362, 367, 383, 523
Lufteinlauf 395
Lüfter 322, 336, 350, 358, 360
Luftfahrt 317
Luftfilter 235, 350, 398
Luftkammer 79
Luftkissenfahrzeug 383
Luftklappe 365
Luftkompressor 376
Luftloch 312
Luftmasse 39
Luftmatratze 530
Luftmatratze, selbstaufblasbare 530
Luftpolster 262, 339
Luftpolsterumschlag 339
Luftpropeller 383
Luftpumpe 370
Luftröhre 105
Luftschacht 278
Luftschadstoffe 47
Luftschleuse 13
Luftstromrichtdüse 270
Luftstromschalter 270
Lufttemperatur 39
Lüftung 380
Luftverkehr 388
Luftverschmutzung 47
Luftwege 105
Luftzufuhr 525
Luftzufuhrregler 192
Lunge, linke 103, 105
Lunge, rechte 103, 105
Lungen 105
Lungenarterie 102, 105
Lungenarterienstamm 104
Lungenfell 105
Lungenmittellappen 105
Lungenoberlappen 105
Lungenunterlappen 105
Lungenvene 102
Lungenvene, linke 104
Lungenvene, rechte 104
Lunula 73
Lupe 421, 531
Lupine 130
Lutz 509
Luxemburg 449
Luzerne, blaue 130
Lyra 297
Lysosom 66

M

Mäander 32
Macadamianuss 133
Macchie 44
Mackenzie 16
Madagaskar 20, 452
Magen 73, 103, 106
Magenmund 71
Magenpförtner 71
Magenstütze 259
Magenta 418
Magma 28, 33
Magmakammer 28, 402
Magnesia 497
Magnet 341, 416
Magnetband 319
magnetische Dämpfung 422
magnetische Dichtung 211
magnetische Trennung 49
magnetischer Deckelhalter 180
magnetisches Feld 318, 416
Magnetismus 416
Magnetkompass 533
Magnetnadel 533
Magnetstreifen 441
Mähne 83
Maiglöckchen 56
Maikäfer 69
Maine Coon 87
Mais 61, 143
Maismehl 144
Maisöl 149
Maissirup 149
Makak 91
Make-up 266
Makrele 159
Makronukleus 66
Makroobjektiv 314
Mal 479
Mal, drittes 474
Mal, zweites 474
Malawi 452
Malawisee 20
Malaysia 453

Malediven 453
Malerpinsel 219
Mali 451
Malspieler, dritter 474
Malspieler, erster 474
Malspieler, zweiter 474
Malta 450
Malzessig 141
Mandarine 134
Mandel 116, 133
Mandoline 297
Manganmischung (Kathode) 417
Mango 137
Mangochutney 141
Mangold 125
Mangostane 136
Maniküre 265
Maniok 124
Mann 92
männlich 426
männliche Blütenstände 65
männliche Geschlechtsorgane 111
Mannschaftsabzeichen 506
Mannschaftstrikot 476, 480, 486
Mannschaftszelt 528
Manövriereinheit, bemannte 10
Mansardenfenster 182
Manschette 245, 501
Manschette, aufblasbare 461
Mantel 72, 73, 248, 251, 417, 534
Mäntel 248, 251
Mantel, oberer 26
Mantel, unterer 26
Mantelblech 404
Mantelkleid 252
Mantelmauer 282
Manual für das Hauptwerk 305
Manual für das Oberwerk 305
Manual für das Rückpositiv 305
Manuale 305
manuelle Aussteuerung 323
Manxkatze 87
Marcato-Zeichen 299
Marder 88
Margarine 149
Marginalschild 76
Marianengraben 34
Marie-Byrd-Land 15
Marienkäfer 69
Marine-Dieselkraftstoff 405
Mariniergewürze 139
maritim 40
Mark 63, 107, 140, 154
Mark, verlängertes 109
Marker 312
Markierschnur 225
Markierungslinie 533
Markscheide 110
Markstrahlen 63
Marokko 451
Mars 2, 3
Marshallinseln 453
Mascara, flüssiges 266
Mascarabürstchen 266
Mascarastein 266
Maschen 493
Maschinenhalle 406, 407
Maschinenraum 384, 386
Maschinist 290
Maske 476
Maskenbildner 290
Maskendichtung 459
Massagebürste 267
Massagehandschuh 267
Massagespitze 272
Masse 27
Masse, Maßeinheit 426
Masseelektrode 359
Massekontakt 322
Massengut-Terminal 381
massiver Korpus 303
Mast 519, 520
Mastdarm 106, 111, 112
Masthalterung 321
Mastlager 519
Mastspitze 519
Maststeuerhebel 396
Masttasche 519
Maß 171
Maßband 225
Maßeinheit der Celsius-Temperatur 426
Maßeinheit der elektrischen Ladung 426
Maßeinheit der elektrischen Spannung 426
Maßeinheit der elektrischen Stromstärke 426
Maßeinheit der Energie 426
Maßeinheit der Frequenz 426
Maßeinheit der Kraft 426
Maßeinheit der Länge 426
Maßeinheit der Leistung 426
Maßeinheit der Lichtstärke 426
Maßeinheit der Masse 426
Maßeinheit der Radioaktivität 426
Maßeinheit der Stoffmenge 426
Maßeinheit der thermodynamischen Temperatur 426
Maßeinheit des Drucks 426
Maßeinheit des elektrischen Widerstands 426
Maßwerk 285
Matchbeutel 276
Materialraum 444
Materie 414
Mathematik 427
Matratze 204, 205
Matratzenauflage 204
Matrosenbluse 255
Matte 498, 499
Matten 496
Mauernagel 220
Mauersegler 80
Mauerturm 282
Mauertürmchen 282
Maul 74, 83, 90
Maul-Ringschlüssel 223
Maultier 84
Maultrommel 297
Maurerhammer 216
Maurerkelle 216
Maurerwerkzeuge 216
Mauretanien 451
Mauritius 452
Maus, mechanische 332
Maus, optische 332
Mauspad 332
Mausschnittstelle 329
Mazedonien 450
mechanische Maus 332
Medaillon 264
mediane Zungenfurche 118
Medikamentenraum 462, 465
mediterrane Subtropen 40
medizinische Gasflasche 464
medizinische Geräte, Lagerraum 465
Meer 24
Meer, Arabisches 19
Meer, Japanisches 19
Meer, Kaspisches 19
Meer, Mare 5
Meer, Ostchinesisches 19
Meer, Rotes 19, 20
Meer, Schwarzes 18, 19
Meer, Südchinesisches 19
Meeräsche 160
Meerbarbe, rote 159
Meerbusen, Bottnischer 18
Meerenge 24
Meeresalgen 123
Meeresboden 33
Meeressäugetiere 90
Meeressäugetiere, Beispiele 90
Meeresspiegel 26, 33, 37
Meerkohl 126
Meerneunauge 159
Meerohr 157
Meerrettich 129
Meersalat 123
Meersalz 141
Meerschweinchen 82
Mehl 144
Mehl, ungebleichtes 144
Mehlsieb 171, 172
Mehrkornbrot 145
mehrreihige Halskette 264
Mehrrumpfboote 521
Mehrzweckzange 217
Meissnersches Tast-Körperchen 114
Melanesien 15
Melasse 149
Melodiepfeife 296
Melodiesaiten 296
Melone 238
Melone, kanarische 135
Melonen 135
Melonenlöffel 173
Membran 324
Mengenschnitt 427
Mengenvereinigung 427
Menora 447
Mensch 92
menschlicher Körper 92
menschliches Gebiss 101
Menügabel 168
Menümesser 168
Menütaste 315, 320, 326, 327
Merguez-Wurst 156
Meridian, östlicher 22
Meridian, westlicher 22
Meridianlinie 533
Merkur 2, 3
Mesenterialarterie, obere 102, 107
Mesenterialarterie, untere 107
Mesenterialvene, obere 102
Mesokarp 57, 58, 59
Mesopause 37
Mesosphäre 37
Mess- und Markierinstrumente 225
Messband 225
Messbecher 171
Messbügel 425
Messen 171
Messer 167, 180, 235, 341, 531, 533
Messer, Beispiele 168
Messermuschel 157
Messerschutz 176
Messezentrum 430
Messingkörper 197
Messinstrumente 424
Messlöffel 171
Messschnabel, feststehender 425
Messschnabel, verschiebbarer 425
Messspindel 425
Messtrommel 425
Metall, Sortierung 49
Metallaufsatz 529
Metallfeder, römische 312
metallische Tinte 441
metallisiertes Hologramm 441
Metallkontaktgitter 410
Metallrahmen 304
Metallspannreifen 308
Metallwinkel 225
metamorphe Gesteine 26
Meteorologie 37
Meter 426
Mexikanische Rotknievogelspinne 70
Mexiko 448
Mexiko, Golf 16
Middle Linebacker 484
MIDI (Schnittstelle für digitale Musikinstrumente), Kabel 311
MIDI-Schnittstelle 329
Mieder 259
Miederhose 259
Miesmuschel 157
Mihrab 447
Mikrofilament 66
Mikrofon 320, 327, 328, 332, 337, 456, 457
Mikrometerschraube 425
Mikronesien 453
Mikronukleus 66
Mikroskop 421
Mikroskope 421
Mikrotubulus 66
Mikrowellen 418
Mikrowellen-Relaisstation 334
Mikrowellengerät 178
Mikrowellenherd 164
Milch 150
Milch, homogenisierte 150
Milchbecher 163
Milchgang 113
Milchkammer 122
Milchkännchen 166
Milchprodukte 120, 150
Milchprodukte, Wareneingang 120
Milchpulver 150
Milchschokolade 148
Milchstraße 6
Milchstraße (Ansicht von oben) 6
Milchstraße (Seitenansicht) 6
militärische Telekommunikation 317
Milz 103
Mimas 3
Minarett 447
Minbar 447
Mine 312
Mini-DV-Camcorder: Rückansicht 320
Mini-DV-Camcorder: Vorderansicht 320
Mini-HiFi-System 325
Minibus 347
Minislip 247
Minusbereich 410
Minusglas 419
Minuskontakt 410, 411
Minusplatte 359
Minuspol 359, 417
Minuspolbrücke 359
Minutenzeiger 424
Minze 142
Miranda 3
Mischwald 44
Mischwasserkanal 434
Mispel 133
Mississippi 16
Mitarbeiter der Rechtsanwälte 440
Mitnehmerrippe 213
Mitnehmerstange 403
Mitochondrium 50, 66
Mitralklappe 104
Mitte 293
Mittelamerika 14, 16
Mittelangreifer 487
Mittelarmnerv 108
Mittelatlantischer Rücken 34
Mittelbein 67, 68
Mitteldarmdrüse 71, 73
Mittelelektrode 359
Mittelfahne 480
Mittelfeld 475
Mittelfeldspieler, linker 481
Mittelfeldspieler, rechter 481
Mittelfeldspieler, zentraler 481
Mittelfinger 115
Mittelformatkamera SLR (6 x 6) 315
Mittelfuß 83
mittelhohe Wolken 42
Mittelkielschwein 385
Mittelkonsole 354
Mittelkreis 481, 488
Mittellage-Tonabnehmer 303
Mittellinie 481, 483, 484, 488, 493, 494, 507, 515
Mittelmeer 14, 18, 20
Mittelmoräne 30
Mittelohr 116
Mittelpaneele 185
Mittelpunkt 428, 470, 502
Mittelrippe 51, 55, 60
Mittelsäule 207, 349, 412
Mittelschiff 285, 447
mittelschwere Piste 512
Mittelspannungsleitung 198
Mittelspur 343
Mittelsteg 259
Mittelstreifen 343, 434, 491
Mittelstück 111
Mitteltasche 502
Mitteltöner 324
Mittelwagen 376, 380
Mittelzeichen 490
mittlere Armdecken 78
mittlere Aufschlaglinie 491
mittlere Handdecken 78
mittlere Nasenmuschel 117
mittlerer Abwehrspieler 487
mittlerer Angriffsspieler 489
mittlerer Anspielpunkt 507
mittlerer Außenfeldspieler 474
mittlerer Linebacker 484
mittlerer Schneidezahn 101
Mixen 176
Mixer 176
mobile Einheit 316
Modem 334
Modemschnittstelle, interne 329, 336
Moderator 408
Moderatorfilz 304
Moderatorpedal 304
Modul, russisches 11
Modulationsrad 310
Mofa 369
Mohn 56, 60

Mohnsamen 139
Mohorovicic-Diskontinuität 26
Mohrenhirse 61
Mokassin 242
Mokkatasse 166
Mol 426
Molch 75
Moldawien 450
Molekül 414
Mollusken 157
Monaco 450
Mond 2, 4, 5
Mond, Oberflächenformationen 5
Mondbahn 4, 5
Monde 2
Mondfinsternis 5
Mondphasen 5
Mondsichel (abnehmender Mond) 5
Mondsichel (zunehmender Mond) 5
Mongolei 453
Monitor 471
Montenegro 450
Moos 51
Moos, Aufbau 51
Moose, Beispiele 51
Mop 215
Morchel 123
Mordent 299
Mörser 170
Mortadella 156
Mosaik 280
Mosaikparkett 190
Mosambik 452
Moschee 447
Moskito 69
Motocross-Motorrad 525
Motor 212, 213, 214, 227, 229, 237, 366, 403
Motorblock 176, 177, 180, 208, 272, 360
Motorboot 385
Motorgehäuse 235
Motorhaube 348
motorische Endplatte 110
motorisches Neuron 110
Motorjacht 385
Motorkühlung 525
Motorlufteinlass 362
Motorrad 366
Motorrad, Touring 369
Motorrad: Draufsicht 368
Motorräder, Beispiele 369
Motorradfahrer 525
Motorradkamera 522
Motorradsport 525
Motorrasenmäher 237
Motorraum 362, 396, 400, 401
Motorroller 369
Motorsport 524
Mount Everest 37
Mountain Bike 373
Mountainbike 522
Mozambique, Straße 20
Mozzarella 150
MP3-Spieler 326
Muffe 395
Muffinform 172
Mufflon 84
Mufftasche 249, 251, 276
Mulde 231
Muldenkipper 401
Müllabfuhrwagen 364
Mülldeponie 47, 431
Müllschichten 47
Müllschlucker 197
Mülltrennung 49
Mullverband 461
Multipack 163
Multiplikation 427
Multiplikationstaste 337
Multirolle 537
Multitrainer 501
Mumienschlafsack 530
Mund 71, 72, 75, 94, 116
Munddusche 272
Mundharmonika 296
Mundhöhle 105, 106
Mundöffnung 73
Mundrohr 307
Mundschutz 498
Mundspeicheldrüse 106
Mundstück 306, 307, 311, 467
Mundstückaufnahme 307
Mündung 73, 534
Mundwasser 272
Mundwerkzeuge 68
Mundwinkel 116
Mungo 88
Mungobohne 131
Mungobohne, schwarze 131
Munster 151
Münze: Rückseite 441
Münze: Vorderseite 441
Münzfernsprecher 294, 437, 438, 463
Muschel 200
Muschel, einschalige 73
Muschel, zweischalige 73
Museum 433
Musik 296
Musikinstrumente, traditionelle 296
Musiknotation 298
Musikraum 444
Muskatnuss 138
Muskatnussreibe 170
Muskel, oberer gerader 119
Muskelfaser 110
Muskeln 96
Musselin 171
Mutter 222, 223
Mutterband, breites 113
Muttergestein 54
Muttern 223
Mütze 456
Mützenschirm 238, 239
Myanmar 453
Myzel 52

N

Nabe 70, 341, 371, 413, 467
Nabel 92, 94
Nabelschwein 84
Nabelstrang 59, 60
Nachfüllmine 312
Nachfüllrohr 196
Nachläufer, steifer 363
Nachrichten 313
Nachrichtensatellit 317
Nachsortierung von Hand 49
Nächste Nachricht 328
nächste Seite 331
Nachthemd 256
Nachtigall 80
Nachtigall-Grashüpfer 69
Nachtschalter 443
Nachttisch 439, 464
Nachttischlampe 439
Nachtwäsche 256
Nacken 78, 93, 95
Nackenfeder 536
Nackenrolle 204
Nackenrolle, große 204
Nackenschutz 486
Nadel 36
Nadelbaum 65
Nadelblätter, Beispiele 65
Nadelhölzer, Beispiele 65
Nadelwald 44
Nagel 220
Nägel, Beispiele 220
Nagel, geschnittener 220
Nagel, gewöhnlicher 220
Nagelbett 114
Nagelbettepitel 114
Nagelfeile 265
Nagelfeile, klappbare 265
Nagelhalbmond 114, 115
Nagelhautentferner 265
Nagelhautschaber 265
Nagelhautschere 265
Nagelhautschieber 265
Nagelknipser 265
Nagelkörper 114
Nagellack 265
Nagelnecessaire 265
Nagelrand, freier 114
Nagelreiniger 265
Nagelschere 265
Nagelweißstift 265
Nagelwerkzeuge 220
Nagelwurzel 114
Nagelzange 265
Nagelzieher 531
Nagetier 82
Nagetiere 82
Nagetiere, Beispiele 82
Nahrungskette 45
Nahrungsmittel 120
Nahrungsmittelquelle, primäre 45
Nahrungsvakuole 66
Nahrungsvakuole, heranwachsende 66
Naht 60, 73, 240, 243, 262
Nähte 477
Nahttasche 251
Nahverkehrszug 375
Name der Station 378
Name des Inhabers 441
Name des Turners/der Turnerin 497
Namensschild 456
Namib 20
Namibia 452
Naos 279
Napfschnecke 157
Narbe 56, 60
Narzisse 56
Nase 74, 82, 83, 94, 526
Nase, abgesenkte 394
Nase, äußere 117
Nasen-Bartschere 265
Nasenbein 100, 117
Nasenflügel 117
Nasenflügelknorpel, großer 117
Nasenhöhle 105, 117
Nasenloch 75, 76, 78, 117
Nasenmuschel, mittlere 117
Nasenmuschel, obere 117
Nasenmuschel, untere 117
Nasenöffnung 74
Nasenrachenraum 117
Nasenrücken 117
Nasenspiegel 87
Nasenspitze 117
Nasenstachel 100
Nasenwurzel 117
Nashorn 85
Nationalität 497
Nationalpark 25
Natur, Freizeit 528
naturbelassene Umgebung 504
natürlicher Treibhauseffekt 46
Naturschwamm 267
Nauru 453
Navigationstaste 327
Nazca-Platte 27
Neapolitanische Tropfkanne 181
Nebel 41
Nebelleuchte 352
Nebelscheinwerfer 364
Nebenaltar 446
Nebengleis 375
Nebenhoden 111
Nebenniere 107
Nebenschluss 416
Nebenstraße 25
negativer Pol 416
Negligé 256
Nehrung 35
Nektarine 132
Nelke 56
Nepal 453
Nephridium 71
Neptun 2, 3
Nerv 114
Nervenendung 114
Nervenfaser 114
Nervengeflecht 101
Nervenimpuls 110
Nervenstrang, ventraler 71
Nervensystem 108
Nervensystem, peripheres 108
Nervensystem, zentrales 109
Nervenwurzel, hintere 109, 110
Nervenwurzel, vordere 109, 110
Nerz 88
Nessel 127
Nestfarn 52
Netz 162, 205, 477, 487, 489, 491, 493, 495
Netzanschluss 326
Netzanschlussbuchse 329
Netzband 491
Netzhalter 493
Netzhaut 119, 419
Netzhautgrube 119
Netzkabel 177, 208, 229, 269, 270, 271, 322
Netzkabel, Gleichstrom 336
Netzkabel, Wechselstrom 336
Netzkante 487
Netzkontrollleuchte 333
Netzplan 378
Netzrichter 491
Netzschalter 311, 318, 321, 322, 323, 329
Netzstecker 337
Netzstrumpf 257
Netzteillüfter 329
Netzwerkschnittstelle 329
neuer Schekel 440
Neufundland 16
Neukaledonien 15
Neumond 5
Neuneck, regelmäßiges 429
Neuron, motorisches 110
Neuron, peripher-sensorisches 110
Neuron, sensibles 110
Neuronenkette 110
Neuseeland 15, 453
neutrale Linie 416
neutrale Zone 484, 507
Neutron 414
Neutron, einfallendes 415
Newton 426
Nicaragua 448
nicht Element von 427
nicht identisch 427
nicht wärmeleitende Spitze 269
nicht wieder verwertbarer Restmüll 49
Nickbewegung 395
Nickhaut 87
Niederlande 449
Niederschlag 45
Niederschläge 41
Niederschlagsgebiet 39
Niederspannungsleitung 198
Niere 73, 103, 154
Niere, linke 107
Niere, rechte 107
Nierenarterie 102, 107
Nierenbecken 107
nierenförmig 55
Nierenhilus 107
Nierenkelch 107
Nierenpapille 107
Nierenvene 102, 107
Niete 169, 222
Niger 20, 451
Nigeria 451
Nil 20
Nilpferd 85
Nimbostratus 42
Nivellierfuß 212, 213, 214
Nockenwelle 360
Nockpunkt 535
Nonius 425
Nord 23
Nord-Korea 453
Nord-Nordost 23
Nord-Nordwest 23
Nordamerika 14, 16, 34
Nordamerikanische Platte 27
nördliche Halbkugel 21
nördliche Hemisphäre 21
nördlicher Polarkreis 21, 22
Nordmeer 18
Nordost 23
Nordpol 21, 416
Nordpolarmeer 14
Nordsee 14, 18
Nordwest 23
Nori 123
normale Pokerblätter 468
Normalsichtigkeit 419
Norwegen 450
Notation 470
Notbremse 380
Note 497
Note, ganze 299
Note, halbe 299
Notenablage 305, 311
Notenlinie 298
Notenschlüssel 298
Notenwerte 299
Notfallausrüstung 460
Notizblock 338
Notrufnische 345

DEUTSCHES REGISTER

Notschalter 368
Nudelholz 172
Nudelmaschine 170
Nukleolus 66
Nullleiter 198
Nullmeridian 22
numerische Tastatur 338
numerischer Block 331
numerisches Tastenfeld 331, 423
Nummer-8-Forward 482
Nummerierstempel 338
Nummernschildbeleuchtung 352
Nummerntasten 328
Nussknacker 170
Nüster 83
Nut 191
Nutzer, Internet 334
Nutzer, privater 335
Nutzlastraum 12
Nutzlastraum, Tür 13
Nylonschnur 237

O

Oase 32, 36
oben liegender Rahmen 401
Oberarmarterie 102
Oberarmgelenkhöcker, innerer 99
Oberarmknochen 98
Oberarmspeichenmuskel 96, 97
Oberbeleuchter 291
Oberboden 54
Oberdeck 363, 392, 404
obere Abschlusskappe 417
obere Gliedmaßen 103
obere Hohlvene 102, 103, 104
obere Manschette 511
obere Mesenterialarterie 102, 107
obere Mesenterialvene 102
obere Nasenmuschel 117
obere Querleiste 202
obere Schale 511
obere Schutzhaube 227
obere Sohlschicht 402
obere Sprosse 201
obere Tasche 502
obere Tragschicht 342
obere Vertäfelung 396
obere Zahnreihe 116
oberer Abschluss 205
oberer gerader Muskel 119
oberer Glaskolben 181
oberer knöcherner Bogengang 116
oberer Mantel 26
oberer seitlicher Einschnitt 62
oberer seitlicher Lappen 62
oberes Augenlid 75, 87
oberes Becken 308
oberes Verschlussband 511
Oberfläche 493
Oberflächenerkundung 403
Oberflächenformationen des Mondes 5
Oberflächenisolierung 12
oberflächlicher Wadenbeinnerv 108
Oberfräse 229
Oberhaut 114
oberirdischer Abfluss 45
Oberkante 493
Oberkellner 438
Oberkiefer 74, 98, 117
Oberkiefer, beweglicher 76
Oberkiefer, vorderer 74
Oberkieferknochen 100, 101
Oberleiter 455
Oberleitung 376
Oberlicht, Badezimmer 189
Oberlicht, Treppenhaus 189
Oberlid 119
Oberlippe 116, 305
Oberlippenrinne 117
Obermaschinerie 292
Oberon 3
Oberpartie 536
Oberrohr 370
Oberschale 367, 527
Oberschenkel 93, 95, 186
Oberschenkelanzieher, großer 97
Oberschenkelanzieher, langer 96
Oberschenkelarterie 102
Oberschenkelbereich 112
Oberschenkelknochen 98
Oberschenkelkopf 99
Oberschenkelnerv 108
Oberschenkelpolster 486
Oberschenkelregion 111
Oberschenkelvene 102
Oberschiedsrichter 509
Oberschnabel 78
Oberschrank 164
Oberschwanzdecken 78
Oberschwester, Büro 463
Oberwasser 406
Objekt 419
Objektiv 8, 314, 327, 332, 420, 421
Objektivauswurf 314
Objektive 314
Objektivrevolver 421
Objektivschutzdeckel 314
Objektivzubehör 314
Objektklammer 421
Objekttisch 421
Oboe 306
Oboen 295
Obst 120, 132
Obst- und Gemüseschale 211
Obstbaum 122
Obstgarten 122
Ochse 85
Ofen 192
offene Spinnrolle 537
offener Doppelringschlüssel 223
öffentliches Gebäude 25
öffentliches Übertragungsnetz 316
Offiziellenbank 507
Offizierskabine 387
Öffnen 170
Öffner, Dosen 163
Öffnung 243
Ogenmelone 135
Ohm 426
Ohr 92
Ohr, Aufbau 116
Ohr, äußeres 116
Ohrdecken 78
Ohrenschützer 238, 458
Ohrgehänge 264
Ohrläppchen 115
Ohrmuschel 82, 115, 116, 324
Ohrmuschelhöcker 115
Ohrmuschelhöhlung 115
Ohrmuschelrand, äußerer 115
Ohrmuschelwindung 115
Ohrringe 264
Ohrringe mit Schraubverschluss 264
Ohrstecker 264
Ohrstöpsel 458, 460
Ohrtrompete 116, 117
Okapi 84
Okraschote 128
Oktaeder, regelmäßiges 429
Oktave 298
Oktavmechanik 306
Okular 8, 9, 420, 421
Okularhalterung 8
Okulartubus 421
Ölablassschraube 360
Ölausfluss 48
Öldruckkontrollleuchte 368
Öldruckwarnleuchte 355
Öle 149
Olive 128
Olivenöl 149
Öllöschbrücke 381
Ölsumpf 235
Ölverschmutzung 48
Ölwanne 360
Ölwannendichtung 360
Oman 452
Oman, Golf 19
On-Deck-Circle 474
Online-Spiel 335
Oolong-Tee 148
Oortsche Wolke 2
Operationsabteilung 464
Operationssaal 464, 465
Operationstisch 464
Operglas 273
Opernhaus 432
Opferstein 283
Opisthodomos 279
opponierbarer Daumen 91
Optik 418
Optiker 437
optische Maus 332
optische Sortierung 49
optischer Sensor 332
Orang-Utan 91
Orange 134
Orange im Querschnitt 58
Orbiter 12
Orchester 278
Orchestergraben 292
Orchidee 56
Ordner, Verzeichnis 334
Organismen, autotrophe 45
Organismen, heterotrophe 45
Organizer 338
Orgel 305
Orgelspieltisch 305
Orientierungseinlage 302, 303
Origano 142
Originaleinzug 328
Originalrückführung 328
Orinoko 17
orthopädischer Stock 466
Öse 263, 275, 535, 538
Öse für Tragriemen 315
Ost 23
Ost-Nordost 23
Ost-Südost 23
Ostchinesisches Meer 19
Österreich 450
östliche Hemisphäre 21
Östlicher Indischer Rücken 34
östlicher Meridian 22
Ostpazifischer Rücken 34
Ostsee 18
Ottomotor 360
Outfieldzaun 475
Overall 254, 261
Overknee-Strumpf 257
Ozean 5, 24, 45
Ozean, Atlantischer 15, 18, 20
Ozean, Indischer 15, 19, 20
Ozean, Pazifischer 15, 19
Ozeanien 14, 15, 453
ozeanische Gräben 34
ozeanische Kruste 26
ozeanische Rücken 34
ozeanischer Rücken 33
Ozonschicht 37

P

Paar 509
paarig gefiedert 55
Packlage 342
Packriemen 277
Packung 163
Pagode 283
Pak-Choi 126
Paketannahme 374
Pakistan 452
Palau 453
Palette 173
Palettenhubwagen 396
Palisade 282
Palme 64
Palmenhain 36
Palmette 200
Pampelmuse 134
Panama 448
Panama, Golf 17
Panama, Landenge 16
Panamahut 238
Panflöte 297
Panoramafenster 435
Pantoffel 242
Pantolette 242
Panty-Korselett 258
Papaya 137
Papier/Pappe, Sortierung 49
Papierausgabe 333
Papiereinzug, Kontrollleuchte 333
Papiereinzugstaste 443
Papiereinzugtaste 333
Papierführung 328
Papierkassette 333
Papierkorb 341
Papillarmuskel 104
Papille 114
Papille, fadenförmige 118
Pappel 64
Paprika 139
Paprika, gelber 128
Paprika, grüner 128
Paprika, roter 128
Papua-Neuguinea 15, 453
Par-5-Loch 504
Parabeldüne 36
Parabolantenne 316, 321
Paraffine 405
Paraguay 448
parallel 428
Parallelanschlag 227
Parallelepiped 429
Parallelogramm 429
Parallelschaltung 416
Parallelschnittstelle 329
Paramecium 66
Paraná 17
Paranuss 133
Parboiled Reis 147
Parfümerie 436
Park 25, 433
Parka 249
Parkdeck 435
Parkettboden 190
Parkettmuster 190
Parkplatz 375, 381, 390, 430, 445, 504, 512
Parmesan 151
Parterre 293
partielle Finsternis 4, 5
Partlow-Schreiber 365
Pascal 426
Pasch 468
Paspel 260
Paspeltasche 250
Pass 29
Passagierdampfer 386
Passagierkabine 383, 386, 387
Passagierraum 393, 395
Passagierraum 1. Klasse 392
Passagierterminal 389, 390
Passagiertransferfahrzeug 391
Passbildautomat 437
Passiergerät 170
Passiersieb 171
Passierte Tomaten 140
Passionsfrucht 136
Passkontrolle 391
Paste 141
Pastinake 129
Paßgang 83
Patagonien 17
Patent-Strickbündchen 250
Patera 200
pathologisches Labor 465
Patient 464
Patientenstuhl 464
Patisson 129
Patisson-Kürbis 129
Patrone (Gewehr) 534
Patrone (Schrotflinte) 534
Patronentasche 456
Patte 244
Pattentasche, schräge 248, 251
Pauken 295
Pause 299, 331
Pause, ganze 299
Pause, halbe 299
Pause-Taste 323
Pausenraum 445
Pausenzeichen 299
Pausetaste 319, 323
Pavian 91
Pavillon 432
Pazifik 14
Pazifische Platte 27
pazifischer Lachs 161
Pazifischer Ozean 15, 19
PC 329
PC-Kartenschacht 336
Pecannuss 133
Pechnase 282
Pecorino Romano 151
Pedal 302, 308, 370, 372, 501, 522
Pedalhaken 370, 372
Pedalklaviatur 305
Pedalstange 304
Pedaltaste 305
Peildeck 382, 386, 387
Peilstableuchte 364, 365
Pelerine 251
Pelikan 80
Pendelaufhängung 27
Pendelhub-Einstellung 227

Pendelzug 390
Penholdergriff 493
Penis 92, 111
Penne 146
Pepperoniwurst 156
perforierte Vorderkappe 240
Perforierung 243
Pergola 230
peripher-sensorisches Neuron 110
peripheres Nervensystem 108
Peristom 66
Peristyl 279, 280
Perlhuhn 81, 154
Perlzwiebel 124
Peroxyd 461
Peroxysom 66
Perserkatze 87
Persischer Golf 19
Personalcomputer 329
Personaleingang 438
Personalgarderobe 438
Personalraum 443, 463
Personalumkleideraum 465
Personenbahnhof 375
Personenwaage 423
Personenzüge 376
Persönliche Artikel 271
persönliche Ausstattung 264
persönliche Identifikationsnummer (PIN), Eingabegerät 443
Peru 448
Peru-Chile-Graben 34
Peso 440
Pestizid 47, 48
Petersilie 142
Petrochemikalien 405
petrochemische Industrie 405
Petroleum 405
Pfahlbau 288
Pfahlwurzel 63
Pfännchen 179
Pfanne 175
Pfannenwender 173
Pfau 81
Pfeffer, gemahlener 139
Pfeffer, grüner 138
Pfeffer, rosa 138
Pfeffer, schwarzer 138
Pfeffer, weißer 138
Pfefferschote 128
Pfefferspray 456
Pfefferstreuer 166
Pfeife 180
Pfeifhase 82
Pfeilanlagepunkt 535
Pfeiler 281, 283, 284, 285, 344, 375
Pfeilerfundament 344
pfeilförmig 55
Pferd 83, 85
Pferd, äußere Merkmale 83
Pfifferling 123
Pfirsich 132
Pfirsich im Querschnitt 57
Pflanze 53
Pflanze, Aufbau 53
Pflanzenfresser 45
Pflanzenreich 50
Pflanzenzelle 50
Pflanzholz 231
Pflanzkelle 232
Pflanzlochstecher 231
Pflanzschnur 231
Pflanzwerkzeuge 231
Pflasterstein 230
Pflaume 132
Pflaumensoße 141
Pflegelösung 272
Pfortader 103
Pfosten 187, 487, 490, 495
Pfropf 534
Pfund 440
Phase 198
Philippinen 19, 453
Philippinen-Platte 27
Philippinengraben 34
Phobos 2
Phosphorschicht 199
Photon 420
Photosphäre 4
Photosynthese 54
Physalis 132
Physik 416, 418
Physiotherapeut 489
physische Karte 24
Pi 428
Pia Mater 109
Piano, elektronisches 311
Pianopedal 304, 311
Pickup 347
Pik 468
Pikkoloflöte 295, 306
Piktogramme 330
Pilaster, korinthischer 281
Pillbox 239
Pilz 52
Pilz, Aufbau 52
Pilz, tödlich giftiger 52
Pilze 123
Pilzfaden 52
Pilzpapille 118
Pinguin 80
Pinie 65
Pinienkern 65, 133
Pinne 520, 533
Pinnwand 341
Pinseläffchen 91
Pintobohne 131
Pinzette 461
Pipeline 404
Pipeline, überirdische 404
Pistazie 133
Piste, Anfänger 512
Piste, Experte 512
Piste, mittelschwere 512
Piste, schwere 512
Pisten-Mittelliniemarkierungen 390
Pistenbezeichnungsmarkierung 390
Pistenrandmarkierungen 390
Pistenraupe 512
Pistole 216, 456
Pistolengriff 218, 228, 534
Pitot-Rohr 525
Pittabrot 145
Plakat 294
Planeten 2
Planeten, äußere 2
Planeten, innere 3
Planierraupe 398
Planierschaufel 398
Planierschild 398
plankonkave Linse 419
plankonvexe Linse 419
Plantainbanane 136
Planum 342
Plasmabrücke 50
Plasmafernseher 318
Plasmamembran 66
Plastikhülse 534
Plateau, Hochebene 24
Platte 178, 269, 309, 333
Platte, Afrikanische 27
Platte, Antarktische 27
Platte, Cocos 27
Platte, Eurasiatische 27
Platte, Indisch-Australische 27
Platte, Karibische 27
Platte, Nazca 27
Platte, Nordamerikanische 27
Platte, Pazifische 27
Platte, Philippinen 27
Platte, Scotia 27
Platte, Südamerikanische 27
Platten, tektonische 27
Plattengitter 359
Plattengrenzen, divergierende 27
Plattengrenzen, konvergierende 27
Plattenstift 304
Plattform 219, 363, 516, 526
Plattformpedal 522
Plattsehnenmuskel 97
Platzierungsrichter 516
Play-Taste 319, 323, 328
Play-Taste/Pausetaste 326
Plektron 297
Pleuelstange 360
Pleurahöhle 105
plus oder minus 427
Plusbereich 410
Plusglas 419
Pluskontakt 410, 411
Plusplatte 359
Pluspol 359, 417
Pluspolbrücke 359
Pluto 3
PN-Übergang 410
pneubereiftes Laufrad 380
pneubereiftes Leitrad 380
Podcasting 335
Podest 7, 191, 195, 219
Podium 283, 444
Pokerwürfel 468
Pol, negativer 416
Pol, positiver 416
Polachse 7
Polarisationsfilter 314
Polarklimate 40
Polarkreis, nördlicher 22
Polarkreis, südlicher 15, 22
Polarlicht 37
Polartundra 40
Polen 450
Poleposition 524
Poliklinik 465
Politik 448
politische Karte 23
Polizeibeamter 456
Polizeifahrzeug 457
Polizeirevier 433
Pollenkörnchen 68
Poller 385
Polohemd 255, 492
Polokleid 252
Poloshirt 250
Polster 478
Polsterauflage 460
Polsterdüse 209
Polynesien 453
Poncho 251
Pont-l'Évêque 151
Pool 502
Pore 50, 60, 114
Porro-Prisma 420
Portal 285, 447
Portalkuppel 447
Portierszimmer 439
Porträt 441
Portugal 449
Portulak 127
Portweinglas 165
Posaune 307
Posaunen 295
Positionsleuchte 376
Positionslicht 383, 393, 395
positiver Pol 416
Post, elektronische 335
Postamt 433, 437
Poterne 282
Pottwal 90
Präger 340
Prärie 24
Präzisionssport 502
Präzisionswaage 423
Preis pro Einheit 423
Preis pro Liter/Gallone 346
Preiselbeere 132
Prellbock 375
Pressfilterkanne 181
Presshebel 170, 216
primäre Nahrungsmittelquelle 45
Primärfokus 7
Primärfokuskabine 7
Primärkonsumenten 45
Primärspiegel 7
Primärwurzel 53
Primaten 91
Primaten, Beispiele 91
Prime 298
Prinzesskleid 252
Prinzessnaht 258
Prismenfernglas 420
pritschen 487
private Telekommunikation 317
privater Ankleideraum 290
privater Nutzer 335
privates Rundfunknetz 316
Privatflugzeug 394
Probierlöffel 173
Produktionsbohrung 402
Produzent 291
Profil 358
programmierbare Funktionstasten 443
programmierbare Tasten 332
Programmiertasten 319
Programmwähler 212, 213, 214
Programmwahlschalter 310
Programmwählscheibe 314
Programmwahltasten 319
Projektor 294
Promenadendeck 386
Pronaos 279
Propan- oder Butangas-Geräte 529
Propanflasche 361
Propeller, dreiflügeliger 394
Propeller, zweiflügeliger 394
Propellerummantelung 383
Prospektständer 442
Prospektzug 292
Prostata 111
Proton 414
Protuberanz 4
Provider, Internet 335
Provinz 23
Provinzgrenze 23
Prozent 427
Prozenttaste 337
Prüflampe 217
Pseudopodium 66
psychiatrischer Beobachtungsraum 462
psychiatrischer Untersuchungsraum 462
Publikumseingang 278
Puck 507
Pudel 86
Pudelmütze 239
Puder, loser 266
Puderdose 266
Puderkissen 266
Puderpinsel 266
Puderrouge 266
Puderzucker 149
Puerto-Rico-Graben 34
Puff 201
Puffer 287
Puffertank 404
Pullman Limousine 347
Pullover 250, 255
Pullunder 250
Pulmonalklappe 104
Pulpa 101
Pulpahöhle, Kronenabschnitt 101
pulsierende Vakuole 66
Pult 446
Pulver 140
Puma 88
Pumpe 184, 212, 214, 529
Pumpenraum 384
Pumplöschfahrzeug 455
Pumps 241
Pumpstation 404
Pumpstation, zentrale 404
Punchingball 498
Punktauge 67
Punktbrenner 218
Punkte 492
Punktetabelle 471
Pupille 87, 119
Pupille, senkrechte 76
Puppe 67
Pushup-Griff 501
Puter 155
Putter 505
Putzkelle 216
Putzschwamm 215
Pygalschild 76
Pylon 344
Pylon zur Aufhängung des Triebwerks 393
Pyramide 278, 429
Pyrenäen 18
Python 77

Q

Quadrant 428
Quadrat 429
Quadratwurzel 427
Quadratwurzel aus 427
Quadratwurzeltaste 337
Quark 414
Quarte 298
Quarterback 485
Quarterdeck 386
Quartett 300
Quartier 240, 262
Quecksilberkolben 424
Quecksilbersäule 424
Quecksilberthermometer 461
Quelle 32
Quellenangabe 313
Quellwolken 42
quer verlaufender Dickdarm 106
Querdünen 36
Querfeldeinrad 522
Querflöte 306
Querflöten 295
Querfortsatz 110
Querholz 201, 479
Querjoch 297
Querleiste 202
Querleiste, obere 202
Querleiste, untere 202
Querriegel 185

Querrippe 152
Querruder 13, 392
Querschiff 285
Querschnitt durch eine Sternwarte 7
Querschnitt, Apfel 58
Querschnitt, Baseball 477
Querschnitt, Baumstamm 63
Querschnitt, Erdbeere 59
Querschnitt, Erdkruste 26
Querschnitt, Himbeere 59
Querschnitt, Linsenfernrohr 8
Querschnitt, Orange 58
Querschnitt, Pfirsich 57
Querschnitt, Rotorgondel 413
Querschnitt, Spiegelteleskop 9
Querschnitt, Straße 342, 434
Querschnitt, Wasserkraftwerk 407
Querschnitt, Weintraube 59
Querschnitt, Zwiebel 54
Querschott 384
Querstraße, Allee 433
Querstrebe 467
Querstück 202, 466
Quetschfuß 199
Quetschverschraubung 197
Quicheform 172
Quinte 298
Quintett 300
Quitte 133
Quittungsausgabe 442

R

Rabatte 182
Rabe 80
Rachen 105, 106
Rachenenge 116
Raclette 151
Raclette-Grill 179
Rad 231, 364, 522, 525
Rad-Schneeschläger 172
Radar 382, 383, 386, 387
Radaranlage 457
Radaranlagendisplay 457
Radarmast 384
Radbefestigungsbolzen 357
Rädelung 223
Räder-Drehgeschwindigkeitssensor 357
Radgabel 522
radiale Einsteigestation 389
Radialkapelle 284, 285
Radiator 11
Radiatoren 13
Radicchio 126
Radiergummi 341
Radieschen 129
Radio-/Kassettengerät 354
Radio-Wellen 316
radioaktive Kerne 415
radioaktiver Abfall 48
Radioaktivität, Maßeinheit 426
Radiorecorder mit CD-Spieler 326
Radiowellen 418
Radius 428
Radkappe 349
Radlader 399
Radsport 522
Radtraktor 399
Raffinerie 404, 431
Raffinerieerzeugnisse 405
Raglanärmel 248, 251, 261
Raglanmantel 251
Rahmen 187, 192, 202, 204, 224, 240, 274, 277, 297, 309, 367, 396, 400, 401, 410, 411, 412, 492, 494, 502, 522
Rahmen, oben liegender 401
Rahmenleiste 202
Rahmenspant 385
Rambutan 137
Rampe 279, 281, 343, 526
Rampenlicht 293
Rand 273, 441
Rändelbolzen 219
Rang, erster 293
Ränge 278, 281
Ranviersche Schnürringe 110
Ras-El-Hanout 139
Rasen 183, 230, 492
Rasenbesen 237
Rasenpflege 237
Rasentrimmer 237
Rasierer, zweischneidiger 271
Rasiermesser 271
Rasierpinsel 271
Rasierschaum 271
Rasierwasser 271
Raste 473
Rasterleiste 211
Rasthebel 235
Rastplatz 25
Raststätte 25
Raststütze 369
Rasur 271
Rathaus 432
Ratsche 221
Ratschenringschlüssel 223
Ratte 82
Ratte, äußere Merkmale 82
Rau 504
Raubtiere 86
Raubtiere, Beispiele 88
Raubvogel 79
Räucherschinken 153
Rauchklappe 192
Rauchmantel 192
Rauchmelder 454
Rauke 127
Raum, Douglasscher 112
Raum, Douglasscher, vorderer 112
Raumanzug 10
Raumfähre 12, 13, 37
Raumfähre beim Start 12
Raumfahrt 10
Raumlaboratorium 13
Raumsonde 37
Raumstation, internationale 11
Raumteiler 528
Raupe 67
Raupenschere mit Teleskopstiel 234
Raureif 41
Raute 342
Rautenspitze 202
Ravioli 146
Reaktor 408
Reaktorgebäude 409
Reaktorkessel 409
Reanimationsraum 462
Rebe 62
Rebhuhn 80
Rebstock 62
Receiver 321, 325
Receiver: Vorderansicht 322
Rechen 233, 407
rechte Herzkammer 103, 104
rechte Lunge 103, 105
rechte Lungenvene 104
rechte Niere 107
rechte Seite 272
rechte Spur 343
Rechteck 429
Rechteckschlafsack 530
rechter Abwehrspieler 487
rechter Angriffsspieler 489
rechter Aufbauspieler 489
rechter Außenangreifer 487
rechter Außenfeldspieler 474
rechter Centre 482
rechter Corner Back 484
rechter Defensive End 484
rechter Defensive Tackle 484
rechter Guard 485
rechter Kanal 324
rechter Mittelfeldspieler 481
rechter Safety 484
rechter Stürmer 507
rechter Tackle 485
rechter Verteidiger 481, 506
rechter Vorhof 103, 104
rechter Winkel 428
rechtes Aufschlagfeld 491
rechtes Feld 475
rechts 293
Rechtsanwälte, Mitarbeiter 440
Reck 496, 497
Recycling 49
redaktioneller Beitrag 313
Redaktionsteil 313
Redingote 251
reflektierte Sonneneinstrahlung 46
Reflektor 217, 321
Regal 121
regelbarer Thermostat 179
regelmäßiges Achteck 429
regelmäßiges Elfeck 429
regelmäßiges Fünfeck 429
regelmäßiges Neuneck 429
regelmäßiges Oktaeder 429
regelmäßiges Sechseck 429
regelmäßiges Siebeneck 429
regelmäßiges Zehneck 429
regelmäßiges Zwölfeck 429
Regelschalter 210
Regen 41
Regen, gefrierender 41
Regen, saurer 47, 48
Regenbogen 41
Regenfälle, heftige 43
Regenhut 239
Regenleiste 349
Regenmantel 248
Regenrohr 182
Regenwald, tropischer 40, 44
Regenwasserabfluss 434
Regie-Kontrollmonitore 290
Regieassistent 291
Regieraum 293
Regierungsorganisation 335
Regiestuhl 200, 291
Regisseur 291
Register 539
Registerzug 305
Registratoren 499
Registriereinlagen 339
Registrierkasse 121
Registriertrommel 27
Regler 178
Reglerspanngewicht 287
Reglerventil 529
Regnerschlauch 236
Reh 84
Reibe 170
Reibefläche 218
Reif 41
Reife, Stufen 62
Reifen 349, 358, 364, 371, 522, 525
Reifenarten 358
Reifenflanke 358
Reifenstapel 524
Reifeprozess 62
Reihe 272, 293
Reihe, dritte 482
Reihe, erste 482
Reihe, zweite 482
Reihenhaus 289
Reiher 80
Reinigung, chemische 437
Reinigungsbürste 271
Reinigungsmittelbehälter 214
Reinigungsöffnung 194, 197
Reinigungswelle 216
Reis 61, 143, 147
Reis, weißer 147
Reisebett mit Wickelauflage 205
Reisebüro 436
Reisebus 362
Reisessig 141
Reisetasche 276
Reisezug 374
Reisfadennudeln 147
Reisfeld 47
Reismelde 143
Reisnudeln 147
Reispapier 147
Reißen 500
Reißnägel 341
Reißschenkelschutz 398
Reißverschluss 249, 261, 265, 277, 528
Reiter 340
Reiter, durchsichtiger 340
Rektaszensionsachse 8, 9
Relaisstation 316
Relaisstation, Mikrowellen 334
Relaisstelle 317
Religion 446
Reling 384, 385
Rennanzug 508, 525
Rennanzug, feuerfester 524
Rennbügel 371
Rennfahrer 524
Rennleiter 522
Rennrad 373
Rentier 84
Reparaturwerkstatt 346
Reportage 313
Reptilien 76
Reptilien, Beispiele 77
Republik Kongo 451
Requisiteur 291
Requisiteurassistent 291
Reserverad 361
Resettaste 329, 471
Resonanzboden 304
Resonanzdecke 296, 297, 301, 302
Resonanzfell 308
Resonanzkasten 302
Resonanzkörper 297, 302
Resonanzröhren 309
Ressourcenzugriff, vereinheitlichter 334
Restaurant 386, 432, 435, 436, 438
Restaurantkritik 313
Restmüll, nicht wieder verwertbarer 49
Retikulum, endoplasmatisches 50, 66
Rettich 129
Rettich, japanischer 129
Rettungsboot 382, 386
Rettungsfloß 383
Rettungsring 387, 457
Rettungsschacht 345
Rettungsstation 345
Rettungswagen 345, 460, 462
Revers 244
Revers, abfallendes 248
Revers, steigendes 244
Revisionsöffnung 193
Rezeptakel 51
Rezeptor, sensorischer 110
Rhabarber 125
Rhea 3
Rhesusfaktor negativ 426
Rhesusfaktor positiv 426
Rhizoid 51
Rhizom 52
Rhombus 429
Rhythmuswahlschalter 311
Riasküste 35
Ribosom 50, 66
Richter, Büro 440
Richtertisch 440
Richtung Mekka 447
Richtungstasten 331, 471
Ricotta 150
Riechbahn 117
Riechkolben 117
Riechnerv 117
Riechschleimhaut 117
Riegel 30, 178, 186, 214, 248, 277
Riemen 225, 477, 500
Riemenantrieb 383
Riemenmuskel 97
Riemenscheibe 360
Riemenschlaufe 532
Riesenkohl 126
Riesenslalom 511
Riesenslalomski 510
Riffküste 35
Rigatoni 146
Right-Wing 482
Rillettes 156
Rinde 107
Rinderfilet 152
Rinderhackfleisch 152
Rindfleisch 152
Rindfleischwürfel 152
Ring 52, 271, 307, 424, 498
Ringablage 340
Ringbuch 339
Ringbuchkalender 338
Ringe 264, 496, 497
Ringelnatter 77
Ringfinger 115
ringförmige Finsternis 4
Ringpfosten 498
Ringstufe 498
Ringumgebung 498
Ringumrandung 498
Ringverschluss 10
Rippe 125
Rippe, frei endende 98
Rippe, freie 99
Rippe, hohe 152
Rippen 98
Rippenbündchen 261
Rippenbündchen, gerades 247
Rippenfell 105
Rippenpolster 486
Rispe 61
Roberval-Waage 422
Roboterarm 11, 12
Robotersystem 11
Rochen 158
Rock 251, 492

Rock, gerader 253
Röcke, Beispiele 253
Rocky Mountains 16
Rodehacke 233
Roggen 61, 143
Roggenknäckebrot 145
roher Schinken 156
Rohkaffee 148
Rohöl 405
Rohölpipeline 404
Rohr 224, 534
Rohrabschnitt 193
Rohrblatt 306
Röhre 181, 424
Röhrenfassung 199
Röhrenglocken 295, 309
Röhrenkessel 405
Rohrfeder 312
Rohrschraubstock 224
Rohrstück 460
Rohrzangen 216
Rollbahn 388
Rollbahnmarkierung 389
Rollbewegung 395
Rollbraten 152
Rolle 277, 308, 526, 527, 535
Rollenfuß 536, 537
Rollenhaltepartie 537
Rollenhalterung 536, 537
Rollgabelschlüssel 223
Rollkragen 514
Rollkragenpullover 250
Rollring 196
Rollschuh 527
Rollschweller 305
Rollsport 526
Rollstuhl 467
Rollstuhllift 363
Rolltreppe 378, 435
Romagna-Salat 126
Römerpantolette 242
Römertopf 175
römische Bohne 131
römische Metallfeder 312
römische Ziffern 427
römisches Amphitheater 281
römisches Wohnhaus 280
Röntgengerät, fahrbares 462
Röntgenstrahlen 418
Roquefort 151
rosa Ball 503
rosa Pfeffer 138
Rose 56
Rosenkohl 126
Rosennerv 108
Rosenvene, große 102
Rosette 186, 285
Rosmarin 142
Ross-Schelfeis 15
Rösselsprung 470
Rost 210
Rot 418, 469
Rotalge 51
Rotbarsch 161
rote Bälle 503
rote Beete 129
rote Heidelbeere 132
rote Kidneybohne 131
rote Klemme 356
rote Meerbarbe 159
rote Zwiebel 124
roter Ball 503
roter Paprika 128
roter Stoßball 502
rotes Licht 434
Rotes Meer 14, 19, 20
Rotini 146
Rotkehlchen 80
Rotknievogelspinne, Mexikanische 70
Rotkohl 126
Rotor 412, 537
Rotorblatt 395, 412, 413
Rotorgondel im Querschnitt 413
Rotorkopf 395
Rotornabe 395
Rotstrahl 318
Rotunde 435
Rotweinglas 165
Rougepinsel 266
Router 334
Royal Flush 468
Ruanda 451
Rübe 129
Rübenhacke 233
Rübenspross 127
Rubin-Impulslaser 420
Rubinzylinder 420
Rückansicht 97, 99, 113
Rückbank 353
Rücken 78, 83, 86, 93, 95, 167, 169, 226, 228, 244
Rücken, Indisch-Antarktischer 34
Rücken, Mittelatlantischer 34
Rücken, Östlicher Indischer 34
Rücken, Ostpazifischer 34
Rücken, ozeanischer 33
Rücken, Westlicher Indischer 34
Rücken, Zentralindischer 34
Rückenansicht 93, 95
Rückenflosse 90
Rückenflosse, erste 74
Rückenflosse, zweite 74
Rückenlehne 200, 201, 205, 353, 369, 467, 523
Rückenlehne, Basis 200
Rückenmark 109, 110
Rückenmark, Aufbau 109
Rückenmarkshaut 109
Rückenmarkshaut, harte 109, 110
Rückenmarksnerv 109, 110
Rückenmittelschlitz 244
Rückenmuskel, breiter 97
Rückenpanzer 76
Rückenschlitz, seitlicher 244
Rückenschutz 525
Rückenschwimmen 517
Rückenschwimmen, Startgriffe 516
Rückenspange 244
Rückenteil 260
Rückenteil, verstellbares 460
Rückenträger, gekreuzt 261
Rückenverstärkung 509
Rückfahrscheinwerfer 352
Rückfeld 491
Rückfeldschiedsrichter 485
Rückgrat 536
Rückhaltesystem, Airbag 354
Rückholfeder 357
Rücklagenstütze 511
Rücklauf-Taste 323
Rücklicht 370
Rucksack 532
Rückschläger 490, 495
Rückschlaghinderer 534
Rückschritt, löschender 331
Rückspiegel 354, 366, 523
Rücksprungpalette 396
Rückspultaste 319, 326
Rückstellknopf 424
Rückstelltaste 323, 328
Rückstoßtriebwerk, vorderes 12
Rückstrahler 365, 370, 523
rückwärtige Begrenzungslinie 494
rückwärts 518
Rückwurflinie 479
Ruder 13, 383, 384, 386, 501, 520
Ruderblatt 384
Rudergerät 501
Ruderhaus 384
Ruffinisches Körperchen 114
Rufnummernregister 327
Rufnummernregister für automatische Wahl 327
Ruftaste 287, 327
Rugby 482
Rugbyball 483
Rugbyschuhe 483
Rugbyspieler 483
Rührbesen 176
Rührschüssel 176
Rührschüsseln 172
Rumänien 450
Rumpf 75, 93, 95, 393, 471, 520, 523
rund 55
Rundbürste 268
runde Bahn 220
runder Einwärtsdreher 96
runder Korpus 296
Rundfunknetz, privates 316
Rundkopf mit Schlitz 221
Rundmuskel, großer 97
Rundmuskel, kleiner 97
Rupie 440
Rüschen 260
Rüschenhöschen 260
Rüschenstrumpfhose 260
Rüssel 67
russischer Pumpernickel 145
russisches Modul 11
Russland 450
Rutengriff 537
Rutenschwellkörper 111
rutschfester Fuß 219
Ryukyugraben 34

S

S-Bahn-Strecke 375
S-Bogen 306
S-Bogen, Griffhebel 306
S-Video-Ausgang 336
Saal 386
Sackkarren 396
Safarijacke 255
Safran 138
Saftrinne 169
Sägeblatt 226, 227
Sägekette 235
Sägewerkzeuge 226
Sagittalschnitt 111, 112
Sahara 20
Sahne 150
Sahne, saure 150
Sahnebecher 163
Saint Kitts und Nevis 449
Saint Vincent und die Grenadinen 449
Saite 301, 302
Saiten 297
Saitenaufhängung 303
Saitenbezug 304
Saitenhalter 301
Saitenhalterung 297
Saiteninstrumente 301
Säkelle 231
Sakristei 446
Salamander 75
Salami, feine 156
Salami, grobe 156
Salatgabel 168
Salatgurke, kernlose 128
Salatschale 166
Salatschleuder 171
Salatschüssel 166
Salatteller 166
Salbei 142
Salchow 509
Saling 520
Salomoninseln 453
Salpetersäure, Emission 48
Saltostellung 518
Salz, grobes 141
Salzsee 36
Salzstreuer 166
Sambal Oelek 141
Sambia 452
Samen 53, 57, 58, 59, 60
Samenanlage 56
Samenbläschen 111
Samenleiter 111
Samenmantel 57
Samenschale 61
Sammelbehälter 365
Sammellinsen 419
Sammelschiene 407
Sammlung, getrennte 49
Samoa 453
Sampler 310
Samtkropfband 264
San Marino 450
Sand 492
Sandale 242
Sandale mit Zehenriemchen 242
Sandalette 241
Sandbank 33
Sandblattfeilen 265
Sandinsel 35
Sandkasten 377
Sandsack 498
Sandwüste 36
Sandwüste, Große 15
Sanitärinstallation 194, 195, 197
Sanitärinstallationssystem 194
Sankt-Lorenz-Strom 16
São Tomé und Príncipe 451
Sardelle 159
Sardine 159
Sarong 253
Satellit 316
Satelliten-Direktempfang 316
Satellitenradioempfänger 326
Satellitenübertragungstechnik 316
Sattel 245, 249, 255, 301, 302, 303, 370
Sattelkupplung 364
Sattelrock 253
Sattelschlepper 364
Sattelstütze 370
Satteltasche 372
Saturn 2, 3
Satz 492
Sätze, vorherige 492
Satztische 202
Sauciere 166
Saudi-Arabien 452
Sauerstoff, Abgabe 54
Sauerstoffanschluss 464
sauerstoffarmes Blut 104
Sauerstoffdruck-Stelleinrichtung 10
sauerstoffreiches Blut 104
Saugarm 400
Saugbürste 209
Saugnapf 72
Saugrohr 209, 360, 400, 407, 455
Saugzubehör 209
Säule 31, 279
Saum 478
Saumlatte 412
saure Sahne 150
saurer Regen 47, 48
saurer Schnee 48
Savanne 40, 44
Säwerkzeuge 231
Saxhorn 307
Saxophon 306
Scanner 121
Schaber 219
Schach 470
Schachbrett 470
Schachfiguren 470
Schachtel, Käse 163
Schädel 92, 100
Schädel eines Kleinkindes 100
Schädel, Seitenansicht 100
schädliche Gase, Emission 47
Schadstoffe, biologisch nicht abbaubare 47
Schaf 84
Schäferhund, Deutscher 86
Schafstall 122
Schaft 220, 221, 228, 471, 492, 494, 503, 505, 506
Schaftstiefel 241
Schäftung 534
Schäkel 521
Schale 58, 60, 73, 79, 162, 277
Schalenhaut 79
Schalenschuh 527
Schalensitz: Seitenansicht 353
Schalensitz: Vorderansicht 353
Schäler 169
Schallbecher 305
Schallbecherstütze 306
Schallbrett 285
Schalldämpfer 351
Schalloch 301
Schallplattenladen 436
Schallrose 302
Schälmesser 169
Schalotte 124
Schalter 198, 210, 211, 219, 227, 229, 269, 270, 271, 272, 416, 443
Schalter für Belüftung 354
Schalter für Heizung 354
Schalterabdeckplatte 198
Schalthebel 350, 354, 369, 371, 372, 522
Schaltpedal 367, 368
Schaltuhr 210
Schaltung, gedruckte 417
Schaltung, integrierte 417
Schaltzug 372
Scham 94, 113
Schambein 92, 94
Schamhügel 112
Schamlippe, große 112, 113
Schamlippe, kleine 112, 113
Schamotteplatte 192
Schamottestein 192
Schardrehkranz 401

Schardrehzylinder 401
Scharfeinstellung 8, 9
Schärfentiefenknopf 314
Scharfstellrad, zentrales 420
Scharfstellring 420
Scharhubzylinder 401
Scharnier 178, 185, 186, 202, 214, 274, 277, 352, 367, 420
Scharverstellvorrichtung 401
Scharwachturm 282
Schatten 424
Schaufel 399, 510, 514
Schaufel, hintere 399
Schaufelarm 399
Schaufelbolzengelenk 399
Schaufellader 399
Schaufelzahn 400
Schaufelzylinder 399, 400
Schaukelstuhl 200, 201
Schaum 33
Schaumanzeiger 385
Schaumbad 267
Schaumgummimatratze 530
Schaumgummipolsterung 458
Schauspieler 290
Schauspielereingang 278
Schauspielerin 291
Schauspielerstühle 290
Scheckheft 274
Scheckhülle 275
Scheckkarte 443
Schecks 441
Scheibe 6, 186, 501
Scheiben 177
Scheibenbremse 350, 357, 366, 525
Scheibenbremse, hydraulische 522
Scheibenhantel 500
Scheibenwaschdüse 348
Scheibenwischer 348, 355
Scheibenwischerhebel 354
Scheide 52, 112, 113, 533
Scheide, Schwannsche 110
Scheider 359
Scheidewand 58, 60, 117
Scheidewandknorpel 117
Scheinwerfer 290, 293, 348, 364, 366, 368, 371, 376, 377, 455, 523
Scheitel 78
Scheitelbein 99, 100
Scheitelrippe 284
Schekel, neuer 440
Schelfeis, Filchner 15
Schelfeis, Ross 15
Schelle 309
Schellen 309
Schellfisch 161
Schema des Blutkreislaufs 103
Schenkel 78, 83, 538
Schenkelbein 99
Schenkelbindenspanner 96
Schenkelhals 99
Schenkelmuskel, äußerer 96, 97
Schenkelmuskel, gerader 96
Schenkelmuskel, innerer 96
Schenkelmuskel, zweiköpfiger 97
Schere 71, 461, 531
Scherenblatt, gekerbtes 270
Scherenleuchte 207
Scherenstromabnehmer 376
Scherkopf 271
Scherkopfhalter 271
Scheuerleiste 358
Scheune 122
Schiebedach 349
Schiebefenster, horizontales 287
Schiebefenster, vertikales 287
Schiebegriff 467
Schiebeleiter 455
Schiebeöffnung 423
Schieber 273, 425
Schieberad 467
Schiebetür 195, 286
Schiebetür, automatische 286
Schiebetür, elektrische 363
Schieblehre, Messschieber 425
Schiedsrichter 479, 481, 483, 488, 490, 495, 498, 499, 507, 515, 516, 518
Schienbein 98
Schienbeinarterie, vordere 102
Schienbeinmuskel, vorderer 96
Schienbeinnerv 108
Schienbeinschützer 480, 513
Schiene 207, 214, 473, 527
Schienen 461
Schienenräumer 376, 377
Schienenverkehr 374
Schifffahrt 381
Schiffsbodenverband 190
Schiffsschraube 384
Schiitakepilz 123
Schikane 524
Schild 169, 458
Schildbogen 284
Schildchen 73
schildförmig 55
Schildhubzylinder 398
Schildkröte 76
Schildkröte, äußere Merkmale 76
Schildwanze 69
Schimpanse 91
Schinken, gekochter 156
Schinken, roher 156
Schinkenmesser 169
Schirm 206, 273, 479
Schirmfeder 78
Schirmmütze 238
Schirmständer 273
Schlafanzug 256, 261
Schlafanzug in Schlupfform 261
Schlafanzug, zweiteilig 260
Schlafcouch 204
Schläfe 92
Schläfenbein 98, 100
Schlafkabine 364
Schlafraum 528
Schlafsäcke, Beispiele 530
Schlafwagen 376
Schlafzimmer 189
Schlafzimmer, großes 189
Schlagbereich 477
Schläge 490
Schläger 476, 477
Schlägerabdeckung 505
Schlagfläche 505
Schlaghandschuh 476
Schlagholz 478
Schlaghose 254
Schlaginstrumente 295, 308
Schlagmal 475
Schlagmallinie 479
Schlagmann 475, 476, 478, 479
Schlagpolster, elektronisches 311
Schlagsahne 150
Schlagschutz 303
Schlagstockhalter 456
Schlagzeile 313
Schlammfluss 31
Schlammgrube 403
Schlammpumpe 403
Schlammpumpenschlauch 403
Schlange 76, 469
Schlangenbohrer mit doppeltem Gewindegang 228
Schlankmuskel 97
Schlauch 209, 454, 461
Schlauch, flexibler 209
Schlauchdüse 236
Schlauchkleid 252
Schlauchkupplung 236
Schlauchleitung 454
Schlauchwagen 236
Schlaufe 245, 265, 343
Schlegel 308, 309
Schleier 536
Schleifblatt 229
Schleife 238
Schleifpapier 229
Schleifteller 229
Schlepper 384
Schlepplift 512
Schleppvorrichtung 364
Schleuder 365
Schließe 532
Schließfach 443
Schließfrucht 60
Schließmuskel, hinterer 73
Schließmuskel, vorderer 73
Schlinge 535
Schlitten 521
Schlittschuh 506
Schlittschuhe, Eisschnelllauf 508
Schlittschuhschritt 514
Schlittschuhschritt, diagonaler 514
Schlitz 167, 178, 221, 247, 260
Schlitzschrauben 221
Schloss 186, 202, 211, 275, 277, 372
Schlossbrett 185
Schloßband 73
Schlucht 31, 32
Schluckloch 31
Schlupfform 261
Schlüssel 223
Schlüsselbein 98
Schlüsselbeinarterie 102
Schlüsselbeinvene 102
Schlüsseldienst 437
Schlüsseletui 275
Schlüsselschild 186
Schlüsselschloss 274
Schlussleuchte 352, 367, 368
Schlussstein 284
Schmelz 101
Schmelzen 414
Schmelzwasser 30
Schmetterball 491
Schmetterling 67
Schmetterling, äußere Merkmale 67
Schmetterlingsstil 517
Schmiermittelraffinerie 405
Schmieröle 405
Schmorpfanne 175
Schmuck 264
Schmuck und Schönheitspflege 264
Schmutzfänger 349, 364, 365
Schnabel 78
Schnalle 248, 276
Schnappmechanismus 537
Schnappschloss 274
Schnappverschluss 275
Schnarrsaite 308
Schnarrsaitenspanner 308
Schnauze 75, 86, 87
Schnauzer 86
Schnecke 72, 116, 157, 301, 365
Schnecke, äußere Merkmale 72
Schneckenbohrer 228
Schneckenpfännchen 173
Schneckenzange 173
Schnee 41
Schnee, ewiger 29
Schnee, saurer 48
Schneeanzug 261
Schneebesen 172
Schneefeger 356
Schneefräse 365
Schneemobil 523
Schneeregen 41
Schneesack 260
Schneidbrett 169
Schneide 167, 169, 221, 270, 509
Schneiden 177
Schneiderkragen 251
Schneidermuskel 96
Schneidezahn, äußerer 101
Schneidezahn, mittlerer 101
Schneidezähne 101
Schneidkante 398, 399, 400
Schneidklinge 180
Schneidkopf 341
Schneidlade, Gehrung 226
Schneidmesser 176, 177
Schneidwerkzeuge 234
schnell drehende Welle 413
Schnellabrollbahn 388
Schnellhefter 339
Schnellkocher, elektrischer 179
Schnellkochtopf 174
Schnellspannbohrfutter 228
Schnellstraße 343
Schnellvorlauf-Taste 323
Schnittfläche 235
Schnittlauch 124
Schnittstelle, Ethernet 336
Schnittstelle, FireWire 336
Schnittstelle, serielle 329
Schnittstelle, USB 329, 336
Schnittstellen, Controller 471
Schnitzel 152
Schnur 225, 327
Schnürband 477
Schnurfangbügel 537
Schnürhaken 509
Schnurlaufröllchen 537
Schnürloch 240
Schnürlochteil 240
Schnüröse 509
Schnurrhaare 87
Schnürringe, Ranviersche 110
Schnürschuh 240
Schnürsenkel 240, 262, 498, 509
Schnürsenkelende 240, 262
Schokolade 148
Schokolade, weiße 148
Scholle 161
Schollenmuskel 96
Schöpflöffel 173
Schöpfteil 167
Schornstein 183, 382, 386, 402
Schössling 53, 63
Schoß 245, 255
Schote 60
Schote, Schnitt 60
Schottenrock 253
Schotterfläche 30
Schräge 460
schräge Pattentasche 248, 251
schräger Interlobärspalt 105
Schräggeison 279
Schrägmaß 225
Schrägstellungsvorrichtung 227
Schrankteil 203
Schrapper 400
Schratten 31
Schraube 221, 301, 384, 386, 387
Schrauben 223
Schraubenbolzen 223
Schraubenbolzen mit Ansatz 223
Schraubendreher 221
Schraubenfeder 351
Schraubenwelle 383, 387
Schraubenzieher 221, 531
Schrauberbit 228
Schraubfassung 199
Schraubstock 224
Schraubstollen 480
Schraubverschluss 163
Schraubwerkzeuge 221
Schreib-/Lesekopf 333
Schreiber 27
Schreibgeräte 312
Schreibmappe 275
Schreibpinsel 312
Schreibplatte, herausklappbare 203
Schreibschutz 333
Schreibspitze 27
Schreibtisch 439
Schreibtischleuchte 206
Schreibwaren 337
Schritt 83, 247, 255
Schrot 534
Schrotflinte (glatter Lauf) 534
Schubdüse 10
Schubkarre 231
Schubkasten 205
Schubkontrolle 332
Schublade 164, 202, 203
Schubphase 514
Schubrahmen 398
Schuh 240, 488, 522, 524
Schuh mit Stoßplatten 486
Schuhe 240
Schuhgeschäft 437
Schukosteckdose 198
Schukostecker 198
Schulaufsicht, Büro 445
Schulbank 444
Schulbus 362
Schule 444
Schüler mit Lernschwierigkeiten, Klassenzimmer 444
Schüler/Schülerin 444
Schülerspinde 445
Schulhof 445
Schulleiter, Büro 445
Schulter 83, 86, 92, 94, 302, 536
Schulterblatt 93, 95, 98, 99
Schulterblattgräte 99

Schulterfeder 78
Schultergurt 353, 505, 532
Schulterklappe 248, 456
Schulterpolster 486
Schulterriemen 276, 320
Schultertasche 276
Schuppe 74, 76
Schuppen 182, 230
Schuppenblatt 54
Schuppennaht 100
Schürfkübel 400
Schürhaken 193
Schürze, elastische 383
Schürzenfinger 383
Schüssel 177
Schüttelsieb 403
Schutz 227
Schutzanzug 525
Schutzausrüstung 486
Schutzbezug 204
Schutzblech 370, 523
Schutzblech, vorderes 366
Schutzbrille 218, 458, 522, 525
Schutzdach 396
Schutzdeckel 329
Schützer, Schienbein 513
Schutzgehäuse 237
Schutzgeländer 377
Schutzgitter 205, 217, 442
Schutzglas 318
Schutzhaube, obere 227
Schutzhaube, untere 227
Schutzhelm 367, 458, 486, 506
Schutzkäfig 473
Schutzkante 277
Schutzkappe 420, 460, 467
Schutzkontaktbügel 198
Schutzmaske 458
Schutzplatte 525
Schutzraum 345
Schutzring 210
Schutzschicht 10
Schutzumrandung 471
Schutzwand 506
schwacher Punkt 470
Schwadenblech 237
Schwalbe 80
Schwamm 215
Schwammstäbchen 266
Schwanenhals 400
Schwannsche Scheide 110
Schwanz 71, 76, 82, 83, 86, 90, 111, 536
Schwanzfächer 71
Schwanzfeder 78
Schwanzflosse 74, 90
Schwarz 418, 470
schwarzäugige Bohne 130
Schwarzbär 89
schwarze Bohne 131
schwarze Johannisbeere 132
schwarze Klemme 356
schwarze Mungobohne 131
schwarze Senfkörner 138
schwarzer Ball 503
schwarzer Pfeffer 138
schwarzer Stein 470
schwarzer Tee 148
schwarzes Brett 444
schwarzes Feld 470
Schwarzes Meer 14, 18, 19
Schwarzrettich 129
Schwarzwurzel 129
Schwebebalken 496, 497
Schweden 450
Schwefeldioxid, Emission 48
Schwefelsäure, Emission 48
Schwein 84
Schweinefleisch 153
Schweinehackfleisch 153
Schweinespeck 149
Schweinestall 122
Schweißband 492
Schweißdrüse, apokrine 114
Schweißdrüse, Ausführungsgang 114
Schweißdrüse, ekkrine 114
Schweißwerkzeuge 218
Schweiz 450
schweizer Offiziersmesser 531
Schwelle 185
Schwellenmarkierungen 391
Schwenkarm 176
Schwenkbrückenstand 400
Schwenkkopf 224
Schwenksockel 224
Schwenkverschluss 224
schwere Piste 512
Schwerfahrzeugen, Transport 377
Schwerkraftmodul 11
Schwermaschinen 398
Schweröl 405
Schwert 235, 520
Schwertfisch 159
Schwertwal 90
Schwesternstation 462, 463
Schwesternzimmer 465
Schwimmbecken 184, 517
Schwimmbecken, eingebautes 184
Schwimmbrille 516
Schwimmdach 404
Schwimmdachtank 404
Schwimmen 516
Schwimmer 196, 538
Schwimmerventil 196
Schwimmfuß 75
Schwimmhaut 75, 79
Schwimmhautzeh 79
Schwimmkörper 394
Schwimmkran 381
Schwimmlappenzeh 79
Schwingflügel 287
Schwinggaragentor 286
Schwinghebel 360
schwingungsdämpfender Bügelgriff 235
Schwingungsdämpfer 212
Schwungrad 360, 501
Scotia-Platte 27
Scrimmage-Linie 485
Scriptgirl 291
Scrollen 331
Scrollen-Feststelltaste 331
Scrollrad 332
Sechseck, regelmäßiges 429
Sechserpasch 468
Sechskantmutter 223, 359
Sechzehntelnote 299
Sechzehntelpause 299
Second 515
Sedimentgesteine 26
See 5, 24, 29, 32
See, Irische 18
See, künstlicher 32
See, tektonischer 32
See, vulkanischer 32
Seebarsch 160
Seehund 90
Seelachs 161
Seelöwe 90
Seen 32
Seen, Große 16
Seenversauerung 48
Seeotter 88
Seeteufel 160
Segel 519
Segelboot 520
Segelkleid 520
Segellatte 519, 520
Segelsport 520
Segelstange 412
Segeltasche 519
Segeltuchbespannung 412
Segmentpunktzahl 471
Sehen 419
Sehenswürdigkeit 25
Sehfehler 419
Sehne 535
Sehnen 119
Sehnenverkreuzung 109
Seifenbecher 271
Seifenschale 195
Seiher 171
Seil 219, 498
Seilbahn 512
Seilbahnabfahrt 512
Seilverspannung 498
Seilzug 219
seismische Welle 27
Seismogramm 27
Seismographen 27
seismologische Aufzeichnung 403
Seite 167, 293
Seite, linke 272
Seite, nächste 331
Seite, rechte 272
Seite, vorherige 331
Seitenansicht 478
Seitenansicht eines Schädels 100
Seitenauslinie 481
Seitenband, vertikales 487
Seitenfach 352
Seitenfenster 349
Seitenflosse 393, 395
Seitenfontanelle, hintere 100
Seitenfontanelle, vordere 100
Seitengriff 352
Seitenkapelle 284
Seitenkästen 525
Seitenkoffer 369
Seitenlinie 74, 483, 484, 487, 488, 493, 515
Seitenlinie für das Doppelspiel 490, 495
Seitenlinie für das Einzelspiel 491, 495
Seitenluke 12
Seitenmoräne 30
Seitenöffnung 344
Seitenrad 412
Seitenrichter 483
Seitenruder 393
Seitenschiff 285
Seitenschlot 28
Seitenspiegel 269, 348, 364, 368
Seitenspiegelverstellhebel 352
Seitenspur 343
Seitenständer 367
Seitensteg 273
Seitenstück 201
Seitentasche 505
Seitenteil 248
Seitenverkleidung 349
Seitenverstellhebel 229
Seitenwand 365, 517
Seitenwurzel 53
seitliche Einfassung 192
seitlicher Hautnerv des Oberschenkels 108
seitlicher knöcherner Bogengang 116
seitlicher Kompressionsgurt 532
seitlicher Rückenschlitz 244
Seitpferd 496
Sekretär 203
Sekretariat 443, 445
Sektionalgaragentor 286
Sektkelch 165
Sektor 428
Sektschale 165
Sekundant 498
Sekundärkonsumenten 45
Sekundärspiegel 7, 9
Sekunde 298
Sekundenzeiger 424
selbstaufblasbare Luftmatratze 530
Selbstauslöser 314
Selbstauslöser-Lichtsignal 314
Selbstbedienungstheke 120
Selbstklebeetiketten 340
selbstklebende Lasche 339
Sendeantenne 316
Sendereinstellung 326
Sendersuchlauftasten 322
Sendervorwahltaste 326
Senderwahl 326
Sendung mit Radio-Wellen 316
Senegal 20, 451
Senf 60, 140
Senf, amerikanischer 140
Senf, deutscher 140
Senf, englischer 140
Senfkörner 140
Senfkörner, schwarze 138
Senfkörner, weiße 138
Senfpulver 140
Senkkopf mit Imbus 221
Senkkopf mit Kreuzschlitz 221
Senkkopf mit Schlitz 221
senkrechte Pupille 76
sensibles Neuron 110
Sensor 178
Sensor für Fernbedienung 318
Sensor, optischer 332
Sensorhülse 178
sensorischer Rezeptor 110
Sensorkreis 357
Sepalum 58
Separator 417
Septime 298
Septum pellucidum 109
Sequencer 310
Sequenzerregler 310
Serac 30
Serbien 450
serielle Schnittstelle 329
Seriennummer 441
Server 334, 335
Service-Bereich 346
Servicemodul, ferngesteuertes 11
Servierplatte 166
Serviertisch 438
Servierwagen 202
Sesamöl 149
Sessellift 512
Sesselliftabfahrt 512
Setzholz 202
Setzstufe 191
Sexte 298
Sextett 300
Seychellen 452
Shake-Hands-Griff 493
Shampoo 267
Shorts 254, 263
Siamkatze 87
Sichel 234
Sicheldüne 36
Sicherheit 454
Sicherheitsbereich 499
Sicherheitsbindung 510, 511
Sicherheitsdienst 463
Sicherheitsfaden 441
Sicherheitsgriff 237
Sicherheitsgurt 353
Sicherheitshinweisschild 228
Sicherheitsholm 219
Sicherheitshülle 408, 409
Sicherheitskette 361
Sicherheitskontrolle 391
Sicherheitsleiste 211
Sicherheitsleuchte 457
Sicherheitsraum 440
Sicherheitsriemen 10
Sicherheitsschuh 459
Sicherheitssensor 354
Sicherheitsspiegel 362
Sicherheitsstreifen 379
Sicherheitsthermostat 213
Sicherheitsventil 174, 408
Sicherung 198, 411
Sicherungsautomat 407
Sicherungsknopf 352
Sicherungskopf 221
Sicherungsstift 454
sichtbares Licht 418
Sichtfenster 13, 178, 179, 210
Sichtlinie 533
Sieb 177, 180
Siebbeinplatte 117
Sieben 171
Siebeneck, regelmäßiges 429
Sierra Leone 451
Sigmoid 106
Signal 375
Signalbrücke 375
Signalhorn 377
Signalleiste 455
Silberbesteck 167
Silos 381
Simbabwe 452
Sinfonieorchester 295
Singapur 453
Sinkblei 538
Sinnesorgane 114, 115, 119
Sinushaar 82
Siphonalkanal 73
Sistrum 309
Sitz 195, 196, 200, 201, 205, 353, 369, 467, 501, 523
Sitzbank 201, 353, 367, 379, 523
Sitzbein 99
Sitzmöbel 201
Sitzplatz 294
Sitzplätze 293
Sitzrohr 370
Sitzsack 201
Sitzungsraum 442
Sitzungssaal 439
Sitzverstellung 353

Skala 225, 422, 424, 425, 460, 533
Skandinavische Halbinsel 18
skandinavisches Knäckebrot 145
Skateboard 526
Skateboarder 526
Skateboarding 526
Skaterin 527
Skelett 98
Skelettbürste 268
Ski 510
Skianzug 510, 513, 514
Skibremse 511
Skibrille 510, 513
Skier, Beispiele 510
Skigebiet 512
Skihandschuhe 510
Skihütte 512
Skilanglauf 514
Skiliftankunft 512
Skimmer 184
Skimütze 514
Skip 515
Skipiste 512
Skipisten 512
Skischule 512
Skispitze 514
Skispringen 513
Skispringer 513
Skisprunganzug 513
Skisprungschuh 513
Skistiefel 510, 511, 514
Skistock 510, 514
Skiträger 356
Skorpion 70
Slalomski 510
Slingpumps 241
Slip 247, 259
Slipper 242
Slowakische Republik 450
Slowenien 450
SLR-Kamera 314
Smog 47
Snackbar 294
Snooker 503
Snowboard 513
Snowboarden 513
Snowboarder 513
Sobanudeln 147
Söckchen 257
Socke 257, 486, 492
Sockel 192, 199, 206, 269, 283, 302, 412, 422
Sockel, fester 224
Sockel, gepolsterter 489
Sockelgeschoß 412
Sockelleiste 191
Sockelprofil 202
Socken 247
Sofa 200
Sofa, zweisitziges 439
Soffitte 293
Soffitten 292
Sofortbildkamera 315
Softball 477
Softballhandschuh 477
Softballschläger 477
Softboots 513
Softkey-Taste 327
Software, E-Mail 334
Sohle 229, 247, 509, 511
Sohlenspanner 97
Sohlschicht, obere 402
Sohlschicht, untere 402
Sojabohnen 131
Sojasoße 140
Sojasprossen 131
Solarreflektoren 316
Solarzelle 337, 410, 411
Solarzellengenerator 11
Solarzellensystem 411
Solitärring 264
Solvent-Extraktionsanlage 405
Somalia 451
Somennudeln 147
Sommer 38
Sommersonnenwende 38
Sonne 2, 4, 5, 38
Sonne, Aufbau 4
Sonnenblende 8, 354, 361
Sonnenblume 56
Sonnenblumenöl 149
Sonnenbrille 273
Sonnendeck 385, 387
Sonneneinstrahlung 46
Sonneneinstrahlung, absorbierte 46
Sonneneinstrahlung, reflektierte 46
Sonnenenergie 54, 410
Sonnenfinsternis 4
Sonnenfleck 4
Sonnenkleid, leichtes 252
Sonnenrollo 356
Sonnenschutz, Windschutzscheiben 356
Sonnenschutzschicht 10
Sonnensegel 7
Sonnenstrahlen 45
Sonnenstrahlung 410, 411
Sonnensystem 2
Sonnenuhr 424
Sonnenzellenausleger 316
Sonnenzellenkollektor 411
Sortieranlage 49
Sortierung von Glas 49
Sortierung von Kunststoff 49
Sortierung von Metall 49
Sortierung von Papier/Pappe 49
Sortierung, optische 49
Sorus 52
Souffléform 172
Sozialarbeiterbüro 463
Sozialdiensträume 465
Soziussitz 369
Spaghetti 146
Spaghettikürbis 129
Spaghettini 146
Spaghettizange 173
Spalier 230
Spalierbogen 230
Spalt 58
spaltbarer Kern 415
Spalte 313
Spaltprodukte (radioaktive Kerne) 415
Späneschutz 227
Spangang 228
Spange 248
Spanien 449
Spann 92
Spannbetttuch 204
Spanner 528
Spanner, Werkstück 226
Spannfeder 500
Spanngriff 224
Spannkabel 412
Spannpratze 224
Spannrad 398
Spannschnur 297
Spannschraube 224, 229, 308
Spannungserhöhung, erste 413
Spannungserhöhung, zweite 413
Spannungsprüfer 217
Spannungsstift 198
Spannweite 224
Spannweite, eingehängte 344
Sparbuchnachtrag 442
Spareribs/Schälrippchen 153
Spargel 125
Spargelbohne 130
Spargelsalat 126
Sparren 187
sparriges Torfmoos 51
spatelförmig 55
Spaten 233
Spazierstock 273, 466
Specht 80
Speedskate 527
Speer 472
Speerwurf 473
Speiche 70, 98, 371
Speicheldrüse 118
Speichennerv 108
Speichenseite, Handstrecker 97
Speicheradditionstaste 337
Speicheranzeigetaste 337
Speichergeräte 333
Speicherkarte 315
Speicherkartenlesegerät 333
Speicherkartenschächte 471
Speicherkraftwerk 406
Speicherlöschtaste 337
Speichersubtraktionstaste 337
Speichertaste 322, 326, 327
Speisekammer 188
Speiseröhre 105, 106
Speisesaal 386, 438, 439
Speisewagen 376
Spektrum, elektromagnetisches 418
Spenzer 254
Sperling 80
Spermium 111
Sperrdrehknopf 425
Sperre 434
Sperrengeschoss 378
Spezialflachwagen 377
Spezialitäten 156
Spezialslalom 511
Spicknadel 173
Spiegel 10, 195, 277, 354, 369, 421, 439, 533
Spiegel, beleuchteter 269
Spiegel, ebener 7
Spiegel, teilreflektierender 420
Spiegel, vollreflektierender 420
Spiegelreflexkamera, digitale 315
Spiegelreflexkamera, einäugige 314
Spiegelteleskop 9
Spiegelteleskop im Querschnitt 9
Spiegelzylinder 420
Spiel 492
Spielanzug 261
Spielball 502, 503
Spielbereich 471
Spielbrett 469, 470
Spiele 468
Spiele mit Schlägern 493
Spielekonsole 471
Spieler 492
Spielerbank 474, 485, 487, 506
Spielerinnen 492
Spielernummer 486, 488, 506
Spielerpositionen 474, 481, 482, 489
Spieleschnittstelle 329
Spielfeld 469, 474, 479, 480, 482, 487, 488
Spielfeld für American Football 484
Spielfeldbeläge 492
Spielfigur 469
Spielfläche 493
Spielstein 470
Spielwarengeschäft 436
Spike 473
Spikereifen 358
Spikulen 4
Spinalganglion 109, 110
Spinat 127
Spindel 73
Spindelfalte 73
Spinne 70
Spinne, äußere Merkmale 70
Spinnennetz 70
Spinnentiere 67
Spinnentiere, Beispiele 70
Spinnerschachtel 538
Spinnrute 537
Spinnwarze 70
Spiralarm 6
Spiralbindung 536
Spiralbohrer 228
Spirale 228
spiralförmiges Wolkenband 43
Spiralheftung 340
Spiralkneter 176
Spiralnagel 220
Spiralringbuch 340
Spiralskulptur 73
Spiralspindel 221
Spirulina 123
Spitze 29, 55, 101, 125, 167, 169, 208, 216, 220, 221, 226, 247, 273, 301, 312, 471, 510, 534, 536
Spitze, nicht wärmeleitend 269
Spitzenhandschuh, fingerloser 243
spitzer Winkel 428
Spitzsieb 171
Spitzzange 217
Splintholz 63
Spoiler 366
Sporen 52
Sport 468
Sportanlagen 431
Sportartikelgeschäft 437
Sportfischerei 536
Sporthalle 386
Sporthose 473
Sportkleidung 262, 263
Sportplatz 386
Sportreifen 358
Sportset 261
Sportwagen 347
Spot 207
Sprachaufnahmetaste 337
Sprecher 518
Sprechmuschel 327
Sprechtrommel 297
Spreite 51, 52, 55
Spreizdübel 221
Sprengring 538
Springeinrichtungen 518
Springer 470
Springform 172
Springseil 500
Sprinkler 408
Spritzbeutel 172
Spritze 460
Spritzenkolben 460
Spritzenkörper 460
Spritzloch 90
Spross 54
Sprosse 185, 186, 205, 219
Sprosse, obere 201
Sprossenarretierung 219
Sprossengemüse 125
sproßbürtige Wurzeln 52
Sprüharm 214
Sprühflasche 236
Sprühknopf 208
Sprungbein 99
Sprungbrett 184, 496
Sprünge, Beispiele 509
Sprungfederrahmen 204
Sprungfiguren 518
Sprunggelenk 83, 86
Sprungpferd 496, 497
Sprungrichter 518
Sprungski 513
Sprungturm 518
Spülarm 196
Spule 319, 536, 537
Spüle 164, 197
Spulenachse 537
Spülhebel 196
Spülkasten 195
Spülkastendeckel 196
Spülkopf 403
Spur, rechte 343
Sri Lanka 453
St. Lucia 449
Staatsanwaltschaft, Tisch 440
Staatsgrenze 23
Stab 199, 230, 259, 479
Stäbchen 119
Stabhochsprung 472
Stabilisator 523
Stabilisierungsflosse 386
Stabkranz 112
Stablampe 456
Stabmixer 176
Stabparkett 190
Stachel 68
Stachelbeere 132
Stachelschwein 82
Stachelzellenschicht 114
Stadion 431, 472
Stadt 23, 430
Stadtplan 25
Stadtrad 373
Stadtteil 25
Staffelstab 472
Staffelübergabebereich 472
Stahldraht 535
Stahlkante 510
Stahlkappe 459
Stahlmantel 417
Stahlschreibfeder 312
Stahlstab 309
Stalagmit 31
Stalaktit 31
Stamm 52, 62, 63
Stämmchen 51
Ständer 174, 176, 269, 277, 308
Standfotograf 291
Standhahn-Mutternschlüssel 216
Standleitung 334
Standleuchte 206

Standort des Kultbildes 279
Standortanzeiger 287
Standsockel 27
Standtom 308
Stange 125, 273, 301, 501
Stangensellerie 125
Stapelstühle 201
Star 80
Stärke 61
Stärkekörnchen 50
starre Brücken 344
Start 469
Start 100-m- und 100-m-Hürdenlauf 472
Start 10000-m- und 4-x-400-m-Lauf 473
Start 110-m-Hürdenlauf 472
Start 1500-m-Lauf 473
Start 200-m-Lauf 472
Start 400-m-, 400-m-Hürden-, 4-x-100-m-Lauf 473
Start 5000-m-Lauf 472
Start 800-m-Lauf 473
Start- und Landebahn 390
Startaufstellung 524
Startblock 473, 516
Starter 516
Startergriff 235
Startgriffe (Rückenschwimmen) 516
Starthilfekabel 356
Startknopf 424
Startlinie 473, 524
Startmenütaste 330
Startnummer 473, 525
Startpistole 472
Startpositionen 518
Starttaste 328
Stationskreis 39
Stationsmodell 39
Stativ 8, 421
Stativablage 8
Statue 446
Staub, aufgewirbelter 43
Staubbehälter 208, 229
Staubbeutel 56
Staubblatt 56, 58
Staubfaden 56
Staubschweif 6
Staufach 455
Staumoräne 30
Stauraum 361, 364
Stausee 406, 407
Steak 152
Steakmesser 168
Steckbuchse 198
Steckdose 361
Steckdose, dreipolige 198
Steckdose, geschaltete 322
Steckdosenprüfer 217
Stecker 228, 324
Stecker, dreipoliger, amerikanischer 198
Steckplatz für Speicherkarte 320
Steckschlüsselsatz 223
Steg 201, 254, 273, 282, 297, 301, 302, 303, 503
Steghose 254
Stegplättchen 273
Stegspangenschuh 241
Stegstütze 273
Stehleiter 219
Stehleitern 219
steifer Nachläufer 363
steifes Vorderteil 363
Steigbügel 116
steigendes Revers 244
Steigleitung 194
Steigung 191
Steigungseinstellung 395
Steilhang 29
Steilküste 35
Steilwandzelt 528
Stein 57
Steinbock, Wendekreis 20, 21, 22
Steinbohrer 228
Steinbutt 161
Steine 469
steinerner Ehrensessel 447
Steinfrucht, fleischige 57
Steinfrüchtchen 59
Steinfrüchte 132
Steingarten 230
Steinmarder 88
Steinpilz 123
Steinschlag 31
Steinwüste 36
Steißbein 98
Stellmutter 535
Stellring 236
Stellschraube 224, 308
Stellwerk 375
Stemmeisen 229
Stempel 56, 338
Stempelkissen 338
Stengel 53
Stengelgemüse 125
Stengelglied 53
Steppe 40
Stereotaste 326
sterile Wundauflage 461
Sterilgut, Lagerraum 462, 464
Sterilisationsraum 464, 465
Sternalarterie 71
Sternanis 60
Sternfrucht 137
Sternschnuppe 37
Sternwarte 7
Sternwarte, Querschnitt 7
Stert 412
Stethoskop 460
Steuerbordseite 387
Steuereinheit, elektrische 357
Steuerfeder 471
Steuerhaus 385
Steuerknüppel 395
Steuertaste 332
Steuertriebwerk 13
Steuerung 330
Steuerung des Lebenserhaltungssystems 10
Steuerungstaste 330
Steuerzentrale 406
Stichsäge 226
Stichsäge, elektrische 227
Stickoxiden, Emission 48
Stiefel 241, 305, 509, 525, 527
Stiefelette, knöchelhohe 241
Stiel 51, 52, 54, 57, 58, 59, 125, 167, 215, 220, 503
Stielgrund 125
Stielkamm 268
Stielkasserolle 175
Stift 198, 199, 337
Stifthalter 274
Stiftsockel 199
Stigma 67
Stillwasserspiegel 33
Stilton 151
Stilus 312
Stimmanzeiger 308
Stimmband 105
Stimmeinrichtung 308
Stimmenwahlschalter 310, 311
Stimmkrücke 305
Stimmnagel 304
Stimmring 297
Stimmstock 304
Stimmwirbel 302, 303
Stimmzug 307
Stinktier 88
Stint 159
Stirn 78, 92, 96, 229
Stirnbalken 187
Stirnbande 502
Stirnbein 98, 100
Stirnfontanelle 100
Stirnhöhle 117
Stirnschopf 83
Stirnwand 365, 401
Stirnziegel 279
Stock 219, 273
Stock, orthopädischer 466
Stock, vierfüßiger 466
Stöcke 309
Stockgriff 514
Stockschaft 514
Stockteller 510
Stoffmenge, Maßeinheit 426
Stollen 263, 478
Stollenreifen 369, 525
Stollenschuh 476
Stop 86
Stopfer 267
Stopfer 177, 180
Stopfleber 156
Stopp-Taste 323
Stoppball 491
Stoppknopf 424
Stopptaste 319, 323, 328
Stoppuhr 424
Stör 153
Storch 80
Störklappe 392
Stoßdämpfer 351, 523
Stoßdämpfer hinten 522
Stoßdämpfer, hinterer 367
Stößel 170
Stoßen 500
Stoßfänger 364, 369
Stoßfänger, kunststoffummantelter 348
Stoßleiste 209
Stoßstange 523
Strafbank 507
Strafbankbetreuer 507
Straffergurt, vorderer 532
Strafraum 480
Strafraumbogen 480
Strafraumlinie 480
Strahlenkörper 119
Strahler 184
Strahlstörer 236
Strahlung 415
Strahlung, ultraviolette 418
Strahlungszone 4
Strähnenkamm 268
Straight Flush 468
Strampelhöschen 260
Strand 35
Strandschnecke 157
Strang 519
Straße 25, 430, 433, 435, 468
Straße im Querschnitt 342, 434
Straße von Gibraltar 18
Straße von Mozambique 20
Straße, Bass 15
Straßenbau 342
Straßengüterverkehr 381
Straßenhobel 401
Straßenkarte 25
Straßenkehrmaschine 365
Straßenlaterne 207, 434
Straßennummer 25
Straßenradrennen 522
Straßenradsport 522
Straßenrennrad 522
Straßenschuh 241
Straßentunnel 345
Straßenverkehr 317, 342
Stratokumulus 42
Stratopause 37
Stratosphäre 37
Stratus 42
Strauch 230
Strauchflechte 50
Strauß 81
Straußenei 155
Strebe 187, 308
Strebebogen 284, 285
Streben, hinterer 370
Strebepfeiler 284
Strecke 524
Strecke, landschaftlich schöne 25
Streichkäse 150
Streifen 286
Streifenvorhang 286
Streuer 172
Streuscheibe 290
Strickjacke 250
Strickjacke mit V-Ausschnitt 250
Strohhalm 163
Strohhut 238
Strohhütte 288
Stromanschluss 365
Stromanschlusskabel 361
Stromanschlusspunkt 198
Stromfortleitung 408
Stromleitung an die Verbraucher 413
Stromleitung zu den Verbrauchern 402
Stromquelle 416
Stromversorgungskabel 434
Stromzähler 198
Strumpf 257, 259
Strümpfe 257
Strumpfhalter 259
Strumpfhaltergürtel 259
Strumpfhose 257
Stufe 191, 219
Stufen 184, 283
Stufen der Reife 62
Stufenbarren 496, 497
Stufenrock 253
Stuhl 201, 444
Stühle, Beispiele 201
Stulp 186
Stulpe 243
Stulpen 480, 483
Stulpenhandschuh 243
Stummaufnahme-Taste 323
Stummel 536
Stumpf 63
stumpfer Winkel 428
Stundenwinkelantrieb 7
Stuntskate 527
Stürmer 481
stürmischer Himmel 41
Sturmlampe 532
Sturmspitze 507
Sturz 185, 187, 192
Sturzhelm 510, 513
Stützarm 397
Stützausleger 455
Stütze 184, 231, 361, 387
Stutzen 476, 506
Stützfuß 361, 365
Stützpunkt 518
Stützvorrichtung, ausklappbare 365
Stützvorrichtung, Kurbel 365
Stylobat 279
Stylus 59
subarktisch 40
Subduktionszone 27
Sublimation 414
Substanz, graue 109, 110
Substanz, weiße 109, 110
Substanzen, anorganische 45
Subtraktion 427
Subtraktionstaste 337
subtraktive Farbmischung 418
Subtropen, feuchte 40
Subtropen, mediterrane 40
Subwoofer 321
Sucharm 333
Suche 335
Sucher 320
Sucher, elektronischer 320
Sucherokular 315
Suchfernrohr 8, 9
Süd 23
Süd-Korea 453
Süd-Südost 23
Süd-Südwest 23
Südafrika 452
Südamerika 14, 17, 34
Südamerikanische Platte 27
Sudan 451
Südchinesisches Meer 14, 19
Südfrüchte 136
südliche Halbkugel 21
südliche Hemisphäre 21
südlicher Polarkreis 15, 21, 22
Südost 23
Südpol 15, 21, 416
Südwest 23
Südwester 239
Sulcus terminalis 118
Sumach 139
Summe 423, 427
Super-G 511
Supercross-Motorrad 525
Supermarkt 120, 433, 437
Superriesenslalom 511
Superriesenslalom-Ski 510
Suppenlöffel 168
Suppenschale 166
Suppenteller 166
Suppenterrine 166
Suppentopf 175
Surfbrett 519
Surinam 448
Surround-Lautsprecher 321
Suspensorium 486, 507
Süßkartoffel 124
Swasiland 452
Sweatshirt 262
Sweatshirt mit Kapuze 262
Swimmingpool 386
Symbole, wissenschaftliche 426
symphatisches Ganglion 109
Symphyse 111, 112
Synagoge 447
Synapse 110
Synchronisationskabel 337
Synthesizer 310
Syrien 452
Systemschalter 310

T

T-Shirt Kleid 261
Tabakwarengeschäft 436
Tabasco™-Soße 140
Tabernakel 446
Tablette 467
Tablinum 280
Tabulator nach links 330
Tabulator nach rechts 330
Tabulatortaste 330
Tachometer 355, 368, 501
Tadschikistan 452
Tafel 444
Tafelberg 36
Tafelsalz 141
Tageskilometerzähler 355
Tagliatelle, grüne 146
Tahinisoße 140
Taifun 43
Tailback 485
Taille 93, 95
Taillenabnäher 248
Tajine 174
Taktarten 298
Taktstrich 298
Tal 29, 32
Talgdrüse 114
Tamarin 91
Tamarindenmark 140
Tamburin 309
Tandem 373
Tanganjikasee 20
Tank 13, 364, 385
Tankanlage 404
Tankdeckel 349, 364
Tanker 381, 384
Tanklukendeckel 385
Tankstelle 346, 433
Tankwagen 364
Tanne 65
Tannennadeln 65
Tansania 451
Tanzsaal 387
Taro 124
Tasche 225, 274, 502
Tasche für Latexhandschuhe 456
Tasche, aufgesetzte 244, 249, 260
Tasche, blinde 251
Tasche, geräumige 276
Taschenrechner 274, 337
Taschenrechner, wissenschaftlicher 337
Taschenträger 505
Tasmanien 15
Tasmansee 15
Tasse 166, 531
Tast-Körperchen, Meissnersches 114
Tastatur 304, 310, 330, 336
Tastatur, alphabetische 338
Tastatur, alphanumerische 327, 330, 346, 442, 443
Tastatur, numerische 338
Tastaturschnittstelle 329
Taste 296, 304
Taste Cursor an Zeilenanfang 331
Taste Druck 331
Taste Ende 331
Taste für Breitbildfunktion/Datumsoptio n 320
Taste für Nachtaufnahme-Modus 320
Taste löschender Rückschritt 331
Taste nächste Seite 331
Taste numerischer Block 331
Taste Pause 331
Taste Systemabfrage 331
Taste Unterbrechung 331
Taste vorherige Seite 331
Tasten 311, 327
Tasten, programmierbare 332
Tastenfeld, numerisches 331, 423
Tasteninstrumente 304
Tau 41
Taube 81, 154
Täubling, grasgrüner 123
Taufbecken 446
Taupunkttemperatur 39
Tausend 427
Tauwasserablauf 211
Techniken 487
technische Delegierte 509
technischer Kontrolleur 509
technischer Spezialist 509
Teddy 258
Tee 148, 505, 515
Tee, grüner 148
Tee, Oolong 148
Tee, schwarzer 148
Tee-Ei 173
Teebeutel 148
Teekanne 166
Teeline 515
Teelöffel 168
Teflonband 216
Teich 504
Teigmischer 172
Teigwaren 146
Teigwaren, asiatische 147
Teile 200, 201, 204
Teile der Brille 273
Teile des Schuhs 240
Teile eines Fahrrads 370
Teile eines Hauses 185
Teile eines Kreises 428
teilgetauchter Tragflügel 387
Teilmenge, echte 427
teilreflektierender Spiegel 420
Teilungsnaht 244
tektonische Platten 27
tektonischer See 32
Telefaxgerät 328
Telefon 439
Telefonapparat 327
Telefonieren 327
Telefonkabel 434
Telefonleitung 334
Telefonnetz 317
Telefonnummernverzeichnis 338
Telekommunikation 317
Telekommunikation für die Schifffahrt 317
Telekommunikation, industrielle 317
Telekommunikation, militärische 317
Telekommunikation, private 317
Telekommunikation, Schifffahrt 317
Telekommunikationsantenne 387
Telekommunikationssatellit 335
Teleobjektiv 314
Teleport 317
Teleskop 7
Teleskopantenne 325
Teleskopgabel 366, 369
Teleskopschlagstock 456
Teleskoptragebein 460
Teller 207, 531, 535
Teller, flacher 166
Teller, kleiner 166
Tellerbürste 365
Tellereisen 535
Telson 71
Tempel, aztekischer 283
Tempel, griechischer 279
Tempel, Huitzilopochtli 283
Tempel, Tlaloc 283
Temperaturanzeige 355
Temperaturfühler 358
Temperaturmessung 424
Temperaturregler 178, 208, 211
Temperaturregler, abziehbarer 179
Temperaturschalter 270
Temperaturskala 37
Temperaturwähler 178, 212, 213
Tempomat 354
Temporegler 311
Tennis 490
Tennisball 492
Tennisplatz 490
Tennisschläger 492
Tennisschuh 242, 492
Tennisspielerin 492
Tentakel 72
Tentakel, kleiner 72
Teppich 190
Teppichboden 190
Teppichmuschel, Kreuzmuster 157
Terminalbronchiole 105
Terminkalender 338
Terminplanung 338
Termite 69
Terrasse 182, 230
Terrassentür 188
Terrine 174
Tertiärkonsumenten 45
Terz 298
Testknopf 454
Teufelsdreck 139
textile Bodenbeläge 190
Thailand 453
Thallus 50, 51
Theater 292, 432, 433
Theater, griechisches 278
Theke 438
thermodynamische Temperatur, Maßeinheit 426
Thermometer 404, 424
Thermopause 37
Thermoschutzhaube 524
Thermosflasche 532
Thermosphäre 37
Thermostat 178
Thermostat, regelbarer 179
Thetys 3
Third 515
Thorarollen 447
Thoraschrein 447
Thorax 67, 68
Thrombozyt 104
Thunfisch 160
Thymian 142
Ticketschalter 390
Tiefdruckgebiet 39, 43
tiefe Wolken 42
Tiefeneinstellung 229
Tiefenregler 303
tiefer Wadenbeinnerv 108
Tiefkühlprodukte 121
Tieflöffel 399
Tieflöffelsteuerung 399
Tiefsee-Ebene 33
Tiefseeberg 33
Tiefseeboden 26
Tiefseegraben 33
Tiefseehügel 33
Tiefseekabel 334
Tiefseekabel, Verteilung 317
Tieftöner 324
Tierceron 284
Tierhandlung 436
tierische Zelle 66
Tierreich 66
Tiger 89
Tight End 485
Timer 501
Tinte, metallische 441
Tintenfisch 72, 157
Tintenfisch, äußere Merkmale 72
Tintenpatronen-Kontrollleuchte 333
Tintenraum 312
Tintenstrahldrucker 333
Tipi 288
Tisch 202, 438
Tisch der Staatsanwaltschaft 440
Tisch der Verteidigung 440
Tisch des Gerichtsschreibers 440
Tischcomputer 334
Tische, Beispiele 202
Tischklammer 421
Tischleuchte 206
Tischleuchte, Halogen 206
Tischplatte 202
Tischrechner mit Druckerteil 337
Tischrührgerät 176
Tischtennis 493
Tischtennisball 493
Tischtennisplatte 493
Tischtennisschläger 493
Titan 3
Titania 3
Titelfoto 313
Titelseite 313
Titelsuche/Schnellvorlauf 323
Titelzeile 313
Titicacasee 17
TL-Triebwerk 393
Tlaloc-Tempel 283
Toaster 178
Todesanzeigen 313
tödlich giftiger Pilz 52
Toeloop 509
Togo 451
Toilette 194, 195, 196, 445
Toiletten 437, 440, 443, 463, 465
Toilettenpapierhalter 195
Toilettenseife 267
Tomate 128
Tomatenmark 140
Tomatillo 128
Tomtom 308
Tonabnehmer 303
Tonabnehmer-Wahlschalter 303
Tonabnehmerregler 303
Tonartvorzeichen 299
Tonassistent 291
Tonaufnahmegeräte 291
Tonga 453
Tonhöhenrad 310
Tonleiter 298
Tonmeister 291
Tonnengewölbe 281
Tonsignalquellen, Kontrollleuchten 322
Tonsignalquellen-Wahltaster 322
Tonwiedergabesystem 322
Tonwiedergabesysteme, tragbare 325
Topcase 369
Topfhut 239
Topinambur 124
Toplevel-Domain 334
Topplicht 383
Toprückstand 405
Toque 239
Tor 381, 480, 482, 485, 507
Torbereich 483
Torfmoos, sparriges 51
Torhüter 479
Torlampen 507
Torlinie 482, 484, 506
Tornado 43
Torpfosten 485
Torraum 480, 507
Torresstraße 15
Torrichter 506
Torselett 259
Tortellini 146
Tortilla 145
Torus 429
Torwart 481, 506, 507
Torwarthandschuhe 480
Torwartschläger 507
Torwartschlittschuh 507
totale Finsternis 4, 5
Touchpad 336
Touchpad-Taste 336
Touchscreen 337
Toulouser Wurst 156
Toupierkamm 268
Tourenrad 373
Touring-Motorrad 369
Touringreifen 358
Towergehäuse: Rückansicht 329
Towergehäuse: Vorderansicht 329
Trab 83
traditionelle Musikinstrumente 296
traditionelle Wohnhäuser 288
tragbare Tonwiedergabesysteme 325
tragbarer CD-Spieler 325
Trageband 458
Tragebügel 325, 326
Tragegriff 209
Tragen-Abstellraum 462
Träger 187, 259, 396, 509
Träger mit Knopf 261
Träger, verstellbarer 260
Trägerhemd 247, 263
Trägerhemdchen 261
trägerloser Büstenhalter 259
Trägerrock 252
Trägerstruktur 11

Tragfaden 70
Tragflügel 13, 393, 394
Tragflügel, hinterer 387
Tragflügel, teilgetauchter 387
Tragflügel, vorderer 387
Tragflügelschiff 387
Tragkabel 344
Tragriemen, Öse 315
Tragschicht, obere 342
Tragschicht, untere 342
Tragseil 287
Tragus 115
Trainer 489, 498, 507, 509
Trainerassistent 489
Trainingsanzug 262
Trainingshose 262
Tranchiergabel 169
Tranchiermesser 169
Tränendrüse 119
Tränengang 119
Tränenwarze 119
Transantarktisches Gebirge 15
Transformator 207, 407
Transformstörungen 27
Transitlagerschuppen 381
Transpiration 45
Transport 342
Transporter 365
Transportmischer 365
Traube, geschlossene 57
Traubenhenkel 62
Trauerweide 64
Traveller 520, 521
Travellerscheck 441
Traverse 202
Trawler 384
Treble 471
Treibhaus 122
Treibhauseffekt 46
Treibhauseffekt, anthropogener 46
Treibhauseffekt, natürlicher 46
Treibhausgas 46
Treibhausgaskonzentration 46
Treibladung 534
Treibscheibe 287
Treibstoffart 346
Treibstofftank 395
Trenchcoat 248
Trennklappe 277
Trennlinie 313
Trennvorhang 464
Trennwand 457
Treppe 188, 189, 191, 283, 293, 294, 345, 378, 412, 439
Treppenabsatz 189
Treppenaufgang 404
Treppenhaus 189
Treppenhaus-Oberlicht 189
Treppenlauf 191
Treppenstufe 191
Treppenvorbau 183
Tresor 443
Tresorraum 443
Tretlager 372
Triageraum 463
Triangel 295, 309
Tribünen, bewegliche 444
Trichter 72, 171, 306, 307, 318
Trieb 62
Triebdrehgestell 376
Triebwagen 380
Triebwerk 393
Trift 406
Triklinium 280
Trikot 263, 483, 488, 522
Trikuspidalklappe 104
Triller 299
Trimaran 521
Trinidad und Tobago 449
Trinkflasche 371
Trinkpackung 163
Trinkwasserleitung 434
Trio 300
Triticale 143
Triton 3
Tritt 219
Trittbrett 523
Trittbrett, hinteres 455
Tritthocker 201, 219
Trittleiter 219
Trittplatte 535
Trittstufe 191, 364
Trizepszug 501
trocken liegender Höhlenraum 31
Trockendock 381
Trockenelemente 417
Trockenfrüchte 60, 133
Trockenklimate 40
Trog 39
Trommel 170, 212, 213, 236
Trommel, kleine 295, 308
Trommelbremse 357
Trommelfell 75, 116, 297, 308
Trommeln 308
Trommelschlegel 297
Trompete 307, 342
Trompeten 295
Tropenwald 44
Tropfen für trockene Augen 272
tropisch feucht und trocken 40
tropische Klimate 40
tropische Wirbelstürme, Bezeichnungen 43
tropischer Regenwald 40, 44
tropischer Wirbelsturm 43
Tropopause 37, 46
Troposphäre 37
Trüffel 123
Trugdolde, eingliedrige 57
Trugdolde, zweigliedrige 57
Truhe 203
Truhenkörper 211
Truncus coeliacus 103, 107
Truthahn 81
Tschad 451
Tschadsee 20
Tschechische Republik 450
Tsetsefliege 69
Tuba 295, 307
Tube 163
Tubus 8, 9, 420, 421
Tubusträger 421
Tuch, Geschirr 215
Tukan 80
Tülle 180, 181
Tüllen 172
Tulpe 56
Tundra 44
Tunesien 451
Tunika 255
Tunikakleid 252
Tunnel 378
Tüpfelfarn, gemeiner 52
Tür 178, 202, 211, 213, 287, 349, 361, 392, 439
Tür zum Nutzlastraum 13
Tür, automatische 390
Turban 239
Turbine 402, 408
Turbinengenerator 402
Turbinenwelle 408
Türen, Beispiele 286
Türfach 211
Türfüllung 202
Türgriff 186, 349
Türinnenverschalung 352
Türkei 452
Turkmenistan 452
Türknopf 185
Turm 234, 412, 413, 470
Turmkran 397
Turmmast 397
Turmrollen 403
Turmspitze 285
Turmwindmühle 412
Turners/Turnerin, Name 497
Turnhalle 444
Turnhallenbüro 444
Türöffnungshebel 352
Türpfosten 185
Türschloss 185, 213, 349, 352
Türstopper 211
Türsturz 285
Türverkleidung 352
Türzapfen 185
Tuvalu 453
TV-Einstellung 319
TV-Netzschalter 319
TV/Video-Taste 319
Twinset 255
Tympanon 279
Typenschild 228
typische Küstenformen 35

U

U-Bahn 378, 435
U-Bahn-Netzplan 379, 380
U-Bahn-Schild 378
U-Bahn-Station 378, 432
U-Bahn-Zug 378, 380
Überbau 345
Überdach 528, 529
Überdruckventil 174
Überfallrinne 406
Überfallschloss 277
Überflurhydrant 454
Überführung 343, 344
Überholrollbahn 388
Überholspur 343
überirdische Pipeline 404
Überlauf 184, 194, 195, 196
Überlaufkrone 406
Überlaufschutz 214
Überrollschutz 525
Überschallflugzeug 37, 394
Überschlag 275
Überschwemmungsebene 32
Überseekoffer 277
Übersetzungsgehäuse 537
Übersetzungsgetriebe 413
Überstand 191
überstumpfer Winkel 428
Übertragungsnetz, öffentliches 316
Überwachungsraum 345
Überwurfmutter 197
Überziehschuh 240
Übungsgrün 504
Udonnudeln 147
Uganda 451
Uhr 444
Uhrband 424
Uhrenmeister 488
Uhrenradio 325
Uhu 81
Ukraine 450
UKW-Wahltaste 322
Ultrakompaktkamera 315
ultraviolette Strahlung 418
Umbriel 3
Umfang 428
Umgebung, naturbelassene 504
Umgehungsstraße 25, 431
Umhängetasche mit Dehnfalte 276
Umhängetasche mit Reißverschluss 276
Umkehrlinsen 420
Umkleideraum 444
Umladeabschnitt 385
Umlaufkammer 407
Umleitungskanal 406
Umlenkstern 235
Umschalter 221, 228
Umschalttasten 330
umsetzbare Flagge 504
Umwandlungsanlage, katalytische 405
Umwelt 44
Umwerfer 522
Umwerfer, hinterer 370, 372
undurchlässiges Gestein 403
unendlich 427
Unfallstation 462
Ungarn 450
ungebleichtes Mehl 144
ungesäuertes Brot 145
ungleich 427
Uniform 456
Unisex-Kopfbedeckungen 239
Unisex-Schuhe 242
Universität 432
Unkrautstecher 232
unpaarig gefiedert 55
unregelmäßiges Trapez 429
Unterarm 86, 93, 95
Unterarmmappe 275
Unterarmstütze 466
Unterbau 403
Unterblock des Flaschenzuges 403
Unterboden 54, 187, 190
Unterbrechung 331
unterbrochene Linie 342, 343
Unterbruststäbchen 259
Unterbühne 292
Unterdeck 404
untere Abschlusskappe 417
untere Gliedmaßen 103
untere Hohlvene 102, 103, 104, 107
untere Mesenterialarterie 107
untere Nasenmuschel 117
untere Querleiste 202
untere Schale 511
untere Schutzhaube 227
untere Sohlschicht 402
untere Tasche 502
untere Tragschicht 342
untere Vertäfelung 396
untere Zahnreihe 116
unterer gerader Augenmuskel 119
unterer Glaskolben 181
unterer Kühleranschluss 358
unterer Mantel 26
unterer seitlicher Einschnitt 62
unterer seitlicher Lappen 62
unteres Augenlid 75, 87
unteres Becken 308
Unterfach 274
Unterfangkescher 538
Unterführung 344, 375
Untergeschoss 435
Untergrätenmuskel 97
Untergrund 342
Unterhautbindegewebe 114
Unterhemd 476
Unterhose, lange 247
unterirdische Anlagen 281
unterirdische Kammer 278
unterirdischer Abfluss 45
unterirdisches Gerinne 31
unterirdisches Kabelnetz, Verteilung 317
Unterkante 506
Unterkiefer 67, 74, 98
Unterkieferknochen 100
Unterkleid 258
Unterkühlen 414
Unterkunft 512
Unterkünfte 512
Unterlage 190
Unterlegscheibe 222
Unterlegscheiben 222
Unterlid 119
Unterlippe 116, 305
Unternehmen 335
Unterrock 258
Unterrohr 371
Untersattel 301
unterschiedliche Vogeltypen 80
Unterschnabel 78
Unterschrank 164
Unterschrift des Inhabers 441
Unterschrift, amtliche 441
Unterschwanzdecken 78
unterseeischer Cañon 33
Unterstock 273
Untersuchungsraum 463, 465
Untersuchungsraum, Audiometrie 465
Untersuchungsraum, gynäkologischer 463
Untersuchungsraum, psychiatrischer 462
Unterteil 179, 356, 454
Untertitel 313
Unterwäsche 247, 258, 524
Unterwäschegeschäft 436
Unterwasser-Strahler 184
Unterwasserbohrung 404
Unterwasserpipeline 404
Up-Quark 414
Ural 18
Uranbrennstoff, Kernspaltung 408
Uranus 2, 3
URL-Adresse 334
Ursprungskegel 110
Uruguay 448
USB-Schnittstelle 329, 336
USB-Stecker 333
USB-Stick 333
Usbekistan 452
Utensilien, verschiedene 173

V

V-Ausschnitt 244, 250
Vakuole 50, 66
Vakuole, pulsierende 66
Vakuum-Kaffeemaschine 181
Vakuumdestillation 405
Vanille-Extrakt 140
Vanuatu 453
Vater-Pacinisches Körperchen 114
Vatikanstaat 450
VCR-Einstellung 319
VCR-Netzschalter 319
VCR-Tasten 319
Vegetation 44
Vegetationsbild nach Höhenlagen 44
Vegetationspunkt 53
Vegetationszonen 44
Veilchen 56
Velarium 281
Velours 190
Vene, königliche 102
Venen 102
Venezuela 448
Ventil 196, 307, 371
Ventilbüchse 307
Ventilfeder 360
Ventilsitz 196
Ventilzug, dritter 307
Ventilzug, erster 307
Ventilzug, zweiter 307
ventraler Nervenstrang 71
Venus 2, 3
Venusmuschel 157
Verandatür 164
Verankerung 344
Verankerungspunkt 70
Verbene 148
Verbindung 312, 470
Verbindungsast 110
Verbindungsclip 460
Verbindungsgang 345
Verbindungskabel 332
Verbindungspunkt 198
Verbindungsstutzen 455
Verbindungstunnel 13
Verbraucher, Stromleitung 402, 413
Verbrechensbekämpfung, vorbeugende 456
Verbrennen 49
Verbrennungsraum 360
Verdampfen 414
Verdauungsapparat 106
verdeckte Knopfleiste 251
Verdichter 364
Verdichtung 49
Verdunstung 45
Vereinigte Arabische Emirate 452
Vereinigte Staaten von Amerika 448
Vereinigtes Königreich von Großbritannien und Nordirland 449
Verengung 424
Verfallsdatum 441
Verfolgerauto 522
Vergaser 366
Verhol-Winde 385
Verkehrsampel 434
Verkehrsflugzeug 37
Verkleidung 187, 366
Verklicker 520
verlängertes Mark 109
Verlobungsring 264
Verpackung 49
Verpackungen 162
Verpackungsmaterial 120
Verpackungsraum 120
Versailles-Parkett 190
verschiebbarer Messschnabel 425
verschiedene Geräte 231
verschiedene Haushaltsgeräte 180
verschiedene Schwimmstile 517
verschiedene Utensilien 173
Verschiedenes 341
verschiedenes Zubehör 225
Verschlagwagen 377
Verschluss 163, 209, 226, 261, 333, 511, 532, 535
Verschluss des Hochwasserentlastungswehrs 406
Verschlussdeckel 417
Verschlussmaterial 417
Verschlussstopfen 417
Verschlussstück 534
Verschmutzung 47
Verschmutzung durch Autoabgase 47
Verschmutzung durch Haushalte 47
Verschmutzung, industrielle 47
Verschmutzung, landwirtschaftliche 47
Versenknagel 220
Versenkpodium 292
Versetzungszeichen 299
Versicherungsabteilung 442
Versorgungsbereich 389
Versorgungsmodul 316
Versorgungsstraße 388
Verstärkungsrippe 401
Verstärkungsschwelle 458
Versteifungsrippe 392
verstellbare Klemme 206
verstellbarer Bügel 226
verstellbarer Träger 260
verstellbares Rückenteil 460
Verstelldüse 394
Versteller 246
Verstellnut 222
Verstellung 222
Verstrebung 412
Vertäfelung, obere 396
Vertäfelung, untere 396
Vertebralschild 76
Verteidiger, rechter 481
Verteidigung 484
Verteidigungszone 487
Verteiler 342
Verteilerkasten 198
Verteilerschleife 198
Verteilung über Freileitungen 316
Verteilung über Tiefseekabel 317
Verteilung über unterirdisches Kabelnetz 317
Vertikale 526
vertikale Bodenbewegung 27
vertikale Einstellung 329
vertikaler Zug 470
vertikales Schiebefenster 287
vertikales Seitenband 487
Vertikalseismograph 27
Vertikutierer 237
Verwaltung 445
verwelkendes Keimblatt 53
Verwerfung 27
Verziehnaht 245
Verzierungen 299
Vestibularnerv 116
Vibratohebel 303
Victoriasee 20
Victoriawüste, Große 15
Video- und Digitalübertragung, Anschlussbuchsen 315
Video-Ausgänge 322
Video-Eingänge 322
Videobandsteuerungen 320
Videokassette 319
Videokassettenadapter 320
Videokassettenschacht 320
Videorecorder 321
Videoschnittstelle 329, 336
Videospielsystem 471
Vielecke 429
Viereck 429
Viereckregner 236
vierfüßiger Stock 466
Vierling 468
vierte Zehe 78
Viertelnote 299
Viertelpause 299
viertürige Limousine 347
Vierundsechzigstelnote 299
Vierundsechzigstelpause 299
Vierung 284, 285
Vierungsturm 284
Viervierteltakt 298
Vierwegeregler 315
Vietnam 453
Vinyl-Laufsohle 261
Violine 301
Violinen, erste 295
Violinen, zweite 295
Violinfamilie 301
Violinschlüssel 298
Viper 77
Visier 367, 459, 525, 533, 535
Visiergestell 476
Vitrine 203
Vitrinenschrank 203
Vizeskip 515
Vogel 78
Vögel 78
Vogel, äußere Merkmale 78
Vogelaugenchili 139
Vogelfüße, Beispiele 79
Vogelschnäbel, Beispiele 79
Vogeltypen, unterschiedliche 80
Volant 204
Vollachsel-Unterkleid 258
Volleyball 487, 490
Volleyballspiel 487
Vollkornbrot 145
Vollkornmehl 144
Vollmond 5
vollreflektierender Spiegel 420
Vollreife 62
Volt 426
Volute 200
Vorbau 183, 371
vorbeugende Verbrechensbekämpfung 456
Vorbühne 292
Vordach 361, 528
Vordachrille 361
Vorderachse 401
Vorderansicht 92, 94, 96, 98, 478
Vorderbein 67, 68, 75, 201
Vorderblatt 240, 263
Vorderbremse 368
vordere Aufschlaglinie 495
vordere Augenkammer 119
vordere Backenzähne 101
vordere Druckknopfleiste 261
vordere Einbuchtung 115
vordere Felgenbremse 371
vordere Fußraste 367, 368
vordere Nervenwurzel 109, 110
vordere Schienbeinarterie 102
vordere Seitenfontanelle 100
vorderer Balken 422
vorderer Douglasscher Raum 112
vorderer Gaumenbogen 116
vorderer Oberkiefer 74
vorderer Schienbeinmuskel 96
vorderer Schließmuskel 73
vorderer Straffergurt 532
vorderer Tragflügel 387
vorderes Auspuffrohr 350
vorderes Ende 73
vorderes Rückstoßtriebwerk 12
vorderes Schutzblech 366
Vorderfeld 491
Vorderflügel 67
Vordergabel 371
Vorderhorn 109
Vorderkappe, perforierte 240
Vordermast 385
Vorderrad 401, 467
Vorderschaft 534
Vorderseite 244, 245
Vorderteil 240, 245, 262
Vorderteil, steifes 363
Vorfach 538
Vorfeld 388
Vorflügel 393
Vorführraum 294
Vorführzeiten 294
Vorfußbindung 514
Vorhalle 439, 440, 442
Vorhang, eiserner 292
Vorhaut 111
Vorherige Nachricht 328
vorherige Sätze 492
vorherige Seite 331
vorherrschender Wind 43
Vorhof 346
Vorhof, linker 103, 104
Vorhof, rechter 103, 104
Vorkommen 403
vorkragender Dachkranz 283
Vorliek 519
Vororte 25
Vorratsdosen 162
Vorratsschrank 439
Vorschaltgerät, elektronisches 199
Vorschlag 299
Vorschneider 228
Vorschot 520
Vorsprung 29
Vorspultaste 319, 326
Vorstadt 431
Vorstag 520
Vortasche 275
Vortitel 313
Vorwahlsender-Wahltaste 322
vorwärts 518
Vorzeichentaste 337
Vulkan 26, 28
Vulkan mit Ausbruchstätigkeit 28
Vulkan, effusiver 28
Vulkan, explosiver 28
vulkanische Asche 28
vulkanische Bombe 28
vulkanische Insel 33
vulkanischer See 32
Vulkantypen 28

W

Waage, elektronische 423
Waagschale 422, 423
Waagschalenhaken 422
Wache 282
Wacholderbeere 138
Wachs 514
Wachsausrüstung 514
Wachsbohne 131
Wachskürbis 128
Wachspapier 162
Wachtel 81, 154
Wachtelei 155
Wade 93, 95
Wadenbein 98
Wadenbeinmuskel, kurzer 97
Wadenbeinmuskel, langer 96
Wadenbeinnerv, gemeinsamer 108
Wadenbeinnerv, oberflächlicher 108
Wadenbeinnerv, tiefer 108
Wadennerv 108
Wadenstrumpf 247
Wadi 36
Waffeleisen 178
Wagen 121, 521, 527
Wagenanzug 261
Wagendeck 386
Wagenheber 356
Wagenradhut 239
Wagentür 352
Wagentypen 376
Wahlrad 337
Währungsangabe 441
Wakame 123
Wal 90
Wald 25, 29
Wald, borealer 44
Wald, gemäßigter 44
Waldbrand 47
Waldfrosch 75
Waldhorn 307
Waldhörner 295
Waldmurmeltier 82
Walkman® mit Radioteil 325
Wallpapille 118
Wallpapillen 118
Walnuss 64, 133
Walnuss, Längsschnitt 60
Walze 219
Walzenbefestigung 219
Walzenbürste 365
Wan-tan-Teigblätter 147
Wand 184
Wand-Untergurt 365
Wanderschuh 242
Wandlaterne 207
Wandleuchte 207
Wandwange 191
Wange 94, 220, 536
Wanne 219
Wannengarnitur 194
Want 520
Wantenspanner 521
Wantenverklicker 520
Wapitihirsch 84
Wappen 477
Waran 77
Warencode 423
Wareneingang 120
Wareneingang für Milchprodukte 120
Warengeschäfte 335
warme Luft 41

Wärmeabgabe an Wasser 408
Wärmedeflektorscheibe 199
Wärmeenergie 46, 402
Wärmeenergie, Elektrizitätserzeugung 402
Wärmeerzeugung 408
wärmeisolierter Griff 179
Wärmeleitung 415
Wärmeübertragung 415
Wärmeverlust 46
warmgemäßigte Klimate 40
Warmhalteplatte 181
Warmluftklappe 192
Warmluftzufuhr 213
Warmwasserbereiter 194
Warmwasserkreislauf 194
Warmwassersteigleitung 194
Warmwasserzulauf 197
Warnblinklicht 392
Warnleuchte "Tür offen" 355
Warnleuchten 355
Wartebereich 442
Wartebereich für den Entnahmeraum 465
Wartebereichmarkierung 390
Wartehäuschen 434
Warteraum 463
Warteraum für Angehörige 462
Warteraum, zweiter 465
Warteschlange 443
Wartungskasten 198
Warzenfortsatz 100
Warzenhof 113
Wasabipaste 141
Waschbär 88
Waschbecken 194, 195, 464
Wäschekammer 439
Wascherarm 214
Wäscherei 439
Wäschetrockner 213
Waschhandschuh 267
Waschküche 188
Waschlappen 267
Waschmaschine 194, 212
Waschraum 464
Waschtisch 439
Wasser 402, 408
Wasser verdampft 408
Wasser, Wärmeabgabe 408
Wasser-Dampf-Gemisch 402
Wasserbadtopf 175
Wasserbehälter 181, 272
Wasserdruckanzeiger 455
Wassereinlass 407
Wasserfall 31, 32
Wasserflugzeug 394
Wasserfrosch 75
Wasserglas 165
Wasserhahn 195, 455
Wasserhindernis 504
Wasserhose 43
Wasserkanister 532
Wasserkanone 455
Wasserkessel 180
Wasserklappe 307
Wasserkraftwerk 406
Wasserkraftwerk im Querschnitt 407
Wasserkreislauf 45
Wasserkrug 166
Wasserlauf 48
Wasserläufer 69
Wassermelone 135
Wassernuss 124
Wasseroberfläche 518
Wasserpumpen-Zange 222
Wasserschlauch 214
Wasserspinne 70
Wassersport 516
Wassersprühdüse 365
Wasserstand 181
Wasserstandsanzeige 208
Wasserstandsanzeiger 179
Wasserstandsregler 212
Wasserstrahl 518
Wassertank 181, 394
Wasserverschmutzung 48
Wasservogel 79
Wasserwaage 225
Wasserzähler 194
Wasserzeichen 441
Wassily-Stuhl 200
Watstiefel 538
Watt 426
Wattestäbchen 461
Wattetupfer 461
Watvogel 79
WC 188, 189, 439, 464
Webcam 332
Wechselanzeige für die Rückenlage 517
Wechselstrom-Netzkabel 336
Weddellmeer 15
Wedel 52
Wedel, eingerollter junger 52
Weg 504
Wehrgang 282
Wehrgang, gedeckter 282
Wehrmauer 282
weiblich 426
weibliche Blütenstände 65
weibliche Geschlechtsorgane 112
Weiche 375
weiche Kontaktlinse 272
weicher Gaumen 116, 117
Weichkäse 151
Weichsel 18
Weichstrahl 74
Weichtiere 72
Weideland 122
Weidenholz 478
Weihgabe 446
Weihrauchkessel 446
Weihwasserbecken 446
Wein 120
Weinblatt 62, 126
Weinessig 141
Weinkeller 438
Weinkellner, Sommelier 438
Weinranke 62
Weintraube 62, 132
Weintraube im Querschnitt 59
Weisheitszahn 101
Weiß 418, 469, 470
Weißbrot 145
weiße Schokolade 148
weiße Senfkörner 138
weiße Substanz 109, 110
weiße Zwiebel 124
weißer Pfeffer 138
weißer Punktball 502, 503
weißer Reis 147
weißer Spielball 503
weißer Stein 470
weißes Band 493, 495
weißes Feld 470
Weißfisch 161
Weißkohl 126
Weißrussland 450
Weißweinglas 165
Weitsichtigkeit 419
Weitsprung 472
Weitwinkelobjektiv 314
Weitwinkelspiegel 362, 363
Weizen 61, 143
Weizenkorn, Längsschnitt 61
Welle 33, 412, 418
Welle, langsam drehende 413
Welle, schnell drehende 413
Wellenbasis 33
Wellenberg 418
Wellenhöhe 33
Wellenkamm 33
Wellenlänge 33, 418
Wellental 33, 418
Wellhornschnecke 157
Weltraum, Beobachtung 7
Weltraumteleskop, Hubble 37
Wendeflügel 287
Wendekampfrichter 517
Wendekragen 248
Wendekreis des Krebses 20, 21, 22
Wendekreis des Steinbocks 20, 21, 22
Wendewand 517
Werbetafel 378, 380
Werfer 474, 475, 479
Werftkran 381
Werkbank 224
Werkstückspanner 226
Werkzeugfutter 229
Werkzeuggürtel 225
Werkzeughalter 10
Werkzeugkasten 225
Werkzeugsatz 372
Wertangabe 441
Wertstoff-Sammelbehälter 49
Wespe 69
West 23
West-Nordwest 23
West-Südwest 23
Weste 244, 255
Westen 254
Westindien 16
westliche Hemisphäre 21
Westlicher Indischer Rücken 34
westlicher Meridian 22
Wetterboje 38
Wetterflugzeug 38
Wetterkarte 38, 39
Wetterlage, gegenwärtige 39
Wetterradar 38, 392
Wettersatellit 38
Wetterschenkel 185, 186
Wetterschiff 38
Wetterstation 38
Wettervorhersage 38
Wettkampfbecken 517
Wetzstahl 169
Wetzstein 169
Whiskyglas 165
Wickelauflage 205
Wickelbluse 255
Wickelkleid 252
Wickelkommode 205
Wickelrock 253
Wickler 268
Wicklung 536
Wide Receiver 485
Widerhaken 538
Widerlager 284, 344
Widerrist 83, 86
Widerstände 417
Widerstandseinstellung 501
Widertonmoos, gemeines 51
Wiederaustritt 31
Wiedergabetaste 319
Wiederholungstaste 323
Wiederholungszeichen 298
Wiege 8, 9
Wiegeetikett 423
Wiegefläche 423
Wiegen 422
Wiese 122
Wiesel 88
Wigwam 288
Wild 154
Wildleder 265
Wildreis 143
Wildschwein 84
Wilkesland 15
Wimper 66, 119
Wimperg 285
Wimpern 87
Wimpernkämmchen 266
Wimpernzange 266
Wind 47, 48
Wind, vorherrschender 43
Wind, Wirkung 45
Windabweiser 364
Winde 364
Windel 260
Windelhöschen, dichtes 260
Windenergie 412
Windenergie, Elektrizitätserzeugung 413
Windensteuerung 364
Windfahne 413
Windgeschwindigkeit 39
Windjacke 249
Windkraftwerk mit horizontaler Achse 413
Windkraftwerk mit vertikaler Achse 412
Windkraftwerke 412
Windlaufquerteil 348
Windmühle 412
Windmühlenhaube 412
Windrichtung 39
Windrose 23
Windrute 412
Windsack 296
Windschutzscheibe 348, 364, 366, 369, 385, 392
Windschutzscheiben-Sonnenschutz 356
Windung 72, 73
Winglet 393
Winkel, Beispiele 428
Winkel, rechter 428
Winkel, spitzer 428
Winkel, stumpfer 428
Winkel, überstumpfer 428
Winsch 521
Winter 38
Winterniederschläge 41
Winterreifen 358
Wintersonnenwende 38
Wintersport 515
Wipfel 63
Wirbel 73, 301, 302, 538
Wirbelkasten 301
Wirbelkörper 110
Wirbelsäule 98, 109
Wirbelschäkel 535
Wirbelschraube 303
Wirbelsturm 43
Wirbelsturm, tropischer 43
Wirkung des Windes 45
Wirsing 126
Wirtschaft 441
Wischblatt 355
Wischerachse 355
Wischerarm 355
Wischgummi 355
Wissenschaft 414
wissenschaftliche Bezeichnungen 57, 58, 59
wissenschaftliche Instrumente 13
wissenschaftliche Symbole 426
wissenschaftlicher Taschenrechner 337
Wissenschaftsraum 444
Wochenendkoffer 277
Wohnblock 289, 433
Wohngebiet 431
Wohnhaus 122
Wohnhaus, römisches 280
Wohnhäuser, traditionelle 288
Wohnküche 188
Wohnmobil 361
Wohnmodul, amerikanisches 11
Wohnraum 528
Wohnwagen 361
Wohnzimmer 188
Wok 174
Wok-Set 174
Wolf 88
Wolfram-Halogenlampe 199
Wolga 18
Wolke 37, 41
Wolke, Oortsche 2
Wolken 42
Wolken, hohe 39, 42
Wolken, mittelhohe 39, 42
Wolken, tiefe 39, 42
Wolkenabsorption 46
Wolkenband, spiralförmiges 43
Wolkentrichter 43
Wolkenwasser 48
Worcestershire-Soße 140
Wulst 358
Wundauflage, sterile 461
Wurf 475, 479
Würfel 429, 468, 469
Würfelbecher 469
Würfelmusterparkett 190
Wurfhügel 475
Wurfkreis 472, 473
Wurflinie 479
Wurfmal 475
Wurfpfeil 471
Wurmfortsatz 106
Wurst, Chorizo 156
Wurst, Kielbasa 156
Wurst, Merguez 156
Wurst, Toulouser 156
Würstchen, Frankfurter 156
Wurzel 54, 101, 167
Wurzelgemüse 129
Wurzelhaare 53
Wurzelhaarzone 63
Wurzelhaube 53
Wurzelhaut 101
Wurzelkanal 101
Wurzeln, sproßbürtige 52
Wurzelspitzenöffnung 101
Wurzelsystem 53, 62
Würzen 140
Wüste 36, 40, 44
Wüste Gobi 19
Wüste, Atacama 17
Wüstenfuchs 88
Wüstenspringmaus 82

X

Xylophon 295, 309

Y

Y-Schlauch 460
Yak 85
Yardlinie 484
Yen 440
Ysop 142
Yucatan-Halbinsel 16

Z

Zahlenschloss 274
Zahlungsbetragsanzeige 346
Zahlungsmodalitäten 441
Zahlungsterminal, elektronisches 121, 443
Zählwerk 323
Zahn 74, 76, 226, 227, 270, 398
Zahnbein 101
Zahnbürste 272
Zahnbürste, elektrische 272
Zähne 101
Zahnfach 101
Zahnfleisch 101, 116
Zahnpasta 272
Zahnpflege 272
Zahnreihe, obere 116
Zahnreihe, untere 116
Zahnseide 272
Zahnseidenhalter 272
Zander 160
Zange 173
Zangen 222
Zäpfchen 116, 117
Zapfen 65, 119, 202
Zapfhahn 346
Zapfsäule 346
Zapfsäulennummer 346
Zapfschlauch 346
Zarge 200, 201, 202, 301, 302
Zaun 122, 182
Zebra 84
Zecke 70
Zeh 86, 92, 94
Zehe 79
Zehe, dritte 78
Zehe, vierte 78
Zehe, zweite 78
Zehenriemchen 242
Zehenschützer 459, 476
Zehenstrecker, kurzer 96
Zehenstrecker, langer 96
Zehn 427
Zehn Gebote 447
Zehneck, regelmäßiges 429
Zehntelsekundenzeiger 424
Zeichen 299
Zeigefinger 115
Zeiger 422, 423
Zeitlupe 319
Zeitmesser, automatischer 517
Zeitmessung 424
Zeitnehmer 488, 498, 499, 509
Zeitschalter 178
Zeitschaltuhr 179
Zeitschrift 313
Zeitschriftenladen 437
Zeituhr 178
Zeitung 313
Zeitungskopf 313
Zeitungsname 313
Zellafter 66
Zelle 67, 281, 286, 413
Zelle, tierische 66
Zellen 416, 440
Zellkern 50, 66, 110, 112
Zellkörper 110
Zellwand 50
Zelte, Beispiele 528
Zeltspannleine 528
Zeltstange 529
Zeltwagen 361
Zeltwand 528
Zement 101
Zement, Hartplatz 492
Zementestrich 190
Zenitprisma 8
Zentralafrikanische Republik 451
Zentralbereich 4
Zentralbereich, gewölbter 6
zentrale Pumpstation 404
zentraler Mittelfeldspieler 481
zentrales Scharfstellrad 420
Zentralindischer Rücken 34
Zentralnervensystem 109
Zentriereinstellung 329
Zentrierspitze 228
Zentriol 66
Zerkleinerer 49
Zerkleinern 170
Zerkleinerung 49
Zerkleinerungswerk 402
zerlappte Projektion 22
Zerreiben 170
zersetzende Organismen 45
Zerstäuberstift 236
zerstoßene Chilis 139
Zerstreuungslinsen 419
Zeugenberg 36
Zeugenstand 440
Ziege 84
Ziegel 279, 280
Ziegenfrischkäse 150
Ziegenkäse 150
Ziegenmilch 150
Ziehbügel 460
Ziehhacke 233
Ziehharmonikafach 274
Ziel 516
Zielbahnhof 374
Zielbälle 502
Zielfernrohr 420, 534
Ziellinie 473
Zier-Steppnaht 246, 260
Zierbaum 122, 182, 230
Zierborte 260
Ziergarten 230
Zierkohl 126
Ziernaht 243
Zifferblatt 424
Ziffern, römische 427
Zifferntaste 337
Zikade 69
Zimmermannshammer 220
Zimmernummer 439
Zimtstangen 138
Zink-Elektrolytmischung (Anode) 417
Zink-Mangan-Zelle, alkalische 417
Zinke 167
Zinkzylinder (Anode) 417
Zinnenkranz 282
Zirbeldrüse 109
Zirrokumulus 42
Zirrostratus 42
Zirrus 42
Zither 296
Zitronatzitrone 134
Zitrone 134
Zitronenmelisse 142
Zitronenpresse 170
Zitronenschaber 169
Zitrusfrucht 58
Zitrusfrüchte 134
Zitruspresse 177
Zollkontrolle 391
Zona pellucida 112
Zoomobjektiv 314, 320
Zoomregler 315
Zoomtaste 320
Zubehör 209, 356, 372, 538
Zubehörfach 209
Zubehörschuh 314
Zubringer 431
Zucchini 128
Zucchini, gelbe 129
Zuchtchampignon 123
Zucker 149
Zucker, brauner 149
Zuckerdose 166
Zuckererbsen 130
Zuckermelone 135
Zufahrtsstraße 388
Zufahrtsweg 183
Zufallswiedergabe 323
Zufluss 32
Zugang 407
Zugang zum Gleis 374
Zugangsserver 335
Zugarten 470
Zugbrücke 282
Zügel 78
Zugentlastungsklemme 198
Zugfeder 355
Zugrichter 516
Zugriemen 277
Zugriffsöffnung 333
Zugsattelzapfen 365
Zugschnur 275
Zugsystem 537
Zulauf 197
Zuleitungsdraht 199
Zuluftleitung 345
Zündhütchen 534
Zündkabel 360
Zündkabel, Anschluss 359
Zündkerze 237, 359, 360
Zündkerzendichtring 359
Zündkerzengehäuse 359
Zündkerzenkabel 350
Zündschalter 368
Zündschloss 354
Zündschlüssel 237
Zündversteller 360
Zündverteiler 350, 360
zunehmender Mond 5
Zunge 106, 116, 117, 154, 240, 262, 297, 305, 509, 511
Zunge, gespaltene 76
Zungenmandel 118
Zungenpfeife 305
Zungenrücken 118
Zungenscheide 76
Zungenspitze 118
Zungenwurzel 118
Zusammenfassung 313
Zusammenfluss 32
zusammengesetzte Blätter 55
zusätzlicher Griff 228
Zusatzsteckdose 217
Zusatzstecker 210
Zusatztank 365
Zuschauer 440
Zuschauergrenze 475
Zuschauerraum 293
Zuwachsstreifen 72, 73
Zwecke 220
zwei Pärchen 468
zweiflammiger Gasbrenner 529
zweiflügelige Ausgangstür 362
zweiflügeliger Propeller 394
Zweig 53, 63
zweigliedrige Trugdolde 57
Zweihalbetakt 298
zweiköpfiger Armstrecker 96
zweiköpfiger Schenkelmuskel 97
Zweipersonenzelt 528
Zweireiher 244
zweireihig 248
zweischalige Muschel 73
zweischalige Muschel, Anatomie 73
zweischalige Muschel, äußere Merkmale 73
zweischneidige Klinge 271
zweischneidiger Rasierer 271
zweiseitig gezahnte Effilierschere 270
Zweisitzer 200
zweisitziges Sofa 439
zweistöckiges Haus 289
Zweitbelegung 330
zweite Reihe 482
zweite Rückenflosse 74
zweite Spannungserhöhung 413
zweite Violinen 295
zweite Zehe 78
Zweite-Reihe-Stürmer links 482
Zweite-Reihe-Stürmer rechts 482
zweiteiliger Schlafanzug 260
zweiter Backenzahn 101
zweiter Halswirbel 99
zweiter Kamera-Assistent 290
zweiter Malspieler 474
zweiter Raum 489
zweiter Schiedsrichter 485, 487
zweiter Ventilzug 307
zweiter vorderer Backenzahn 101
zweiter Warteraum 465
zweites Mal 474
Zweiunddreißigstelnote 299
Zweiunddreißigstelpause 299
Zwerchfell 105
Zwiebel im Querschnitt 54
Zwiebel, rote 124
Zwiebel, weiße 124
Zwiebelgemüse 124
Zwillingswadenmuskel 96, 97
Zwinge 224
Zwinger 282
Zwischengeschoß 182, 189
Zwischenknochenmuskel 96
Zwischenrad 523
Zwischenraum 298
Zwischenrippennerv 108
Zwischensohle 262
Zwischentitel 313
Zwölfeck, regelmäßiges 429
Zwölffingerdarm 106
Zyan 418
Zylinder 238, 269, 270, 429
Zylinderglas 419
Zylinderkopfabdeckung 350
Zylinderkopfdeckel 360
Zylinderprojektion 22
Zypern 450
Zypressennadeln 65
Zytopharynx 66
Zytoplasma 50, 66, 112
Zytoplasmamembran 50, 66
Zytostom 66

Indice dei nomi Italiani

A

abat-son 285
abbaino 182
abbellimenti 299
abbigliamento 238, 538
abbigliamento da ginnastica 263
abbigliamento femminile 251
abbigliamento maschile 244
abbigliamento sportivo 262
abbigliamento, negozio di 436
abbottonatura a doppiopetto 248
abbottonatura a polo 250
abbottonatura a pressione 260
abbottonatura anteriore a pressione 261
abbottonatura della cintura 246
abete 65
abete, aghi d' 65
abissino 87
abitacolo 525
abitazioni urbane 289
abiti, esempi di 252
abito a polo 252
abito a T-shirt 261
abito a trapezio 252
abito a tunica 252
abito a vestaglia 252
abito a vita bassa 252
abito da casa 252
ABS, sistema frenante antibloccaggio 357
abside 285
acagiù, noce di 133
acanto, foglia di 200
accappatoio 256
acceleratore, manopola dell' 368
acceleratore, pedale dell' 354
accelerazione, cavo di 237
accelerazione, grilletto di 235
accensione, blocchetto di 354
accensione, candela di 237
accensione, chiave dell' 237
accensione, interruttore di 336
accensione, pulsante di 213
accensione/spegnimento, spia luminosa di 327
accento 299
accesso, pista di 388
accesso, portello di 385
accesso, strada di 388
accessori 209, 356, 372, 538
accessori a propano o butano 529
accessori dell'obiettivo 314
accessori di bellezza 264
accessori di pulitura 209
accessori per la sciolinatura 514
accessori personali 264
accessori, espulsore degli 176
accessori, scomparto degli 209
accessori, slitta per gli 314
accetta 234, 533
accettazione 462, 465
acchito 502
acchito centrale 502
acchito della linea di battuta 502
acchito superiore 502
acciaio, corpo d' 417
acciaiolo 169
acciarino 218
accidenti 299
acciuga 159
accompagnamento, corde per l' 296
acconciatura, articoli per 268
accoppiamento, adattatore di 11
accordatura, anello d' 297
accordo 299
accordo, asta d' 305
accumulatore 357
acero 64
acero, sciroppo d' 149
aceto balsamico 141
aceto di malto 141
aceto di mele 141
aceto di riso 141
aceto di vino 141
acetosa 127
achenio 59, 60
acidificazione dei laghi 48
acido nitrico, emissione di 48
acido solforico, emissione di 48
acino 62
acino, sezione di un 59
acqua 402, 408
acqua calda, colonna montante dell' 194
acqua calda, rete di distribuzione dell' 194
acqua di disgelo 30
acqua fredda, colonna montante dell' 194
acqua fredda, rete di distribuzione dell' 194
acqua ossigenata 461
acqua, attacco del tubo di alimentazione dell' 236
acqua, bicchiere da 165
acqua, bottiglia dell' 371
acqua, chiave dell' 307
acqua, contatore dell' 194
acqua, corso d' 32, 48
acqua, getti d' 518
acqua, inquinamento dell' 48
acqua, livello dell' 181
acqua, serbatoio dell' 181, 272
acqua, superficie dell' 518
acquasantiera 446
acquascooter 523
acque reflue 48
acquifero artesiano 402
acromion 99
acroterio 279
acuti, ponticello degli 304
acuti, registro degli 296
acuti, tastiera degli 296
Adamo, pomo d' 92
adattatore 198, 271
adattatore di accoppiamento 11
adattatore per videocassette compatte 320
addebito, carta di 443
addetto ai 24 secondi 488
addetto al controllo biglietti 294
addetto alla panca dei puniti 507
addizione 427
addome 67, 68, 70, 71, 78, 92, 94
adduttore lungo 96
Aden, Golfo di 19, 20
Adriatico, Mar 18
aerazione, canale di 278
aerazione, comando dell' 354
aerazione, griglia di 182
aereo da ricognizione meteorologica 38
aereo di linea 37
aerociste 51
aeroplani, esempi di 394
aeroplano anfibio antincendio 394
aeroplano da carico 394
aeroplano leggero 394
aeroplano privato 394
aeroplano, movimenti di un 395
aeroporto 25, 388, 430
affari, quartiere degli 430, 432
affettauova 173
affettaverdure 170
affissione, superficie di 341
affluente 32
affrancatrice 339
affresco 280
Afghanistan 452
Africa 14, 20, 34, 451
agar-agar 123
agarico delizioso 123
agenda 338
agente di polizia 456
agente di sicurezza, postazione dell' 463
agenzia di viaggi 436
aggancio, pulsante di 227
aggetto, manopola di regolazione dell' 229
aghi d'abete 65
aghi di pino 65
aglio 124
agnello, tagli di 153
ago 460
ago magnetico 533
ago per legare 173
agricoltura intensiva 46, 48
agrippina 200
agrume 58
agrumi 134
air bag 354
air bag, sistema di ritenuta degli 354
airone 80
aiuola 183, 230
aiutante 121
aiuto attrezzista 291
aiuto regista 291
ajowan 139
ala 13, 68, 78, 117, 393, 536
ala a delta 394
ala alta 394
ala anteriore 67
ala destra 482, 489, 507
ala poppiera 387
ala posteriore 67
ala prodiera 387
ala semiimmersa 387
ala sinistra 482, 489, 507
alamaro 249
alano 86
alari 193
Alaska, Golfo dell' 16
Albania 450
albatros 80
albergo 432, 439, 512
albergo, camera d' 439
alberi 504
albero 63, 412, 519, 520
albero a bassa velocità 413
albero a camme 360
albero a gomiti 360
albero ad alta velocità 413
albero da frutto 122
albero del derrick 385
albero del radar 384
albero dell'elica 387
albero della vite 62
albero delle pedivelle 372
albero di Natale 404
albero di trasmissione 383
albero di trasmissione longitudinale 351
albero motore 395
albero ornamentale 122, 230
albero prodiero 385
albero, struttura di un 63
albicocca 132
albume 79
alburno 63
alce 85
alchechengi 132
alcol puro 461
alcool, bulbo d' 424
alcool, colonna d' 424
alesatori per la pulizia degli ugelli 218
aletta 244, 275, 393, 394, 460
aletta a molla 221
aletta autoadesiva 339
aletta del parafango 364
aletta parasole 354
aletta staccata 248
aletta, tasca applicata con 245
aletta, tasca interna con 244, 248, 249, 251

INDICE DEI NOMI ITALIANI

aletta, tasca profilata con 244, 248
aletta, taschino con 244
aletta, taschino tagliato con 244
alette 471
alettone 392, 525
alettone parafango 365
Aleutine, Isole 16
alfiere 470
alga 51
alga bruna 51
alga marina 123
alga rossa 51
alga verde 51
alga, struttura di un' 51
Algeria 451
alghe, esempi di 51
alimentatore 336
alimentatore, ventola dell' 329
alimentazione dell'acqua, tubo di 214
alimentazione dell'aria, tubo di 454
alimentazione, cavo d' 177, 229
alimentazione, cavo di 227, 269, 270, 322
alimentazione, cordone dell' 271
alimentazione, presa di 326, 329
alimentazione, pulsante di 319
alimentazione, sistema di 351
alimentazione, spina di 337
alimentazione, tubo di 197
alimenti e prodotti per animali 121
alimenti, latta per 163
alimenti, rete per 162
alimenti, vaschetta per 162
aliscafo 387
all'indietro 518
allacciamento alla rete 198
allacciamento, esempi di 197
allacciamento, punto di 198
allacciatura con bottoni a pressione 249
allarme, dispositivo di 454
allenatore 489, 498, 507
allenatore, zona dell' 474
allenatori 509
allevamento intensivo 46, 47
alligatore 77
alloggi 512
alloggi dell'equipaggio 382
alloggiamento 199, 286, 337
alloggiamento del bocchino 307
alloggiamento del mulinello 536, 537
alloggiamento del ventilatore 270
alloggiamento della scheda di memoria 320
alloggio del comandante 387
alloro 142
alone 6
alosa 160
Alpi 18
alta pressione, area di 43
altare maggiore 446
altare secondario 446
altare, croce dell' 446
altare, pala dell' 446
alte frequenze, pick-up per 303
alternato 330
alternato: selezione di livello 3 330
alternatore 350, 360, 402, 408, 413
altezza dell'onda 33
altezza, indice di regolazione dell' 227
altezza, regolazione micrometrica dell' 8, 9
alti, regolatore degli 322
altitudine 44
altitudini, scala delle 37
altocumulo 42
altoparlante 320, 326, 328, 336, 380, 455
altoparlanti, bilanciamento degli 322
altopiano 5, 24, 29
altostrato 42
altri segni 299
alula 78
alveolo della presa 198
alveolo dentario 101
alzata 191, 210, 212, 213
alzatore destro 487
amanita muscaria 52
amanita virosa 52
amaranto 143
Amazzoni, Rio delle 17
ambiente 44
ambiente naturale 504
ambio 83
ambulanza 460, 462
ameba 66
America Centrale 14, 16
America Meridionale 14, 17, 34
America Settentrionale 14, 16, 34
America, Stati Uniti d' 448
Americhe 448
Amery, Banchisa di 15
amido 61
ammasso globulare 6
amministrazione 445
ammiraglia 522
ammortizzatore 287, 351, 523
ammortizzatore anteriore 369
ammortizzatore posteriore 367
amo 536, 538
amo con setale 538
amo, apertura dell' 538
ampere 426
ampiezza 418
ampolla della tuba di Falloppio 113
ananas 136
anatomia 96
anatomia di un astice 71
anatomia di una conchiglia bivalve 73
anatomia patologica, laboratorio di 465
anatra 81, 155
anatra, uovo di 155
ancia 305, 306
ancia doppia 306
ancia semplice 306
ancia, canna ad 305
anconeo 97
ancora a scatto 221
ancoraggio 473
ancorina 538
andature 83
Ande, Cordigliera delle 17
Andorra 449
anelli 264, 496, 497
anelli addominali 536
anello 52, 270, 307, 423, 424, 489
anello a fascia 264
anello a strappo 163
anello centrale esterno da 25 punti 471
anello con sigillo 264
anello d'accordatura 297
anello dei doppi 471
anello dei tripli 471
anello di attacco 535
anello di bloccaggio 332
anello di chiusura 210
anello di congiunzione 538
anello di fidanzamento 264
anello di regolazione 236
anello di regolazione della coppia di serraggio 228
anello di regolazione diottrica 420
anello di sospensione 270
anello di traino 460
anello esterno 515
anello fermadisco 501
anello fermamulinello 536
anello guida della lenza 536, 537
anello interno 515
anello oculare 78
anello, orecchini ad 264
anemometro 413
anestesia, stanza per l' 464
aneto 142
anfibi 75
anfibi, esempi di 75
anfiteatro romano 281
anfora, gonna ad 253
Angola 452
angolare 277
angoli, esempi di 428
angoli, lenzuolo con 204
angoliera 203
angolo 481, 498
angolo acuto 428
angolo concavo 428
angolo della pista 506
angolo di elevazione, regolazione dell' 420
angolo ottuso 428
angolo retto 428
anguilla 159
anice 142
anice stellato 60
anidride carbonica, assorbimento di 54
anidride solforosa, emissione di 48
Anik 317
anima 305
anima, canna ad 305
animali, negozio di 436
animelle 154
annaffiatoio 236
anno 441
anno, stagioni dell' 38
annodatura 245
ano 71, 73, 106, 111, 112
anodo 417
anta, pannello dell' 202
Antartide 14, 15
antefissa 279
antelice 115
antenna 7, 67, 68, 71, 326, 327, 349, 369, 392, 395, 457, 487
antenna ad alta frequenza, cavo dell' 394
antenna di captazione 376
antenna di casa 316
antenna di trasmissione/ricezione 316
antenna emittente 316
antenna parabolica 321
antenna parabolica ricetrasmittente 316
antenna per telecomunicazioni 386, 387
antenna radio 382, 384, 386, 387, 525
antenna telescopica 325
antenne, terminali di collegamento delle 322
antennula 71
antera 56
antiallagamento, dispositivo 214
anticlinale 403
anticollisione, luce 392
Antigua e Barbuda 449
Antille, Isole delle 448
antilope 84
antipastiera 166
antisettico 461
antitrago 115
antivibrazione, impugnatura con sistema 235
anulare 115
aorta 104, 105
aorta addominale 102, 107
aorta ascendente 103
aorta discendente 103
aorta, arco dell' 102, 104
ape 68
ape operaia 68
ape operaia, morfologia di un' 68
ape regina 68
apertura 73, 224, 243, 247
apertura dell'amo 538
apertura per le braccia 251
apertura/chiusura vassoio del disco 319
apice 55, 72, 73, 101, 118
apotecio 50
apparato del Golgi 50, 66
apparato digerente 106
apparato radicale 53, 62
apparato respiratorio 105
apparato urinario 107
apparecchio telefonico 327
appartamenti 512
appartiene a 427
appendice vermiforme 106
applicatore a spugnetta 266
appoggiamano 466
appoggiapiedi 224, 369, 467, 501
appoggiapiedi del guidatore 367, 368
appoggiapiedi del passeggero 367, 368
appoggiatura 299
appoggio del mignolo 307
appoggio del pollice 306, 307
appoggio del polpaccio 511
appoggio, barra d' 219
appoggio, filo d' 70
appoggio, piano di 396
appoggio, piastra d' 229
appoggio, punto d' 70
approssimativamente uguale a 427
apribottiglie 170, 531
apriscatole 170, 180, 531
aptero 51
aquila 81
Arabia Saudita 452
Arabico, Mare 19
arachide 130
arachidi, olio di 149
aracnidi 67
aracnidi, esempi di 70
aracnoide 109
aragosta 158
Aral, Lago di 19
arame 123
arancia 134
arancia, sezione di un' 58
arbitro 479, 481, 483, 488, 495, 498, 499, 507, 516, 518
arbitro capo 475
arborizzazione terminale 110
arca 447
arcata 281, 284
arcata dentale inferiore 116
arcata dentale superiore 116
archetto 301, 425, 460, 537
archetto, meccanismo di apertura dell' 537
archi, famiglia degli 295, 301
architettura 278
architrave 185, 192, 279, 285
archiviazione 339
archivio delle cartelle cliniche 465
archivio, scatola per 340
archivolto 285
arcipelago 24
arco 428
arco aortico 102, 103, 104
arco composto 535
arco diagonale 284
arco insulare 33
arco longitudinale 284
arco naturale 35
arco palatoglosso 116
arco rampante 284, 285
arco trasversale 284
arcobaleno 41
ardiglione 246, 538
area commerciale 435
area d'attesa 442
area dei tre secondi 489
area di alta pressione 43
area di atterraggio 472
area di bassa pressione 43
area di combattimento 499
area di gioco 386, 471
area di meta 483, 484
area di parcheggio 389
area di porta 480, 507
area di precipitazione 39
area di rifornimento 346
area di rigore 480
area di servizio 25, 389
area di sicurezza 499
area di sosta 25
area di sosta dei veicoli 345
area per il ritiro dei bagagli 390
arena 281
areola 113
argani di perforazione 403
argano 287
Argentina 448
argine 342
aria calda 41
aria calda ascendente 43
aria calda, deflettore dell' 192
aria calda, uscita dell' 192
aria compressa, bombola di 454
aria fredda 41
aria fredda discendente 43
aria, compressore dell' 376
aria, filtro dell' 235, 398
aria, inquinamento dell' 47
aria, presa d' 367, 383, 395
aria, temperatura dell' 39
aria, tipo di massa d' 39
Ariele 3
aringa 159
armadietti degli studenti 445
armadio 202, 213, 439
armadio appendiabiti 203
armadio frigorifero 438
armatura di chiave 299
armatura protettiva del tronco 486
Armenia 452
armonica a bocca 296
arnia 122

aromatiche, piante 142
arpa 302
arpe 295
arpeggio 299
arredamento per la casa 200
arresto, blocco d' 229
arresto, pulsante di 229, 424
arresto, tasto di 319, 323
arricciaburro 169
arricciacapelli 269
arricciatura 255
arridatoio 521
arrivo della sciovia 512
arrivo, parete di 516
arrosto 153
arrotolato 152
arte 278
arteria addominale dorsale 71
arteria ascellare 102
arteria brachiale 102
arteria carotide comune 102
arteria dell'arco del piede 102
arteria dorsale del piede 102
arteria femorale 102
arteria iliaca comune 102, 107
arteria iliaca interna 102, 103, 107
arteria mesenterica inferiore 107
arteria mesenterica superiore 102, 107
arteria polmonare 102, 104, 105
arteria renale 102, 107
arteria sternale 71
arteria succlavia 102
arteria tibiale anteriore 102
arteria ventrale 71
arterie 102
arti plastiche, aula di 444
arti sceniche 294
arti toracici 71
articolazione 355
articolazione del nodello 83
articoli da regalo, negozio di 436
articoli di cancelleria 337
articoli di pelletteria 274
articoli per acconciatura 268
articoli personali 264, 271
articoli sportivi, negozio di 437
articoli vari 341
articolo 313
articolo di spalla 313
Artide 14
artiglio 79, 82
arto anteriore 75
arto inferiore 103
arto locomotore 70
arto locomotorio 67
arto posteriore 75
arto superiore 103
ascella 92, 94
ascella fogliare 55
ascensione retta, cerchio graduato dell' 8, 9
ascensore 287, 435, 439
ascensore, cabina dell' 287
asciugacapelli 270
asciugamano 267
asciugamano da bagno 267
asciugatrice 213
Asia 14, 19, 34, 452
asino 84
asola 246, 531
asola per il picchetto 528, 529
asparago 125
aspirapolvere 209
aspirapolvere verticale 209
aspirazione, tubo di 455
aspirina® 461
assafetida 139
assale 527
assale anteriore 401
asse della bobina 537
asse di trasmissione del motore 177
asse orizzontale, regolazione micrometrica dell' 9
asse polare 7
assegni 441
assegni libretto degli 274
assistente sociale, ufficio dell' 463
assistenti degli avvocati 440
asso 468
assone 110
assorbimento attraverso la superficie terrestre 46
assorbimento attraverso le nuvole 46
assorbimento di acqua e sali minerali 54
assorbimento di anidride carbonica 54
asta 199, 424, 503, 505, 506, 514, 534
asta d'accordo 305
asta del meccanismo a scatto 312
asta di perforazione 403
asta di sostegno 380
asta mobile 425
asta motrice quadra 403
astata 55
astenosfera 26
asteroidi, fascia degli 3
astice 71, 158
astice, anatomia di un 71
astice, morfologia di un 71
astigmatismo 419
astragalo 99
astronautica 10
astronomia 2
astuccio 265
astuccio delle manette 456
astuccio per i guanti di lattice 456
astuccio per occhiali 275
Atacama, Deserto di 17
atlante 99
Atlante, Monti dell' 20
Atlantico, merluzzo dell' 161
Atlantico, Oceano 14, 15, 18, 20
Atlantico, salmone dell' 161
atleta 473
atletica leggera 472
atmosfera 44, 48
atmosfera terrestre, profilo dell' 37
atollo 35
atomi 414
atomizzatore 236
atomo 414
atrio 280, 374, 435, 439, 440, 442
atrio destro 103, 104
atrio sinistro 103, 104
attaccante 481
attaccante centrale 487
attaccante destro 485
attaccante sinistro 485, 487
attacco 199, 273, 485, 513, 514, 526
attacco a baionetta 199
attacco a spina 199
attacco a vite 199
attacco del manubrio 371
attacco del tubo di alimentazione dell'acqua 236
attacco del tubo di scarico 192
attacco della campana 306
attacco di sicurezza 10, 510, 511
attacco per attrezzi 10
attacco, leva di apertura dell' 511
atterraggio, faro di 395
atterraggio, finestrino di 395
attesa, area d' 442
attizzatoio 193
attore 290
attori, ingresso degli 278
attori, sedie degli 290
attrazione 416
attrezzatura 472
attrezzatura elettrica 217
attrezzatura terminale 538
attrezzatura varia 231
attrezzatura, ripostiglio per l' 444
attrezzature da campeggio 531
attrezzi da muratore 216
attrezzi di brasatura 218
attrezzi di saldatura 218
attrezzi di serraggio 222
attrezzi domestici 215
attrezzi ginnici 500
attrezzi idraulici 216
attrezzi per annaffiare 236
attrezzi per chiodare 220
attrezzi per piccoli lavori di giardinaggio 232
attrezzi per potare e tagliare 234
attrezzi per sagomare 229
attrezzi per seminare e piantare 231
attrezzi per smuovere la terra 233
attrezzi per trapanare 228
attrezzi, cassetta degli 225
attrezzi, kit di 372
attrezzista 291
attrezzo multiuso 501
attrice 291
audio, sistema di registrazione 291
augnatura manuale, sega per 226
augnatura, cassetta ad 226
aula 444, 445
aula di arti plastiche 444
aula di informatica 444
aula di musica 444
aula di scienze 444
aula di tribunale 440
aula per studenti con difficoltà d'apprendimento 444
aumento di tensione 402, 408
auricolare 325
aurora polare 37
Australia 14, 34, 453
Austria 450
auto da formula 1 525
auto da formula 3000 524
auto da formula Indy 524
auto da rally 524
autobotte 364
autobus 362, 435
autobus a due piani 363
autobus articolato 363
autobus urbano 362
autobus, fermata dell' 434
autobus, stazione degli 432
autocaravan 361
autocarro a cassone ribaltabile 401
autoclave 464
autogrù 364, 397
autogruista, cabina dell' 397
autolavaggio 346
automobile 347
automobilismo 524
automotrice 376
autopompa 455
autoradio 354
autoreggente, calza 257
autorespiratore 454
autoscala 455
autoscatto, spia luminosa dell' 314
autostrada 25, 343, 431
autostrada, numero di 25
autotrofi, organismi 45
autoveicoli industriali 364
autovetture, ponte per le 386
autunno 38
autunno, equinozio d' 38
avambraccio 86, 93, 95
avambraccio, protezione per l' 486
avanti 482
avanzamento della carta, tasto di 443
avanzamento rapido, tasto di 319, 323
avena 61, 143
avena, farina di 144
avena: pannocchia 61
avenue 25, 433
aviogetto a lungo raggio 392
aviorimessa 389
avocado 128
avvertenze, targhetta delle 228
avviamento, manovella di 235
avviamento, motorino d' 237
avvio, tasto di 328
avvisatore acustico 377
avvisatore acustico a tromba 364
avvocati dell'accusa, banco degli 440
avvocati, assistenti degli 440
avvolgimento, manovella d' 225
avvoltoio 80
axel 509
Azerbaigian 452
azienda 335
azienda commerciale 335
azione del vento 45
azzeramento, pulsante di 424

B

babbuino 91
baby-doll 256
bacca 59
bacca di ginepro 138
baccello 60
bacche 132
bacchetta 301
bacchetta di metallo 309
bacchette 309
bacheca 341, 444
bacinella raccogligocce 210
bacinella raccogligrasso 179
bacino 381, 406, 407
bacino a monte 406
bacino a valle 406, 407
bacino di carenaggio 381
bacino, porta del 381
backgammon 469
backspace 331
bacon americano 156
bacon canadese 156
badile 233
badile pieghevole 532
Baffin, Isola di 16
bagagli 276
bagagli, deposito 374
bagagli, scompartimento 376
bagagliai 383
bagagliaio 362, 393, 395
bagaglio a mano 276
bagher 487
bagno degli uomini 294
bagno delle donne 294
bagno, costume da 263
bagno, lucernario del 189
bagno, slip da 263
bagno, stanza da 439
bagno, vasca da 195
bagnomaria, pentola per cucinare a 175
bagnoschiuma 267
baguette 144
Bahama 448
Bahrein 452
baia 5, 24
Baia di Hudson 16
Baikal, Lago 19
baionetta, attacco a 199
baita di montagna 512
balalaica 297
balaustra 188, 189, 283
balaustra della comunione 446
balaustre 506
balaustro 191
balconata 447
balconcino, reggiseno a 259
balcone 189, 412
balena 90
balenottera 90
ballatoi 292
ballerina 241
ballerino 160
ballo, sala da 387
balsamo per capelli 267
Baltico, Mar 18
balze, gonna a 253
bambini, vestiti per 261
bambino, cranio di 100
banana 136
banana plantain 136
banca 432, 437, 442
banca di emissione, iniziali della 441
banchina 381
banchina di scarico delle merci 437, 439
banchina laterale 342
Banchisa di Amery 15
Banchisa di Filchner 15
Banchisa di Ross 15
banco 444
banco degli avvocati dell'accusa 440
banco degli avvocati difensori 440
banco dei formaggi 121
banco dei giudici 440
banco dei testimoni 440
banco dell'imputato 440
banco della carne fresca 120
banco della carne self-service 120
banco della giuria 440
banco della reception 442
banco delle informazioni 390, 437, 442, 463
banco di registrazione 390
banco di sabbia 33
banco per la prenotazione degli hotel 390
bancomat, sportello 437, 442
bancone del bar 438
banconota: dritto 441
banconota: rovescio 441
banconote, emissione di 442
banconote, scomparto per 274
banda 286
banda magnetica 441

banda nuvolosa a spirale 43
banda olografica 441
banda, tasto di selezione della 322
bande verticali, porta a 286
bandella di rinforzo 277
banderuola 413
bandiera dell'Unione Europea 441
bandiera rimovibile 504
bandiere 448
bandierina 482
bandierina centrale 480
bandierina del calcio d'angolo 481
Bangladesh 453
banjo 296
bar 293, 432, 436, 438
bar, bancone del 438
bar, mobile 203
bar, sgabello da 438
barattoli 162
barba 61
barba, pennello da 271
barbabietola 129
barbacane 282
Barbados 449
barbaforte 129
barbetta 61
barbone 86
barca a chiglia 521
barca a vela 520
barcana 36
barche, esempi di 382
bardana 129
barelle, deposito delle 462
Barents, Mar di 18
barista 438
barra 412, 469
barra collettrice 407
barra d'appoggio 219
barra dei martelletti 304
barra del timone 520
barra di comando 395
barra di partenza 516
barra di pressione 304
barra di traino 361
barra distanziatrice 362
barra per i dorsali 501
barra per i pettorali 501
barra per i tricipiti 501
barra spaziatrice 330
barretta 273
barretta di combustibile 409
barriera 434
barriera di pneumatici 524
basamento 27, 227, 283, 435, 498
basamento del telescopio 7
basamento imbottito 489
baschina, gonna con 253
basco 239
base 164, 174, 176, 179, 180, 192, 197, 206, 229, 269, 277, 296, 308, 332, 412, 421, 422, 454, 473
base del bulbo 54
base del tergale 200
base dell'intelaiatura 186
base di sostegno 202
base fissa 224
base girevole 224
base, piastra di 27, 227
baseball 474
basilico 142
Bass, Stretto di 15
bassa pressione, area di 43
bassa tensione, linea di distribuzione a 198
basse frequenze, pick-up per 303
bassi, bottoniera dei 296
bassi, ponticello dei 304
bassi, registro dei 296
bassi, regolatore dei 322
basso, chiave di 298
bastoncello 119
bastoncino di carbone (catodo) 417
bastone 273, 507
bastone con manico anatomico 466
bastone da passeggio 273, 466
bastone del giocatore 506
bastone estendibile 456
bastone inglese 466
bastone, pomolo del 506
battagliola 384
battente 286
batteria 221, 228, 308, 350, 359, 411, 416
batteria elettronica 311
batteria ricaricabile 320
batteria, contenitore della 359
battistrada, scolpitura del 358
battitoia 297, 308
battitore 475, 476, 478, 479, 491, 494
battuta, zona di 477
baule 277
bauletto 369
bavaglino 260
Beaufort, Mar di 16
beauty-case 277
beccatello 282
beccheggio 395
becchi lunghi, pinza a 217
becchi, esempi di 79
becco 78
becco corneo 76
beccuccio 180, 181, 215, 268
beccuccio spruzzatore 272
beccuccio, vaschetta con 177
becquerel 426
begonia 56
Belgio 449
Belize 448
bemolle 299
benda elastica 461
Bengala, Golfo del 19
Benin 451
benna retro 400
benzina auto 405
benzina avio 405
benzina leggera 405
benzina pesante 405
bequadro 299
bergamotto 134
bergère 200
Bering, Mar di 14
Bering, Stretto di 16
berlina 347
bermuda 254
berretto 238, 456, 514
berretto con pompon 239
berretto da cacciatore 238
berretto impermeabile 239
bersaglio 471
bertesca 282
bestiame, carro 377
betoniera 365
betulla 64
Bhutan 453
biancheria da letto 204
biancheria da notte 256
biancheria intima 247, 258
biancheria intima, negozio di 436
biancheria, loale per la 439
bianchi 470
bianco 418, 469
bibita, bicchiere da 165
bibita, cucchiaio da 168
bibite 120
bibite, distributore di 463
biblioteca 433, 444
bicchiere 176, 532
bicchiere da acqua 165
bicchiere da bibita 165
bicchiere da Bordeaux 165
bicchiere da Borgogna 165
bicchiere da brandy 165
bicchiere da porto 165
bicchiere da vino alsaziano 165
bicchiere da vino bianco 165
bicchierino da liquore 165
bicicletta 370
bicicletta da corsa 373, 522
bicicletta da cross-country 522
bicicletta da downhill 522
bicicletta da turismo 373
bicicletta olandese 373
bicicletta, componenti di una 370
biciclette, esempi di 373
biciclette, parcheggio per le 445
bicipite brachiale 96
bicipite femorale 97
bicipiti femorali, rullo per i 501
bidè 195
bidello, ufficio del 445
bidone carrellato per il riciclaggio del vetro 49
bidone carrellato per il riciclaggio dell'alluminio 49
bidone carrellato per il riciclaggio della carta 49
bidone dei rifiuti 215
biella 360
Bielorussia 450
bietola da coste 125
bietta 301
biglia battente 502, 503
biglia battente dell'avversario 502, 503
biglia bianca battente 503
biglia blu 503
biglia gialla 503
biglia marrone 503
biglia nera 503
biglia rosa 503
biglia rossa 502, 503
biglia verde 503
biglie da colpire 502
biglie rosse 503
biglietteria 294, 390
biglietteria automatica 294
biglietti, distributore automatico di 379
biglietti, vendita dei 378
bigodino 268
bilancia 292
bilancia a molla 423
bilancia a sospensione inferiore 422
bilancia da analisi 423
bilancia da cucina 171
bilancia di precisione 422
bilancia elettronica 423
bilancia pesapersone 423
bilanciamento 303
bilanciamento degli altoparlanti 322
bilanciere 360, 500, 501
bilanciere, placchetta a 305
biliardo 502
biliardo inglese 503
biliardo per carambola 502
bimah 447
binari del carrello 290
binario 207, 374, 378, 431
binario di raccordo 375
binario ferroviario 432
binario morto 375
binario, faretto da 207
binario, numero del 374
bindella ventilata 534
binocolo da teatro 273
binocolo prismatico 420
biologia 426
biosfera 44
biosfera, struttura della 44
birra 120
birra, boccale da 165
biscroma 299
biscroma, pausa di 299
bisonte 84
bistecca 152
bistecca, coltello da 168
bitta 385
bitume 405
blastodisco 79
blazer 254
bloc-notes 338
bloccaggio della base 224
bloccaggio, dispositivo di 209
bloccaggio, ghiera di 221
bloccaggio, leva di 224
bloccaggio, pulsante di 208
bloccaggio, viti di 425
blocchetto 308
blocchetto di accensione 354
blocchetto di avviamento 368
blocco 305, 473
blocco d'arresto 229
blocco del ponticello 303
blocco della culatta 534
blocco delle maiuscole 330
blocco di ancoraggio dei cavi 344
blocco di chiusura 425
blocco di partenza 473, 516
blocco motore 176, 177, 180, 208, 272
blocco numerico 331
blocco operatorio 464
blocco, dispositivo di 219, 226
blog 335
blu 418
boa 77
boa di ricognizione meteorologica 38
bobina 319, 536, 537
bobina, asse della 537
bobina, meccanismo di rilascio della 537
bocca 71, 72, 73, 75, 90, 94, 116, 220, 305, 534
bocca di carico 208
bocca di erogazione 197
boccaglio 467
boccale da birra 165
boccaporto 13
bocchetta 177, 180
bocchetta 186
bocchetta del serbatoio 237
bocchetta di ventilazione 354
bocchetta per fessure 209
bocchetta per tappezzeria 209
bocchette 172
bocchettone di riempimento 351
bocchino 306, 307, 311
body 255, 258, 263
bolero 254
Bolivia 448
bolla, livella a 225
bolle d'aria 339
bollitore 180
boma 519, 520
bomba vulcanica 28
bombetta 238
bombo 69
bombola 454, 529
bombola del gas 218
bombola di aria compressa 454
bombola di gas medicale 464
bombola di gas propano 361
bongos 309
booster, paracadute del 12
bordame 519
Bordeaux, bicchiere da 165
bordo 205
bordo a coste 250, 261
bordo del piano di cottura 210
bordo della scarpetta 511
bordo di attacco 393
bordo di rifinitura 277
bordo di uscita 392
bordo elastico 247
bordo superiore 493
bordone 296
bordoniera 308
bordura 182, 230
Borgogna, bicchiere da 165
borra 534
borraccia 532
borragine 142
borsa a manicotto 276
borsa a soffietto 274
borsa a telaio rigido 276
borsa a tracolla 276
borsa da postino 276
borsa da viaggio 276
borsa della spesa 276
borsa laterale 369
borse 275
borsellino 275
borsello 276
borsone da viaggio 276
boschi, rana dei 75
bosco 25
Bosnia ed Erzegovina 450
bossolo 534
bossolo di plastica 534
Botnia, Golfo di 18
botola 281, 292
Botswana 452
bottega 280
bottiglia 267, 532
bottiglia da tavola 165
bottiglia dell'acqua 371
bottiglia di vetro 163
bottone 199, 245, 250, 296, 301
bottone a pressione 243, 249
bottone della tracolla 303
bottoniera dei bassi 296
boulevard 25, 433
bowling 436
box 524
box doccia 195
boxer 247
bozzello 397, 521
braccia, apertura per le 251
bracciale con ciondoli 264
bracciale con piastrina 264
bracciale pneumatico 461
bracciale tubolare 264
bracciali 264
braccio 83, 91, 93, 95, 206, 236, 270, 297, 333, 395, 397, 412, 421, 467
braccio del tergicristallo 355
braccio del tremolo 303
braccio della forca 396
braccio della pala caricatrice 399
braccio della sospensione 351
braccio della spirale 6

braccio di posizionamento 400
braccio di scavo 400
braccio di sollevamento 364, 399, 400
braccio di sospensione 212, 467
braccio distanziatore 219
braccio manipolatore telecomandato 12
braccio metallico 236
braccio spruzzante 214
braccio telecomandato 11
braccio telescopico 397, 455
braccio, tirante del 397
bracciolo 200, 205, 352, 353, 467
bracciolo, sostegno del 200
brachiale 96
brachioradiale 96, 97
braciere 283
braciola 152, 153
branca 222
branchie 73
branda 530
brandina smontabile 530
brandy, bicchiere da 165
branzino 160
Brasile 448
Brasile, noce del 133
brattea 60
bretella abbottonabile 261
bretella di raccordo 343
bretella di uscita 391
bretella di uscita della pista ad alta velocità 388
bretella regolabile 260
bretelle 246
bricco del latte 166
brick 163
brick a tappo 163
bricolage, negozio di 436
brie 151
brillamento 4
brillantante, serbatoio per il 214
brina 41
broccolo 127
brochure, espositore di 442
brodo, cucchiaio da 168
bronchiolo terminale 105
bronco lobare 105
bronco principale 105
browser 334
bruciatore 210, 529
bruciatore a corona 174
bruciatore, telaio del 529
bruco 67
Brunei 453
Bruxelles, cavolini di 126
buca 502, 504
buca centrale 502
buca inferiore 502
buca par 5 504
buca superiore 502
buccia 57, 58, 59
buccino 157
bue 85
bufalo 84
buffet 438
bugna 519
bulbillo 54
bulbo 125, 199, 385, 387
bulbo d'alcool 424
bulbo del pelo 114
bulbo di mercurio 424
bulbo olfattivo 117
bulbo, base del 54
bulbo, fusto del 54
bulbo, sezione di un 54
Bulgaria 450
bulldog 86
bulldozer 398
bulletta 220
bullone 222, 223, 224, 357
bullone a espansione 221
bullone di spallamento 223
bullone zigrinato 219
bulloni 223
bunker di sabbia 504
Buona Speranza, Capo di 20
Burkina Faso 451
burotica 312
burotica e forniture per l'ufficio 329
burriera 166
burro 150
burro, coltello da 168
burro, scomparto per il 211
Burundi 451
bussola magnetica 533
bussole, set di 223
bussolotto 469
busta imbottita 339
busta portadocumenti 275
bustina 238
bustina di tè 148
bustine trasparenti 274
button-down, collo 245

C

C, morsetto a 224
cabina 386, 398, 399, 400, 401, 443
cabina armadio 189
cabina del gruista 397
cabina dell'ascensore 287
cabina dell'autogruista 397
cabina della torre di controllo 388
cabina di classe turistica 393
cabina di guida 376, 377
cabina di manovra 375
cabina di osservazione del fuoco primario 7
cabina di pilotaggio 12, 385, 392, 395
cabina di prima classe 392
cabina di proiezione 294
cabina di regia 293
cabina passeggeri 395
cabina, guida della 287
cabina, pavimento della 287
cabina, soffitto della 287
cabriolet 200
cacao 148
caccia 534
cacciapietre 376, 377
cacciavite 221, 531
cacciavite automatico 221
cacciavite con batteria incorporata 221
cacciavite con punta a croce 531
cachi 137
caditoia 282
caduta di poppa 519
caduta di prua 519
caffè 148, 432, 437, 445
caffè, chicchi tostati di 148
caffè, chicchi verdi di 148
caffè, cucchiaino da 168
caffè, macchine da 181
caffè, tazza alta da 166
caffè, tazzina da 166
caffettiera 531
caffettiera a filtro 181
caffettiera a infusione 181
caffettiera a pistone 181
caffettiera napoletana 181
caffettiera per espresso 181
caimano 77
calabrone 69
calamaro 157
calamita 341
calamo vegetale 312
calaza 79
calcagno 99, 247
calcagno, rinforzo del 262
calcagno, rinforzo esterno del 240
calcagno, rinforzo interno del 240
calciatore 480
calcio 480, 503, 534
calciolo 534
calcolatrice 274
calcolatrice da tavolo 337
calcolatrice scientifica 337
calcolatrice tascabile 337
caldaia 308
calendario a fogli staccabili 338
calendario da tavolo 338
calibro a corsoio con nonio 425
calice 56, 59, 60, 107, 446
calice da cocktail 165
calice gustativo 118
calicetto 59
California, Golfo di 16
Callisto 2
calore 408
calore, dispersione di 46
calore, produzione di 408
calore, trasferimento di 415
calotta 208, 209, 238, 239, 367, 412
calotta della torretta 420
calotta di sicurezza 237
calotta filtrante 459
calotta polare, della 40
calza 257, 259
calza a rete 257
calza autoreggente 257
calza con reggicalze 476
calza dell'albero 519
calze 247, 257
calzerotto 247, 257
calzettone 257, 480, 486, 506
calzettoni 483
calzino 257, 492
calzino corto 247
calzino lungo 247
camaleonte 77
cambio 63
cambio disco 323
cambio, cavo del 372
cambio, leva del 350, 354, 371, 372
cambio, pedale del 367, 368, 369
cambio, scatola del 350
Cambogia 453
Camciatca, Penisola di 19
camembert 151
camera a spirale 407
camera anteriore 119
camera blindata 443
camera d'albergo 439
camera d'aria 79
camera da letto 189, 528
camera da letto principale 189
camera del re 278
camera della regina 278
camera di espansione 424
camera di scarico 278
camera di scoppio 360
camera doppia 439
camera magmatica 28, 402
camera matrimoniale 439
camera posteriore 119
camera pressurizzata 345
camera pulpare 101
camera sotterranea 278
camera, numero della 439
cameraman 290
camerino 290, 293
camerino privato 290
Camerun 451
camicetta classica 255
camicetta incrociata 255
camicette, esempi di 255
camicia 245
camicia da notte 256
camicia, collo a 245
camicia, lembo della 245
camicione 255
camiciotto 255
caminiera 192
camino 183, 188, 192, 193
camino principale 28
camino, ferri per il 193
camion, esempi di 364
cammello 85
cammino di ronda 282
cammino di ronda coperto 282
camomilla 148
camoscio, pelle di 265
campagna 431
campana 306, 307
campana per la raccolta del vetro 49
campana per la raccolta della carta 49
campana, attacco della 306
campane tubolari 295, 309
campanelle 309
campanile 446
campata centrale 344
campata laterale 344
campeggio 528
campeggio, attrezzature da 531
campi solcati 31
campionatore 310
campo 474, 479, 482, 484, 487, 488, 490, 494, 506, 515
campo da golf 430
campo di allenamento 504
campo di gioco 480, 515
campo di servizio del doppio 495
campo di servizio del singolo 495
campo geotermico 402
campo magnetico 318, 416
Canada 448
canale del sifone 73
Canale della Manica 18
canale della radice 101
canale deltizio 32
canale destro 324
canale di aerazione 278
Canale di Drake 15, 17
Canale di Mozambico 20
canale di scarico 407
canale lacrimale 119
canale per le acque meteoriche 434
canale semicircolare laterale 116
canale semicircolare posteriore 116
canale semicircolare superiore 116
canale sinistro 324
canale velenifero 76
canale, chiusa di un 381
canali, tasti di selezione dei 319
cancella 328
cancellazione 331
cancellazione, pulsante di 315
cancelleria, articoli di 337
cancellieri, scrivania dei 440
cancellieri, ufficio dei 440
cancello 202
Cancro, Tropico del 20, 21, 22
candela 359, 360, 426, 446
candela di accensione 237
candela, cavo della 350, 360
cane 86, 534, 535
cane, morfologia di un 86
canestro 489
canino 101
canna 370, 534
canna ad ancia 305
canna ad anima 305
canna da lancio 537
canna da mosca 536
canna della melodia 296
canna di imboccatura 307
canna, zucchero di 149
cannella 138
cannello 296
cannelloni 146
cannocchiale 8
cannocchiale cercatore 8, 9
cannocchiale di mira 420
cannolicchio 157
cannoncino 245
cannone 83
cannone elettronico 318
cannotto reggisella 370
cannuccia 163
canottiera 247, 261, 263, 500
cantalupo 135
cantarello 123
cantina dei vini 438
canyon sottomarino 33
capanna di fango 288
capanna di paglia 288
capannoni delle merci in transito 381
capasanta 157
capelli 93, 95
capelli, pinza per 268
capelli, spazzole per 268
capezzale 204
capezzolo 92, 94, 113
capitale 23
capitano 515
capo 24, 67, 72, 78
Capo di Buona Speranza 20
Capo Horn 17
Capo Verde 451
capocroce 285
capodoglio 90
capolino 57
capomacchinista 290
caposala, ufficio del 463
caposquadra 291
capotasto 301, 302, 303
cappa 164, 192, 210
cappella 282
cappella assiale 284, 285
cappella laterale 284
cappella radiale 284, 285
cappelletto 247
cappello 52, 191, 286, 313
cappello a falda larga 239
cappello da marinaio 239
cappello di feltro 238, 239
cappello terminale 409
cappio 510, 514
cappone 155
cappotti, esempi di 248, 251
cappotto 248, 251
cappotto alla raglan 251
cappotto con pellegrina 251
cappuccio 249, 260, 312, 467, 508
cappuccio con cordoncino 261
cappuccio di protezione 460
cappuccio, felpa con 262
capra 84
capra, formaggi di 150

capra, latte di 150
Capricorno, Tropico del 20, 21, 22
capsula 51, 467
capsula a depressione 360
capsula di gelatina 467
capsula di risonanza 460
capsula ermetica 529
capsula, sezione di una 60
captazione, antenna di 376
caraffa 165, 166, 181
carambola 137
carapace 71, 76
caratteristiche della costa 35
caratteristiche della Luna 5
carbone, deposito di 402
carburante, condotto del 351
carburante, serbatoio del 235, 351, 366, 369, 377
carburante, serbatoio per il 364
carburante, tipo di 346
carburatore 366
carcassa 228, 229
carciofo 127
cardamomo 138
cardigan 250, 255
cardigan con scollo a V 250
cardinale 80
cardine 352
cardio 157
cardo 125
carena 74
carenaggio, bacino di 381
carenatura 366, 523
carenatura laterale 525
Caribico, Mar 14, 16
carica di lancio 534
carica elettrica, unità di misura della 426
carica, indicatore di 271
caricabatteria 228
caricabbasso 520
caricatore di lamette 271
carico, aeroplano da 394
carico, bocca di 208
carico, piano di 396
carico, piattaforma di 423
carico, tubo di 196
cariosside 61
carne 152
carne, cassetto per la 211
carnivori 45
Caronte 3
carota 129
carpa 160
Carpentaria, Golfo di 15
carpenteria 220, 221, 222, 225, 226, 228, 229
carpo, flessore ulnare del 96, 97
carré 249, 255
carreggiata 343
carrelli 121
carrello 236, 290, 376, 396, 397, 505, 521, 527
carrello a forca per palette di carico 396
carrello anteriore 376, 392
carrello avvolgitubo 236
carrello elevatore 396
carrello portabagagli 277, 374
carrello portavivande 202
carrello principale 393
carrello tenda 361
carrello, binari del 290
carri dei pompieri 455
carri merci, esempi di 377
carriola 231
carro bestiame 377
carro bisarca 377
carro cisterna 377
carro frigorifero 377
carro merci 375
carro pianale 377
carro pianale portacontainer 377
carrozza passeggeri 380
carrozzeria 348, 361, 523
carrozzerie, esempi di 347
carrucola del carrello 397
carta cerata 162
carta da forno 162
carta dei contintinenti 14
carta del tempo 38, 39
carta della rete metropolitana 379, 380
carta di addebito 443
carta di credito 441
carta fisica 24
carta geografica 444
carta più alta 468
carta politica 23
carta stradale 25
carta vetrata 229
carta, guida della 328
carta, numero della 441, 443
carta, pulsante di alimentazione della 333
carta, spia di alimentazione della 333
carte di credito, portafoglio per 274
carte di credito, scomparto per 274
carte, lettore di 442, 443
cartella 275
cartella con linguetta 339
cartella con pressino 339
cartella per documenti 339
cartella sospesa 340
cartelletta 340
cartellino di identificazione 456
cartello indicatore delle stazioni della linea 378
cartello pubblicitario 378, 380
carter 537
cartilagine alare maggiore 117
cartilagine del setto nasale 117
cartoccio 61
cartografia 21
cartone 163
cartone piccolo 163
cartuccia 216, 312
cartuccia per fucile a canna liscia 534
cartuccia per fucile a canna rigata 534
cartuccia, spia della 333
cartucciera 456
caruncola lacrimale 119
carvi 138
casa 182, 515
casa a due piani 289
casa a un piano 289
casa colonica 122
casa galleggiante 385
casa in mattoni cotti 288
casa romana 280
casa, abito da 252
casa, arredamento per la 200
casa, elementi della 185
casa, esterno di una 182
casa, struttura di una 188
casacca 255
casalinghi 120
casatorre 289
cascata 31, 32
caschetto 498
casco 10, 476, 478, 486, 506, 508, 510, 513, 522, 524, 526, 527
casco di protezione 367, 372
casco integrale 525
casco per cross 525
case a schiera 289
case tradizionali 288
casella 469
casella bianca 470
casella nera 470
caserma dei vigili del fuoco 433
Caspio, Mar 14, 19
cassa 121, 218, 271, 303, 304, 424
cassa acustica 294, 324, 325
cassa acustica centrale 321
cassa acustica principale 321
cassa acustica surround 321
cassa armonica circolare 296
cassa armonica piriforme 297
cassa armonica triangolare 297
cassa chiara 295, 308
cassa di risonanza 297, 302
cassa piena 303
cassa portabatteria 365
cassa, registratore di 121
cassaforte 443
cassapanca 203
casse 121
casse acustiche, tasti di selezione delle 322
casse acustiche, terminali di collegamento delle 322
cassero poppiero 386
casseruola 175
cassetta 162, 326, 333
cassetta ad augnatura 226
cassetta aperta 162
cassetta degli attrezzi 225
cassetta di pronto soccorso 457, 461
cassetta di sicurezza 443
cassetta filtro 181
cassetta, coperchio della 196
cassetta, vano 321
cassetta, vano della 323
cassette di deposito per bagagli 374
cassettiera 203
cassetto 164, 202, 203, 205, 210
cassetto per la carne 211
cassetto per la verdura 211
cassiera 121
cassone 231, 400
cassone ribaltabile, autocarro a 401
cassone di compattazione 364
cassone di raccolta dei rifiuti 365
cassone per legna da ardere 192
cassone ribaltabile 401
castagna 133
castagna d'acqua 124
caste 68
castello 282, 383
castello di prua 387
castello motore 393
castoro 82
catamarano 521
catarifrangente 365, 370, 523
catena 370, 372
catena alimentare 45
catena di dune 36
catena di neuroni 110
catena di sicurezza 361
catena di sollevamento 396
catena montuosa 5, 24, 26
catena trinciante 235
catena, freno della 235
catena, guida della 235, 372
catodo 417
cattedra 444
cattedrale 284
cattedrale gotica 284
cattedrale, pianta della 285
cattura 470
cavalcavia 343, 344
cavalletta 69
cavalletta verde 69
cavalletto centrale 367
cavalletto laterale 367, 369
cavallo 83, 85, 247, 255, 470
cavallo con maniglie 496
cavallo per volteggi 496, 497
cavallo, morfologia di un 83
cavatappi 531
cavatappi a leva 170
cavatappi da cameriere 170
cavatorsoli 173
cavea 278, 281
cavetto di acciaio 535
cavi di accoppiamento 356
cavi, blocco di ancoraggio dei 344
cavia 82
cavicchiera 301
cavicchio 301, 302, 303
caviglia 92, 94, 302, 304
cavigliera 304, 500
cavità addominale 111, 112
cavità nasale 105
cavità orale 105, 106
cavità pleurica 105
cavo 228, 326, 332, 356, 364, 418, 501, 535
cavo d'alimentazione 177, 229
cavo del cambio 372
cavo del freno 371
cavo dell'antenna ad alta frequenza 394
cavo dell'elettricità 434
cavo della candela 350, 360
cavo di accelerazione 237
cavo di alimentazione 227, 269, 270, 322
cavo di alimentazione a corrente alternata 336
cavo di alimentazione a corrente continua 336
cavo di collegamento 324
cavo di interfaccia digitale per strumenti musicali (MIDI) 311
cavo di messa a terra 198
cavo di raccordo per luci di segnalazione 361
cavo di sincronizzazione 337
cavo di sollevamento 397
cavo di sospensione 344
cavo elettrico 354
cavo telefonico 434
cavo, manicotto del 228
cavolfiore 127
cavolini di Bruxelles 126
cavolo bianco 126
cavolo marittimo 126
cavolo ornamentale 126
cavolo rapa 125
cavolo riccio 126
cavolo rosso 126
cavolo verza 126
cavolo verzotto 126
cazzuola da muratore 216
ceci 130
cedro 134
cedro del Libano 65
cefalo 160
cefalotorace 70, 71
cella 67, 281
cella frigorifera 120, 121
cella solare 337, 410, 411
celle 440
celle solari, pannello di 411
celle solari, sistema a 411
cellula animale 66
cellula convettiva 43
cellula del succo 58
cellula vegetale 50
cellula, membrana della 50, 66
cellula, parete della 50
Celsius, gradi 424
Celsius, grado 426
Celsius, scala 424
cemento 101
cemento, sottofondo di 190
ceneri vulcaniche, nube di 28
ceneri, strato di 28
cent 440
centina 392
centina di radice alare 392
cento 427
Centrafricana, Repubblica 451
centrale 485
centrale elettrica 406
centrale idroelettrica, sezione trasversale di una 407
centrale termoelettrica a carbone 402
centratura, regolatore di 329
centrifuga 180, 212
centrifuga scolainsalata 171
centriolo 66
centro 293, 428, 470, 471, 515
centro commerciale 431, 436
centro della città 431, 432
centro della ragnatela 70
centro di alta pressione 39
centro di bassa pressione 39
centro prelievi, sala d'attesa del 465
centroattacco 507
centrocampista centrale 481
centrocampista di destra 481
centrocampista di sinistra 481
ceppo 63
ceramica, condensatore di 417
cercafase 217
cerchia annuale 63
cerchio 366, 371
cerchio centrale 488
cerchio del battitore successivo 474
cerchio di centrocampo 481, 488, 507
cerchio di ingaggio 506
cerchio di serraggio 308
cerchio di stazione 39
cerchio graduato dell'ascensione retta 8, 9
cerchio graduato della declinazione 8, 9
cerchio, parti di un 428
cerchione 349
cereali 61, 143
Cerere 2
cerfoglio 142
cerimolia 136
cerniera 73, 178, 185, 186, 202, 214, 420
cerniera della visiera 367
cerniera lampo 265, 277, 528
cerniera regolabile 222
cerotto 461
cerotto adesivo 461
cervella 154
cervelletto 109
cervello 71, 109
cervo dalla coda bianca 84
cesoie 234
cesoie da giardino 234
cespo 125
cespuglio 230
cestella 68
cestello 177, 178, 180, 211, 212, 214
cestello di refrigerazione 180
cestello per friggere 171

cestello per la cottura a vapore 175
cestello per le posate 214
cestino 341, 538
cetriolino 128
cetriolo 128
cetriolo senza semi 128
Chac-Mool 283
chanel, scarpa 241
charleston 308
charlotte, stampo per 172
châssis: dorso 329
châssis: vista frontale 329
chat room 335
chayote 129
chela 71
chelicero 70
chemisier 252
cherosene 405
Chesterfield, divano 200
chiamata automatica, tasti di 327
chiamata, pulsante di 287
chiamata, tasto di 327
chiambrana 186
chiasma ottico 109
chiave 306
chiave a bussola a cricchetto 223
chiave a croce 356
chiave a forchetta doppia 223
chiave a rullino 223
chiave combinata 223
chiave del chiver 306
chiave del mandrino 228
chiave dell'accensione 237
chiave dell'acqua 307
chiave di basso 298
chiave di contralto 298
chiave di violino 298
chiave di volta 284
chiave poligonale a cricco 223
chiave poligonale doppia 223
chiave poligonale doppia ad anello aperto 223
chiave regolabile da lavandino 216
chiave USB 333
chiave, leva della 306
chiave, serratura a 274
chiavi 216, 223, 298, 311
chiavi di tensione 308
chiavi, negozio per la riproduzione delle 437
chiavi, protezione delle 306
chiavistello a scatto 186
chiavistello senza scatto 186
chicchi di caffè tostati 148
chicchi di caffè verdi 148
chicco di grano, sezione di un 61
chiesa 433, 446
chimica 414
chinois 171
chiocciola 72, 157
chiocciola per nastro adesivo 341
chiocciola, morfologia di una 72
chiocciole, molle per 173
chiocciole, tegamino per 173
chiodi, esempi di 220
chiodo 220, 473
chiodo a spirale 220
chiodo comune 220
chiodo da muratore 220
chiodo di finitura 220
chiodo di garofano 138
chiodo troncato 220
chioma 6, 63
chiosco 346
chirurgia minore, sala per operazioni di 462
chirurgo, lavandino del 465
chitarra acustica 302
chitarra basso 303
chitarra elettrica 303
chiusa di un canale 381
chiusura 274, 275
chiusura a occhiello 277
chiusura a scatto 178, 214
chiusura in rilievo 163
chiusura lampo 249, 261
chiusura metallica a pressione 274
chiusura, anello di 210
chiusura, blocco di 425
chiusura, cordoncino di 275
chiusura, dispositivo di 535
chiusura, valvola di 196
chiver 306
chiver, chiave del 306
chorizo 156
chutney al mango 141
Ciad 451
Ciad, Lago 20
ciak 291
ciambella 144
ciano 418
cibi pronti 121
cicala 69
ciccioli 156
ciclismo 522
ciclismo su strada 522
ciclismo su strada, gara di 522
ciclista 522
ciclo idrologico 45
ciclomotore 369
ciclone 43
ciclone tropicale 43
cicloni tropicali, denominazione dei 43
cicogna 80
cieco 106
cieletti 292
cieletto 293
cielo tempestoso 41
cielo, copertura del 39
ciglia 66, 87
ciglio 66, 119
Cile 448
ciliato 55
ciliegia 132
cilindretto 357
cilindro 238, 429, 460
cilindro del braccio di scavo 400
cilindro del braccio di sollevamento 399, 400
cilindro della pala caricatrice 399, 400
cilindro dello scarificatore 398
cilindro di raffreddamento 420
cilindro di riflessione 420
cilindro di rotazione della lama 401
cilindro di rubino 420
cilindro di sollevamento 364, 397, 399, 455
cilindro di sollevamento della lama 398, 401
cilindro direzionale 400
cilindro principale 357
cima 29, 63, 219
cima bipara 57
cima di recupero 519
cima unipara 57
cimasa 202
cime di rapa 127
cimice rigata 69
ciminiera 402
cimino 536
cimitero 25, 433
Cina 453
cinema 294, 386, 432, 436
cinescopio 318
Cinese Meridionale, Mar 14, 19
Cinese Orientale, Mar 19
cinghia del mantice 296
cinghia del ventilatore 360
cinghia della ventola 350
cinghia di compressione frontale 532
cinghia di compressione laterale 532
cinghia di distribuzione 360
cinghia di tramissione 212
cinghia per i piedi 519
cinghiale 84
cinghietta posteriore di regolazione 458
cingolo 398, 523
cinquanta 427
cinque 427
cinque spezie, miscela di 139
cinquecento 427
cinta muraria 282
cintura 225, 246, 248, 499
cintura a vita 532
cintura da sollevamento pesi 500
cintura di Kuiper 2
cintura di ritenuta 205
cintura di servizio 456
cintura di sicurezza 353
cintura portautensili 225
cintura ventrale 353
cintura, abbottonatura della 246
cintura, passante della 248
cinturino 273, 424, 477, 500
cinturino a T, scarpa con 241
cinturino della manica 248
cinturino regolabile 244
cinturino, scarpa con 241
cioccolato 148
cioccolato al latte 148
cioccolato bianco 148
cioccolato fondente 148
ciondoli, bracciale con 264
ciotola 176
ciotole per mescolare 172
cipolla 236
cipolla bianca 124
cipolla d'inverno 124
cipolla di Spagna 124
cipolla rossa 124
cipolla verde 124
cipollina 124
cipresso, foglie squamiformi del 65
cipria compatta 266
cipria in polvere 266
cipria in polvere, pennello da 266
cipria, piumino da 266
Cipro 450
circo 5
circo glaciale 30
circolazione del sangue 102
circolazione, schema della 103
circolo 504
Circolo Polare Antartico 15, 21, 22
Circolo Polare Artico 21, 22
circonferenza 428
circonvallazione 25
circuito 524
circuito di distribuzione 198
circuito elettrico dei sensori 357
circuito elettrico parallelo 416
circuito frenante 350, 357
circuito integrato 417
circuito integrato inscatolato 417
circuito stampato 417
circuito stampato, scheda del 417
cirro 42
cirrocumulo 42
cirrostrato 42
cisterna 364, 385
cisterna, carro 377
cisterna, nave 384
cistifellea 106
citofaringe 66
citopigio 66
citoplasma 50, 66, 112
citostoma 66
città 23, 430
Città del Vaticano 450
città, centro della 431, 432
città, pianta di 25
city bike 373
ciuffo 83
clacson 354, 368
clarinetti 295
clarinetto 306
clarinetto basso 295
classifica generale, tabellone della 496
classificatore a soffietto 340
clavicola 98
clessidra per uova alla coque 171
climatizzazione, sistema di 46
climi aridi 40
climi del mondo 40
climi di montagna 40
climi polari 40
climi temperati caldi 40
climi temperati freddi 40
climi tropicali 40
clip, orecchini a 264
clitoride 112
cloche 239
cloroplasto 50
cobra 77
coccige 98
coccinella 69
cocco, noce di 133
coccodrillo 77
cocktail, calice da 165
coclea 116
cocomero 135
Cocos, placca delle 27
coda 71, 76, 82, 83, 86, 90, 111, 393, 510, 514, 526, 536
coda dell'elice 115
coda di polvere 6
coda ionica 6
coda, pattino di 395
coda, trave di 395
codetta 199
codice del prodotto 423
codice temporale 291
codolo 167, 169, 216, 228, 471
codrione 78
cofano anteriore 348, 364
cofano posteriore 349
coincide con 427
cola, noce di 133
colapasta 171
colata di fango 31
colata lavica 28
colbacco 238
colibrì 80
colino 171
colla in stick 341
collana 264
collana a cinque giri 264
collana lunga 264
collana lunga alla vita 264
collane 264
collant 257
collante 190
collare 193, 229, 273
collare del solaio 193
collare di chiusura del casco 10
collare tagliafuoco 193
collarino di velluto 264
collegamenti ipertestuali 334
collegamento elettrico 365
collegamento, cavo di 324
colletto 53, 101, 245, 271
colletto, punta del 245
collettore di alimentazione 360
collettore di elettroni 417
collettore di scarico 194, 350, 360
collettore principale 194
collettore solare piatto 410
collibia 123
collie 86
collina 29
collina abissale 33
collo 76, 83, 93, 94, 95, 111, 167, 240, 244, 248, 262, 318, 492
collo a camicia 245
collo a uomo 251
collo alto 514
collo button-down 245
collo d'oca 191, 400
collo del femore 99
collo del piede 92
collo dell'utero 112
collo, sostegno per il 525
colloquio, sale di 440
collutorio 272
Colombia 448
colon ascendente 106
colon discendente 106
colon sigmoideo 106
colon trasverso 106
colonna 31, 207, 279, 302, 313
colonna centrale 412
colonna d'alcool 424
colonna di frazionamento 405
colonna di mercurio 424
colonna di ventilazione 194
colonna montante dell'acqua calda 194
colonna montante dell'acqua fredda 194
colonna principale di scarico 194
colonna principale di ventilazione 194
colonna vertebrale 98, 109
colore 468
colori, sintesi dei 418
colpi 490
colpo di pattino 514
coltelli da cucina, esempi di 169
coltelli, esempi di 168
coltello 167, 176, 531, 533
coltello da bistecca 168
coltello da burro 168
coltello da cucina 169
coltello da dessert 168
coltello da formaggio 168
coltello da ostriche 169
coltello da pane 169
coltello da pesce 168
coltello da pompelmo 169
coltello da prosciutto 169
coltello da tavola 168
coltello elettrico 177
coltello miscelatore 176
coltello per affettare 169
coltello per dissossare 169
coltivatore 233
columella 73
columella, piega della 73

comandi del retroescavatore 399
comandi del VCR 319
comandi del verricello 364
comandi della videocassetta 320
comandi di sintonia 318
comando a distanza, presa per il 314, 315
comando del tavolino traslatore 421
comando del tergicristallo 354
comando del tiraggio 192
comando zoom 320
comando, ponte di 382, 383, 386, 387
comando, quadro di 178, 179, 210, 212, 213, 214
combinazione 247
combinazione, serratura a 274
combinazioni del poker 468
combustibile 408
combustibile esaurito, vasca di deposito del 409
combustibile fossile 46, 48
combustibile per motori diesel 405
combustibile per motori diesel marini 405
combustibile, barretta di 409
combustibile, pastiglia di 409
combustione lenta, stufa a 192
cometa 6
comignolo 183
commessura labiale 86, 116
commutatore delle luci 368
comò 203
comodino 439, 464
comodino, lampada da 439
Comore 452
compact disc 326
compattatore 364
compattazione 49
compensazione dell'esposizione, pulsante di 314
complesso scolastico 433
complesso sportivo 431
completo da ginnastica 261
compluvio 280
componenti di una bicicletta 370
composizione del sangue 104
composta, contenitore della 231
compressore del climatizzatore 360
compressore dell'aria 376
computer 444
computer da tavolo 334
computer di bordo 354, 457
computer portatile 336
computer portatile: dorso 336
computer portatile: vista frontale 336
computer tascabile 337
computer, programmi del 457
comunicazione via telefono 327
comunicazione, modulo di 316
comunicazione, tunnel di 13
comunicazioni 312
comunicazioni aeree 317
comunicazioni industriali 317
comunicazioni marittime 317
comunicazioni militari 317
comunicazioni private 317
comunicazioni stradali 317
comunione, balaustra della 446
conca 115
conca di concrezione 31
conca nasale inferiore 117
conca nasale media 117
conca nasale superiore 117
concentrato di pomodoro 140
concentrazione di gas serra 46
concessionaria di automobili 433
conchiglia 72, 73, 200
conchiglia bivalve 73
conchiglia bivalve, anatomia di una 73
conchiglia bivalve, morfologia di una 73
conchiglia di protezione 486, 507
conchiglia univalve 73
conchiglia univalve, morfologia di una 73
conchiglie 146
concime organico 48
condensatore 402, 421
condensatore a pellicola plastica 417
condensatore di ceramica 417
condensatore, manopola di regolazione del 421
condensatori elettrolitici 417
condensazione 45, 414
condilo laterale del femore 99
condilo mediale del femore 99
condimenti 140
condimento alle spezie cajun 139
condizionatore 361
condominio 433
condor 80
condotta dell'acquedotto 434
condotta fognaria 434
condotta fognaria principale 434
condotta forzata 406, 407
condotto 278
condotto del carburante 351
condotto dell'aria di scarico 345
condotto dell'aria pulita 345
condotto di alimentazione 194
condotto di riscaldamento 213
conduttore di fase 198
conduttore di messa a terra 404
conduttore neutro 198
conduttura del gas 434
conduttura dell'acqua calda 197
conduttura dell'acqua fredda 197
conduzione 415
conferma, tasto di 443
confessionale 446
confezionamento, prodotti per 120
confezione in cartone per uova 162
confezione multipla 163
confezioni 162
confezioni farmaceutiche di medicinali 467
confine di proprietà 182
confine internazionale 23
confine interno 23
confluente 32
congelatore 164, 438
congelatore orizzontale 211
congelatore, porta del 211
congelatore, scomparto del 211
congiuntiva 119
Congo 451
Congo, Fiume 20
Congo, Repubblica Democratica del 451
congressi, palazzo dei 433
conifera 65
conifere, esempi di 65
conifere, foresta di 44
coniglio 82, 154
connessione, spinotto di 417
connettore USB 333
cono 65, 119, 429, 460
cono avventizio 28
cono d'ombra 4, 5
cono di emergenza 110
cono di penombra 4, 5
cono di spremitura 177
cono femminile 65
cono maschile 65
console 471
console centrale 354
console dell'organo 305
consumatori primari 45
consumatori secondari 45
consumatori terziari 45
contachilometri parziale 355
contachilometri totale 355
contagiri 355, 368
container 383
containers, deposito per 430
contaminuti 171, 178, 179, 210
contanti, rifornimento di 443
contatore 323
contatore dell'acqua 194
contatore elettrico 198
contatore, tasto di azzeramento del 323
contatto 470
contatto caldo 314
contatto negativo 410, 411
contatto positivo 410, 411
contatto, dispositivi di 198
contatto, leva di 207
contenitore della batteria 359
contenitore della composta 231
contenitore delle siringhe usate 457
contenitore in calcestruzzo 408, 409
contenitore per filo interdentale 272
contenitore per il riciclaggio 49
contenitore termico 532
contenitori per la raccolta differenziata 49
contenuto in 427
continentale umido - estate calda 40
continentale umido - estate torrida 40
continente 33
continenti, carta dei 14
conto, tasti di identificazione del 443
contorno 441
contrabbassi 295
contrabbasso 301
contrafforte 284
contralto, chiave di 298
contrappeso 8, 287, 345, 397, 400, 401
contrappeso, guida del 287
contrassegno per la virata a dorso 517
contrasto, regolatore di 329
controbraccio 397
controfagotti 295
controferro 229
controllo 330
controllo biglietti, addetto al 294
controllo dei passaporti 391
controllo del campo audio 322
controllo del sequencer 310
controllo del tempo 311
controllo del volume 310, 311
controllo dell'accelerazione 332
controllo della velocità di crociera 354
controllo di sicurezza 391
controllo fine dei dati 310
controllo veloce dei dati 310
controllo: selezione di gruppo 330
controllore 374
controllore tecnico 509
controporta attrezzata 211
controporta, scomparto della 211
contropunta 425
controstecca 273
controtelaio 186
controvento 187
conurbazione 430
convertitore 321
convertitore catalitico 351
convertitore di coppia 212
convezione 415
convezione, corrente di 415
convogliatore 402
Cook, Stretto di 15
coordinate terrestri, sistema di 21
coperchio 174, 177, 178, 179, 180, 181, 198, 210, 211, 212, 215, 225, 303, 315, 333, 359, 417, 454, 533
coperchio del sedile 196
coperchio della cassetta 196
coperchio delle punterie 350, 360
coperchio di protezione dell'obiettivo 314
coperchio inferiore 417
coperchio protettivo 333
coperchio superiore 417
coperta 204
coperta, ponte di 385
copertura 273, 505, 536
copertura boccaporto della cisterna 385
copertura del cielo 39
copiglia 454
coppa da spumante 165
coppa del reggiseno 259
coppa dell'olio 235, 360
coppa dell'olio, guarnizione della 360
coppa inferiore 181
coppa superiore 181
coppetta 207
coppetta per l'insalata 166
coppetta per latte/panna 163
coppia 468, 509
coppia di serraggio, anello di regolazione della 228
coppia, convertitore di 212
copricapi 238
copricapi femminili 239
copricapi maschili 238
copricapi unisex 239
copricerniera 273
coprifiltro 459
copriguanciale 204
coprilegno 505
coprimaterasso 204
copriprese 320
copripunta 273
copritrice primaria 78
copritrice primaria media 78
copritrice secondaria mediana 78
Coralli, Mar dei 15
corda 301, 302, 498, 500, 535
corda di tensione 297
corda vocale 105
cordata 55
corde 297, 304
corde per l'accompagnamento 296
corde per la melodia 296
corde, strumenti a 301
cordiera 297, 301, 308
Cordigliera delle Ande 17
cordolo 434, 524
cordoncino 249
cordoncino di chiusura 275
cordoncino, cappuccio con 261
cordone 208, 209, 217, 235, 237
cordone del microtelefono 327
cordone dell'alimentazione 271
cordone litorale 35
cordone nervoso ventrale 71
cordone, manicotto del 218, 229
cordone, supporto del 208
Corea, Repubblica Democratica Popolare di 453
Corea, Repubblica di 453
coriandolo 142
corimbo 57
cornamusa 296
cornea 119, 419
cornetta 295, 307
corni 295
corni inglesi 295
cornice 185, 202, 279
cornice inclinata 279
cornicione 183
corno 307
corno anteriore 109
corno inglese 306
corno posteriore 109
coro 284, 285
coroide 119
corolla 56
corona 4, 83, 101, 302, 308, 344, 424, 441
corona di penne 495
corona radiata 112
coronamento 406
corpi celesti 2
corpo 118, 180, 228, 270, 305, 306, 312, 420, 536
corpo calloso 109
corpo cavernoso 111
corpo cellulare 110
corpo ciliare 119
corpo cilindrico 471
corpo d'acciaio 417
corpo del fornice 109
corpo dell'unghia 114
corpo della macchina fotografica 314
corpo della valvola 307
corpo di guardia 282
corpo isolante 359
corpo libero, pedana per il 496
corpo stradale 342
corpo umano 92
corpo vertebrale 110
corpo vitreo 119
corpo, cura del 267
corpuscolo di Meissner 114
corpuscolo di Pacini 114
corpuscolo di Ruffini 114
corrente di convezione 415
corrente di fondazione 187
corrente elettrica, unità di misura della 426
corrente orizzontale 187
corrente, doppio 187
corrente, presa di 217
corrente, presa temporizzata di 210
corrente, regolatore di 199
corrente, sorgente di 416
corridoio 490, 495
corridoio di discesa 278
corridoio di salita 278
corridoio di sicurezza 440
corridoio telescopico 389
corrimano 191, 287, 363, 385

corrimano di spinta 460
corrispondenza 338
corsa, bicicletta da 373
corsa, direttore della 522
corsa, scarpa da 262
corsetto 259
corsia 120, 434, 472, 516
corsia dei box 524
corsia di accelerazione 343
corsia di decelerazione 343
corsia di entrata 343
corsia di marcia normale 343
corsia di sorpasso 343
corsia di traffico lento 343
corsia di uscita 343
corsia laterale 343
corso d'acqua 32, 48
corso d'acqua sotterraneo 31
corteccia 63
cortile 122, 282, 445, 447
cortina 282
corvo 80
coscia 83, 86, 93, 95, 111, 112
costa 33, 125, 167, 169
costa a rias 35
costa assiale 73
Costa d'Avorio 451
Costa Rica 448
costa spirale 73
costa, caratteristiche della 35
costate 152
coste, bordo a 250, 261
costine 152
costole 98
costole false 99
costole fluttuanti 98
costolette 153
costolone dorsale 284
costolone intermedio 284
costruttore, targhetta del 228
costume 290
costume da bagno 263, 516
costumista 290
cotiledone 53
cotone idrofilo 461
cottage cheese 150
cotton fioc® 461
cottura a vapore, cestello per la 175
cottura, piano di 164, 179, 210
cottura, piastra di 179
cottura, piatti di 179
coulisse 249
coulomb 426
coulommiers 151
coupé 347
Cowper, ghiandola di 111
Coyolxauhqui, pietra di 283
cranio 92
cranio di bambino 100
cranio, vista laterale del 100
cratere 5, 28
cratere, scia luminosa del 5
cravatta 245
credenza 203
credenza con vetrina 203
credito, carta di 441
cremagliera 473
crenato 55
crepaccio 30
crepaccio terminale 30
crêpe, padella per 175
crepidine 279
crescione 127
crescione d'orto 127
cresta 29, 33, 418
cric 356
cricchetto 221
cricco, chiave poligonale a 223
criceto 82
cricket 478
crimine, prevenzione del 456
crinale 29
crine 301
criniera 83
crisalide 67
cristalleria 165
cristallino 119, 419
cristallizzazione 414
cristallo di sicurezza 318
cristallo, goccia di 207
Croazia 450
croce dell'altare 446
croce di sant'Andrea 187
croce, punta a 221
croce, testa a 221
crocetta 520
crociera 284, 285
crocifisso 446
croco 56
croissant 144
croma 299
croma, pausa di 299
cromatina 66
cromosfera 4
cronometrista 488, 498, 509
cronometrista capo 516
cronometrista di corsia 516
cronometristi 499
cronometro 424
cronometro elettronico automatico 517
crosne 124
cross, motocicletta da 369
crosta continentale 26
crosta oceanica 26
crosta terrestre 26, 27
crosta terrestre, sezione della 26
crostacei 71, 158
crostata, stampo per 172
crottin de chavignol 150
cruschello di segale, pane 145
cruscotto 366, 368
cruscotto, equipaggiamento del 457
Cuba 448
cubetti di ghiaccio, vaschetta per 211
cubia 383, 387
cubicolo 280
cubo 429
cuccetta 364
cucchiai dosatori 171
cucchiai, esempi di 168
cucchiaino da caffè 168
cucchiaino da tè 168
cucchiaino rotante 538
cucchiaio 167, 531
cucchiaio da assaggio 173
cucchiaio da bibita 168
cucchiaio da brodo 168
cucchiaio da dessert 168
cucchiaio da tavola 168
cucchiaio forato 173
cucina 120, 162, 164, 188, 280, 439, 445
cucina a gas 210
cucina di bordo 392
cucina elettrica 210
cucina, bilancia da 171
cucina, coltello da 169
cucina, forbici da 173
cucina, robot da 177
cucina, strofinaccio da 215
cucina, utensili da 169
cucinare 178
cucitrice 341
cucitura 243, 244, 477, 478
cucitura a princesse 258
cucitura a sottopunto 245
cucitura, tasca inserita nella 251
cuffia 324, 516
cuffia, presa per 310, 311, 326
cuffie 326
cuffie di sicurezza 458
culatta, blocco della 534
cumino 138
cumulo 42
cumulonembo 42
cuneo 224, 305
cuoio 478, 503
cuore 71, 73, 104, 105, 154
cuore del legno 63
cuori 468
cupola 60
cupola rotante 7
cupola sul mihrab 447
cupola sul porticato 447
cupola, portellone della 7
cupola, volta esterna della 7
cupola, volta interna della 7
cura del corpo 267
cura del prato 237
cura intensiva, unità di 464
curcuma 138
curling 515
curling, pietra da 515
curling, scopa da 515
curry 138
cursore 246
cursore a destra 331
cursore a sinistra 331
cursore in alto 331
cursore in basso 331
curva 306
curva, rinforzo della 306
curvatura 273, 538
cuscinetti antirumore 458
cuscinetto a sfere 413
cuscinetto ad aria 262
cuscino 204
cuscino a rullo 204
cuscus 144
cuscus, pentola per 175
custodia 337
custodia a pareti di vetro 423
cute 110, 114
cute, superficie della 114
cuticole, forbicine per 265
cuticole, tronchesina per 265
cyclette 501

D

dadi 223, 468
dado 222, 223, 469
dado cieco 223
dado comune 468
dado da poker 468
dado del raddoppio 469
dado di fissaggio 197
dado di serraggio 197
dado esagonale 223, 359
dalmata 86
dama 470
Danimarca 450
danish blue 151
Danubio, Fiume 18
danza, lama per 509
data base 335
data di scadenza 441
datario 338
dati tecnici 358
dati, controllo fine dei 310
dati, controllo veloce dei 310
dati, elaborazione dei 38
dattero 132
davanti 244, 245
David, stella di 447
deambulatore 466
deambulatorio 285
deasfaltizzazione, impianto di 405
decagono regolare 429
decimi di secondo, lancetta dei 424
declinazione, cerchio graduato della 8, 9
décolleté, reggiseno 259
décolleté, scarpa 241
decompositori, organismi 45
decoratore scenico 291
decorazione a trifoglio 285
deflettore 236, 237
deflettore del fumo 192
deflettore dell'aria calda 192
deflusso superficiale 45
deforestazione 47
degenza postoperatoria, stanza di 464
degenza, stanza di 464
Deimos 2
delfino 90
delfino, morfologia di un 90
delimitazione, nastro di 457
della calotta polare 40
della tundra polare 40
delta 32, 35
deltoide 96
demi-volée 490
denaro 441
dendrite 110
denominazione dei cicloni tropicali 43
densimetro 359
dentato 55
dentatura nell'uomo 101
dente 74, 76, 226, 227, 235, 244, 270, 398, 400, 503
dente del giudizio 101
dente dello scarificatore 398
dente di leone 127
dente velenifero 76
denti 101
denti, spazzolino da 272
denti, spazzolino elettrico da 272
dentifricio 272
dentina 101
deodorante 267
depositi alluvionali 32
deposito bagagli 374
deposito dei cereali 381
deposito dei containers 381
deposito del materiale medico 465
deposito del materiale sporco 464
deposito del materiale sterile 464
deposito del petrolio 381
deposito delle barelle 462
deposito delle rinfuse 381
deposito di carbone 402
deposito per containers 430
deposito, fessura per il 442
deragliatore 522
deragliatore anteriore 370, 372
deragliatore posteriore 370, 372
deriva 393, 395, 520, 521
deriva a scomparsa 519
derivazione 416
derma 114
derrick 382, 385
derrick, albero del 385
desertico 40
deserto 36, 44
Deserto dei Gobi 19
Deserto del Kalahari 20
Deserto del Namib 20
Deserto del Sahara 20
Deserto di Atacama 17
deserto roccioso 36
deserto sabbioso 36
deserto, volpe del 88
designer di produzione 290
desquamatore 531
dessert, coltello da 168
dessert, cucchiaio da 168
dessert, forchetta da 168
destinazione 374
detersivo, vaschetta per il 214
detriti 43
di montagna 40
diaframma 105, 324
diagramma di carico 365
diamante 474
diamante, punta di 202
diametro 428
dicco 28
didascalia 313
dieci 427
dieci comandamenti 447
diesis 299
dietro 244
difensore ala destra 484
difensore ala sinistra 484
difensore centrale 487
difensore destro 487, 506
difensore esterno destro 481
difensore sinistro 487, 506
difensori 479
difesa 484
difetti della vista 419
differenziale 351
diffusione di informazioni 335
diffusore 290
diffusore della fiamma 218
diga 406
digiuno 106
diminuzione di tensione 402, 413
dinamo 370
diodo 411
Dione 3
directory 334
direttore artistico 290
direttore d'orchestra, podio del 295
direttore della corsa 522
direttore della fotografia 291
direttore, ufficio del 443
direzione del flusso di elettroni 416, 417
direzione del vento 39
direzione della Mecca 447
direzione e forza del vento 39
discarica 431
discarica autorizzata 47
discesa libera 511
discesa, corridoio di 278
dischetto 507
dischetto del rigore 480
dischetto di centrocampo 481
dischi 177
dischi, negozio di 436
disco 6, 321, 333, 357, 472, 501
disco abrasivo 229
disco abrasivo, supporto del 229
disco adesivo 75
disco deflettore del calore 199
disco del freno 366
disco versatile digitale (DVD) 319
disco, freno a 525
disco, vano del 323
discontinuità di Gutenberg 26
discontinuità di Mohorovicic 26
disegno stampato 260, 261
disgelo, acqua di 30
disinnesto del pistone 216
dispensa 164, 188, 439

dispersione di calore 46
display 314, 319, 321, 322, 323, 325, 326, 327, 328, 336, 337, 338, 346, 423, 442, 443
display a cristalli liquidi 315, 320, 326, 327
display del radar 457
display delle frequenze 325
display delle funzioni 310
display digitale 423, 461
display, pulsante di apertura del 336
display, regolatore del 327
dispositivi di contatto 198
dispositivi di entrata 330
dispositivi di memorizzazione dei dati 333
dispositivi di uscita 333
dispositivo antiallagamento 214
dispositivo di agganciamento 377
dispositivo di bloccaggio 209
dispositivo di blocco 219, 226
dispositivo di blocco dell'inclinazione della lama 227
dispositivo di blocco dell'interruttore 228
dispositivo di chiusura 535
dispositivo di espulsione del cestello 178
dispositivo di fissaggio del tubo 199
dispositivo di regolazione 511, 527
dispositivo di rimorchio 364
dispositivo di smorzamento magnetico 422
disposizione 182
distanza tra le puntine 359
distanziatore 467, 535
distillazione sotto vuoto 405
distintivo 456
distributore automatico di biglietti 379
distributore del ghiaccio 346
distributore di bibite 346, 463
distributore di ghiaccio in cubetti 164
distributore via cavo 316
distribuzione del fertilizzante 47
distribuzione della vegetazione 44
distribuzione, quadro di 198
distruggidocumenti 341
ditale in gomma 339
ditali 146
dito 75, 79, 82, 86, 114, 477
dito del guanto 243
dito del piede 92, 94
dito esterno 78
dito interno 78
dito lobato 79
dito medio 78
dito palmato 79
dito posteriore 78, 79
dito prensile 91
divanetto 201
divani 200
divano 200
divano a due posti 200, 439
divano Chesterfield 200
divano posteriore 353
divano-letto 204
diverso da 427
divisa da incendio 454
divisione 427
divisori 339
divisori alfabetici per schedario 340
divisorio 457
divisorio di tela 528
djembè 297
Dnepr, Fiume 18
do 298
doccetta 197
doccia 189, 195, 439, 464
doccia a telefono 195
doccia orale 272
doccia, box 195
dodecagono regolare 429
dogana 381, 391
dolcevita, maglione 250
dolci, miscelatore per 172
dolci, pennello per 172
dolci, stampini per 172
dolci, utensili per 172
dolichi 130
dolina 31
dollaro 440
Dominica 449
Dominicana, Repubblica 449
dominio di livello superiore 334
dominio di secondo livello 334
dominio, nome del 334
domino 468
dondolo, sedia a 200, 201
donna 94, 468
donna, scarpe da 241
donnola 88
dopobarba 271
doppia coppia 468
doppia piastra di registrazione 325
doppiamente dentato 55
doppio bemolle 299
doppio corrente 187
doppio diesis 299
doppio lavello 194
doppio slash 334
doppio-sei 468
doppio-zero 468
doppione 468
doppiopetto, abbottonatura a 248
doppiopetto, giacca a 244
Dorsale Medio-Atlantica 34
Dorsale Medio-Indiana 34
Dorsale medio-oceanica 33
Dorsale Pacifico-Antartica 34
Dorsale Pacifico-Orientale 34
Dorsale Sud Occidentale Indiana 34
Dorsale Sud Orientale Indiana 34
dorsali oceaniche 34
dorsali, barra per i 501
dorso 78, 83, 86, 115, 167, 215, 226, 516, 517
dorso del guanto 243
dorso del naso 117
dorso della lingua 118
dotto deferente 111
dotto eiaculatore 111
dotto galattoforo 113
dotto sudoriparo 114
dotto velenifero 76
Douglas, tasca di 112
dragoncello 142
Drake, Canale di 15, 17
drenaggio, tubo di 212, 214
drenaggio, valvola di 211
dritta 387
drive per cassette 333
dromedario 85
drumlin 29
drupa 57
drupe 132
drupeola 59
due metà, tempo di 298
dulse 123
duna 35
duna complessa 36
duna parabolica 36
dune longitudinali 36
dune trasversali 36
dune, catena di 36
dune, esempi di 36
duo 300
duodeno 106
dura madre 109, 110
durian 137
duty free 391

E

e-commerce 335
eau de toilette 267
echinodermi 66
eclissi anulare 4
eclissi di Luna 5
eclissi di Sole 4
eclissi parziale 4, 5
eclissi totale 4, 5
economia 441
Ecuador 448
edicola 379, 437
edificio del reattore 409
edificio per uffici 432, 435
edificio pubblico 25
editing del suono, tasti per l' 310
editoriale 313
effetto serra 46
effetto serra naturale 46
effetto serra, incremento dell' 46
effigie 441
Egeo, Mare 18
Egitto 451
eglefino 161
El Salvador 448
elaborazione dei dati 38
elastici stringitesta 459
elastico 204, 247, 528, 529
elastico ferma abiti 277
elastico regolabile per il capo 459
elefante 85
elementi architettonici 286
elementi della casa 185
elemento della canna fumaria 193
elemento di combustibile 409
elemento riscaldante 213, 214, 218
elettricità 198, 408, 413
elettrodo centrale 359
elettrodo di massa 359
elettrodo negativo 359
elettrodo positivo 359
elettrodomestici 176, 208
elettrodomestici vari 180
elettrone 414
elettroni, collettore di 417
elettroni, direzione del flusso di 416, 417
elettronica 417
elettronica, negozio di 436
elevatore 281, 400
elevatore a nastro 402
elevatore per sedie a rotelle 363
elevone 13
elica 228, 384, 386, 387, 429
elica bipala 394
elica di propulsione 383
elica di prua 384
elica posteriore 384
elica tripala 394
elica, albero dell' 387
elica, mantello d' 383
elice 115
elice, coda dell' 115
elice, radice dell' 115
eliche 146
elicottero 395
elmetto 458
elmo 454
emergenza, freno di 380
Emirati Arabi Uniti 452
emisferi 21
emisfero meridionale 21
emisfero occidentale 21
emisfero orientale 21
emisfero settentrionale 21
emissario 32
emissione dello scontrino 346
emissione di acido nitrico 48
emissione di acido solforico 48
emissione di anidride solforosa 48
emissione di banconote 442
emissione di gas inquinanti 47
emissione di ossido d'azoto 48
emittenti, tasti di ricerca 319
emmental 151
endecagono regolare 429
endocardio 104
endocarpo 57, 58
energia 402
energia eolica 412
energia eolica, produzione di elettricità da 413
energia fossile 402
energia geotermica 402
energia geotermica, produzione di elettricità da 402
energia nucleare 408
energia nucleare, produzione di elettricità da 408
energia solare 54, 410
energia termica 46, 402
energia termica, produzione di elettricità da 402
energia, rilascio di 415
energia, unità di misura dell' 426
enneagono regolare 429
enti sanitari 335
entrata principale 188
epeira 70
epicarpo 58
epicentro 27
epicondilo 99
epidermide 114
epididimo 111
epifisi 109
epiglottide 105, 118
epistrofeo 99
epitroclea 99
Equatore 17, 20, 21, 22, 43
equilibratore orizzontale 395
equilibrio, posizione d' 418
equinozio d'autunno 38
equinozio di primavera 38
equipaggiamento del cruscotto 457
equipaggiamento protettivo 486
equipaggio, alloggi dell' 382
equivalente a 427
erba 492
erba cipollina 124
erba medica 130
erbicida 47
erbivori 45
Eris 3
Eritrea 451
erogatore del tubo della scala 455
erogazione, bocca di 197
eruzione, vulcano in 28
esagono regolare 429
esame audiometrico, stanza per l' 465
esame psichiatrico, stanza per 462
escape 330
escavatore idraulico 400
esempi di abiti 252
esempi di aeroplani 394
esempi di alghe 51
esempi di anfibi 75
esempi di angoli 428
esempi di aracnidi 70
esempi di becchi 79
esempi di biciclette 373
esempi di camicette 255
esempi di camion 364
esempi di carri merci 377
esempi di carrozzerie 347
esempi di chiodi 220
esempi di coltelli 168
esempi di coltelli da cucina 169
esempi di conifere 65
esempi di cucchiai 168
esempi di dune 36
esempi di felci 52
esempi di finestre 287
esempi di fiori 56
esempi di foglie 65
esempi di forchette 168
esempi di giacche e pullover 254
esempi di gonne 253
esempi di gruppi strumentali 300
esempi di insetti 69
esempi di lagomorfi 82
esempi di latifoglie 64
esempi di licheni 50
esempi di linee di costa 35
esempi di mammiferi carnivori 88
esempi di mammiferi marini 90
esempi di mammiferi ungulati 84
esempi di mecchie e punte da trapano 228
esempi di motociclette e ciclomotore 369
esempi di muschi 51
esempi di occhiali 273
esempi di pantaloni 254
esempi di pieghe 253
esempi di pneumatici 358
esempi di porte 286
esempi di prese 499
esempi di primati 91
esempi di raccordo 342
esempi di rettili 77
esempi di roditori 82
esempi di sacchi a pelo 530
esempi di salti 509
esempi di sci 510
esempi di sedie 201
esempi di simboli di valute 440
esempi di tavoli 202
esempi di tende 528
esempi di uccelli 80
esempi di vulcani 28
esempi di zampe 79
esocarpo 57, 58, 59
esofago 105, 106
esosfera 37
espadrille 242
espansione fissa 425
espansione mobile 425
espansione, bullone a 221
espansione, camera di 424
espositore di brochure 442
espositore di fine corsia 121

H

Haiti 448
hall 439
handicap, punto di 470
hard disk estraibile 333
harissa 141
hat switch 332
hertz 426
hijiki 123
Himalaya 19
hockey su ghiaccio 506
home 331
home theatre 321
Honduras 448
Horn, Capo 17
hovercraft 383
Hubble, telescopio spaziale 7
Hudson, Baia di 16
Huitzilopochtli, tempio di 283
hummus 140
humus 54

I

identificazione, cartellino di 456
idrante a colonna 454
idrante antincendio 434
idrante, presa dell' 455
idraulica 194, 197
idrocarburi, fuoriuscita di 48
idroelettricità 406
idrosfera 44
idrovolante a due galleggianti 394
iena 88
ifa 52
igiene orale 272
igloo 288
iguana 77
ileo 98, 106
illuminazione 199
illuminazione, griglia di 291
ilo renale 107
imballaggio 49
imbarco, passerella di 389
imbardata 395
imboccatura, canna di 307
imbottitura dell'angolo 498
imbuto 171, 318
immagine, raddrizzatori di 420
immagini, pulsante di visualizzazione delle 315
immagini, pulsante per il salto di 315
immersione, frullatore a 176
impalcato 344
imparipennata 55
impastatrice 176, 179
impasto, gancio per l' 176
impennaggio verticale 393
impermeabile 248
impianto di climatizzazione 386
impianto di deasfaltizzazione 405
impianto di estrazione con solventi 405
impianto di produzione dei lubrificanti 405
impianto di raffreddamento 351
impianto di reforming catalitico 405
impianto di smistamento 49
impianto di trivellazione 403
impianto elettrico 351
impianto frenante 351
impianto hi-fi di riproduzione del suono 322
impianto idraulico 194
impianto idroelettrico 406
impieghi di Internet 335
impluvio 280
importo da pagare 346
imposta 186
impostazioni 328
impostazioni, pulsante di visualizzazione delle 315
impugnatura 170, 176, 177, 178, 180, 208, 217, 221, 226, 227, 229, 235, 237, 269, 271, 272, 301, 466, 467, 477, 478, 500, 501, 505, 510, 514, 515, 535, 536, 537
impugnatura a penna 493
impugnatura a pistola 218, 228, 534
impugnatura a stretta di mano 493
impugnatura con sistema antivibrazione 235
impugnatura di sicurezza 237
impugnatura laterale 228
impugnatura rotante 332
impugnatura sagomata 269
impugnature, tipi di 493
impulsi, irrigatore a 236
impulso sensoriale 110
impuntura 240, 243, 246, 260, 262
imputato, banco dell' 440
in avanti 518
inalatore dosimetrico 467
incamiciatura 534
incandescenza, lampadina a 199
incasso, scatola da 198
incavo 167
incendi, prevenzione degli 454
incendio delle foreste 47
incenerimento 49
incernieramento, perno di 400
inchiostro 312
inchiostro a colori cangianti 441
incisivi 101
incisivo centrale 101
incisivo laterale 101
incisura anteriore 115
incisura intertragica 115
incocco, punto di 535
incordatura 492, 494
incremento dell'effetto serra 46
incudine 116
India 453
Indiano, Oceano 14, 15, 19, 20
indicatore del livello d'acqua 179
indicatore del livello dell'acqua 208
indicatore del livello di carburante 355
indicatore del piano 287
indicatore della pressione dell'acqua 455
indicatore della regolazione 511
indicatore della temperatura del liquido di raffreddamento 355
indicatore di carica 271
indicatore di destinazione 379
indicatore di direzione 352
indicatore di direzione, comando dell' 354
indicatore di linea 362, 363
indicatore di temperatura 269
indicatore generale degli orari 374
indicazione del valore 441
indicazioni di tempo 298
indice 115, 313, 422, 423
indice di regolazione dell'altezza 227
indice, pulsante per l' 315
Indie Occidentali 16
indivia riccia 127
Indonesia 19, 453
industria 335
industria petrolchimica 405
infermiera 464
infermieri, postazione degli 462, 463
inferriata 279
infiltrazione 45, 47
infilzacarte 341
infinito 427
infiorescenze, tipi di 57
inforcamento, tasca di 396
informatica, aula di 444
informazioni, banco delle 390, 437, 442, 463
informazioni, diffusione di 335
infradito 242
infraspinato 97
infundibolo della tuba di Falloppio 113
infusi 148
ingaggio, cerchio di 506
ingaggio, punto di 506
ingegnere del suono 291
inghiottitoio 31
ingranaggio di trascinamento 180
ingranaggio per il moto orario 7
ingrandimento, pulsante per l' 315
ingressi uscite audio/video 322
ingresso 188
ingresso al marciapiede 374
ingresso alla piramide 278
ingresso degli attori 278
ingresso dei clienti 438
ingresso del fluido vettore 410
ingresso del personale 438, 445
ingresso del pubblico 278
ingresso dell'alimentazione dell'utente 198
ingresso della stazione 378
ingresso delle merci 435
ingresso principale 435, 445, 465
ingresso, porte d' 294
ingresso, selettore di 322
ingresso/uscita audio 337
inguine 92, 94
iniettore 360
iniziali della banca di emissione 441
innesco 534
innesto della sonda 178
inquinamento agricolo 47
inquinamento da gas di scarico delle automobili 47
inquinamento del suolo 47
inquinamento dell'acqua 48
inquinamento dell'aria 47
inquinamento domestico 47
inquinamento industriale 47
inquinamento petrolifero 48
inquinanti atmosferici 47
inquinanti non biodegradabili 47
insalata belga 127
insalata riccia 126
insalata, coppetta per l' 166
insalata, forchetta da 168
insalatiera 166
insegna esterna 378
insegnante 444
inserimento 331
inserimento dei documenti da trasmettere, punto di 328
inserto 313
inserzione pubblicitaria 313
insetti 67
insetti, esempi di 69
insieme vuoto 427
integrale 427
integrazione di energia alla rete di trasmissione 413
intelaiatura 192, 528
intelaiatura, base dell' 186
intelaiatura, parte superiore dell' 186
Intelsat 317
intensità luminosa, unità di misura dell' 426
interbase 474
interiora 154
Internet 334
interno gamba con abbottonatura a pressione 260, 261
internodo 53
interosseo plantare 96
interramento 49
interruttore 176, 177, 180, 181, 198, 206, 208, 209, 211, 218, 219, 229, 269, 270, 271, 272, 311, 416
interruttore a grilletto 227, 228, 229
interruttore automatico 407
interruttore d'alimentazione 328
interruttore del portello 213
interruttore di accensione 314, 315, 318, 320, 322, 323, 329, 333, 336
interruttore di accensione del VCR 319
interruttore di accensione della TV 319
interruttore di accensione e del volume 326
interruttore di avviamento 368
interruttore di emergenza 368
interruttore di fine corsa 287
interruttore generale 321
interruttore principale 198
interruttore, dispositivo di blocco dell' 228
interruttore, placca dell' 198
interruzione 331
intersezione 427
intersuola 262
intervalli 298
intervista 313
intestino 71, 73, 103
intestino crasso 106
intestino tenue 106
intonazione, rotella di 310
inverno 38
inverno, solstizio d' 38
invertitore 221, 228
invio 331
invito, scalino d' 191
involucro 192, 225
involucro di zinco (anodo) 417
Io 2
ipermetropia 419
ipersostentatore 13
ipersostentatore sul bordo di attacco 393
ipofisi 109
ippoglosso 161
ippopotamo 85
Iran 452
Iraq 452
iride 119
Irlanda 449
Irlanda, Mar d' 18
irrigatore a impulsi 236
irrigatore oscillante 236
irrigatore rotativo a pioggia 236
isba 288
ischio 99
Islanda 18, 450
isobara 39
isola 24, 164, 343
Isola di Baffin 16
isola di Man, gatto dell' 87
Isola di Terranova 16
isola vulcanica 33
isolamento, stanza di 462
isolamento, tappo di 417
isolante 410
isolante termico 12
Isole Aleutine 16
Isole delle Antille 448
Isole Falkland 17
Isole Figi 15
Isole Marshall 453
Isole Salomone 453
isolotto roccioso 35
isolotto sabbioso 35
ispezione, tappo di 197
Israele 452
issopo 142
istituzioni educative 335
istmo 24
istmo della tuba di Falloppio 113
istmo delle fauci 116
Istmo di Panama 16
istruzione 444
istruzioni per l'uso 346
Italia 450
iurta 288

J

jaboticaba 137
jarlsberg 151
jazz-band 300
jeans 254
jet supersonico 37, 394
jicama 124
jolly 468
joule 426
joystick 332, 471
judo 499
judogi 499

K

k-way 263
Kalahari, Deserto del 20
Kazakistan 452
kelvin 426
Kenya 451
Kermadec-Tonga, Fossa di 3
ketchup 141
kilogrammo 426
kilt 253
kimono 256
Kirghizistan 452
Kiribati 453
kit con cuffia dotata di microfono 327
kit di attrezzi 372
kiwano 136
kiwi 136
Kola, Penisola di 18
kombu 123
kora 297
Kuiper, cintura di 2
kumquat 134
Kuwait 452

L

la 298
labbra, pennellino per 266
labbra, trucco per le 266
labbro 83, 87
labbro esterno 73
labbro inferiore 116, 305
labbro interno 73
labbro superiore 116, 305
laboratorio 7
laboratorio americano 11
laboratorio di anatomia patologica 465
laboratorio spaziale 13
laccio 262, 535
laccio di pelle 246
laccolite 28
Ladoga, Lago 18
laghetto 230
laghi 32
laghi, acidificazione dei 48
lago 5, 24, 29, 32
lago artificiale 32
Lago Baikal 19
Lago Ciad 20
Lago di Aral 19
lago di meandro abbandonato 32
Lago Eyre 15
lago glaciale 32
Lago Ladoga 18
Lago Malawi 20
lago salato 36
Lago Tanganica 20
lago tettonico 32
Lago Titicaca 17
Lago Vittoria 20
lago vulcanico 32
lagomorfi 82
lagomorfi, esempi di 82
laguna 35
lama 84, 167, 169, 177, 180, 216, 219, 221, 226, 227, 235, 270, 271, 341, 398, 401, 506, 509
lama dentellata 270
lama di sega circolare 227
lama dritta 270
lama grande 531
lama isolata 217
lama per danza 509
lama per pattinaggio libero 509
lama piccola 531
lama, cilindro di rotazione della 401
lama, cilindro di sollevamento della 398, 401
lama, dispositivo di blocco dell'inclinazione della 227
lama, fermo della 270
lama, filo della 270
lama, meccanismo di spostamento della 401
lama, regolatore dell'inclinazione della 227
lama, vite di blocco della 227
lamella 52
lametta a due tagli 271
lamette, caricatore di 271
lamina 51, 52, 55, 509, 510
lamina assorbente 410
lamina cribrosa dell'etmoide 117
lampada 320, 421
lampada a braccio regolabile 206
lampada a petrolio 532
lampada a risparmio energetico 411
lampada a sospensione 206
lampada a stelo 206
lampada al neon 217
lampada alogena al tungsteno 199
lampada alogena da tavolo 206
lampada da comodino 439
lampada da lettura 206
lampada da notte 464
lampada da parete 207
lampada da parete con braccio estensibile 207
lampada da tavolo 206
lampada del presbiterio 446
lampada per saldare 218
lampada portatile a gabbia 217
lampada provacircuiti 217
lampadario 207
lampade in serie 207
lampadina 217, 416
lampadina a incandescenza 199
lampadina a risparmio di energia 199
lampeggiante 455, 457
lampeggiante, sistema di controllo del 457
lampeggiatore anteriore 366, 368
lampeggiatore posteriore 367, 368
lampione 207, 230, 434
lampione da parete 207
lampone 132
lampone, sezione di un 59
lampreda 159
lanceolata 55
lancetta dei decimi di secondo 424
lancetta dei minuti 424
lancetta dei secondi 424
lancia 236
lancia antincendio 455
lancia antincendio schiumogena 385
lanciatore 474, 475, 479
lancio 475, 479
lancio del disco 473
lancio del giavellotto 473
lancio del martello 473
lancio del peso 472
lanterna 529
lanugine, filtro per 212, 213
Laos 453
lapide commemorativa 447
lardatoio 173
lardo 149
larghezza del gradino 191
larice 65
laringe 105
lasagne 146
laser a rubino pulsato 420
lastra di vetro 211
lastrico, pietra da 230
latifoglie, esempi di 64
latitudine 22
lato 167, 293, 498
lato del re 470
lato della regina 470
lato destro 272
lato di destra 293
lato di sinistra 293
lato sinistro 272
latrine 280
latta per alimenti 163
latte 150
latte di capra 150
latte evaporato 150
latte in polvere 150
latte omogeneizzato 150
latte, bricco del 166
latteria 122
latticello 150
latticini 120
latticini, scomparto per i 211
lattina 163
lattuga asparago 126
lattuga cappuccina 126
lattuga iceberg 126
lattuga marina 123
lattuga romana 126
lava, strato di 28
lavabo 194
lavaggio, torre di 214
lavagna 444
lavallière 245
lavanderia 188, 439
lavanderia a secco 437
lavandino 195, 439, 464
lavandino del chirurgo 465
lavaparabrezza, ugello del 348
lavastoviglie 164, 214
lavatrice 194, 212
lavello 164, 197
lavello con tritarifiuti 197
lavello, doppio 194
lavoro, piano di 164, 224
leccarda 174, 179
LED indicatore del livello di picco 323
legabagagli elastico 277
legame chimico 414
legamento 73
legamento largo dell'utero 113
legamento periodontale 101
legamento sospensore 119
legatura 299, 306
leggio 305, 311, 446
legna da ardere, cassone per 192
legni, famiglia dei 295
legno 505
legume, sezione di un 60
legumi 130
legumiera 166
lembo 255
lembo anteriore 245
lembo della camicia 245
lembo posteriore 245
lemure 91
lente 273, 531
lente a contatto monouso 272
lente a contatto morbida 272
lente a contatto rigida 272
lente biconcava 419
lente biconvessa 419
lente concava 419
lente convessa 419
lente di campo 420
lente di ingrandimento 421
lente obiettivo 420
lente piano-concava 419
lente piano-convessa 419
lente torica 419
lenti 419
lenti a contatto 272
lenti convergenti 419
lenti divergenti 419
lenti, sistema di 420
lenticchie 130
lenza 536
lenzuolo 204
lenzuolo con angoli 204
leone 89
leone marino 90
leopardo 89
lepre 82, 154
lepre fischiante 82
lesena corinzia 281
lesena dorica 281
lesena ionica 281
Lesotho 452
lettere al direttore 313
lettiga 460
lettino 460
lettino a sponde 205
lettino pieghevole con fasciatoio 205
letto 204, 361
letto d'ospedale 464
letto matrimoniale 439
letto singolo 439
letto ungueale 114
letto, biancheria da 204
letto, vagone 376
Lettonia 450
lettore audio digitale portatile 326
lettore CD 329, 336
lettore CD portatile 325
lettore CD/DVD 471
lettore di carte 346, 442, 443
lettore di compact disc 323, 325, 326
lettore di compact disc, tasti del 326
lettore di scheda di memoria 333
lettore di schede 321
lettore DVD-ROM 329, 336
lettura, luce di 457
lettura, specchio di 10
leucoplasto 50
leva 178, 197, 222, 265, 534
leva del cambio 350, 354, 371, 372, 522
leva del freno 371, 522, 523
leva del freno a mano 354
leva del freno anteriore 368
leva del pedale 304
leva del pistone 216
leva della chiave 306
leva della frizione 366, 368
leva della pinza 269
leva di apertura dell'attacco 511
leva di bloccaggio 224
leva di bloccaggio dell'altezza 8, 9
leva di bloccaggio dell'asse orizzontale 8, 9
leva di contatto 207
leva di manovra della guida 396
leva di regolazione laterale 229
leva di sbloccaggio 222
leva di scatto 196
leva di scorrimento 353
leva di serraggio 224, 229
leva per togliere il paralama inferiore 227
levapunti 341
levetta 170
levetta dello sciacquone 196
Libano 452
libellula 69
Liberia 451
libero 481, 487
Libia 451
libreria 436, 444
libretto degli assegni 274
libretto, scala a 219
lichene 50
lichene crostoso 50
lichene fogliaceo 50
lichene fruticoso 50
lichene, struttura di un 50
licheni, esempi di 50
Liechtenstein 450
lima 229, 531
limetta 134, 265
limetta di cartoncino vetrato 265
limetta pieghevole 265
limite del campo 475
limone 134
limousine 347
lince 88
linea 298
linea aerea di alimentazione 376
linea blu di zona 507
linea cablata 335
linea centrale 493, 494
linea centrale di servizio 491
linea continua 342
linea d'acchito 502
linea dedicata 334
linea dei 10 metri 482
linea dei 15 metri 483
linea dei 22 metri 482
linea dei 5 metri 483
linea del battitore 479
linea del bersaglio 515
linea del traguardo 473
linea dell'area di rigore 480
linea della corsia 473
linea della fila di attesa 443
linea delle yards 484
linea di accrescimento 72, 73
linea di attacco 487
linea di centro 515
linea di centrocampo 484, 488, 507
linea di demarcazione 479
linea di direzione 533
linea di distribuzione a bassa tensione 198
linea di distribuzione a media tensione 198
linea di fallo 515
linea di fondo 484, 487, 489, 491, 493, 494, 515, 517
linea di forza 416
linea di fuoricampo 474
linea di fuoricampo, palo della 475
linea di lancio 471
linea di messa in gioco 484
linea di meta 482, 484
linea di metà campo 481, 483
linea di mira, regolazione della 420
linea di mischia 485
linea di pallone morto 482
linea di partenza 473, 524
linea di partenza degli 800 metri piani 473
linea di partenza dei 100 metri piani e dei 100 metri ostacoli 472
linea di partenza dei 10000 metri piani e della staffetta 4 x 400 metri 473
linea di partenza dei 110 metri ostacoli 472
linea di partenza dei 1500 metri piani 473
linea di partenza dei 200 metri piani 472
linea di partenza dei 400 metri piani, dei 400 metri ostacoli 473
linea di partenza dei 5000 metri piani 472
linea di partenza della staffetta 4 x 100 metri 473
linea di porta 506
linea di puntamento 533
linea di rimando 479
linea di rullaggio 389
linea di servizio 491
linea di servizio corto 495
linea di servizio lungo 494
linea di sicurezza 379

linea di tiro libero 489
linea di uscita laterale 483
linea ferroviaria locale 375
linea ferroviaria principale 375
linea isosismica 27
linea laterale 74, 481, 484, 487, 488, 493, 515
linea laterale del doppio 490, 495
linea laterale del singolo 491, 495
linea meridiana 533
linea neutra 416
linea sottomarina 334
linea telefonica 334
linea tratteggiata 342, 343
linea, aereo di 37
linea, giudice di 490, 494, 496
lineare 55
linebacker centrale 484
linebacker esterno 484
linebacker interno 484
linee di costa, esempi di 35
lingua 106, 116, 117, 154
lingua biforcuta 76
lingua di cervo 52
lingua di terra 35
lingua glaciale 30
lingua, dorso della 118
lingua, guaina della 76
linguella 243
linguetta 240, 248, 262, 274, 297, 340, 509
linguetta con finestra 340
linguetta di protezione 333
linguettone 511
liquido 414, 415
liquido cefalorachidiano 110
liquido dei freni, serbatoio del 357
liquore, bicchierino da 165
lira 297
liscio 55
lisciviazione 48
lisosoma 66
lista di controllo delle procedure 10
lista serratura 304
listarella 211
listello 412
listello rompitratta 186
litchi 137
litosfera 26, 44
litri erogati 346
littorina 157
Lituania 450
livella a bolla 225
livellatrice 401
livello base del moto ondoso 33
livello del mare 26, 33, 37
livello dell'acqua 181
livello dell'acqua, indicatore del 208
livello dell'acqua, selettore del 212
livello di carburante, indicatore del 355
livello di mare calmo 33
livello superiore, dominio di 334
livello, vite di 423
lizza 282
lobato 55
lobo 79, 115
lobo inferiore 105
lobo laterale inferiore 62
lobo laterale superiore 62
lobo medio 105
lobo superiore 105
lobo terminale 62
locale delle pompe 384
locale per la biancheria 439
locale tecnico 345
locomotiva diesel-elettrica 377
loculo 58
lombo 83, 93, 95
longan 136
longherone 392
longherone laterale 365
longitudine 22
lontra comune 88
lonza 153
loop di punta 509
lottatore 499
lubrificanti, impianto di produzione dei 405
lucchetto 372
luccio 160
luce 7, 8, 9, 269, 380
luce anticollisione 392
luce della targa 352
luce di arresto 352
luce di ingombro laterale 352, 364, 365
luce di lettura 457
luce di navigazione 383, 393, 395
luce di posizione 352, 376
luce di posizione posteriore 352
luce di retromarcia 352
luce di sicurezza 457
luce gialla 434
luce perpetua 447
luce rossa 434
luce rotante 455
luce verde 434
luce visibile 418
lucernario 183
lucernario del bagno 189
lucernario della tromba delle scale 189
lucertola 77
luci 206
luci abbaglianti, spia delle 368
luci anteriori 352
luci dei goal 507
luci delle sorgenti 322
luci intermittenti 362
luci pedonali 434
luci posteriori 352
luci, commutatore delle 368
luci, tecnico delle 291
lucidaunghie 265
lucioperca 160
Luer-Lock, punta 460
luminosità, regolatore di 329
Luna 2, 4, 5
Luna calante 5
Luna crescente 5
Luna gibbosa calante 5
Luna gibbosa crescente 5
Luna nuova 5
Luna piena 5
Luna, caratteristiche della 5
Luna, eclissi di 5
Luna, fasi della 5
Luna, orbita della 4, 5
lunetta 240, 480, 488
lunghezza d'onda 418
lunghezza del gradino 191
lunghezza dell'onda 33
lunghezza della punta 538
lunghezza, misura della 425
lunghezza, unità di misura della 426
lunotto laterale 349
lunula 73, 114, 115
lupino 130
lupo 88
Lussemburgo 449
lutz 509

M

macaco 91
macadamia, noce di 133
macao 80
macchia 44
macchia di fiori 230
macchia solare 4
macchina compatta 315
macchina da caffè a filtro 181
macchina della polizia 457
macchina fotografica a lastre 315
macchina fotografica reflex (6x6) 315
macchina fotografica reflex digitale: dorso 315
macchina fotografica reflex monoculare: vista frontale 314
macchina fotografica usa e getta 315
macchina fotografica, corpo della 314
macchina per espresso 181
macchina per fare la pasta 170
macchina per fototessere 437
macchina ultracompatta 315
macchine da caffè 181
macchine fotografiche 315
macchine pesanti 398
macchine, sala 384, 386
macchinetta 269
macchinista 290
Macedonia 450
macinacaffè 180
macinare 170
macinato 152, 153
Mackenzie, Fiume di 16
macronucleo 66
macula 119
Madagascar 20, 452
magazzino 430, 438, 444
magazzino dei surgelati 121
magazzino frigorifero 381
magenta 418
maggese 122
maggiolino 69
maggiore di 427
maggiore o uguale a 427
maglia 483, 488, 493, 522
maglia della squadra 476, 480, 486
maglia dentata 235
maglia girocollo 255
maglietta 473
maglietta alla marinara 255
maglietta intima 260
maglione dolcevita 250
maglione girocollo 250
maglioni 250
magma 28, 33
magnesia, polvere di 497
magnete 416
magnete fermacoperchio 180
magnetismo 416
maiale 84
maiale, tagli di 153
mais 61, 143
mais foraggero 122
mais, farina di 144
mais, olio di 149
mais, pane americano di 145
mais, sciroppo di 149
mais: pannocchia 61
maître 438
maiuscola 330
malanga 129
Malawi 452
Malawi, Lago 20
Malaysia 453
Maldive 453
Mali, Repubblica del 451
mallo 60
Malta 450
malto, aceto di 141
mammiferi carnivori 86
mammiferi carnivori, esempi di 88
mammiferi marini 90
mammiferi marini, esempi di 90
mammiferi ungulati 83
mammiferi ungulati, esempi di 84
mandarino 134
mandibola 67, 74, 98, 100
mandibola inferiore 78
mandibola superiore 78
mandolino 297
mandorla 57, 133
mandrino 228
mandrino autoserrante 228
mandrino, chiave del 228
manette, astuccio delle 456
manganello, gancio del 456
mango 137
mangostano 136
mangusta 88
manica 244
manica a giro 245
manica alla raglan 248, 251, 261
Manica, Canale della 18
manichetta antincendio 454
manico 167, 215, 216, 219, 220, 223, 236, 270, 271, 272, 273, 274, 275, 276, 277, 297, 301, 302, 303, 341, 492, 493, 494, 531
manico a scomparsa 274
manico isolato 217
manicotto del cavo 228
manicotto del cordone 218, 229
manicotto di attacco dello scalpello 403
manicotto inferiore del radiatore 358
manicotto, borsa a 276
manicure 265
manicure, set per 265
manifesto 294
maniglia 178, 179, 185, 186, 204, 209, 210, 211, 225, 277, 325, 326, 349, 361, 455
maniglia di salita 364
maniglia di spinta 286
maniglia di traino 277
maniglia fissa 352
maniglia interna 352
maniglia isolata 179
maniglia laterale 380
maniglie, cavallo con 496
manioca 124
manipolazione a distanza, sistema di 11
mannaia 169
mano 91, 93, 95, 115
mano, scudo di protezione della 235
manometro 461
manopola 192, 210, 243, 267, 366, 369
manopola alzacristalli 352
manopola del forno 210
manopola del volume 325
manopola dell'acceleratore 368
manopola della messa a fuoco 8, 9
manopola della sintonia 326
manopola di controllo 471
manopola di regolazione del condensatore 421
manopola di regolazione del gas 529
manopola di regolazione dell'aggetto 229
manopola di regolazione dell'altezza 209
manopola di regolazione dello schienale 353
manopola di sintonizzazione 325
manopole di comando dei bruciatori 210
manovella 224, 236, 356, 537
manovella d'avvolgimento 225
manovella del supporto 365
manovella di avviamento 235
manovra, motore di 13
mansardato, piano 189
mantella 251
mantello 72, 73
mantello d'elica 383
mantello del pistone 360
mantello inferiore 26
mantello superiore 26
mantice a soffietto 296
mantide religiosa 69
manto di usura 342
manuale del grand'organo 305
manuale dell'organo espressivo 305
manuale dell'organo positivo 305
manuale di pronto soccorso 461
manuale, pistoncino del 305
manuali 305
manubrio 371, 500, 501, 523
manubrio rialzato 522
manubrio, attacco del 371
manzo, tagli di 152
mappamondo 444
Mar Adriatico 18
Mar Baltico 18
Mar Caribico 14, 16
Mar Caspio 14, 19
Mar Cinese Meridionale 14, 19
Mar Cinese Orientale 19
Mar d'Irlanda 18
Mar dei Coralli 15
Mar del Giappone 19
Mar di Barents 18
Mar di Beaufort 16
Mar di Bering 14
Mar di Groenlandia 14
Mar di Norvegia 18
Mar Glaciale Artico 14
Mar Mediterraneo 14, 18, 20
Mar Nero 14, 18, 19
Mar Rosso 14, 19, 20
maracuja 136
marciapiede 183, 375, 379, 390, 434
marciapiede dei viaggiatori 374
marciapiede, ingresso al 374
marciapiede, margine del 379
mare 5, 24, 32
Mare Arabico 19
mare calmo, livello di 33
Mare del Nord 14, 18
Mare di Tasmania 15
Mare di Weddell 15
Mare Egeo 18
mare, livello del 26, 33, 37
mare, orecchia di 157
mare, passera di 161
mare, pressione a livello del 39
mare, tartufo di 157
margarina 149
margine 55
margine anteriore 73

margine continentale 33
margine del marciapiede 379
margine fogliare 55
margine libero 114
margine posteriore 73
Marie Byrd, Terra di 15
marinaio, sacca da 276
marino 40
marmitta 29, 351
marmotta 82
Marocco 451
Marte 2, 3
martelletti, barra dei 304
martelletto 304
martello 116, 472
martello a penna tonda 220
martello da carpentiere 220
martello da falegname 220
martello da muratore 216
martin pescatore 80
martinetto idraulico 361
martora 88
mascara compatto 266
mascara liquido 266
mascara, spazzolino per 266
mascella 74, 98, 100, 117
mascellare mobile 76
maschera 454, 476, 478, 486, 507
maschera a pieno facciale bifiltro 459
maschera forata 318
mascherina 296, 348, 459
mascherina perforata 240
maschile 426
maschio 282
maschio della messa a terra 198
massa 27
massa d'aria, tipo di 39
massa, unità di misura della 426
massaggiatore 489
massetere 96
massetto 187
massiccio montuoso 24
mastice di tenuta 196
matematica 427
materassi 496
materassino 205, 460, 530
materassino autogonfiante 530
materassino isolante 530
materassino pneumatico 530
materasso 204, 205
materia 414
materia inorganica 45
materia, stati della 414
materiale antincendio 454
materiale isolante 190, 214, 417
materiale medico, deposito del 465
materiale pulito, ripostiglio del 462
materiale sporco, deposito del 464
materiale sporco, ripostiglio del 462
materiale sterile, deposito del 464
materiale vario 225
materiali metallici, smistamento dei 49
materiali, movimentazione dei 396
matita 312
matita per sopracciglia 266
matita sbiancante per unghie 265
matite per il contorno delle labbra 266
matrice ungueale 114
matterello 172
mattone refrattario 192
maturazione 62
maturazione, stadi di 62
maturità 62
Mauritania 451
Maurizio 452
mazza 308, 476, 477, 478
mazze 309
mazze, tipi di 505
mazzo 125
mazzuolo 220, 297
meandro 32
meandro abbandonato 32
meandro abbandonato, lago di 32
meato auditivo 115, 116
meato uditivo esterno 100
meato urinario 111
Mecca, direzione della 447
meccanismo a scatto 312
meccanismo antiritorno 536
meccanismo dell'ottava 306
meccanismo di apertura dell'archetto 537
meccanismo di rilascio della bobina 537
meccanismo di spostamento della lama 401
mecchia 228
mecchia a doppia elica 228
mecchia a lancia 228
mecchia a tortiglione 228
mecchia elicoidale 228
mecchie e punte da trapano, esempi di 228
medaglione 264
media tensione, linea di distribuzione a 198
mediano di apertura 482
mediano di mischia 482
medicinali, confezioni farmaceutiche di 467
medico 464, 498
medico di guardia, ufficio del 462
medico interno 464
medie frequenze, pick-up per 303
medio 115
Mediterraneo, Mar 14, 18, 20
Meissner, corpuscolo di 114
mela 133
mela cotogna 133
mela, sezione di una 58
Melanesia 15
melanzana 128
melassa 149
mele, aceto di 141
melissa 142
melodia, canna della 296
melodia, corde per la 296
melograno 136
melone amaro 128
melone giallo canario 135
melone invernale 129, 135
melone mieloso 135
melone Ogen 135
melone retato 135
meloni 135
membrana 309
membrana cellulare 50, 66
membrana del timpano 116
membrana interdigitale 75, 79
membrana nittitante 87
membrana nucleare 50, 66
membrana plasmatica 66
membrana testacea 79
membrana vitellina 79
memorizzazione dei dati, dispositivi di 333
memorizzazione, tasto di 322, 327
meningi 109
menisco convergente 419
menisco divergente 419
menorah 447
mensola 192, 283, 302
mensola portaccessori 8
mensola portautensili 219
mensolone 192
menta 142
mento 78, 94
mento, protezione del 367
mentoniera 301
menu, pulsante del 315
merci, banchina di scarico delle 437, 439
merci, ingresso delle 435
merci, scalo 375, 430
Mercurio 2, 3
mercurio, bulbo di 424
mercurio, colonna di 424
merguez 156
meridiana 424
meridiano fondamentale 22
meridiano occidentale 22
meridiano orientale 22
méridienne 200
merlano 161
merlano nero 161
merluzzo dell'Atlantico 161
mesa 36
mesocarpo 57, 58, 59
mesopausa 37
mesosfera 37
messa a fuoco, manopola della 8, 9
messa a fuoco, selettore della 314
messa a terra, maschio della 198
messa a terra, terminale della 322
messaggio precedente 328
messaggio successivo 328
Messico 448
Messico, Golfo del 16
mestolo 173
meta, area di 484
meta, linea di 484
metallo, bacchetta di 309
meteorologia 37
metodi di pagamento 441
metro 426
metropolitana 378, 380, 435
metropolitana, stazione della 378, 432
metropolitana, treno della 378
mezza sfera di sughero 495
mezzanino 378
mezzi occhiali 273
mezzo di pronto intervento 345
mezzo manico 169
mezzoguanto 243
mi 298
micelio 52
microfilamento 66
microfoni 457
microfono 320, 327, 328, 332, 337, 456
micrometro a vite 425
Micronesia 453
micronucleo 66
microonde 418
microonde, forno a 178
microscopi 421
microscopio 421
microscopio binoculare 421
microtelefono 327
microtelefono, cordone del 327
microtubulo 66
microvettura compatta 347
MIDI (cavo di interfaccia digitale per strumenti musicali) 311
midollo 63, 154
midollo allungato 109
midollo spinale 109, 110
midollo spinale, struttura del 109
midrange 324
miele 149
migale del Messico 70
miglio 61, 143
miglio: spiga 61
mignolo 115
mihrab 447
mihrab, cupola sul 447
mille 427
milza 103
Mimas 3
minareto 447
minbar 447
mini impianto hi-fi 325
miniaspiratutto 208
minibus 363
minima 299
minima, pausa di 299
minore di 427
minore o uguale a 427
minuti, lancetta dei 424
miocardio 104
miopia 419
mira, cannocchiale di 420
Miranda 3
mirino 315, 534, 535
mirino a cannocchiale 534
mirino elettronico 320
mirtillo 132
mirtillo palustre 132
mirtillo rosso 132
miscela di cinque spezie 139
miscela di manganese (catodo) 417
miscela di sostanze depolarizzanti 417
miscela di zinco ed elettroliti (anodo) 417
miscelare 176
miscelatore 197
miscelatore per dolci 172
miscelatore vasca/doccia 194
mischia 484, 485
mischia spontanea 483
mischia, linea di 485
Mississippi, Fiume 16
misura del peso 422
misura del tempo 424
misura della lunghezza 425
misura della temperatura 424
misura dello spessore 425
misurini 171
mitilo 157
mitocondrio 50, 66
mitra 193
mobile 318
mobile bar 203
mobile portaccessori 195
mobili contenitori 202
mobili per bambini 205
mocassino 242
mocassino classico 242
modalità FM, tasto di selezione della 322
modanatura 348
modellatore aperto 258
modellatore sgambato 258
modello di stazione 39
modem 334
modem cablato 335
moderatore 408
modo di acquisizione 314
modo di esposizione, tasto per il 314
modo di registrazione 320
modo TV 319
modo VCR 319
modo, selettori di 326
modulatore della pressione dei freni 357
modulazione, rotella di 310
moduli fotovoltaici 11
modulo abitativo americano 11
modulo centrifugo 11
modulo di comunicazione 316
modulo di propulsione 316
modulo di servizio 316
modulo di sperimentazione europeo 11
modulo di sperimentazione giapponese 11
modulo russo 11
moffetta 88
Mohorovicic, discontinuità di 26
molare, sezione trasversale di un 101
molari 101
Moldavia 450
mole 426
molecola 414
molla 27, 206, 212, 222, 312, 460, 535
molla della valvola 360
molla di richiamo 357
molla di tensione 355, 500
molla sturatrice per scarichi 216
molla, aletta a 221
molle 173, 193
molle a forbice 500
molle per chiocciole 173
molle per spaghetti 173
molle, rete a 204
molletta 268
molletta fermavetrino 421
molluschi 72, 157
molo 430
moltiplica, ruota della 522
moltiplicatore 413
moltiplicazione 427
Monaco, Principato di 450
mondo, climi del 40
moneta: diritto 441
moneta: rovescio 441
Mongolia 453
monitor 329
monitor della pressione sanguigna 461
monitor di controllo del regista 290
monoblocco 360
monoscafi 521
monovolume 347
montagna 29
montagna sottomarina 33
montagna, climi di 40
Montagne Rocciose 16
montante 184, 186, 187, 219, 281, 349
montante centrale 185, 202
montante d'angolo 187
montante del telaio 202
montante del timpano 187
montante dell'ala 394
montante della ferratura 185
montante della serratura 185
montante imbottito 489
montante verticale 201, 202
montatura 273
montatura a ferro di cavallo 7

monte di lancio 475
monte di Venere 112
Monte Everest 37
Montenegro 450
montgomery 249
Monti Appalachi 16
Monti Carpazi 18
Monti dell'Atlante 20
Monti Transantartici 15
Monti Urali 18
montone 249
monumento 25
moquette 190
mora 132
mordente 299
morena di fondo 30
morena frontale 30
morena laterale 30
morena mediana 30
morena terminale 30
morfologia di un astice 71
morfologia di un cane 86
morfologia di un cavallo 83
morfologia di un delfino 90
morfologia di un gorilla 91
morfologia di un persico 74
morfologia di un polpo 72
morfologia di un ragno 70
morfologia di un ratto 82
morfologia di un serpente velenoso: testa 76
morfologia di un uccello 78
morfologia di un'ape: operaia 68
morfologia di una chiocciola 72
morfologia di una conchiglia bivalve 73
morfologia di una conchiglia univalve 73
morfologia di una farfalla 67
morfologia di una rana 75
morfologia di una tartaruga 76
morfologia di uno squalo 74
morsa 224
morsa serratubi 224
morsettiera 411
morsetto 198, 221, 226
morsetto a C 224
morsetto nero 356
morsetto regolabile 206
morsetto rosso 356
morsetto terminale a spina 359
mortadella 156
mortaio 170
morte 426
mosaico 280
mosca 69
mosca artificiale 536
mosca tse-tse 69
moschea 447
moschettiera, stivale alla 241
moschettone 521, 538
mosse principali 470
moto da Gran premio 525
moto ondoso, livello base del 33
motocicletta 366
motocicletta con telecamera 522
motocicletta da cross 369
motocicletta da motocross 525
motocicletta da supercross 525
motocicletta da turismo 369
motocicletta di testa 522
motocicletta: vista dall'alto 368
motociclette e ciclomotore, esempi di 369
motociclismo 525
motociclista 525
motofalciatrice 237
motore 212, 213, 214, 227, 229, 237, 366, 403
motore a benzina 351, 360
motore di manovra 13
motore di traino, vano del 400
motore diesel del ventilatore di sostentamento 383
motore diesel di propulsione 383
motore diesel, vano del 398, 399, 400, 401
motore elettrico 235, 237, 358
motore fuoribordo 385
motore principale 13
motore, asse di trasmissione del 177
motore, blocco 176, 177, 180, 208
motore, rivestimento del 235
motore, vano 396
motore, vano del 401
motore, yacht a 385
motori diesel marini, combustibile per 405
motori diesel, combustibile per 405
motorino d'avviamento 237
motoscafo da diporto 385
motosega 235
motrice 364, 380
motto 441
mountain bike 373, 522
mountain bike da cross 373
mouse a rotella 332
mouse meccanico 332
mouse ottico 332
mouse senza fili 332
mouse, tappetino del 332
movimentazione 396
movimentazione dei materiali 396
movimenti del terreno 31
movimenti di un aeroplano 395
movimento a L 470
movimento diagonale 470
movimento orizzontale 470
movimento orizzontale del suolo 27
movimento verticale 470
movimento verticale del suolo 27
movimento, rilevatore di 286
Mozambico 452
Mozambico, Canale di 20
mozzarella 150
mozzo 341, 371, 413, 467
mozzo del rotore 395
mucca 84
mucosa olfattiva 117
muffola 243
muflone 84
mughetto 56
mulinello 536
mulinello a bobina fissa 537
mulinello a bobina rotante 537
mulinello, alloggiamento del 536, 537
mulino a pilastro 412
mulino a torre 412
mulino a vento 412
mulo 84
multiscafi 521
mummia 530
municipio 432
munster 151
mura fortificate 447
murata 385
muro di fondazione 187
muro di fondo 292, 293
muro di sponda 406
muschi, esempi di 51
muschio 51
muschio d'Irlanda 123
muschio, struttura di un 51
muscoli 96
muscolo adduttore anteriore 73
muscolo adduttore posteriore 73
muscolo bulbocavernoso 111
muscolo erettore del pelo 114
muscolo papillare 104
muscolo retto inferiore 119
muscolo retto superiore 119
museo 433
musica 296
musica, aula di 444
muso 75, 83, 86, 87, 91, 392
muso abbassabile 394
mussolina 171
mutande 247
mutandina 259
mutandina con ruches 260
mutandina elastica 259
mutandina impermeabile 260
mutandoni 247
muting 323
Myanmar 453

N

n. 8 avanti 482
nacchere 295, 309
Namib, Deserto del 20
Namibia 452
naos 279
narice 74, 75, 76, 78, 83, 117
nascita 426
nasello 273
nashi 137
naso 82, 83, 94
naso esterno 117
naso, dorso del 117
naso, punta del 117
naso, radice del 117
nasofaringe 117
nastratrice 341
nastro 225, 238, 491
nastro adesivo, chiocciola per 341
nastro bianco 487, 493, 495
nastro centrale 491
nastro di delimitazione 457
nastro di teflon 216
nastro magnetico 319
nastro trasportatore 49, 390
nastro verticale laterale 487
nastro, fermo del 225
nastro, selettore del 323
natica 93, 95, 111, 112
Nauru 453
navata centrale 285, 447
navata laterale 285
nave cisterna 384
nave da perforazione 382
nave da ricognizione meteorologica 38
nave per il trasporto delle merci 382
nave portacontainer 381, 382
nave traghetto 386
navetta per il trasbordo dei passeggeri 391
navetta spaziale 12, 37
navetta spaziale al decollo 12
navi, esempi di 382
navicella 413
navicella, sezione trasversale di una 413
navigazione, luce di 383, 393
navone 129
Nazca, placca di 27
nazionalità 497
nebbia 41
nebulizzatore 236
necrologia 313
nefridio 71
negozio 432
negozio di abbigliamento 436
negozio di animali 436
negozio di articoli da regalo 436
negozio di articoli sportivi 437
negozio di biancheria intima 436
negozio di bricolage 436
negozio di dischi 436
negozio di elettronica 436
negozio di giocattoli 436
negozio di oggettistica 437
negozio di scarpe 437
negozio per la riproduzione delle chiavi 437
nembostrato 42
neon, lampada al 217
neonati, vestiti per 260
Nepal 453
neri 470
nero 418
Nero, Mar 14, 18, 19
nervatura 55, 401, 458
nervatura alare 67
nervatura centrale 51, 55, 60
nervi cranici 108
nervo 114
nervo ascellare 108
nervo cocleare 116
nervo cutaneo laterale della coscia 108
nervo cutaneo posteriore della coscia 108
nervo digitale 108
nervo femorale 108
nervo gluteo 108
nervo ileoinguinale 108
nervo ileoipogastrico 108
nervo intercostale 108
nervo ischiatico 108
nervo mediano 108
nervo olfattivo 117
nervo ottico 119
nervo otturatorio 108
nervo peroniero comune 108
nervo peroniero profondo 108
nervo peroniero superficiale 108
nervo radiale 108
nervo safeno esterno 108
nervo safeno interno 108
nervo spinale 109, 110
nervo tibiale 108
nervo ulnare 108
nervo vestibolare 116
nervoso centrale, sistema 109
nervoso periferico, sistema 108
nervoso, sistema 108
nespola del Giappone 133
nettarina 132
Nettuno 2, 3
neurone motorio 110
neurone sensoriale 110
neuroni, catena di 110
neutrone 414
neutrone incidente 415
nevato 30
neve 41
neve acida 48
nevi perenni 29
nevischio 41
newton 426
Nicaragua 448
nicchia di sicurezza 345
Niger 451
Niger, Fiume 20
Nigeria 451
Nilo 20
nocciola 133
nocciola, sezione di una 60
nocciolo 57
noce 64, 133
noce del Brasile 133
noce di acagiù 133
noce di cocco 133
noce di cola 133
noce di ginco 133
noce di macadamia 133
noce di pecan 133
noce moscata 138
noce, sezione di una 60
nodello 83
nodo 53, 167, 169, 416
nodo di Ranvier 110
nome del dominio 334
nome del ginnasta 497
nome del giornale 313
nome del titolare 441
nome della stazione 378
nome della valuta 441
non appartiene a 427
non coincide con 427
non parallelo a 428
nonio 422, 425
nonio, scala graduata del 425
Nord 23
Nord Nord-Est 23
Nord Nord-Ovest 23
Nord, Mare del 14, 18
Nord-Est 23
Nord-Ovest 23
nori 123
Norvegia 450
Norvegia, Mar di 18
notazione degli scacchi 470
notazione musicale 298
note, valori di durata delle 299
notizie 313
notizie in breve 313
notte, camicia da 256
nottolino a scatto 425
nube 41
nube a proboscide 43
nube alta, tipo di 39
nube bassa, tipo di 39
nube di ceneri vulcaniche 28
nube di Oort 2
nube media, tipo di 39
nubi 42
nubi a sviluppo verticale 42
nubi alte 42
nubi basse 42
nubi medie 42
nuca 78, 93, 95
nuclei radioattivi 415
nucleo 4, 6, 50, 66, 110, 112, 414, 534
nucleo esterno 26
nucleo fissile 415
nucleo interno 26
nucleo, membrana del 50
nucleo, scissione del 415
nucleolo 50, 66, 112
numeratore 338
numeri romani 427
numero 473
numero del binario 374
numero del giocatore 486, 488, 506
numero della camera 439
numero della carta 441, 443
numero della pompa 346
numero di autostrada 25

numero di gara 525
numero di serie 441
numero di strada 25
nuoto 516
nuoto, stili di 517
Nuova Caledonia 15
Nuova Zelanda 15, 453
nuovo shekel 440
nuvola 37
nuvole, assorbimento attaverso le 46
nuvole, parete di 43

O

oasi 32, 36
Oberon 3
obiettivi 314
obiettivo 8, 314, 327, 332, 421
obiettivo grandangolare 314
obiettivo macro 314
obiettivo zoom 314
obiettivo, accessori dell' 314
obiettivo, coperchio di protezione dell' 314
obiettivo, lente 420
obiettivo, pulsante di sblocco dell' 314
obliquo esterno dell'addome 96, 97
oblò 386
oboe 306
oboi 295
oca 81, 155
oca, uovo di 155
occhi, trucco per gli 266
occhiali 273, 510, 513, 522
occhiali da sole 273
occhiali di protezione 218
occhiali di protezione con ripari laterali 458
occhiali di protezione panoramici 458
occhiali protettivi 522, 525
occhiali, astuccio per 275
occhiali, esempi di 273
occhiali, mezzi 273
occhiali, parti degli 273
occhialini da nuoto 516
occhiello 240, 248, 263, 275, 313, 509, 538
occhiello per la tracolla 315
occhio 43, 70, 71, 72, 76, 90, 94, 119, 220, 312
occhio composto 67, 68
occhio semplice 67
occhio, orbicolare dell' 96
occhio, parete dell' 43
occhione di traino 356
occipitale 97
Oceania 14, 15, 453
oceano 5, 24, 45
Oceano Atlantico 14, 15, 18, 20
Oceano Indiano 14, 15, 19, 20
Oceano Pacifico 14, 15, 19
oculare 8, 9, 320, 420, 421
offerta, prodotti in 121
officina di riparazione dei locomotori diesel 375
officina meccanica 346
oftalmologia, sala di 463
oggetto 419
ohm 426
okapi 84
olecrano 99
oleodotti, rete di 404
oleodotto 404
oleodotto di superficie 404
oleodotto sottomarino 404
olfatto 116
oli 149
olii lubrificanti 405
olio combustibile leggero 405
olio combustibile per stufe 405
olio combustibile pesante 405
olio d'oliva 149
olio di arachidi 149
olio di mais 149
olio di semi di girasole 149
olio di sesamo 149
olio, tappo di scarico dell' 360
oliva 128
oliva auricolare 460
oliva, olio d' 149
olivetta 249
Oman 452
Oman, Golfo di 19
ombelico 30, 92, 94
ombra 424
ombrella 57
ombrello 273
ombretto 266
omero 98
omero, testa dell' 99
onda 33, 418
onda d'urto 403
onda sismica 27
onda, altezza dell' 33
onda, fondo dell' 33
onda, lunghezza d' 418
onda, lunghezza dell' 33
onde hertziane, trasmissione a 316
onde radio 418
Oort, nube di 2
Opera 432
opera morta 521
opercolo 74
opilione 69
opistodomo 279
orangotango 91
orari 374
orari dei film 294
orari, tabellone degli 374
orata 159
orbicolare 55
orbicolare dell'occhio 96
orbita della Luna 4, 5
orbita della Terra 4, 5
orbiter 12, 13
orca 90
orchestra 278
orchestra sinfonica 295
orchidea 56
ordinata rinforzata 385
orecchia di mare 157
orecchie, tappi per le 458
orecchini 264
orecchini a clip 264
orecchini a perno 264
orecchini a vite 264
orecchini ad anello 264
orecchini pendenti 264
orecchio 92
orecchio di Giuda 123
orecchio esterno 116
orecchio interno 116
orecchio medio 116
orecchio, struttura dell' 116
organi di senso 114, 115, 119
organi di trasmissione 372
organi genitali femminili 112
organi genitali maschili 111
organismi autotrofi 45
organismi decompositori 45
organismi eterotrofi 45
organismi semplici 66
organizer 338
organizzazione culturale 335
organizzazione governativa 335
organo 305
organo di raccordo 364
origano 142
Orinoco, Fiume 17
orlatura a stella 534
orlo 238
orlo della vasca 212
ormeggio, verricello di 385
orologio 444
orologio analogico 424
orologio contaminuti 178
orologio digitale 424
orso bruno 89
orso polare 89
ortaggi 124
ortaggi da bulbo 124
ortaggi da foglia 126
ortaggi da frutto 128
ortaggi da fusto 125
ortaggi da infiorescenza 127
ortaggi da radice 129
ortaggi da tubero 124
ortica 127
orto 122, 182
orzo 61, 143
orzo: spiga 61
ospedale 433, 462
ospite 267
osservatorio 7
osservatorio astronomico 7
osservatorio astronomico, sezione trasversale di un 7
osservazione astronomica 7
osservazione psichiatrica, stanza per 462
osservazione, finestrino di 13
osservazione, punto di 7
osservazione, stanza di 462, 465
ossicini dell'udito 116
ossido d'azoto, emissione di 48
ossigeno, presa dell' 464
ossigeno, produzione di 54
ossigeno, regolazione della pressione dell' 10
osso alveolare 101
osso frontale 98, 100
osso mascellare 101
osso nasale 100, 117
osso occipitale 99, 100
osso parietale 99, 100
osso sfenoide 100
osso temporale 98, 100
osso zigomatico 98, 100
ossobuco 152
ostacolo d'acqua 504
ostrica 157
ostriche, coltello da 169
ostriche, forchetta da 168
otorinolaringoiatria, sala di 463
ottaedro regolare 429
ottagono regolare 429
ottava 298
ottava, meccanismo dell' 306
ottavino 295, 306
ottico 437
ottoni, famiglia degli 295
otturatore 329
ovaia 112, 113
ovario 56
ovata 55
Ovest 23
Ovest Nord-Ovest 23
Ovest Sud-Ovest 23
ovile 122
ovolo buono 123
ovulo 56, 112
oxford, scarpa 240
ozono, strato di 37

P

pacchetto 163
Pacifico, Oceano 14, 15, 19
Pacifico, placca del 27
Pacifico, salmone del 161
Pacini, corpuscolo di 114
padella 531
padella doppia 175
padella per crêpe 175
padella per friggere 175
padella per rosolare 175
padiglione 116, 305, 432
padiglione auricolare 82, 115
paese 23, 430
Paesi Bassi 449
pagamento elettronico, terminale per il 121
pagina precedente 331
pagina successiva 331
pagliaccetto 258, 261
paglietta 238
pagnottella inglese 145
pagoda 283
pak-choi 126
Pakistan 452
pala 213, 412, 413, 478, 506
pala ausiliaria 412
pala caricatrice anteriore 399
pala caricatrice posteriore 399
pala caricatrice, braccio della 399
pala caricatrice, cilindro della 399
pala del rotore 395
pala del timone 384
pala dell'altare 446
palafitta 288
palanchino 220
palato duro 116, 117
palato molle 116, 117
Palau 453
palazzo dei congressi 433
palazzo di giustizia 432
palazzo in condominio 289
palazzo residenziale 282
palchetto 293
palcoscenico 278, 292, 293
palcoscenico, gabbia del 292
palestra 386, 444
palestra, ufficio della 444
paletta 167, 173, 193, 215, 302, 303, 538
paletta di carico ad alette 396
paletta riempigiunti 216
palette di carico, carrello a forca per 396
paletto 498
paliotto 446
palizzata 230, 282
palla 476, 477, 478, 492, 505
palla di filo 477
palla di sughero 477
palla ovale 483, 486
palla, sezione di una 477
pallacanestro 488
pallavolo 487
palleggio 487
pallina 493
pallini 534
pallone 480, 487, 488
pallone sonda 38
pallonetto 491
pallottola 534
palma 64
palmare breve 96
palmare lungo 96
palmata 55
palmeto 36
palmetta 200
palmo 115, 243
palmo del guanto 243
palo 321, 485, 487, 490, 495
palo della linea di fuoricampo 475
palo frontale 529
palombo liscio 158
palpebra 76
palpebra inferiore 75, 87, 119
palpebra superiore 75, 87, 119
palpo 73
palpo labiale 67
pampino 62, 126
Panama 448
panama 238
Panama, Golfo di 17
Panama, Istmo di 16
panca 446, 501
panca degli ufficiali di gara 507
panca dei puniti 507
panca dei puniti, addetto alla 507
pancetta 156
panchina 201, 379, 437, 481
panchina dei giocatori 474, 485, 487, 506
panciera 259
pancreas 106
pane 144
pane azzimo 145
pane bianco 145
pane chapati indiano 145
pane di mais americano 145
pane di segale danese 145
pane di segale tedesco 145
pane e burro, piattino per 166
pane ebraico 145
pane greco 144
pane integrale 145
pane irlandese 145
pane multicereali 145
pane naan indiano 145
pane nero di segale 144
pane pita 145
pane, coltello da 169
pane, guida per il 178
pane, stampo per 179
panetteria 121, 437
panna 150
panna acida 150
panna da montare 150
pannello 185, 259, 352
pannello dell'anta 202
pannello di celle solari 411
pannello di comando 455
pannello di copertura 348
pannello di funzionamento 287
pannello di mezzo 185
pannello di protezione 369
pannello divisorio 274, 277
pannello solare 7, 316
panno 502
pannocchia 61
pannolino 260
pannolino usa e getta 260
pantacollant 263
pantaloncini 261, 473, 480, 483, 488, 498, 500, 522
pantaloncini da corsa 263
pantaloni 246, 263, 476, 486, 499, 506, 525
pantaloni a zampa di elefante 254
pantaloni alla pescatora 254
pantaloni alla zuava 254
pantaloni felpati 262
pantaloni, esempi di 254
pantografo 376
papaia 137
papalina 238

papavero 56, 60
papavero, semi di 139
papilla 114
papilla caliciforme 118
papilla circonvallata 118
papilla filiforme 118
papilla foliata 118
papilla fungiforme 118
papilla ottica 119
papilla renale 107
papillon 245
paprika 139
Papua Nuova Guinea 453
Papuasia-Nuova Guinea 15
parabraccia 486
parabrezza 348, 364, 366, 369, 385, 392, 394, 523
paracadute 287
paracadute del booster 12
paracoccige 486
paracollo 486
paracosce 486
paracostole 486
paradenti 486, 498
parafango 348, 349, 364, 370
parafango anteriore 366
paraffine 405
parafianchi 486
parafulmine 183, 407, 413
parafuoco 193
paragambe 507
paragola 476
paragomito 486
paragrilletto 534
Paraguay 448
paralama inferiore 227
paralama inferiore, leva per togliere il 227
paralama superiore 227
parallele 496, 497
parallele asimmetriche 496, 497
parallelepipedo 429
parallelo 22
parallelo a 428
parallelogramma 429
paraluce 8, 314
paralume 206
paramano 525
paramecio 66
paramezzale centrale 385
Paranà, Fiume 17
paraneve 523
paraorecchi 238
parapetto 191, 282, 344, 377
parapetto, pilastro del 191
parapunta 476
parasole 356
parasole, aletta 354
paraspalle 486
parastinchi 476, 480, 513
paratia longitudinale 384
paratia trasversale 384
paratoia 407
paratoia dello sfioratore 406
paratrucioli 227
paraurti 364, 369
paraurti posteriore 369, 523
parcheggio 375, 381, 390, 430, 435, 445, 504, 512
parcheggio per le biciclette 445
parco 25, 433
parco nazionale 25
parete 5, 58, 184, 528
parete anteriore 365
parete cellulare 50
parete dell'occhio 43
parete della qibla 447
parete di arrivo 516
parete di nuvole 43
parete di virata 517
parete inferiore 404
parete laterale 365, 404, 517
parete superiore 404
parete, lampada da 207
parete, lampione da 207
pareti di vetro, custodia a 423
paripennata 55
parka 249
parmigiano 151
parquet 190
parquet a listelli 190
parquet a listoni 190
parquet a mosaico 190
parquet a spina di pesce 190
parquet a tessitura di vimini 190
parquet Arenberg 190
parquet Chantilly 190
parquet su sottofondo di cemento 190
parquet su struttura lignea 190
parquet Versailles 190
parquet, tipi di 190
parrucchiere 290, 436
parrucchiere, forbici da 270
parte anteriore del quartiere 240, 262
parte inferiore del tronco 63
parte intermedia 111
parte superiore dell'intelaiatura 186
parte terminale 111
partenza 469
partenza della funivia 512
partenza della seggiovia 512
partenza, griglia di 524
partenza, piazzola di 504
partenza, pulsante di 424
parti 200, 201, 204
parti boccali 68
parti degli occhiali 273
parti di un cerchio 428
parti di una scarpa 240
pascal 426
pascolo 122
passacavo 521
passacinghia 532
passaggio a livello 375
passaggio a soffietto 363
passaggio pedonale 434, 436
passamontagna 239
passante 245, 246, 250
passante del cinturino 248
passante della cintura 248
passascotte 521
passata di pomodoro 140
passavanti 385
passaverdure 170
passeggeri, carrozza 380
passeggeri, sala 383, 386, 387
passeggeri, terminal satellite dei 389
passeggeri, treno 374
passeggiata, ponte di 386
passera di mare 161
passerella 282, 292, 379
passerella di imbarco 389
passerotto 80
passo 29, 83
passo alternato 514
passo d'uomo 404
passo pattinato 514
pasta 146
pasta di tamarindo 140
pasta sfoglia 145
pasta won ton 147
pasta, macchina per fare la 170
pasticceria 437
pastiglia 357, 467
pastiglia di combustibile 409
pastinaca 129
pastoia 83
pastore tedesco 86
Patagonia 17
patata 124
patata americana 124
patella 157
patera 200
patio 182, 230
patio, porta del 188
patta 246, 260
patta di chiusura 532
pattinaggio artistico 509
pattinaggio di velocità 508
pattinaggio in linea 527
pattinaggio libero, lama per 509
pattinatore 508, 527
pattini per velocità 508
pattino 395, 506
pattino a rotelle 527
pattino acrobatico 527
pattino ad incastro 508
pattino da hockey 527
pattino da short track 508
pattino da velocità 527
pattino del portiere 507
pattino di coda 395
pattino distanziatore 409
pattino per pattinaggio artistico 509
pattino, colpo di 514
pausa 323, 331
pausa di biscroma 299
pausa di croma 299
pausa di minima 299
pausa di semibiscroma 299
pausa di semibreve 299
pausa di semicroma 299
pausa di semiminima 299
pausa, tasto di 323
pause, valori di durata delle 299
pavimenti, spazzola per 209
pavimento 193
pavimento della cabina 287
pavimento, rivestimenti in tessuto per 190
pavone 81
paziente 464
pe-tsai 126
pecari 84
pecora 84
pecorino romano 151
pedale 302, 305, 308, 370, 372, 473, 501, 522
pedale ad ampio appoggio 522
pedale del cambio 367, 368, 369
pedale del crescendo 305
pedale del freno 350, 354, 357, 511
pedale del freno posteriore 368
pedale del piano 304, 311
pedale dell'acceleratore 354
pedale della frizione 354
pedale della sordina 304
pedale di risonanza 304, 311
pedale di sollevamento 467
pedale senza fermapiedi 522
pedale, leva del 304
pedale, pistoncino del 305
pedali d'espressione 305
pedaliera 305
pedana 423, 496, 523
pedana di lancio 472, 473
pedana elastica 496
pedana per il corpo libero 496
pedane di rincorsa 496
pedata 191
pediera 204
pedine 469
pedipalpo 70
pedivella 372
pedivelle albero delle 372
pedone 470
pedula 242
peduncolo 52, 56, 57, 58, 59, 62
peli radicali 53
pelle armonica 297
pelle di camoscio 265
pelle, laccio di 246
pellegrina 251
pelletteria 436
pelletteria, articoli di 274
pellicano 80
pelliccia 82, 91
pellicola d'alluminio 162
pellicola plastica, condensatore a 417
pellicola sigillata a caldo 163
pellicola trasparente 162
pelo 114
pelo, muscolo erettore del 114
peltata 55
pelvi renale 107
pendenti 264
pene 92, 111
penisola 24
Penisola Antartica 15
Penisola Arabica 19
Penisola Balcanica 18
Penisola Coreana 19
Penisola dello Yucatan 16
Penisola di Camciatca 19
Penisola di Kola 18
Penisola Iberica 18
Penisola Scandinava 18
penna a sfera 312
penna con pennino metallico 312
penna copritrice 78
penna copritrice inferiore della coda 78
penna copritrice superiore della coda 78
penna d'oca 312
penna stilografica 312
penna timoniera 78
penna tonda 220
pennatifida 55
penne 146, 536
pennellino per labbra 266
pennello 219
pennello a ventaglio 266
pennello da barba 271
pennello da cipria in polvere 266
pennello da fard 266
pennello per dolci 172
pennello per scrivere 312
pennello, spazzola a 209
pennino 27, 312
pensile 164
pensilina 375, 434
pentagono regolare 429
pentagramma 298
pentola 175
pentola a pressione 174
pentola a vapore 175
pentola a vapore elettrica 179
pentola per cucinare a bagnomaria 175
pentola per cuscus 175
pepaiola 166
pepe bianco 138
pepe della Giamaica 138
pepe di Cayenna 139
pepe macinato 139
pepe nero 138
pepe rosa 138
pepe verde 138
peperoncini secchi 139
peperoncino 128, 139
peperoncino in polvere 139
peperoncino rosso 139
peperoncino tritato 139
peperoncino, spray al 456
peperone giallo 128
peperone rosso 128
peperone verde 128
pepino 137
per aprire 170
per misurare 171
pera 133
percento 427
percorso 504
percorso di evacuazione 345
percussione, strumenti a 295, 308
peretta per ingrassare 173
perforatore 340
pergola 230
pericardio 105
pericarpo 60
peristilio 279, 280
peristoma 66
peritoneo 111, 112
perlina di cristallo 207
pernice 80
perno 217, 270, 271, 533, 535
perno di agganciamento 365
perno di ancoraggio 357
perno di incernieramento 400
perno di incernieramento della pala caricatrice 399
perno oscillante 355
perno, orecchini a 264
perone 98
peroneo breve 97
peroneo lungo 96
perossisoma 66
perpendicolare 428
persiana 186
persiano 87
persico 160
persico trota 160
Persico, Golfo 19
persico, morfologia di un 74
personal computer 329
personale, ingresso del 445
personale, stanza del 463
Perù 448
Perù-Cile, Fossa 34
pesalettere 339
pesca 132, 536
pesca a mosca 536
pesca al lancio 537
pesca, sezione di una 57
pescatora, pantaloni alla 254
pesce 121
pesce cappone 159
pesce cartilagineo 74
pesce osseo 74
pesce rospo 160
pesce San Pietro 161
pesce spada 159
pesce, coltello da 168
pesce, forchetta da 168
pesce, piatto per il 166
peschereccio 384
pesci 74
pesci cartilaginei 158
pesci ossei 159
pesciera 174
pesi 501
peso 422, 423, 440, 472, 500
peso, misura del 422
pestello 170
pesticida 47, 48
petalo 56
petroliera 381
petrolio 403

petrolio greggio 405
pettine 157
pettine a coda 268
pettine a forchetta 268
pettine afro 268
pettine da barbiere 268
pettine per cotonare 268
pettine rado 268
pettini 268
pettinino per ciglia e spazzolino per sopracciglia 266
pettirosso 80
petto 78, 83
pettorali, barra per i 501
pettorali, piastra per i 501
pettorina 260, 261
pettorina di protezione 476
pezzi 470
pi greco 428
pia madre 109
pialla 229
piana da dilavamento glaciale 30
piana inondabile 32
pianella 242
pianerottolo 189, 191
pianeti 2
pianeti esterni 2
pianeti interni 3
piano 202, 412, 526
piano a scomparti 225
piano della reception 439
piano di appoggio 396
piano di caricamento 435
piano di carico 396
piano di cottura 164, 179, 210
piano di cottura, bordo del 210
piano di lavoro 164, 224
piano di lavoro a morsa 224
piano elettronico 311
piano mansardato 182, 189
piano stradale 342
piano superiore 363
piano, indicatore del 287
piano, pedale del 304, 311
piano, primo 182, 189
pianoforte 295
pianoforte verticale 304
pianta 53, 183
pianta del tempio greco 279
pianta della cattedrale 285
pianta di città 25
pianta ornamentale 182
pianta rampicante 230
pianta, struttura di una 53
piantabulbi 231
piantana per fleboclisi 464
piantatoio 231
piante aromatiche 142
pianterreno 182, 188
piantone del volante 350
pianura 24, 32
pianura abissale 33
piastra 178, 208, 269, 309
piastra costale 76
piastra d'appoggio 229
piastra di base 27, 227, 511, 533
piastra di cottura 179
piastra di protezione 525
piastra di registrazione 323
piastra di supporto 199
piastra elettrica 179, 210
piastra marginale 76
piastra negativa 359
piastra neurale 76
piastra per i pettorali 501
piastra portaforche 396
piastra positiva 359
piastra riscaldante 181
piastra sopracaudale 76
piastra stiracapelli 269
piastrella 12
piastrina 104, 186
piastrina, bracciale con 264
piastrone 76
piattaforma 219, 363, 516, 526
piattaforma continentale 33
piattaforma della vasca 195
piattaforma di 10 metri 518
piattaforma di 3 metri 518
piattaforma di 5 metri 518
piattaforma di 7,5 metri 518
piattaforma di carico 423
piattaforma di produzione 404
piattaforma girevole 176, 455
piattaforma, scala con 219
piatti 295, 309
piatti di cottura 179
piattino per pane e burro 166
piatto 179, 308, 422, 423, 531
piatto da portata 166
piatto del lanciatore 475
piatto della casa-base 475
piatto fondo 166
piatto frutta / insalata 166
piatto inferiore 308
piatto per il pesce 166
piatto piano 166
piatto portaceppi 357
piatto superiore 308
piatto, gancio del 422
piazzale 388
piazzola di partenza 504
picche 468
picchetto 528, 529
picchetto, asola per il 528, 529
picchio 80
picciolo 55, 57, 58, 59
piccione 81, 154
picco 29
piccola copritrice secondaria 78
piccola forca a mano 232
piccoli annunci 313
piccolo labbro 112, 113
piccolo rotondo 97
piccolo tegame 175
piccone 233
piccozza 454
picea 65
pick-up 303
pick-up per alte frequenze 303
pick-up per basse frequenze 303
pick-up per medie frequenze 303
pick-up, selettore dei 303
pickup 347
pidocchio 69
piede 72, 73, 91, 92, 93, 94, 95, 202, 231, 247, 260, 302, 305, 536, 537
piede a voluta 200
piede d'albero 519
piede di appoggio 365
piede palmato 75
piede, dito del 92, 94
piede, foro del 305
piedino 153, 308
piedino di gomma 219
piedino regolabile 212, 213, 214
piedino snodato antiscivolo 219
piedritto 285
piega 246
piega a coltello 253
piega della columella 73
piega impunturata 253
piega invertita 253
piega piatta 246
piega sovrapposta 253
piegaciglia 266
pieghe, esempi di 253
pietra affilacoltelli 169
pietra bianca 470
pietra da curling 515
pietra da lastrico 230
pietra di Coyolxauhqui 283
pietra focaia 218
pietra nera 470
pietra sacrificale 283
pigiama 256, 261
pigiamino 261
pigiamino a due pezzi 260
pigiatore 170
pila 344
pila a carbone-zinco 417
pila alcalina a manganese-zinco 417
pilastro 27, 283, 284, 412
pilastro corinzio 281
pilastro del parapetto 191
pile 416
pile a secco 417
pilone 344, 375
pilone destro 482
pilone sinistro 482
piloriza 53
pilota 524
pilotaggio, cabina di 12, 385, 392, 395
pinguino 80
pinna 519
pinna anale 74
pinna caudale 74, 90
pinna dorsale 90
pinna pelvica 74
pinna pettorale 74, 90
pinna stabilizzatrice 386
pinnacolo 282, 284
pinnacolo, fiore del 283
pinnula 52
pino domestico 65
pino, aghi di 65
pinolo 65, 133
pinza 269, 357
pinza a becchi lunghi 217
pinza a giunto scorrevole 222
pinza a scatto 222
pinza del freno a disco 366
pinza multiuso 217
pinza per capelli 268
pinza regolabile 222
pinza universale 217
pinza, faretto a 206
pinze 222
pinzette 461
pinzette per sopracciglia 265
piogge acide 47, 48
pioggia 41
pioggia congelantesi 41
pioggia, irrigatore rotativo a 236
piolo 219, 479
piombo 538
pioppo 64
piramide 278, 429
piramide, ingresso alla 278
Pirenei 18
piscina 184, 386
piscina fuori terra 184
piscina interrata 184
piscina olimpionica 517
piselli 130
piselli mangiatutto 130
piselli secchi spaccati 130
pisello 60
pista 390, 472, 524
pista a difficoltà elevata 512
pista a difficoltà intermedia 512
pista da fondo 512
pista di accesso 388
pista di pattinaggio 509, 512
pista di rincorsa 473
pista di rullaggio 388
pista lunga 508
pista per esperti 512
pista per principianti 512
pista per sci alpino 512
pistacchio 133
piste da sci 512
pistillo 56
pistola 216, 456
pistola dello starter 472
pistola di erogazione 346
pistola per sverniciatura 219
pistola turapori 216
pistola, impugnatura a 218, 228
pistola, polverizzatore a 236
pistola, saldatore a 218
pistoncino 357
pistoncino del manuale 305
pistoncino del pedale 305
pistone 307, 360
pistone, disinnesto del 216
pistone, leva del 216
pitone 77
Pitot, tubo di 525
pittogrammi 330
più o meno 427
piumino da cipria 266
pivot 489
placca africana 27
placca antartica 27
placca antifrizione 511
placca caribica 27
placca del Pacifico 27
placca dell'interruttore 198
placca delle Cocos 27
placca di Nazca 27
placca di Scozia 27
placca euroasiatica 27
placca filippina 27
placca indoaustraliana 27
placca motrice 110
placca nordamericana 27
placca sudamericana 27
placcatore destro 484
placcatore sinistro 484
placche convergenti 27
placche divergenti 27
placche tettoniche 27
placche trasformi 27
placchetta a bilanciere 305
placchetta del portanasello 273
plafoniera 206
plancia 354
planisfero 14
plantare 97
plasma 104
plasmodesma 50
plastica, smistamento della 49
platea 293
playmaker 489
plesso brachiale 108
plesso dentale 101
plesso lombare 108
plesso sacrale 108
plettro 297
pleura parietale 105
pleura viscerale 105
plissé 253
Plutone 3
pluviale 182
pneumatici, barriera di 524
pneumatici, esempi di 358
pneumatico 349, 358, 364, 371, 522, 525
pneumatico chiodato 358
pneumatico granturismo 358
pneumatico invernale 358
pneumatico per tutte le stagioni 358
pneumatico scolpito 369, 525
pneumatico sportivo 358
podcasting 335
podio 283, 444
podio del direttore d'orchestra 295
poggiafreccia 535
poggiamano 227, 297, 332
poggiamano amovibile 330
poggiapiedi 205
poggiatesta 353
poker 468
poker, combinazioni del 468
polacchina 241
Polaroid 315
pole position 524
poliambulatorio 465
poligoni 429
Polinesia 453
polipodio comune 52
politica 448
politrico comune 51
polizia, agente di 456
polizia, macchina della 457
polizia, stazione di 433
pollaio 122
pollice 115, 243, 477
pollice opponibile 91
pollice, appoggio del 307
pollo 155
pollone 63
polmone destro 103, 105
polmone sinistro 103, 105
polmoni 105
polo 250, 255, 492
polo negativo 359, 416, 417
Polo Nord 21
polo nord 416
polo positivo 359, 416, 417
Polo Sud 15, 21
polo sud 416
polo, abito a 252
Polonia 450
polpa 57, 58, 59, 101
polpaccio 93, 95
polpastrello 114
polpo 72, 157
polpo, morfologia di un 72
polsiera 500, 527
polsino 245, 486, 492, 500
polso 86, 93, 95, 115
poltrona 200
poltrona da salotto 200
poltrona sacco 201
poltrona Wassily 200
poltroncina del paziente 464
poltroncina per bambini 205
poltrone 200
polvere di magnesia 497
polverizzatore 402
polverizzatore a pistola 236
pomello 202, 536, 537
pomello della sicura 352
pomello in gomma 536
pomelo 134
pomi 133
pomo 201, 477
pomo d'Adamo 92
pomodorini a grappolo 128
pomodoro 128
pomodoro, passata di 140
pomolo 229
pomolo del bastone 506
pompa 184, 212, 214, 370, 529
pompa della benzina 346
pompa di circolazione del fango 403
pompa per gli pneumatici 346
pompa, numero della 346

pompa, tubo della 346
pompe, locale delle 384
pompelmo 134
pompelmo, coltello da 169
pompetta ad aria 461
pompieri, carri dei 455
poncho 251
pont-l'évêque 151
ponte 25, 420
ponte a cantilever 344
ponte a travata 344
ponte di caricamento per containers 381
ponte di comando 382, 383, 386, 387
ponte di coperta 385
ponte di passeggiata 386
ponte di Varolio 109
ponte girevole 344
ponte levatoio 282
ponte luce 293
ponte pedonale 375
ponte per le autovetture 386
ponte ribaltabile a due ali 345
ponte ribaltabile a un'ala 345
ponte segnali 375
ponte sollevabile 345
ponte sospeso 344
ponte superiore 392
ponti fissi 344
ponti mobili 344
ponticello 273, 297, 301, 302, 303
ponticello degli acuti 304
ponticello dei bassi 304
ponticello, blocco del 303
pool 502
poppa 386, 519
porcellana 127
porcile 122
porcino 123
porcospino 82
poro 50, 60
poro sudoriparo 114
porro 124
Porro, prisma di 420
porta 202, 287, 361, 380, 439, 447, 479, 480, 482, 485, 507, 528, 529
porta a bande verticali 286
porta a due battenti 362
porta a fisarmonica 286
porta a infrarossi 336, 337
porta a libro 286
porta a un battente 286
porta a zanzariera 361
porta antincendio 286
porta automatica 390
porta basculante del garage 286
porta del bacino 381
porta del congelatore 211
porta del laboratorio a tenuta stagna 13
porta del modem interno 329, 336
porta del mouse 329
porta del patio 188
porta dell'elevatore 363
porta della tastiera 329
porta di entrata 362, 363
porta di prua 383
porta di rete 329
porta di rete telefonica 317
porta esterna 185
porta Ethernet 336
porta FireWire 336
porta giochi 329
porta girevole manuale 286
porta MIDI 329
porta parallela 329
porta per l'alimentatore 336
porta scorrevole 195, 286
porta scorrevole automatica 286
porta seriale 329
porta sezionale del garage 286
porta USB 329, 336
porta video 329, 336
porta, area di 507
porta-finestra 164, 189
portabagagli 361, 523
portabatteria, cassa 365
portabici 356
portabiti 277
portablocco 275, 340
portablocco, tavoletta 340
portabottiglia 371
portacalcolatrice 274
portacarte a soffietto 274
portaceppi 193
portachiavi 275
portacipria 266
portafermagli 341
portafiltro 181
portafoglio 275
portafoglio per carte di credito 274
portaindirizzo, etichetta 277
portalampada 199
portale 285
portalenti 272
portamartello 225
portamine 312
portamonete 275
portanasello 273
portanasello, placchetta del 273
portaobiettivi a revolver 421
portaoculare 8
portaoggetti 421
portaombrelli 273
portapacchi 369, 370
portapacchi posteriore 369
portapassaporto 275
portapenne 274
portarotolo 195
portasacca 505
portasapone 195
portasci 356
portasciugamano 195
portassegni 274, 275
portata, piatto da 166
portatabulati 339
portatrucchi 277
portautensili 229
porte d'ingresso 294
porte di controllo 471
porte per le memory card 471
porte, esempi di 286
portello 213, 392
portello di apertura 7
portello, interruttore del 213
portellone della cupola 7
portellone dello scomparto di carico 13
portellone laterale 12
portellone prodiero di carico 386
porticato 447
portico 183, 285
portico coperto 447
portiera 349, 352
portiera, telaio interno della 352
portiere 479, 481, 506, 507
portiere, pattino del 507
portiere, stanzino del 439
porto 431
porto marittimo 381
porto, bicchiere da 165
Portogallo 449
porzionatore per gelato 173
posate 531
posate, cestello per le 214
posateria 167
posizionamento, braccio di 400
posizionamento, tubo di 400
posizione carpiata 518
posizione d'equilibrio 418
posizione della statua 279
posizione raggruppata 518
posizione tesa 518
posizione, luce di 376
posizione, tasto di 302, 303
posizioni dei giocatori 474, 481, 482, 489
posizioni di partenza 518
posta elettronica 335
posta elettronica, software di 334
postazione degli infermieri (pronto soccorso ambulatoriale) 463
postazione degli infermieri (pronto soccorso principale) 462
postazione dell'agente di sicurezza 463
posti a sedere 293
posti, divano a due 200
postierla 282
postino, borsa da 276
posto a sedere 294
potenza elettrica, unità di misura della 426
potenziale elettrico, unità di misura della differenza di 426
pouf 201
pozzetto 520
pozzetto d'ispezione 434
pozzo 31
pozzo di iniezione 402
pozzo di produzione 402
pozzo off-shore 404
prateria 24, 44
prato 122, 183, 230
prato, cura del 237
precipitazione 45
precipitazione, area di 39
precipitazioni 41
precipitazioni invernali 41
precipitazioni, forti 43
prelievi, sala dei 465
premascellare 74
premolari 101
prendisole 252
preparazione chirurgica, stanza per la 464
prepuzio 111
presa a croce 499
presa a terra 499
presa audio 329
presa cuffie 323
presa d'acqua 407
presa d'aria 362, 365, 367, 383, 395, 523
presa d'aria del motore 362
presa d'aria del ventilatore di sostentamento 383
presa d'aria laterale 361
presa d'aria per il raffreddamento del motore 525
presa d'aria posteriore 270
presa d'aria sul tetto 361
presa d'uscita 303
presa dell'idrante 455
presa dell'ossigeno 464
presa di alimentazione 326, 329
presa di corrente 217, 361
presa di corrente commutata 322
presa di corrente temporizzata 210
presa di ricarica 271
presa di strangolamento 499
presa europea 198
presa per cuffia 310, 311, 322, 326
presa per cuffie 329
presa per il comando a distanza 314, 315
presa per ricarica 208
presa per spina americana 198
presa, alveolo della 198
presa, tester di 217
presbiterio, lampada del 446
prese digitali 315
prese video 315
prese, esempi di 499
preside, ufficio del 445
presidente di giuria 509
presidente di giuria, assistente del 509
pressacaffè 181
pressatore 177, 180
pressione a livello del mare 39
pressione alta, centro di 39
pressione atmosferica 39
pressione bassa, centro di 39
pressione dei freni, modulatore della 357
pressione sanguigna, monitor della 461
pressione, bottone a 249
pressione, pentola a 174
pressione, regolatore della 272
pressione, regolatore di 174
pressione, unità di misura della 426
pressione, variazione di 39
prevenzione degli incendi 454
prevenzione del crimine 456
previsioni meteorologiche 38
prezzemolo 142
prezzo per litro/gallone 346
prezzo unitario 423
prima base 474
prima base (posizione) 474
prima galleria 293
prima linea 482
prima maglia 476
prima pagina 313
prima pagina, foto in 313
prima pinna dorsale 74
primati 91
primati, esempi di 91
primavera 38
primavera, equinozio di 38
prime foglie 53
primi violini 295
primo 428
primo arbitro 485, 487
primo assistente cameraman 290
primo aumento di tensione 413
primo giocatore al lancio 515
primo molare 101
primo piano 182, 189
primo premolare 101
primo quarto 5
primo spazio 489
princesse 252
princesse, cucitura a 258
Principato di Monaco 450
prisma astronomico 8
prisma di Porro 420
proboscide 67
processo mastoideo 100
processo spinoso 110
processo stiloideo 100
processo trasverso 110
procione 88
prodotti caseari 150
prodotti cerealicoli 144
prodotti di fissione 415
prodotti di raffinazione 405
prodotti in offerta 121
prodotti per confezionamento 120
prodotti petrolchimici 405
prodotto, codice del 423
produttore 291
produzione di calore 408
produzione di elettricità 412
produzione di elettricità da alternatore 408
produzione di elettricità da energia eolica 413
produzione di elettricità da energia geotermica 402
produzione di elettricità da energia nucleare 408
produzione di elettricità da energia termica 402
produzione di ossigeno 54
produzione, designer di 290
produzione, segretaria di 291
profilo del suolo 54
profilo dell'atmosfera terrestre 37
profilo dello spacco 245
profilo sbieco 260
profondità del fuoco 27
profondità di campo, pulsante di controllo della 314
profondità, regolatore di 229
profumeria 436
profumeria e igiene personale 121
profumo 267
programma, selettore di 310
programmatore 212, 213, 214
programmazione, tasti di 319
programmi del computer 457
programmi televisivi 313
proiettore 290, 294, 348, 364, 366, 368, 523
proiettore abbagliante e anabbagliante 352
proiettore orientabile 455
proiettori 293
proiettori, comando dei 354
proiezione cilindrica 22
proiezione conica 22
proiezione di spalla e braccio 499
proiezione interrotta 22
proiezione piana 22
proiezione, cabina di 294
proiezione, sala di 294
proiezione, schermo di 294
proiezioni cartografiche 22
prolunga 202
prolunga, tubo rigido di 209
promontorio 35
pronao 279
pronatore rotondo 96
pronto intervento, mezzo di 345
pronto soccorso 462, 512
pronto soccorso, cassetta di 457, 461
pronto soccorso, manuale di 461
pronto soccorso, stazione di 345
pronto soccorso, strumenti per il 460
propagazione 418
proprietà, confine di 182
propulsione, modulo di 316
propulsore 10
propulsore di prua 387
propulsori per il controllo direzionale 12

proscenio 292
prosciutto 156
prosciutto affumicato 153
prosciutto cotto 156
prosciutto, coltello da 169
prospetto 182
prospezione terrestre 403
prostata 111
proteggicavo 217
protezione antisfregamento 525
protezione antiurto 209
protezione del dente 398
protezione del mento 367
protezione delle chiavi 306
protezione per gli occhi 458
protezione per i piedi 459
protezione per l'avambraccio 486
protezione per la testa 458
protezione per le orecchie 458
protezione per le vie respiratorie 459
protezione posteriore 7
protezione, gabbia di 217
protezione, occhiali di 218
protezione, piastra di 525
protezione, schermo di 474
protocollo di comunicazione 334
protone 414
protoneurone 110
protuberanza 4
prova in corso, tabellone della 497
prova, pulsante di 454
provacircuiti, lampada 217
provincia 23
prua 384, 387, 519, 520
prua, castello di 387
prua, elica di 384
prua, porta di 383
prua, propulsore di 387
prugna 132
prugne, salsa di 141
pseudopodio 66
pubblico 440
pubblico, ingresso del 278
pube 92, 94
pugilato 498
pugile 498
pulce 69
puleggia 219, 360, 535
puleggia di tensione del regolatore 287
pulisci unghie 265
pulitura, accessori di 209
pullman 362
pulpito 446, 447
pulsante 214, 312
pulsante del menu 315
pulsante del registratore vocale 337
pulsante del touch pad 336
pulsante del vaporizzatore 208
pulsante di accensione 213
pulsante di aggancio 227
pulsante di alimentazione 319, 337
pulsante di alimentazione della carta 333
pulsante di annullamento 333
pulsante di apertura del display 336
pulsante di arresto 229, 235, 424
pulsante di azzeramento 424
pulsante di bloccaggio 208
pulsante di cancellazione 315
pulsante di chiamata 287
pulsante di chiamata pedonale 434
pulsante di compensazione dell'esposizione 314
pulsante di controllo 332
pulsante di controllo della profondità di campo 314
pulsante di controluce 337
pulsante di espulsione 315, 471
pulsante di espulsione del CD 329
pulsante di espulsione del DVD-ROM 329
pulsante di espulsione del floppy disk 329
pulsante di partenza 424
pulsante di prova 454
pulsante di reset 329, 471
pulsante di sblocco dell'obiettivo 314
pulsante di scatto 314
pulsante di uscita 337
pulsante di visualizzazione delle immagini 315
pulsante di visualizzazione delle impostazioni 315
pulsante per il salto di immagini 315
pulsanti di avvio delle applicazioni 337
pulsanti di azione 471
pulsanti direzionali 471
pulsanti programmabili 332
puma 88
Pumpernickel russo 145
punching ball 498
pungiglione 68
punta 125, 167, 169, 208, 216, 218, 220, 221, 226, 227, 229, 246, 301, 312, 460, 469, 471, 510, 514, 526, 534, 536, 538
punta a croce 221
punta a testa quadra 221
punta da muro 228
punta del colletto 245
punta del naso 117
punta dello sci 514
punta dentellata 509
punta di centratura 228
punta di diamante 202
punta elicoidale 228
punta fredda 269
punta Luer-Lock 460
punta per piastra 304
punta piana 221
punta, lunghezza della 538
puntale 221, 240, 262, 466, 511
puntale di protezione 459
puntale rinforzato 459
puntalino 536, 537
punte, tipi di 221
punteggio 497
punterie, coperchio delle 350, 360
punteruolo 531
punti 492
punti metallici 341
puntine da disegno 341
puntine, distanza tra le 359
punto 468
punto coronato 299
punto d'appoggio 70
punto di alimentazione 198
punto di allacciamento 198
punto di handicap 470
punto di incocco 535
punto di ingaggio 506
punto di inserimento dei documenti da trasmettere 328
punto di interesse 25
punto di mura 519
punto di osservazione 7
puntone 412
punzone 220
pupilla 87, 119
pupilla verticale 76
putter 505

Q

Qatar 452
qibla, parete della 447
quadrante 422, 424, 428
quadrante a cristalli liquidi 424
quadrante graduato 533
quadrato 429, 498
quadri 468
quadricipiti, rullo per i 501
quadrilatero 429
quadripode 466
quadro degli strumenti di controllo 355
quadro delle temperature 208
quadro di comando 178, 179, 210, 212, 213, 214
quadro di distribuzione 198
quaglia 81, 154
quaglia, uovo di 155
quantità di sostanza, unità di misura della 426
quarantottore 277
quark d 414
quark u 414
quarta 298
quarterback 485
quartetto 300
quartiere 25, 240, 262
quartiere degli affari 430, 432
quartiere fieristico 430
quartiere residenziale 431
quartiere, parte anteriore del 240, 262
quattro quarti, tempo di 298
quercia 64
quinoa 143
quinta 298
quinte 292
quintetto 300

R

rabarbaro 125
rabbino, seggio di 447
raccattapalle 490
racchetta 492, 493, 494, 510, 514
racchetta, giochi con la 493
raccoglierba 237
raccogligocce, bacinella 210
raccoglipolvere 229
raccoglitore a molla 339
raccoglitore ad anelli 339
raccolta del vetro, campana per la 49
raccolta della carta, campana per la 49
raccolta differenziata 49
raccolta differenziata, contenitori per la 49
raccolta, vaschetta di 181
raccordo 312, 455
raccordo a losanga 342
raccordo a quadrifoglio 342, 343
raccordo a rotatoria 342
raccordo a T 193
raccordo a tromba 342
raccordo a Y 460
raccordo, esempi di 342
racemo 57, 200
rachide 62
raclette 151
raclette, griglia per 179
radar 382, 383, 386, 387
radar meteorologico 38, 392
radar, albero del 384
radar, display dei 457
raddrizzatori di immagine 420
radiatore 13, 350, 358
radiatore, griglia del 364
radiatore, manicotto inferiore del 358
radiatori 11
radiazione 415
radiazione infrarossa 46, 418
radiazione solare 45, 46, 410, 411
radiazione solare assorbita 46
radiazione solare riflessa 46
radiazione ultravioletta 418
radicchio 126
radice 54, 101, 118, 167
radice a fittone 63
radice anteriore 110
radice del naso 117
radice dell'elice 115
radice dell'unghia 114
radice filettata 359
radice laterale 53
radice motoria 109, 110
radice posteriore 110
radice principale 53
radice quadrata di 427
radice secondaria 53
radice sensoriale 109, 110
radice superficiale 63
radichetta 53, 63
radici avventizie 52
radio 98, 457
radio portatile 325
radio, antenna 384, 525
radioattività, unità di misura della 426
radioregistratore con compact disc 326
radiosveglia 325
radiotelefono portatile 456
rafano giapponese 129
raffinazione, prodotti di 405
raffineria 404, 431
raffreddamento 405
raffreddamento del motore, presa d'aria per il 525
raffreddamento, cilindro di 420
raganella 75
raggi gamma 418
raggi X 418
raggio 371, 428
raggio laser 420
raggio luminoso 419
raggio midollare 63
raggio molle 74
raggio spinoso 74
ragnatela 70
ragnatela, centro della 70
ragno 70
ragno acquatico 70
ragno, morfologia di un 70
ragno-granchio 70
ralla di rotazione 400, 401
rallentatore, riproduzione al 319
rally, auto da 524
rambutan 137
rami 63
ramificazione collaterale 110
ramo 62, 63, 65, 416
ramo comunicante 110
ramo con frutti 62
ramo primario 63
ramo secondario 63
ramoscello 53
rampa 279, 281, 343, 344, 526
rampa ad anello 343
rampa di accesso 386
rampa di scale 191
rampicante, pianta 230
rampone 454
rana 75, 517
rana comune 75
rana dei boschi 75
rana leopardo 75
rana, morfologia di una 75
randa 520
Ranvier, nodo di 110
rapa 129
ras el hanout 139
rasatura 271
raschietto 219
raschietto metallico 514
rasoio a mano libera 271
rasoio di sicurezza 271
rasoio elettrico 271
rasoio sfoltitore 269
rasoio usa e getta 271
rastrello 233
rastrello scopa 237
ratto 82
ratto, morfologia di un 82
ravanello 129
ravanello nero 129
ravioli 146
razza 158
razze canine 86
razze di gatti 87
razzo a propellente solido 12
razzo illuminante 457
re 298, 468, 470
re, camera del 278
re, lato del 470
Rea 3
reattore 408
reattore nucleare 409
reattore, recipiente del 409
reazione a catena 415
rebbio 167
recensione gastronomica 313
reception 439
reception, banco della 442
reception, piano della 439
recettore sensoriale 110
recettori gustativi 118
recinto 122
recinzione 122, 475
recipiente del reattore 409
recipiente graduato 171
redine 78
redingote 251
referenti tecnici 509
refill 312
reforming catalitico, impianto di 405
refrattario, mattone 192
refrigerante 408
refrigerazione, cestello di 180
reggicalze 259
reggicoperchio 274, 277
reggilibri 341
reggiseno 259
reggiseno a balconcino 259
reggiseno a bustino 259
reggiseno décolleté 259
reggiseno, coppa del 259
reggiseno, sottoveste con 258
regia, cabina di 293
regina 470
Regina Maud, Terra della 15
regina, camera della 278
regina, lato della 470
regione auricolare 78
regione malare 78

regione pilifera 63
regista 291
regista, monitor di controllo del 290
regista, sedia da 200
regista, sedia del 291
registratore di cassa 121
registratore di compact disc 325
registratore di DVD 333
registratore DVD 319
registratore, tasto di selezione del 322
registrazione notturna, tasto di 320
registrazione sismografica 403
registrazione, banco di 390
registrazione, tasto di 319, 323
registrazione, tasto di avvio/arresto 320
registro degli acuti 296
registro dei bassi 296
registro, tasto di 305
regno animale 66
Regno Unito di Gran Bretagna e Irlanda del Nord 449
regno vegetale 50
regolatore 466
regolatore degli alti 322
regolatore dei bassi 322
regolatore dei toni alti 325
regolatore dei toni bassi 325
regolatore del display 327
regolatore del getto di vapore 208
regolatore del tirante 528
regolatore del volume di ricezione 327
regolatore dell'altezza 501
regolatore dell'inclinazione della lama 227
regolatore della pressione 272
regolatore della velocità 237
regolatore delle testine 271
regolatore dello sforzo 501
regolatore di centratura 329
regolatore di contrasto 329
regolatore di corrente 199
regolatore di luminosità 329, 529
regolatore di pressione 174
regolatore di profondità 229
regolatore di velocità 176, 287
regolatore di volume 322
regolatore staccabile 179
regolatore, puleggia di tensione del 287
regolazione dei toni 303
regolazione dei toni alti 303
regolazione dei toni bassi 303
regolazione del diaframma 421
regolazione del livello sonoro delle comunicazioni 10
regolazione del sistema di sopravvivenza 10
regolazione del vapore 181
regolazione del volume 303
regolazione dell'altezza, manopola di 209
regolazione dell'angolo di elevazione 420
regolazione della frizione 537
regolazione della linea di mira 420
regolazione della pressione dell'ossigeno 10
regolazione della temperatura corporea 10
regolazione dello specchietto retrovisore esterno 352
regolazione in altezza del condensatore 421
regolazione laterale, leva di 229
regolazione micrometrica dell'altezza 8, 9
regolazione micrometrica dell'asse orizzontale 8, 9
regolazione orizzontale 329
regolazione verticale 329
regolazione, anello di 236
regolazione, dispositivo di 511
regolazione, indicatore della 511
regolazione, vite di 222, 229
religione 446
remigante primaria 78
remigante secondaria 78
remigante terziaria 78
remo 501
rene 73, 103
rene destro 107
rene sinistro 107
reniforme 55
renna 84
reostato 198
replo 60
reptazione 31
Repubblica Ceca 450
Repubblica Centrafricana 451
Repubblica del Mali 451
Repubblica Democratica del Congo 451
Repubblica Democratica Popolare di Corea 453
Repubblica di Corea 453
Repubblica di San Marino 450
Repubblica Dominicana 449
Repubblica Sudafricana 452
repulsione 416
reset, tasto di 328
residuo lungo 405
resistenza elettrica, unità di misura della 426
resistenza idraulica 501
resistenze 417
respingente 375
respiratorio, apparato 105
rete 487, 491, 493, 495
rete a molle 204
rete di distribuzione dell'acqua calda 194
rete di distribuzione dell'acqua fredda 194
rete di oleodotti 404
rete di scarico 194
rete di trasmissione, integrazione di energia alla 413
rete di ventilazione 194
rete per alimenti 162
rete stabilizzante 190
rete telefonica 317
rete trasmittente nazionale 316
rete trasmittente privata 316
rete, supporto della 493
reticolato geografico 22
reticolo 420
reticolo endoplasmatico 50, 66
retina 119, 205, 419, 489
retroescavatore 399
retroescavatore, comandi del 399
rettangolare 530
rettangolo 429
rettangolo destro di servizio 491
rettangolo di battuta 502
rettangolo sinistro di servizio 491
rettili 76
rettili, esempi di 77
retto 106, 111, 112
retto dell'addome 96
retto della coscia 96
revers 244, 248
revers a punta 244
revolver, portaobiettivi a 421
rialzo continentale 33
rianimazione, sala di 462
riavvolgimento, tasto di 319, 323
ribalta 202, 203
ribes 132
ribes nero 132
ribosoma 50, 66
ricarica, presa di 271
ricarica, presa per 208
riccio 301
ricerca 335
ricerca traccia/riproduzione rapida 319, 323
ricetrasmettitore radar 457
ricettacolo 51, 56, 59
ricevimento merci 391
ricevitore 321, 327, 474, 475, 476, 490, 495
ricevitore auricolare 324
ricevitore esterno 485
ricevitore radio satellitare 326
ricevuta della transazione 443
ricezione privata diretta 316
richiamo 535
riciclaggio 49
riciclaggio del vetro, bidone carrellato per il 49
riciclaggio dell'alluminio, bidone carrellato per il 49
riciclaggio della carta, bidone carrellato per il 49
riciclaggio, contenitore per il 49
ricognizione meteorologica, aereo da 38
ricognizione meteorologica, boa di 38
ricognizione meteorologica, nave da 38
ricotta 150
riduttore 270
riempimento, tubo di 196
rifiuti domestici 47, 48
rifiuti industriali 47, 48
rifiuti non riciclabili 49
rifiuti nucleari 48
rifiuti, bidone dei 215
rifiuti, smistamento selettivo dei 49
rifiuti, strati di 47
riflessione parziale, specchio a 420
riflessione totale, specchio a 420
riflessione, cilindro di 420
riflettore 217
riflettori solari 316
rifornimento di contanti 443
rifugio 345
rifugio in vetta 512
rifugio principale 512
rigatoni 146
righello 425, 531
righello, scala graduata del 425
rigonfiamento 6
rilascio di energia 415
rilegatura con spirale 340
rilevatore di fumo 454
rilevatore di movimento 286
rimessa 122, 182, 230
rimorchi 361
rimorchi, carro pianale per il trasporto di 377
rimorchiatore 384
rimorchio 380
rimorchio, dispositivo di 364
rinario 87
rincorsa, pedane di 496
rinforzo a crociera 467
rinforzo del calcagno 262
rinforzo della curva 306
rinforzo esterno del calcagno 240
rinforzo interno del calcagno 240
rinforzo per serratura 185
rinforzo posteriore 509
rinforzo, bandella di 277
rinfuse, deposito delle 381
ringhiera 189
rinoceronte 85
Rio delle Amazzoni 17
ripetitore 317
ripetizione, tasto di 323
ripiani, griglia dei 211
ripiano 203, 211, 219
ripostiglio per il materiale pulito 462
ripostiglio per il materiale sporco 462
ripostiglio per l'attrezzatura 444
ripresa 248
riprese, set delle 290
riproduttore a cassette 326
riproduttore a cassette, tasti del 326
riproduttori portatili 325
riproduzione 323, 328
riproduzione al rallentatore 319
riproduzione casuale 323
riproduzione, tasto di 319, 323
riquadro 274
risaia 47
riscaldamento 192
riscaldamento a legna 192
riscaldamento, comando del 354
riscaldamento, condotto di 213
riscaldamento, griglia del 380
riso 61, 143, 147
riso basmati 147
riso bianco 147
riso integrale 147
riso nero selvatico 143
riso parboiled 147
riso, aceto di 141
riso, gallette di 147
riso, spaghetti di 147
riso, vermicelli di 147
riso: pannocchia 61
risonanza, cassa di 297, 302
risonatore 309, 324
risorgiva 31
risparmio di energia, lampadina a 199
ristorante 386, 432, 435, 436, 438
ristorante, vagone 376
ristoro per sciatori 512
risultati, tabella dei 518
risvolto 246
ritmo, selettore del 311
ritornata 518
ritornello 298
rivestimenti in tessuto per pavimento 190
rivestimento 187, 417, 493
rivestimento antiriflettente 410
rivestimento del motore 235
rivestimento esterno 477
rivestimento fluorescente 199
rivetto 169, 222
rivista 313
rizoide 51
rizoma 52
robe-manteau 252
robot da cucina 177
rocce ignee 26
rocce intrusive 26
rocce metamorfiche 26
rocce sedimentarie 26
roccia impermeabile 403
roccia in posto 54
roditore 82
roditori 82
roditori, esempi di 82
rognone 154
rollio 395
Romania 450
romano 422
rombo 161, 429
rompigetto, vite 236
rompighiaccio 384
roncola 234
rondella 417
rondella di tenuta 359
rondine 80
rondone 80
roquefort 151
rosa 56, 302
rosa dei venti 23, 533
rosetta 186
rosetta a dentatura esterna 222
rosetta a dentatura interna 222
rosetta elastica 222
rosetta piatta 222
rosette 222
rosmarino 142
rosone 285
rospo comune 75
Ross, Banchisa di 15
rossetto 266
rosso 418, 469
Rosso, Mar 14, 19, 20
rostro 74
rotaia del carrello di scotta 520, 521
rotaia di scorrimento 353, 397
rotatoria 25
rotazione, sistema a 403
rotella 510, 527
rotella centrale di messa a fuoco 420
rotella del volume 329
rotella di comando 337
rotella di intonazione 310
rotella di modulazione 310
rotella di regolazione 425
rotella orientabile 308
rotella tagliapasta 172
rotellina di scorrimento 332
rotoli della Torah 447
rotolo di benda garzata 461
rotonda 435
rotore 412, 537
rotore anticoppia 395
rotore, mozzo del 395
rotore, pala del 395
rotore, pilone del 395
rotore, testa del 395
rotula 98
rough 504
roulotte 361
router 334
rovesciata 518
rovesciata all'indietro 499
Ruanda 451
rubinetto 195
rubinetto di arresto 197
rubinetto di regolazione della pressione 454
rubinetto generale 194
rubino pulsato, laser a 420
rubino, cilindro di 420
rubrica telefonica 327, 338
ruches 260
ruches, ghettina con 260
rucola 127

Ruffini, corpuscolo di 114
rugby 482
rugiada 41
rugiada, temperatura di 39
rullaggio, linea di 389
rullaggio, pista di 388
rulli dei cingoli, telaio dei 398
rullini tenditori 372
rullino 223, 332
rullo 219, 268, 269
rullo per i bicipiti femorali 501
rullo per i quadricipiti 501
rullo, cuscino a 204
rullo, supporto del 219
runner 469
ruota 231, 277, 364, 522, 525, 526, 527
ruota anteriore 401
ruota della moltiplica 522
ruota dentata A 372
ruota dentata B 372
ruota dentata motrice 523
ruota di guida 380
ruota di scorta 361
ruota di spinta 467
ruota folle 523
ruota girevole 205
ruota libera 372
ruota motrice 398
ruota orientabile 209
ruota piena o gonfiabile 467
ruota pivotante 467
ruota portante 380
ruota tendicingolo 398
ruote motrici 401
rupe 29
rupia 440
ruscello 32
ruspa 400

S

sabbiera 377
sacca 505
sacca a tracolla 276
sacca da marinaio 276
saccatura 39
sacchetti 121
sacchetto 162
sacchetto per freezer 162
sacchetto, scomparto del 209
sacchi a pelo, esempi di 530
sacco 296, 477, 498
sacco, poltrona 201
sacrestia 446
sacro 98, 99
Sahara, Deserto del 20
sahariana 255
Saint Kitts e Nevis 449
Saint Lucia 449
Saint Vincent e Grenadine 449
sala 293, 386
sala d'attesa 463
sala d'attesa dei familiari 462
sala d'attesa del centro prelievi 465
sala d'attesa principale 465
sala d'attesa secondaria 465
sala da bagno 464
sala da ballo 387
sala da pranzo 188, 386, 438, 439
sala degli infermieri 465
sala dei prelievi 465
sala del personale 443
sala della preghiera 447
sala di controllo 406
sala di imbarco 391
sala di ingresso 188, 447
sala di proiezione 294
sala di rianimazione 462
sala di servizio 447
sala di sterilizzazione 465
sala gessi 463
sala macchine 384, 386, 406, 407
sala nautica 382
sala operatoria 464, 465
sala passeggeri 383, 386, 387
sala per conferenze 442
sala per i cocktail 439
sala per operazioni di chirurgia minore 462
sala per riunioni 439, 442, 445
salamandra 75
salame di Genova 156
salame di Tolosa 156
salame tedesco 156
salchow 509
saldatore a pistola 218
saldatore elettrico 218
saldatura, filo per 218
sale di colloquio 440
sale fino 141
sale grosso 141
sale marino 141
salice piangente 64
saliera 166
salita, corridoio di 278
salmerino di fontana 161
salmone del Pacifico 161
salmone dell'Atlantico 161
salmone rosso 161
salone 386, 390
salopette 254, 260
salopette a tutina 260
salopette con bretelle incrociate 261
salotto 188, 439
salotto, poltrona da 200
salsa di prugne 141
salsa di soia 140
salsa hoisin 140
salsa tabasco 140
salsa Worcestershire 140
salsefica 129
salsiccia alle cipolle 156
salsiccia di Francoforte 156
salsiccia di trippa 156
salsiccia kielbasa 156
salsiccia piccante 156
salsiera 166
saltatore 513
salti, esempi di 509
salto con gli sci 513
salto con l'asta 472
salto in alto 473
salto in lungo 472
salto triplo 472
salute 460
salvagente 387, 457
salvatacchi 240
salvataggio, scialuppa di 382, 386
salvataggio, zattera di 383
salvia 142
sambal oelek 141
Samoa 453
San Lorenzo, Fiume 16
San Marino, Repubblica di 450
sanbernardo 86
sandalo 241, 242
sandalo indiano 242
sangue deossigenato 104
sangue ossigenato 104
sangue, circolazione del 102
sangue, composizione del 104
sanguinaccio 156
santoreggia 142
São Tomé e Príncipe 451
sapone da barba, tazza per 271
saponetta 267
sapotiglia 137
saracco 226
sarchiello 233
sarchiello a mano 232
sarchio 233
sardina 159
sarong 253
sartia 520
sartorio 96
sassofono 306
satellite 316
satellite artificiale 37
satellite meteorologico 38
satellite per le telecomunicazioni 335
satelliti 2
satelliti per telecomunicazioni 316
Saturno 2, 3
savana 40, 44
saxhorn 307
sbadacchio 187
sbarra 205, 501
sbarra orizzontale 496, 497
sbarra pieghevole 500
sbuccialimoni 169
sbucciatore 169
scacchi 470
scacchi, notazione degli 470
scacchiera 470
scacciapensieri 297
scadenza, data di 441
scaffale 121
scafo 511, 520, 523
scaglia 74
scala 188, 225, 288, 293, 294, 298, 361, 412, 468, 469
scala a libretto 219
scala aerea 455
scala Celsius 424
scala con piattaforma 219
scala delle altitudini 37
scala delle temperature 37
scala di accesso al piano mansardato 189
scala estensibile 219
scala esterna 183
scala Fahrenheit 424
scala graduata 226, 422, 423, 424, 425, 460, 533
scala graduata del nonio 425
scala graduata del righello 425
scala mobile 294, 378, 435
scala reale 468
scala reale massima 468
scala sgabello 219
scaldabagno 194
scaldamuscoli 263
scale 191, 219, 283, 345, 378, 404, 439
scale a libretto 219
scale, rampa di 191
scale, tromba delle 189
scaletta 184, 401, 498
scaletta laterale 377
scalfo 247
scalinata 283
scalini 184
scalino d'invito 191
scalo ferroviario 381
scalo merci 375, 430
scalogno 124
scalpello 403
scalpello da falegname 229
scalpello dello scarificatore 398
scambio 375
scamiciato 252
scampo 158
scanalatura 169, 228, 359, 510
scanner ottico 121
scapo 114
scapola 93, 95, 98, 99
scapola, spina della 99
scapolare 78
scappamento 351
scappamento, tubo di 367, 368, 369
scaricatore 184
scarichi, molla sturatrice per 216
scarico 184, 194
scarico, camera di 278
scarico, colonna principale di 194
scarico, rete di 194
scarico, tappo di 194
scarico, tubo di 194, 196, 212, 395, 398, 401
scarificatore 398
scarificatore, cilindro dello 398
scarificatore, dente dello 398
scarificatore, scalpello dello 398
scarola 126
scarpa 473, 478, 480, 483, 488, 500, 509, 522, 524, 527
scarpa a collo alto 240
scarpa chanel 241
scarpa con cinturino 241
scarpa con cinturino a T 241
scarpa con tacchetti 476, 486
scarpa da corsa 262
scarpa da tennis 242, 492
scarpa décolleté 241
scarpa oxford 240
scarpa stringata 240
scarpa, parti di una 240
scarpata 5, 182, 342
scarpata continentale 33
scarpe 240, 505
scarpe da donna 241
scarpe da uomo 240
scarpe unisex 242
scarpe, negozio di 437
scarpetta interna 511, 527
scarpetta, bordo della 511
scarponcino 240
scarponcino di sicurezza 459
scarpone 240, 510, 511, 513, 514
scarpone morbido 513
scarpone rigido 513
scassa di deriva 519
scatola a doppia linea di connessione 417
scatola da incasso 198
scatola degli ingranaggi del moltiplicatore 413
scatola del cambio 350
scatola della frizione 368
scatola di servizio 198
scatola per archivio 340
scatola per formaggio 163
scatola portaesche 538
scatola portaprisma 421
scatolame 121
scatto, ancora a 221
scatto, chiavistello a 186
scatto, chiavistello senza 186
scatto, chiusura a 178, 214
scatto, pulsante di 314
scavamelone 173
scavo, braccio di 400
scena 278
scena, fotografo di 291
scheda del circuito stampato 417
scheda di memoria 315
scheda PC, fessura per la 336
schedario rotativo 338
schedario, divisori alfabetici per 340
scheletro 98
schema della circolazione 103
schermo 7, 318, 439, 479
schermo del computer 10
schermo di proiezione 294
schermo di protezione 474
schiaccianoci 170
schiacciapatate 173
schiacciata 491
schiena 93, 95
schienale 201, 205, 353, 369, 467, 523
schienale reclinabile 460
schienale, manopola di regolazione dello 353
schiniere 476
schiuma 33
schiuma da barba 271
schiumaiola 173
schizzetto 460
schnauzer 86
Schwann, guaina di 110
sci 510, 523
sci alpino 510
sci alpino, pista per 512
sci alpino, snowboard per 513
sci da discesa libera 510
sci da fondo 514
sci da salto 513
sci da slalom 510
sci da slalom gigante 510
sci da supergigante 510
sci, esempi di 510
sci, piste da 512
sci, scuola di 512
sci, tuta da 261
scia luminosa del cratere 5
scia, punta dello 514
sciacquone 195
sciacquone, levetta dello 196
scialuppa di salvataggio 382, 386
sciatore 510
scienza 414
scienze, aula di 444
scimpanzé 91
sciolina 514
sciolinatura, accessori per la 514
sciovia 512
sciovia, arrivo della 512
sciroppo d'acero 149
sciroppo di mais 149
scissione del nucleo 415
scissura obliqua 105
scivolamento, fase di 514
scivolo della banchina 381
scivolo dello sfioratore 406
scivolo per tronchi d'albero 406
sclera 119
scocca 237, 361
scodella 166
scoglio 35
scoiattolo 82
scolainsalata, centrifuga 171
scolare 171
scollo 247
scollo a V 244, 250
scolpitura del battistrada 358
scompartimento bagagli 376
scomparto 203
scomparto degli accessori 209
scomparto del congelatore 211
scomparto del frigorifero 211
scomparto del sacchetto 209
scomparto della controporta 211

scomparto della strumentazione 376
scomparto di carico 12
scomparto di carico, portellone dello 13
scomparto per banconote 274
scomparto per carte di credito 274
scomparto per i guanti 464
scomparto per i latticini 211
scomparto per il burro 211
scomparto per le uova 211
scomparto portadocumenti 274
scontrino 423
scooter 369
scopa 193, 215
scopa a frangia 215
scopa da curling 515
scopa, rastrello 237
scorpione 70
scorrimento 331
scorza 58
scorzetta 58
scorzonera 129
scossalina 193
scotta del fiocco 520
scotta della randa 520
scotta, rotaia del carrello di 520, 521
Scozia, placca di 27
scrivania 439
scrivania dei cancellieri 440
scroto 92, 111
scudo di protezione della mano 235
scudo termico 12
scuola 444
scuola di sci 512
scuolabus 362
scutello 73
secchiello con cordoncino 275
secchiello piccolo con cordoncino 276
secchio 215
seconda 298
seconda base 474
seconda base (posizione) 474
seconda falange 114
seconda galleria 293
seconda linea 482
seconda linea destra 482
seconda linea sinistra 482
seconda pinna dorsale 74
secondi violini 295
secondi, lancetta dei 424
secondo 428, 498
secondo allenatore 507
secondo arbitro 485, 487
secondo assistente cameraman 290
secondo aumento di tensione 413
secondo giocatore al lancio 515
secondo livello, dominio di 334
secondo molare 101
secondo premolare 101
secondo spazio 489
secrétaire 203
sedano 125
sedano di monte 142
sedano rapa 129
sede della valvola di tenuta 196
sedia 201
sedia a dondolo 200, 201
sedia a rotelle 467
sedia a sdraio 201
sedia con braccioli 444
sedia da regista 200
sedia del regista 291
sedia pieghevole 201
sedia scala 201
sedia senza braccioli 444
sedie degli attori 290
sedie impilabili 201
sedie, esempi di 201
sedile 195, 196, 200, 201, 205
sedile doppio 380
sedile scorrevole 501
sedile singolo 380
sedile: vista anteriore 353
sedile: vista laterale 353
sedili 201
seduta 353, 467
seduta del divano posteriore 353
sega a mano 533
sega circolare 227
sega circolare, lama di 227
sega da giardiniere 234
sega per augnatura manuale 226
segale 61, 143
segale, galletta di 145
segale, pane danese di 145
segale, pane nero di 144
segale, pane tedesco di 145
segale: spiga 61
seggio del rabbino 447
seggiolino per bambini 356, 372
seggiolone 205
seggiovia 512
seggiovia, partenza della 512
seghetto 226
seghetto alternativo 227
seghetto da traforo 226
segmento addominale 67
segnalatore di pericolo 454
segnale dell'area di attesa 390
segnale di distanza fissa 391
segnale di identificazione della pista 390
segnale di zona di contatto 391
segnali dell'asse della pista 390
segnali della soglia della pista 391
segnali laterali 390
segnalino 469
segnapunti 487, 488, 499
segnavento 520
segno centrale 490
segretaria di produzione 291
segretaria, ufficio della 443
segreteria scolastica, ufficio della 445
segreteria telefonica digitale 328
selettore dei pick-up 303
selettore dei programmi 314
selettore del livello dell'acqua 212
selettore del livello di registrazione 323
selettore del movimento orbitale 227
selettore del nastro 323
selettore del ritmo 311
selettore del timbro 311
selettore della messa a fuoco 314
selettore della modalità audio 322
selettore della temperatura 178, 270
selettore della velocità 270
selettore di ingresso 322
selettore di programma 310
selettore di velocità 176, 177, 227, 228
selettore quadridirezionale 315
selettore stazioni 326
selettore stereo/mono 326
selettori di funzione 327
selettori di modo 326
selezione dei canali 319
sella 369, 370, 501, 523
sella biposto 367
sella del guidatore 369
sella del passeggero 369
selvaggina 154
semaforo 375, 434
seme 53, 57, 58, 59, 60
semi di girasole, olio di 149
semi di papavero 139
semi di soia 131
semi-mummia 530
semiasse 351
semibiscroma 299
semibiscroma, pausa di 299
semibreve 299
semibreve, pausa di 299
semicerchio 428
semicroma 299
semicroma, pausa di 299
semimembranoso 97
semiminima 299
semiminima, pausa di 299
seminatoio a mano 231
seminterrato 182
seminterrato, finestra del 183
semirimorchio frigorifero 365
semisfera 429
semitendinoso 97
semolino 144
senape americana 140
senape bianca 138
senape di Digione 140
senape in granuli 140
senape in polvere 140
senape inglese 140
senape nera 60, 138
senape tedesca 140
Senegal 451
Senegal, Fiume 20
seno 92, 94, 113
seno frontale 117
seno laterale inferiore 62
seno laterale superiore 62
seno peziolato 62
seno sfenoidale 117
sensibilità 314
sensore del telecomando 318
sensore di collisione principale 354
sensore di sicurezza 354
sensore di temperatura 358
sensore di velocità delle ruote 357
sensore ottico 332
sepalo 56, 58, 59
separatore 359, 384, 402, 417
separatore elettrolitico 417
separatore liquido/gas 359
separazione del cartone 49
separazione della carta 49
separazione magnetica 49
séparé 438
seppia 157
sequencer 310
sequencer, controllo del 310
seracco 30
serbatoi di stoccaggio 404
serbatoio 13, 181
serbatoio a tetto galleggiante 404
serbatoio ausiliario 365
serbatoio del carburante 235, 351, 366, 369, 377, 395
serbatoio del liquido dei freni 357
serbatoio dell'acqua 181, 272
serbatoio dell'acqua di raffreddamento 408
serbatoio dell'acqua, vano del 394
serbatoio di stoccaggio 405
serbatoio di stoccaggio temporaneo 404
serbatoio esterno del combustibile 12
serbatoio per il brillantante 214
serbatoio per il carburante 364
serbatoio, bocchetta del 237
serbatoio, sportello del 349
serbatoio, tappo del 364, 368
Serbia 450
serie, lampade in 207
serie, numero di 441
serpente 76, 469
serpente a sonagli 77
serpente corallo 77
serpente giarrettiera 77
serpente velenoso: testa, morfologia di un 76
serpenti e scale 469
serpentina 210
serra 122
serraggio, leva di 224, 229
serraggio, vite di 224
serratura 185, 186, 202, 211, 275, 277, 349, 352
serratura a chiave 274
serratura a combinazione 274
server 334, 335
server d'accesso 335
servizi assicurativi 442
servizi di credito 442
servizi finanziari 442
servizi sociali 465
servizio 487, 490
servizio corto, linea di 495
servizio da fonduta 174
servizio da wok 174
servizio del doppio, campo di 495
servizio del singolo, campo di 495
servizio di assistenza ai clienti 443
servizio di babysitteraggio 437
servizio di navetta 390
servizio Internet, fornitore del 335
servizio lungo, linea di 494
servizio manutenzione 346
servizio mobile a distanza, unità di 11
servizio pacchi 374
servizio, cintura di 456
servizio, fonte del 313
servizio, giudice di 490, 494
servizio, linea centrale di 491
servizio, linea di 491
servizio, modulo di 316
servizio, stazione di 433
servizio, tavolo di 438
servizio, zona di 491
servizio, zone di 495
servofreno 350, 357
sesamo, olio di 149
sesta 298
sestetto 300
set 291, 492
set delle riprese 290
set di bussole 223
set di utensili 173
set per cucinare 531
set per manicure 265
set precedenti 492
setaccio 171, 172
setale 538
setola 271, 272
setole 215, 219
settima 298
setto 60, 117
setto interventricolare 104
setto nasale, cartilagine del 117
setto pellucido 109
settore 428
Seychelles 452
sezione della crosta terrestre 26
sezione di un acino 59
sezione di un bulbo 54
sezione di un cannocchiale 8
sezione di un lampone 59
sezione di un telescopio 9
sezione di un'arancia 58
sezione di una fragola 59
sezione di una mela 58
sezione di una nocciola 60
sezione di una noce 60
sezione di una palla 477
sezione di una pesca 57
sezione rigida anteriore 363
sezione rigida posteriore 363
sezione sagittale 111, 112
sezione trasversale di un molare 101
sezione trasversale di un osservatorio astronomico 7
sezione trasversale di un tronco 63
sezione trasversale di una centrale idroelettrica 407
sezione trasversale di una navicella 413
sezione trasversale di una strada 342, 434
sezione variabile, ugello a 394
sfagno pungente 51
sfera 312, 332, 429
sfera, penna a 312
sfera, supporto della 356
sfiatatoio 90, 214
sfiato 194
sfiato, valvola di 385
sfintere anale 106
sfioratore 406
sfioratore, paratoia dello 406
sfioratore, scivolo dello 406
sfioratore, soglia dello 406
sgabello 164, 201, 498
sgabello alto 201
sgabello da bar 438
sgambatura elasticizzata 247
sgombro 159
shampoo 267
shekel, nuovo 440
shiitake 123
short track 508
shorts 254
si 298
siamese 87
sicurezza 454
sicurezza, cassetta di 443
sicurezza, corridoio di 440
sicurezza, griglia di 442
sicurezza, grilletto di 235
sicurezza, impugnatura di 237
sicurezza, linea di 379
sicurezza, luce di 457
sicurezza, termostato di 213
sicurezza, valvola di 174
siepe 183, 230, 472
Sierra Leone 451
sifone 72, 194, 196, 197
siliqua, sezione di una 60
silo orizzontale 122
silo verticale 122
silos 381
simboli 468

simboli scientifici 426
simbolo della squadra 506
sinagoga 447
sinapsi 110
sinfisi pubica 111, 112
Singapore 453
sinistra 387
sintesi additiva 418
sintesi dei colori 418
sintesi sottrattiva 418
sintetizzatore 310
sintetizzatore a fiato 311
sintoamplificatore 325
sintoamplificatore: dorso 322
sintoamplificatore: vista frontale 322
sintonia, comandi di 318
sintonia, manopola della 326
sintonia, tasti di selezione della 322
sintonia, tasto di preselezione della 322
sintonizzatore 326
sintonizzazione, manopola di 325
sipario 292, 293
sipario tagliafuoco 292
Siria 452
siringa 460
siringa per decorazioni 172
siringhe usate, contenitore delle 457
sismografi 27
sismografo orizzontale 27
sismografo verticale 27
sismogramma 27
sistema a celle solari 411
sistema a rotazione 403
sistema di alimentazione 351
sistema di climatizzazione 46
sistema di controllo del lampeggiante 457
sistema di coordinate terrestri 21
sistema di guida fine 7
sistema di lenti 420
sistema di manipolazione a distanza 11
sistema di registrazione audio 291
sistema di ritenuta degli air bag 354
sistema di sopravvivenza 10
sistema di trasmissione 351
sistema idraulico 396
sistema internazionale di unità di misura 426
sistema nervoso 108
sistema nervoso centrale 109
sistema nervoso periferico 108
sistema solare 2
sistema stradale 342
sistema, tasti di 310
sistemi dell'automobile 351
sistemi dell'automobile: componenti principali 350
sistro 309
skateboard 526
skater 526
skimmer 184
slalom gigante 511
slalom speciale 511
slalom supergigante 511
slancio 500
slip 247, 259
slip da bagno 263
slitta 236
slitta di fissaggio 420
slitta per accessori 314
Slovacchia 450
Slovenia 450
smalto 101
smalto per unghie 265
smerigliatrice eccentrica 229
sminuzzamento 49
smistamento dei materiali metallici 49
smistamento del cartone 49
smistamento del vetro 49
smistamento della carta 49
smistamento della plastica 49
smistamento manuale 49
smistamento ottico 49
smistamento selettivo dei rifiuti 49
smog 47
smorzamento magnetico, dispositivo di 422
smorzata 491
smottamento 31
snack bar 294
snocciolatore 173
snodo 511
snooker 503
snowboard 513
snowboard per freestyle 513
snowboard per sci alpino 513
snowboardista 513
sobborghi 25
società 430
soffietto 274, 276
soffietto, borsa a 274
soffietto, mantice a 296
soffietto, portacarte a 274
soffietto, tasca applicata a 255
soffitto a due spioventi 189
soffitto acustico 293
soffitto della cabina 287
soffitto, travetto del 187
softball 477
software di posta elettronica 334
soggiorno 188
soglia 185
soglia dello sfioratore 406
soglia glaciale 30
sogliola 161
soia, germogli di 131
soia, salsa di 140
soia, semi di 131
sol 298
solaio 193
solaio, collare del 193
solarium 385, 387
solco 118
solco mediano 118
solco terminale 118
Sole 2, 4, 5, 38
Sole, eclissi di 4
sole, occhiali da 273
Sole, struttura del 4
soleo 96
soletta 247
soletta antiscivolo 261
solidi 429
solidificazione 414
solido 414, 415
solido amorfo 414
solitario 264
sollevacuticole 265
sollevamento pesi 500
sollevamento, braccio di 399, 400
sollevamento, catena di 396
sollevamento, cavo di 397
sollevamento, cilindro di 397, 455
sollevamento, fune di 287
solstizio d'estate 38
solstizio d'inverno 38
soluzione multiuso 272
solventi, impianto di estrazione con 405
Somalia 451
sommatoria 427
sommelier 438
sonagli 309
sonda spaziale 37
sonda, innesto della 178
sopracciglia, matita per 266
sopracciglia, pinzette per 265
soprafusione 414
soprasponda 502
soprastruttura 342
sopravveste a grembiule 255
sopravvivenza, regolazione del sistema di 10
sopravvivenza, sistema di 10
sordina 304, 307
sordina, pedale della 304
sorgente 32
sorgente di corrente 416
sorgenti, luci delle 322
sorgenti, tasto di selezione delle 322
sorgo 61
sorgo: pannocchia 61
soro 52
sospensione 351, 380
sospensione posteriore 522
sospensione, braccio di 212
sospensione, lampada a 206
sospensioni, gruppo delle 351
sostanza bianca 109, 110
sostanza corticale 107
sostanza grigia 109, 110
sostanza midollare 107
sostegno 201, 509
sostegno del bracciolo 200
sostegno dell'ala 387
sostegno per il collo 525
sostegno, base di 202
sotterraneo 281, 435
sottocasco 524
sottofondo 187, 190
sottofondo di cemento 190
sottofondo di cemento, parquet su 190
sottogola 486, 522
sottogonna 258
sottopalco 292
sottopassaggio 375
sottopunto, cucitura a 245
sottostruttura 403
sottosuolo 54
sottotitolo 313
sottotuta 524
sottoveste 258
sottoveste con reggiseno 258
sottovia 344
sottrazione 427
spacco centrale 244
spacco laterale 244
spadice 57
spaghetti 146
spaghetti all'uovo 147
spaghetti asiatici 147
spaghetti di fagioli mungo 147
spaghetti di riso 147
spaghetti soba 147
spaghetti somen 147
spaghetti udon 147
spaghetti, molle per 173
spaghettini 146
Spagna 449
spalla 83, 86, 92, 94, 284, 302, 344, 492, 536
spallaccio 532
spallamento 223
spalliera 230
spalliera ad arco 230
spallina 248, 259, 456
spartitraffico 343, 434
sparviero 216
spatola 173, 510, 514
spatola metallica 355
spatolata 55
spaziatore 409
spazio 298, 330
spazio epidurale 110
spazio unificatore 330
spazzaneve a turbina 365
spazzata d'anca 499
spazzatrice 365
spazzola 173, 209, 215, 272
spazzola a dorso piatto 268
spazzola a pennello 209
spazzola antistatica 268
spazzola da bagno 267
spazzola da neve con raschietto 356
spazzola di gomma 355
spazzola metallica 309
spazzola per la schiena 267
spazzola per pavimenti 209
spazzola per tappeti e pavimenti 209
spazzola ragno 268
spazzola rotante centrale 365
spazzola rotante laterale 365
spazzola rotonda 268
spazzole per capelli 268
spazzolino da denti 272
spazzolino da denti elettrico 272
spazzolino di pulizia 271
spazzolino per mascara 266
spazzolino, gambo a innesto dello 272
speaker 518
specchietto 523
specchietto anteriore di accostamento 362
specchietto di cortesia 354
specchietto per il punto cieco 362, 363
specchietto retrovisore 354, 363, 366, 368, 369
specchietto retrovisore esterno 348, 362, 364
specchio 195, 277, 421, 439
specchio a riflessione parziale 420
specchio a riflessione totale 420
specchio di lettura 10
specchio di puntamento 533
specchio doppio girevole 269
specchio laterale 269
specchio luminoso 269
specchio piano 7
specchio primario 7
specchio primario concavo 9
specchio secondario 7, 9
specialista tecnico 509
specialità 511
specialità gastronomiche 120
spedizione merci 391
spelafili 217
spelucchino 169
spencer 254
sperlano 159
spermatozoo 111
sperone 29
spesa, borsa della 276
spessore 224
spessore, misura dello 425
spettro elettromagnetico 418
spezie 138
spezie cajun, condimento alle 139
spezie marinate 139
spezzatino 152, 153
spia 269
spia cinture di sicurezza non allacciate 355
spia dei proiettori abbaglianti 355
spia dell'indicatore di direzione 355, 368
spia della batteria 355
spia della cartuccia 333
spia della posizione di folle 368
spia della pressione dell'olio 355, 368
spia della riserva di carburante 355
spia delle luci abbaglianti 368
spia di accensione 443
spia di alimentazione 329, 333
spia di alimentazione della carta 333
spia di allarme 337
spia di messa in carica 337
spia di rilevamento della carta 443
spia luminosa 178, 179, 180, 181, 208, 210, 214, 454
spia luminosa dell'autoscatto 314
spia luminosa di accensione/spegnimento 327
spia luminosa di carica 271
spia porte aperte 355
spiaggia 35
spicchio 58
spicole 4
spider 347
spie 355
spie della modalità audio 322
spie luminose 318, 331
spiga 57, 144
spillone 268
spina 228, 326
spina americana, presa per 198
spina americana 198
spina della scapola 99
spina di alimentazione 337
spina europea 198
spina nasale anteriore 100
spinacio 127
spingicuticole 265
spingistantuffo 460
spinotto 198, 199, 324
spinotto di connessione 417
spinotto di messa a terra 198
spinta, fase di 514
spinta, maniglia di 286
spinta, telaio di 398
spinterogeno 350, 360
spirale 221
spirale, braccio della 6
spirulina 123
splenio 97
spogliatoio 444, 465
spogliatoio del personale 465
spoiler 364, 366, 392
spolverino 172
sponda inferiore 502
sponda protettiva 205
sponda superiore 502
spore 52
sporgenza 191
sport 468
sport a motore 524
sport acquatici 516
sport con la palla 474
sport di combattimento 498
sport di forza 500
sport di precisione 502
sport invernali 515
sport nautici 516
sport su rotelle 526

sporta 276
sportello 178, 210, 423, 443
sportello automatico 442, 443
sportello bancomat 437, 442
sportello commerciale 443
sportello del serbatoio 349
sportello di carico 192
sportello notturno 443
spostamento 418
spray al peperoncino 456
spremere 177
spremiaglio 170
spremiagrumi 170
spremiagrumi elettrico 177
spremitura, cono di 177
sprone 245
spruzzatore 236
spruzzatori 408
spugna abrasiva 215
spugna naturale 267
spugna sintetica 266
spugna vegetale 267
spugnetta 339
spugnetta, applicatore a 266
spugnola 123
spumante, coppa da 165
squadra 225
squadra falsa 225
squadra, simbolo della 506
squalo, morfologia di uno 74
squama 76, 79
Sri Lanka 453
stabilimento industriale 430
stabilizzatore 393, 397, 400, 455, 523
staccionata 182
stadera 422
stadi di maturazione 62
stadio 431, 472
staff medico 499
staffa 116, 254
staffa di lancio 515
staggio 219
stagioni dell'anno 38
stagno 504
stalagmite 31
stalattite 31
stalla 122
stame 56, 58
stampa 331
stampante a getto di inchiostro 333
stampella canadese 466
stampini per dolci 172
stampo per charlotte 172
stampo per crostata 172
stampo per pane 179
stanga 231
stanghetta 273, 298
stantuffo 460
stanza da bagno 188, 189, 195, 439
stanza degli insegnanti 445
stanza degli studenti 445
stanza dei giurati 440
stanza del personale 463
stanza del triage 463
stanza di degenza 464
stanza di degenza postoperatoria 464
stanza di isolamento 462
stanza di osservazione 462, 465
stanza di sterilizzazione 464
stanza per esame psichiatrico 462
stanza per l'anestesia 464
stanza per l'esame audiometrico 465
stanza per la preparazione chirurgica 464
stanza per le terapie 465
stanza per le visite mediche 465
stanza per osservazione psichiatrica 462
stanza per visite ginecologiche 463
stanze principali 188
stanzino del portiere 439
stanzino della guardia giurata 443
starter 516
starter, pistola dello 472
stati della materia 414
Stati Uniti d'America 448
station wagon 347
stato 23
stato presente del tempo 39
statua 446
statua, posizione della 279
stazione degli autobus 432
stazione dei viaggiatori 374, 375, 381
stazione della metropolitana 378, 432
stazione di pattugliamento 512
stazione di polizia 433
stazione di pompaggio 404
stazione di pompaggio intermedia 404
stazione di pompaggio principale 404
stazione di pronto soccorso 345
stazione di servizio 346, 433
stazione di superficie 38
stazione di trasformazione 406, 407
stazione ferroviaria 25, 375, 430, 432
stazione locale 316
stazione ripetitrice 316
stazione ripetitrice a microonde 334
stazione sciistica 512
stazione spaziale internazionale 11
stazione terminale 404
stazione terrestre per le telecomunicazioni 335
stazione, cerchio di 39
stazione, ingresso della 378
stazione, modello di 39
stazione, nome della 378
stecca 259, 273, 503, 519, 520
stecche 461
stella cadente 37
stella di David 447
stelo 51, 54, 221
stelo, lampada a 206
stemma 477
stepper 501
steppico 40
stereo/mono, selettore 326
sterilizzazione, sala di 465
sterilizzazione, stanza di 464
sterlina 440
sterno 98
sternocleidomastoideo 96
sterzo, gruppo dello 351
stigma 56, 60, 67
stile libero o crawl 517
stili di nuoto 517
stilo 56, 57, 58, 59, 60, 312, 337
stilo di canna 312
stilo di piombo 312
stilo metallico romano 312
stilobate 279
stilton 151
stimolatore gengivale 272
stinco 153
stipite 185, 192
stipola 55
stiva per i containers 383
stivale 241, 305, 525
stivale alla moschettiera 241
stivale di gomma 454
stivaloni impermeabili 538
stoccaggio temporaneo, serbatoio di 404
stoccaggio, serbatoi di 404
stoccaggio, serbatoio di 405
stomaco 73, 103, 106
stomaco cardiaco 71
stomaco pilorico 71
stop 86, 323, 328
stopper 481
storione 158
stornello 80
strada 25, 345, 430, 435
strada di accesso 388
strada di servizio 388
strada panoramica 25
strada secondaria 25
strada, numero di 25
strada, sezione trasversale di una 342
stradina 504
strallo 412
strallo di prua 520
strappo 500
strati di rifiuti 47
strato 42
strato basale 114
strato basaltico 26
strato corneo 114
strato di base 342
strato di ceneri 28
strato di collegamento 342
strato di lava 28
strato di ozono 37
strato granitico 26
strato granulare 114
strato impermeabile 190
strato inferiore confinante 402
strato lucido 114
strato protettivo 10
strato spinoso 114
strato superficiale del suolo 54
strato superiore confinante 402
stratocumulo 42
stratopausa 37
stratosfera 37
strega 503
stretto 24
Stretto di Bass 15
Stretto di Bering 16
Stretto di Cook 15
Stretto di Gibilterra 18
Stretto di Torres 15
stringa 240, 477, 498, 509
striscia antiabrasiva 358
striscia di gioco 479
striscia di sfregamento 218
striscia di sicurezza 374
strofinaccio da cucina 215
strombatura 285
strozzascotte 521
strozzatura 301, 424
strumentazione scientifica 13
strumenti a corde 301
strumenti a fiato 306
strumenti a percussione 295, 308
strumenti a tastiera 304
strumenti di misura 424
strumenti di misurazione e tracciamento 225
strumenti elettronici 310
strumenti musicali tradizionali 296
strumenti per il pronto soccorso 460
strumenti scientifici 7
strumenti scrittori 312
struttura 186, 187
struttura del midollo spinale 109
struttura del Sole 4
struttura dell'orecchio 116
struttura della biosfera 44
struttura della Terra 26
struttura di un albero 63
struttura di un fiore 56
struttura di un fungo 52
struttura di un lichene 50
struttura di un muschio 51
struttura di un'alga 51
struttura di una casa 188
struttura di una felce 52
struttura di una foglia 55
struttura di una pianta 53
struttura esterna 211, 212
struttura lignea, parquet su 190
struttura metallica 374
struttura protettiva 525
strutture per i tuffi 518
struzzo 81
struzzo, uovo di 155
studente 444
studenti, armadietti degli 445
studenti, stanza degli 445
studio 189
stufa a combustione lenta 192
stufa a gas 529
stufe, olio combustibile per 405
sturalavandini 216
sub woofer 321
subartico 40
subduzione 27
sublimazione 414
subtropicale mediterraneo 40
subtropicale umido 40
suburbio 431
Sud 23
Sud Sud-Est 23
Sud Sud-Ovest 23
Sud-Est 23
Sud-Ovest 23
Sudafricana, Repubblica 452
Sudan 451
sufflè, tegamino per 172
sughero 514
sumac 139
suola 240, 263, 509, 510, 511
suolo 48
suolo, fertilizzazione del 47
suolo, inquinamento del 47
suolo, movimento orizzontale del 27
suolo, movimento verticale del 27
suolo, profilo del 54
suolo, strato superficiale del 54
suoneria, regolatore della 327
suono, ingegnere del 291
superfici 428
superfici di gioco 492
superficie antiscivolo 526
superficie dell'acqua 518
superficie della cute 114
superficie di affissione 341
superficie di gioco 493
superficie dura (cemento) 492
superficie freatica 31
superficie sintetica 492
superficie terrestre, assorbimento attaverso la 46
superficie verticale 526
superficie, stazione di 38
supermercato 120, 433, 437
superstrada 343
supplemento a colori 313
supplemento letterario 313
supporti di registrazione 319
supporti per camminare 466
supporto 9, 199, 269, 308
supporto anteriore retrattile 361
supporto del cordone 208
supporto del disco abrasivo 229
supporto del rullo 219
supporto del tabellone 489
supporto della rete 493
supporto della sfera 356
supporto elastico 324, 458
supporto per il braccio 466
supporto per il tallone 467
supporto retrattile 365
supporto sottoascellare 466
supporto stabilizzatore 361
supporto, piastra di 199
supporto, telaio di 401
surgelati 121
surgelati, magazzino dei 121
Suriname 448
surriscaldamento globale 46
sutura 60, 73
sutura coronale 100
sutura coronaria 100
sutura lambdoidea 100
sutura squamosa 100
sverniciatura, pistola per 219
svettatoio 234
Svezia 450
svincolo 431
Svizzera 450
Swaziland 452

T

tabaccheria 436
tabasco, salsa 140
tabella dei risultati 518
tabellone 489
tabellone degli arrivi e delle partenze 391
tabellone degli orari 374
tabellone della classifica generale 496
tabellone della prova in corso 497
tabellone segnapunti 471, 472, 492, 497, 499
tabellone, supporto del 489
tabernacolo 446
tablino 280
tabloid 313
tabulazione a destra 330
tabulazione a sinistra 330
tacca 422, 473
tacca di mira 534
tacchetti intercambiabili 480
tacchetto 263, 478
tacchino 81, 155
tacco 240, 509, 536
tachimetro 355, 368, 501
tafano 69
Tagikistan 452
tagli di agnello 153
tagli di maiale 153
tagli di manzo 152
tagli di vitello 152
taglia fissa 403
taglia mobile 403
tagliabasette 271
tagliabiscotti 172
tagliabordi 233, 237
tagliacarte 339
tagliacuticole 265
tagliafili 217

tagliare 177
tagliasiepi 235
tagliasiepi, forbici 234
tagliatelle verdi 146
tagliente 180, 228, 398, 399, 400
tagliere 169
taglio 221
taglio addizionale 298
tagliola 535
tahini 140
Tailandia 453
tailback 485
tailleur 251
tajina 174
tallo 50, 51
tallonatore 482
tallone 93, 95, 169, 226, 229, 262, 301, 302, 358, 477, 506
tallone d'appoggio 176
tallone di appoggio 208
talloniera 511, 514
tamarillo 136
tamarindo , pasta di 140
tamarino 91
tamburello 309
tamburo 170, 213, 357, 425
tamburo parlante 297
tamburo rotante 27
tamburo tenore 308
tamia 82
tampone 338
tandem 373
Tanganica, Lago 20
tangenziale 25, 431
Tanzania 451
tappeti e pavimenti, spazzola per 209
tappetino 356
tappetino del mouse 332
tappeto 190, 498, 499
tappezzeria, bocchetta per 209
tappi per le orecchie 458
tappo 176, 267, 358, 532
tappo a vite 163
tappo del serbatoio 364, 368
tappo di isolamento 417
tappo di ispezione 197
tappo di scarico 194
tappo di scarico dell'olio 360
targhetta del costruttore 228
targhetta delle avvertenze 228
taro 124
tarso 78
tartaruga 76
tartaruga, morfologia di una 76
tartufo 123
tartufo di mare 157
tasca 172, 225, 274, 505
tasca anteriore 246
tasca applicata 244, 249, 260
tasca applicata a soffietto 255
tasca applicata con aletta 245
tasca della stecca 519
tasca di Douglas 112
tasca di inforcamento 396
tasca esterna 274, 276
tasca finta 251
tasca frontale 275
tasca inserita nella cucitura 251
tasca interna 277
tasca interna con aletta 244, 248, 249, 251
tasca nascosta 274
tasca per la stecca 520
tasca portaoggetti 352
tasca posteriore 246
tasca profilata 250
tasca profilata con aletta 244, 248
tasca tagliata in verticale 251
tasca vescicouterina 112
taschino 248
taschino con aletta 244
taschino tagliato con aletta 244
taschino, fazzoletto da 244
Tasmania 15
Tasmania, Mare di 15
tassello 202
tasso 88
tasti del cursore 331
tasti del lettore di compact disc 326
tasti del riproduttore a cassette 326
tasti di categorie 326
tasti di chiamata automatica 327
tasti di comando 328
tasti di identificazione del conto 443
tasti di programmazione 319
tasti di regolazione del volume 319
tasti di ricerca emittenti 319
tasti di selezione dei canali 319
tasti di selezione della sintonia 322
tasti di selezione delle casse acustiche 322
tasti di sistema 310
tasti digitali 323
tasti funzione 328, 330, 423, 442, 443
tasti funzione programmabili 443
tasti Internet 330
tasti numerici 326
tasti per l'editing del suono 310
tastiera 296, 301, 303, 304, 310, 327, 330, 336
tastiera alfanumerica 330, 346, 442, 443
tastiera degli acuti 296
tastiera numerica 328
tastiera, strumenti a 304
tastierina per il codice di identificazione personale (PIN) 443
tastierino alfabetico 338
tastierino alfanumerico 327
tastierino numerico 331, 338, 423
tasto 296, 304, 306
tasto Alt 330
tasto Avvio 330
tasto backspace 331
tasto Control 330
tasto delle maiuscole 330
tasto di addizione 337
tasto di arresto 319, 323
tasto di arresto e di scorrimento 331
tasto di avanzamento della carta 443
tasto di avanzamento rapido 319, 323
tasto di avvio 328
tasto di avvio registrazione 320
tasto di azzeramento 337
tasto di azzeramento del contatore 323
tasto di azzeramento ultimo dato 337
tasto di blocco delle maiuscole 330
tasto di blocco numerico 331
tasto di cambio segno 337
tasto di cancellazione 331
tasto di cancellazione della memoria 337
tasto di chiamata 327
tasto di conferma 443
tasto di divisione 337
tasto di espulsione 323
tasto di memorizzazione 322, 327
tasto di messa a fuoco 320
tasto di moltiplicazione 337
tasto di navigazione 327
tasto di pagina giù 331
tasto di pagina su 331
tasto di pausa 323
tasto di pausa/fermo immagine 319
tasto di percentuale 337
tasto di posizione 302, 303
tasto di preselezione 326
tasto di preselezione della sintonia 322
tasto di punto decimale 337
tasto di radice quadrata 337
tasto di registrazione 319, 323
tasto di registrazione notturna 320
tasto di registro 305
tasto di reset 328
tasto di riavvolgimento 319, 323
tasto di richiamo della memoria 337
tasto di ripetizione 323
tasto di riproduzione 319, 323
tasto di selezione 326
tasto di selezione del registratore 322
tasto di selezione della banda 322
tasto di selezione della modalità FM 322
tasto di selezione delle sorgenti 322
tasto di somma in memoria 337
tasto di sottrazione 337
tasto di sottrazione in memoria 337
tasto di tabulazione 330
tasto di uguale 337
tasto di visualizzazione 326
tasto email 330
tasto Esc 330
tasto Fine 331
tasto fine chiamata/interruttore 327
tasto foto 320
tasto Home 331
tasto Ins 331
tasto Invio 331
tasto macchina fotografica 327
tasto memoria 326
tasto menù 320, 326, 327
tasto numerico 337
tasto pausa 331
tasto per il modo di esposizione 314
tasto per le esposizioni multiple 314
tasto play 319
tasto precedente/indietro veloce 326
tasto programmabile 327
tasto retroilluminazione 320
tasto riproduzione/pausa 326
tasto schermo panoramico/inserimento data 320
tasto stampa 331
tasto stop 319
tasto successivo/avanti veloce 326
tasto TV/video 319
tavola 469, 519
tavola armonica 296, 297, 301, 302, 304
tavola di rotazione 403
tavola esterna 469
tavola interna 469
tavola, coltello da 168
tavola, cucchiaio da 168
tavola, forchetta da 168
tavola, vasellame da 166
tavoletta 190
tavoletta portablocco 340
tavoli, esempi di 202
tavolini sovrapponibili 202
tavolino da letto 464
tavolino traslatore 421
tavolino traslatore, comando del 421
tavolo 202, 493, 502
tavolo a cancello 202
tavolo allungabile 202
tavolo di servizio 438
tavolo operatorio 464
tavolo, lampada da 206
tazza 531
tazza alta da caffè 166
tazza da tè 166
tazza graduata 171
tazza per sapone da barba 271
tazzina da caffè 166
tè 148
tè nero 148
tè oolong 148
tè verde 148
tè, bustina di 148
tè, cucchiaino da 168
tè, filtro per il 173
tè, tazza da 166
teatro 292, 432, 433
teatro greco 278
teatro, binocolo da 273
tecniche 487
tecnico delle luci 291
tee 505
tegame 175, 531
tegame per fonduta 174
tegame per uova in camicia 175
tegamino per chiocciole 173
tegamino per suffiè 172
teglia con fondo staccabile 172
teglia da forno 172
teglia per torta 172
teglie da forno 174
tegola 279, 280, 283
tegumento del seme 57
tegumento seminale 61
teiera 166
tela 412
telaio 186, 200, 201, 202, 204, 224, 226, 274, 277, 297, 309, 367, 396, 400, 401, 410, 411, 412, 466, 492, 494, 522, 527
telaio dei rulli dei cingoli 398
telaio del bruciatore 529
telaio di spinta 398
telaio di supporto 401
telaio interno della portiera 352
telaio metallico 304
telaio per tenda esterna 361
telaio regolabile 226
telaio rigido, borsa a 276
telaio, giunzione a linguetta del 186
telaio, giunzione scanalata del 186
telaio, montante del 202
telaio, traverso superiore del 186
telecamera 290, 525
telecamera a colori 10
telecomando 319, 321
telecomando, sensore del 318
telecomunicazioni via satellite 317
telecomunicazioni, satelliti per 316
telefax 328
telefono 439
telefono cellulare 327
telefono pubblico 294, 437, 438, 463
teleobiettivo 314
telescopio 7, 9
telescopio spaziale Hubble 7, 37
telescopio, basamento del 7
telescopio, sezione di un 9
televisione 318, 439, 444
televisore a cristalli liquidi 318
televisore a grande schermo 321
televisore a tubo catodico 318
televisore al plasma 318
teli, gonna a 253
telo di spugna con cappuccio 260
telo esterno 528, 529
telone proteggiauto 356
telson 71
temperamatite 341
temperatura Celsius, unità di misura della 426
temperatura corporea, regolazione della 10
temperatura del liquido di raffreddamento, indicatore della 355
temperatura dell'aria 39
temperatura di rugiada 39
temperatura termodinamica, unità di misura della 426
temperatura, indicatore di 269
temperatura, misura della 424
temperatura, selettore della 178
temperature, scala delle 37
temperino multiuso 531
tempia 92
tempio azteco 283
tempio di Huitzilopochtli 283
tempio di Tlaloc 283
tempio greco 279
tempio greco, pianta del 279
tempo di due metà 298
tempo di quattro quarti 298
tempo di tre quarti 298
tempo libero all'aria aperta 528
tempo, carta del 38, 39
tempo, controllo del 311
tempo, indicazioni di 298
tempo, misura del 424
tempo, stato presente del 39
tenda a cupola 529
tenda a due posti 528
tenda a igloo 529
tenda a un posto 529
tenda canadese 529
tenda coprifinestra 528
tenda da campo 528
tenda da cucina 528
tenda di tipo familiare 528
tenda interna 528, 529
tende, esempi di 528
tendenza barometrica 39
tendicollo 245
tendina divisoria 464
tendina parasole avvolgibile 356
tennis 490
tennis da tavolo 493

tennis, scarpa da 242
tennista 492
tensione, aumento di 402, 408
tensione, chiavi di 308
tensione, corda di 297
tensione, diminuzione di 402, 413
tensione, primo aumento di 413
tensione, secondo aumento di 413
tensore della fascia lata 96
tentacolo 72
tentacolo oculare 72
tenuta, mastice di 196
tenuta, valvola di 196
tepee 288
terapie, stanza per le 463, 465
tergale 200
tergale, base del 200
tergicristallo 348, 355
tergicristallo, comando del 354
terminal dei passeggeri 389, 390
terminal satellite dei passeggeri 389
terminale 198, 210, 273
terminale della messa a terra 322
terminale di messa a terra 198
terminale di pagamento elettronico 443
terminale di scarico 351
terminale per il pagamento elettronico 121
terminali di collegamento delle antenne 322
terminali di collegamento delle casse acustiche 322
terminazione nervosa 114
termini comuni 57, 58, 59
termini tecnici 57, 58, 59
termite 69
termometri clinici 461
termometro 404, 424
termometro a lettura istantanea 171
termometro a mercurio 461
termometro clinico 424
termometro del forno 171
termometro digitale 461
termometro per carne 171
termometro per zucchero 171
termopausa 37
termosfera 37
termosonda 178
termostato 178, 208, 211, 212, 213
termostato di sicurezza 213
termostato regolabile 179
terna 399
Terra 2, 3, 4, 5, 14
terra battuta 492
Terra del Fuoco 17
Terra della Regina Maud 15
Terra di Marie Byrd 15
Terra di Wilkes 15
terra, lingua di 35
Terra, orbita della 4, 5
terra, spinotto di messa a 198
Terra, struttura della 26
terra, terminale di messa a 198
Terranova, Isola di 16
terrapieno 342
terrazza 391
terrazza scoperta 387
terremoto 27
terrina 174
terza 298
terza base 474
terza base (posizione) 474
terza falange 114
terza linea 482
terzino 481, 485
terzino di destra 484
terzino di sinistra 484
tesa 238, 239
tessuto adiposo 113, 114
tessuto connettivo 114
tessuto elastico 246
tessuto sottocutaneo 114
testa 6, 93, 95, 103, 111, 220, 221, 223, 229, 272, 492, 494, 503, 505, 536
testa a croce 221
testa bombata 221
testa concava 221
testa d'albero 519
testa del femore 99
testa del martinetto elevatore 396
testa del rotore 395
testa dell'omero 99
testa di gatto 87
testa di iniezione del fango 403
testa di taglio 341
testa non svitabile 221
testa orientabile 224
testa piatta 221
testa quadra, punta a 221
testa ribaltabile 176
testa tonda 221
testata 313
testatina 313
teste, tipi di 221
tester di presa 217
testicoli 71
testicolo 111
testiera 204, 205
testimone 36, 472
testimone, zona del passaggio del 472
testimoni, banco dei 440
testina 271, 301
testina di lettura/scrittura 333
testina rotante 271
Teti 3
tetto 183, 193, 283, 349, 361, 401
tetto a due spioventi 189
tetto a vetro 188
tetto di vetro 435
tetto galleggiante 404
tettoia 528
tettoia vetrata 374
tettuccio 361
tettuccio apribile 349
tettuccio di protezione 396
thermos 532
tibia 78, 98
tibiale anteriore 96
tifone 43
tight end 485
tiglio 148
tigre 89
timbro di gomma 338
timbro, selettore del 311
timer 501
timo 142
timone 13, 383, 384, 386, 412, 520
timone di direzione 393
timone di profondità 393
timone, barra del 520
timone, pala del 384
timoneria 384
timpani 295
timpano 75, 182, 279, 285, 308
timpano, montante del 187
tinello 188
tintura per capelli 267
tipi di eclissi 4, 5
tipi di impugnature 493
tipi di infiorescenze 57
tipi di mazze 505
tipi di movimenti 470
tipi di parquet 190
tipi di punte 221
tipi di teste 221
tipi di vagoni passeggeri 376
tipo di carburante 346
tipo di nube alta 39
tipo di nube bassa 39
tipo di nube media 39
tirante 196, 308, 344, 528
tirante a vite 308, 498
tirante del braccio 397
tirante della cordiera 308
tirante, regolatore del 528
tisane 148
Titania 3
Titano 3
Titicaca, Lago 17
titolare, firma del 441
titolare, nome del 441
titoli dei film 294
titolo 313
titolo a caratteri cubitali 313
Tlaloc, tempio di 283
tocco 239
Togo 451
toilette 437, 440, 443, 445, 463, 465
toilette degli uomini 439
toilette delle donne 439
toilette per i clienti 438
Tolosa, salame di 156
tom tom 308
tomaia 240, 263
tomatillo 128
tombolo 35
Tonga 453
toni alti, regolatore dei 325
toni alti, regolazione dei 303
toni bassi, regolatore dei 325
toni bassi, regolazione dei 303
toni, regolazione dei 303
tonno 160
tonsilla 116
tonsilla linguale 118
tonsilla palatina 118
top 258
topinambur 124
topo campagnolo 82
toque 239
torace 67, 68, 92, 94
Torah, rotoli della 447
torcia 456
tornado 43
tornelli di entrata 378
tornelli di uscita 378
toro 429
torre 284, 412, 413, 470
torre a traliccio 397
torre angolare 282
torre campanaria 285
torre di controllo 388
torre di controllo, cabina della 388
torre di fiancheggiamento 282
torre di guida 345
torre di lavaggio 214
torre di perforazione 403, 404
torre di raffreddamento 402
torre per i tuffi 518
torre per uffici 435
torre trasmittente 316
torrente montano 29
Torres, Strettodi 15
torretta 282, 284, 285, 400
torretta, calotta della 420
torsolo 58
torta, teglia per 172
tortellini 146
tortiera 172
tortilla 145
tostapane 178
totale 423
touch pad 336
touch pad, pulsante del 336
touch screen 337
trabeazione 185, 279
tracciamento, filo di 225
trachea 105
tracolla 276, 320, 505
tracolla, borsa a 276
tracolla, bottone della 303
traforo 285
traghetto 381
trago 115
traguardo 533
tralcio 62
traliccio, torre a 397
tramoggia di caricamento 364
trampoliere, uccello 79
trampolino 184
trampolino di 1 metro 518
trampolino di 3 metri 518
transatlantico 386
transazione, fessura di registrazione della 442
transazione, ricevuta della 443
transazioni commerciali 335
transetto 285
trapano elettrico 228
trapano senza fili 228
trapezio 96, 97, 429
trapezio, abito a 252
trapiantatoio 232
trappola petrolifera 403
trapunta 204
trascinamento, ingranaggio di 180
trasferimento di calore 415
trasformatore 207, 407
trasformatore principale 376
trasmissione 212
trasmissione a cinghia 383
trasmissione a onde hertziane 316
trasmissione agli utenti 402, 413
trasmissione dell'elettricità 408
trasmissione di elettricità ad alta tensione 402, 413
trasmissione via cavo aereo 316
trasmissione via cavo sotterraneo 317
trasmissione via cavo sottomarino 317
trasmissione via satellite 316
trasmissione, albero di 383
trasmissione, cinghia di 212
trasmissione, organi di 372
trasmissione, sistema di 351
traspirazione 45
trasporti 342
trasporto aereo 388
trasporto marittimo 381
trasporto su rotaia 374
trasporto su strada 342, 381
trattamento chimico 405
tratto olfattivo 117
trattore cingolato 398
trattore gommato 399
travata a cantilever 344
travata appoggiata 344
travata continua 344
travata sollevabile 345
travatura reticolare 11
trave 187, 283, 288
trave di coda 395
trave di colmo 187
trave di equilibrio 496, 497
trave in legno 279, 280
traveller's cheque 441
traversa 185, 201, 202, 297, 479
traversa del cancello 202
traversa inferiore 202
traversa inferiore di finestra 187
traversa mediana 201
traversa orizzontale 396
traversa superiore 201, 202
traversa superiore di finestra 187
traversina 302, 303
traverso superiore del telaio 186
travetto 190
travetto del soffitto 187
travetto del solaio 187
travetto di testata 187
trazione integrale 4x4, veicolo a 369
tre quarti, tempo di 298
tremolo, braccio del 303
trench 248
treno ad alta velocità 376
treno della metropolitana 378
treno locale 375
treno passeggeri 374
treppiede 8, 308
trequarti 248
trequarti centrodestro 482
trequarti centrosinistro 482
triage, stanza del 463
triangolo 295, 309, 429, 503
triangolo divisorio 259
tribunale 440
tribunale, aula di 440
tribune mobili 444
triciclo 373
tricipite brachiale 97
tricipiti, barra per i 501
triclinio 280
trifogliata 55
triglia 159
trillo 299
trimarano 521
trinciante 169
trinciapollo 173
Trinidad e Tobago 449
trio 300
trippa 154
trippa, salsiccia di 156
tris 468
tritacarne 170
tritarifiuti 197
triticale 143
Tritone 3
tritone 75
trivellazione, impianto di 403
tromba 307, 455
tromba delle scale 189
tromba marina 43
tromba militare 307
trombe 295
trombone 56, 307
tromboni 295
tronchesina per cuticole 265
tronchesina per unghie 265
tronco 52, 62, 63, 75, 93, 95
tronco celiaco 103, 107
tronco di testa della scala 455
tronco, armatura protettiva del 486
tronco, parte inferiore del 63
tronco, sezione trasversale di un 63

tropicale della foresta pluviale 40
tropicale umido e secco (savana) 40
Tropico del Cancro 20, 21, 22
Tropico del Capricorno 20, 21, 22
tropopausa 37, 46
troposfera 37
troppopieno 194, 195
troppopieno, tubo del 196
trota 161
trotto 83
trousse 276
truccatore 290
trucco 266
trucco per gli occhi 266
trucco per il viso 266
trucco per le labbra 266
trumeau 285
tuba 295, 307
tuba di Eustachio 116, 117
tuba di Falloppio 112
tuba di Falloppio, ampolla della 113
tuba di Falloppio, infundibolo della 113
tuba di Falloppio, istmo della 113
tubazione del freno 357
tubazione di allacciamento 194
tubazione di riempimento 404
tube di Falloppio 113
tubetto 163
tubino 252
tubo 199, 224, 461
tubo a flash 420
tubo annaffiatore 365
tubo aspirante 407
tubo capillare 424
tubo del troppopieno 196
tubo dell'acqua fredda 196
tubo della pompa 346
tubo della prima valvola 307
tubo della scala, erogatore del 455
tubo della seconda valvola 307
tubo della terza valvola 307
tubo di accordo 307
tubo di alimentazione 197
tubo di alimentazione dell'acqua 214
tubo di alimentazione dell'aria 454
tubo di aspirazione 455
tubo di carico 196
tubo di circolazione 410
tubo di drenaggio 212, 214
tubo di estrazione dell'aria 199
tubo di getto laterale 365
tubo di iniezione del fango 403
tubo di Pitot 525
tubo di posizionamento 400
tubo di riempimento 196
tubo di scappamento 351, 364, 367, 368, 369
tubo di scarico 194, 196, 197, 212, 350, 395, 398, 401
tubo di scarico, attacco del 192
tubo di sterzo 371
tubo flessibile 195, 197, 209, 236, 454, 460
tubo fluorescente 199
tubo in pressione 409
tubo metallico 526
tubo obliquo 371
tubo per irrigazione 236
tubo portaoculare 421
tubo principale 8, 9
tubo rigido 209
tubo rigido di prolunga 209
tubo telescopico principale 420
tubo verticale 370
tubolatura di carico trasversale 385
tucano 80
tuffi 518
tuffi, strutture per i 518
tuffi, torre per i 518
tulipano 56
tumbler 165
tundra 44
tundra polare, della 40
tungsteno, lampada alogena al 199
tunica 54
tunica, abito a 252
Tunisia 451
tunnel di comunicazione 13
tuorlo 79
turapori, pistola 216
turbante 239
turbina 402, 408
turbina ad asse verticale 412
turbina eolica ad asse orizzontale 413
turbina, albero della 408
turbine eoliche 412
turbo-alternatore, gruppo del 402
turboreattore 393
Turchia 452
turibolo 446
turione 125
turismo, bicicletta da 373
Turkmenistan 452
tuta 254, 261, 508, 510, 513, 514
tuta da competizione 525
tuta da sci 261
tuta ignifuga 524
tuta protettiva 525
tuta spaziale 10
tuta sportiva 262
tutina a sacco 260
tutore 230, 231
Tuvalu 453
TV/video, tasto 319
tweeter 324
twin-set 255

U

uadi 36
uccelli 78
uccelli, esempi di 80
uccello 78
uccello acquatico 79
uccello granivoro 79
uccello insettivoro 79
uccello passeriforme 79
uccello predatore 79
uccello trampoliere 79
uccello, morfologia di un 78
Ucraina 450
uffici 346, 374, 381
uffici, edificio per 432, 435
uffici, torre per 435
ufficio 438, 439
ufficio dei cancellieri 440
ufficio dei giudici 440
ufficio del bidello 445
ufficio del caposala 463
ufficio del direttore 443
ufficio del medico di guardia 462
ufficio del preside 445
ufficio dell'assistente sociale 463
ufficio della palestra 444
ufficio della segretaria 443
ufficio della segreteria scolastica 445
ufficio delle informazioni 512
ufficio di formazione professionale 442
ufficio postale 433, 437
Uganda 451
ugello 12, 216, 218, 219, 236
ugello a sezione variabile 394
ugello del lavaparabrezza 348
ugello vaporizzatore 181
ugola 116, 117
uguale a 427
uistitì 91
ulna 98
ultimo quarto 5
umbone 73
Umbriel 3
umidità contenuta nelle nuvole 48
umor acqueo 119
Ungheria 450
unghia 71, 76, 78, 115
unghia per apertura 531
unghia, corpo dell' 114
unghie dei piedi, forbici per 265
unghie, forbicine per 265
unghie, matita sbiancante per 265
unghie, tronchesina per 265
unicellulari 66
uniforme 456
unione 427
Unione Europea, bandiera dell' 441
unisono 298
unità a disco 310
unità astronomica 3
unità astronomiche 2
unità di controllo elettronico 357
unità di cura intensiva 464
unità di misura dell'energia 426
unità di misura dell'intensità luminosa 426
unità di misura della carica elettrica 426
unità di misura della corrente elettrica 426
unità di misura della differenza di potenziale elettrico 426
unità di misura della forza 426
unità di misura della frequenza 426
unità di misura della lunghezza 426
unità di misura della massa 426
unità di misura della potenza elettrica 426
unità di misura della pressione 426
unità di misura della quantità di sostanza 426
unità di misura della radioattività 426
unità di misura della resistenza elettrica 426
unità di misura della temperatura Celsius 426
unità di misura della temperatura termodinamica 426
unità di misura, sistema internazionale di 426
unità di servizio mobile a distanza 11
unità floppy disk 329
unità floppy disk esterna 333
unità hard disk 333
unità hard disk estraibile 333
unità individuale di propulsione e manovra 10
unità mobile 316
unità motrice 376
unità radiologica mobile 462
università 432
uno 427
uomo 92
uomo, collo a 251
uomo, scarpe da 240
uova 155
uova alla coque, clessidra per 171
uova in camicia, tegame per 175
uova, confezione in cartone per 162
uova, scomparto per le 211
uovo 79
uovo di anatra 155
uovo di fagiano 155
uovo di gallina 155
uovo di oca 155
uovo di quaglia 155
uovo di struzzo 155
uragano 43
Urano 2, 3
uretere 107
uretra 107, 111, 112
urinario, apparato 107
URL 334
URL (localizzatore universale di risorse) 334
uropodio 71
Uruguay 448
uscita del fluido vettore 410
uscita dell'aria calda 192
uscita S-Video 336
uscita, bordo di 392
usignolo 80
utensili da cucina 169
utensili per avvitare 221
utensili per cucinare 174
utensili per dolci 172
utensili per segare 226
utensili vari 173
utensili, set di 173
utente 317
utente di Internet 334
utente privato 335
utente, ingresso dell'alimentazione dell' 198
utero 112, 113
utero, collo dell' 112
utero, legamento largo dell' 113
uva 132
uva, grappolo d' 62
uvaspina 132
Uzbekistan 452

V

vacuolo 50, 66
vacuolo digerente 66
vacuolo digerente in formazione 66
vacuolo pulsante 66
vagina 112, 113
vagone di coda del personale viaggiante 377
vagone intermodale 377
vagone letto 376
vagone ristorante 376
vagone viaggiatori 376
vagoni passeggeri, tipi di 376
valerianella 127
valigia 277
valle 29, 32
valore del segmento 471
valore, indicazione del 441
valori di durata delle note 299
valori di durata delle pause 299
valuta, nome della 441
valute, esempi di simboli di 440
valva 60, 73
valvola 307, 371
valvola aortica 104
valvola del galleggiante 196
valvola di aspirazione 360
valvola di chiusura 196
valvola di drenaggio 211
valvola di espirazione 459
valvola di inspirazione 459
valvola di regolazione della pressione 461
valvola di scarico 360
valvola di sfiato 385
valvola di sicurezza 174, 408
valvola di spurgo 404
valvola di tenuta 196
valvola di tenuta, sede della 196
valvola mitrale 104
valvola polmonare 104
valvola tricuspide 104
valvola, corpo della 307
valvola, molla della 360
Vanessa atalanta 69
vanga 233
vaniglia, estratto di 140
vano 286
vano cassetta 321
vano del disco 323
vano del motore 401
vano del motore di traino 400
vano del motore diesel 398, 399, 400, 401
vano del serbatoio dell'acqua 394
vano della cassetta 323
vano della videocassetta 320
vano motore 362, 396
vano portamateriale 455
vano portaoggetti 354, 364
vano portaspazzolini 272
vano portattrezzi 361
vano raccoglipolvere 208
Vanuatu 453
vapore 402, 408, 415
vapore, ferro da stiro a 208
vapore, generatore di 402
vapore, pentola a 175
vapore, regolatore del getto di 208
vapore, regolazione del 181
vaporizzatore 208
varano 77
variante 524
variazione di pressione 39
Varolio, ponte di 109
vasca 212, 214, 517
vasca da bagno 189, 194, 195, 439
vasca del fango 403
vasca di deposito del combustibile esaurito 409
vasca per immersione 184
vasca, orlo della 212
vasca, piattaforma della 195
vasca/doccia, miscelatore 194
vaschetta 219
vaschetta con beccuccio 177
vaschetta di raccolta 181
vaschetta filtrante 177, 180
vaschetta per alimenti 162
vaschetta per burro 163
vaschetta per cubetti di ghiaccio 211
vaschetta per il detersivo 214
vaschetta portacorrispondenza 338
vasellame da tavola 166

vasetto 163
vaso 196, 230
vaso capillare 114
vaso sanguigno 104, 114
vaso sospeso 230
vassoio 205, 277
vassoio dei documenti ricevuti 328
vassoio dei documenti trasmessi 328
vassoio del disco 319
vassoio di alimentazione 333
vassoio di uscita 333
vasto laterale 96, 97
vasto mediale 96
Vaticano, Città del 450
VCR, comandi del 319
vedretta 30
vegetazione 44
vegetazione, distribuzione della 44
veicoli 342
veicolo a trazione integrale 4x4 369
veicolo d'emergenza per l'equipaggio 11
vela 519, 520
velario 281
velcro® 260
velluto 190
velluto, collarino di 264
velo 536
velocità di crociera, controllo della 354
velocità, regolatore di 176, 287
velocità, selettore di 176, 177, 227, 228
vena ascellare 102
vena basilica 102
vena cava inferiore 102, 103, 104, 107
vena cava superiore 102, 103, 104
vena cefalica 102
vena epatica 103
vena femorale 102
vena giugulare esterna 102
vena giugulare interna 102
vena iliaca comune 107
vena iliaca interna 103
vena mesenterica superiore 102
vena polmonare 102
vena polmonare destra 104
vena polmonare sinistra 104
vena porta 103
vena renale 102, 107
vena succlavia 102
vendita dei biglietti 378
vene 102
Venere 2, 3
Venere, monte di 112
Venezuela 448
venti, rosa dei 23
ventilatore 213, 358, 360
ventilatore di sostentamento 383
ventilatore, alloggiamento del 270
ventilazione, colonna principale di 194
ventilazione, griglia di 209
ventilazione, rete di 194
ventiquattrore 274
vento 47, 48
vento predominante 43
vento, azione del 45
vento, direzione del 39
vento, direzione e forza del 39
vento, forza del 39
vento, giacca a 249
ventola 322
ventola dell'alimentatore 329
ventola dello châssis 329
ventola di raffreddamento 336, 350
ventola, cinghia della 350
ventosa 72
ventre 83
ventricolo destro 103, 104
ventricolo sinistro 103, 104
verbena 148
verde 418
verdone 123
verdura 120, 173
verdura, cassetto per la 211
vermicelli di riso 147
verniciatura: manutenzione 219
verricello 364
verricello di ormeggio 385
verricello, comandi del 364
versante 29
vertebra lombare 110
vertebre cervicali 99
vertebre dorsali 99
vertebre lombari 99
verticale sulle braccia 518
vertice 78
vescica 111, 112
vescica urinaria 107
vescichetta seminale 111
vespa 69
vestaglia 256
vestaglia, abito a 252
vestibolo 116, 280
vestiti per bambini 261
vestiti per neonati 260
vetrata 446
vetrina 203
vetrinette refrigerate apribili 120
vetrino 421
vetro 186, 410, 411
vetro colorato 285
vetro di protezione 506
vetro, lastra di 211
vetro, smistamento del 49
vetro, tetto a 188
vetrone 41
vetta 512
vettura a tre porte 347
vettura da golf 505
via 25, 433
via commerciale 432
via di fuga 524
Via Lattea 6
Via Lattea (vista dall'alto) 6
Via Lattea (vista laterale) 6
viaggi, agenzia di 436
viaggiatori, marciapiede dei 374
viaggiatori, stazione dei 374, 375, 381
viaggiatori, vagone 376
viaggio, borsa da 276
viaggio, borsone da 276
vialetto 230
vialetto del giardino 182
vialetto di accesso 183
vibrissa 82
vibrisse 87
vibrovaglio per la depurazione del fango 403
viceallenatore 489
vicecapitano 515
vicolo 433
video 471
videocamera mini-DV: vista frontale 320
videocamera mini-DV: vista posteriore 320
videocassetta 319
videocassetta, comandi della 320
videocassetta, vano della 320
videocassette compatte, adattatore per 320
videogioco 471
videoregistratore 321
Vietnam 453
vigile del fuoco 454
vigili del fuoco, caserma dei 433
vignetta 313
villaggio 512
villetta bifamiliare 289
vinacciolo 59
vini, cantina dei 438
vino 120
vino alsaziano, bicchiere da 165
vino bianco, bicchiere da 165
vino, aceto di 141
viola 56, 301
viole 295
violino 301
violino, chiave di 298
violoncelli 295
violoncello 301
vipera 77
virata a dorso, contrassegno per la 517
virata, giudici di 517
virata, parete di 517
visiera 238, 239, 367, 458, 506, 525
visiera antisolare 10
visiera parasole 361
visione di insieme 186
visite ginecologiche, stanza per 463
visite mediche, stanza per le 463, 465
viso, trucco per il 266
visone 88
visore 459
vista 419
vista anteriore 92, 94, 96, 98
vista frontale 478
vista laterale 478
vista laterale del cranio 100
vista normale 419
vista posteriore 93, 95, 97, 99, 113
vista, difetti della 419
Vistola, Fiume 18
vita 93, 95
vita bassa, abito a 252
vite 62, 221, 301
vite di bloccaggio 536, 537
vite di blocco della lama 227
vite di fissaggio 535
vite di livello 423
vite di regolazione 222, 229
vite di regolazione della tensione 341
vite di serraggio 224
vite macrometrica 421
vite micrometrica 421, 425
vite rompigetto 236
vite senza fine 365
vite, albero della 62
vite, attacco a 199
vite, orecchini a 264
vitello 84
vitello, tagli di 152
viti di bloccaggio 425
viticcio 62
Vittoria, Lago 20
vogatore 501
volano 360, 501
volano a penne naturali 495
volano sintetico 495
volano, gioco del 494
volant 204
volante 350, 354, 385, 525
volante di direzione 455
volante, piantone del 350
volatili 155
volée 490
Volga, Fiume 18
voli 518
volpe 88
volpe del deserto 88
volt 426
volta 284
volta a botte 281
volta esterna della cupola 7
volta interna della cupola 7
volteggi, cavallo per 496, 497
volume 328
volume di ricezione, regolatore del 327
volume, controllo del 310, 311
volume, manopola del 325
volume, regolatore del 327
volume, regolatore di 322
volume, regolazione del 303
volume, rotella del 329
volume, tasti di regolazione del 319
voluta 200
voluta, piede a 200
volva 52
vongola 157
vongola molle 157
vulcani, esempi di 28
vulcano 26, 28
vulcano effusivo 28
vulcano esplosivo 28
vulcano in eruzione 28
vulva 94, 113

W

wakame 123
walkman 325
wapiti 84
wasabi 141
Wassily, poltrona 200
water 189, 194, 195, 196, 439, 464
watt 426
webcam 332
Weddell, Mare di 15
wigwam 288
Wilkes, Terra di 15
winch 521
windsurf 519
wok 174
wok, servizio da 174
woofer 324

X

xilofono 295, 309

Y

yacht a motore 385
yak 85
yards, linea delle 484
Yemen 452
yen 440
yogurt 150
Yucatan, Penisola dello 16

Z

zafferano 138
zaino 372, 532
Zambia 452
zampa 76
zampa anteriore 67, 68
zampa di elefante, pantaloni a 254
zampa mediana 67, 68
zampa posteriore 67, 68
zampe, esempi di 79
zanzara 69
zappa 233
zappetta tridente 233
zattera di salvataggio 383
zavorra 397
zebra 84
zecca 70
zenzero 139
zero 468
Zimbabwe 452
zither 296
zoccolo 83, 185, 191, 242, 302
zona abitabile 528
zona commerciale 431
zona convettiva 4
zona del passaggio del testimone 472
zona dell'allenatore 474
zona di attacco 487
zona di battuta 477
zona di difesa 487
zona di pericolo 499
zona di preparazione dei prodotti 120
zona di ricevimento dei latticini 120
zona di ricevimento delle merci 120
zona di servizio 491
zona industriale 431
zona libera 487
zona negativa 410
zona neutra 484, 507
zona pellucida 112
zona positiva 410
zona pranzo 164
zona protetta 515
zona radiativa 4
zone di servizio 495
zoom 320
zucca 129
zucca a collo allungato 129
zucca bianca 128
zucca di Napoli 128
zucca pasticcina 129
zucca spaghetti 129
zucca torta 129
zuccheriera 166
zucchero 149
zucchero a velo 149
zucchero candito 149
zucchero di canna 149
zucchero in grani 149
zucchetta 129
zucchina 128
zuppiera 166